*Kathrin Bock-Famulla, Kerstin Große-Wöhrmann*

# Länderreport Frühkindliche Bildungssysteme 2009



Verlag BertelsmannStiftung

**Bibliografische Information der Deutschen Nationalbibliothek**
Die Deutsche Nationalbibliothek verzeichnet diese Publikation in der Deutschen Nationalbibliografie; detaillierte bibliografische Daten sind im Internet über http://dnb.d-nb.de abrufbar.



www.bertelsmann-stiftung.de/verlag

**ISBN** 978-3-86793-036-9



Lektorat:
Helga Berger, Gütersloh

Gestaltung:
Marion Schnepf, www.lokbase.com, Bielefeld

Herstellung:
Sabine Reimann

Umschlaggestaltung:
Nadine Humann

Umschlagabbildung:
© Image Source Limited

Druck:
Hans Kock Buch- und Offsetdruck GmbH, Bielefeld

**Herausgeber:**
Bertelsmann Stiftung
Carl-Bertelsmann-Straße 256, 33311 Gütersloh
Tel.: 05241 81-81583, Fax: 05241 81-681583

**Verantwortlich:**
Anette Stein
Programmdirektor Wirksame Bildungsinvestitionen
E-Mail: anette.stein@bertelsmann-stiftung.de

**Als Download verfügbar:**
www.laendermonitor.de

**Als E-Book verfügbar:**
**ISBN** 978-3-86793-063-5

Unter wissenschaftlicher Mitarbeit der Dortmunder Arbeitsstelle Kinder- und Jugendhilfestatistik. Bearbeitung durch Jens Lange.

# Inhalt

# Vorwort

Frühkindliche Bildung, Betreuung und Erziehung (FBBE) zeigt auch im zweiten Jahr unseres Länderreports in allen Bundesländern eine ungebremste Dynamik. Insbesondere der Ausbau von Plätzen für Kinder unter drei Jahren prägt die Landschaft der KiTas und Kindertagespflege. Unser Bundesländervergleich dokumentiert jedoch ein sehr unterschiedliches Tempo. Der Länderreport 2009 bestätigt erneut, dass Kinder auf der ersten Stufe des deutschen Bildungssystems je nach Bundesland – teilweise erheblich – voneinander abweichende Angebotsstrukturen und Rahmenbedingungen erfahren. Erstmalig zeigt der Länderreport 2009 zudem, dass auch innerhalb der einzelnen Bundesländer die Ausstattung mit pädagogischem Fachpersonal je nach Betreuungsform teilweise deutlich voneinander abweicht. Die Gestaltung anregender und für jedes Kind förderlicher Bildungsangebote ist allerdings in erheblichem Maße von den Erzieherinnen abhängig. Insbesondere die Personalressourcen entscheiden darüber, wie KiTas den gesellschaftlich formulierten Bildungs- und Betreuungsauftrag erfüllen können. Sie müssen deshalb beim Ausbau der Systeme im Fokus sein, denn Bildungspolitik steht vor der drängenden Herausforderung, allen Kindern in Deutschland gute und vergleichbare Entwicklungs- und Bildungschancen zu eröffnen.

Dabei steigt der Handlungsdruck immer mehr. Denn nicht nur für Kinder über drei Jahren wird der Besuch einer Kindertageseinrichtung oder Kindertagespflege selbstverständlicher Abschnitt in ihrer Bildungsbiographie. Auch die Zahl der Kinder unter drei Jahren, die in Deutschland ein solches Angebot nutzen, ist von 2006 bis 2008 um 27% gestiegen. Damit besuchte 2008 fast jedes fünfte Kind unter drei Jahren eine Kindertageseinrichtung oder die öffentlich geförderte Kindertagespflege. Dennoch differieren die Teilhabequoten zwischen Ost und West nach wie vor erheblich. Während im Osten durchschnittlich mehr als 42% der unter Dreijährigen ein Angebot der FBBE nutzen, sind es im Westen nur etwas mehr als 12%. Allerdings ist zu beobachten, dass in allen Bundesländern – auch in den östlichen – die Zahl der Plätze für Kinder unter drei Jahren weiter steigt. Vor dem Hintergrund dieser Trends und des ab 2013 geltenden Rechtsanspruchs auf einen Betreuungsplatz für jedes Kind ab dem vollendeten ersten Lebensjahr ist davon auszugehen, dass die Nachfrage nach Angeboten für Kinder unter drei Jahren im gesamten Bundesgebiet weiter zunehmen wird.

Einen Nutzen für das einzelne Kind, die Gesellschaft und die Volkswirtschaft haben Angebote der FBBE jedoch nur dann, wenn sie die Bildungs- und Entwicklungsprozesse der Kinder tatsächlich positiv fördern. Unzureichende Bedingungen – insbesondere unzulängliche Personalressourcen – in den frühkindlichen Bildungsangeboten können sich nach internationalen Studien auch nachteilig auf die Persönlichkeitsentwicklung sowie die gesamte Bildungsbiographie der Kinder auswirken. Gerade für Kinder unter drei Jahren zeigen Studien, dass positive Entwicklungsverläufe erheblich von der Beziehungsqualität zwischen Erwachsenen und Kindern und damit vom Umfang sowie der Qualifikation der pädagogischen Fachkräfte abhängig sind. Die neuen Berechnungen für den Länderreport 2009 zeigen nun, dass ein Kind unter drei Jahren je nach besuchtem Gruppentyp im Bundesgebiet einen Personalschlüssel erfährt, der sich in einer Spannbreite von durchschnittlich 1:5,2 bis 1:12 bewegt. Knapp 36% der Kinder unter drei Jahren sind in einer Krippengruppe mit einem durchschnittlichen Personalschlüssel von 1:6,0. Bereits dieser Personalschlüssel ist schlechter, als wissenschaftliche Studien und die Bertelsmann Stiftung empfehlen. Aber rund 60% der Kinder unter drei Jahren erleben in anderen Gruppentypen einen noch ungünstigeren Personalschlüssel von durchschnittlich 1:8 oder schlechter. Die schlechtesten Personalbedingungen bestehen für etwa 18% der unter Dreijährigen in alterserweiterten Kindergartengruppen, in denen Kinder ab 2 Jahren bis zum Schuleintritt betreut werden. Hier besteht bundesweit ein Personalschlüssel von durchschnittlich 1:9,3.

Kindertageseinrichtungen orientieren sich inzwischen in allen Bundesländern an Bildungsplänen, so dass allen Kindern breite und vergleichbare Bildungserfahrungen ermöglicht werden können. Gleichzeitig wächst die soziale und kulturelle Heterogenität der Kinder und Familien. Für die pädagogische Praxis und für die Politik steigt damit die Herausforderung, ausgehend von den individuellen Voraussetzungen der Kinder allen vergleichbar gute Bildungs- und Entwicklungschancen zu ermöglichen. Unser neuer Länderreport soll hierbei eine Hilfe sein und sinnvolle Handlungsfelder transparent machen.

*Dr. Jörg Dräger*
Mitglied im Vorstand
der Bertelsmann Stiftung

*Anette Stein*
Programmdirektor
Wirksame Bildungsinvestitionen

# Herausforderungen in der frühkindlichen Bildung, Betreuung und Erziehung in Deutschland

## Frühkindliche Bildung, Betreuung und Erziehung

Die Systeme der frühkindlichen Bildung, Betreuung und Erziehung (FBBE) in Deutschland sehen sich nicht nur einer enormen politischen und gesellschaftlichen Aufmerksamkeit gegenüber. Sie werden vor allem in zunehmendem Umfang mit einem facettenreichen Anforderungsprofil konfrontiert. Die konkreten Anforderungen ergeben sich dabei aus vielschichtigen Wandlungsprozessen in Familien, Erwerbskontexten und Gesellschaft insgesamt sowie speziell aus veränderten Erwartungen an Bildungsprozesse in sehr frühen Lebensjahren. Die konkreten Aufgaben und Funktionen, welche die Angebote der FBBE erfüllen sollen, werden dabei von einem breiten Spektrum von gesellschaftlichen Akteuren formuliert, die durchaus unterschiedliche Interessenschwerpunkte vertreten. Auch das Bundesjugendkuratorium betont, dass nicht nur das Erwartungsspektrum an KiTas enorm hoch ist, sondern „die unterschiedlichen Erwartungen auch in Spannung zueinander stehen und sich nicht ohne weiteres harmonisch miteinander verbinden lassen" (BJK 2008a: 13). Insbesondere bedarf die Balance zwischen Bildungs- und Erziehungsauftrag und Betreuungsauftrag einer kontinuierlichen Reflexion. Notwendig ist letztlich eine größere Klarheit des gesellschaftlichen Auftrags an KiTas sowie eine breite Diskussion darüber, „welche konzeptionellen, organisatorischen und ressourcenbezogenen Rahmenbedingungen es dieser Institution bedarf, um ihren Auftrag mit Aussicht auf Erfolg realisieren zu können" (ebd.).

Vor der Darstellung zentraler Trends in der FBBE aus Bundesperspektive auf Basis des Länderreports werden im Folgenden ausgewählte gesellschaftliche Entwicklungen skizziert, in deren Kontext die Systeme der FBBE eingebettet sind. Verdeutlicht werden die Herausforderungen und insbesondere auch Spannungsfelder, mit denen sich dieses Bildungssegment konfrontiert sieht.

## Veränderungsprozesse in Erwerbssystemen und Familien – Herausforderungen für die Vereinbarkeit von Familie und Beruf

Die Herausforderungen für Eltern, „Beruf und Familie" miteinander zu vereinbaren, haben im Zuge gesamtgesellschaftlicher Entwicklungstrends, wie z. B. flexibilisierte Arbeitszeiten, steigende Entgrenzung von Beschäftigungszeiten, -formen, -orten usw., neue Dimensionen erreicht. Aber nicht nur Erwerbsverläufe von Müttern und Vätern sind von einer De-Standardisierung (vgl. Jurczyk et al. 2009) gekennzeichnet, auch Familie als Lebensform ist von einer wachsenden Pluralität gekennzeichnet. Beschäftigungs- und „Familienbiographien" sind deshalb immer weniger durch ein Standard- oder Normalmodell beschreibbar. Nach Jurczyk et al. bestimmen allerdings die Erwerbs- und Familienbedingungen nicht den Alltag. Mütter, Väter und auch Kinder entwickeln vielmehr eigene Umgangspraktiken mit den beruflichen und familialen Bedingungen und Situationen (ebd.). Für die Autoren wird Familie so zur „Herstellungsleistung", in der eigene Formen des „Vereinbarkeitsmanagements" sowie der Herstellung von „Gemeinsamkeit" in der Familie entwickelt und praktiziert werden (Jurczyk et al. 2009: 326). Auch Kindheit bzw. die Bedingungen des Aufwachsens von Kindern – sowohl in privater als auch in öffentlicher Verantwortung – sind in diesem Kontext neu zu bestimmen bzw. zu gestalten. Bei der Ausgestaltung von Familien- und Beschäftigungspolitik (insbesondere für Mütter und Väter) sowie von Maßnahmen der Unternehmen zur

Vereinbarkeit von Familie und Beruf ist damit auch zu prüfen, welche Handlungsoptionen sie den familialen Akteuren eröffnen oder aber auch verschließen. Vor diesem Hintergrund sind nicht zuletzt die Aufgaben und Funktionen von KiTas und Kindertagespflege als öffentliche Angebote der FBBE zu diskutieren und ihr Auftrag zu formulieren.

### Fokus Erwerbstätigkeit

Insbesondere durch wirtschafts- und sozialpolitische Strategien wird gegenwärtig eine Vielzahl von Maßnahmen und Aktivitäten initiiert, durch die Eltern in die Lage versetzt werden sollen, die entstehenden Betreuungsbedarfe für ihre Kinder aufgrund von Erwerbstätigkeit abzudecken. So engagieren sich auch öffentliche und private Arbeitgeber bei der Bereitstellung von betrieblich unterstützter Kinderbetreuung. Auch der insbesondere in den westlichen Bundesländern stattfindende Ausbau von Plätzen für Kinder unter drei Jahren ist hier einzuordnen. Dennoch kann bislang auch in Unternehmen noch nicht von einer flächendeckenden Verankerung von Maßnahmen zur Vereinbarkeit von Familie und Beruf ausgegangen werden. Eine Befragung der Verantwortlichen in deutschen Unternehmen zum Thema Familienfreundlichkeit zeigt denn auch, dass zwar 41% die Vereinbarkeit von Familie und Beruf als wichtiges Thema einstufen. Allerdings spielt es für mehr als die Hälfte der Unternehmen überhaupt keine Rolle (BMFSFJ 2009: 22). Darüber hinaus zeigen die Befragungsergebnisse, dass Betriebe durchaus Formen der Vereinbarkeit von Familie und Beruf präferieren, die nicht unbedingt mit den Vorstellungen der Eltern korrespondieren. Generell zeigt die Befragung von Eltern, dass sie sich von einem familienfreundlichen Betrieb ein breites Spektrum von Maßnahmen wünschen. In einer Umfrage aus dem Jahr 2009 sind Kennzeichen eines familienfreundlichen Betriebs erfragt worden. Als das wichtigste betriebliche Handlungsfeld geben dabei 94% der Mütter mit Kindern bis 18 Jahre flexible Arbeitszeitregelungen, wie z. B. Gleitzeit oder Arbeitszeitkonten, an (BMFSFJ 2009: 18). Demgegenüber fällt auf, dass „nur“ etwa 50% dieser Mütter eine betriebliche Kinderbetreuung als Kennzeichen eines familienfreundlichen Betriebs einstufen (ebd.). Nach einer weiteren Studie sehen Mütter und Väter ebenfalls den größten Handlungsbedarf bei den Arbeitszeiten. Allerdings zeigt sich dabei, dass nicht in erster Linie flexiblere, sondern kürzere Arbeitszeiten gewünscht sind (vgl. Klenner 2007: 19). Auch Umfrageergebnisse aus dem Jahr 2009 bestätigen, dass sich Eltern mit minderjährigen Kindern kürzere Arbeitszeiten (BMFSFJ 2009: 21) wünschen. „Bei den Müttern sind derzeit 37 Prozent in Vollzeit erwerbstätig (36 und mehr Wochenstunden), dies wünschen aber nur 10 Prozent. Demgegenüber hätten 60 Prozent der Mütter gerne Arbeitszeiten im Umfang zwischen 20 und 35 Wochenstunden. Insgesamt wollen alle Erwerbstätigen ihre Arbeitszeiten reduzieren; teilzeitbeschäftigte Mütter dagegen würden ihre Arbeitszeiten gerne etwas verlängern. Eine wöchentliche Arbeitszeit zwischen 25 und 35 Stunden ist dabei das am häufigsten gewünschte Modell“ (BMFSFJ 2009: 22; vgl. BMFSFJ 2008). Auch die Vermeidung von familienunfreundlichen Arbeitszeiten ist deutlicher in den Blick zu nehmen. Bei der Gestaltung und Organisation von Arbeitszeiten sind Fürsorgearbeit, Familienleben und berufliche Entwicklung beider Elternteile zu berücksichtigen (vgl. auch Klenner/Pfahl 2008: 34). Hier ist auch das Engagement von Betrieben bzw. Arbeitgebern gefordert, da Arbeitszeitregelungen betrieblich entschieden werden.

Nach diesen ausgewählten Befragungsergebnissen wird deutlich, dass bestimmte Handlungsfelder, die die Vereinbarkeit von Familie und Beruf unterstützen, originär bei den Betrieben liegen. Hierzu zählen insbesondere die Gestaltung der Arbeitszeiten, der Arbeitsorganisation, des betrieblichen Klimas und der Elternzeit (vgl. auch Klenner 2007: 25). Nachhaltiger als bislang müssen die konkreten Vorstellungen von Müttern und Vätern, wie sie Familie und Erwerbstätigkeit ausgestalten und miteinander vereinbaren wollen, in den familien-, sozial- und wirtschaftspolitischen Strategien sowie den Maßnahmen der Unternehmen Widerhall finden.

Insbesondere für eine Diskussion über Gestaltungsanforderungen an KiTas – d. h., in welchem Umfang und wie sie zur Vereinbarkeit von Familie und Beruf einen Beitrag leisten können bzw. sollen – eröffnen diese Forschungsergebnisse wichtige Perspektiven. Den Beitrag, den KiTas leisten können, damit Mütter und Väter ihre Aufgaben als Erwerbstätige und Eltern miteinander in Einklang bringen können, muss vor diesem Hintergrund auch in seinem durchaus widersprüchlichen sowie spannungsreichen Interessenspektrum diskutiert werden.

Auch Klinkhammer weist darauf hin, dass es „Forderungen an einen familienfreundlichen Arbeitsmarkt, an familienfreundliche Unternehmen und Arbeitgeber zu formulieren“ gilt (Klinkhammer 2008a: 43). „Denn die Skepsis in der Fachpraxis ist auch auf die dominanten Mobilitäts- und Flexibilitätsansprüche von Seiten des Arbeitsmarktes zurückzuführen. Flexible Angebote dienen nicht dazu, Familienzeit zu rauben, sondern mehr Zeitwohlstand in Familien zu fördern“ (Klinkhammer 2008a: 43).

## Fokus Familie

Damit wird die Aufmerksamkeit auf die vielfältigen Veränderungsprozesse in Familien gerichtet, die bislang nur unzureichend in politischen Strategien berücksichtigt werden. Wichtige Erkenntnisse liefern hier aktuelle Studien, nach denen Familie aufgrund der gesellschaftlichen und wirtschaftlichen Wandlungsprozesse „von einer selbstverständlichen, quasi naturgegebenen Ressource zu einer zunehmend voraussetzungsvollen Aktivität" wird (Schier/Jurczyk 2007: 10; vgl. Jurczyk et al. 2009). Familie wird damit zur „alltäglichen Herstellungsleistung", d. h. u. a., „dass gemeinsame Familienzeit aktiv hergestellt, geplant und ihr Zustandekommen immer wieder abgesichert werden muss. Prekär wird auf diese Weise das Moment der Verlässlichkeit der Familienmitglieder für Interaktionen, die einen wesentlichen Anteil an erlebter Qualität von Familie ausmacht. Langfristig bedeutsam ist gemeinsame Zeit auch als eine grundlegende Voraussetzung für die kindliche Entwicklung und Bildungsprozesse (...) sowie für Partnerschaftsqualität" (Jurczyk et al. 2009: 328).

Damit stellt sich die Frage, welche Maßnahmen und Strategien in den gesellschaftlichen Handlungsfeldern ergriffen werden können und sollen, um Familienmitglieder aktiv in ihren Herstellungsprozessen bzw. in ihren jeweiligen Aufgaben der Fürsorge für andere als auch der Selbstsorge zu unterstützen. Letztlich entscheidet sich damit auch, welche Bedingungen des Aufwachsens und somit Bildungs- und Entwicklungschancen Kinder in ihren Familien erfahren können.

Der Ausbau von öffentlichen Angebotsstrukturen kann Familien zum einen zeitliche Entlastung bieten, um Eltern die Erwerbstätigkeit zu ermöglichen. Gleichzeitig muss das Erwerbssystem Müttern und Vätern Handlungsspielräume bieten, damit diese die zeitlichen Ressourcen haben, um Familie leben bzw. herstellen zu können. „Allerdings gibt es kein ‚objektiv' festlegbares Quantum ‚notwendiger' gemeinsamer Familienzeit (Jurczyk 2009), da dieses stark von den jeweiligen eigensinnigen familialen Konstellationen, individuellen Bedürfnissen sowie Familienkonzepten abhängt" (Jurczyk et al. 2009: 331). Gleichzeitig ist auch zu berücksichtigen, dass Müttern und Vätern aufgrund der Anforderungen im Erwerbssystem oftmals die Möglichkeiten der „Selbstsorge" fehlen und somit „vermehrt erschöpfte und gestresste Akteure in Familien" sind (Jurczyk et al. 2009: 326). In Abhängigkeit von den individuellen Ressourcen der Familienmitglieder kann sich die Qualität der gemeinsamen Familienzeiten verändern (ebd.) und für Kinder entsprechend mehr oder weniger gute Bedingungen des Aufwachsens bieten.

Bei der politischen Ausgestaltung des Systems der Kindertageseinrichtungen und Kindertagespflege müssen die entstehenden Zielkonflikte zwischen den Ansprüchen, die aus der Vereinbarkeit von Familie und Beruf auf der einen Seite und der Förderung der Entwicklung und Bildung von Kindern auf der anderen Seite erwachsen, benannt und Handlungsoptionen explizit diskutiert werden. So weist die Bundesarbeitsgemeinschaft der Landesjugendämter darauf hin, dass Angebotsstrukturen zu schaffen sind, die „den individuellen Bedürfnislagen der Kinder, der Stabilität von Bindungsmöglichkeiten zu Erwachsenen und Kindern sowie den Anforderungen einer partnerschaftlichen Kooperation mit den Eltern gerecht werden." (...) „Nicht alles, was ‚machbar' ist, ist auch gut für die Familie und das Kind. Je jünger das Kind ist, umso mehr spielen stabile Rahmenbedingungen, beständige Bezugspersonen und Verlässlichkeit im Lebensrhythmus für ein harmonisches Aufwachsen von Kindern eine wesentliche Rolle" (BAGLJÄ 2008: 2).

Gaiser und Rother weisen auf die Anforderungen hin, die an die Wirtschaft zu stellen sind: „Auch in einer wissensbasierten Dienstleistungs- und globalen Konkurrenzgesellschaft müssen Eltern als Arbeitnehmer/innen in der Rolle als Erziehende wahrgenommen werden. Dazu gehören stabile Arbeits(platz)bedingungen sowie flexible Handlungsmöglichkeiten, um elterlichen Aufgaben und Anforderungen nachkommen zu können" (Gaiser/Rother 2009: 8).

## Kinder im Mittelpunkt frühkindlicher Bildung, Betreuung und Erziehung

Die Ausgestaltung von KiTas und Kindertagespflege als öffentliche Angebotsstrukturen ist nicht nur aus dem Blickwinkel von Familie und Erwerbssystem, sondern darüber hinaus auch aus der Perspektive der Kinder zu betrachten. So fordert die Bundesarbeitsgemeinschaft der Landesjugendämter: „Der Auftrag von Kindertageseinrichtungen und Kindertagespflege, das Kind in seiner Entwicklung zu fördern und die Erziehung und Bildung in der Familie zu unterstützen, kann jedoch nicht gegen den Auftrag, Eltern bei der Vereinbarkeit von Familie und Erwerbstätigkeit zu unterstützen, abgewogen werden. Vielmehr ist das Wohl des Kindes ein Gesichtspunkt, der bei allen Maßnahmen von öffentlichen und privaten Einrichtungen der sozialen Fürsorge vorrangig zu berücksichtigen ist (vgl. Art. 3 Abs. 1 UN-KRK)" (BAGLJÄ 2008: 3). Mit dieser Perspektive wird hervorgehoben, dass das Kind „Person mit eigenständigen Menschenrechten" ist, wie es bereits 1998 von der

Jugendministerkonferenz festgestellt wurde (JMK 1998: 3). Damit erhält auch das Wohlergehen des Kindes im „Hier und Jetzt" einen eigenen Stellenwert (European Commission 2009: 22f.) und das Recht des Kindes, am kulturellen, sozialen Leben sowie auch an Bildung teilhaben zu können, wird betont. Auch im Sozialgesetzbuch VIII ist verankert, dass die Fachkräfte in den institutionellen Angeboten der FBBE mit den Erziehungsberechtigten zum Wohl der Kinder zusammenarbeiten sollen (SGB VIII Abs. 3). Allerdings liegen bislang in Deutschland nur sehr wenige Studien vor, die sich mit dem Wohlbefinden von – insbesondere auch jüngeren – Kindern beschäftigen (vgl. BMFSFJ 2009b). Es bedarf zukünftig weiterer Forschung, die z. B. differenzierter untersucht, wodurch ein positives Wohlbefinden von Kindern charakterisiert ist und – insbesondere auch in Angeboten der FBBE – ermöglicht werden kann. Aus der entwicklungspsychologischen Forschung liegen Erkenntnisse vor, aus denen Gestaltungsfaktoren für positive Betreuungskontexte abgeleitet werden. So wird beispielsweise in einer wertschätzenden Haltung der Erwachsenen gegenüber den Kindern eine zentrale Voraussetzung für positive Entwicklungsverläufe gesehen (Grossmann 1999: 182). Zudem sind verlässliche und stabile Beziehungen mit Erwachsenen und Feinfühligkeit im Kontakt mit Kindern grundlegende Voraussetzungen für positive Bildungs- und Entwicklungsprozesse von Kindern (Remsperger 2008). Für flexible Angebotsstrukturen in der FBBE ist deshalb in besonderem Maße zu gewährleisten, dass sie dennoch den Ansprüchen von Kontinuität und Verlässlichkeit der Beziehungen zwischen Kindern und Erwachsenen sowie auch zwischen Kindern genügen (vgl. auch Landschaftsverband Rheinland 2008).

Weitere Anforderungen an die Gestaltung von KiTas und Kindertagespflege ergeben sich aus dem Paradigma der Selbstbildung. Dieses geht aus von dem Kind als Subjekt seiner eigenen Bildungsprozesse. Das Kind ist eigenständiges sowie aktiv handelndes und gestaltendes Subjekt. Angebote der frühkindlichen Bildung können nach diesem Verständnis Kinder in ihren Entwicklungsprozessen fördern oder behindern. Kinder brauchen Entfaltungsfreiräume und Bildungsräume, die sich an den Bedürfnissen, Interessen und Voraussetzungen der Kinder orientieren und sie herausfordern. Der Bildungs- und Erziehungsauftrag von Kindertageseinrichtungen und Kindertagespflege setzt hier mit seinem eigenständigen Auftrag an und formuliert, dass Kindern in institutionellen Kontexten zusätzliche und auch andere Erfahrungs- und Bildungswelten eröffnet werden sollen als in ihren Familien. Damit sollen die Bildungs- und Entwicklungsprozesse von allen Kindern gefördert sowie bei Kindern aus sozio-ökonomisch benachteiligten Lebensverhältnissen kompensatorische Effekte erzielt werden. Eine Vielzahl von Studien belegt inzwischen auch die positiven Wirkungen, die gute Angebote auf die kognitive, soziale und emotionale Entwicklung von allen Kindern und nicht nur von Kindern aus benachteiligten Kontexten haben können (European Commission 2009: 38).

Gleichzeitig bleibt die Familie ein Lebensort des Kindes, in dem erste grundlegende Erfahrungs- und Entwicklungsmöglichkeiten mehr oder weniger ermöglicht werden. Die in England laufende EPPE-Studie zeigt, dass die konkreten Anregungen und Erfahrungswelten, die Kinder früh zu Hause erfahren, ein wichtiger Einflussfaktor für ihre Entwicklung sind – und zwar in diesem Fall sogar bedeutsamer als die soziale Schicht und das Bildungsniveau der Eltern (Siraj-Blatchford/Woodhead 2009: 28).

Für die weitere Gestaltung der frühkindlichen Bildungspolitik bedürfen die jeweils eigenständige Bedeutung von institutionellen Angeboten sowie der Familie als Orte der Bildung und Entwicklung ebenso wie die Wechselwirkungen zwischen ihnen einer sorgfältigen Wahrnehmung seitens der Politik. Dies bedeutet beispielsweise, dass ein weiterer – insbesondere qualitativer – Ausbau von guten Angeboten der FBBE in hohem Maße die Bildungsprozesse von Kindern positiv beeinflussen kann. Gleichzeitig dürfen aber die ebenfalls bedeutsamen Einflüsse der familialen Kontexte auf die Entwicklung der Kinder nicht unberücksichtigt bleiben. Vielmehr müssen auch Familien in ihren Möglichkeiten und Fähigkeiten, Kindern positive Bedingungen des Aufwachsens zu ermöglichen, gestärkt werden. Hier können beispielsweise auch Angebotsstrukturen wie Familienzentren eine wichtige Funktion erfüllen, in denen „Angebote und Leistungen für Kinder und Familien aus einer Hand angeboten werden" (BJK 2009: 29).

Die positiven Wirkungen des Krippenbesuchs für Kinder aus benachteiligten Kontexten sowie für Kinder mit Migrationshintergrund für den späteren Schulerfolg zeigen eindrücklich, welche langfristigen Auswirkungen frühkindliche Bildung für die Entwicklung des einzelnen Kindes haben kann (Bertelsmann Stiftung 2008). Auch von der Europäischen Kommission wird hervorgehoben, dass für Kinder aus benachteiligten Familienkontexten durch gute frühkindliche Bildung ein wichtiger Beitrag für die Verringerung von sozio-ökonomischen Benachteiligungen oder auch die Förderung von sozialer Mobilität geleistet werden kann (European Commission 2009: 39). Allerdings kann gute frühe Bildung weder eine schlechte Schulbildung kompensieren noch familiale Armut und Benachteiligung allein ausgleichen (ebd.). Neben den unbestreitbaren positiven Wirkungen, die von KiTas gerade für Kinder aus benachteiligten Kontexten ausgehen können, dürfen demnach nicht andere Bedingungsfaktoren von Kinderarmut in der politischen Wahrnehmung in den Hintergrund gedrängt werden. So führt das Bundesjugendkuratorium aus: „Kinderarmut stellt ein mehrdimensionales Phänomen dar: Es umspannt sowohl eine materielle Dimension (Einkommensarmut) als auch weitere Dimensionen wie Bildung, Einbindung in soziale Beziehungsnetze, Wohlbefinden etc." (BJK 2009: 7). Es ist deshalb plausibel, dass Kinderarmut eines Handlungsmix in verschiedenen Politikfeldern bedarf, der die unterschiedlichen Ursachenfaktoren von Kinderarmut anspricht. Grundsätzlich bedarf allerdings die Armut bzw. das Armutsrisiko von Kindern einer weit größeren Aufmerksamkeit, als bislang in Politik und auch Bildungseinrichtungen wahrzunehmen ist. Nach Hübenthal sind Kinder immer erheblich stärker als die gesamte Bevölkerung von Armut betroffen (Hübenthal 2009: 10). „Folglich lebt derzeit mehr als jedes vierte Kind in Deutschland im Armutsrisiko, wobei circa zwei Drittel der Kinder, die von einem Armutsrisiko betroffen sind, als dauerhaft arm gelten, also im Befragungsjahr und in mindestens zwei von drei Vorjahren mit einem Einkommen unterhalb der Armutsrisikoschwelle haben auskommen müssen" (Hübenthal 2009: 11).

Ein zentraler Handlungsstrang für die Verbesserung der Bildungs- und Entwicklungschancen von Kindern aus benachteiligten Familienzusammenhängen sind institutionelle Angebote der FBBE. Allerdings ist darüber hinaus zu berücksichtigen, dass das Wohlergehen des Kindes sowie förderliche Entwicklungsbedingungen nicht allein durch eine entsprechende öffentliche Infrastruktur ermöglicht werden können (vgl. auch European Commission 2009: 24). Auch das Bundesjugendkuratorium kommt zu der Einschätzung, dass soziale Transfers nicht gegen Infrastruktur ausgespielt werden dürfen, da für die Bewältigung prekärer Lebenslagen von Kindern auch materielle Voraussetzungen geschaffen werden müssen (BJK 2009: 16).

Bei der Ausgestaltung öffentlicher Angebote der FBBE sind neben den Anforderungen aus Erwerbswelt und Familie zunächst vor allem die Bedürfnisse und Bedarfe von Kindern zu berücksichtigen. Nur positive und förderliche Bildungsangebote in KiTas und Kindertagespflege können das Wohlergehen von Kindern im „Hier und Jetzt" ermöglichen und somit notwendige Grundlagen für gegenwärtige und auch zukünftige Bildungsprozesse legen. Damit werden gleichzeitig auch die Voraussetzungen für langfristige Wirkungen von FBBE geschaffen, die sich beispielsweise in höheren Bildungsabschlüssen zeigen können.

Vor dem Hintergrund der komplexen gesellschaftlichen Wandlungsprozesse sowie der vielfältigen Systeme der FBBE in Deutschland stehen Politik, Öffentlichkeit sowie Fachpraxis vor komplexen Gestaltungsaufgaben. Wichtige Grundlagen für politische Entscheidungsprozesse sowohl auf der Bundes- als auch auf der Bundesländerebene kann eine erhöhte Transparenz des Status quo sowie der Entwicklungsverläufe der Systeme geben. Der Länderreport Frühkindliche Bildungssysteme stellt den aktuellen Status quo sowie Entwicklungsverläufe aller sechzehn Systeme differenziert nach den Themenschwerpunkten „Teilhabe sichern", „Investitionen wirkungsvoll einsetzen" sowie „Bildung fördern – Qualität sichern" dar. Nachfolgend werden zentrale Entwicklungstrends der FBBE aufgezeigt. Für die differenziertere Betrachtung der FBBE in den Bundesländern sind die Informationen und Daten in jeweils einem Landesprofil zusammengestellt.

# Trends der FBBE in Deutschland – zentrale Ergebnisse des Länderreports 2009

Frühkindliche Bildung, Betreuung und Erziehung unterliegt in Deutschland gegenwärtig grundlegenden Transformationsprozessen, die durch eine Vielzahl von Einflussfaktoren bestimmt werden. Hinzu kommt, dass die bestehenden sechzehn Systeme aufgrund von historisch unterschiedlich geprägten Gestaltungsverläufen, lokal-kulturell differierenden Wert- und Normstrukturen sowie landesspezifischen politischen Akzentsetzungen im Bildungs- und Sozialbereich neben Ähnlichkeiten der Systeme gleichzeitig vielfältige, d. h. individuelle Merkmale in den Angebotsstrukturen, Qualitätsvorstellungen usw. aufweisen. Die nachfolgende Beschreibung von Trends der FBBE in Deutschland auf Basis der Daten und Informationen des Länderreports konzentriert sich auf zentrale Entwicklungsstränge, die aus einer Bundesperspektive identifiziert werden. Landesspezifische Besonderheiten und Details werden dafür vernachlässigt, sie lassen sich vor allem im jeweiligen Landesprofil wiederfinden. Nachfolgend werden zunächst für die drei Themenbereiche, in die sich auch jedes Landesprofil strukturiert, zentrale Entwicklungslinien nachgezeichnet.

## Teilhabe sichern

Für fast alle Kinder in Deutschland sind Kindertageseinrichtungen für einen mehr oder weniger langen Zeitraum die erste Bildungseinrichtung, die sie in ihrer Bildungsbiographie besuchen. Familienpolitische Maßnahmen wie die Gestaltung des Elterngeldes sowie das neue Scheidungsrecht und der ab 2013 geltende Rechtsanspruch auf einen Platz in einer Kindertageseinrichtung oder der Kindertagespflege für jedes Kind ab dem vollendeten ersten Lebensjahr werden in den nächsten Jahren vermutlich dazu führen, dass Kinder immer früher eine institutionelle Kindertagesbetreuung besuchen. Im Jahr 2008 (Stichtag: 15.03.) besuchte fast jedes fünfte Kind (17,8%) unter drei Jahren eine öffentlich geförderte Kindertagesbetreuung. Dabei differierten die Teilhabequoten dieser Altersgruppe in Ost (mehr als 42%) und West (etwas mehr als 12%) erheblich. Zwar werden in allen westlichen Bundesländern – wenn auch in unterschiedlichem Tempo – neue Plätze im Zuge des Bundesausbauprogramms geschaffen. Aber auch in den östlichen Bundesländern steigt die Betreuungsquote der unter Dreijährigen trotz eines bereits höheren Ausgangsniveaus langsam, aber kontinuierlich weiter an. Mittelfristig bleibt deshalb abzuwarten, ob das vom Kinderförderungsgesetz abgeleitete Ziel, nach dem bis 2013 für 35% der Kinder unter drei Jahren im Bundesgebiet ein Betreuungsangebot verfügbar sein soll, lediglich eine Zwischenstufe eines Trends weiter steigender Nachfrage ist.

Über den unmittelbaren Zugang jedes einzelnen Kindes hinaus sind für die Wirkungen der genutzten Angebotsstrukturen auch der Umfang sowie die Qualität der jeweiligen Angebote relevant. Allerdings regelt der bundeseinheitliche Rechtsanspruch auf einen Betreuungsplatz (ab 2013) zwar verbindlich den Zugang für alle Kinder ab dem vollendeten ersten Lebensjahr. Jedoch sind keine konkreten Ansprüche auf den Betreuungsumfang bundeseinheitlich festgelegt. Ein Blick auf die gegenwärtig bestehende Rechtslage zeigt, dass der zeitliche Betreuungsumfang, auf den Kinder unabhängig von der Erwerbssituation ihrer Eltern einen Rechtsanspruch haben, in den einzelnen Bundesländern durchaus unterschiedlich ausgestaltet ist. In sechs Bundesländern ist überhaupt keine garantierte Betreuungszeit gesichert. In weiteren sechs besteht ein Anspruch auf vier oder fünf Stunden täglicher Betreuungszeit, lediglich in vier Ländern ist eine

**Abb. 1 | Vertraglich vereinbarte Betreuungszeiten (2008)**

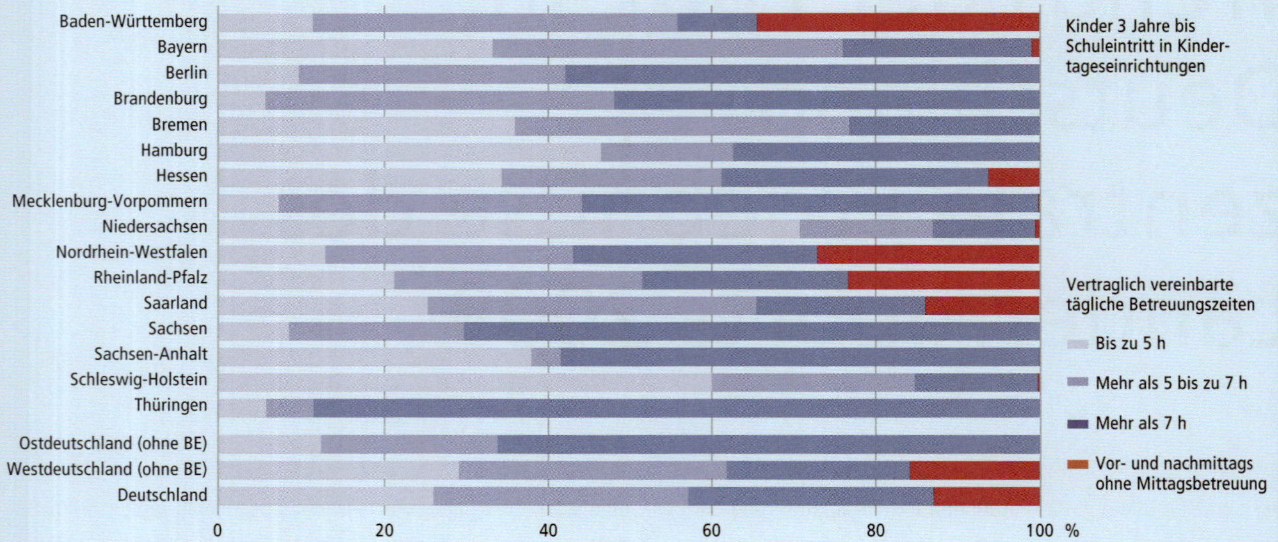


garantierte tägliche Betreuungszeit von sechs bzw. sieben Stunden täglich geregelt. Falls darüber hinaus Betreuungsbedarfe entstehen, werden diese in einigen Bundesländern unter Berücksichtigung der Erwerbstätigkeit oder Ausbildung von Eltern genehmigt.

Gleichwohl steht die Bestimmung einer Mindestbetreuungszeit für Bildungsprozesse von Kindern in institutionellen Kontexten noch aus. Der 12. Kinder- und Jugendbericht empfiehlt, dass die tägliche Betreuungszeit fünf zusammenhängende Stunden nicht unterschreiten sollte. Darüber hinaus wird allerdings eine Ausweitung des Rechtsanspruchs auf Ganztagsplätze formuliert (BMFSFJ 2005a: 41). Umfassende Analysen der Bedarfslagen von Eltern, um Erwerbstätigkeit und Familie miteinander in Einklang bringen zu können, sowie Faktoren, die den Betreuungsbedarf im Einzelfall bestimmen, fehlen noch. Generell ist allerdings plausibel, dass bei einer zunehmenden De-Stabilisierung von Erwerbs- und Familiensituationen die konkreten Bedarfe von Familien jeweils vor Ort bestimmt werden müssen. Vor diesem Hintergrund sind auch die gegenwärtig vereinbarten Betreuungszeiten für Kinder im Alter von drei Jahren bis zum Schuleintritt zu diskutieren.

Die vertraglich vereinbarten täglichen Betreuungszeiten für Kinder im Alter von drei Jahren bis zum Schuleintritt in KiTas zeigen im Ost-West-Vergleich verschiedene Schwerpunkte. Während in den östlichen Bundesländern durchschnittlich 66,0% dieser Altersgruppe mehr als sieben Stunden täglich in einer KiTa betreut werden, sind es in der Vergleichsgruppe der westlichen Bundesländer durchschnittlich nur 22,3%. Mit durchschnittlich 12,4% dieser Altersgruppe nehmen in Ostdeutschland vergleichsweise wenige Kinder bis zu fünf Stunden täglicher Betreuungszeit in Anspruch. Demgegenüber wird dieser Betreuungszeitumfang durchschnittlich von fast 30% der Kinder dieser Altersgruppe in den westlichen Bundesländern genutzt. Dabei sind die Unterschiede zwischen den westlichen Bundesländern allerdings erheblich. So sind in Niedersachsen 70% der Kinder dieser Altersgruppe täglich bis zu 5 Stunden in einer KiTa, aber in Baden-Württemberg nur 11,4%. Es liegen bislang keine Studien vor, die die teilweise extremen Differenzen in der zeitlichen Nutzung von KiTas zwischen den Bundesländern erklären. Allerdings erscheint es plausibel, dass nicht allein die Nachfragepräferenzen von Eltern für diese Unterschiede in der zeitlichen Nutzung von KiTas ausreichend sind. Insbesondere ist bislang noch nicht systematisch untersucht worden, zu welchen Steuerungseffekten die jeweiligen rechtlichen Regelungen der nutzbaren Betreuungsumfänge führen. In diesem Zusammenhang ist auch zu berücksichtigen, dass nicht in allen Bundesländern Erwerbstätigkeit von Eltern zu einem Anspruch auf ausgedehntere Betreuungszeiten führt.

Der ab 2013 bundesweit geltende Rechtsanspruch auf einen Betreuungsplatz für alle Kinder ab dem vollendeten ersten Lebensjahr lässt für jedes Bundesland die Gestaltungsfreiheit im Hinblick auf die nutzbaren Betreuungszeiten bestehen. Es bleibt abzuwarten, ob der Systemausbau, der gegenwärtig insbesondere unter der Zielsetzung steht, die Vereinbarkeit von Familie und Beruf zu fördern, auch den Umfang der Betreuungszeiten zukünftig genauer in den Blick nimmt.

## Entwicklung der Bildungsteilhabe verschiedener Altersgruppen

Die Teilhabequoten der Kinder im Alter von ein, zwei und drei Jahren zeigen erhebliche bundeslandspezifische Differenzen. In Ostdeutschland besuchen durchschnittlich 92,6% der Dreijährigen ein Angebot der FBBE. Hingegen ist in den westlichen Bundesländern durchschnittlich jedes fünfte Kind in keinem Angebot der FBBE. Dabei bestehen durchaus erhebliche Unterschiede zwischen den westlichen Bundesländern. So sind in Schleswig-Holstein 31,5% der Dreijährigen nicht in einem Angebot der FBBE, während in Rheinland-Pfalz oder Baden-Württemberg nur etwa 8% dieses Altersjahrgangs nicht in einem Angebot sind. Bei der Interpretation dieser Teilhabequoten ist auch zu berücksichtigen, dass bundesweit bereits alle Kinder ab drei Jahren einen Rechtsanspruch auf einen Betreuungsplatz haben. Gleichwohl kann mit diesen Daten nicht erklärt werden, ob die niedrigen Teilhabequoten in einigen westlichen Bundesländern auf eine geringere Nachfrage der Eltern oder ein unzureichendes Platzangebot zurückzuführen sind.

Noch deutlicher unterscheiden sich die Teilhabequoten bei den Zweijährigen. Während in den östlichen Bundesländern durchschnittlich drei Viertel der Kinder in einer KiTa oder Tagespflege sind, nutzt durchschnittlich nur ein Viertel dieses Altersjahrgangs in den westlichen Bundesländern ein solches Angebot.

## Kinder mit Migrationshintergrund

Nach den vorliegenden Berechnungen auf Basis von Daten der Kinder- und Jugendhilfestatistik sowie des Mikrozensus liegt die Teilhabe von Kindern mit Migrationshintergrund im Alter von 3 bis unter 6 Jahre an FBBE in den westlichen Bundesländern bei durchschnittlich 84%. Allerdings lassen sich durchaus erhebliche Unterschiede zwischen den Bundesländern beobachten. Während beispielsweise in Baden-Württemberg 94% der Kinder mit Migrationshintergrund ein Angebot der FBBE nutzen, sind es in Schleswig-Holstein nur 60%. Bislang gibt es keine Studien, die Erklärungsmuster für diese unterschiedlichen Teilhabequoten in den Bundesländern anbieten. Nach dieser Datenlage bestehen für Kinder mit Migrationshintergrund je nach Bundesland teilweise sehr unterschiedliche Teilhabechancen im Bereich der frühkindlichen Bildung. Neben den differierenden Nutzungsquoten von Kindern mit Migrationshintergrund zwischen den einzelnen Bundesländern zeigen sich auch innerhalb der einzelnen Bundesländer Differenzen bei der Teilhabe an FBBE von Kindern mit und ohne Migrationshintergrund. So besuchen in dieser Altersgruppe in Schleswig-Holstein 91% der Kinder ohne Migrationshintergrund ein Angebot der FBBE, aber nur

**Abb. 2 | Bildungsbeteiligung von Kindern von 3 bis unter 6 Jahre mit und ohne Migrationshintergrund (2008)**

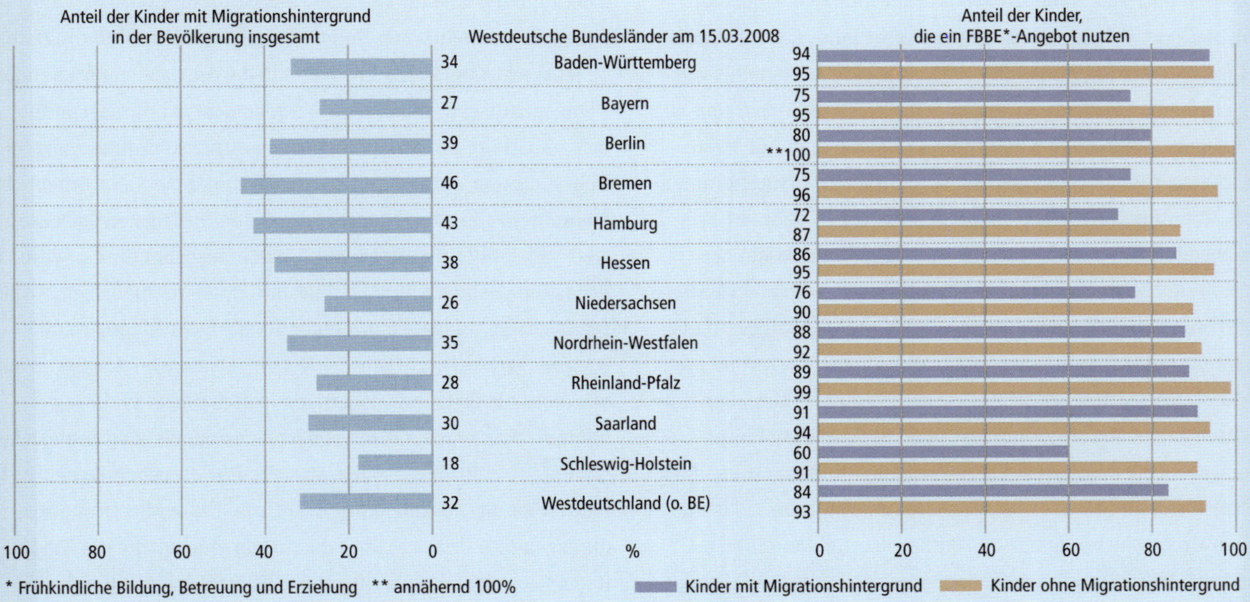

60% der Kinder mit Migrationshintergrund. Demgegenüber besteht in den Vergleichsgruppen in Baden-Württemberg lediglich eine Differenz von einem Prozentpunkt. Die unterschiedlichen Nutzungsquoten weisen vermutlich darauf hin, dass Kinder mit Migrationshintergrund oftmals nur das letzte Jahr vor Eintritt in die Schule eine KiTa besuchen. Geht man davon aus, dass ein mehrjähriger Besuch einer KiTa eine kontinuierliche Sprachbildung nachhaltiger unterstützen kann und das Beherrschen der Unterrichtssprache Deutsch Voraussetzung für den späteren Schulerfolg ist, besteht Bedarf an mehr Informationen, welche Einflussgrößen sich förderlich auf einen früheren KiTa-Besuch von Kindern mit Migrationshintergrund auswirken können.

Mit Blick auf die Suche nach wirksamen Strategien, um die Teilhabe von Kindern mit Migrationshintergrund an FBBE zu erhöhen, sind allerdings Informationen von Relevanz, die zeigen, dass – wie bei Familien ohne Migrationshintergrund – die Bildungsbeteiligung von Kindern mit Migrationshintergrund von dem Bildungsabschluss der Eltern sowie dem sozio-ökonomischen Hintergrund der Familie abhängig ist. So kommt der Nationale Bildungsbericht zum Ergebnis, dass der Bildungsabschluss der Eltern als die entscheidende Einflussgröße auf die Beteiligungsquoten der Kinder mit Migrationshintergrund in KiTas identifiziert werden kann. So zeigt sich, dass die Nutzungsquoten einer KiTa um rund fünf Prozentpunkte niedriger liegen, wenn die Eltern höchstens einen Hauptschulabschluss haben, als bei einem höheren Schulabschluss der Eltern. Diese Situation ist der mit Familien ohne Migrationshintergrund vergleichbar (Konsortium Bildungsberichterstattung 2006: 150). So kommt auch das Bundesjugendkuratorium zu der Einschätzung, dass der Migrationshintergrund als Einflussfaktor auf die Bildungsbeteiligung hinter den Wirkungen sozio-ökonomischer Ungleichheit an Bedeutung zurücktritt (BJK 2008b: 7). Damit ist die Lebenssituation von Kindern und Jugendlichen mit Migrationshintergrund etwa doppelt so häufig wie bei Nicht-Migranten durch Armut und Arbeitslosigkeit geprägt (BJK 2008b: 9). Konkret besteht nach dem 3. Armuts- und Reichtumsbericht bei Kindern und Jugendlichen unter 15 Jahren mit Migrationshintergrund eine Armutsrisikoquote von 32,6%, während diese Quote bei Kindern und Jugendlichen ohne Migrationshintergrund nur bei 13,7% liegt (BMAS 2008: 141). Als Ursachenfaktoren benennt das Bundesjugendkuratorium vor allem den ausländerrechtlichen, sozio-ökonomischen und schulischen Bildungsstatus (der Eltern) sowie ihren Status im Beschäftigungssystem. „So ist die soziale Unterschichtung der Gesamtbevölkerung durch Menschen mit Migrationsgeschichte nicht zuletzt das Resultat einer Anwerbe- und Ausländerpolitik, die ursprünglich von beiden Seiten aus nicht auf Integration und Verbleib ausgerichtet war – anders als etwa in Kanada –, sondern die Wert auf die Zuwanderung von ArbeiterInnen (erst GastarbeiterInnen, später SaisonarbeiterInnen) gelegt hat“ (BJK 2008b: 9).

Wenn mehr Kinder mit Migrationshintergrund in Deutschland deutlich früher bzw. länger eine KiTa besuchen sollen, um ihre individuelle Förderung sowie kontinuierliche Sprachentwicklung über mehrere Jahre zu ermöglichen, müssen entsprechende Maßnahmenkataloge mehrdimensional ausgerichtet sein. KiTas müssen ihre pädagogische Praxis auch an interkulturellen Ansätzen orientieren, um an den kulturellen und lebensweltlichen Voraussetzungen der Kinder anknüpfen zu können. Bildungspolitisch ist beispielsweise in 15 Bildungsplänen die Anforderung festgelegt, dass KiTas Zwei- und Mehrsprachigkeit wertschätzen und fördern sollen. Es bedarf weiterer Studien, um festzustellen, inwieweit diese Anforderung in den KiTas umgesetzt wird sowie ob die entsprechenden Rahmenbedingungen für diese Aufgabe in den KiTas bestehen. Weiterhin müssen zielgenauere Anspracheformen für jene Familien mit Migrationshintergrund entwickelt und umgesetzt werden, bei denen Eltern ein niedriges Bildungsniveau sowie einen niedrigen sozio-ökonomischen Hintergrund haben.

## Investitionen wirkungsvoll einsetzen

Der Länderreport 2009 weist die reinen Nettoausgaben der öffentlichen Haushalte für FBBE pro unter 10-jährigem Kind in jedem Bundesland im Jahr 2006 aus.[1] Durchschnittlich wurden in den ostdeutschen Bundesländern im Jahr 2006 pro unter 10-jährigem Kind 2.225 Euro öffentliche Ausgaben aufgewendet. Demgegenüber waren dies in Westdeutschland durchschnittlich 1.365 Euro pro unter 10-jährigem Kind. Allerdings verbirgt sich in diesem Durchschnittswert West eine durchaus erhebliche Spannbreite. So zeigt Niedersachsen den niedrigsten Ausgabenwert von 1.089 Euro und Hamburg den höchsten für ein westliches Bundesland mit 2.372 Euro pro unter zehnjährigem Kind. Die höchsten Ausgaben pro unter 10-jährigem Kind hat 2006 Sachsen getätigt und zwar 2.404 Euro. Demnach investiert Sachsen mehr als doppelt so viel in die frühkindliche Bildung pro unter 10-jährigem Kind wie Niedersachsen und auch Schleswig-Holstein. Die ausgewiesenen Ausgabenhöhen geben keine Auskunft über die Ausgaben pro KiTa-Platz. Die Werte ermöglichen hingegen eine Aussage über die Ausgabenhöhe, die ein Kind unter 10 Jahren in einem Bundesland für seine frühkindliche

**Abb. 3 | Investition pro unter 10-jährigem Kind (2006)**

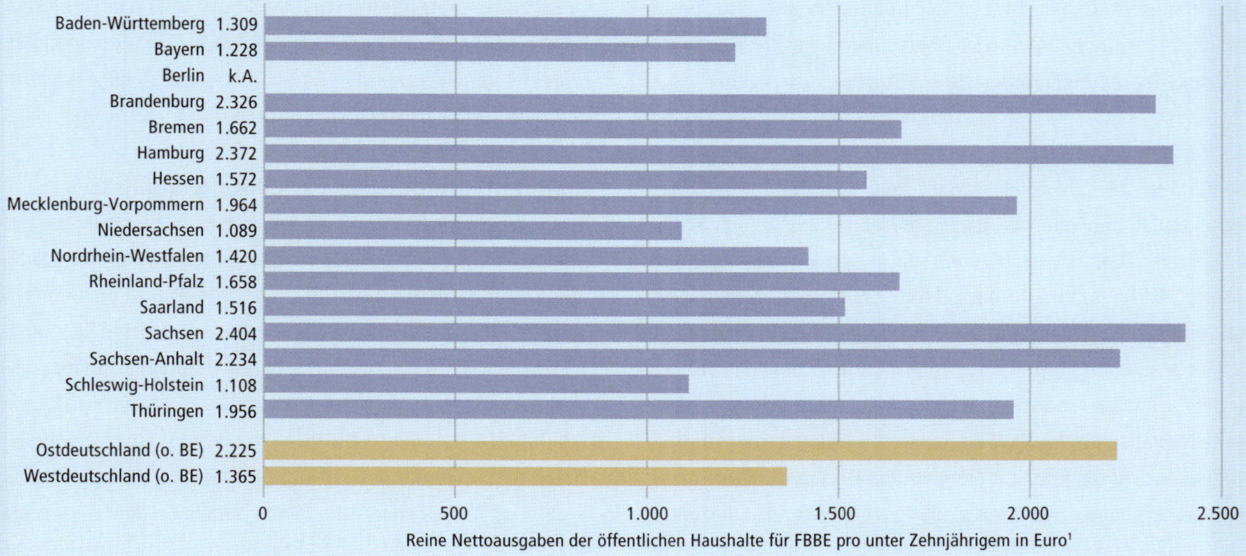


Bildung, Betreuung und Erziehung durchschnittlich erhalten hat. Dabei wird mit den Ausgaben ein teilweise heterogenes Angebotsspektrum z. B. hinsichtlich der Angebotsstrukturen für Kinder unter drei Jahren oder des Umfangs der Betreuungszeiten finanziert. Insbesondere sind in den Ausgaben auch die Aufwendungen für Horteinrichtungen enthalten, wenn sie aus Haushaltsmitteln der Kinder- und Jugendhilfe finanziert werden. Allerdings variieren die Angebote im Hortbereich erheblich zwischen den Bundesländern. Insgesamt ist die Datenlage über öffentliche Ausgaben im Bereich der FBBE – insbesondere für den Bundesländervergleich – noch sehr mangelhaft. Insbesondere auch für politische Entscheidungen wäre eine höhere Transparenz erstrebenswert. Darüber hinaus wird zukünftig genauer in den Blick zu nehmen sein, welche Anforderungen an KiTas und Kindertagespflege konkret gestellt werden und ob diese im Rahmen der verfügbaren Ressourcen realistisch erfüllt werden können bzw. welche Ressourcen hierfür bereitzustellen wären (vgl. auch BJK 2008a: 38). Dahinter verbirgt sich die Fragestellung, welche Personalressourcen z. B. erforderlich sind, damit sich die pädagogische Praxis an den Anforderungen eines Bildungsplans orientieren kann. So hebt auch das Bundesjugendkuratorium hervor, dass sich die Finanzkalkulationen bei den Angebotsstrukturen für die unter Dreijährigen primär am Betreuungsbedarf (zur Ermöglichung der Erwerbstätigkeit von Eltern) orientieren und nicht am Förderbedarf des Kindes im Allgemeinen sowie an „zusätzlichem kompensatorischen Förderbedarf" zur Unterstützung von Chancengerechtigkeit für Kinder aus benachteiligten Lebenskontexten (BJK 2008a: 37). Eine damit implizierte ungleiche Ressourcenverteilung wird in wenigen Bundesländern, wie z. B. Bayern, bei Kindern mit Behinderung oder mit Migrationshintergrund praktiziert. Allerdings gibt es bislang kein gesichertes Wissen, ob und welche erhöhten Ressourcenbedarfe durch welche Kinder oder Sozialräume, in denen KiTas sind, verursacht werden.

## Bildung fördern – Qualität sichern

Zwar werden die aktuellen Entwicklungen in den westlichen Bundesländern wesentlich vom Ausbau der Plätze für Kinder unter drei Jahren geprägt, gleichzeitig lassen sich aber in den meisten Bundesländern auch weiterführende Aktivitäten zur Weiterentwicklung der Qualität von KiTas beobachten. So werden Bildungspläne für die Bildungs- und Entwicklungsprozesse von Kindern unter drei Jahren weiterentwickelt; insbesondere in einigen östlichen Bundesländern sind die Rahmenbedingungen im Bereich der Personalressourcen ein zentrales Thema. Darüber hinaus sind Themen wie Familienzentren, Kooperation von KiTas und Grundschulen, Sprachförderung, besondere Förderung von Kindern aus benachteiligten Kontexten auf der Agenda der Bundesländer. Allerdings lässt sich insgesamt feststellen, dass das Aktivitätsspektrum der Bundesländer deutlich differiert.

In allen Bundesländern liegen Bildungspläne vor, die die Orientierung für die pädagogische Praxis darstellen. Die nun bereits vorliegenden Erfahrungen aus der Praxis sind teilweise Grundlage für eine Überarbeitung der Pläne, z. B. auch, indem sie für ein größeres Altersspektrum erweitert werden. Häufig werden auch Erweiterungen im Bereich der Bildungsprozesse für unter Dreijährige vorgenommen oder Themenbereiche wie Familienzentren oder die Kooperation Kita – Grundschule ergänzt.

Aus der Befragung der Länderministerien zeigt sich, dass in allen Bundesländern vergleichsweise breit über den jeweiligen Bildungsplan informiert wird bzw. dieser gut zugänglich ist. Auffällig ist, dass inzwischen in neun Bundesländern Informationsmaterial über den Bildungsplan mehrsprachig verfügbar ist. Allerdings gilt auch, dass immer noch in gut der Hälfte der Bundesländer kein mehrsprachiges Informationsmaterial für Eltern vorliegt. Da insbesondere in den westlichen Bundesländern etwa ein Drittel aller Kinder in KiTas einen Migrationshintergrund hat und zudem die jüngsten Berechnungen zeigen, dass in einigen Bundesländern durchaus größere Anteile von Kindern mit Migrationshintergrund nicht oder nur kurz vor der Schule eine KiTa besuchen, wird hier Handlungsbedarf gesehen. Insbesondere verständliche und zugängliche Informationen für Eltern über die Ziele und Inhalte von Bildungsprozessen könnten die Transparenz über die pädagogische Arbeit in den KiTas erhöhen und gleichzeitig auch Grundlage einer Verständigung über kulturelle Werte und Normen sein. Nach den Angaben der Länderministerien zählt Qualifizierung für den jeweiligen Bildungsplan durchaus zu einem wichtigen Aufgabenfeld aus der Landesperspektive. Insbesondere stehen nach diesen Angaben außer in einem Bundesland öffentliche Mittel für regelmäßige Fortbildungen zum Bildungsplan für alle pädagogischen Mitarbeiter zur Verfügung. Hinsichtlich der Überprüfung der Umsetzung der Bildungspläne hat sich im Vergleich zum Vorjahr wenig verändert. Lediglich die Aufnahme des Bildungsplans in die pädagogische Konzeption einer Einrichtung ist in zehn Bundesländern vorgeschrieben. Allerdings ist damit keine kontinuierliche Evaluation gewährleistet.

### Kooperation KiTa – Grundschule

Die Kooperation zwischen KiTa und Grundschule ist bildungspolitisch ein bedeutsames Thema. So liegen nach Angaben der zuständigen Landesministerien in allen Bundesländern landesweit verbindliche Regelungen für diesen Handlungsbereich vor. Auffällig ist allerdings, dass lediglich in vier Bundesländern fachliche Standards für die konkrete Gestaltung der Kooperationen verbindlich festgeschrieben sind. Zusätzliche Ressourcenausstattung für Grundschulen gibt es noch in fünf Bundesländern, also einem Bundesland weniger als im Vorjahr. Für die KiTas gibt es in einem Bundesland mehr als im Vorjahr – insgesamt in vier Bundesländern – zusätzliche Mittel für die Kooperation. Diese Zusammenstellung wirft die Frage auf, ob die bildungspolitischen Erwartungen an diese Kooperationen korrespondieren mit einem entsprechenden Ressourceneinsatz, insbesondere für den Bereich der pädagogischen Fachkräfte.

### Rahmenbedingungen für Bildungsqualität

Im Vergleich zur Befragung im Rahmen des Länderreports 2008 lassen sich nur wenige Veränderungen bei den Rahmenbedingungen für die Strukturqualität von KiTas feststellen. Immer noch bestehen in allen sechzehn Bundesländern präzise Regelungen für die Personalschlüssel sowie in der Hälfte der Länder präzise Vorgaben für maximale Gruppengrößen. Nach den vorliegenden Daten gibt es bei der Leitungsfreistellung deutliche Veränderungen zum Vorjahr, da hier in zwei Ländern weniger – jetzt noch in sechs – präzise Vorgaben bestehen. Da der Leitung von KiTas eine zentrale Bedeutung für die Qualität(-sentwicklung) zugeschrieben wird, bedarf es weiterer Studien, um die tatsächliche Ausstattung mit Leitungspersonal genauer zu bestimmen. Auch bei den Regelungen zur Qualitätsüberprüfung gibt es lediglich geringfügige Veränderungen: Bemerkenswert ist, dass nach wie vor das Verfahren der Selbstevaluation in fünf Bundesländern vorgeschrieben ist, hingegen die Fremdevaluation nur in einem Bundesland. Insgesamt vermitteln die Ergebnisse der Umfrage bei den Länderministerien den Eindruck, dass bei den Rahmenbedingungen für Bildungsqualität sowie dem Einsatz von Verfahren zur Qualitätsüberprüfung wenig Dynamik besteht.

Die pädagogischen Personalressourcen zählen zu den wichtigsten Bestandteilen der Strukturqualität. Im Länderreport 2009 liegen neuartige Personalschlüsselberechnungen vor, die sowohl für die Kinder unter drei als auch für die Kinder über drei Jahren die Personalressourcen ausweisen, die in verschiedenen Gruppentypen ermittelt werden können. Grundlage für die Berechnungen sind Daten aus der Kinder- und Jugendhilfestatistik und damit die Angaben aller KiTas in Deutschland zu den Personalressourcen, die ihnen zur Verfügung stehen.

## Pädagogische Fachkräfte im Fokus bildungspolitischer Reformen in KiTas

Mit der wachsenden Anerkennung von KiTas als Bildungseinrichtungen sowie den konkreter formulierten gesellschaftlichen Erwartungen an KiTas, insbesondere in Gestalt von Bildungsplänen, gerät zunehmend auch die Arbeit der pädagogischen Fachkräfte in den Blick bildungspolitischer Reformen. Nicht zuletzt sind sie diejenigen, die vor Ort in den Einrichtungen den gesellschaftlichen Auftrag von KiTas in der pädagogischen Praxis realisieren (müssen). Aus Sicht des Bundesjugendkuratoriums besteht gegenwärtig in den Einrichtungen die Gefahr, dass eine Situation der Überforderung der Fachkräfte entsteht, da die formulierten Erwartungen zu umfangreich seien bzw. nicht mit einer angemessenen Ressourcenausstattung verknüpft würden (BJK 2008a: 43f.). Forderungen nach verbesserten Personalressourcen bieten allerdings immer Anlass für politische Kontroversen, da für ihre Realisierung gegebenenfalls mit erheblichen Steigerungen der öffentlichen Ausgaben zu rechnen ist.

In diesem Kontext sind die trägerübergreifenden Initiativen in einigen Bundesländern sowie von Landesregierungen beschlossene Veränderungen von Personalressourcen für KiTas zu verorten. Diese konzentrieren sich vor allem auf die quantitative Ausstattung von KiTas mit pädagogischem Personal. Grundsätzlich ist dabei zu berücksichtigen, dass die verfügbaren Personalressourcen nicht nur die Zahl der Kinder, die von einer pädagogischen Fachkraft betreut werden, bestimmen. Gleichzeitig werden damit auch die Zeitressourcen für wachsende Aufgabenbereiche festgelegt, die nicht unmittelbar mit den Kindern verbracht werden. Hierzu zählen beispielsweise Elterngespräche, Kooperationen mit Grundschulen sowie anderen Einrichtungen im Gemeinwesen, Teamgespräche, Qualitätsentwicklung und Dokumentation von Bildungsprozessen. Dabei sind auch mögliche Wechselwirkungen zwischen dem Umfang von Arbeitszeit für die pädagogische Praxis mit Kindern sowie Arbeitszeit für Aufgaben ohne Kinder zu berücksichtigen. So kommt Becker-Stoll u. a. zu dem Ergebnis, dass die Ausgestaltung der Bildungsangebote auch von den Zeitressourcen im Rahmen der mittelbaren pädagogischen Arbeitszeit abhängig ist, da Bildungsangebote z. B. vorbereitet werden müssen (Becker-Stoll et al. 2009: 157f.).
Als mindestens genauso bedeutsam sind allerdings auch die qualitativen Kapazitäten des pädagogischen Personals, d. h. ihre professionelle Kompetenz, einzuschätzen. Denn unter Berücksichtigung der internationalen und wenigen nationalen Forschung kann man zu der begründeten Annahme kommen, dass gute pädagogische Praxis in besonderem Maße abhängig ist von der Fachkraft-Kind-Relation, der Gruppengröße sowie der Qualifikation der Fachkräfte (vgl. Viernickel/Schwarz 2009: 13).
In der öffentlichen Debatte stehen gleichwohl Maßnahmen zur Ausbildung sowie kontinuierlichen Professionalisierung eher im Hintergrund, wenngleich eine Vielzahl von Studiengängen an Hochschulen aufgebaut werden. Aber nicht nur die Ausbildung, sondern auch kontinuierliche und berufsbegleitende Fort- und Weiterbildung sowie verlässliche Unterstützungs- und Beratungssysteme sind wichtige Voraussetzungen bzw. Grundlagen für eine hohe Professionalität des pädagogischen Fachpersonals.

Auf Basis vorliegender Forschung wird davon ausgegangen, dass die jeweiligen Strukturqualitäten notwendige Voraussetzungen für eine gute Qualität der pädagogischen Prozesse schaffen. Viernickel und Schwarz betonen dabei, dass eine gute pädagogische Prozessqualität von mehreren Merkmalen der Strukturqualität mitbestimmt wird, die auch in Wechselwirkung zueinander stehen (Viernickel/Schwarz 2009: 17). Allerdings besteht weiterer Forschungsbedarf hinsichtlich der konkreten pädagogischen Prozesse: Nicht zuletzt ist eine direkte Übertragbarkeit internationaler Forschungsergebnisse auf die deutsche Situation vermutlich nicht möglich, da andere Ausgangsbedingungen und Zielsetzungen bestehen (vgl. auch Viernickel/Schwarz 2009: 17). Vorliegende Studienergebnisse weisen darauf hin, dass eine hohe pädagogische Prozessqualität z. B. durch Sensibilität und Einfühlsamkeit der Fachkräfte gegenüber den Kindern gekennzeichnet ist und dass auf die individuellen Bedürfnisse, Interessen und Entwicklungsvoraussetzungen der Kinder von den pädagogischen Fachkräften eingegangen wird usw. (Viernickel/Schwarz 2009: 10). Dies bedeutet, dass durch die Kompetenzprofile des pädagogischen Fachpersonals u. a. gewährleistet werden muss, dass Kinder stabile Beziehungen und Bindungen zu Erwachsenen in der KiTa, als grundlegende Voraussetzungen für Bildungsprozesse, aufbauen und erfahren können (vgl. auch Remsperger 2008).

Die Notwendigkeit eines neuen Blicks auf die quantitativen und qualitativen Kapazitäten des pädagogischen Fachpersonals in KiTas begründet sich zunächst in den neuen sowie zusätzlichen Anforderungen, die aufgrund vielfältiger Entwicklungen an KiTas gestellt werden. So erwachsen beispielsweise aus dem steigenden Anteil von unter Dreijährigen in den Einrichtungen neue Anforderungen an die pädagogische Praxis, die auf diese Altersgruppe ausgerichtet ist und die gleichzeitig den größeren Altersspannbreiten in den KiTas gerecht wird. Auch die erweiterten Kooperationsbeziehungen mit Grundschulen sowie mit weiteren Einrichtungen und Akteuren des Gemeinwesens bedürfen zusätzlich zeitlicher Ressourcen sowie gleichzeitig Fähigkeiten, um Netzwerke aufzubauen und zu pflegen. Nicht zuletzt die wachsende sozio-kulturelle Vielfalt von Kindern und ihren Familien brauchen eine interkulturell ausgerichtete pädagogische Praxis und eine gelebte, d. h. kontinuierliche Auseinandersetzung mit den heterogenen Lebenswelten der Kinder sowie Dialoge mit Eltern. Dieser Heterogenität der kulturellen und sozialen Hintergründe von Kindern und ihren Familien können Fachkräfte immer weniger durch standardisiertes pädagogisches Handeln begegnen. Darüber hinaus begründet das Paradigma der Selbstbildung die fach- und bildungspolitische Prämisse, dass Bildungsprozesse hochgradig individuell verlaufen und deshalb nur durch eine jeweils kindbezogene, d. h. hochgradig individuelle Praxis wirksam gefördert werden können.

Vor dem Hintergrund dieser Entwicklungen ist eine Neubestimmung der strukturellen Rahmenbedingungen von KiTas gegenwärtig in vielen Bundesländern auf der politischen Agenda bzw. in der fachpolitischen Diskussion. Bevor allerdings über die konkrete Personalausstattung politisch sowie finanziell Entscheidungen getroffen werden können, bedarf es zunächst höherer Transparenz über die vorhandenen Personalressourcen sowie im Weiteren Maßstäben oder Orientierungen für die erforderliche Bemessung der Personalressourcen. In Deutschland besteht noch erheblicher Forschungsbedarf, um hier zu Erkenntnissen zu gelangen. Dabei ist eine Vielzahl von Fragestellungen zu berücksichtigen, wie zum Beispiel:

- Wie hoch ist der Personalbedarf, der eine individuelle Gestaltung von Bildungs- und Entwicklungsprozessen von Kindern ermöglicht, so dass aktuelle bildungspolitische Zielsetzungen realisiert werden können?
- Wie viele Personalressourcen sind für die unterschiedlichen Altersgruppen sowie je nach Altersmischung einer Gruppe erforderlich?
- Welche Anteile an der gesamten Arbeitszeit des pädagogischen Personals sind für die konkrete pädagogische Praxis mit den Kindern (unmittelbare pädagogische Arbeit), für weitere Aufgaben ohne Kinder (mittelbare pädagogische Arbeit) sowie Ausfallzeiten vorzusehen?
- Bestehen zusätzliche Personalbedarfe in Abhängigkeit von den sozio-ökonomischen und sozialen Lebenskontexten der Kinder in der KiTa?
- Welches Verhältnis von Vollzeit- und Teilzeitstellen ist auf Einrichtungsebene erforderlich, damit verlässliche und kontinuierliche Beziehungsverhältnisse als Basis von Bildungsprozessen realisiert werden können (vgl. auch BJK 2008a: 30)?
- Welche Personalressourcen sind für flexible und erweiterte Angebotsformen erforderlich, wenn bei der Bemessung auch zusätzliche Arbeitszeiten z. B. für intensivere Abstimmungsprozesse durch diese Betreuungsform innerhalb des Teams einer Einrichtung berücksichtigt werden?

Zu diesen Fragestellungen besteht nicht nur Forschungsbedarf, sondern letztlich auch Entscheidungsbedarf darüber, welche Kontexte des Aufwachsens und Bildens eine Gesellschaft Kindern ermöglichen will.

Bislang sind in Deutschland nur sehr wenige Studien zu Fragen der Personalressourcenbemessung durchgeführt worden. Jüngste Studien sind insbesondere motiviert worden durch die Fragestellung, ob ein Bildungsplan mit den gesetzlich bestimmten Personalressourcen realisiert werden kann (vgl. Arbeitsgruppe Berliner Kita-Eigenbetriebe, Liga der Wohlfahrtsverbände, Dachverband Berliner Kinder- und Schülerläden [DaKS] 2008). Die internationale Forschung zur angemessenen Personalressourcenausstattung in Einrichtungen der frühkindlichen Bildung ist ebenfalls noch wenig ausgeprägt. Vorliegende Studien versuchen insbesondere in Experimentalstudien die Interaktionsmerkmale zwischen Erzieherin und Kindern in Abhängigkeit von der jeweiligen Fachkraft-Kind-Relation zu ermitteln und daraus Richtwerte für Fachkraft-Kind-Relationen abzuleiten. Bislang ist auch noch nicht systematisch untersucht worden, ob das jeweils in den Studien zugrunde gelegte Bildungsverständnis sowie die konkreten Anforderungen an die pädagogische Arbeit tatsächlich mit dem Bildungsauftrag in deutschen KiTas vergleichbar sind. Des Weiteren werden Aufgabenbereiche, die nicht unmittelbar mit Kindern verbunden sind, in diesen Studien nicht untersucht.

### Personalschlüssel als bildungspolitischer Reformhebel

Aus der Befragung aller für KiTas zuständigen Ministerien im Rahmen des Ländermonitorings ergibt sich, dass in allen sechzehn Ländern präzise Regelungen für die Fachkraft-Kind-Relation in KiTas bestehen. Damit liegen allerdings noch keine Informationen über die Fachkraft-Kind-Relationen in den Einrichtungen vor. Eine direkte Vergleichbarkeit der in den Bundesländern geltenden Fachkraft-Kind-Relationen ist ebenfalls nicht möglich, weil die Bemessungsgrößen in den gesetzlichen Regelungen sehr unterschiedlich gewählt sind. So werden beispielsweise Personalanteile pro Kind oder eine maximale Gruppengröße in Kombination mit einer Fachkraftbesetzung ausgewiesen. Des Weiteren umfassen die geregelten Personalressourcen häufig die gesamte Arbeitszeit der Fachkräfte, ohne jene Personalanteile zu präzisieren, die für die unmittelbare pädagogische Praxis mit den Kindern sowie für das breite Spektrum der Aufgaben ohne Kinder vorgesehen sind.

Anknüpfend an diese Intransparenz der bestehenden Personalsituationen sowie die uneinheitlichen Begrifflichkeiten und Definitionen ist bereits im Länderreport 2008 zwischen dem

Personalschlüssel und der Fachkraft-Kind-Relation differenziert worden (Länderreport 2008). Mit dem Personalschlüssel wird die vertragliche Arbeitszeit einer pädagogischen Fachkraft bezeichnet. Die Dortmunder Arbeitsstelle Kinder- und Jugendhilfestatistik hat ein Konzept zur Berechnung der Personalschlüssel in KiTas auf Basis der Kinder- und Jugendhilfestatistik entwickelt. Die Berechnungen ermöglichen aufgrund der identischen Berechnungsgrundlagen auch einen Bundesländervergleich der Personalschlüssel. Hervorzuheben ist, dass die ausgewiesenen Personalschlüssel rechnerische Größen sind, d. h., sie können nicht direkt mit der im Alltag wahrgenommenen Fachkräfteausstattung verglichen werden. Der Personalschlüssel gibt auch nicht an, wie viele Kinder zu jedem Zeitpunkt am Tag von einer Fachkraft betreut werden. Konkret beschreibt der Personalschlüssel jeweils die Relation zwischen den täglichen Betreuungszeiten aller Kinder und der gesamten vertraglichen Arbeitszeit der in der Gruppe tätigen Erzieherinnen. Den Gruppen werden zudem auch noch anteilig das gruppenübergreifende sowie das Leitungspersonal zugeordnet. Der Personalschlüssel weist den Personalressourceneinsatz als Relation aus, d. h., wie viele Ganztagsbetreuungsäquivalente auf Seiten der betreuten Kinder auf ein Vollzeitbeschäftigungsäquivalent auf Seiten der pädagogisch Tätigen kommen. So würde beispielsweise der Wert 6 ausdrücken, dass 6 Ganztagsbetreuungsäquivalente (der Kinder) in einer Gruppe auf 1 Vollzeitbeschäftigungsäquivalent (pädagogische Fachkraft) kommen. Dies ist erforderlich, da nur auf diese Weise trotz der unterschiedlichen Betreuungszeiten der Kinder sowie Beschäftigungszeiten der Fachkräfte in den KiTas vergleichbare Messwerte gebildet werden können.

Da der Personalschlüssel die gesamte Arbeitszeit umfasst, sind darin sowohl die Zeiten für die direkte pädagogische Arbeit mit den Kindern als auch Zeiten für alle übrigen Aufgaben ohne Kinder, wie Teamsitzungen, Elterngespräche, Bildungsdokumentation usw., sowie außerdem Urlaubs-, Fortbildungs- und Krankheitszeiten enthalten. Viernickel und Schwarz differenzieren hier begrifflich zwischen der unmittelbaren und mittelbaren pädagogischen Arbeitszeit sowie Ausfallzeiten (Viernickel/Schwarz 2009).

Damit konkreter ausgewiesen werden kann, wie sich das Verhältnis von Kindern zu pädagogischem Fachpersonal darstellt, müssen die für die unmittelbare pädagogische Arbeit verfügbaren Arbeitszeiten des pädagogischen Fachpersonals berechnet werden. Dafür muss der Anteil der mittelbaren pädagogischen Arbeit sowie der Urlaubs- und Krankheitszeiten an der gesamten Arbeitszeit bestimmt werden. Wenn dieser Anteil von der gesamten vertraglichen Arbeitszeit abgerechnet wird, erhält man die Arbeitszeit, die unmittelbar für die pädagogische Arbeit zur Verfügung steht. Dieses Resultat wird als die Fachkraft-Kind-Relation bezeichnet. Auf Basis der Kinder- und Jugendhilfestatistik kann die bestehende Fachkraft-Kind-Relation für die KiTas nicht berechnet werden, da die jeweiligen Anteile der Arbeitszeiten weitgehend unbekannt sind. Allerdings werden unter Berücksichtigung vorliegender Studien Empfehlungen für Personalschlüssel sowie Fachkraft-Kind-Relationen im Ländermonitoring formuliert – jeweils differenziert für Kinder unter drei Jahren sowie ältere Kinder. Ausgehend von den empfohlenen Fachkraft-Kind-Relationen wird davon ausgegangen, dass 25% der vertraglichen Arbeitszeiten für mittelbare pädagogische Arbeitszeit sowie Ausfallzeiten (Urlaub, Fortbildung und Krankheit) vorzuhalten sind. Auf dieser Basis kann der Personalschlüssel berechnet werden. Dies bedeutet, dass bei einer Fachkraft-Kind-Relation von 1:3 und einem Anteil von 25% für mittelbare pädagogische Arbeitszeit sowie Ausfallzeiten ein Personalschlüssel von 1:3 erforderlich ist. Auch die Fachkraft-Kind-Relation weist den Personalressourceneinsatz als Relation aus, d. h., wie viele Ganztagsbetreuungsäquivalente auf Seiten der betreuten Kinder auf ein Vollzeitbeschäftigungsäquivalent auf Seiten der pädagogisch Tätigen kommen. Damit beschränkt sich die Fachkraft-Kind-Relation zwar auf die Kontaktzeiten mit den Kindern, sie kann aber auch nur eine Annäherung an das täglich in der Praxis erfahrene Verhältnis von Erzieherin zu Kindern sein. Denn die unterschiedlichen Umfänge der konkreten Beschäftigungs- sowie Betreuungszeiten werden zur Vergleichbarkeit in Vollzeitbeschäftigungs- bzw. Ganztagsbetreuungsäquivalente umgerechnet.

Im Ländermonitoring werden nun Personalschlüsselberechnungen auf der Basis der Kinder- und Jugendhilfestatistik vorgelegt, die somit auf den Angaben der KiTas zu den bestehenden Personalressourcen sowie vertraglich vereinbarten Betreuungszeiten der Kinder beruhen. Im Ländermonitoring 2008 sind Personalschlüssel für Krippengruppen, in denen nur Kinder unter drei Jahren, sowie für Kindergartengruppen, in denen nur Kinder ab 3 Jahren betreut werden, ausgewiesen worden. Nach diesen Berechnungen bestehen bei den Personalschlüsseln zum Teil erhebliche Unterschiede in der Personalausstattung zwischen den Bundesländern. Allerdings ist der Anteil der unter Dreijährigen, die in Krippengruppen betreut werden, insbesondere in den westlichen Bundesländern oftmals eher niedrig. Unter Dreijährige werden häufig auch in anderen Gruppentypen betreut. Dies trifft ebenfalls auf die Gruppe der älteren Kinder zu. Deshalb sind im Rahmen des Ländermonitorings 2009 von der

Dortmunder Arbeitsstelle Kinder- und Jugendhilfestatistik Personalschlüssel für verschiedene Gruppentypen berechnet worden.

### Personalschlüssel für Kinder unter 3 Jahren differenziert nach Gruppentyp

Aus bundesdeutscher Perspektive zeigen die Ergebnisse, dass am Stichtag 15.03.2008 knapp 36% der unter Dreijährigen in einer Krippengruppe betreut wurden. In diesen besteht ein Personalschlüssel von durchschnittlich 1:6,0. Darüber hinaus besuchen fast 40% der unter Dreijährigen eine altersübergreifende Gruppe, in der Kinder im Alter zwischen 0 Jahren bis zum Schuleintritt sind. Durchschnittlich besteht in diesen Gruppen im Bundesdurchschnitt ein Personalschlüssel von 1:7,7. Einen noch schlechteren Personalschlüssel erfahren knapp 18% der Kinder ab zwei Jahren bis zum Schuleintritt in den geöffneten Kindergartengruppen. Dies sind Kindergartengruppen, in denen ursprünglich nur Kinder ab drei Jahren betreut wurden und die im Zuge des Ausbaus von Plätzen für unter Dreijährige auch für Kinder ab zwei Jahren geöffnet worden sind. In diesen Gruppen besteht ein durchschnittlicher Personalschlüssel von 1:9,3.

Ein Vergleich der Situation in Ost- und Westdeutschland zeigt, dass in Ostdeutschland die Mehrzahl der Kinder unter drei Jahren, die in einer Kindertageseinrichtung sind, eine Krippengruppe besuchen (mehr als 55%). Durchschnittlich besteht in diesen Gruppen ein Personalschlüssel von 1:6,5. Demgegenüber werden mehr als 44% der unter Dreijährigen, die in Westdeutschland in einer Kindertageseinrichtung sind, in einer altersübergreifenden Gruppe betreut. In diesen Gruppen besteht ein durchschnittlicher Personalschlüssel von 1:6,9. Als altersübergreifende Gruppe werden jene Gruppen bezeichnet, in denen Kinder zwischen 0 Jahren bis zum Schuleintritt betreut werden. Gut ein Viertel der unter Dreijährigen, die in Westdeutschland eine Kindertageseinrichtung nutzen, ist in einer geöffneten Kindergartengruppe. In geöffneten Kindergartengruppen werden Kinder ab zwei Jahren bis zum Schuleintritt betreut. Der in diesen Gruppen durchschnittlich bestehende Personalschlüssel von 1:9,0

**Abb. 4 | Anteil der Kinder unter 3 Jahren nach Gruppentyp und Personalschlüssel nach Gruppentyp (2008)**

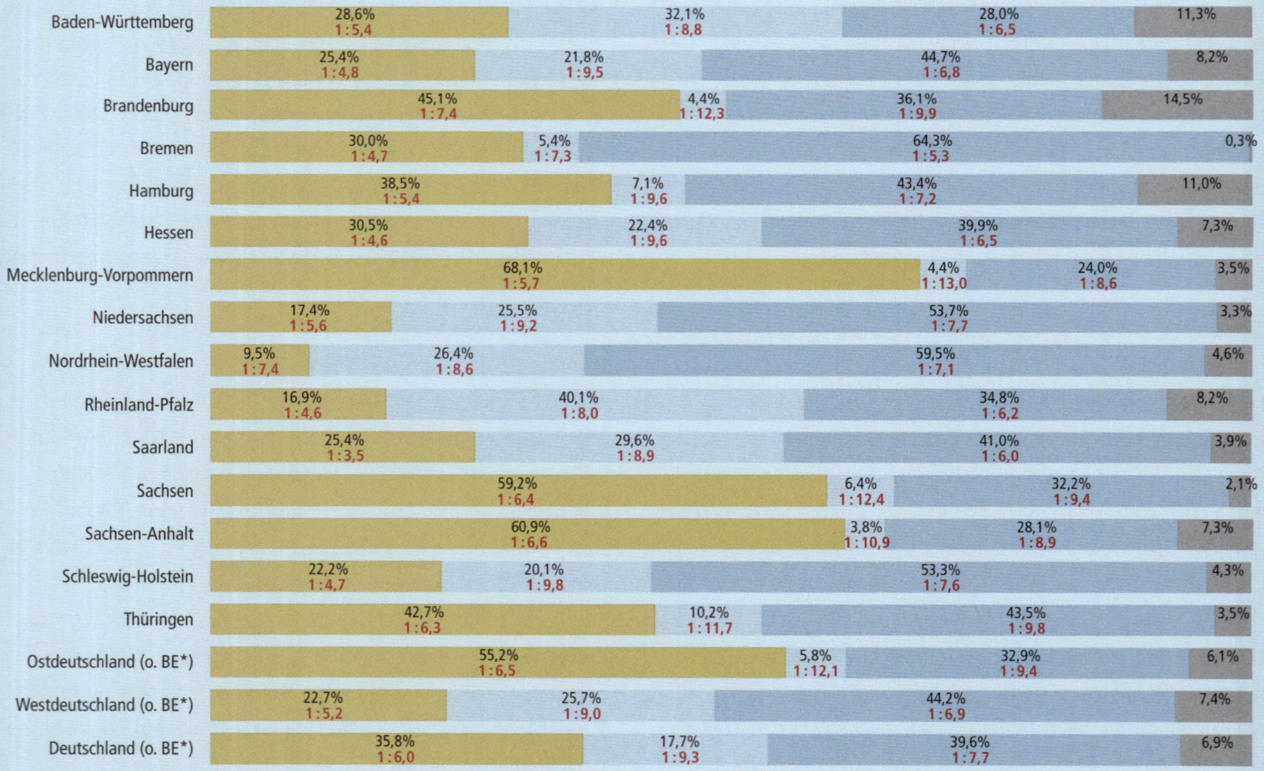


Gruppentyp 1: Krippe: 0 bis unter 3 J.
Gruppentyp 2: Kindergarten alterserweitert: 2 J. bis Schuleintritt
Gruppentyp 3: Altersübergreifend: 0 J. bis Schuleintritt
Einrichtungen ohne feste Gruppenstruktur: Die Ausweisung eines gruppenbezogenen Personalschlüssels ist nicht sinnvoll.

* In Berlin werden fast alle Einrichtungen statistisch als Einrichtungen ohne feste Gruppenstruktur erfasst, auch wenn in Einrichtungen mit einer festen Gruppenstruktur gearbeitet wird. Aus diesem Grund werden für Berlin keine Werte ausgewiesen.

1:x = Durchschnittlicher Personalschlüssel

ist im Westdurchschnitt der schlechteste. Dieser Gruppentyp hat sich im Zuge des Platzausbaus für unter Dreijährige in den westlichen Bundesländern entwickelt und es bleibt abzuwarten, ob er auch zukünftig ein wichtiger Gruppentyp sein wird. In Ostdeutschland hat er eine vergleichsweise geringe Bedeutung. Fast 33% der unter Dreijährigen, die in Ostdeutschland in einer Kindertageseinrichtung sind, werden in einer altersübergreifenden Gruppe mit einem Personalschlüssel von 1:9,4 betreut. Dieser ist noch ungünstiger als der Durchschnitt in den geöffneten Kindergartengruppen in Westdeutschland. Die günstigste Personalausstattung haben Krippengruppen in Westdeutschland. Dort erfahren fast 23% der betreuten Kinder einen Schlüssel von 1:5,2. Allerdings bestehen durchschnittlich für 77% der unter Dreijährigen in Westdeutschland schlechtere Personalausstattungen.

Bei der Interpretation dieser Ergebnisse ist zu berücksichtigen, dass die Zuordnung der Gruppen zu den genannten Gruppentypen nicht von den Einrichtungen selbst vorgenommen wurde. Vielmehr wurde eine Gruppe anhand der Alterszusammensetzung der Kinder einer Gruppe einem Gruppentyp zugeordnet und zwar im Rahmen der Auswertungen der Kinder- und Jugendhilfestatistik durch die Dortmunder Arbeitsstelle. Insgesamt sind drei Gruppentypen gebildet worden. Mit der zugrunde gelegten Definition von Gruppentypen können alle Gruppen, in denen Kinder unter drei Jahren in einer KiTa in Deutschland betreut werden, einem bestimmten Gruppentyp zugeordnet werden. Dargestellt werden dabei nicht die Anteile der Gruppentypen, sondern wie sich die Kinder auf diese Gruppentypen verteilen. Grundsätzlich ist zu beachten, dass in den jeweiligen Bundesländern möglicherweise andere Bezeichnungen für die betrachteten Gruppen verwendet werden. Weiterhin ist mit diesen Berechnungen keine Aussage über die pädagogische Konzeption der verschiedenen Gruppentypen möglich. Ein Teil der KiTas gibt für die Kinder- und Jugendhilfestatistik an, dass sie keine feste Gruppenstruktur haben; somit kann kein gruppenbezogener Personalschlüssel berechnet werden.

## Personalschlüssel für Kinder ab drei Jahren bis zum Schuleintritt differenziert nach Gruppentyp

Auch für Kinder ab drei Jahren bis zum Schuleintritt zeigen die Personalschlüsselberechnungen, dass je nach besuchtem Gruppentyp unterschiedliche Personalausstattungen in den KiTas bestehen. Im Bundesgebiet sind 12% der Kinder dieser Altersgruppe in altersübergreifenden Gruppen (0 Jahre bis zum Schuleintritt) bei einem Personalschlüssel von durchschnittlich 1:7,7. Etwa jedes vierte Kind dieser Altersgruppe ist in einer altserserweiterten Kindergartengruppe (Kinder von 2 Jahren bis Schuleintritt) mit einem Personalschlüssel von durchschnittlich 1:9,3. Die Mehrzahl dieser Altersgruppe (mehr als 59%) erfährt allerdings einen Personalschlüssel von durchschnittlich 1:9,8 in Kindergartengruppen (Kinder von 3 Jahren bis Schuleintritt). Betrachtet man die Situation in West- und Ostdeutschland, so ist jeweils die Mehrheit der Kinder (58,7% West; 62,5% Ost) in einer Kindergartengruppe. In den östlichen Bundesländern besteht für die Kinder in diesen Gruppen ein vergleichsweise ungünstiger Personalschlüssel von durchschnittlich 1:12,4. Relativ günstiger ist er für die Kinder in den westlichen Bundesländern, die eine Kindergartengruppe besuchen – durchschnittlich 1:9,2. Auffällig ist, dass 11,2% der Kinder dieser Altersgruppe in Westdeutschland in einer altersübergreifenden Gruppe (0 Jahre bis zum Schuleintritt) einen vergleichsweise guten Personalschlüssel von durchschnittlich 1:6,9 erfahren.

## Personalressourcen in KiTas differenziert nach Bundesländern

Die Berechnungen der Personalschlüssel für die einzelnen Gruppentypen für jedes einzelne Bundesland zeigen darüber hinaus, dass die Personalschlüssel für Kinder unter drei Jahren nicht nur zwischen den Bundesländern variieren. Vielmehr bestehen zudem auch innerhalb eines Bundeslands – je nach Gruppentyp – erhebliche Unterschiede in Bezug auf die Personalausstattung. So wird beispielsweise im Saarland mehr als jedes vierte Kind dieser Altersgruppe bei einem vergleichsweise guten Personalschlüssel von durchschnittlich 1:3,5 in einer Krippengruppe betreut. 41% dieser Altersgruppe sind in einer altersübergreifenden Gruppe (0 Jahre bis Schuleintritt) mit einem Personalschlüssel von durchschnittlich 1:6,0. Noch ungünstiger ist für knapp 30% der Kinder dieser Altersgruppe der Personalschlüssel in den alterserweiterten Kindergartengruppen (2 Jahre bis zum Schuleintritt) – er liegt durchschnittlich bei 1:8,9. In fast allen östlichen Bundesländern wird die Mehrheit dieser Altersgruppe in einer Krippengruppe betreut. In Relation zu den Personalschlüsseln der übrigen Gruppentypen sind jene der Krippengruppen die günstigsten. In Mecklenburg-Vorpommern sind beispielsweise mehr als 68% der unter Dreijährigen in einer Krippengruppe mit einem Personalschlüssel von durchschnittlich 1:5,7. Allerdings ist auch fast jedes vierte Kind dieser Altersgruppe in einer altersübergreifenden Gruppe mit einem Personalschlüssel von durchschnittlich 1:8,6. Einige Kinder (4,4%) dieser Altersgruppe erfahren in geöffneten Kindergartengruppen einen sehr schlechten Personalschlüssel von durchschnittlich 1:13,0.

Für die fachpolitische Interpretation und Bewertung dieser Personalschlüsselberechnungen ist zu berücksichtigen, dass in einigen Bundesländern wie Hamburg und Bayern jedes Kind einer Altersgruppe im Rahmen der dort praktizierten Subjektfinanzierung einen identischen Personalanteil, allerdings je nach Altersgruppe (unter Dreijährige und Kinder ab drei Jahren) einen unterschiedlichen Anteil einbringt. Hervorzuheben ist, dass nach der Finanzierungssystematik strukturell keine Gruppen mehr bestehen. Allerdings geben die KiTas in der Kinder- und Jugendhilfestatistik dennoch zu einem erheblichen Anteil an, dass die Gruppe als Organisationsform besteht. In Hamburg werden beispielsweise jeweils etwa 11% der Kinder unter drei und über drei Jahren in einer KiTa betreut, die nach eigenen Angaben keine feste Gruppenstruktur hat. In die ausgewiesenen Berechnungen sind entsprechend die Einrichtungen mit einer Gruppenstruktur eingegangen. Wie die Gruppe jeweils konkret organisiert ist, kann mit den vorliegenden Daten nicht identifiziert werden. Denkbar ist beispielsweise, dass es sich um sogenannte „halbgeöffnete“ Gruppen handelt, die sich nur für einen Teil des Tages in ihrer Gruppe treffen. Für die Personalschlüsselberechnungen gilt allerdings auch, dass die Personalausstattung mit Bezug auf eine Fachkraft ausgewiesen wird und insofern die Gruppe als Referenzpunkt relativiert wird. Gleichzeitig wird aber auch deutlich, dass die Personalressourcenausstattung mit Blick auf eine Fachkraft je nach Gruppentyp differiert.

Für die durchgeführten Personalschlüsselberechnungen wird davon ausgegangen, dass alle Kinder in einer Gruppe rechnerisch den identischen Personalanteil erhalten – unabhängig von ihrem Alter. Diese Annahme wurde getroffen, da keine Informationen darüber vorliegen, wie sich in der pädagogischen Praxis die Personalanteile tatsächlich auf die Kinder verteilen, bzw. vermutlich von wechselnden Zeitanteilen auszugehen ist, da die Personalressourcen situationsorientiert und damit jeweils variierend genutzt werden. Nach den vorliegenden Berechnungen stellt sich die Frage, ob durch unterschiedliche Organisationsformen die gleichen „mitgebrachten“ Personalanteile jedes einzelnen Kindes zu ungleichen Personalschlüsseln in einzelnen Gruppentypen führen. Damit spiegeln die ausgewiesenen Personalschlüssel nicht wider, dass in den meisten Bundesländern für die Betreuung der Kinder unter drei Jahren durch die Finanzierungssystematik ein höherer Personalressourcenanteil eingebracht wird. Für die weitere Forschung bleibt die Frage, welche Personalressourcenausstattungen insbesondere bei größeren Altersmischungen von 0 Jahren bis zum Schuleintritt angemessen sind.

Insgesamt zeigen die Personalschlüsselberechnungen auf der Grundlage der Kinder- und Jugendhilfestatistik, dass die Personalressourcen von KiTas nicht nur zwischen den Bundesländern, sondern insbesondere je nach Gruppentyp teilweise erheblich voneinander abweichen. Damit stellt sich nicht nur die Frage, wie gute und vergleichbare Bildungschancen in KiTas für alle Kinder in Deutschland unterstützt werden, wenn unterschiedliche strukturelle Rahmenbedingungen bestehen. Darüber hinaus ist vor allem differenzierter zu untersuchen, welche Personalressourcen in den verschiedenen Organisationsformen von KiTas erforderlich sind, damit der gesetzlich formulierte Bildungs- und Betreuungsauftrag mit ausreichenden Ressourcen realisiert werden kann. Dabei ist grundsätzlich zu beachten, dass Personalressourcenbedarfe jeweils nur in Bezug zu den konkreten Anforderungen und Erwartungen an die Arbeit von KiTas ermittelt werden können. Dabei ist jeweils besonderes Augenmerk auf die unmittelbare und mittelbare pädagogische Arbeit zu legen. Die unmittelbare pädagogische Arbeit, d. h. die Bildungsarbeit, wird in ihren Zielsetzungen durch den jeweiligen landesspezifischen Bildungsplan präzisiert. Für das Berliner Bildungsprogramm ist ermittelt worden, welche Zeitbedarfe aus den dort formulierten Anforderungen abgeleitet werden können. Ähnliche Untersuchungen stehen für weitere Bildungspläne aus. Es ist deshalb auch unklar, ob die notwendigen Zeitbudgets in den Bundesländern, die in solchen Untersuchungen ermittelt würden, voneinander abweichen. Grundsätzlich ist allerdings festzuhalten, dass auch die Personalressourcen, die für die unmittelbare pädagogische Arbeit als erforderlich ermittelt werden, immer abhängig sind von dem konkreten Bildungsverständnis und Bildungsauftrag. Auch für die mittelbare pädagogische Arbeit gilt, dass der konkrete Personalressourcenbedarf abhängig ist von den jeweiligen Anforderungen und Aufgaben, die an das pädagogische Fachpersonal gestellt werden. Prinzipiell unterliegen die als notwendig eingestuften – bzw. empfohlenen – Personalressourcen nach dieser Argumentation jeweils durchaus einer Dynamik und bedürfen einer regelmäßigen Überprüfung.

Im Rahmen – kontinuierlicher – Dialoge muss deshalb der gesellschaftliche Auftrag an KiTas zwischen den beteiligten Akteuren präzise und transparent formuliert werden. Dabei müssen auch bestehende Widersprüchlichkeiten zwischen den formulierten Zielsetzungen identifiziert und im Weiteren politische Prioritäten bestimmt werden.

## Ziele, Vorgehen, Konzept des Länderreports Frühkindliche Bildungssysteme

### Ziele

Der Länderreport will FBBE für Öffentlichkeit und Politik transparenter machen. Zu diesem Zweck wird für jedes Bundesland ein Profil seines frühkindlichen Bildungssystems erstellt. Alle sechzehn Profile sind identisch strukturiert und richten so durch „eine Brille" den Blick auf alle Bundesländer. Ein Landesprofil soll gleichzeitig die Perspektive auf das System der FBBE richten, d. h. ausgewählte Bestandteile eines Systems in ihrem Kontext sichtbarer machen. Beispielsweise werden die vertraglich vereinbarten Betreuungszeiten der Kinder abgebildet, und diese können wiederum auch genutzt werden zur Analyse der Beschäftigungsumfänge des pädagogischen Personals. Im Vordergrund stehen nicht die isolierte Betrachtung und der Vergleich einzelner Themen, z. B. der Nutzung von KiTas durch Kinder unter drei Jahren. Diese Struktur des Länderreports soll den Blick auf das jeweilige System eines Bundeslandes unterstützen und schärfen. In Zukunft müssen weitere Schlüsselkategorien für die Beschreibung eines Systems entwickelt werden. Grundsätzlich können die zusammengestellten Daten und Fakten zu einem Thema auch im Bundesländervergleich betrachtet werden, da die Auswahl und Struktur der dargestellten Merkmale für jedes Profil identisch ist. Daraus folgt allerdings auch, dass in den Länderprofilen nicht alle landesspezifischen Merkmale dargestellt werden können. Dieses Vorgehen wird legitimiert mit der übergeordneten Zielsetzung des Länderreports, die Zugangsmöglichkeiten, Investitionen und Rahmenbedingungen der FBBE für alle Kinder in den sechzehn Bundesländern vergleichbar darzustellen.

Der Anspruch, eine transparente und übersichtliche Darstellung des jeweiligen Systems der FBBE zu schaffen, birgt in sich aber auch Einschränkungen. In den Länderprofilen können nach diesem Konzept nur Daten auf der Landesebene abgebildet werden und z. B. nur einen groben Überblick über Aktivitäten und Maßnahmen auf der Landesebene geben. Grundsätzlich sollen durch die Länderprofile in den einzelnen Bundesländern Diskussionen über landespolitische Zielsetzungen, bestehende Rahmenbedingungen und Umsetzungsstrategien angeregt werden. Diese Diskussionen bedürfen weiterer und vertiefender Daten sowie Informationen aus den einzelnen Bundesländern und unterstützen die Möglichkeit einer breiten Beteiligung von Akteuren.

### Vorgehen

Seit Anfang 2006 ist das Vorhaben des Länderreports und der damit verbundenen Fragestellungen im Rahmen von Workshops mit internationalen und nationalen Experten diskutiert worden. Dabei sind auch internationale Ansätze wahrgenommen worden. Die Konzeption der Länderprofile war dann ein Entwicklungsprozess, der sich im Spannungsfeld der verfügbaren Daten sowie der konzeptionellen Ansprüche, die an den Länderreport gestellt wurden, vollzog. Der Länderreport sollte nur mit Daten und Informationen erstellt werden, die mit einer identischen Erfassungssystematik in allen Bundesländern gewonnen wurden. Damit beschränken sich in Deutschland die verfügbaren Daten im Bereich der FBBE primär auf die Kinder- und Jugendhilfestatistik. Der erste Länderreport ist dann im Sommer 2008 veröffentlicht worden. Für den Länderreport 2008 und auch für den Länderreport 2009 sind jeweils mittels eines umfangreichen Fragebogens weitere Daten und Informationen von allen zuständigen Länderministerien für den Bereich FBBE erhoben worden. An diesen Befragungen haben sich alle Länderministerien beteiligt. Die Informationen aus der Befragung der Länderministerien für den Länderreport 2009 spiegeln den Erhebungsstand von Anfang 2009 wider.

### Konzept

Für jedes Bundesland sind auf 4 Doppelseiten ausgewählte Daten und Fakten zur frühkindlichen Bildung, Betreuung und Erziehung zusammengestellt. Alle Bundesländerprofile sind identisch strukturiert. Die erste Doppelseite stellt jeweils Grunddaten für ein Bundesland dar, beschreibt landesspezifische Schwerpunkte in der frühen Bildung und gibt einen Überblick über aktuelle Trends. Auf drei weiteren Doppelseiten werden unter den thematischen Schwerpunkten „Teilhabe sichern", „Investitionen wirkungsvoll einsetzen" sowie „Bildung fördern – Qualität sichern" Daten und Fakten für das jeweilige Bundesland dargestellt. Primär sind die Daten und Informationen mithilfe von Grafiken aufbereitet und werden lediglich mit kurzen Texten unterstützt. Diese Darstellungsform soll Politik und Öffentlichkeit die Möglichkeit bieten, sich schnell einen Überblick über zentrale Bereiche der frühen Bildung in einem Bundesland zu verschaffen.

Im vorliegenden Länderreport sind die zusammengestellten Informationen aus der jeweiligen Bundeslandperspektive gebündelt, und zwar im sogenannten Länderprofil. Darüber hinaus ist aber auch die Nutzung der Daten und Fakten

- für ausgewählte Themenbereiche der FBBE in jedem Bundesland sowie aus der Bundesperspektive,
- für einen Vergleich der Bundesländer und
- für eine Betrachtung der Situation der FBBE aus der Bundesperspektive möglich.

# Der Länderreport im Überblick

Die Schwerpunktthemen der Länderprofile:

- Teilhabe sichern
- Investitionen wirkungsvoll einsetzen
- Bildung fördern – Qualität sichern

Die Situation der FBBE wird in jedem Länderprofil nach den drei Themenschwerpunkten „Teilhabe sichern", „Investitionen wirkungsvoll einsetzen" sowie „Bildung fördern – Qualität sichern" differenziert und anhand von spezifischen Indikatoren dargestellt. Nachfolgend werden für jeden thematischen Schwerpunkt wichtige Informationen zu den verwendeten Indikatoren aufgeführt.

## Teilhabe sichern

Dieser Themenschwerpunkt gibt ein differenzierteres Bild über die Zugangsmöglichkeiten von Kindern zu Angeboten der FBBE sowie den Umfang der Teilhabe und die genutzten Betreuungszeiten.

### Rechtsanspruch des Kindes auf einen Betreuungsplatz

Grafik | 1 in den Länderprofilen

Für jedes Bundesland wird der Umfang des elternunabhängigen Rechtsanspruchs eines Kindes auf einen Platz in der FBBE beschrieben. Über diesen Anspruch hinaus bestehen in den meisten Bundesländern Ansprüche von jüngeren Kindern oder Ansprüche auf umfangreichere Nutzungszeiten, wenn die Eltern bestimmte Kriterien erfüllen bzw. auf Seiten der Kinder besondere Bedarfslagen bestehen. So können oftmals z. B. umfangreichere Betreuungsleistungen beansprucht werden, wenn Eltern erwerbstätig sind. Mit Blick auf die Bildungschancen der Kinder werden in den Länderprofilen allerdings nur die Zugangsmöglichkeiten der Kinder in den Blick genommen.

### Ausbaubedarf von Betreuungsplätzen für unter Dreijährige nach dem Kinderförderungsgesetz

Grafik | 2 in den Länderprofilen

Vor dem Hintergrund der bestehenden Ausbauaktivitäten des Bundes und der Länder bei den Plätzen für unter Dreijährige wird dargestellt, wie hoch der Anteil der Kinder dieser Altersgruppe ist, die nach der Kinder- und Jugendhilfestatistik am 15.03.2006, am 15.03.2007 und am 15.03.2008 ein Angebot in einer KiTa oder der Kindertagespflege nutzen, sowie wie viel mehr Kinder dieser Altersgruppe zum jeweiligen Zeitpunkt ein Angebot wahrnehmen. Auf Grund der im Kinderförderungsgesetz formulierten Kriterien und der gemeinsamen Zielvereinbarung von Bund, Ländern und Kommunen für einen bedarfsgerechten Ausbau der Betreuungsangebote für unter Dreijährige (vgl. Verwaltungsvereinbarung „Investitionsprogramm ‚Kinderbetreuungsfinanzierung' 2008–2013" vom 28.08.2007) wird davon ausgegangen, dass 2013 für bundesdurchschnittlich 35% der unter Dreijährigen ein Betreuungsbedarf besteht. Des Weiteren wird eine Abschätzung vorgenommen, wie viele Plätze noch zusätzlich bis 2013 neu zu schaffen wären, um 2013 für 35% der unter Dreijährigen ein Angebot bereitstellen zu können. Grundlage dieser Abschätzung ist die Anzahl der Kinder unter 3 Jahren im Jahr 2013 nach der 11. koordinierten Bevölkerungsvorausberechnung (Ende 2009 wird die 12. koordinierte Bevölkerungsvorausberechnung veröffentlicht, auf deren Grundlage eine präzisere Neuabschätzung vorgenommen werden kann).

### Vertraglich vereinbarte Betreuungszeiten

Grafik | 3 in den Länderprofilen

Mit den seit 2006 erhobenen Individualdaten in der Kinder- und Jugendhilfestatistik können die Betreuungszeiten ausgewiesen werden, die für jedes Kind vertraglich vereinbart worden sind. Aus den Werten können keine Schlussfolgerungen für die tatsächliche Nutzung gezogen werden.

### Bildungsbeteiligung von Kindern

Grafik | 4 in den Länderprofilen

Bei diesem Indikator wird abgebildet, wie viele Kinder der Altersjahrgänge von einem Jahr bis fünf Jahre in einer KiTa oder der Kindertagespflege sind, ebenso die Teilhabequoten der Altersgruppen der unter Dreijährigen sowie der Kinder ab drei bis unter sechs Jahre. Ausgewiesen werden jeweils die Daten für die Jahre 2006, 2007 und 2008, anhand derer man die Entwicklungsdynamik der Teilhabequoten in den einzelnen Bundesländern ablesen kann.

### Bildungsbeteiligung von Kindern mit und ohne Migrationshintergrund

Grafik | 5A in den Länderprofilen

Die Nutzung von Angeboten der FBBE wird auch für Kinder mit Migrationshintergrund als wichtig für die Verbesserung ihrer Bildungschancen bewertet. Erstmals ist es möglich, auf Grundlage der Daten aus dem Mikrozensus Teilhabequoten für Kinder mit Migrationshintergrund, differenziert nach den Altersgruppen der unter Dreijährigen und der Kinder von drei bis unter sechs Jahren, für die einzelnen Bundesländer auszuweisen. Bei der Bewertung der Ergebnisse sind die methodischen Erläuterungen zu berücksichtigen.

### Familiäre Sprachpraxis von Kindern mit Migrationshintergrund

Grafik | 5B in den Länderprofilen

Betrachtet wird der Anteil der Kinder mit Migrationshintergrund (Kinder, von denen mindestens ein Elternteil ausländischer Herkunft ist) an allen Kindern in den KiTas, jeweils differenziert nach unter Dreijährigen und Kindern ab drei Jahren bis zum Schuleintritt. Darüber hinaus wird unter dem Begriff der familiären Sprachpraxis angegeben, wie hoch der Anteil dieser Kinder ist, bei denen zu Hause überwiegend Deutsch bzw. überwiegend nicht Deutsch gesprochen wird. Diese Daten stammen aus der Kinder- und Jugendhilfestatistik 2008.

## Investitionen wirkungsvoll einsetzen

Dieser Themenschwerpunkt liefert Daten zu den öffentlichen Ausgaben für frühkindliche Bildung, Betreuung und Erziehung. Die Datenlage zu den Ausgaben für die FBBE ist – nicht zuletzt auch für einen Vergleich zwischen den Bundesländern – äußerst schwierig. In der Konsequenz sind keine empirischen Aussagen zu den Kosten pro Platz in einer Kindertageseinrichtung, differenziert nach Bundesländern, möglich.

### Investitionen pro Kind

Grafik | 6 in den Länderprofilen

Mit den verfügbaren Statistiken sind die reinen Nettoausgaben[1] der öffentlichen Haushalte für FBBE pro unter 10-jährigem Kind für die Jahre von 2001 bis 2006 berechnet worden. Unter reinen Nettoausgaben werden hier die ausgewiesenen Nettoausgaben der öffentlichen Haushalte abzüglich der Nettoeinnahmen der öffentlichen Haushalte verstanden. Dieser Wert dient dazu, die Höhe der Ausgaben zwischen den Bundesländern vergleichbar zu machen. Bei den Nettoausgaben der öffentlichen Hand werden neben Ausgaben für die Kinder in Angeboten der FBBE (u. a. Krippen, Kindergärten, Einrichtungen mit altersübergreifenden Gruppen) auch Kindertageseinrichtungen mit Schulkindern berücksichtigt (z. B. Horte). Zwischen den Ländern schwankt der Anteil der Schulkinder, die in Kindertageseinrichtungen betreut werden, erheblich. Dies ist bei der vergleichenden Bewertung der Finanzindikatoren zu berücksichtigen. Er ermöglicht keine Aussagen zu einer bestimmten Zielgröße, beispielsweise den Ausgaben für einen Kindergartenplatz. Diese Ausgaben werden hier als Investitionen bezeichnet, da signalisiert werden soll, dass Ausgaben für die FBBE – insbesondere auch mittel- und langfristig – zu (monetären) Erträgen für die Gesellschaft und eine Volkswirtschaft führen.

### Finanzierungsgemeinschaft für FBBE

Grafik | 7 in den Länderprofilen

FBBE ist in Deutschland eine öffentliche Aufgabe und wird deshalb auch in erheblichem Umfang mit öffentlichen Mitteln der

Landesebene sowie der Kommunen finanziert. Betrachtet wird hier die Finanzierung der Kindertageseinrichtungen auf der Ebene des Bundeslandes, nicht auf der Einrichtungsebene. Dabei wird auch berücksichtigt, dass zum einen Träger der freien Jugendhilfe Eigenanteile für den Betrieb ihrer Kindertageseinrichtungen erbringen und zum anderen Eltern für die Nutzung der Einrichtungen zahlen. Die ermittelten Werte für die Bundesländer sind immer vor dem Hintergrund der landesspezifischen Situation hinsichtlich der Finanzierung von KiTas zu beurteilen.

### Anteil der reinen Nettoausgaben für FBBE an den gesamten reinen Ausgaben öffentlicher Haushalte

Grafik | 8 in den Länderprofilen

Dargestellt wird der Anteil der reinen Nettoausgaben[1] für FBBE gemessen an den gesamten reinen Nettoausgaben von Bundesland und kommunaler Ebene für die Jahre 2001 bis 2006.

## Bildung fördern – Qualität sichern

Dieser Themenschwerpunkt informiert über Aktivitäten, mit denen die Bundesländer erstens die Nutzung der Bildungspläne in der pädagogischen Arbeit der Kindertageseinrichtungen fördern und zweitens die Kooperation von Kindertageseinrichtungen und Grundschulen unterstützen. Weiterhin werden Daten zum pädagogischen Personal, zum Personalschlüssel und Gruppentypen für Kinder unter drei Jahren, zu strukturellen Rahmenbedingungen für die Qualität der pädagogischen Arbeit in Kindertageseinrichtungen und zur Qualitätsüberprüfung zur Verfügung gestellt.

### Bildungsplan

Grafik | 9 in den Länderprofilen

In allen Bundesländern liegen Bildungspläne für den Elementarbereich vor. Neben fachlichen und konzeptionellen Unterschieden ist der Zuschnitt der Altersgruppen, für die der Bildungsplan jeweils konzipiert ist, anders. Die Bildungspläne sind bildungspolitischer Rahmen und fachlicher Wegweiser für die Gestaltung der pädagogischen Arbeit in den KiTas und zunehmend auch für die Kindertagespflege. Die konkrete Ausrichtung der pädagogischen Fachpraxis an den Bildungsplänen ist in hohem Maße abhängig von den Kenntnissen über sowie den Qualifikationen des pädagogischen Personals für die Arbeit nach dem Bildungsplan. Im Länderreport wird deshalb insbesondere die Information und Qualifizierung des pädagogischen Personals zum Konzept und zur Umsetzung des Bildungsplans als förderlich und notwendig eingestuft. Im Rahmen der Befragung der zuständigen Länderministerien sind vor diesem Hintergrund verschiedene Aktivitäten und Maßnahmen diesbezüglich seitens der Landesministerien abgefragt worden. Dabei interessierte u. a., wie und wer informiert wurde und welche Aktivitäten zur Qualifizierung unterstützt wurden.

### Kooperation KiTa – Grundschule

Grafik | 10 in den Länderprofilen

Die Kooperation von KiTas und Grundschulen nimmt einen besonderen Stellenwert ein, da durch sie der Übergang von der ersten Stufe des Bildungssystems in den Schulbereich besonders gefördert werden soll. Die Länderministerien sind befragt worden, ob landesweit verbindliche Regelungen für diesen Aufgabenbereich bestehen und ob verbindliche Rahmenvereinbarungen mit fachlichen Standards vorliegen. Des Weiteren wurde gefragt, ob KiTas sowie Grundschulen zusätzliche Mittel für diesen Aufgabenbereich erhalten.

### Berufsausbildungsabschlüsse des pädagogischen Personals

Grafik | 11 in den Länderprofilen

Nach den vorliegenden Studien der Qualitätsforschung gelten die Personalressourcen in KiTas als zentrale strukturelle Rahmenbedingung, die die Qualität der pädagogischen Arbeit beeinflusst. Die Qualität und das Niveau der Ausbildung der Fachkräfte werden dabei als Merkmale zur Bewertung der Personalressourcen eingestuft. Die Daten der Kinder- und Jugendhilfestatistik liefern Informationen über das formale Qualifikationsniveau des pädagogischen Personals in Deutschland bzw. den Bundesländern.

### Personalschlüssel in KiTas

Grafik | 12A in den Länderprofilen

Die Personalressourcen als Merkmal der strukturellen Rahmenbedingungen von KiTas gelten als zentrale Einflussgröße auf die Qualität der pädagogischen Praxis. Allerdings wirft die Bestimmung und Definition geeigneter Messgrößen, um die Personalressourcen auszuweisen, einige Herausforderungen auf. Das pädagogische Personal in KiTas ist mit einem bestimmten Arbeitszeitvolumen ausgestattet, das allerdings nicht nur für die

unmittelbare pädagogische Interaktion mit den Kindern genutzt werden kann; vielmehr sind darüber hinaus in wachsendem Maße auch Aufgaben ohne Kinder zu bewältigen. Hierzu zählen beispielsweise die Kooperation mit Grundschulen, Aufgaben im Rahmen von Familienzentren, Teamsitzungen, Elterngespräche. Gleichzeitig ist auch zu berücksichtigen, dass Zeiten für Fortbildung, Urlaub sowie Krankheit Einfluss auf die verfügbaren Arbeitszeiten für alle übrigen Aufgaben haben. Vielfach werden die Arbeitszeitkontingente, die für sonstige Aufgaben zur Verfügung stehen, als Verfügungszeiten bezeichnet. In der jüngsten Fachdiskussion werden sie als mittelbare pädagogische Arbeitszeit bezeichnet. Allerdings sind diese Arbeitszeiten oftmals in den Regelungen der Bundesländer nicht genau definiert, so dass die Strukturierung der Arbeitszeit häufig in der Verantwortung der einzelnen Einrichtung liegt.
Die Dortmunder Arbeitsstelle Kinder- und Jugendhilfestatistik hat ein Konzept zur Berechnung des Personalschlüssels in KiTas auf Basis der Daten der Kinder- und Jugendhilfestatistik vorgelegt (zur genaueren Erklärung siehe weitere methodische Erläuterungen im Infotext zur Grafik).

In Ergänzung der vorliegenden Berechnungen zu den ermittelten Personalschlüsseln für die Bundesländer empfiehlt die Bertelsmann Stiftung einen Personalschlüssel, der sich auch aus den Ergebnissen internationaler Studien ergibt. Damit auch die Arbeitszeit, die die Erzieherinnen ausschließlich mit den Kindern verbringen, transparent gemacht wird, wird zusätzlich eine Fachkraft-Kind-Relation ausgewiesen. Die Berechnung der empfohlenen Fachkraft-Kind-Relation beruht auf der Annahme, dass 25% der Arbeitszeit für Tätigkeiten ohne Kinder eingeplant werden müssen und demnach 75% der Arbeitszeit für eine direkte pädagogische Interaktion mit den Kindern verfügbar sind.

Danach empfiehlt die Bertelsmann Stiftung für die Betreuung von Kindern unter drei Jahren einen Personalschlüssel von 1:3. Wenn man eine Arbeitszeit von 25% für Tätigkeiten ohne Kinder annimmt, ergibt sich daraus eine Fachkraft-Kind-Relation von 1:4. Für die Kinder über drei Jahre bis zum Schuleintritt wird ein Personalschlüssel von 1:7,5 empfohlen. Unter Berücksichtigung einer Arbeitszeit von 25% für Tätigkeiten ohne Kinder ergibt sich daraus eine Fachkraft-Kind-Relation von 1:10.

Der für jedes Bundesland ausgewiesene Personalschlüssel und der von der Bertelsmann Stiftung empfohlene Personalschlüssel sind rechnerische Größen. Sie beschreiben jeweils die Relation zwischen der täglichen Inanspruchnahme aller Kinder und dem eingesetzten Personal in einer Gruppe. Basis ist die vertragliche Arbeitszeit der einzelnen Mitarbeiterinnen, welche auch Vorbereitungszeiten, Teamsitzungen, Elterngespräche, Leitungsanteile, Urlaub und Krankheitszeiten u. a. umfasst. Der Personalschlüssel gibt nicht an, wie viele Kinder zu jedem Zeitpunkt am Tag von einer Fachkraft betreut werden.

## Gruppentypen für unter Dreijährige

Grafik | 12B in den Länderprofilen

Dieser Indikator weist aus, zu welchem Anteil Kinder unter drei Jahren in den Bundesländern bestimmte Gruppentypen nutzen. Grundgesamtheit sind dabei alle Kinder unter drei Jahren in den Bundesländern, die eine Gruppe in einer Kindertageseinrichtung nutzen. Unberücksichtigt bleiben bei diesem Indikator mithin Kinder, die eine Einrichtung nutzen, die ohne feste Gruppenstruktur arbeitet. Die Zuordnung von Gruppen in Kindertageseinrichtungen zu einem bestimmten Gruppentyp wird nicht von den Einrichtungen selbst vorgenommen, sondern erfolgt im Rahmen der Auswertung der Daten der amtlichen Kinder- und Jugendhilfestatistik. Dabei erfolgt die Zuordnung primär anhand der Alterszusammensetzung der Kinder in der Gruppe. Es wurden Gruppentypen mit folgenden Merkmalen bei der Indikatorenbildung gebildet: In „Krippengruppen“ sind ausschließlich Kinder unter 3 Jahren. Zu den „für 2-Jährige geöffneten Kindergartengruppen“ zählen Gruppen mit 15 und mehr Kindern, in denen neben Kindern ab einem Alter von 3 Jahren bis zum Schulbesuch auch bis zu fünf 2-jährige Kinder betreut werden. Unter den Gruppentyp „altersübergreifende Gruppen“ fallen diejenigen Gruppen, die nicht den vorangegangenen Gruppentypen zugeordnet wurden, aber in denen Kinder unter 3 Jahren sind. Durch diese Definition von Gruppentypen können alle Gruppen, in denen Kinder unter drei Jahren betreut werden, einem bestimmten Gruppentyp zugeordnet werden. In der Darstellung des Indikators werden dann aber nicht die Anteile der Gruppentypen aufgezeigt, sondern dargestellt, wie sich die Kinder unter drei Jahren auf diese Gruppentypen verteilen. Zudem wird der Personalschlüssel für den jeweiligen Gruppentyp abgebildet.

## Beschäftigungsumfang des pädagogischen Personals in KiTas und Anteil der Vollzeitbeschäftigten des pädagogischen Personals in KiTas

Grafiken | 13A und | 13B in den Länderprofilen

Die Personalressourcen von KiTas sind auch durch die Strukturierung der Arbeitszeiten des Personals gekennzeichnet. Dabei sind verschiedene pädagogische Ansprüche zu berücksichtigen. So sind beispielsweise Arbeitszeiten hinsichtlich ihres zeitlichen Umfanges und ihrer Strukturierung so zu gestalten, dass das pädagogische Personal stabile und kontinuierliche Beziehungsstrukturen zu den Kindern aufbauen und praktizieren kann. Des Weiteren ist mit einzubeziehen, dass das Personal individuelle Bedarfe mit Blick auf den Umfang der persönlichen Arbeitszeit hat. Insgesamt geben die vorliegenden Daten aus der Bundesperspektive durchaus Hinweise auf ein hohes Ausmaß von Teilzeitbeschäftigung beim pädagogischen Personal. Für eine genauere Bewertung des Beschäftigungsumfangs des pädagogischen Personals müssten die Betreuungszeiten der Kinder sowie die Öffnungszeiten der KiTas in Relation zu den Wochenarbeitsstunden des Personals gestellt werden. Aus einer solchen Gesamtanalyse könnte möglicherweise beurteilt werden, ob die Strukturierung des Beschäftigungsumfangs angemessene Rahmenbedingungen für eine gute Qualität der pädagogischen Arbeit liefert. Allerdings fehlen für eine solche Analyse Daten zu den Öffnungszeiten der KiTas, da diese auch in der Kinder- und Jugendhilfestatistik nicht erfasst werden. Informationen zu den Öffnungszeiten der KiTas werden zudem wichtiger, da sie zunehmend von den Betreuungszeiten der Kinder abweichen. Die immer häufiger praktizierte Option, die Betreuungszeiten eines Kindes individuell und flexibel nach dem Bedarf einer Familie zu buchen, kann zu einer hohen Varianz in den Betreuungszeiten der Kinder einer Einrichtung oder Gruppe führen. Damit erhöhen sich die Anforderungen an eine Personalplanung der KiTas, die den Ansprüchen von Kindern und Eltern und auch denen des pädagogischen Personals gleichermaßen genügen soll. Gleichzeitig wird der Handlungsspielraum für die Personalplanung in erster Linie durch die bereitgestellten Finanzressourcen abgesteckt.

## Regelungen zur Strukturqualität und Qualitätsüberprüfung

Grafiken | 14A und | 14B in den Länderprofilen

Insbesondere Studien der internationalen Qualitätsforschung zeigen, dass strukturelle Rahmenbedingungen für eine gute Qualität der pädagogischen Arbeit förderlich bzw. dafür auch Voraussetzung sind. Allerdings gibt es bisher kaum empirisch begründete Empfehlungen für die konkrete Gestaltung dieser Rahmenbedingungen. Für den Ländermonitor sind die Länderministerien befragt worden, ob und wie präzise insgesamt sieben strukturelle Rahmenbedingungen aus der Landesperspektive geregelt sind. Dies sind die maximale Gruppengröße, die Fachkraft-Kind-Relation, Verfügungszeit, Fachberatung, Fortbildung, Leitungsfreistellung sowie der Umfang der Innen- und Außenflächen in KiTas. So zeigt sich z. B., dass in allen Bundesländern die Fachkraft-Kind-Relation allgemein und präzise definiert ist. Allerdings ist damit noch keine Bewertung möglich, ob diese Fachkraft-Kind-Relation fachlichen Ansprüchen genügt. Mit den gewonnenen Informationen kann insbesondere festgestellt werden, ob Kinder in einem Bundesland vergleichbare Rahmenbedingungen in den KiTas erwarten können oder ob Entscheidungen über strukturelle Rahmenbedingungen auf der kommunalen bzw. der Trägerebene getroffen werden. Im letzteren Fall wird angenommen, dass erhebliche Differenzen in der Ausgestaltung der Rahmenbedingungen entstehen können, die sich konkret in unterschiedlichen Qualitätsniveaus der pädagogischen Arbeit auswirken können. In der Konsequenz wird angenommen, dass Kindern dadurch unterschiedliche Bildungschancen in den KiTas eröffnet werden. In diesem Zusammenhang ist von besonderem Interesse, ob von der Landesebene Maßnahmen vorgeschrieben werden, um die Qualität der pädagogischen Arbeit zu evaluieren.

# Anhang zur Einführung

**Literatur**


Arbeitsgruppe Berliner Kita-Eigenbetriebe, Liga der Wohlfahrtsverbände, Dachverband Berliner Kinder- und Schülerläden (DaKS) (2008): Arbeitszeitbedarf für die mittelbare pädagogische Arbeit einer Erzieherin in der KiTa; Darstellung der Ergebnisse einer Studie für Berlin. PowerPoint-Präsentation. Berlin.

BAGLJÄ – Bundesarbeitsgemeinschaft der Landesjugendämter (2008): Flexible Angebotsformen der Kindertagesbetreuung. Positionspapier der Bundesarbeitsgemeinschaft der Landesjugendämter, beschlossen auf der 104. Arbeitstagung der Bundesarbeitsgemeinschaft der Landesjugendämter vom 23. bis 25. April 2008 in Chorin.

Becker-Stoll, Fabienne/Niesel, Renate/Wertfein, Monika (2009): Handbuch Kinder in den ersten Lebensjahren. Theorie und Praxis für die Tagesbetreuung. Freiburg.

Bertelsmann Stiftung (2008): Volkswirtschaftlicher Nutzen von frühkindlicher Bildung in Deutschland. Kurzfassung. Eine ökonomische Bewertung langfristiger Bildungseffekte bei Krippenkindern. Expertise erstellt von Tobias Fritschi u. Tom Oesch, BASS. Gütersloh.

BJK – Bundesjugendkuratorium (2008a): Zukunftsfähigkeit von Kindertageseinrichtungen. München.

BJK – Bundesjugendkuratorium (2008b): Pluralität ist Normalität für Kinder und Jugendliche. München.

BJK – Bundesjugendkuratorium (2009): Kinderarmut in Deutschland. Eine drängende Handlungsaufforderung an die Politik. München.

BMAS – Bundesministerium für Arbeit und Soziales (2008): Dritter Armuts- und Reichtumsbericht der Bundesregierung. Lebenslagen in Deutschland.Berlin.

BMFSFJ – Bundesministerium für Familie, Senioren, Frauen und Jugend (2001): Zukunftsfähigkeit sichern. Für ein neues Verhältnis von Bildung und Jugendhilfe. Eine Streitschrift des Bundesjugendkuratoriums. Bonn.

BMFSFJ – Bundesministerium für Familie, Senioren, Frauen und Jugend (2005a): Zwölfter Kinder- und Jugendbericht. Bericht über die Lebenssituation junger Menschen und die Leistungen der Kinder- und Jugendhilfe in Deutschland. Bildung, Betreuung und Erziehung vor und neben der Schule. Berlin.

BMFSFJ – Bundesministerium für Familie, Senioren, Frauen und Jugend (2005b): Nationaler Aktionsplan. Für ein kindergerechtes Deutschland 2005–2010. Berlin.

BMFSFJ – Bundesministerium für Familie, Senioren, Frauen und Jugend (2008): Erwartungen an einen familienfreundlichen Betrieb. Erste Auswertung einer repräsentativen Befragung von Arbeitnehmerinnen und Arbeitnehmern mit Kindern oder Pflegeaufgaben. Berlin.

BMFSFJ – Bundesministerium für Familie, Senioren, Frauen und Jugend (2009): Einstellungen und Lebensbedingungen von Familien 2009. Monitor Familienforschung 17. Berlin.

Bock-Famulla, Kathrin (2008): Länderreport Frühkindliche Bildungssysteme 2008. Transparenz schaffen – Governance stärken. Hrsg. Bertelsmann Stiftung. Gütersloh.

European Commission (2009): Early Childhood Education and Care. Key Lessons from Research for Policy Makers. An independent Report submitted to the European Commission by the NESSE network of experts. Brussels.

Gaiser, Wolfgang/Rother, Pia (2009): Zweckfreie Kindheit. „Und dann und wann ein weißer Elefant ...“ – Kindheit zwischen Eigensinn und gesellschaftlicher Vereinnahmung. In: DJI Bulletin 85. Das Wissen über Kinder – eine Bilanz empirischer Studien. Heft 1. München. S. 5–8.

Grossmann, Karin (1999): Merkmale einer guten Gruppenbetreuung für Kinder unter 3 Jahren im Sinne der Bindungstheorie und ihre Anwendung auf berufsbegleitende Supervision. In: Deutscher Familienverband (Hrsg.): Handbuch Elternbildung. Band 2: Wissenswertes im zweiten bis vierten Lebensjahr des Kindes. Opladen. S. 165–184.

Hübenthal, Maksim (2009): Kinderarmut in Deutschland. Empirische Befunde, kinderpolitische Akteure und gesellschaftspolitische Handlungsstrategien. Expertise im Auftrag des Deutschen Jugendinstituts. Bundesjugendkuratorium. München.

JMK – Jugendministerkonferenz (1998): Umsetzung der Kinderrechtskonvention. 25./26. Juni 1998 in Kassel.

Jurczyk, Karin, et al. (2009): Entgrenzte Arbeit – entgrenzte Familie. Grenzmanagement im Alltag neuer Herausforderungen. Hrsg. Hans-Böckler-Stiftung. Berlin.

Klenner, Christina (2007): Familienfreundliche Betriebe – Anspruch und Wirklichkeit. In: APuZ Aus Politik und Zeitgeschichte. Heft 34. Bonn. S. 17–25.

Klenner, Christina/Pfahl, Svenja (2008): Jenseits von Zeitnot und Karriereverlust – Wege aus dem Arbeitszeitdilemma. Arbeitszeiten von Müttern, Vätern und Pflegenden. WSI-Diskussionspapier Nr. 158. Düsseldorf.

Klinkhammer, Nicole (2008a): Flexible und erweiterte Angebote in der Kinderbetreuung. Entwicklungstrends – Ansätze – Kontroversen. Zusammenfassung einer Recherche. München.

Klinkhammer, Nicole (2008b): Flexible und erweiterte Kinderbetreuung in Deutschland. Ergebnisse einer Recherche in ausgewählten Bundesländern. Nicole Klinkhammer unter Mitarbeit von Angelika Diller und Claudia Barthelt. Deutsches Jugendinstitut. München.

Konsortium Bildungsberichterstattung (2006): Bildung in Deutschland: Ein indikatorengestützter Bericht mit einer Analyse zu Bildung und Migration. Bielefeld.

Landschaftsverband Rheinland (2008): Flexible Betreuung von Unterdreijährigen im Kontext von Geborgenheit, Kontinuität und Zugehörigkeit. Wissenschaftliche Recherche und Analyse im Auftrag des Landschaftsverbands Rheinland, Köln. Dezernat 4 – Schulen, Jugend. Bergisch-Gladbach.

Remsperger, Regina (2008): Feinfühligkeit im Umgang mit Kindern. Kindergarten heute. Spezial.

Schier, Michaela/Jurczyk, Karin (2007): „Familie als Herstellungsleistung" in Zeiten der Entgrenzung. In: APuZ Aus Politik und Zeitgeschichte. Heft 34. S. 10–17.

Siraj-Blatchford, Iram/Woodhead, Martin (Eds.) (2009): Effective Early Childhood Programmes. Early Childhood in Focus 4. Milton Keynes, U.K.

Viernickel, Susanne/Schwarz, Stefanie (2009; 2., korrigierte Auflage): Schlüssel zu guter Bildung, Erziehung und Betreuung. Wissenschaftliche Parameter zur Bestimmung der pädagogischen Fachkraft-Kind-Relation. Expertise im Auftrag von: Der Paritätische Gesamtverband; Diakonisches Werk der EKD e. V.; Gewerkschaft Erziehung und Wissenschaft. Berlin.

## Quellenangaben

*Abb. 1*
*Vertraglich vereinbarte Betreuungszeit (2008)*
Statistisches Bundesamt: Kinder und tätige Personen in Tageseinrichtungen 2008; zusammengestellt und berechnet von der Arbeitsstelle Kinder- und Jugendhilfestatistik, Dortmund, 2009.

*Abb. 2*
*Bildungsbeteiligung von Kindern von 3 bis unter 6 Jahre mit und ohne Migrationshintergrund (2008)*
Statistisches Bundesamt: Kinder und tätige Personen in Tageseinrichtungen 2008, Kinder und tätige Personen in öffentlich geförderter Kindertagespflege 2008, Bevölkerungsfortschreibung 2007, Sonderauswertung des Mikrozensus durch das Statistische Bundesamt, Bonn, 2009.

*Abb. 3*
*Investition pro unter 10-jährigem Kind (2006)*
Statistisches Bundesamt: Finanzen und Steuern. Rechnungsergebnisse der kommunalen Haushalte 2006, Sonderauswertung; Statistisches Bundesamt: Finanzen und Steuern. Rechnungsergebnisse der öffentlichen Haushalte für soziale Sicherung und für Gesundheit, Sport, Erholung 2006; Statistisches Bundesamt: Bevölkerungsfortschreibung 2006; Angaben der Bundesländer; zusammengestellt und berechnet von der Arbeitsstelle Kinder- und Jugendhilfestatistik, Dortmund, 2009.

*Abb. 4*
*Anteil der Kinder unter 3 Jahren nach Gruppentyp und Personalschlüssel nach Gruppentyp (2008)*
Kinder und tätige Personen in Tageseinrichtungen, 2008, Forschungsdatenzentrum der Statistischen Landesämter, Berechnungen der Arbeitsstelle Kinder- und Jugendhilfestatistik, Dortmund, 2009.

## Anmerkung

1
Unter reinen Nettoausgaben werden hier die ausgewiesenen Nettoausgaben der öffentlichen Haushalte abzüglich der Nettoeinnahmen der öffentlichen Haushalte verstanden. Es handelt sich dabei um die Unterdeckung der Haushaltsunterabschnitte/Funktionen, die durch eingenommene Steuermittel finanziert werden müssen. Enthalten sind auch die Kosten für den Hort, die über Haushaltsunterabschnitte 454/464 verbucht werden sofern Leistungen nach SGB IX über diese Haushaltsstellen gebucht werden, sind sie ebenfalls enthalten.

# Länderprofile

# Baden-Württemberg

**Basisdaten 2008**

**Fläche: 35.751 km²**

**Einwohner** (31.12.2007):
**10.749.755**

**Anteil der Kinder in FBBE**
**Kinder < 3 Jahren: 13,7%**
**Kinder 3 bis < 6 Jahre (ohne Schulkinder): 96,2%**
(inkl. 1,4% in [vor-]schulischen Einrichtungen)

| | |
|---|---|
| Geborene Kinder (2007) | 92.823 |
| Geburten pro Frau (2007) | 1,4 |
| Anzahl der Kinder < 10 Jahren (31.12.2007) | 1.013.430 |
| Davon Kinder < 3 Jahren | 281.101 |
| Davon Kinder 3 bis < 6 Jahre | 296.977 |
| Davon Kinder 6 bis < 10 Jahre | 435.352 |

| | |
|---|---|
| Erwerbstätigenquote von Müttern (2007) mit | |
| … mindestens einem Kind < 3 Jahren | 46,3% |
| … mindestens einem Kind von 3 bis < 6 Jahre | 57,9% |
| Leistungsempfänger nach SGB II (ALG II u. Sozialgeld, 2008) | 468.846 |
| Darunter Kinder < 6 Jahren | 61.435 |
| Entspricht Anteil an allen Kindern < 6 Jahren | 10,6% |
| Tageseinrichtungen insgesamt (2008) | 7.833 |
| Anteil der Einrichtungen | |
| … in öffentlicher Trägerschaft | 41,9% |
| … in freigemeinnütziger Trägerschaft | 57,1% |
| … als Betriebs-/Unternehmensteil | 0,3% |
| … in privatgewerblicher Trägerschaft | 0,7% |
| Anteil der KiTas ohne feste Gruppenstruktur | 9,5% |
| Pädagogisches Personal in KiTas insgesamt | 48.910 |
| Kinder in KiTas insgesamt | 377.922 |
| Darunter Kinder < 3 Jahren | 32.289 |
| Darunter Kinder 3 bis < 6 Jahre (ohne Schulkinder) | 278.005 |
| Darunter Schulkinder 6 bis < 10 Jahre | 19.354 |
| Tagespflegepersonen insgesamt | 6.484 |
| Kinder < 6 Jahren in Kindertagespflege | 9.185 |
| Davon Kinder < 3 Jahren | 6.293 |
| Davon Kinder 3 bis < 6 Jahre | 2.892 |

Das Ministerium für Arbeit und Soziales ist zuständig für Kinder unter drei Jahren und für die Kindertagespflege. Für Kinder über drei Jahren ist seit Mitte 2005 das Ministerium für Kultus, Jugend und Sport zuständig. Trotz dieser Trennung der Zuständigkeiten ist das Ministerium für Kultus, Jugend und Sport für vorschulische Bildung ab Geburt zuständig. Die interministerielle Zusammenarbeit erfolgt in jeweils themenbezogenen Arbeitsgruppen. In der Trägerkonferenz versammeln sich in der AG „Frühkindliche Bildung“ mit den kommunalen Landesverbänden, den Kirchen, den freien Trägerverbänden usw. aus Perspektive der Ministerien alle relevanten Akteure.

Die landespolitischen Ziele und Maßnahmen für den Bereich der FBBE sind in der „Vereinbarung zwischen der Landesregierung und den Kommunalen Landesverbänden über Bildung und Betreuung im vorschulischen und schulischen Bereich“ aus dem Jahr 2005 verankert. Aktuell setzt die Landesebene einen Handlungsschwerpunkt bei dem Ausbau der Angebote für unter Dreijährige, und zwar konkret durch eine deutliche Erhöhung der Landesmittel für die Betriebskosten der Kleinkindbetreuung, die mit einem Haushaltsansatz von 60 Mio. € im Jahr 2009 budgetiert sind und bis 2014 kontinuierlich auf dann jährlich 174 Mio. € (ohne Bundesmittel) ansteigen werden.[1] Politische Priorität haben außerdem u. a. Maßnahmen der frühkindlichen Bildung im Zusammenhang mit dem Orientierungsplan für Bildung und Erziehung für die baden-württembergischen Kindergärten (Pilotphase) sowie eine neue Einschulungsuntersuchung mit Sprachstandsdiagnose und anschließender Sprachförderung ab 2009. Die Projekte „Schulreifes Kind“ und „Bildungshäuser für Kinder im Alter von 3 bis 10 Jahren“ werden fortgeführt.

## Teilhabe sichern

In BW ist die große Mehrheit der Drei- bis unter Sechsjährigen in Kindertagesbetreuung. Bei den Vier- und Fünfjährigen sind es jeweils über 97%, bei den Dreijährigen über 91%. Während die Teilhabequote der Dreijährigen damit deutlich über dem Bundesdurchschnitt von 82,9% liegt, bewegt sich die Quote der unter Dreijährigen mit 13,7% zwar über dem Durchschnitt in Westdeutschland, aber unter dem Bundesdurchschnitt (17,8%). Gleichwohl ist insbesondere bei den Zweijährigen zwischen 2006 und 2008 eine deutlich ansteigende Inanspruchnahme zu beobachten. Der bis 2013 verbleibende Ausbaubedarf an Betreuungsangeboten für unter Dreijährige beläuft sich auf 21,3 Prozentpunkte. Hinsichtlich der vereinbarten Betreuungszeiten in Tageseinrichtungen sind Differenzen im Nutzungsverhalten zwischen den unter Dreijährigen und Kindern im Kindergartenalter (3 Jahre bis Schuleintritt) zu beobachten. Für fast zwei Drittel der Kinder unter drei und für etwa 46% der Kinder über drei sind bis zu 7 Stunden Betreuung täglich vereinbart. Ein Ganztagsangebot mit mehr als 7 Stunden pro Tag nutzt knapp ein Viertel der unter Dreijährigen, von den über Dreijährigen nutzen dies hingegen weniger als 10%. Mehr als ein Drittel (34,6%) der Kinder im Kindergartenalter sind für vor- und nachmittags ohne Mittagsbetreuung in einer KiTa angemeldet. Eine solche geteilte Öffnungszeit wurde für fast 12% der Kinder unter 3 Jahren zwischen Eltern und Einrichtungen vereinbart. Ob die vereinbarten Betreuungszeiten den realen Bedarfen der Kinder und Eltern entsprechen, wäre zu prüfen.

Von allen Kindern unter sechs in BW haben 34% einen Migrationshintergrund. Bei den Kindern über drei differieren die Teilhabequoten an FBBE von Kindern mit und ohne Migrationshintergrund kaum. Bei den unter Dreijährigen liegt die Bildungsbeteiligung der Kinder mit Migrationshintergrund bei 10%, die der Kinder ohne Migrationshintergrund bei 16%. Es wäre zu prüfen inwieweit diese vor allem im Vergleich zu anderen westlichen Bundesländern eher geringeren Differenzen bzgl. der Teilhabequoten auf die aktive Integrationspolitik in BW zurückzuführen sind.

## Investitionen wirkungsvoll einsetzen

Die Investitionen pro unter zehnjährigem Kind sind in BW seit 2001 kontinuierlich leicht angestiegen, zuletzt von 2005 auf 2006 um 4,1%. Dennoch liegen die Ausgaben pro Kind nicht nur unter dem westdeutschen Durchschnitt, sondern im Bundesvergleich eher im unteren Bereich. Der Anteil der reinen Nettoausgaben für FBBE an den gesamten reinen Ausgaben der öffentlichen Haushalte liegt seit Jahren konstant bei 3,3%.

## Bildung fördern – Qualität sichern

Der Orientierungsplan für Bildung und Erziehung für die baden-württembergischen Kindergärten war bis zum Sommer 2009 in der Pilotphase. Eine systematische Weiterentwicklung ist aber bereits jetzt geplant und soll in einem auf mehreren Ebenen angelegten Prozess unter Einbezug der beteiligten Akteure (Kommunale Landesverbände, Kirchen, sonstige freie Trägerverbände, Wissenschaft) erfolgen. Für eine gute pädagogische Praxis sowie die Umsetzung eines Bildungsplans sind angemessene Personalressourcen erforderlich. In BW stellt sich die Personalressourcensituation insgesamt günstig bis mittelmäßig dar. Vergleichsweise noch am besten ist der Personalschlüssel von durchschnittlich 1:5,4 in Krippengruppen, die von 28,6% dieser Kinder besucht werden. Die übrigen Kinder verteilen sich zu ähnlich hohen Anteilen auf altersübergreifende Gruppen (28,0%) und auf Kindergartengruppen, die für Zweijährige geöffnet wurden. Verbesserungspotential besteht bei Letzterem zum einen aufgrund des Personalschlüssels von durchschnittlich 1:8,8, zum anderen aber auch dadurch, dass in diesen Gruppen ein hoher Anteil Zweijähriger entweder nur ein oder zwei altersgleiche Kinder in seiner Gruppe vorfindet. So sind 17,6% der Kinder unter drei allein, maximal zu zweit in diesen Gruppen.

Die Rahmenbedingungen der alltäglichen Bildungspraxis in KiTas werden über zentrale Elemente der Strukturqualität wie bspw. die Fachkraft-Kind-Relation, die maximale Gruppengröße und Verfügungszeit landeseinheitlich präzise gesetzt. Grundlage ist eine im Rahmen des Betriebserlaubnisverfahrens abgestimmte Handhabung des Landesjugendamts mit den zuständigen Ministerien und den Trägerverbänden. Regelungen zur Qualitätsüberprüfung der pädagogischen Arbeit in den Einrichtungen existieren nicht.

Auf Landesebene werden in BW offensichtlich gezielte Impulse für eine fachliche Schwerpunktsetzung in der FBBE gegeben; allerdings besteht Unklarheit, ob vor dem Hintergrund der vergleichsweise niedrigen Ausgaben pro unter zehnjährigem Kind tatsächlich die erforderlichen Rahmenbedingungen in den KiTas gegeben sind, die eine Realisierung der bildungspolitischen Ziele ermöglichen.

## BW1 | Rechtsanspruch des Kindes auf einen Betreuungsplatz (2008)

Es besteht ein elternunabhängiger Rechtsanspruch auf einen Betreuungsplatz für jedes Kind vom vollendeten dritten Lebensjahr bis zum Schuleintritt. Ein Mindestumfang an garantierten Betreuungsstunden ist durch Landesrecht nicht geregelt.

# Teilhabe sichern

Die Teilhabe der unter Dreijährigen hat sich deutlich erhöht (13,7%). Bei allen Drei- bis unter Sechsjährigen sind die Teilhabequoten unabhängig von einem Migrationshintergrund fast gleich hoch. Von den Kindern unter drei sind jeweils etwa ein Drittel bis zu 5 Stunden sowie 5 bis zu 7 Stunden und 23,4% mehr als 7 Stunden täglich in einer KiTa. Kinder ab drei Jahren in KiTas werden überwiegend mehr als 5 und bis zu 7 Stunden (44,4%) sowie ein erheblicher Anteil vor- und nachmittags ohne Mittagsbetreuung (34,6%) betreut. Nur knapp 10% dieser Altersgruppe werden mehr als 7 Stunden betreut.

## BW2 | Ausbaubedarf von Betreuungsplätzen für unter Dreijährige nach dem Kinderförderungsgesetz

Nach dem KiFöG wird angenommen, dass 2013 im Bundesdurchschnitt für 35% der unter Dreijährigen ein FBBE-Angebot verfügbar sein soll. Demnach wäre das Angebot in BW von derzeit 13,7% noch um 21,3 Prozentpunkte zu steigern. Gemäß der 11. koordinierten Bevölkerungsvorausberechnung entspräche dies ca. 57.000 Plätzen.

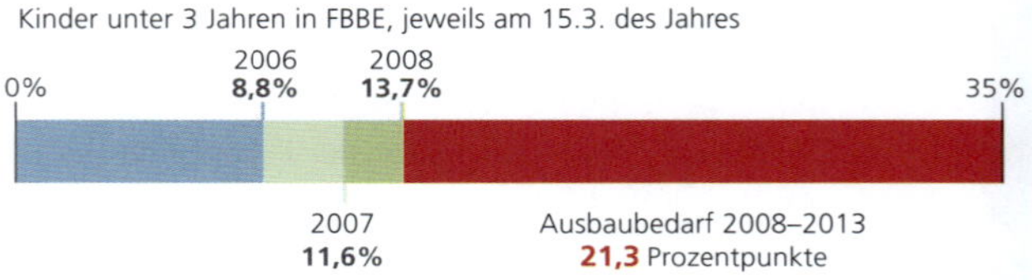


## BW3 | Vertraglich vereinbarte tägliche Betreuungszeiten (2008)

| | Kindertageseinrichtungen | | Öffentlich geförderte Kindertagespflege | |
|---|---|---|---|---|
| | 32.289 Kinder < 3 J. | 320.678 K. ≥ 3 J. (o. Schulk.) | 6.293 Kinder < 3 J. | 3.498 Kinder v. 3 bis < 6 J. |
| Bis zu 5 h | 31,5 (24,9) | 11,4 (26,1) | 51,6 (31,6) | 68,0 (52,4) |
| Mehr als 5 bis zu 7 h | 33,2 (24,3) | 44,4 (31,0) | 24,0 (28,9) | 20,9 (25,1) |
| Mehr als 7 h | 23,4 (47,9) | 9,7 (29,9) | 24,2 (39,0) | 11,0 (22,2) |
| Vor- u. nachmittags o. Mittagsbetreuung | 11,9 (2,8) | 34,6 (13,0) | 0,1 (0,5) | 0,1 (0,3) |

BW 2008 | ø Deutschland 2008 (in Klammern)

## BW4 | Bildungsbeteiligung von Kindern in Kindertageseinrichtungen und Kindertagespflege

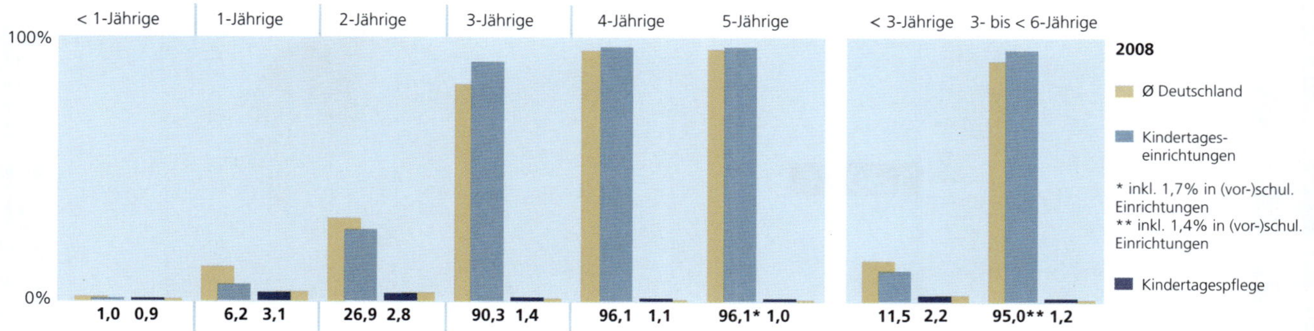


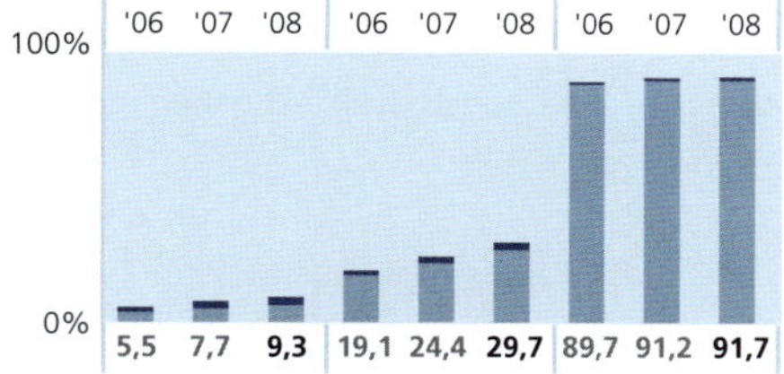


Die Teilhabequote von Kindern unter drei Jahren ist zwischen 2006 und 2008 von 8,8% auf 13,7% gestiegen. Ein Ausbautrend zeigt sich bei den Einjährigen: 9,3% haben einen Betreuungsplatz in einer KiTa bzw. in der Tagespflege; 2006 waren es 5,5%. Erhöht hat sich aber v. a. der Anteil der Zweijährigen, die eine KiTa besuchen (+ 9,5 Prozentpunkte). Der Anteil der Dreijährigen in Angeboten der FBBE steigt weiter und liegt mit 91,7% um 8,8 Prozentpunkte über dem Bundesdurchschnitt (82,9%). Von den drei- bis unter sechsjährigen Kindern sind 96,2% in Tagesbetreuung.

## BW5 | Bildungsbeteiligung und familiäre Sprachpraxis von Kindern mit und ohne Migrationshintergrund (2008)

### BW5A Bildungsbeteiligung

**Kinder unter 3 Jahren in der Bevölkerung**

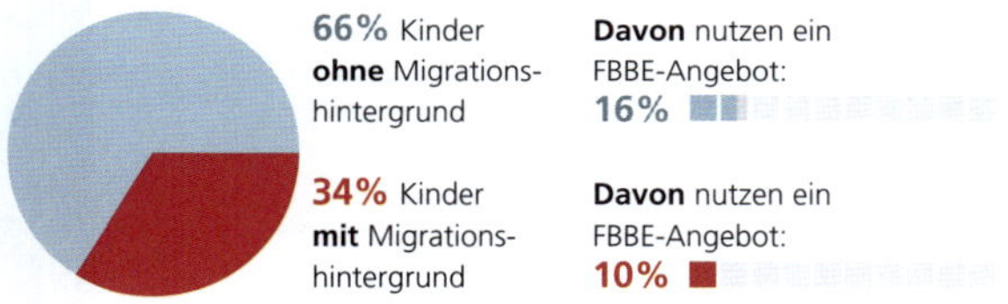


**Kinder von 3 bis unter 6 Jahre in der Bevölkerung**

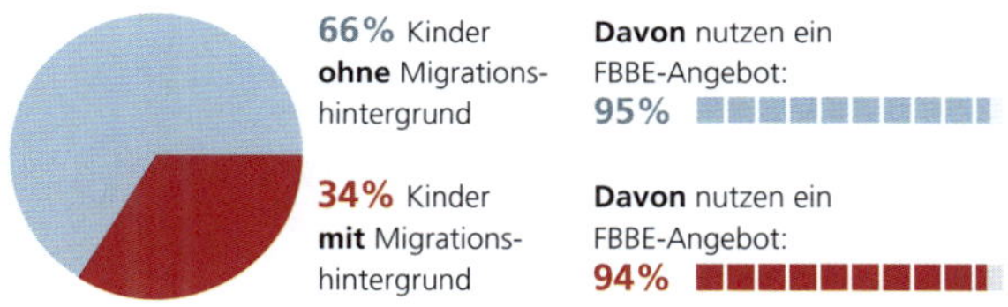


### BW5B Familiäre Sprachpraxis von Kindern in KiTas

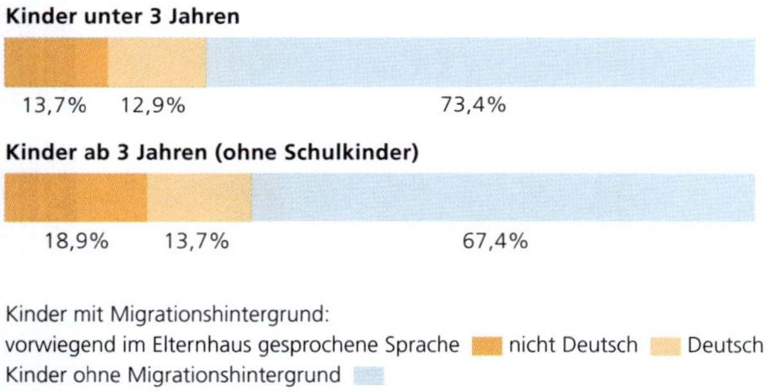


In BW haben 34% aller Kinder unter 3 Jahren sowie aller Drei- bis unter Sechsjährigen einen Migrationshintergrund (mindestens ein Elternteil ausländischer Herkunft). In der Altersgruppe der Drei- bis unter Sechsjährigen ist die Teilhabe an FBBE von Kindern mit und ohne Migrationshintergrund annähernd gleich hoch. Bei den unter Dreijährigen mit Migrationshintergrund liegt die Teilhabequote an FBBE (10%) unter der der Kinder ohne Migrationshintergrund (16%).

## BW6 | Investitionen pro Kind*

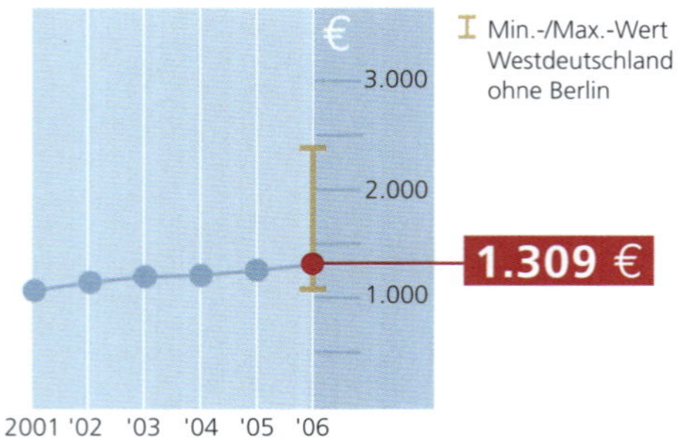


Die reinen Nettoausgaben der öffentlichen Haushalte für FBBE pro unter zehnjährigem Kind sind seit 2001 kontinuierlich gestiegen. Zwischen 2005 und 2006 lag die Steigerungsrate bei 4,1%. Dennoch liegen die durchschnittlichen Investitionen pro unter zehnjährigem Kind unter denen in Westdeutschland (1.365 €).

## BW7 | Finanzierungsgemeinschaft für FBBE (2006)

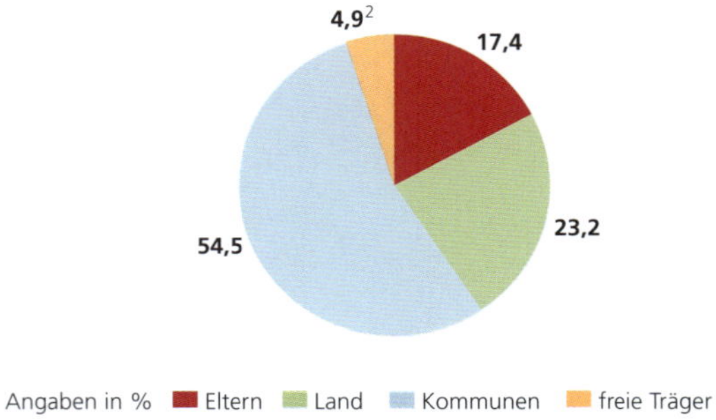


In den öffentlichen Statistiken fehlen i. d. R. die Elternbeiträge, die direkt von freien Trägern eingezogen werden, sowie die finanziellen Eigenanteile der freien Träger. Diese Ausgabengrößen werden daher über Schätzungen ermittelt.

# Investitionen wirkungsvoll einsetzen

Die durchschnittlichen Investitionen pro unter 10-jährigem Kind sind seit 2001 stetig leicht angestiegen, bleiben aber unter den westdeutschen Durchschnittsausgaben. Der Anteil der reinen Ausgaben für FBBE gemessen an ihrem Anteil an den gesamten reinen Ausgaben der öffentlichen Hand liegt seit 2003 unverändert bei 3,3%. Auch die Finanzierungsgemeinschaft für FBBE setzt sich 2006 ähnlich wie 2005 zusammen. Nach Schätzungen tragen die Kommunen ca. 54,5% und das Land ca. 23% der landesweiten Ausgaben. Die Eltern beteiligen sich zu etwa 17% an der Finanzierung. Allerdings variiert dieser Anteil vermutlich für die einzelnen Einrichtungen, da die Höhe der Elternbeiträge vom jeweiligen Träger individuell festgelegt wird. Der Anteil der freien Träger beläuft sich auf 4,9%. Bei der Finanzierung von Einrichtungen zur Betreuung von unter Dreijährigen und bei den Beiträgen der Eltern zur Kindertagespflege dürften die Trägeranteile wegen der deutlich höheren Landesförderung ab 2009 zurückgehen.

## BW8 | Anteil der reinen Nettoausgaben für FBBE an den gesamten reinen Ausgaben öffentlicher Haushalte*

Der Anteil der reinen Nettoausgaben für FBBE gemessen an ihrem Anteil an den gesamten reinen Ausgaben der öffentlichen Haushalte liegt seit 2003 konstant bei 3,3% und entspricht damit genau dem westdeutschen Durchschnittswert von 2006. Im Jahre 2001 lag der Anteil an den gesamten reinen Ausgaben bei 3%, 2002 bei 3,2%.

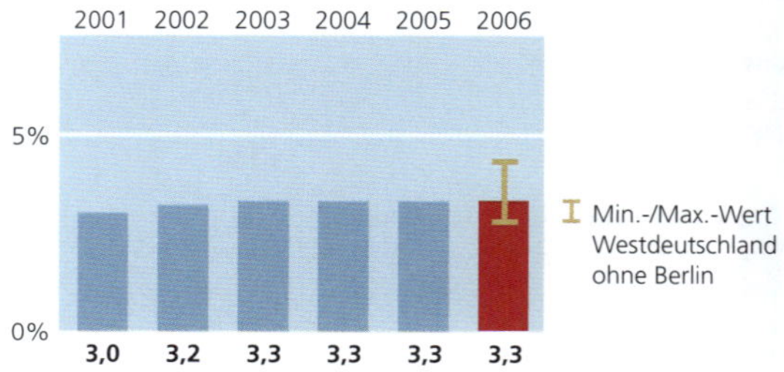


* Bei den Nettoausgaben der öffentlichen Hand werden neben Ausgaben für die Kinder in vorschulischen Angeboten (u. a. Krippen, Kindergärten, Einrichtungen mit altersübergreifenden Gruppen) auch Kindertageseinrichtungen mit Schulkindern berücksichtigt (z. B. Horte). Zwischen den Ländern schwankt der Anteil der Schulkinder, die in Kindertageseinrichtungen betreut werden, erheblich. Dies ist bei der vergleichenden Bewertung der Finanzindikatoren zu berücksichtigen.

# Bildung fördern – Qualität sichern

Der Bildungsplan (in BW Orientierungsplan genannt) wurde in einem breiten Beteiligungsprozess relevanter Akteure von verschiedenen Ebenen bis Sommer 2009 unter wissenschaftlicher Begleitung in einer Pilotphase weiterentwickelt. In diesen Prozess sind u. a. die Ergebnisse der wissenschaftlichen Begleitung sowie einschlägiger Kindergartenprojekte eingeflossen. Eine breit gestreute Anhörung des überarbeiteten Entwurfs ermöglichte die Beteiligung der Fachleute und der interessierten Öffentlichkeit. Konzipiert ist er für Kinder von 0 bis 6 Jahren und soll ab dem Kindergartenjahr 2009/2010 für alle Einrichtungen verbindlich sein. Eine kontinuierliche Überprüfung der Umsetzung des Orientierungsplans ist bislang nicht vorgesehen. Nach Berechnungen auf Grundlage der Kinder- und Jugendhilfestatistik verteilen sich die Personalressourcen in den KiTas in BW je nach Gruppentyp sehr unterschiedlich. In Krippengruppen ist der Personalschlüssel von durchschnittlich 1:5,4 für Kinder unter 3 Jahren noch relativ günstig. In diesem Gruppentyp ist jedoch nur knapp ein Drittel der unter Dreijährigen. Ein weiteres Drittel von ihnen wird in geöffneten Kindergartengruppen bei einem Personalschlüssel von durchschnittlich 1:8,8 betreut. In Kindergartengruppen ist der Schlüssel für Kinder über drei kaum höher.

## BW9 | Bildungsplan – BP (2008)

| I. Information | |
|---|---|
| Kostenloser Versand des BP an alle KiTas | ● |
| BP als Download verfügbar | ● |
| BP als Publikation erwerbbar | ● |
| Informationsmaterial über BP für Eltern verfügbar | ● |
| Informationsmaterial über BP mehrsprachig f. Eltern verfügbar | ● |
| **5 von 5 Punkten** | ●●●●● |
| **II. Qualifizierung** | |
| Infoveranstaltung zum BP für alle KiTa-Mitarbeiterinnen | ● |
| Verpflichtende Informationsveranstaltung zum BP für alle KiTa-Mitarbeiterinnen | – |
| Angebotene Fortbildung zum BP mindestens zweitägig | ● |
| Alle Fachberatungen erhalten Fortbildungen zum BP | – |
| Öffentliche Mittel für regelmäßige Fortbildung zum BP für alle pädagogischen Mitarbeiterinnen verfügbar | ● |
| **3 von 5 Punkten** | ●●●○○ |
| **III. Umsetzungskontrolle (in allen KiTas)** | |
| Jährliche externe Überprüfung der Umsetzung des BP | – |
| Jährliche Berichtspflicht zur Implementation des BP | – |
| Nachweis der Aufnahme des BP in die Konzeption | – |
| **0 von 3 Punkten** | ○○○ |

**BP in Erprobung**

## BW10 | Kooperation KiTa – Grundschule (2008)

Eine Verwaltungsvorschrift des Kultusministeriums und des Sozialministeriums regelt die Kooperation von KiTas und Grundschulen in Abstimmung mit den kommunalen Landesverbänden, Kirchen und sonstigen freien Trägern verbindlich und formuliert fachliche Standards. Grundschulen erhalten Mittel für Kooperationsbeauftragte und Schulleiter können in eigenem Ermessen Stunden aus einem Entlastungskontingent für die Kooperationsaufgaben gewähren. KiTas erhalten keine zusätzlichen Mittel.

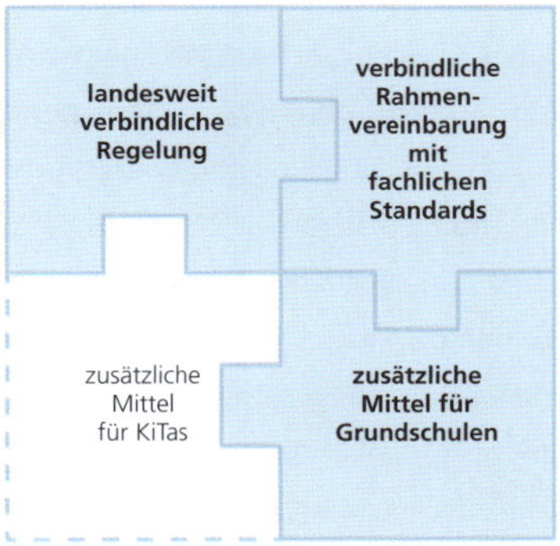

## BW11 | Pädagogisches Personal nach Berufsausbildungsabschlüssen (2008)

Etwa drei Viertel des pädagogischen Personals verfügen über einen Fachschulabschluss. Die zweitgrößte Beschäftigungsgruppe bilden die Kinderpflegerinnen (10,8%), gefolgt von der Gruppe der Sonstigen, also jenen, die sich z.B. im Praktikum bzw. in der Ausbildung befinden (9,0%). Der Anteil des pädagogischen Personals mit einem Hochschulabschluss liegt bei 2,5% und damit einen Prozentpunkt unter dem Bundesdurchschnitt.

| Abschluss | Baden-Württemberg | ø Deutschland |
|---|---|---|
| | Anteile in Prozent | |
| (sozialpädagogischer) Hochschulabschluss | 2,5 | *3,5* |
| Fachschulabschluss (Erzieherinnen, Heilpädagoginnen) | 74,0 | *71,9* |
| Kinderpflegerinnen | 10,8 | *13,3* |
| anderer fachlicher Abschluss (sonst. Sozial- u. Erziehungsberufe) | 1,4 | *1,9* |
| Sonstige | 9,0 | *7,1* |
| ohne abgeschl. Ausbildung | 2,4 | *2,2* |

## BW12 | Personalschlüssel und Gruppentypen in Kindertageseinrichtungen

### BW12A Personalschlüssel und Fachkraft-Kind-Relation

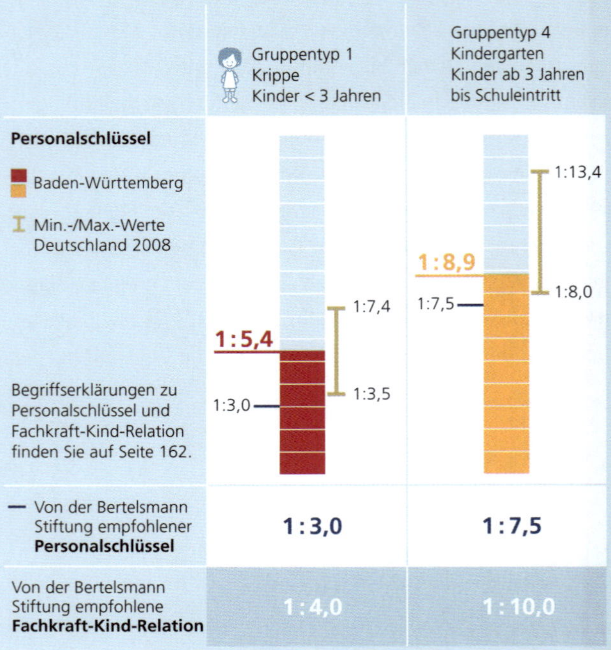


## BW13 | Beschäftigungsumfang des pädagogischen Personals und Anteil der Vollzeitbeschäftigten in Kindertageseinrichtungen

Fast die Hälfte des pädagogischen Personals zählt zu den Vollzeitbeschäftigten. Obgleich der Anteil somit im Vergleich zum Bundesdurchschnitt (39,4%) um gut zehn Prozentpunkte höher ausfällt, ist seit 1998 eine kontinuierliche Abnahme des Anteils der Vollzeitbeschäftigten zu beobachten. Bis 2008 ist der Anteil um mehr als 18 Prozentpunkte zurückgegangen. Der Anteil derjenigen Teilzeitbeschäftigten, die zwischen 21 und unter 32 Wochenstunden bzw. mehr als 32 Wochenstunden arbeiten, ist niedriger als der jeweilige bundesdeutsche Vergleichswert. Auffällig höher ist der Anteil der teilzeittätigen Personen mit unter 21 Wochenstunden, der fünf Prozentpunkte über dem Bundesdurchschnitt liegt. Auch der Anteil der nebenberuflich Tätigen liegt deutlich über dem Bundesdurchschnitt. Mit Blick auf den angestrebten Ausbau der Ganztagsbetreuung wäre zu prüfen, inwieweit im Sinne kontinuierlicher und verlässlicher Beziehungserfahrungen für Kinder die Betreuungs- und Beschäftigungszeiten aufeinander abgestimmt werden.

### BW13A Pädagogisches Personal nach Beschäftigungsumfang (2008)

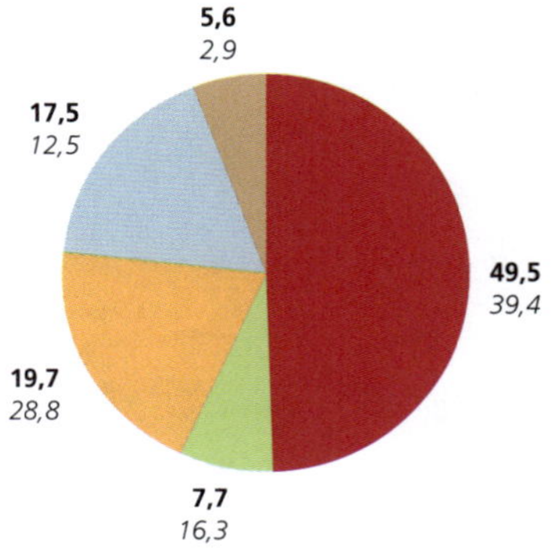


Angaben in %
- Hauptberuflich, Vollzeit, 38,5 und mehr Wochenstunden
- Teilzeit, 32 bis < 38,5 Wochenstunden
- Teilzeit, 21 bis < 32 Wochenstunden
- Teilzeit, < 21 Wochenstunden
- Nebenberuflich, < 20 Wochenstunden

*kursiv* = ø Deutschland

### BW12B Verteilung der Kinder unter 3 Jahren auf verschiedene Gruppentypen (2008)

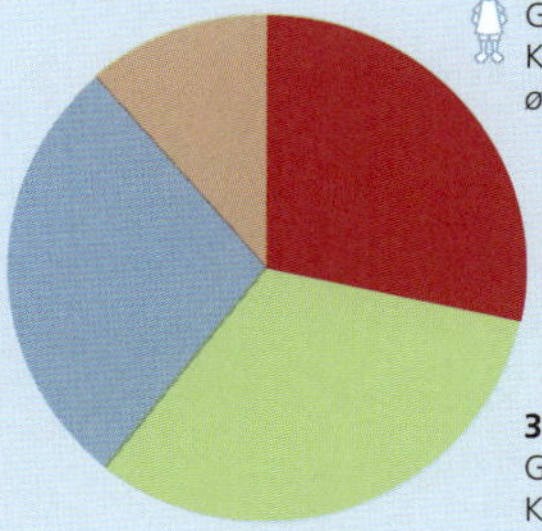


Der Personalschlüssel für Kinder unter drei Jahren in Krippengruppen liegt bei durchschnittlich 1:5,4 und damit bundesweit im Mittelfeld. Dort sind 28,6% der unter Dreijährigen untergebracht. Zu ähnlich hohen Anteilen werden Kinder dieser Altersgruppe in für Zweijährige geöffneten Kindergartengruppen (32,1%) und altersübergreifenden Gruppen (28,0%) betreut. Die Personalschlüssel sind dort mit durchschnittlich 1:8,8 bzw. 1:6,5 ungünstiger.

### BW13B Anteil der Vollzeitbeschäftigten

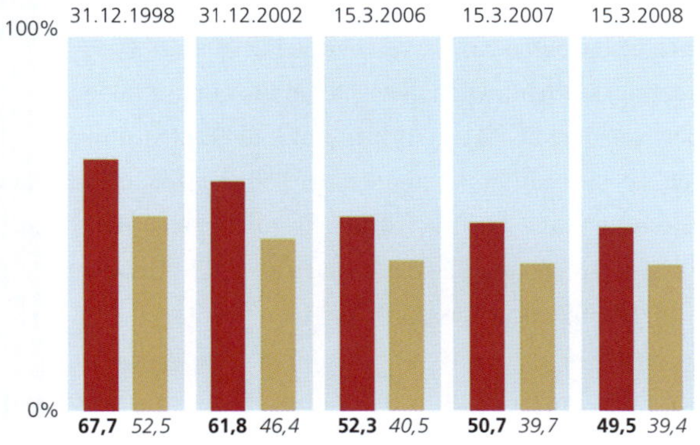


Anteil der Vollzeitbeschäftigten an allen Beschäftigten, ohne Verwaltung und Hauswirtschaft/Technik

■ BW ■ ø Deutschland

## BW14 Rahmenbedingungen für Bildungsqualität

### BW14A Regelungen zur Strukturqualität (2008)

| | Allgemein geregelt | Präzise definiert |
|---|---|---|
| Maximale Gruppengröße | ● | ● [3] |
| Fachkraft-Kind-Relation | ● | ● |
| Verfügungszeit | ● | ● |
| Fachberatung | – | – |
| Fortbildung | – | – |
| Leitungsfreistellung | ● | – |
| (Innen-/Außen-)Flächen | ● | ● |

Insgesamt **9** von 14 Punkten

Zentrale Elemente der Strukturqualität sind in einer abgestimmten Handhabung des Landesjugendamtes als Teil des Betriebserlaubnisverfahrens zwischen den verschiedenen Akteuren präzise geregelt. Ob diese Regelungsform dauerhaft verlässliche Voraussetzungen für landesweit vergleichbare Rahmenbedingungen bzgl. der pädagogischen Arbeit bietet, ist zu überprüfen. Zur Fachberatung machen die Trägerverbände verbindliche Vorgaben.

### BW14B Regelungen zur Qualitätsüberprüfung (2008)

| | |
|---|---|
| Geregelte Verpflichtung in Ausführungsgesetz oder Verordnung | – |
| *Elternbefragung (mindestens jährlich)* | – |
| *Selbstevaluation* | – |
| *Fremdevaluation* | – |
| Zahlung öffentlicher Zuschüsse abhängig von externer Qualitätsüberprüfung | – |

Insgesamt **0** von 5 Punkten

Verfahren zur Qualitätsentwicklung und -sicherung sind nicht verbindlich für alle KiTas vorgesehen. Die fehlende systematische, kontinuierliche Überprüfung bestehender Bildungs- und Betreuungsangebote schafft weder Transparenz noch die Möglichkeit, zielgerichtete Impulse für kontinuierliche Qualitätsentwicklung zu geben. Die Zahlung öffentlicher Zuschüsse für die KiTas erfolgt unabhängig von einer externen Qualitätsüberprüfung.

# Bayern

**Basisdaten 2008**

**Fläche: 70.552 km²**

**Einwohner** (31.12.2007):
**12.520.332**

**Anteil der Kinder in FBBE**
**Kinder < 3 Jahren: 13,2%**
**Kinder 3 bis < 6 Jahre**
**(ohne Schulkinder): 89,1%**
(inkl. 0,1% in [vor-]schulischen Einrichtungen)

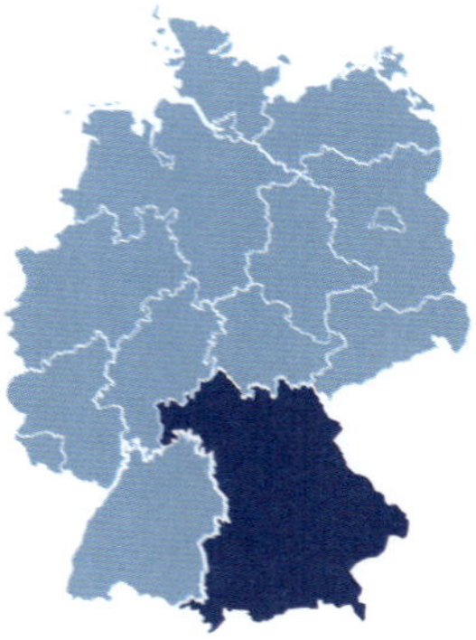

| | |
|---|---|
| Geborene Kinder (2007) | 106.870 |
| Geburten pro Frau (2007) | 1,4 |
| Anzahl der Kinder < 10 Jahren (31.12.2007) | 1.156.988 |
| Davon Kinder < 3 Jahren | 323.145 |
| Davon Kinder 3 bis < 6 Jahre | 340.060 |
| Davon Kinder 6 bis < 10 Jahre | 493.783 |

| | |
|---|---|
| Erwerbstätigenquote von Müttern (2007) mit | |
| ... mindestens einem Kind < 3 Jahren | 44,7% |
| ... mindestens einem Kind von 3 bis < 6 Jahre | 57,6% |
| Leistungsempfänger nach SGB II (ALG II u. Sozialgeld, 2008) | 497.430 |
| Darunter Kinder < 6 Jahren | 65.913 |
| Entspricht Anteil an allen Kindern < 6 Jahren | 9,9% |
| Tageseinrichtungen insgesamt (2008) | 7.897 |
| Anteil der Einrichtungen | |
| ... in öffentlicher Trägerschaft | 30,4% |
| ... in freigemeinnütziger Trägerschaft | 67,9% |
| ... als Betriebs-/Unternehmensteil | 0,1% |
| ... in privatgewerblicher Trägerschaft | 1,5% |
| Anteil der KiTas ohne feste Gruppenstruktur | 7,8% |
| Pädagogisches Personal in KiTas insgesamt | 51.842 |
| Kinder in KiTas insgesamt | 448.498 |
| Darunter Kinder < 3 Jahren | 37.757 |
| Darunter Kinder 3 bis < 6 Jahre (ohne Schulkinder) | 301.149 |
| Darunter Schulkinder 6 bis < 10 Jahre | 48.378 |
| Tagespflegepersonen insgesamt | 3.379 |
| Kinder < 6 Jahren in Kindertagespflege | 5.933 |
| Davon Kinder < 3 Jahren | 5.050 |
| Davon Kinder 3 bis < 6 Jahre | 883 |

In Bayern ist das Bayerische Staatsministerium für Arbeit, Sozialordnung, Familie und Frauen zuständig für FBBE. Das Staatsministerium ordnet den Koalitionsvertrag 2008 bis 2013 zwischen CSU und FDP für die 16. Wahlperiode des Bayerischen Landtags als politisches Gesamtprogramm ein. Neben einer interministeriellen, regelmäßigen Fachgruppe zur Ausbildung der Erzieherinnen und Kinderpflegerinnen bietet der Arbeitskreis KiTaSch (Kindertageseinrichtungen – Grundschule) die Möglichkeit zum Austausch der relevanten Akteure zum Thema FBBE. In diesem Gremium versammeln sich Vertreter des Staatsministeriums für Arbeit und Sozialordnung, Familie und Frauen sowie des Staatsministeriums für Unterricht und Kultus, Vertreter der Trägerverbände, wissenschaftlicher Einrichtungen, des Bayerischen Städtetags und Gemeindetags. Politische Priorität hat aktuell der bedarfsgerechte Ausbau der Betreuungsangebote für unter Dreijährige. Zusätzlich zu dem quantitativen Ausbau für diese Altersgruppe sollen die Rahmenbedingungen für eine höhere Qualität der pädagogischen Praxis verbessert werden. So verfolgt die Bayerische Staatsregierung das Ziel, den Mindestanstellungsschlüssel (Verhältnis zwischen der arbeitsvertraglich festgelegten Arbeitszeit der pädagogischen Fach- und Ergänzungskräfte und den gewichteten Buchungsstunden der Kinder) von derzeit 1:11,5 auf 1:10 sowie die Fachkraftquote (Anteil der Beschäftigungsstunden der pädagogischen Fachkräfte am Gesamtumfang der Beschäftigungsstunden aller in der Einrichtung eingesetzten pädagogischen Fach- und Ergänzungskräfte) von derzeit 50% zu verbessern.

Da das Erlernen der deutschen Sprache eine wichtige Voraussetzung für erfolgreiche Teilhabe am Bildungssystem darstellt, hat die Landesebene die sogenannten Vorkurse für Kinder mit Migrationshintergrund von 160 auf 240 Stunden je Betreuungsjahr ausgeweitet. Mit Beginn des Kindergartenjahres 2008/2009 ist das Sprachberaterprogramm gestartet, das nach Angaben des

Ministeriums ein Volumen von 44 Mio. Euro aufweist und zum Ziel hat, flächendeckend das pädagogische Personal und Eltern mit dem Thema „Sprache“ in all seinen Facetten vertraut zu machen.

## Teilhabe sichern

Die Bildungsbeteiligung von unter Dreijährigen hat sich in BY auf 13,2% erhöht, liegt aber unverändert um fast 5 Prozentpunkte unter dem Bundesdurchschnitt. Konkrete Ausbautendenzen lassen die deutlich gestiegenen Teilhabequoten der Ein- und Zweijährigen in Kindertagesbetreuung erkennen. Aus der Altersgruppe der Drei- bis unter Sechsjährigen nutzen, gemessen am bundesweiten Vergleichswert von 91,6%, weniger Kinder ein Angebot der FBBE (89,1%). Die Mehrheit der unter Dreijährigen (44,1%) nutzen täglich bis zu 5 Stunden eine Betreuung, bei den ab Dreijährigen ist es nur etwas mehr als ein Drittel. In dieser Altersgruppe ist die Mehrheit (fast 43%) mehr als 5 bis zu 7 Stunden täglich in einer KiTa. Nicht ganz ein Viertel der unter wie der über Dreijährigen wird ganztags betreut.

Von allen Kindern unter drei Jahren in BY haben 33% einen Migrationshintergrund, von allen Kindern von drei bis unter sechs Jahre sind es 27%. Die Teilhabequote von den älteren Kindern mit Migrationshintergrund liegt mit 20 Prozentpunkten deutlich unter jener der Kinder ohne Migrationshintergrund. Es wäre zu prüfen, worin die Ursachen für diese Differenzen bestehen.

## Investitionen wirkungsvoll einsetzen

Die durchschnittlichen Investitionen pro unter 10-jährigem Kind sind seit 2002 kontinuierlich gestiegen, zählen bundesweit jedoch zu den niedrigeren. Der Anteil der reinen Nettoausgaben für FBBE an den gesamten reinen Ausgaben der öffentlichen Hand liegt mit 2,8% unter dem westdeutschen Durchschnittswert von 3,3%. Für den weiteren Ausbau des Betreuungsangebots für unter Dreijährige hat die bayerische Landesregierung die Bundesmittel um weitere 100 Mio. Euro auf 440 Mio. Euro aufgestockt und ein entsprechendes Sonderprogramm zur Auszahlung der Fördermittel aufgelegt.

## Bildung fördern – Qualität sichern

Für die Qualität der pädagogischen Arbeit gelten die Personalressourcen in KiTas als zentrale Einflussgrößen. Das formale Qualifikationsniveau des pädagogischen Personals in bayerischen KiTas ist gemessen am Bundesdurchschnitt vergleichsweise niedrig. Fast 20 Prozentpunkte niedriger liegt der Anteil der Tätigen mit Fachschulabschluss (52,2%), während der Anteil der Kinderpflegerinnen mit 37,3% um 24 Prozentpunkte höher ausfällt. Im Bundesländervergleich ist dies der höchste Anteil. Der Anteil der Vollzeitbeschäftigten geht weiter zurück, bewegt sich aber dennoch mit 46,3% deutlich über dem Wert für ganz Deutschland (39,4%).

Hinweise auf die konkrete Personalausstattung in KiTas liefern die berechneten Personalschlüssel. Die Personalschlüssel für Kinder über drei Jahren bis zum Schuleintritt in Kindergartengruppen liegen bei durchschnittlich 1:9,6 und damit bundesweit im Mittelfeld dieses Gruppentyps. Für Kinder unter drei Jahren besteht in Krippengruppen der Schlüssel von durchschnittlich 1:4,8, der bundesweit zum Spitzenfeld in diesem Gruppentyp zählt. Allerdings ist gerade mal etwa ein Viertel der unter Dreijährigen in Krippengruppen. 44,7% dieser Altersgruppe sind in altersübergreifenden Gruppen, für die ein Personalschlüssel von durchschnittlich 1:6,8 ausgewiesen wird. Noch ungünstiger ist die Betreuungssituation für die 21,8% der Kinder unter drei in für Zweijährige geöffneten Kindergartengruppen (durchschnittlich 1:9,5). Hinzu kommt, dass 12,7% der Zweijährigen in diesen Gruppen entweder alleine oder lediglich zusammen mit einem weiteren Gleichaltrigen sind.

Zentraler Kern des mit dem BayKiBiG eingeleiteten Reformprozesses ist das zum Kindergartenjahr 2006/2007 flächendeckend eingeführte Finanzierungskonzept der kindbezogenen Förderung. Dieser Ansatz der mittelbaren Steuerung ermöglicht aus Sicht des Landesministeriums Selbstverantwortung und Eigeninitiative der Einrichtungen und erübrigt daher weitgehend die Vorgabe von Regelungen zur Strukturqualität und zur direkten Qualitätsüberprüfung. Das Bayerische Kinderbildungs- und -betreuungsgesetz regelt lediglich die Fachkraft-Kind-Relation präzise. Zu Verfügungszeiten und Fortbildungsansprüchen existieren allgemeine Regelungen. KiTas sind qua Gesetz zur Qualitätsentwicklung bzw. -sicherung verpflichtet. Offen ist, ob und in welchem Maße sich die Qualität der pädagogischen Arbeit in den KiTas mit dem Konzept der mittelbaren Steuerung tatsächlich positiv verändert hat. Ob Kinder in BY somit landesweit ähnlich gute Bildungschancen haben, kann nicht beurteilt werden.

## BY1 | Rechtsanspruch des Kindes auf einen Betreuungsplatz (2008)

Es besteht ein elternunabhängiger Rechtsanspruch auf einen Betreuungsplatz für jedes Kind vom vollendeten dritten Lebensjahr bis zum Schuleintritt. Der zeitliche Mindestumfang der Betreuung ist durch Landesrecht nicht geregelt.

# Teilhabe sichern

Die Bildungsbeteiligung von unter Dreijährigen ist auf 13,2% angestiegen. Bei den Drei- bis unter Sechsjährigen mit und ohne Migrationshintergrund beträgt die Differenz zwischen den Teilhabequoten 20 Prozentpunkte. Für 44,1% der unter Dreijährigen in KiTas sind bis zu 5 Stunden und für 30,7% 5 bis zu 7 Stunden tägliche Betreuungszeit vereinbart. Von den Kindern ab drei Jahren bis zum Schulbesuch sind die meisten (42,7%) mehr als 5 Stunden bis zu 7 Stunden täglich in einer KiTa. Jeweils knapp ein Viertel beider Altersgruppen in KiTas wird täglich mehr als 7 Stunden betreut.

## BY2 | Ausbaubedarf von Betreuungsplätzen für unter Dreijährige nach dem Kinderförderungsgesetz

Nach dem KiFöG wird angenommen, dass im Jahr 2013 im Bundesdurchschnitt für 35% der unter Dreijährigen ein FBBE-Angebot verfügbar sein soll. Demnach wäre das Angebot in BY von 13,2% (15.3.2008) noch um 21,8 Prozentpunkte zu steigern. Gemäß der 11. koordinierten Bevölkerungsvorausberechnung entspräche dies ca. 67.000 Plätzen.[1]

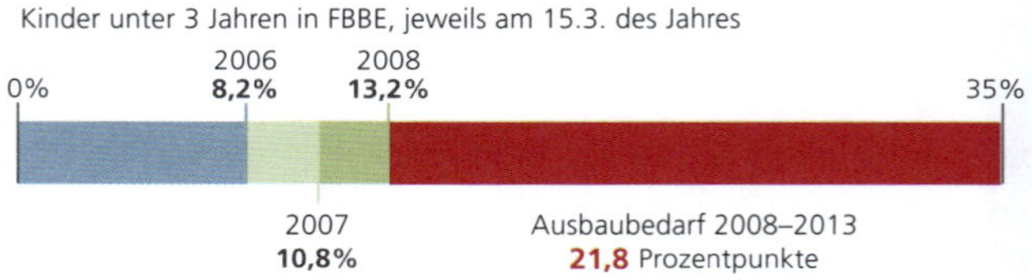


## BY3 | Vertraglich vereinbarte tägliche Betreuungszeiten (2008)

| | Kindertageseinrichtungen | | Öffentlich geförderte Kindertagespflege | |
|---|---|---|---|---|
| | 37.757 Kinder < 3 J. | 352.564 K. ≥ 3 J. (o. Schulk.) | 5.050 Kinder < 3 J. | 1.330 Kinder v. 3 bis < 6 J. |
| Bis zu 5 h | 44,1 (24,9) | 33,3 (26,1) | 45,1 (31,6) | 63,8 (52,4) |
| Mehr als 5 bis zu 7 h | 30,7 (24,3) | 42,7 (31,0) | 30,6 (28,9) | 22,9 (25,1) |
| Mehr als 7 h | 24,8 (47,9) | 23,0 (29,9) | 24,3 (39,0) | 13,2 (22,2) |
| Vor- u. nachmittags o. Mittagsbetreuung | 0,4 (2,8) | 1,0 (13,0) | 0,0 (0,5) | 0,1 (0,3) |

BY 2008 | ø Deutschland 2008 (in Klammern)

## BY4 | Bildungsbeteiligung von Kindern in Kindertageseinrichtungen und Kindertagespflege

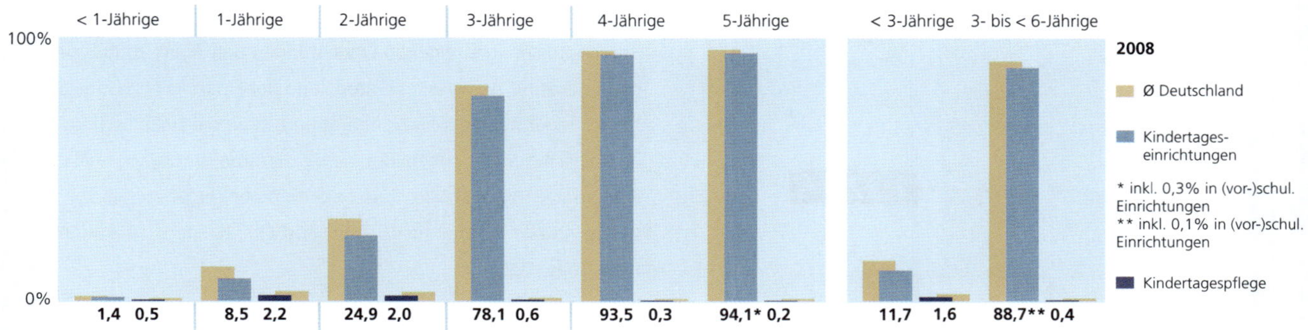


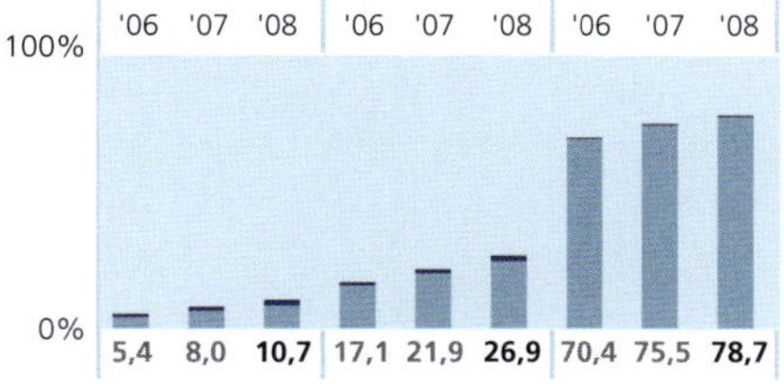


Zwischen 2006 und 2008 hat sich der Anteil der Kinder unter drei Jahren in KiTas und Tagespflege um fünf Prozentpunkte auf 13,2% erhöht. Die Teilhabequote der Einjährigen hat sich fast verdoppelt (von 5,4% im Jahr 2006 auf 10,7% im Jahr 2008) und die der Zweijährigen ist um 9,8 Prozentpunkte auf 26,9% gestiegen. Auch der Anteil der Dreijährigen in Kindertagesbetreuung ist gewachsen (78,7%), bleibt aber unter dem Bundesdurchschnitt (82,9%). Gleiches gilt für die Teilhabequote der drei- bis unter sechsjährigen Kinder (89,1% im Vergleich zu 91,6%).

## BY5 | Bildungsbeteiligung und familiäre Sprachpraxis von Kindern mit und ohne Migrationshintergrund (2008)

### BY5A Bildungsbeteiligung

**Kinder unter 3 Jahren in der Bevölkerung**

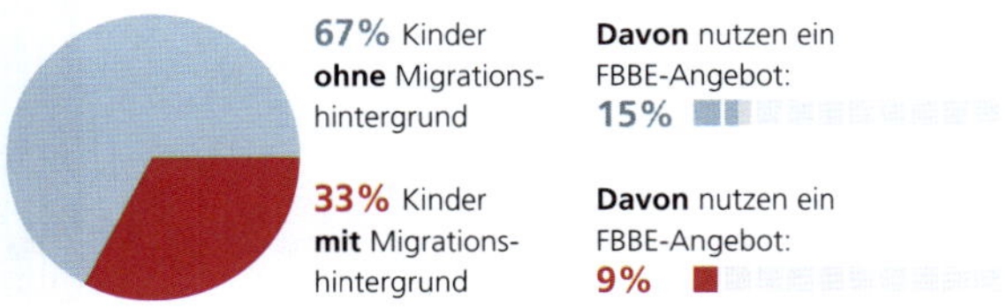


**Kinder von 3 bis unter 6 Jahre in der Bevölkerung**

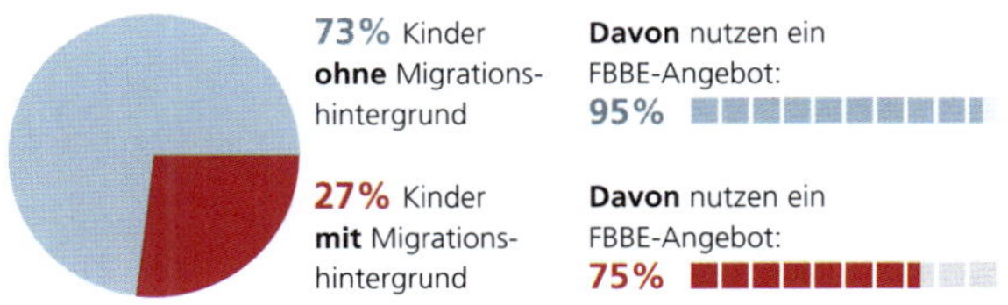


### BY5B Familiäre Sprachpraxis von Kindern in KiTas

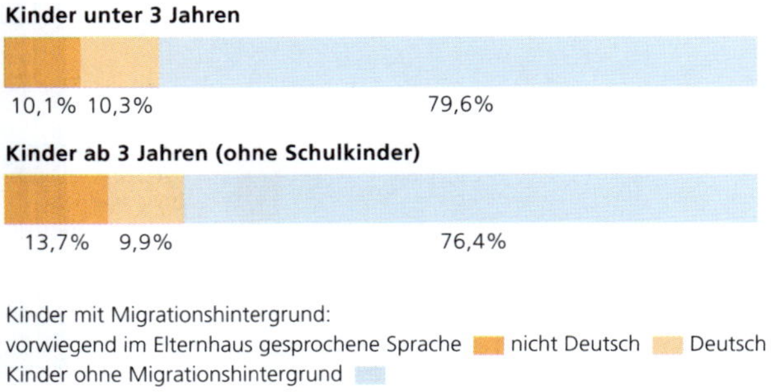


In BY haben von allen unter Dreijährigen 33% einen Migrationshintergrund. Von diesen nutzen 9% ein Angebot in einer KiTa oder der Kindertagespflege. Bei Kindern ohne Migrationshintergrund dieser Altersgruppe liegt die Teilhabequote bei 15%. Von allen Kindern im Alter von drei bis unter sechs Jahre haben 27% einen Migrationshintergrund. Von ihnen besuchen 75% ein Angebot der FBBE. Die Beteiligungsquote in dieser Altersgruppe von Kindern ohne Migrationshintergrund liegt hingegen 20 Prozentpunkte höher.

## BY6 | Investitionen pro Kind*

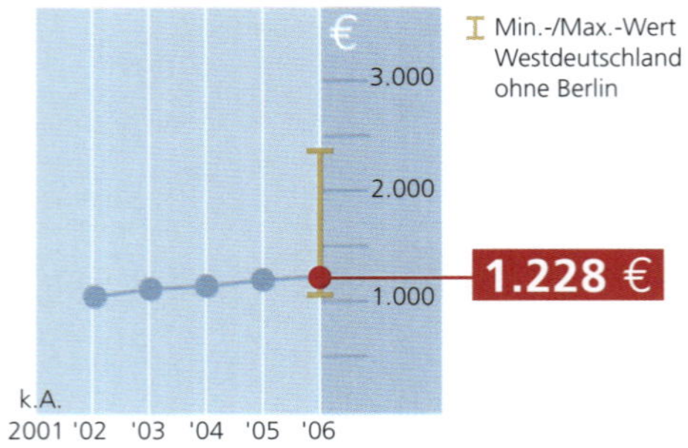


Die reinen Nettoausgaben der öffentlichen Haushalte für FBBE pro unter zehnjährigem Kind sind seit 2002 kontinuierlich gestiegen, aber mit im Zeitverlauf unterschiedlichen Steigerungsraten. Dennoch liegen die durchschnittlichen Investitionen pro Kind unverändert unter dem Durchschnittswert für Westdeutschland (1.365 €).

## BY7 | Finanzierungsgemeinschaft für FBBE (2006)

In welchem Umfang sich die Träger der freien Jugendhilfe an den Betriebskosten ihrer eigenen Einrichtungen beteiligen, ist in Bayern nicht bekannt. Aus diesem Grund kann der Finanzierungsanteil der freien Träger nicht genau bestimmt und somit die Finanzierungsgemeinschaft nicht abgebildet werden. Würde für Bayern z. B. ein Trägeranteil von 100 Mio. Euro angenommen, ergäben sich folgende Anteile: Kommune 46,7%, Land 29,3% Eltern 18,8% und freie Träger 5,2%.[2]

# Investitionen wirkungsvoll einsetzen

Die durchschnittlichen Investitionen pro unter 10-jährigem Kind sind 2006 weiter leicht auf 1.228 € angestiegen, liegen aber unverändert unter dem westdeutschen Durchschnittswert von 1.365 €. Der Anteil der reinen Nettoausgaben für FBBE an allen reinen Ausgaben der öffentlichen Hand ist auf das Niveau von 2003/2004 zurückgegangen und ist bundesweit der niedrigste. Seit dem Kindergartenjahr 2006/2007 gilt das Finanzierungskonzept der „kindbezogenen Förderung“, welches Finanzierungsregelungen mit einem Konzept der mittelbaren Qualitätssteuerung verknüpft. Grundsätzlich soll gelten: Je mehr Kinder und je länger die Betreuungszeit, desto höher die finanzielle Förderung. KiTas erhalten keine gruppenbezogene Personalkostenerstattung mehr, sondern Leistungspauschalen pro Kind. Deren Höhe hängt ab von der Betreuungszeit und pädagogischen Gewichtungsfaktoren.[3] Diese Faktoren gibt es für behinderte Kinder, Kinder mit Migrationshintergrund, Kinder unter 3 Jahren, Schulkinder (bisher nur Hort).[4]

## BY8 | Anteil der reinen Nettoausgaben für FBBE an den gesamten reinen Ausgaben öffentlicher Haushalte*

Im Jahr 2006 ist der Anteil der reinen Nettoausgaben für FBBE gemessen an ihrem Anteil an den gesamten reinen Ausgaben der öffentlichen Haushalte auf 2,8% zurückgegangen. Zuvor war dieser Anteil seit dem Jahr 2002 kontinuierlich von 2,6% auf 2,9% angestiegen. Unverändert liegt BY damit unter dem Anteil, der durchschnittlich in den westdeutschen Bundesländern für FBBE aufgewandt wird (3,3%).

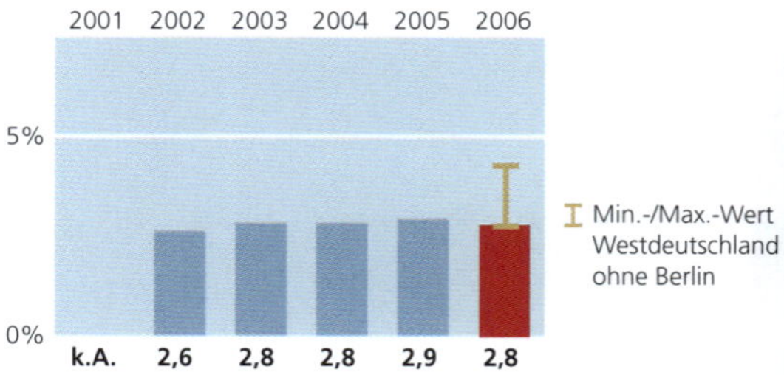


* Bei den Nettoausgaben der öffentlichen Hand werden neben Ausgaben für die Kinder in vorschulischen Angeboten (u. a. Krippen, Kindergärten, Einrichtungen mit altersübergreifenden Gruppen) auch Kindertageseinrichtungen mit Schulkindern berücksichtigt (z. B. Horte). Zwischen den Ländern schwankt der Anteil der Schulkinder, die in Kindertageseinrichtungen betreut werden, erheblich. Dies ist bei der vergleichenden Bewertung der Finanzindikatoren zu berücksichtigen.

# Bildung fördern – Qualität sichern

Nach Angaben des Bayerischen Staatsministeriums für Arbeit und Sozialordnung, Familie und Frauen wird durch das Staatsinstitut für Frühpädagogik evaluiert, ob KiTas ihre pädagogische Praxis nach dem Bildungsplan ausrichten. Regelmäßige Überprüfungen der Umsetzung des Bildungsplans sind allerdings nicht vorgesehen. Bislang müssen KiTas nachweisen, dass der Bildungsplan in ihre Konzeption aufgenommen wurde. Im Rahmen einer geplanten Weiterentwicklung des Bildungsplans sollen gemeinsame pädagogische Leitlinien für KiTas und Schulen erstellt werden. Nach Berechnungen auf Grundlage der Kinder- und Jugendhilfestatistik besteht für etwa ein Viertel der Kinder unter 3 Jahren in Krippengruppen ein durchschnittlicher Personalschlüssel von 1:4,8 - dieser ist im Bundesvergleich günstig. Die Mehrheit der unter Dreijährigen wird jedoch in altersübergreifenden Gruppen mit einem Personalschlüssel von durchschnittlich 1:6,8 betreut. Mehr als jedes 5. Kind dieser Altersgruppe ist in einer geöffneten Kindergartengruppe und erlebt im KiTa-Alltag eine Betreuungssituation mit einem wesentlich schlechteren Personalschlüssel. Der dort geltende Personalschlüssel von durchschnittlich 1:9,5 entspricht fast dem für Kinder ab 3 Jahren in bayerischen Kindergartengruppen (1:9,6).

## BY9 | Bildungsplan – BP (2008)

| I. Information | |
|---|---|
| Kostenloser Versand des BP an alle KiTas | ● |
| BP als Download verfügbar | – |
| BP als Publikation erwerbbar | ● |
| Informationsmaterial über BP für Eltern verfügbar | ● |
| Informationsmaterial über BP mehrsprachig f. Eltern verfügbar | – |
| **3 von 5 Punkten** | ●●●○○ |

| II. Qualifizierung | |
|---|---|
| Infoveranstaltung zum BP für alle KiTa-Mitarbeiterinnen | ● |
| Verpflichtende Informationsveranstaltung zum BP für alle KiTa-Mitarbeiterinnen | – |
| Angebotene Fortbildung zum BP mindestens zweitägig | ● |
| Alle Fachberatungen erhalten Fortbildungen zum BP | ● |
| Öffentliche Mittel für regelmäßige Fortbildung zum BP für alle pädagogischen Mitarbeiterinnen verfügbar | ● |
| **4 von 5 Punkten** | ●●●●○ |

| III. Umsetzungskontrolle (in allen KiTas) | |
|---|---|
| Jährliche externe Überprüfung der Umsetzung des BP | – |
| Jährliche Berichtspflicht zur Implementation des BP | – |
| Nachweis der Aufnahme des BP in die Konzeption | ● |
| **1 von 3 Punkten** | ●○○ |

Insgesamt **8** von 13 Punkten

## BY10 | Kooperation KiTa – Grundschule (2008)

Für die Kooperation von KiTas und Grundschulen ist im Bayerischen Kinderbildungs- und Betreuungsgesetz eine landesweit verbindliche Regelung enthalten. Eine verbindliche Rahmenvereinbarung, in der Prinzipien und Grundsätze der Zusammenarbeit sowie fachliche Standards für die Kooperation von KiTas und Grundschulen definiert sind, liegt nicht vor. Zusätzliche Mittel für die Kooperation werden sowohl Grundschulen als auch KiTas – im Gegensatz zu 2008 – nun generell gewährt.[5]

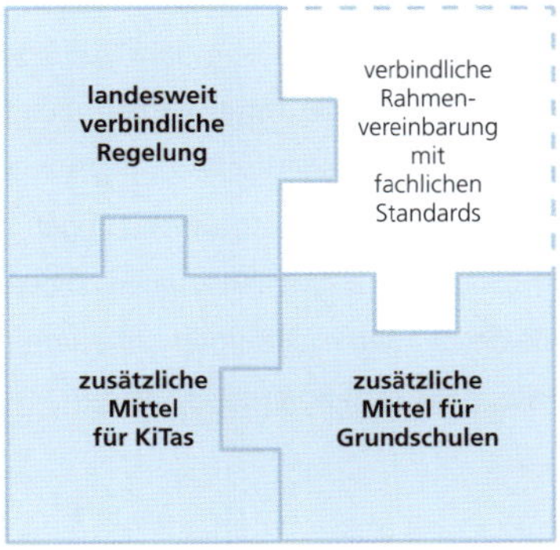

## BY11 | Pädagogisches Personal nach Berufsausbildungsabschlüssen (2008)

Der Anteil des pädagogischen Personals in KiTas mit Fachschulabschluss liegt mit 52,2% deutlich, d. h. um fast 20 Prozentpunkte, unter dem bundesdeutschen Durchschnitt. Umso höher fällt dagegen der Anteil der Kinderpflegerinnen aus (37,3%). Dieser bewegt sich 24,0 Prozentpunkte über dem bundesweiten Durchschnittswert. Einen Hochschulabschluss haben lediglich 2,3% der Tätigen. In Ausbildung oder im Praktikum befinden sich 5,9% des pädagogischen Personals.

| Abschluss | Bayern | ø Deutschland |
|---|---|---|
| | Anteile in Prozent | |
| (sozialpädagogischer) Hochschulabschluss | 2,3 | *3,5* |
| Fachschulabschluss (Erzieherinnen, Heilpädagoginnen) | 52,2 | *71,9* |
| Kinderpflegerinnen | 37,3 | *13,3* |
| anderer fachlicher Abschluss (sonst. Sozial- u. Erziehungsberufe) | 0,8 | *1,9* |
| Sonstige | 5,9 | *7,1* |
| ohne abgeschl. Ausbildung | 1,5 | *2,2* |

## BY12 | Personalschlüssel und Gruppentypen in Kindertageseinrichtungen

### BY12A Personalschlüssel und Fachkraft-Kind-Relation

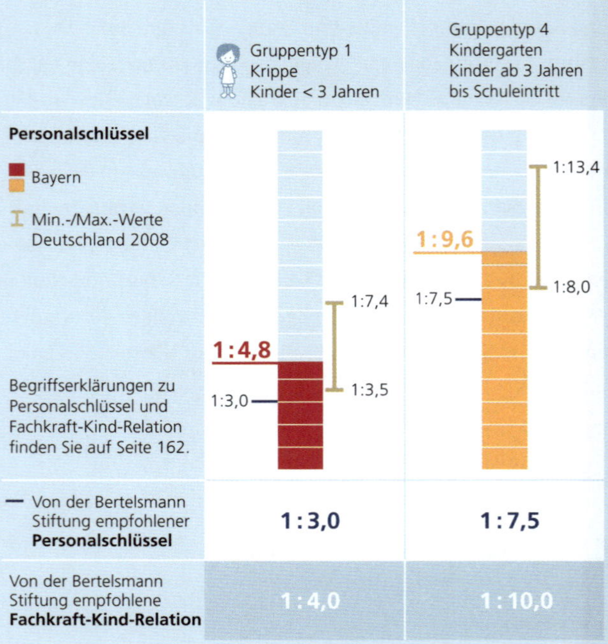


## BY13 | Beschäftigungsumfang des pädagogischen Personals und Anteil der Vollzeitbeschäftigten in Kindertageseinrichtungen

Weniger als die Hälfte des pädagogischen Personals geht einer Vollzeitbeschäftigung nach. Seit 1998 ist der Anteil der Vollzeitbeschäftigten von damals 61,3% kontinuierlich um insgesamt mehr als 15 Prozentpunkte auf 46,3% im Jahr 2008 gesunken. Trotz dieses Rückgangs liegt dieser Anteil immer noch fast sieben Prozentpunkte über dem bundesdeutschen Durchschnittswert von 39,4%. Etwa ein Viertel der pädagogisch Tätigen hat eine Arbeitszeit von 21 bis unter 32 Wochenstunden. Dieser wie auch die übrigen Anteile der Teilzeitbeschäftigten differieren nur leicht mit den jeweiligen bundesweiten Vergleichswerten.

### BY13A Pädagogisches Personal nach Beschäftigungsumfang (2008)

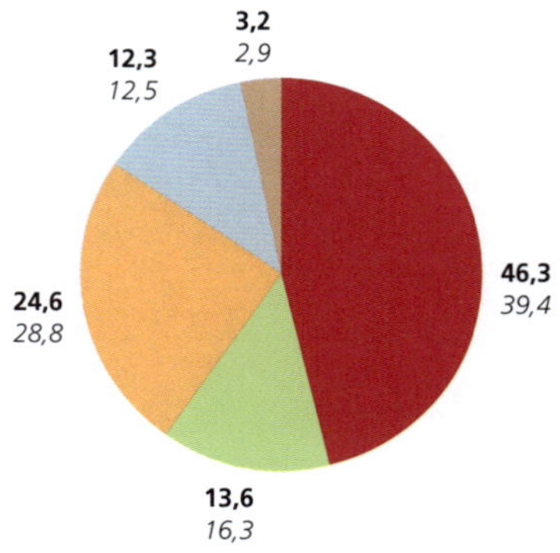


Angaben in %
- Hauptberuflich, Vollzeit, 38,5 und mehr Wochenstunden
- Teilzeit, 32 bis < 38,5 Wochenstunden
- Teilzeit, 21 bis < 32 Wochenstunden
- Teilzeit, < 21 Wochenstunden
- Nebenberuflich, < 20 Wochenstunden

*kursiv* = ø Deutschland

### BY12B Verteilung der Kinder unter 3 Jahren auf verschiedene Gruppentypen (2008)

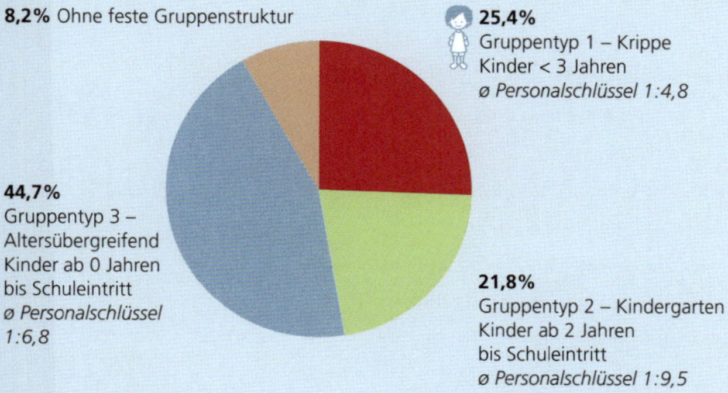


Ein Viertel der unter Dreijährigen besucht Krippengruppen, für die ein Personalschlüssel von durchschnittlich 1 : 4,8 gilt. 44,7% der unter Dreijährigen sind in einer altersübergreifenden Gruppe bei einem Personalschlüssel von durchschnittlich 1 : 6,8. Der Personalschlüssel für die 21,8% der unter Dreijährigen in geöffneten Kindergartengruppen liegt bei durchschnittlich 1 : 9,5.

### BY13B Anteil der Vollzeitbeschäftigten

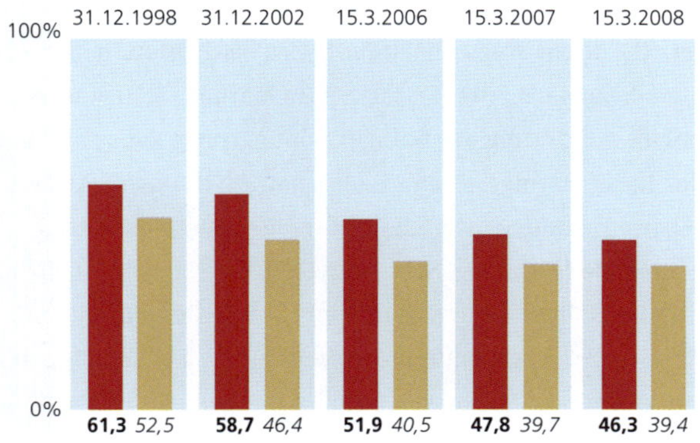


Anteil der Vollzeitbeschäftigten an allen Beschäftigten, ohne Verwaltung und Hauswirtschaft/Technik

## BY14 Rahmenbedingungen für Bildungsqualität

### BY14A Regelungen zur Strukturqualität (2008)

| | Allgemein geregelt | Präzise definiert |
|---|---|---|
| Maximale Gruppengröße | – | – |
| Fachkraft-Kind-Relation | ● | ● |
| Verfügungszeit | ● | – |
| Fachberatung | – | – |
| Fortbildung | ● | – |
| Leitungsfreistellung | – | – |
| (Innen-/Außen-)Flächen | – | – |

Insgesamt **4** von 14 Punkten

Das Bayerische Kinderbildungs- und -betreuungsgesetz regelt die Fachkraft-Kind-Relation präzise, Verfügungszeiten und Fortbildung jedoch nur allgemein. Weitere zentrale Elemente der Strukturqualität wie Leitungsfreistellung und Flächenvorgaben sind nicht landeseinheitlich definiert, da BY den Ansatz der mittelbaren Steuerung verfolgt. Somit ist deren Definition für jede einzelne Einrichtung dem Träger vorbehalten.[6]

### BY14B Regelungen zur Qualitätsüberprüfung (2008)

| | |
|---|---|
| Geregelte Verpflichtung in Ausführungsgesetz oder Verordnung | ● |
| *Elternbefragung (mindestens jährlich)* | ● |
| *Selbstevaluation* | – |
| *Fremdevaluation* | – |
| Zahlung öffentlicher Zuschüsse abhängig von externer Qualitätsüberprüfung | – |

Insgesamt **2** von 5 Punkten

Das Bayerische Kinderbildungs- und -betreuungsgesetz sieht eine Verpflichtung zur Qualitätsentwicklung bzw. -sicherung für Kindertageseinrichtungen vor. Ausgewählte Verfahren (Veröffentlichung der Konzeption, Befragung von Eltern, Kindern und Mitarbeiterinnen) dienen der mittelbaren Qualitätssteuerung und sollen Anreize schaffen, die Qualität zu verbessern und zugleich wirtschaftlich zu handeln.[7]

# Berlin

**Basisdaten 2008**

**Fläche: 891 km²**

**Einwohner** (31.12.2007): **3.416.255**

**Anteil der Kinder in FBBE**
**Kinder < 3 Jahren: 40,5%**
**Kinder 3 bis < 6 Jahre (ohne Schulkinder): 94,5%**
(inkl. 0,9% in [vor-]schulischen Einrichtungen)

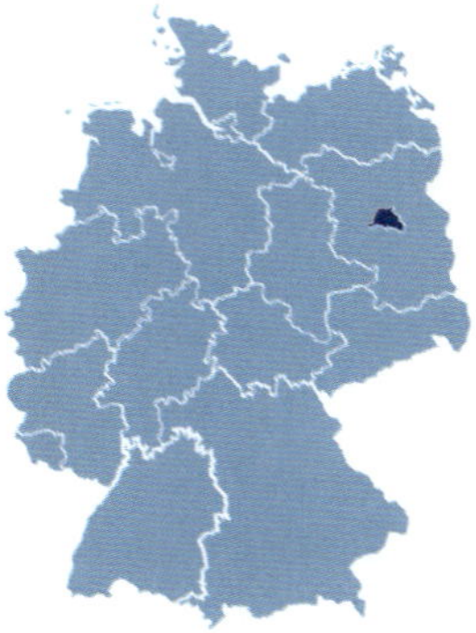

| | |
|---|---|
| Geborene Kinder (2007) | 31.174 |
| Geburten pro Frau (2007) | 1,3 |
| Anzahl der Kinder < 10 Jahren (31.12.2007) | 278.316 |
| Davon Kinder < 3 Jahren | 88.869 |
| Davon Kinder 3 bis < 6 Jahre | 82.824 |
| Davon Kinder 6 bis < 10 Jahre | 106.623 |

| | |
|---|---|
| Erwerbstätigenquote von Müttern (2007) mit | |
| … mindestens einem Kind < 3 Jahren | 41,6% |
| … mindestens einem Kind von 3 bis < 6 Jahre | 52,8% |
| Leistungsempfänger nach SGB II (ALG II u. Sozialgeld, 2008) | 602.074 |
| Darunter Kinder < 6 Jahren | 69.145 |
| Entspricht Anteil an allen Kindern < 6 Jahren | 40,3% |
| Tageseinrichtungen insgesamt (2008) | 1.798 |
| Anteil der Einrichtungen | |
| … in öffentlicher Trägerschaft | 15,6% |
| … in freigemeinnütziger Trägerschaft | 83,8% |
| … als Betriebs-/Unternehmensteil | 0,1% |
| … in privatgewerblicher Trägerschaft | 0,6% |
| Anteil der KiTas ohne feste Gruppenstruktur | 99,5% |
| Pädagogisches Personal in KiTas insgesamt | 16.739 |
| Kinder in KiTas insgesamt | 113.724 |
| Darunter Kinder < 3 Jahren | 32.732 |
| Darunter Kinder 3 bis < 6 Jahre (ohne Schulkinder) | 76.390 |
| Darunter Schulkinder 6 bis < 10 Jahre | 6 |
| Tagespflegepersonen insgesamt | 1.324 |
| Kinder < 6 Jahren in Kindertagespflege | 3.611 |
| Davon Kinder < 3 Jahren | 3.234 |
| Davon Kinder 3 bis < 6 Jahre | 377 |

In BE ist die Senatsverwaltung für Bildung, Wissenschaft und Forschung zuständig für FBBE. In interministeriellen Arbeitsgruppen wird zu den Themen „Netzwerk Kinderschutz“, „Familienbildung“ und „Flexible Kinderbetreuung“ gearbeitet. Zudem besteht eine Arbeitsgruppe, die sich mit der weiteren Ausgestaltung der zentralen Vereinbarungen zu Finanzierung und Qualitätsgestaltung der KiTas beschäftigt. In ihr sind alle aus Sicht des Senats wichtigen Akteure zur FBBE in BE (Senatsverwaltung, LIGA der Spitzenverbände der freien Wohlfahrtspflege, Dachverband der Berliner Kinder- und Schülerläden, Vertreter der Eigenbetriebe). Nach Angaben der zuständigen Senatsverwaltung sind die politischen Gesamtprogramme für FBBE in BE die Koalitionsvereinbarungen zwischen der SPD und der Linkspartei/PDS für die Legislaturperiode 2006 bis 2011 und die „Vereinbarung über die Qualitätsentwicklung in Berliner Kindertagesstätten“. Die Weiterentwicklung der FBBE wird von der Landesebene vor allem über mittelfristige und fortlaufende Programme gesteuert.

Aktuell verfolgt die Senatsverwaltung das Ziel, KiTas als Bildungseinrichtungen weiterzuentwickeln, und weist in diesem Zusammenhang zuvorderst auf die Pläne zur stufenweisen Umsetzung der Beitragsfreiheit für Eltern bis 2010 für das 2. KiTa-Jahr und bis 2011 für das 1. KiTa-Jahr hin. Zudem wird sowohl die Umsetzung des Berliner Bildungsprogramms als auch die des KiTa-Reformgesetzes wissenschaftlich evaluiert. Als weitere Schwerpunkte benennt die zuständige Senatsverwaltung zum einen die Stärkung des ressourcenübergreifenden Handelns für Familien mittels einer sozialräumlichen Weiterentwicklung der KiTas zu Familienzentren. Zum anderen ist geplant, die Frühförderung und Integration von Kindern mit Behinderung auszubauen und weiterzuentwickeln, beispielsweise mittels einer Finanzierungsvereinbarung zur Betreuung von Kindern mit Behinderungen in besonderen Gruppen.[1] Die Landesebene plant gesetzliche Änderungen u. a. zur Gutscheinfinanzierung und bei den Angeboten der Kindertagespflege.

## Teilhabe sichern

Mehrheitlich sind die Kinder in BE bis zum Schuleintritt über mehrere Jahre hinweg in Kindertagesbetreuung. 91,8% der Dreijährigen nutzen ein Angebot der FBBE, von den Zweijährigen sind es 76,9% und von den Einjährigen 43,0%. Die Teilhabequote der Kinder unter drei Jahren (40,5%) ist im Vergleich zur Situation in den westlichen Bundesländern hoch. Von den Kindern über drei sind 94,5% in einem Angebot der FBBE. Überwiegend sind für die Kinder beider Altersgruppen tägliche Betreuungszeiten vereinbart, die über das rechtlich abgesicherte Mindestmaß von 5 Stunden täglicher Betreuung hinausgehen. Von einem Großteil der unter Dreijährigen (57,1%) und der Dreijährigen bis zum Schuleintritt (57,8%) in KiTas wird das Angebot ganztägig genutzt (mehr als 7 Stunden vereinbarte tägliche Betreuungszeit). Eine halbtägige Nutzung (bis zu 5 Stunden) ist lediglich für einen geringen Teil der Kinder unter drei (14,9%) wie über drei (9,7%) vereinbart.

Annähernd 40% aller Berliner Kinder unter 6 Jahren haben einen Migrationshintergrund. In Kindertagesbetreuung sind 28% der unter Dreijährigen und 80% der über Dreijährigen. Damit liegt die Bildungsbeteiligung dieser Kinder im Vergleich zu Kindern ohne Migrationshintergrund in beiden Altersgruppen um jeweils 20 Prozentpunkte niedriger. Es bleibt abzuwarten, wie sich die Umsetzung des Berliner Landesintegrationskonzeptes auf die Teilhabequoten der Kinder mit Migrationshintergrund auswirkt.

## Investitionen wirkungsvoll einsetzen

Für Berlin liegen für das Jahr 2006 keine Finanzdaten vor. 2005 lag der Finanzierungsanteil des Landes Berlin bei ca. 84% und der der Eltern geschätzt bei 11%. Mit den Plänen der Senatsverwaltung, den Elternbeitrag bis 2010 für das 2. KiTa-Jahr und bis 2011 für das 1. KiTa-Jahr abzuschaffen, dürfte sich der Anteil des Landes an den Kosten erhöhen und der der Eltern weiter verringern.

## Bildung fördern – Qualität sichern

Das Berliner Bildungsprogramm ist – begleitet durch Rahmenverordnung und Qualitätsvereinbarung – ein zentrales Instrument für die pädagogische Arbeit in jeder Einrichtung. Die mit den Trägern abgeschlossene Qualitätsvereinbarung sieht Selbst- und Fremdevaluation (im fünfjährigen Turnus) in jeder KiTa verbindlich vor. Zudem muss jede Einrichtung die Aufnahme des Bildungsplans in die Konzeption nachweisen. Mit der Begleitung und Evaluation des Gesamtprozesses ist das Berliner KiTa-Institut für Qualitätsentwicklung beauftragt. Die Evaluationsergebnisse ihrerseits sollen nach Angaben der Landesebene in Steuerungsempfehlungen für die Senatsverwaltung, die Trägerverbände und die Jugendämter münden und damit der Weiterentwicklung des Systems der FBBE in Berlin dienen.

Das formale Qualifikationsniveau des pädagogischen Personals ist angesichts eines beträchtlichen Anteils an Tätigen mit Fachschulabschluss (88,0%) und eines geringen Anteils an Kinderpflegerinnen (1,1%) höher als im Bundesvergleich. Der Anteil der Vollzeitbeschäftigten geht weiter leicht zurück und liegt bei 38,6%. Die übrigen pädagogisch Tätigen arbeiten Teilzeit. Diese differenzierten Beschäftigungsumfänge korrespondieren vermutlich mit den unterschiedlichen Betreuungszeiten der Kinder, da die konkreten Betreuungszeiten die Höhe der öffentlichen Bezuschussung bestimmen. In Anbetracht langer täglicher Öffnungszeiten der KiTas auf der einen und variierender Betreuungszeiten der Kinder auf der anderen Seite wäre zu prüfen, ob unter diesen Personalbedingungen pädagogische Ansprüche, wie z. B. die Gestaltung kontinuierlicher Beziehungen mit den Kindern, sowie gleichzeitig auch Arbeitszeiten für Tätigkeiten ohne Kinder realisiert werden können.

In BE ist zwar die Fachkraft-Kind-Relation als eine zentrale Größe für die Strukturqualität landeseinheitlich präzise geregelt, durchschnittliche Personalschlüssel können jedoch nicht berechnet werden, weil die Einrichtungen statistisch als Einrichtungen ohne feste Gruppenstruktur erfasst werden. Dies ist auch auf die kindbezogene Finanzierung zurückzuführen. Abgesehen von der Leitungsfreistellung, für die eine präzise rechtliche Regelung existiert, sind weitere Elemente der Strukturqualität wie Verfügungszeit und Fortbildungsansprüche nur allgemein geregelt. Damit liegt die Verantwortung für die Gestaltung der Arbeitszeiten bei den Trägern, was u. U. zu deutlich variierenden Arbeitsbedingungen des KiTa-Personals führt. Weiter zu diskutieren ist, ob die hohen fachlichen Anforderungen, die in BE an die KiTas gestellt werden, mit den vorhandenen und auch jüngst verbesserten Rahmenbedingungen umgesetzt werden können.

## BE1 | Rechtsanspruch des Kindes auf einen Betreuungsplatz (2008)

Es besteht ein elternunabhängiger Rechtsanspruch auf einen Betreuungsplatz für jedes Kind vom vollendeten dritten Lebensjahr bis zum Schuleintritt mit einem garantierten Betreuungsumfang von fünf Stunden täglich.[2]

# Teilhabe sichern

Die Bildungsbeteiligung der unter Dreijährigen ist in BE mit 40,5% hoch. Von den Drei- bis unter Sechsjährigen nutzen 94,5% ein Angebot der FBBE. Die Teilhabe der Kinder mit und ohne Migrationshintergrund differiert in beiden Altersgruppen um 20 Prozentpunkte. Als tägliche Betreuungszeit sind für die Mehrheit (jeweils 57%) der unter Dreijährigen und der Dreijährigen bis zum Schuleintritt in KiTas mehr als 7 Stunden vereinbart. 28% der Kinder unter drei und 32,5% der über drei in KiTas werden mehr als 5 und bis zu 7 Stunden betreut. Ein halbtägiges Angebot nutzen nur wenige.

## BE2 | Ausbaubedarf von Betreuungsplätzen für unter Dreijährige nach dem Kinderförderungsgesetz

Zwischen 2006 und 2008 ist die Teilhabequote der unter Dreijährigen in BE um 2,6 Prozentpunkte auf 40,5% gestiegen. Angesichts dieses Trends bleibt abzuwarten, wie sich der Betreuungsbedarf bis 2013 entwickelt, wenn der bundesweite Rechtsanspruch auf einen Betreuungsplatz für Kinder ab dem vollendeten ersten Lebensjahr in Kraft tritt.

## BE3 | Vertraglich vereinbarte tägliche Betreuungszeiten (2008)

| | Kindertageseinrichtungen | | Öffentlich geförderte Kindertagespflege | |
|---|---|---|---|---|
| | 32.732 Kinder < 3 J. | 80.984 Kinder ≥ 3 J. (o. Schulk.) | 3.234 Kinder < 3 J. | 1.113 Kinder v. 3 bis < 6 J. |
| Bis zu 5 h | **14,9** (24,9) | **9,7** (26,1) | **18,7** (31,6) | **21,7** (52,4) |
| Mehr als 5 bis zu 7 h | **28,0** (24,3) | **32,5** (31,0) | **37,5** (28,9) | **29,1** (25,1) |
| Mehr als 7 h | **57,1** (47,9) | **57,8** (29,9) | **43,8** (39,0) | **49,0** (22,2) |
| Vor- u. nachmittags o. Mittagsbetreuung | **0,0** (2,8) | **0,0** (13,0) | **0,0** (0,5) | **0,2** (0,3) |

■ BE 2008 | ø Deutschland 2008 (in Klammern)

## BE4 | Bildungsbeteiligung von Kindern in Kindertageseinrichtungen und Kindertagespflege

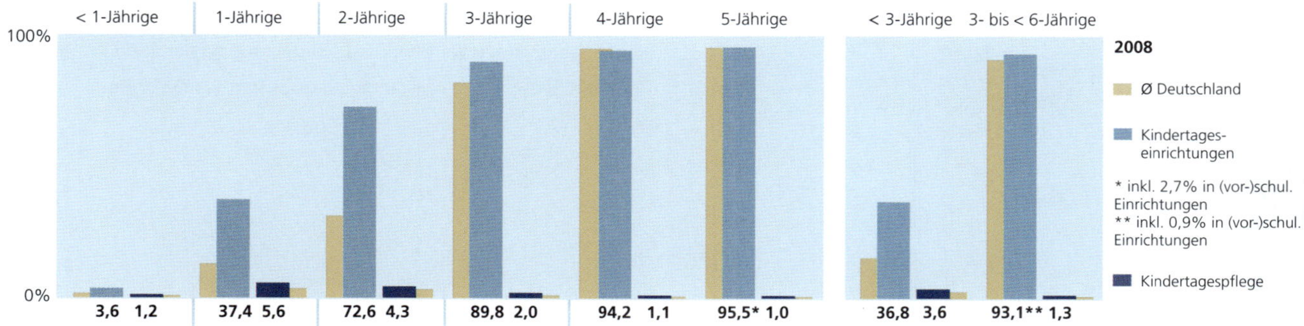
< 1-Jährige
1-Jährige
2-Jährige
3-Jährige
4-Jährige
5-Jährige
< 3-Jährige
3- bis < 6-Jährige
100%
0%
3,6 1,2
37,4 5,6
72,6 4,3
89,8 2,0
94,2 1,1
95,5* 1,0
36,8 3,6
93,1** 1,3
2008
Ø Deutschland
Kindertages-einrichtungen
* inkl. 2,7% in (vor-)schul. Einrichtungen
** inkl. 0,9% in (vor-)schul. Einrichtungen
Kindertagespflege

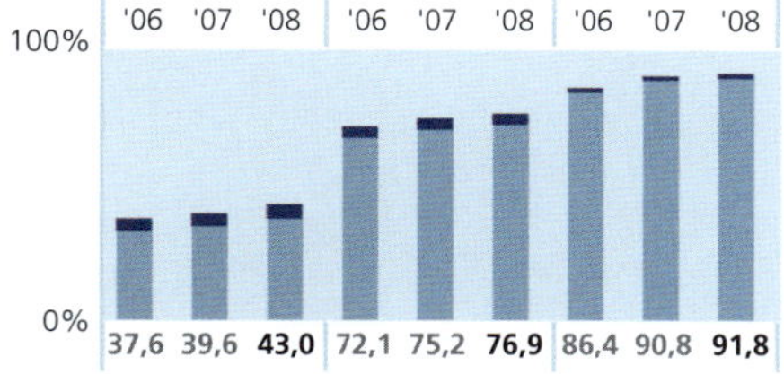
100%
0%
'06 '07 '08
'06 '07 '08
'06 '07 '08
37,6 39,6 43,0
72,1 75,2 76,9
86,4 90,8 91,8

Der Anteil der Kinder unter drei Jahren in Kindertagesbetreuung steigt in BE stetig und liegt mit 40,5% um rund 23 Prozentpunkte über dem Bundesdurchschnitt (17,8%). Im Vergleich zum Vorjahr ist der Anteil der Einjährigen weiter gestiegen: 43% nutzen einen Betreuungsplatz. Bei den Zweijährigen beträgt die Quote 76,9%, bewegt sich damit 42,6 Prozentpunkte über dem bundesdeutschen Vergleichswert (34,4%). Im Alter von drei Jahren beanspruchen bereits 91,8% der Kinder ein Angebot der FBBE. Bei den Fünfjährigen sind es dann 96,5%.

## BE5 | Bildungsbeteiligung und familiäre Sprachpraxis von Kindern mit und ohne Migrationshintergrund (2008)

### BE5A Bildungsbeteiligung

**Kinder unter 3 Jahren in der Bevölkerung**

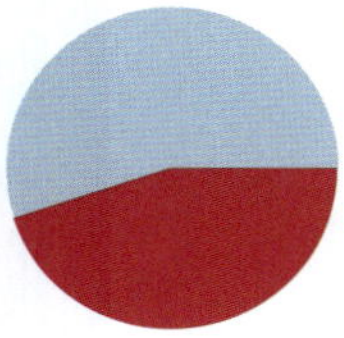

**62%** Kinder **ohne** Migrationshintergrund — **Davon** nutzen ein FBBE-Angebot: **48%**

**38%** Kinder **mit** Migrationshintergrund — **Davon** nutzen ein FBBE-Angebot: **28%**

**Kinder von 3 bis unter 6 Jahre in der Bevölkerung**

**61%** Kinder **ohne** Migrationshintergrund — **Davon** nutzen ein FBBE-Angebot: annähernd[3] **100%**

**39%** Kinder **mit** Migrationshintergrund — **Davon** nutzen ein FBBE-Angebot: **80%**

### BE5B Familiäre Sprachpraxis von Kindern in KiTas

**Kinder unter 3 Jahren**

18,9%
9,3%
71,8%

**Kinder ab 3 Jahren (ohne Schulkinder)**

27,5%
8,7%
63,8%

Kinder mit Migrationshintergrund:
vorwiegend im Elternhaus gesprochene Sprache: nicht Deutsch / Deutsch
Kinder ohne Migrationshintergrund

In BE haben von allen Kindern unter drei Jahren 38% und von den Drei- bis unter Sechsjährigen 39% einen Migrationshintergrund (mindestens ein Elternteil nicht deutscher Herkunft). Im Vergleich zu den Kindern ohne Migrationshintergrund liegt die Teilhabe der Kinder mit Migrationshintergrund von beiden Altersgruppen jeweils um 20 Prozentpunkte niedriger.

## BE6 Investitionen pro Kind*

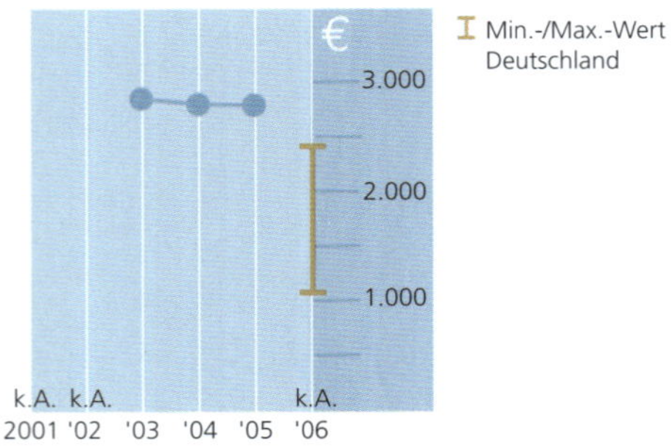


Für Berlin können für 2006 keine Finanzdaten ausgewiesen werden.[4] In den Jahren 2003 bis 2005 waren die reinen Nettoausgaben der öffentlichen Haushalte für FBBE pro unter zehnjährigem Kind leicht rückläufig. Dennoch lag BE mit seinen Pro-Kopf-Ausgaben über den durchschnittlichen Investitionen Ostdeutschlands (2.144 €).

## BE7 Finanzierungsgemeinschaft für FBBE (2006)

Für Berlin können die Anteile an der Finanzierungsgemeinschaft nicht ausgewiesen werden, da die Datengrundlage mit den Angaben des Senats nicht vollständig plausibilisiert werden konnte.

# Investitionen wirkungsvoll einsetzen

Aufgrund fehlender Finanzdaten für 2006 können keine Angaben zu den Investitionen pro unter 10-jährigem Kind, dem Anteil der reinen Nettoausgaben für FBBE an allen reinen Ausgaben der öffentlichen Hand sowie zur Finanzierungsgemeinschaft gemacht werden. 2005 lag Berlin jedoch im Spitzenfeld sowohl hinsichtlich der absoluten wie der relativen Höhe der Investitionen. Berlin stellt Eltern generell im letzten Jahr vor der regelmäßigen Schulpflicht von der Zahlung von KiTa-Beiträgen frei. Die Beitragsfreiheit erfolgt gemäß der Bedarfsfestsetzung durch das Jugendamt, soweit ein Bedarf über den Rechtsanspruch (halbtags) geltend gemacht wurde. Zu den derzeitigen politischen Handlungsschwerpunkten zählt die Abschaffung des Elternbeitrages bis 2010 für das 2. KiTa-Jahr und bis 2011 für das 1. KiTa-Jahr. Die seit 2006 geltende kindbezogene Finanzierung über das System der KiTa-Gutscheine soll weiterentwickelt werden.

## BE8 Anteil der reinen Nettoausgaben für FBBE an den gesamten reinen Ausgaben öffentlicher Haushalte*

Für Berlin können für das Jahr 2006 keine Finanzdaten ausgewiesen werden.[5] 2005 lag der Anteil der reinen Nettoausgaben für FBBE gemessen an ihrem Anteil an den gesamten reinen Ausgaben der öffentlichen Haushalte bei 5,4% und bewegte sich damit sowohl über dem damaligen west- als auch ostdeutschen Durchschnittswert (3,3% bzw. 5,3%).

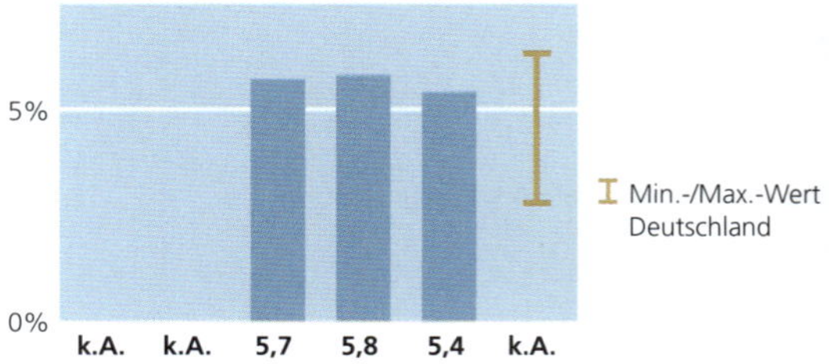


* Bei den Nettoausgaben der öffentlichen Hand werden neben Ausgaben für die Kinder in vorschulischen Angeboten (u. a. Krippen, Kindergärten, Einrichtungen mit altersübergreifenden Gruppen) auch Kindertageseinrichtungen mit Schulkindern berücksichtigt (z. B. Horte). Zwischen den Ländern schwankt der Anteil der Schulkinder, die in Kindertageseinrichtungen betreut werden, erheblich. Dies ist bei der vergleichenden Bewertung der Finanzindikatoren zu berücksichtigen.

# Bildung fördern – Qualität sichern

Der Bildungsplan (Berliner Bildungsprogramm für die Bildung, Erziehung und Betreuung von Kindern in Tageseinrichtungen bis zu ihrem Schuleintritt) wurde durch eine wissenschaftliche Einrichtung entwickelt und ist flächendeckend eingeführt. In der für alle KiTas verbindlichen Qualitätsvereinbarung Tageseinrichtungen (QVTAG) ist vorgesehen, dass die Arbeit mit dem Bildungsplan sowohl intern als auch alle fünf Jahre extern evaluiert wird. Die Ergebnisse der internen Evaluation sollen einerseits Ansatzpunkte für die externe Evaluation aufzeigen, andererseits dienen sie der fachlichen Weiterentwicklung der KiTas. Auf eine solche Weiterentwicklung zielen auch die konkreten Empfehlungen, die aus der externen Evaluation abgeleitet werden. Das mit der Begleitung und Evaluation des Gesamtprozesses beauftragte „Berliner KiTa-Institut für Qualitätsentwicklung“ (BeKi) wird die Ergebnisse für Berlin insgesamt auswerten. Zudem werden auf dieser Basis von BeKi Steuerungsempfehlungen für die Senatsverwaltung, die Trägerverbände und die Jugendämter entwickelt. Für die Berliner KiTas ist es nicht möglich, Personalschlüssel mit Daten aus der Kinder- und Jugendhilfestatistik auszuweisen, weil die Einrichtungen ohne feste Gruppenstruktur erfasst werden – unabhängig von der konkreten pädagogischen Praxis.

## BE9 | Bildungsplan – BP (2008)

| I. Information | |
|---|---|
| Kostenloser Versand des BP an alle KiTas | ● |
| BP als Download verfügbar | ● |
| BP als Publikation erwerbbar | ● |
| Informationsmaterial über BP für Eltern verfügbar | ● |
| Informationsmaterial über BP mehrsprachig f. Eltern verfügbar | ● |
| **5 von 5 Punkten** | ●●●●● |

| II. Qualifizierung | |
|---|---|
| Infoveranstaltung zum BP für alle KiTa-Mitarbeiterinnen | ● |
| Verpflichtende Informationsveranstaltung zum BP für alle KiTa-Mitarbeiterinnen | – |
| Angebotene Fortbildung zum BP mindestens zweitägig | ● |
| Alle Fachberatungen erhalten Fortbildungen zum BP | ● |
| Öffentliche Mittel für regelmäßige Fortbildung zum BP für alle pädagogischen Mitarbeiterinnen verfügbar | ● |
| **4 von 5 Punkten** | ●●●●○ |

| III. Umsetzungskontrolle (in allen KiTas) | |
|---|---|
| Jährliche externe Überprüfung der Umsetzung des BP | – |
| Jährliche Berichtspflicht zur Implementation des BP | – |
| Nachweis der Aufnahme des BP in die Konzeption | ● |
| **1 von 3 Punkten** | ●○○ |

Insgesamt **10** von 13 Punkten

## BE10 | Kooperation KiTa – Grundschule (2008)

Es existiert eine landesweit verbindliche Regelung zur Kooperation von KiTas und Grundschulen. Bislang liegen noch keine verbindlichen Rahmenvereinbarungen mit fachlichen Standards vor. Grundschulen oder Kindertageseinrichtungen werden keine zusätzlichen Mittel gewährt.

## BE11 | Pädagogisches Personal nach Berufsausbildungsabschlüssen (2008)

Das pädagogische Personal besteht im Wesentlichen aus Tätigen mit Fachschulabschluss (88,0%). Ihr Anteil liegt mit einer Differenz von etwa 16 Prozentpunkten deutlich über dem Bundesdurchschnitt (71,9%). Der Anteil der Kinderpflegerinnen ist mit nur 1,1% sehr gering und liegt um gut 12 Prozentpunkte unter dem bundesweiten Vergleichswert. 3,8% des pädagogischen Personals besitzen einen Hochschulabschluss. In Ausbildung oder im Praktikum sind 4,0% der pädagogisch Tätigen.

| Abschluss | Berlin | ø Deutschland |
|---|---|---|
| | Anteile in Prozent | |
| (sozialpädagogischer) Hochschulabschluss | 3,8 | *3,5* |
| Fachschulabschluss (Erzieherinnen, Heilpädagoginnen) | 88,0 | *71,9* |
| Kinderpflegerinnen | 1,1 | *13,3* |
| anderer fachlicher Abschluss (sonst. Sozial- u. Erziehungsberufe) | 1,5 | *1,9* |
| Sonstige | 4,0 | *7,1* |
| ohne abgeschl. Ausbildung | 1,7 | *2,2* |

## BE12 | Personalschlüssel und Gruppentypen in Kindertageseinrichtungen

**BE12A Personalschlüssel und Fachkraft-Kind-Relation**

**BE12B Verteilung der Kinder unter 3 Jahren auf verschiedene Gruppentypen (2008)**

## BE13 | Beschäftigungsumfang des pädagogischen Personals und Anteil der Vollzeitbeschäftigten in Kindertageseinrichtungen

Der Anteil des pädagogischen Personals, der 38,5 Stunden pro Woche und mehr arbeitet, entspricht fast dem Bundesdurchschnitt (39,4%). Insgesamt hat sich der Anteil der in diesem Umfang Beschäftigten in den zurückliegenden 10 Jahren um gut 20 Prozentpunkte verringert. Nachdem dieser Anteil von 2006 auf 2007 auf Bundesniveau gestiegen war, ist er nun zwischen 2007 und 2008 wieder leicht zurückgegangen. Zu berücksichtigen ist, dass in Berlin in städtischen KiTas Vollzeit mit 37 Wochenstunden definiert ist. 27% der pädagogisch Tätigen arbeiten mehr als 32 Stunden und weniger als 38,5 Stunden pro Woche. Ein weiteres Viertel hat eine Wochenarbeitszeit von 21 bis unter 32 Stunden. Die unterschiedlichen Beschäftigungszeiten der pädagogisch Tätigen korrespondieren vermutlich mit den variierenden Betreuungszeiten der Kinder, welche von den Eltern individuell gebucht werden müssen. Die konkreten Betreuungszeiten bestimmen die Höhe der öffentlichen Bezuschussung und beeinflussen entsprechend die Personalplanung.

**BE13A Pädagogisches Personal nach Beschäftigungsumfang (2008)**

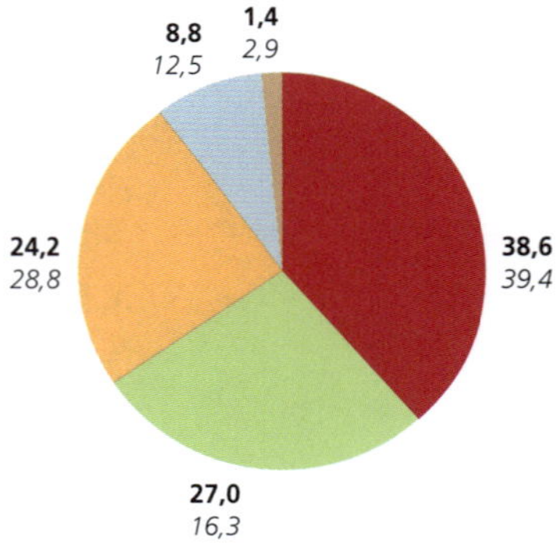


Angaben in %
- Hauptberuflich, Vollzeit, 38,5 und mehr Wochenstunden
- Teilzeit, 32 bis < 38,5 Wochenstunden
- Teilzeit, 21 bis < 32 Wochenstunden
- Teilzeit, < 21 Wochenstunden
- Nebenberuflich, < 20 Wochenstunden

*kursiv* = ø Deutschland

In Berlin werden die meisten Einrichtungen statistisch als Einrichtungen ohne feste Gruppenstruktur erfasst, auch dann, wenn Einrichtungen in Gruppenstrukturen arbeiten. Aus diesem Grund sind weder Aussagen dazu möglich, welche Gruppentypen Kinder unter wie über drei Jahren nutzen, noch ist es folglich möglich, gruppenbezogene Personalschlüssel auszuweisen.

### BE13B Anteil der Vollzeitbeschäftigten

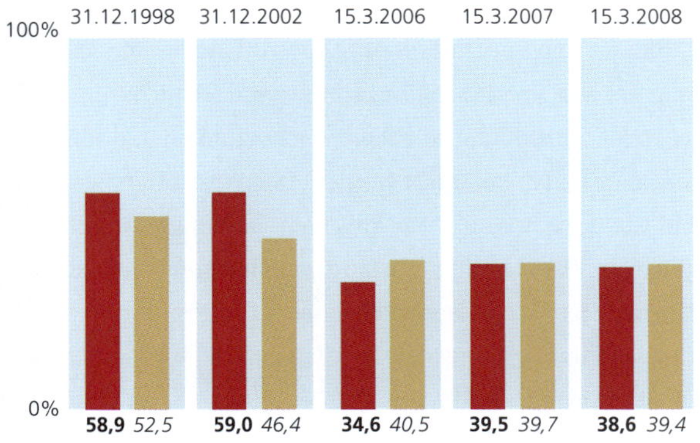


Anteil der Vollzeitbeschäftigten an allen Beschäftigten, ohne Verwaltung und Hauswirtschaft/Technik

■ BE ■ ø Deutschland

## BE14 Rahmenbedingungen für Bildungsqualität

### BE14A Regelungen zur Strukturqualität (2008)

| | Allgemein geregelt | Präzise definiert |
|---|---|---|
| Maximale Gruppengröße | – | – |
| Fachkraft-Kind-Relation | ● | ● |
| Verfügungszeit | ● | – |
| Fachberatung | ● | – |
| Fortbildung | ● | – |
| Leitungsfreistellung | ● | ● |
| (Innen-/Außen-)Flächen | ● | – |

Insgesamt **8** von 14 Punkten

Eine maximale Gruppengröße wird im Rahmen der kindbezogenen Förderung nicht geregelt. Präzise Regelungen liegen für die Fachkraft-Kind-Relation und die Leitungsfreistellung vor. Weitere zentrale Elemente der Strukturqualität sind allgemein geregelt. Die Verfügungszeit ist – unbestimmter – Bestandteil der Personalbemessung. Für die Innenflächen besteht eine präzise Regelung.

### BE14B Regelungen zur Qualitätsüberprüfung (2008)

| | |
|---|---|
| Geregelte Verpflichtung in Ausführungsgesetz oder Verordnung | ● |
| *Elternbefragung (mindestens jährlich)* | – |
| *Selbstevaluation* | ● |
| *Fremdevaluation* | ● |
| Zahlung öffentlicher Zuschüsse abhängig von externer Qualitätsüberprüfung | – |

Insgesamt **3** von 5 Punkten

Die mit allen Trägerverbänden abgeschlossene „Qualitätsvereinbarung Tageseinrichtungen, QVTAG" regelt Qualitätsentwicklungsmaßnahmen. Diese umfassen Konzeptionsentwicklung nach dem Bildungsplan, Selbstevaluation, externe Evaluation. So ist zwar die Zahlung öffentlicher Zuschüsse nicht abhängig vom Ergebnis externer Qualitätsüberprüfungen, aber von der Umsetzung der in der QVTAG beschriebenen Qualitätsentwicklungsmaßnahmen.[6]

# Brandenburg

**Basisdaten 2008**

**Fläche: 29.480 km²**

**Einwohner** (31.12.2007): **2.535.737**

**Anteil der Kinder in FBBE**
**Kinder < 3 Jahren: 44,8%**
**Kinder 3 bis < 6 Jahre (ohne Schulkinder): 94,7%**
(inkl. 0,1% in [vor-]schulischen Einrichtungen)

| | |
|---|---|
| Geborene Kinder (2007) | 18.589 |
| Geburten pro Frau (2007) | 1,4 |
| Anzahl der Kinder < 10 Jahren (31.12.2007) | 191.224 |
| Davon Kinder < 3 Jahren | 55.537 |
| Davon Kinder 3 bis < 6 Jahre | 57.393 |
| Davon Kinder 6 bis < 10 Jahre | 78.294 |

| | |
|---|---|
| Erwerbstätigenquote von Müttern (2007) mit | |
| ... mindestens einem Kind < 3 Jahren | 57,7% |
| ... mindestens einem Kind von 3 bis < 6 Jahre | 71,7% |
| Leistungsempfänger nach SGB II (ALG II u. Sozialgeld, 2008) | 321.758 |
| Darunter Kinder < 6 Jahren | 33.828 |
| Entspricht Anteil an allen Kindern < 6 Jahren | 30,0% |
| Tageseinrichtungen insgesamt (2008) | 1.704 |
| Anteil der Einrichtungen | |
| ... in öffentlicher Trägerschaft | 57,9% |
| ... in freigemeinnütziger Trägerschaft | 39,5% |
| ... als Betriebs-/Unternehmensteil | 0,2% |
| ... in privatgewerblicher Trägerschaft | 2,4% |
| Anteil der KiTas ohne feste Gruppenstruktur | 27,1% |
| Pädagogisches Personal in KiTas insgesamt | 13.351 |
| Kinder in KiTas insgesamt | 139.986 |
| Darunter Kinder < 3 Jahren | 21.623 |
| Darunter Kinder 3 bis < 6 Jahre (ohne Schulkinder) | 53.706 |
| Darunter Schulkinder 6 bis < 10 Jahre | 47.252 |
| Tagespflegepersonen insgesamt | 1.104 |
| Kinder < 6 Jahren in Kindertagespflege | 3.444 |
| Davon Kinder < 3 Jahren | 3.280 |
| Davon Kinder 3 bis < 6 Jahre | 164 |

In Brandenburg ist das Ministerium für Bildung, Jugend und Sport zuständig für FBBE. Eine interministerielle Fachgruppe, die regelmäßig Themen der FBBE behandelt, gibt es nicht. Allerdings arbeiten relevante Akteure für diesen Bereich themenbezogen in Ad-hoc-Arbeitsgruppen zusammen, treffen bei Jugendamtsleiter-Beratungen aufeinander und kommen im Landesjugendhilfeausschuss sowie im Liga-Fachausschuss zusammen. Der 2006 auf Beschluss des Landtags vom Ministerium für Bildung, Jugend und Sport veröffentlichte Qualitätsbericht wird seitens des Ministeriums als landespolitisches Gesamtprogramm für die Weiterentwicklung der FBBE eingestuft. Dieser Bericht informiert zum einen über bereits durchgeführte Maßnahmen zur Qualitätsentwicklung in der Kindertagesbetreuung sowie ihre Effekte, zum anderen formuliert er Entwicklungsbedarfe für die FBBE.

Zu den aktuellen politischen Handlungsschwerpunkten zählt die Landesebene die Verbesserung der frühen Bildung und setzt dabei Schwerpunkte auf die mathematisch-naturwissenschaftliche Bildung und Sprachförderung von Anfang an. In diesem Zusammenhang soll das Bildungsprogramm fachlich mittels entsprechender Fortbildungsangebote, Fachtagungen und Informationsmaterialien befördert werden. Des Weiteren ist geplant, die Kindertagesbetreuung um Angebote für Kinder und Eltern zu erweitern. Dafür hat das zuständige Landesministerium ein dreijähriges, fachlich intensiv begleitetes Förderprogramm für Eltern-Kind-Zentren aufgelegt. Ebenfalls in diesem Kontext ist ein Programm angesiedelt, das ab 2009 Eltern-Kind-Gruppen im Rahmen von Kindertagesbetreuung fördert.[1] Auf der politischen Agenda ganz oben steht zudem die kompensatorische Sprachförderung der Kinder im Jahr vor der Einschulung, zumal die Sprachstandsfeststellung ab 2009/2010 für alle Kinder verbindlich sein wird.

Darüber hinaus hat das Landesministerium eine Vielzahl von Aktivitäten initiiert. So will man sich verstärkt um die Gewinnung qualifizierter Fachkräfte bemühen. Dafür werden auch Langzeitqualifizierungen angeboten zu den Bereichen Sprachförderung und Arbeit mit Eltern in Eltern-Kind-Gruppen, modularisierte Maßnahmen für KiTa-Leitungskräfte sowie für Praxisberaterinnen und tätigkeitsbegleitende Qualifizierungen zur Gewinnung von Fachkräften mit interessanter Berufs-/Lebensbiografie. Außerdem ist vorgesehen, das System zur Praxisunterstützung mittels weiterer sogenannter KonsultationskiTas sowie eines Internetforums zur themenbezogenen Konsultation („KiTas für KiTas") zu konsolidieren.

## Teilhabe sichern

Die Bildungsbeteiligung von Kindern bis zum Schuleintritt zeichnet sich durch hohe Teilhabequoten an FBBE und überdurchschnittlich lange tägliche Betreuungszeiten aus. Von den Kindern unter drei Jahren sind fast 45% in Kindertagesbetreuung. Bereits mehr als die Hälfte der Einjährigen nutzt ein Angebot der FBBE, von den Zweijährigen sind es mehr als drei Viertel und von den Dreijährigen schließlich 92,6%. Die Teilhabequoten sind seit 2006 deutlich gestiegen und liegen leicht über den jeweiligen Vergleichswerten für Ostdeutschland. Aus der Altersgruppe der Kinder über drei besuchen 94,7% eine KiTa oder sind in Kindertagespflege. Auch die täglichen Nutzungszeiten von KiTas liegen über dem Bundesdurchschnitt: Mehr als 61% der unter Dreijährigen nutzen ein Ganztagsangebot (mehr als 7 Stunden vertraglich vereinbarte Betreuungszeit) und mehr als jedes zweite Kind ab drei Jahren bis zum Schuleintritt. Für Letztere ist zudem für einen großen Anteil (42,5%) eine Betreuungszeit von mehr als 5 bis zu 7 Stunden vereinbart. Nur wenige Kinder besuchen bis zu 5 Stunden täglich eine KiTa. Zurückzuführen ist dieses Nutzungsverhalten vermutlich auf den brandenburgischen Rechtsanspruch, der mindestens eine sechsstündige Betreuung pro Tag ermöglicht.

## Investitionen wirkungsvoll einsetzen

FBBE hat in BB augenscheinlich einen hohen politischen Stellenwert. Die durchschnittlichen Ausgaben pro unter zehnjährigem Kind sind 2006 wieder leicht angestiegen und liegen weiter über dem ostdeutschen Vergleichswert. Allerdings ist BB nicht mehr Spitzenreiter bei den Ausgaben. Gleichwohl zählt der Anteil der reinen Nettoausgaben für FBBE an den gesamten reinen Ausgaben der öffentlichen Haushalte mit 5,6% unverändert bundesweit zu den höchsten. An der Finanzierungsgemeinschaft für FBBE beteiligt sich das Land mit 22,3%.

## Bildung fördern – Qualität sichern

Der Entwurf eines Gemeinsamen Orientierungsrahmens für die Bildung in Kindergarten und Grundschule ist veröffentlicht und breit diskutiert. Die überarbeitete Fassung wurde mit den Trägern vereinbart und für die Schulen in Kraft gesetzt. Damit wird der Orientierungsrahmen die „Grundsätze elementarer Bildung in Einrichtungen der Kindertagesbetreuung im Land Brandenburg" sowie die Rahmenlehrpläne konzeptionell einfassen.

Für die Qualität der pädagogischen Arbeit in KiTas sind die Personalressourcen von besonderer Bedeutung. Das formale Qualifikationsniveau des pädagogischen Personals ist mit einem Anteil von 91,8% derjenigen mit Fachschulabschluss höher als im Bundesvergleich (71,9%). Mehrheitlich arbeiten die pädagogisch Tätigen Teilzeit und nur 16,7% sind vollzeitbeschäftigt. Allerdings sind knapp 43% wöchentlich 32 bis unter 38,5 Stunden sowie ein weiteres Drittel 21 bis unter 32 Stunden beschäftigt. Die berechneten Personalschlüssel geben Hinweise auf eher ungünstige Voraussetzungen bei den bestehenden Personalressourcen in den KiTas. 45,1% der Kinder unter drei Jahren besuchen Krippengruppen und werden dort bei einem Personalschlüssel von durchschnittlich 1:7,4 betreut, der bundesweit der schlechteste für diesen Gruppentyp ist. In den übrigen Gruppenformen für unter Dreijährige, in altersübergreifenden Gruppen und geöffneten Kindergartengruppen, erweist sich die Personalsituation gemessen an den berechneten Schlüsseln von 1:9,9 bzw. 1:12,3 als noch schlechter. 14,5% der Kinder dieser Altersgruppe sind in Einrichtungen ohne feste Gruppenstruktur untergebracht, für die kein Personalschlüssel berechnet werden kann. Der durchschnittliche Personalschlüssel für Kindergartenkinder rangiert mit 1:12,1 im Bundesvergleich ebenfalls am unteren Ende der Skala. Vor diesem Hintergrund sind die im Koalitionsvertrag für die 5. Wahlperiode von 2009 bis 2014 angekündigten 800 Vollzeiteinheiten für zusätzliches Personal ein erster Schritt zur Verbesserung der Personalsituation in den KiTas in BB. Allerdings ist davon auszugehen, dass die vielfältigen vom Land initiierten Aktivitäten zur Weiterentwicklung der Qualität der FBBE mittelfristig nur mit angemessenen Personalressourcen in den KiTas umgesetzt werden können.

## BB1 | Rechtsanspruch des Kindes auf einen Betreuungsplatz (2008)

Es besteht ein elternunabhängiger Rechtsanspruch auf einen Betreuungsplatz für jedes Kind ab dem vollendeten dritten Lebensjahr bis zur Versetzung in die fünfte Schuljahrgangsstufe mit einem garantierten Betreuungsumfang von sechs Stunden täglich. Dieser Anspruch kann auf jüngere bzw. ältere Kinder und im zeitlichen Umfang ausgeweitet werden.[2]

# Teilhabe sichern

Die Bildungsbeteiligung ist in BB sowohl bei den unter Dreijährigen (44,8%) als auch bei den Drei- bis unter Sechsjährigen (94,7%) hoch. Mehrheitlich nutzen die Kinder in KiTas ein Ganztagsangebot (mehr als 7 Stunden vertraglich vereinbarte Betreuungszeit): 61,2% der unter Dreijährigen und 51,9% der Kinder ab drei Jahren bis zum Schuleintritt. Mehr als 5 bis zu 7 Stunden täglich in einer KiTa sind für 33% der unter Dreijährigen und für 42,5% der ab Dreijährigen vereinbart. Von beiden Altersgruppen ist nur für wenige eine tägliche Betreuungszeit bis zu 5 Stunden vereinbart.

## BB2 | Ausbaubedarf von Betreuungsplätzen für unter Dreijährige nach dem Kinderförderungsgesetz

Zwischen 2006 und 2008 ist die Teilhabequote der unter Dreijährigen in BB um 4,4 Prozentpunkte auf 44,8% gestiegen. Die positive Entwicklung verteilt sich gleichermaßen auf die Altersjahrgänge der Ein- und Zweijährigen. Angesichts dieses Trends bleibt abzuwarten, wie sich der Betreuungsbedarf bis 2013 in BB entwickelt, wenn der bundesweite Rechtsanspruch auf einen Betreuungsplatz für Kinder ab dem vollendeten ersten Lebensjahr in Kraft tritt.[3]

## BB3 | Vertraglich vereinbarte tägliche Betreuungszeiten (2008)

| | Kindertageseinrichtungen | | Öffentlich geförderte Kindertagespflege | |
|---|---|---|---|---|
| | 21.623 Kinder < 3 J. | 63.075 Kinder ≥ 3 J. (o. Schulk.) | 3.280 Kinder < 3 J. | 532 Kinder v. 3 bis < 6 J. |
| Bis zu 5 h | 5,8 (24,9) | 5,6 (26,1) | 8,7 (31,6) | 9,0 (52,4) |
| Mehr als 5 bis zu 7 h | 33,0 (24,3) | 42,5 (31,0) | 28,4 (28,9) | 32,0 (25,1) |
| Mehr als 7 h | 61,2 (47,9) | 51,9 (29,9) | 62,9 (39,0) | 59,0 (22,2) |
| Vor- u. nachmittags o. Mittagsbetreuung | 0,0 (2,8) | 0,0 (13,0) | 0,0 (0,5) | 0,0 (0,3) |

BB 2008 | ø Deutschland 2008 (in Klammern)

## BB4 | Bildungsbeteiligung von Kindern in Kindertageseinrichtungen und Kindertagespflege

2008
- Ø Deutschland
- Kindertageseinrichtungen
- Kindertagespflege

* inkl. 0,4% in (vor-)schul. Einrichtungen
** inkl. 0,1% in (vor-)schul. Einrichtungen

| | < 1-Jährige | 1-Jährige | 2-Jährige | 3-Jährige | 4-Jährige | 5-Jährige | < 3-Jährige | 3- bis < 6-Jährige |
|---|---|---|---|---|---|---|---|---|
| KiTa | 5,6 | 42,3 | 69,3 | 91,0 | 95,2 | 94,9* | 38,9 | 93,7** |
| Tagespflege | 1,7 | 8,8 | 7,2 | 1,6 | 0,7 | 0,5 | 5,9 | 0,9 |

| | '06 | '07 | '08 | '06 | '07 | '08 | '06 | '07 | '08 |
|---|---|---|---|---|---|---|---|---|---|
| 1-Jährige | 43,4 | 47,5 | 51,1 | | | | | | |
| 2-Jährige | | | | 68,7 | 72,2 | 76,5 | | | |
| 3-Jährige | | | | | | | 90,4 | 93,4 | 92,6 |

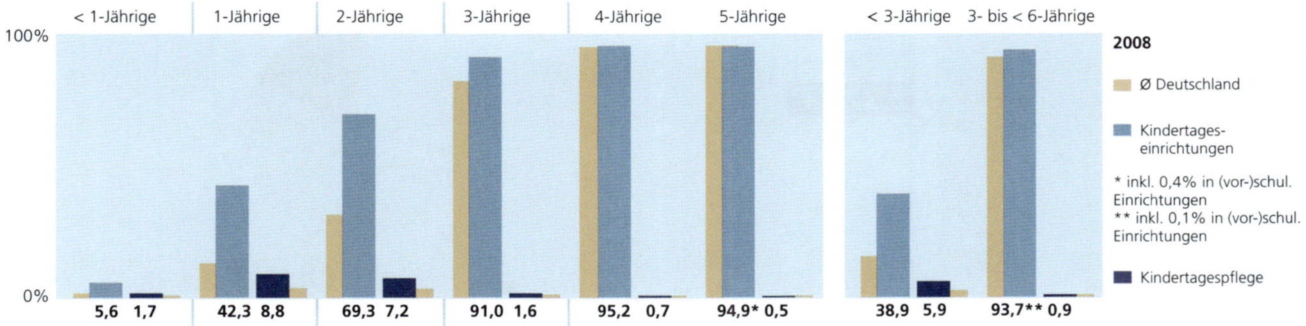

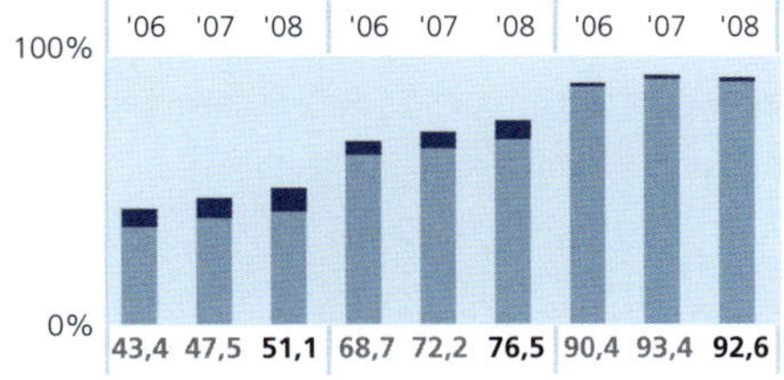

Die Bildungsbeteiligung von Kindern unter drei Jahren in KiTas und Tagespflege wächst in BB kontinuierlich und liegt deutlich über dem Bundesdurchschnitt (17,8%). 44,8% dieser Altersgruppe sind in einem Angebot der FBBE. Die Zuwächse bei den Ein- und Zweijährigen bewegen sich zwischen 2006 und 2008 um jeweils acht Prozentpunkte. Insgesamt beanspruchen 51,5% der Ein- und 76,5% der Zweijährigen einen Betreuungsplatz. Die Kindertagespflege wird von 8,8% bzw. 7,2% dieser beiden Altersjahrgänge genutzt. Kinder über drei Jahre sind zu 94,7% in Tagesbetreuung.

## BB5 | Bildungsbeteiligung und familiäre Sprachpraxis von Kindern mit und ohne Migrationshintergrund (2008)

### BB5A  Bildungsbeteiligung

Nur ein geringer Anteil aller Kinder weist in BB einen Migrationshintergrund (mindestens ein Elternteil nicht deutscher Herkunft) auf. Rechnerisch lässt sich dieser Anteil zwar bestimmen, doch bleibt angesichts der methodischen Einschränkungen[4] und der im Ergebnis hohen Abweichungen der Teilhabequoten von Kindern mit und ohne Migrationshintergrund abzuwarten, ob sich die Ergebnisse der Berechnungen in den nächsten Jahren bestätigen. Demnach haben jeweils 10% der Kinder unter sowie über drei Jahre in der Bevölkerung einen Migrationshintergrund (31.12.2006). Die Teilhabequote liegt bei den unter Dreijährigen mit Migrationshintergrund bei 19% im Vergleich zu 47% bei den Kindern ohne Migrationshintergrund. In der Altersgruppe der Drei- bis unter Sechsjährigen mit Migrationshintergrund liegt die Teilhabequote bei 50%, bei den Kindern ohne Migrationshintergrund bei annähernd 100%.

### BB5B   Familiäre Sprachpraxis von Kindern in KiTas

**Kinder unter 3 Jahren**

1,6%   2,2%                96,2%

**Kinder ab 3 Jahren (ohne Schulkinder)**

2,7%   3,1%                94,2%

Kinder mit Migrationshintergrund:
vorwiegend im Elternhaus gesprochene Sprache   ■ nicht Deutsch   ■ Deutsch
Kinder ohne Migrationshintergrund   ■

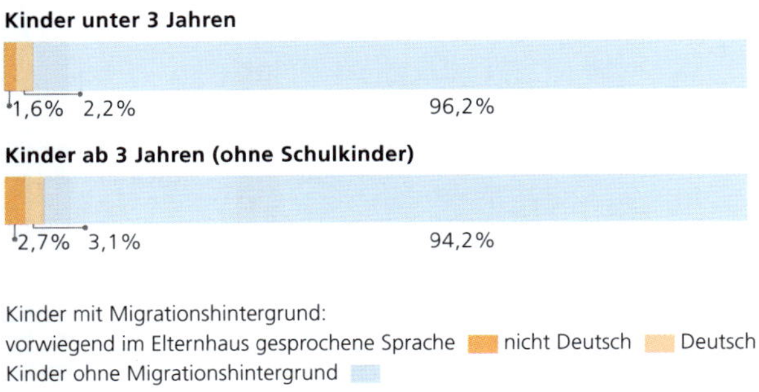

## BB6 | Investitionen pro Kind*

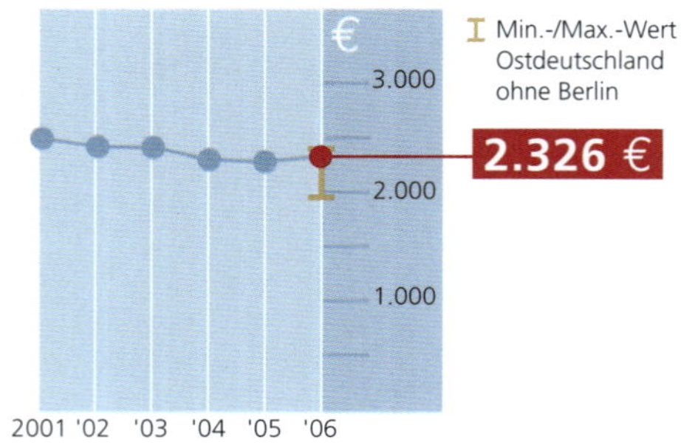


Nachdem seit 2001 die reinen Nettoausgaben der öffentlichen Haushalte für FBBE in BB pro unter zehnjährigem Kind stetig gesunken waren, sind sie 2006 wieder angestiegen. BB liegt weiterhin über dem Durchschnittswert für Ostdeutschland (2.225 €), ist aber nicht mehr Spitzenreiter bei den Ausgaben.

## BB7 | Finanzierungsgemeinschaft für FBBE (2006)

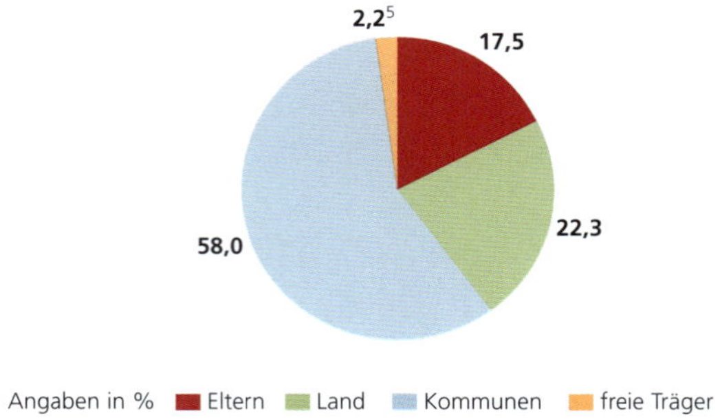


In den öffentlichen Statistiken fehlen i. d. R. die Elternbeiträge, die direkt von freien Trägern eingezogen werden, sowie die finanziellen Eigenanteile der freien Träger. Diese Ausgabengrößen werden daher über Schätzungen ermittelt.

# Investitionen wirkungsvoll einsetzen

Im Jahr 2006 sind die Investitionen pro unter 10-jährigem Kind leicht angestiegen und entsprechen mit 2.326 € fast dem ostdeutschen Durchschnittswert. Der Anteil der reinen Nettoausgaben für FBBE an den gesamten reinen Ausgaben der öffentlichen Hand liegt unverändert bei 5,6% und somit leicht über dem durchschnittlichen Anteil in Ostdeutschland. Der Umfang der öffentlichen Investitionen ist Ausdruck für den hohen gesellschaftlichen Stellenwert, den FBBE in BB hat. Die Finanzierungsgemeinschaft für FBBE ist 2006 annähernd identisch mit der im Jahr 2005. Nach Schätzungen der landesweiten Durchschnittswerte der Zuschusshöhe tragen die Kommunen 58,0% der Ausgaben für FBBE. Der Finanzierungsanteil des Landes wird mit 22,3% etwas niedriger ausgewiesen als im Vorjahr (23,1%). Eine untergeordnete Rolle spielen die freien Träger, die nur 2,2% der Kosten tragen. Die Eltern beteiligen sich mit einem Anteil von 17,5% an der Finanzierung, wobei die Höhe der Elternbeiträge vom jeweiligen Träger festgelegt wird.

## BB8 | Anteil der reinen Nettoausgaben für FBBE an den gesamten reinen Ausgaben öffentlicher Haushalte*

Der Anteil der reinen Nettoausgaben für FBBE gemessen an ihrem Anteil an den gesamten reinen Ausgaben der öffentlichen Haushalte liegt wie bereits im Vorjahr unverändert bei 5,6% und damit leicht über dem ostdeutschen Durchschnittswert (5,5%). Lediglich im Jahr 2001 lag der Anteil mit 5,7% noch darüber. Nach einer Absenkung im Jahr 2002 ist der Anteil durchgehend gestiegen.

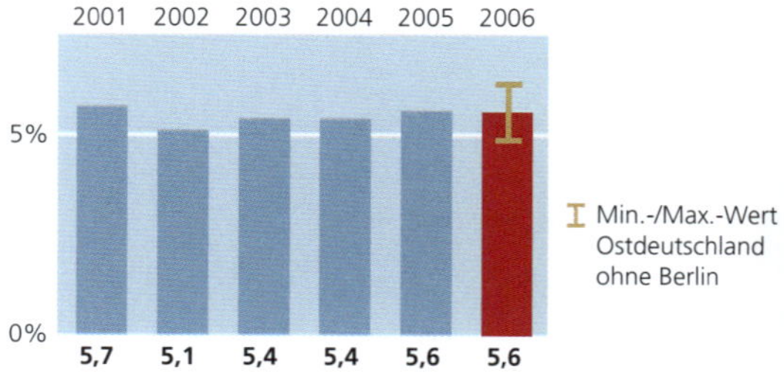


* Bei den Nettoausgaben der öffentlichen Hand werden neben Ausgaben für die Kinder in vorschulischen Angeboten (u. a. Krippen, Kindergärten, Einrichtungen mit altersübergreifenden Gruppen) auch Kindertageseinrichtungen mit Schulkindern berücksichtigt (z. B. Horte). Zwischen den Ländern schwankt der Anteil der Schulkinder, die in Kindertageseinrichtungen betreut werden, erheblich. Dies ist bei der vergleichenden Bewertung der Finanzindikatoren zu berücksichtigen.

# Bildung fördern – Qualität sichern

Der „Gemeinsame Orientierungsrahmen für die Bildung in Kindertagesbetreuung und Grundschule - Zwei Bildungseinrichtungen in gemeinsamer Bildungsverantwortung“ soll Mitte 2009 nach einer öffentlichen Diskussion mit den Trägern vereinbart und für die Schulen in Kraft gesetzt werden.[6] Er wird dann den konzeptionellen Rahmen für die „Grundsätze elementarer Bildung in Einrichtungen der Kindertagesbetreuung im Land Brandenburg“ sowie die Rahmenlehrpläne bilden. KiTas müssen die Aufnahme des Bildungsplans in die Konzeption nachweisen und können zur externen Evaluation verpflichtet werden. Instrumente dazu werden derzeit auf Landesebene entwickelt, ein mit dem Bildungsplan kompatibles Qualitätsmessinstrument (IQS) wird bereits genutzt. Nach Berechnungen auf Grundlage der Kinder- und Jugendhilfestatistik sind die bestehenden Personalschlüssel für Kinder unter wie über 3 Jahren in den brandenburgischen KiTas eher ungünstig. Der Personalschlüssel ist für 45,1% der unter Dreijährigen in Krippengruppen mit durchschnittlich 1:7,4 bundesweit der schlechteste. Zudem erfahren mehr als 36% dieser Altersgruppe einen Personalschlüssel von durchschnittlich 1:9,9. Auch für die älteren Kinder in Kindergartengruppen zählt der Personalschlüssel mit durchschnittlich 1:12,1 zu den höchsten bundesweit.

## BB9 | Bildungsplan – BP (2008)

| I. Information | |
|---|---|
| Kostenloser Versand des BP an alle KiTas | ● |
| BP als Download verfügbar | ● |
| BP als Publikation erwerbbar | ● |
| Informationsmaterial über BP für Eltern verfügbar | ● |
| Informationsmaterial über BP mehrsprachig f. Eltern verfügbar | – |
| **4 von 5 Punkten** | ●●●●○ |

| II. Qualifizierung | |
|---|---|
| Infoveranstaltung zum BP für alle KiTa-Mitarbeiterinnen | ● |
| Verpflichtende Informationsveranstaltung zum BP für alle KiTa-Mitarbeiterinnen | – |
| Angebotene Fortbildung zum BP mindestens zweitägig | – |
| Alle Fachberatungen erhalten Fortbildungen zum BP | ● |
| Öffentliche Mittel für regelmäßige Fortbildung zum BP für alle pädagogischen Mitarbeiterinnen verfügbar | ● |
| **3 von 5 Punkten** | ●●●○○ |

| III. Umsetzungskontrolle (in allen KiTas) | |
|---|---|
| Jährliche externe Überprüfung der Umsetzung des BP | – |
| Jährliche Berichtspflicht zur Implementation des BP | – |
| Nachweis der Aufnahme des BP in die Konzeption | ● |
| **1 von 3 Punkten** | ●○○ |

Insgesamt **8** von 13 Punkten

## BB10 | Kooperation KiTa – Grundschule (2008)

Im KiTagesetz, Schulgesetz und der Grundschulverordnung sind landesweit verbindliche Regelungen zur Kooperation von KiTas und Grundschulen festgeschrieben. Der Entwurf eines Gemeinsamen Orientierungsrahmens für KiTas und Grundschule ist veröffentlicht. Im Rahmen von Regionalkonferenzen soll er in den Landkreisen diskutiert und erprobt werden. Nach der im Anschluss vorgesehenen Überarbeitung soll der Orientierungsrahmen als Vereinbarung in Kraft gesetzt werden.

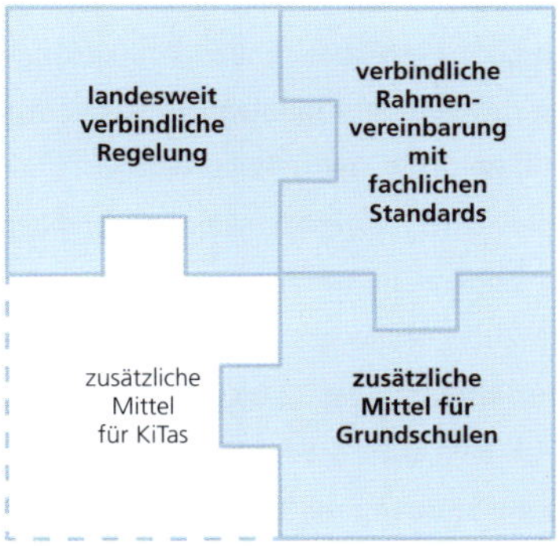

## BB11 Pädagogisches Personal nach Berufsausbildungsabschlüssen (2008)

Die Qualifikationsstruktur des pädagogischen Personals ist primär durch Tätige mit Fachschulabschluss (91,8%) geprägt. Der Anteil dieser Beschäftigungsgruppe liegt damit in BB fast 20 Prozentpunkte über dem bundesdeutschen Vergleichswert. Entsprechend gering fällt der Anteil der Kinderpflegerinnen aus (0,8%). Im Bundesdurchschnitt liegt der Anteil dagegen bei 13,3%. Es gibt nur wenige pädagogisch Tätige, die über keine abgeschlossene Berufsausbildung verfügen (1,1%).

| Abschluss | Brandenburg | ø Deutschland |
|---|---|---|
| | Anteile in Prozent | |
| (sozialpädagogischer) Hochschulabschluss | 1,7 | *3,5* |
| Fachschulabschluss (Erzieherinnen, Heilpädagoginnen) | 91,8 | *71,9* |
| Kinderpflegerinnen | 0,8 | *13,3* |
| anderer fachlicher Abschluss (sonst. Sozial- u. Erziehungsberufe) | 2,3 | *1,9* |
| Sonstige | 2,4 | *7,1* |
| ohne abgeschl. Ausbildung | 1,1 | *2,2* |

## BB12 Personalschlüssel und Gruppentypen in Kindertageseinrichtungen

### BB12A Personalschlüssel und Fachkraft-Kind-Relation

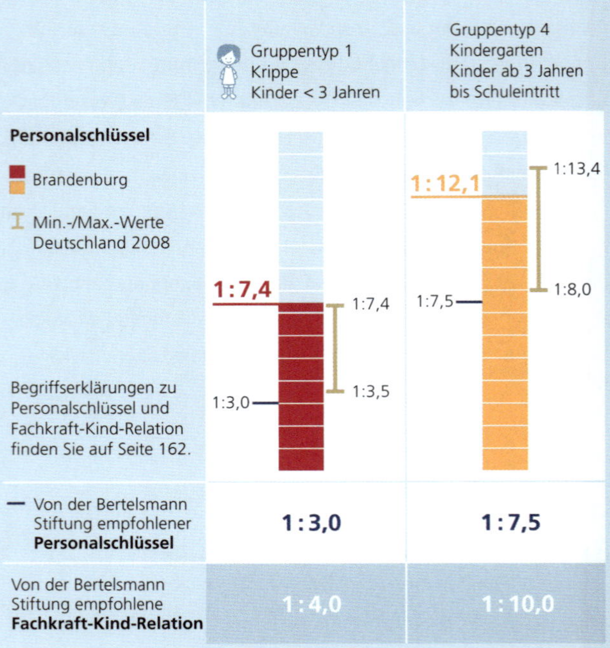


## BB13 Beschäftigungsumfang des pädagogischen Personals und Anteil der Vollzeitbeschäftigten in Kindertageseinrichtungen

Der Anteil der Vollzeitbeschäftigten an den pädagogisch Tätigen liegt in BB mit 16,7% um etwa 23 Prozentpunkte unter dem bundesdeutschen Durchschnittswert. Schon 1998 lag der Anteil bei nur 21,9%. Im Zuge des massiv sinkenden Personalbedarfs bis 2001 aufgrund rückläufiger Kinderzahlen ist der individuelle Beschäftigungsumfang oft weiter gekürzt worden. Bis zum Jahr 2006 hat sich dieser Trend fortgesetzt. Seitdem sind leichte Zuwächse zu verzeichnen. Der Anteil ist von 15,7% im Jahr 2006 auf 16,7% im Jahr 2008 gestiegen. Ein großer Anteil der Tätigen (42,9%) ist 2008 im Umfang von 32 bis unter 38,5 Wochenstunden beschäftigt. Ein Drittel arbeitet 21 bis unter 32 Stunden pro Woche. Die hohe Streuung der Beschäftigungszeiten ist u. U. eine Konsequenz der variablen, flexiblen Nutzung von Betreuungszeiten für jedes einzelne Kind. Diese bedingt einen differenzierten Personaleinsatz, zumal auch die öffentliche Bezuschussung der Einrichtungen abhängig von den tatsächlichen Betreuungszeiten der Kinder ist.

### BB13A Pädagogisches Personal nach Beschäftigungsumfang (2008)

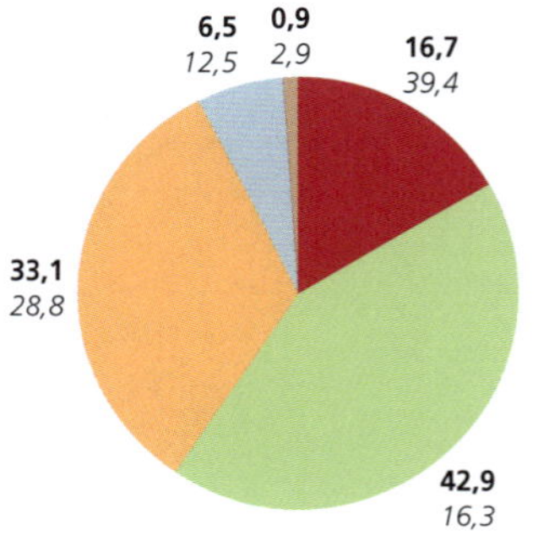


Angaben in %
- Hauptberuflich, Vollzeit, 38,5 und mehr Wochenstunden
- Teilzeit, 32 bis < 38,5 Wochenstunden
- Teilzeit, 21 bis < 32 Wochenstunden
- Teilzeit, < 21 Wochenstunden
- Nebenberuflich, < 20 Wochenstunden

*kursiv* = ø Deutschland

## BB12B Verteilung der Kinder unter 3 Jahren auf verschiedene Gruppentypen (2008)

**14,5%** Ohne feste Gruppenstruktur

**45,1%** Gruppentyp 1 – Krippe
Kinder < 3 Jahren
ø Personalschlüssel 1:7,4

**36,1%** Gruppentyp 3 – Altersübergreifend
Kinder ab 0 Jahren
bis Schuleintritt
ø Personalschlüssel 1:9,9

**4,4%** Gruppentyp 2 – Kindergarten
Kinder ab 2 Jahren
bis Schuleintritt
ø Personalschlüssel 1:12,3

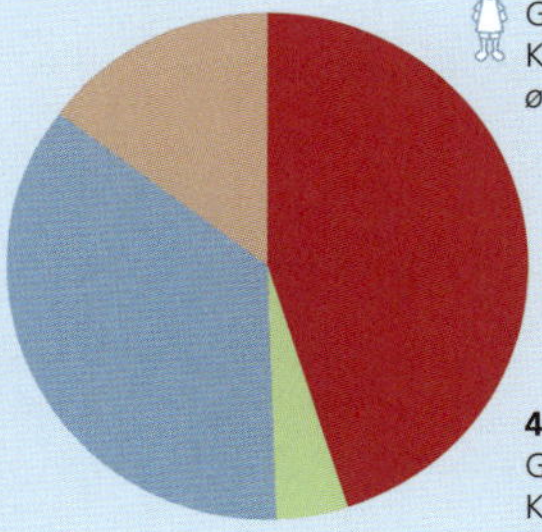

Der Personalschlüssel für Kinder unter drei Jahren in Krippengruppen ist mit durchschnittlich 1:7,4 bundesweit der schlechteste. In diesen Gruppen sind 45,1% dieser Altersgruppe. Für die 36,1% der unter Dreijährigen in geöffneten Kindergartengruppen wird ein noch ungünstigerer Personalschlüssel ausgewiesen, nämlich 1:12,3. Dieser Personalschlüssel ist noch schlechter als in den Kindergartengruppen für Kinder ab 3 Jahren.

## BB14 Rahmenbedingungen für Bildungsqualität

### BB14A Regelungen zur Strukturqualität (2008)

| | Allgemein geregelt | Präzise definiert |
|---|---|---|
| Maximale Gruppengröße | – [7] | – |
| Fachkraft-Kind-Relation | ● | ● |
| Verfügungszeit | ● | – |
| Fachberatung | ● [8] | – |
| Fortbildung | ● | – |
| Leitungsfreistellung | ● [9] | – |
| (Innen-/Außen-)Flächen | ● | ● [10] |

Insgesamt **8** von 14 Punkten

Die Fachkraft-Kind-Relation ist u. a. im KiTa-Gesetz präzise geregelt. Verfügungszeiten sind im Personalschlüssel unbestimmt enthalten. Zu Fortbildung, Fachberatung und Leitungsfreistellung liegen nur allgemeine Regelungen vor. Quantitativ bestimmt wird nur die pädagogische Leitung. Über den Umfang der organisatorischen Leitungsaufgaben und Freistellung entscheidet der Träger. Verwaltungsvorschriften regeln Innen- und Außenflächen präzise.

## BB13B Anteil der Vollzeitbeschäftigten

| | 31.12.1998 | 31.12.2002 | 15.3.2006 | 15.3.2007 | 15.3.2008 |
|---|---|---|---|---|---|
| BB | 21,9 | 17,7 | 15,7 | 15,9 | 16,7 |
| ø Deutschland | 52,5 | 46,4 | 40,5 | 39,7 | 39,4 |

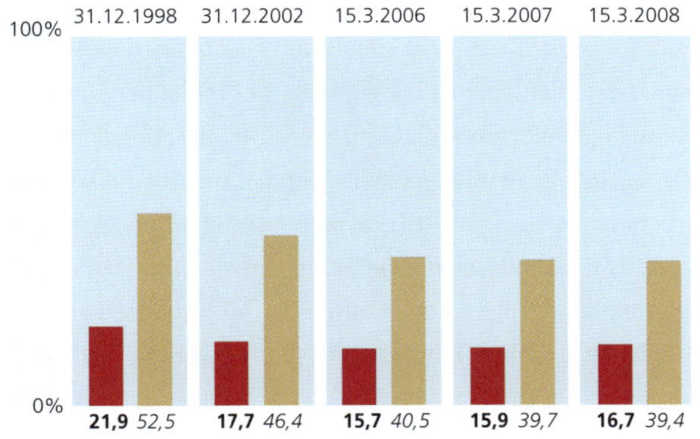

Anteil der Vollzeitbeschäftigten an allen Beschäftigten, ohne Verwaltung und Hauswirtschaft/Technik

■ BB  ■ ø Deutschland

### BB14B Regelungen zur Qualitätsüberprüfung (2008)

| | |
|---|---|
| Geregelte Verpflichtung in Ausführungsgesetz oder Verordnung | ● |
| Elternbefragung (mindestens jährlich) | – |
| Selbstevaluation | – |
| Fremdevaluation | – |
| Zahlung öffentlicher Zuschüsse abhängig von externer Qualitätsüberprüfung | – |

Insgesamt **1** von 5 Punkten

Das KiTa-Gesetz verpflichtet KiTas in ihrer Konzeption darzulegen, wie sie die Qualität ihrer pädagogischen Arbeit überprüfen. Die Anwendung spezifischer Verfahren ist allerdings nicht festgelegt. Die Zahlung öffentlicher Zuschüsse kann von externen Qualitätsüberprüfungen abhängig gemacht werden.[11]

# Bremen

**Basisdaten 2008**

**Fläche: 404 km²**

**Einwohner** (31.12.2007):
**663.082**

**Anteil der Kinder in FBBE**
**Kinder < 3 Jahren: 12,8%**
**Kinder 3 bis < 6 Jahre (ohne Schulkinder): 87,0%**
(inkl. 0,2% in [vor-]schulischen Einrichtungen)

| | |
|---|---|
| Geborene Kinder (2007) | 5.591 |
| Geburten pro Frau (2007) | 1,3 |
| Anzahl der Kinder < 10 Jahren (31.12.2007) | 54.575 |
| Davon Kinder < 3 Jahren | 16.222 |
| Davon Kinder 3 bis < 6 Jahre | 15.729 |
| Davon Kinder 6 bis < 10 Jahre | 22.624 |

| | |
|---|---|
| Erwerbstätigenquote von Müttern (2007) mit | |
| ... mindestens einem Kind < 3 Jahren | k.A. |
| ... mindestens einem Kind von 3 bis < 6 Jahre | 40,4% |
| Leistungsempfänger nach SGB II (ALG II u. Sozialgeld, 2008) | 96.030 |
| Darunter Kinder < 6 Jahren | 11.695 |
| Entspricht Anteil an allen Kindern < 6 Jahren | 36,6% |
| Tageseinrichtungen insgesamt (2008) | 416 |
| Anteil der Einrichtungen | |
| ... in öffentlicher Trägerschaft | 20,7% |
| ... in freigemeinnütziger Trägerschaft | 76,0% |
| ... als Betriebs-/Unternehmensteil | 0,0% |
| ... in privatgewerblicher Trägerschaft | 3,4% |
| Anteil der KiTas ohne feste Gruppenstruktur | 1,0% |
| Pädagogisches Personal in KiTas insgesamt | 3.563 |
| Kinder in KiTas insgesamt | 21.449 |
| Darunter Kinder < 3 Jahren | 1.723 |
| Darunter Kinder 3 bis < 6 Jahre (ohne Schulkinder) | 13.464 |
| Darunter Schulkinder 6 bis < 10 Jahre | 3.080 |
| Tagespflegepersonen insgesamt | 360 |
| Kinder < 6 Jahren in Kindertagespflege | 496 |
| Davon Kinder < 3 Jahren | 355 |
| Davon Kinder 3 bis < 6 Jahre | 141 |

In HB ist die Senatorin für Arbeit, Frauen, Gesundheit, Jugend und Soziales zuständig für FBBE. Interministerielle Fachgruppen, die regelmäßig tagen, gibt es zu der Weiterentwicklung des Rahmenplans für Bildung und Erziehung, zu den Themen Sprachtestung und Sprachförderung sowie zu dem BLK-Modellprojekt „TransKiGs“, das sich mit dem Übergang vom Kindergarten in die Grundschule beschäftigt. Darüber hinaus kommen im Landesjugendhilfeausschuss alle relevanten Akteure für den Bereich der FBBE zusammen. Als landespolitisches Gesamtprogramm, in dem die Zielsetzungen, Maßnahmen und Aktivitäten zur Weiterentwicklung der FBBE in Bremen festgeschrieben sind, führt das Land die Vereinbarung zur Zusammenarbeit in einer Regierungskoalition für die 17. Wahlperiode der Bremischen Bürgerschaft 2007-2011 an.

Nach Angaben des Senats hat derzeit der Ausbau von Betreuungsangeboten für Kinder unter drei Jahren politische Priorität. Die bis 2013 zusätzlich zu schaffenden Plätze sollen zu 80% in KiTas und zu 20% in der Kindertagespflege angeboten werden. In diesem Zusammenhang ist die geplante Änderung der Landesrichtlinie für Kindertagespflege zu sehen, die die Angebote der Kindertagespflege in angemieteten Räumen und im Zusammenschluss möglich machen wird. Als weiteren Handlungsschwerpunkt führt die Landesebene die Sprachentwicklungsförderung an. Mit dem Jahr 2009 wird ein bereits in der Stadtgemeinde Bremerhaven erprobter Sprachtest für das Land Bremen übernommen und die zusätzlichen Förderangebote werden von bisher 15% auf 30% der fünfjährigen Kinder ausgeweitet. Entsprechende Materialien zur Sprachförderung sollen entwickelt werden. Außerdem beabsichtigt der zuständige Senat, KiTas in sozialen Brennpunkten mit mehr Personal und den dafür erforderlichen Mitteln auszustatten.

## Teilhabe sichern

In HB liegt die Bildungsbeteiligung der unter Dreijährigen wie die der Drei- bis unter Sechsjährigen unter dem bundesdeutschen Durchschnitt. So nutzt ein Anteil von ca. 13% der Kinder unter drei ein Angebot der FBBE. Bei den älteren Kindern liegt dieser Anteil bei 87%. Vor allem die Teilhabequoten der Zwei- und Dreijährigen fallen mit 25,1% bzw. 72,8% im Bundesvergleich deutlich niedrig aus. Auffällig ist weiterhin, dass nur ca. 23% der Kinder über drei bis zum Schuleintritt mehr als 7 Stunden täglich in einer KiTa sind. Für mehr als 36% dieser Altersgruppe ist eine Betreuungszeit von bis zu 5 Stunden pro Tag vereinbart. Dies sind 10 Prozentpunkte über dem Bundesdurchschnitt. Die Mehrheit dieser Altersgruppe nutzt mehr als 5 bis zu 7 Stunden täglich eine KiTa.

Von allen Bremer Kindern unter 3 Jahren haben 45% einen Migrationshintergrund. In der Altersgruppe von 3 bis unter 6 Jahre ist es ein Anteil von 46%. Die Bildungsbeteiligung der Kinder mit Migrationshintergrund fällt in beiden Altersgruppen im Vergleich zu den Teilhabequoten der Kinder ohne Migrationshintergrund eklatant niedriger aus. So differieren bei den Kindern über drei die Quoten um rund 20 Prozentpunkte. Zu fragen wäre, welche Aktivitäten von der Landesebene initiiert werden, um die Teilhabequoten dieser Kinder und damit ihre Bildungschancen durch den KiTabesuch zu erhöhen.

## Investitionen wirkungsvoll einsetzen

Sowohl die Investitionen pro unter zehnjährigem Kind als auch der Anteil der reinen Nettoausgaben für FBBE an den gesamten reinen Ausgaben der öffentlichen Haushalte sind in HB im Jahr 2006 gestiegen. Während die Ausgaben pro Kind deutlich über dem westdeutschen Durchschnittswert liegen, zählen die anteiligen reinen Nettoausgaben für FBBE mit 2,9% bundesweit zu den niedrigsten.

## Bildung fördern – Qualität sichern

Der Bremer Rahmenplan für Bildung und Erziehung im Elementarbereich ist für Kinder im Kindergartenalter konzipiert und nach einer Erprobungsphase nun in Kraft. Verantwortlich für die Implementierung des Rahmenplans und die damit verbundenen Maßnahmen (Einführung einer Lern- und Entwicklungsdokumentation, Qualifizierung der pädagogischen Fachkräfte und Fachberatungen, Sprachentwicklungsförderung) sind die beiden Stadtgemeinden. Ob KiTas ihre pädagogische Praxis nach dem Rahmenplan ausrichten, wird nicht geprüft.

Der zuständige Senat weist darauf hin, dass die Bremer Landesverfassung für den 2-Städte-Staat nur einen losen Rahmen für die Gemeindeverfassung enthält und für die Stadtgemeinden Gestaltungsspielräume vorhält. Regelungen zu Verfügungszeiten, Leitungsfreistellung, Fachberatung werden jeweils in den beiden Stadtgemeinden eigenständig getroffen. Auf Landesebene existieren lediglich zur maximalen Gruppengröße, zur Fachkraft-Kind-Relation und zu den Flächen pro Kind einheitliche und präzise Regelungen.

Die Qualität der pädagogischen Arbeit in KiTas ist abhängig von den verfügbaren Personalressourcen. Die formale Qualifikationsstruktur des pädagogischen Personals ist einerseits gekennzeichnet durch den bundesweit höchsten Anteil an Beschäftigten mit (sozialpädagogischem) Hochschulabschluss (12,6%), andererseits durch einen entsprechend geringeren Anteil an Tätigen mit Fachschulabschluss (56,4%). Charakteristisch für den Beschäftigungsumfang des pädagogischen Personals in Bremen ist die hohe Binnendifferenzierung. Der Anteil der Vollzeitbeschäftigten liegt mit 30% unter dem Bundesdurchschnitt von 39,4%. Größer ist der Anteil derer, die eine Wochenarbeitszeit von 21 bis unter 32 Stunden haben (33,4%). Die übrigen Beschäftigten arbeiten entweder weniger als 21 Stunden oder sind mit mehr als 32 Stunden pro Woche teilzeitbeschäftigt. Inwieweit diese differenzierten Beschäftigungsumfänge kontinuierliche Beziehungserfahrungen der Kinder gewährleisten können, wäre zu prüfen.

Die konkrete Personalsituation scheint in den Bremer KiTas günstig zu sein. Für Kinder ab drei Jahren in Kindergartengruppen besteht ein Personalschlüssel, der mit durchschnittlich 1:8,0 bundesweit der beste für diesen Gruppentyp ist. Ebenso ist der Schlüssel von durchschnittlich 1:4,7 für unter Dreijährige in Krippengruppen bundesweit einer der besseren. Allerdings werden nur 30% der unter Dreijährigen dort betreut. Fast jedes sechste Kind unter drei besucht eine altersübergreifende Gruppe und erfährt dort einen etwas ungünstigeren Personalschlüssel von durchschnittlich 1:5,3. Nur sehr wenige Kinder dieser Altersgruppe sind in für Zweijährige geöffneten Kindergartengruppen untergebracht.

Nach den vorliegenden Daten zu den Personalschlüsseln bestehen zwar vergleichsweise günstige Voraussetzungen für eine gute pädagogische Qualität in den KiTas in HB; allerdings ist wenig transparent, welche Strategien verfolgt werden, um das System fachlich weiterzuentwickeln.

## HB1 | Rechtsanspruch des Kindes auf einen Betreuungsplatz (2008)

Es besteht ein elternunabhängiger Rechtsanspruch auf einen Betreuungsplatz für jedes Kind vom vollendeten dritten Lebensjahr bis zum Schuleintritt mit einem garantierten Umfang von vier Stunden täglich.

# Teilhabe sichern

In HB sind die Teilhabequoten der unter Dreijährigen (12,8%) sowie der Drei- bis unter Sechsjährigen (87,0%) vergleichsweise niedrig. Die Bildungsbeteiligung von den Drei- bis unter Sechsjährigen mit Migrationshintergrund liegt 21 Prozentpunkte unter der von Kindern ohne Migrationshintergrund. Für 43,4% der unter Dreijährigen, aber nur für 23,2% der über Dreijährigen bis zum Schuleintritt in KiTas sind mehr als 7 Stunden tägliche Betreuungszeit vereinbart. Die Mehrzahl (40,8%) der über Dreijährigen in KiTas nutzt mehr als 5 bis zu 7 Stunden und 36% bis zu 5 Stunden täglich.

## HB2 | Ausbaubedarf von Betreuungsplätzen für unter Dreijährige nach dem Kinderförderungsgesetz

Nach dem KiFöG wird angenommen, dass im Jahr 2013 im Bundesdurchschnitt für 35% der unter Dreijährigen ein FBBE-Angebot verfügbar sein soll. Demnach wäre das Angebot in HB von 12,8% (15.3.2008) um 22,2 Prozentpunkte zu steigern. Gemäß der 11. koordinierten Bevölkerungsvorausberechnung entspräche dies ca. 3.500 Plätzen.[1]

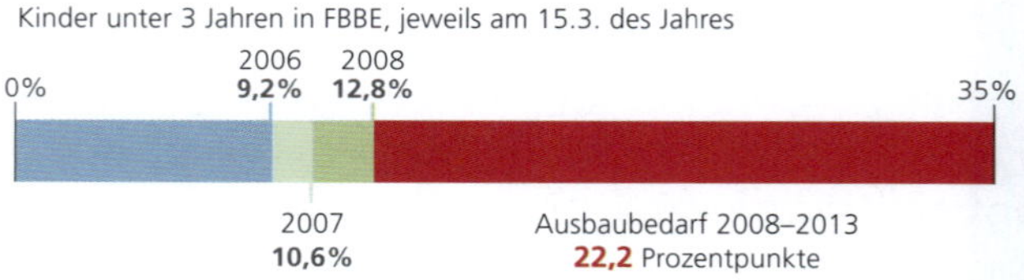


## HB3 | Vertraglich vereinbarte tägliche Betreuungszeiten (2008)

| | Kindertageseinrichtungen | | Öffentlich geförderte Kindertagespflege | |
|---|---|---|---|---|
| | 1.723 Kinder < 3 J. | 16.022 Kinder ≥ 3 J. (o. Schulk.) | 355 Kinder < 3 J. | 176 Kinder v. 3 bis < 6 J. |
| Bis zu 5 h | 30,8 / 24,9 | 36,0 / 26,1 | 30,4 / 31,6 | 54,5 / 52,4 |
| Mehr als 5 bis zu 7 h | 25,9 / 24,3 | 40,8 / 31,0 | 38,6 / 28,9 | 28,4 / 25,1 |
| Mehr als 7 h | 43,4 / 47,9 | 23,2 / 29,9 | 31,0 / 39,0 | 17,0 / 22,2 |
| Vor- u. nachmittags o. Mittagsbetreuung | 0,0 / 2,8 | 0,0 / 13,0 | 0,0 / 0,5 | 0,0 / 0,3 |

HB 2008 | ø Deutschland 2008

## HB4 | Bildungsbeteiligung von Kindern in Kindertageseinrichtungen und Kindertagespflege

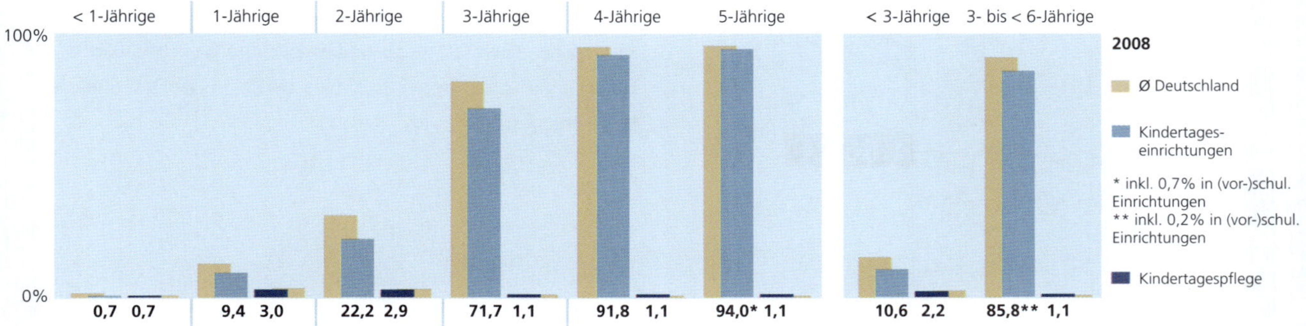

< 1-Jährige
1-Jährige
2-Jährige
3-Jährige
4-Jährige
5-Jährige
< 3-Jährige
3- bis < 6-Jährige
100%
0%
0,7 0,7
9,4 3,0
22,2 2,9
71,7 1,1
91,8 1,1
94,0* 1,1
10,6 2,2
85,8** 1,1
2008
Ø Deutschland
Kindertages-einrichtungen
* inkl. 0,7% in (vor-)schul. Einrichtungen
** inkl. 0,2% in (vor-)schul. Einrichtungen
Kindertagespflege


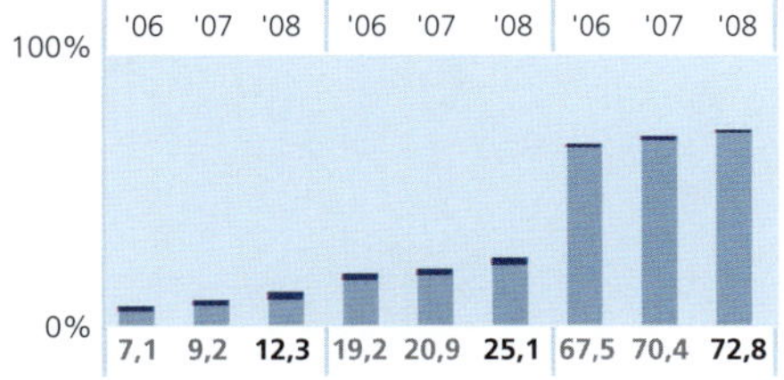


Die Teilhabequote der Kinder unter drei Jahren liegt trotz Anstieg mit 12,8% noch 4,9 Prozentpunkte unter dem Bundesdurchschnitt. In KiTas und Tagespflege werden 12,3% der Ein- und 25,1% der Zweijährigen betreut. Die Zuwächse zwischen 2006 und 2008 belaufen sich damit auf 5,2 bzw. 5,9 Prozentpunkte. Im Alter von drei Jahren sind weniger als drei Viertel der Kinder (72,8%) in Angeboten der FBBE. Bundesweit liegt der Wert etwa zehn Prozentpunkte höher (82,9%). Von den Drei- bis unter Sechsjährigen sind fast 87% in Angeboten der FBBE.

## HB5 | Bildungsbeteiligung und familiäre Sprachpraxis von Kindern mit und ohne Migrationshintergrund (2008)

### HB5A Bildungsbeteiligung

**Kinder unter 3 Jahren in der Bevölkerung**

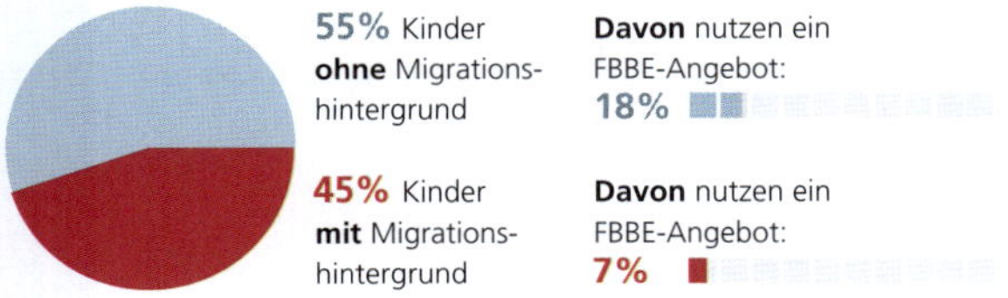

55% Kinder **ohne** Migrations-hintergrund
**Davon** nutzen ein FBBE-Angebot:
18%
45% Kinder **mit** Migrations-hintergrund
**Davon** nutzen ein FBBE-Angebot:
7%


**Kinder von 3 bis unter 6 Jahre in der Bevölkerung**

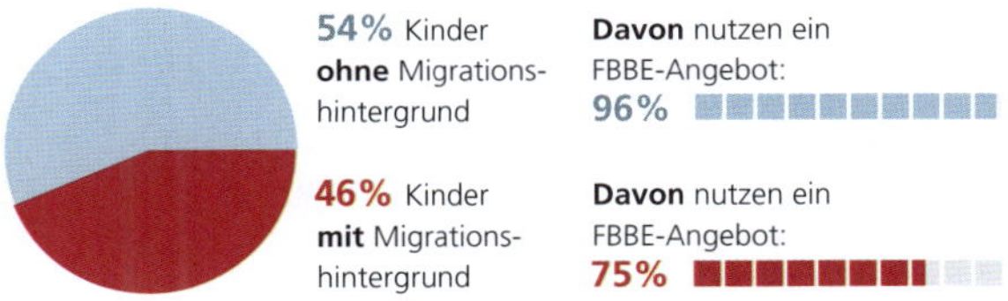

54% Kinder **ohne** Migrations-hintergrund
**Davon** nutzen ein FBBE-Angebot:
96%
46% Kinder **mit** Migrations-hintergrund
**Davon** nutzen ein FBBE-Angebot:
75%


### HB5B Familiäre Sprachpraxis von Kindern in KiTas

**Kinder unter 3 Jahren**

13,8%
12,1%
74,2%


**Kinder ab 3 Jahren (ohne Schulkinder)**

26,8%
12,6%
60,6%


Kinder mit Migrationshintergrund:
vorwiegend im Elternhaus gesprochene Sprache nicht Deutsch / Deutsch
Kinder ohne Migrationshintergrund

Von allen Kindern unter drei Jahren in Bremen haben 45% einen Migrationshintergrund. Während von diesen 7% in Kindertagesbetreuung sind, sind es bei Kindern ohne Migrationshintergrund 18%. In der Altersgruppe der Drei- bis unter Sechsjährigen differieren die Teilhabequoten um mehr als 20 Prozentpunkte.

## HB6 | Investitionen pro Kind*

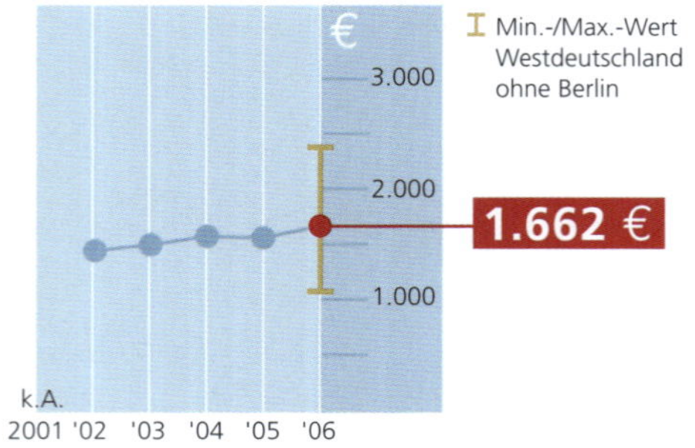


Die reinen Nettoausgaben der öffentlichen Haushalte für FBBE pro unter zehnjährigem Kind sind 2006 im Vergleich zum Vorjahr um 6,5% gestiegen, nachdem sie zuvor von 2004 auf 2005 leicht gesunken waren. Die durchschnittlichen Investitionen pro Kind unter zehn Jahren liegen in HB über dem westdeutschen Durchschnitt (1.365 €).

## HB7 | Finanzierungsgemeinschaft für FBBE (2006)

Für Bremen ist nur eine grobe Abschätzung der Anteile der Finanzierungsgemeinschaft möglich.[2] Demnach trägt die öffentliche Hand ca. 84% der Gesamtausgaben, die Eltern ca. 13% und die freien Träger ca. 3%.

# Investitionen wirkungsvoll einsetzen

Die Investitionen pro unter 10-jährigem Kind sind 2006 wieder höher als 2005 und liegen über dem westdeutschen Durchschnittswert. Angestiegen ist auch der Anteil der reinen Nettoausgaben für FBBE an den gesamten reinen Ausgaben der öffentlichen Hand, dennoch zählt er zu den niedrigsten in Westdeutschland. Nach einer groben Abschätzung der landesweiten Durchschnittswerte der Zuschusshöhe trägt das Land etwa 84% der Ausgaben für FBBE. Auf die freien Träger entfallen anteilig ca. 3% und auf die Eltern ca. 13% der Kosten. Die Höhe der Elternbeiträge wird auf kommunaler Ebene trägerübergreifend festgelegt. Die Stadtgemeinden – Bremen und Bremerhaven – geben eine generelle Staffelung zur Höhe der KiTa-Beiträge für alle Eltern vor, die sich nach Einkommen und Anzahl der Kinder richtet. Für einkommensschwache Familien besteht die Möglichkeit der Beitragsermäßigung bzw. -übernahme. Jeweils kommunal geregelt ist das Angebot eines kostenlosen Mittagessens für Kinder von Niedrigzahlenden.[3]

## HB8 | Anteil der reinen Nettoausgaben für FBBE an den gesamten reinen Ausgaben öffentlicher Haushalte*

Der Anteil der reinen Nettoausgaben für FBBE gemessen an ihrem Anteil an den gesamten reinen Ausgaben der öffentlichen Haushalte befindet sich nach einem Rückgang auf 2,7% im Jahr 2005 wieder auf dem Niveau der Jahre 2003/2004 (2,9%). Im Vergleich zum Durchschnittswert für alle westdeutschen Bundesländer (3,3%) fällt dieser Anteil geringer aus und ist zudem bundesweit der zweitniedrigste.

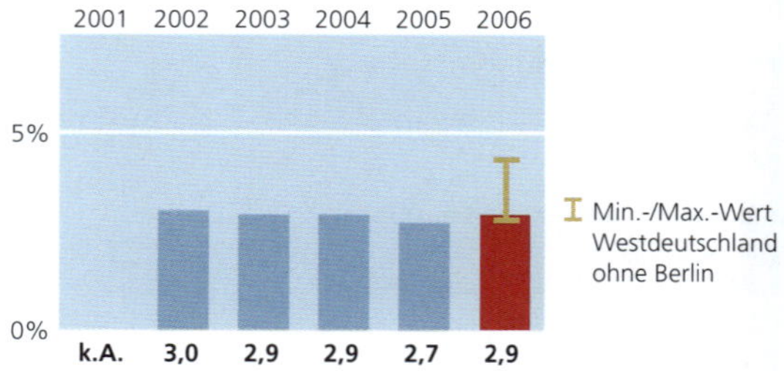


* Bei den Nettoausgaben der öffentlichen Hand werden neben Ausgaben für die Kinder in vorschulischen Angeboten (u. a. Krippen, Kindergärten, Einrichtungen mit altersübergreifenden Gruppen) auch Kindertageseinrichtungen mit Schulkindern berücksichtigt (z. B. Horte). Zwischen den Ländern schwankt der Anteil der Schulkinder, die in Kindertageseinrichtungen betreut werden, erheblich. Dies ist bei der vergleichenden Bewertung der Finanzindikatoren zu berücksichtigen.

# Bildung fördern – Qualität sichern

Der Bildungsplan (Bremer Rahmenplan für Bildung und Erziehung im Elementarbereich) ist für Kinder im Kindergartenalter konzipiert und bereits in Kraft. Verantwortlich für die Umsetzung des Rahmenplans sind die beiden Stadtgemeinden.[4] Ob KiTas ihre pädagogische Praxis nach dem Rahmenplan ausrichten, wird nicht evaluiert. Der Bremer Rahmenplan wurde an alle KiTas versandt, gesondertes Informationsmaterial für Eltern gibt es aber ebenso wenig wie spezielle Qualifizierungsmaßnahmen für das KiTa-Personal. Es stehen jedoch öffentliche Mittel für regelmäßige Fortbildungen zum Rahmenplan bereit. Seit Anfang 2009 obliegt die systematische Weiterentwicklung des Rahmenplans einer gemeinsamen Arbeitsgruppe der Senatsbereiche Jugend und Bildung sowie Fachexperten. Nach Berechnungen auf Grundlage der Kinder- und Jugendhilfestatistik werden fast zwei Drittel der Kinder unter 3 Jahren in HB in altersübergreifenden Gruppen betreut, knapp ein Drittel in Krippengruppen. In beiden Gruppentypen sind die Personalschlüssel mit durchschnittlich 1:5,3 bzw. 1:4,7 deutlich besser als in geöffneten Kindergartengruppen. In Kindergartengruppen für Kinder ab 3 Jahren bis zum Schuleintritt wird mit einem durchschnittlichen Personalschlüssel von 1:8,0 gearbeitet, der bundesweit der beste ist.

## HB9 | Bildungsplan – BP (2008)

| **I. Information** | |
|---|---|
| Kostenloser Versand des BP an alle KiTas | ● |
| BP als Download verfügbar | ● |
| BP als Publikation erwerbbar | – |
| Informationsmaterial über BP für Eltern verfügbar | – |
| Informationsmaterial über BP mehrsprachig f. Eltern verfügbar | – |
| **2 von 5 Punkten** | ●●○○○ |

| **II. Qualifizierung** | |
|---|---|
| Infoveranstaltung zum BP für alle KiTa-Mitarbeiterinnen | – |
| Verpflichtende Informationsveranstaltung zum BP für alle KiTa-Mitarbeiterinnen | – |
| Angebotene Fortbildung zum BP mindestens zweitägig | – |
| Alle Fachberatungen erhalten Fortbildungen zum BP | – |
| Öffentliche Mittel für regelmäßige Fortbildung zum BP für alle pädagogischen Mitarbeiterinnen verfügbar | ● |
| **1 von 5 Punkten** | ●○○○○ |

| **III. Umsetzungskontrolle (in allen KiTas)** | |
|---|---|
| Jährliche externe Überprüfung der Umsetzung des BP | – |
| Jährliche Berichtspflicht zur Implementation des BP | – |
| Nachweis der Aufnahme des BP in die Konzeption | – |
| **0 von 3 Punkten** | ○○○ |

Insgesamt **3** von 13 Punkten

## HB10 | Kooperation KiTa – Grundschule (2008)

Im BremKTG ist landesweit die verbindliche Kooperation von KiTas und Grundschulen festgelegt. Prinzipien und Grundsätze der Zusammenarbeit sowie fachliche Standards für die Kooperation werden im Rahmen des Projektes TransKigs entwickelt. Für die Kooperation erhalten Kindertageseinrichtungen und Grundschulen regelmäßige Unterstützung von Fachberater/-innen aus der Kindertagesbetreuung sowie von Schulentwicklungsberater/-innen aus der Schule.

## HB11 Pädagogisches Personal nach Berufsausbildungsabschlüssen (2008)

Die Qualifikationsstruktur des pädagogischen Personals weist mit 12,6% bundesweit den höchsten Anteil an Beschäftigten mit (sozialpädagogischem) Hochschulabschluss auf. Ihr Anteil liegt 9,1 Prozentpunkte über dem Bundesdurchschnitt. Deutlich höher ist allerdings auch der Anteil der sonstigen Tätigen (15,9%). Mit einem Anteil von 56,4% sind pädagogisch Tätige mit einem Fachschulabschluss im Bundesvergleich gering vertreten.

| | Bremen | ø Deutschland |
|---|---|---|
| **Abschluss** | Anteile in Prozent | |
| (sozialpädagogischer) Hochschulabschluss | 12,6 | *3,5* |
| Fachschulabschluss (Erzieherinnen, Heilpädagoginnen) | 56,4 | *71,9* |
| Kinderpflegerinnen | 7,3 | *13,3* |
| anderer fachlicher Abschluss (sonst. Sozial- u. Erziehungsberufe) | 1,2 | *1,9* |
| Sonstige | 15,9 | *7,1* |
| ohne abgeschl. Ausbildung | 6,7 | *2,2* |

## HB12 Personalschlüssel und Gruppentypen in Kindertageseinrichtungen

### HB12A Personalschlüssel und Fachkraft-Kind-Relation

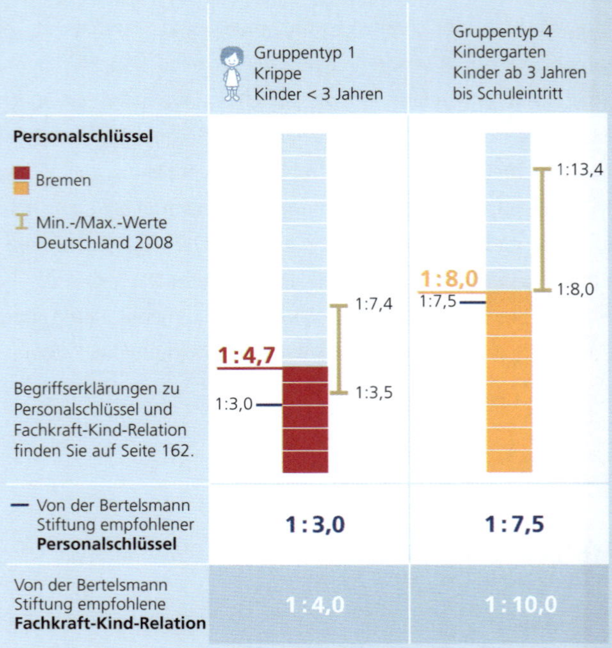


## HB13 Beschäftigungsumfang des pädagogischen Personals und Anteil der Vollzeitbeschäftigten in Kindertageseinrichtungen

Von den pädagogisch Tätigen gehen 30,0% einer Vollzeitbeschäftigung nach. Ihr Anteil hat sich von 1998 bis 2007 kontinuierlich reduziert und ist bis zum 15.3.2008 wieder ganz leicht angestiegen. Bundesweit liegt der Anteil der Vollzeitbeschäftigten um 9,4 Prozentpunkte höher. Ein vergleichsweise größerer Anteil des pädagogischen Personals (33,4%) hat eine Wochenarbeitszeit von 21 bis unter 32 Stunden. 18,8% der pädagogisch Tätigen arbeiten mehr als 32 Stunden, aber weniger als 38,5 Stunden pro Woche. Unter 21 Wochenstunden sind 14,3% des pädagogischen Personals beschäftigt. In diesen drei Segmenten von Teilzeitbeschäftigung liegt der Anteil der pädagogisch Tätigen jeweils über dem bundesdeutschen Durchschnittswert.

### HB13A Pädagogisches Personal nach Beschäftigungsumfang (2008)

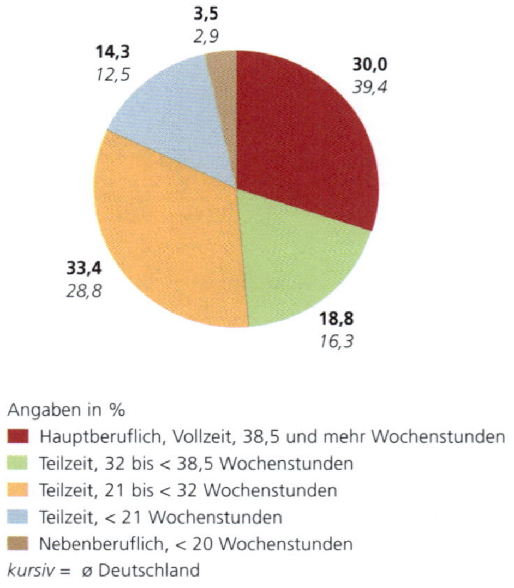

### HB12B Verteilung der Kinder unter 3 Jahren auf verschiedene Gruppentypen (2008)

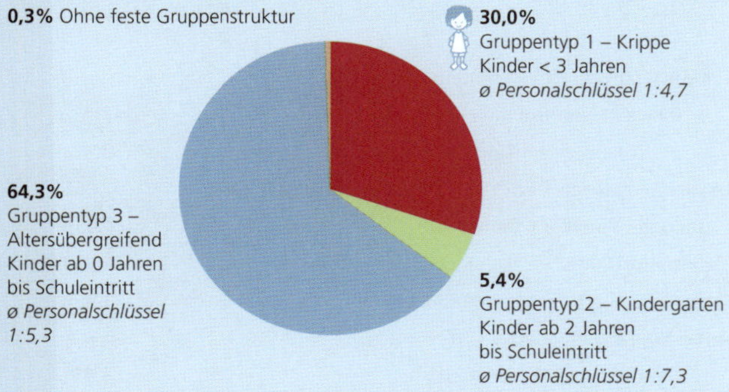


Knapp ein Drittel der Kinder unter drei Jahren ist in HB in Krippengruppen, für die ein Personalschlüssel von 1 : 4,7 errechnet wurde. Beinahe zwei Drittel der unter Dreijährigen werden in altersübergreifenden Gruppen betreut, wo ein Personalschlüssel von 1 : 5,3 gilt. Der Personalschlüssel von 1 : 8,0 in Kindergartengruppen für Kinder ab drei Jahren bis zum Schuleintritt ist der bundesweit beste.

### HB13B Anteil der Vollzeitbeschäftigten

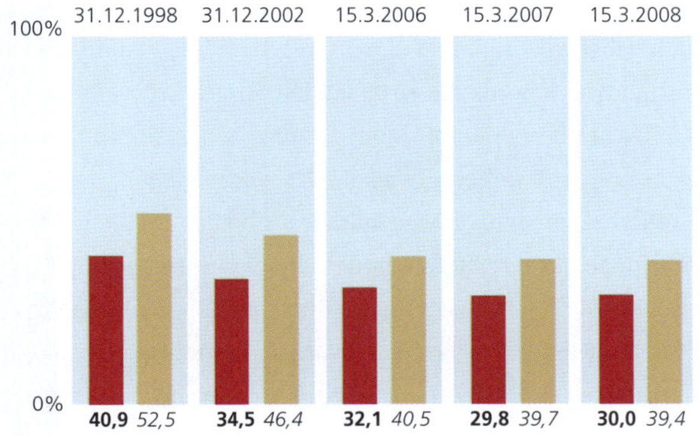


Anteil der Vollzeitbeschäftigten an allen Beschäftigten, ohne Verwaltung und Hauswirtschaft/Technik

HB ø Deutschland

## HB14 Rahmenbedingungen für Bildungsqualität

### HB14A Regelungen zur Strukturqualität (2008)

| | Allgemein geregelt | Präzise definiert |
|---|---|---|
| Maximale Gruppengröße | ● | ● |
| Fachkraft-Kind-Relation | ● | ● |
| Verfügungszeit | – [5] | – |
| Fachberatung | – [6] | – |
| Fortbildung | – [7] | – |
| Leitungsfreistellung | – [8] | – |
| (Innen-/Außen-)Flächen | ● | ● |

Insgesamt **6** von 14 Punkten

Die maximale Gruppengröße, die Fachkraft-Kind-Relation sowie die Flächen pro Kind sind landeseinheitlich präzise geregelt. Die Bremer Landesverfassung enthält für den Zwei-Städte-Staat nur einen losen Rahmen für die Gemeindeverfassung, so dass die Stadtgemeinde Bremerhaven eigene Gestaltungsspielräume bei der Regelung von Verfügungszeiten, Fachberatung, Fortbildung und Leitungsfreistellungen hat.

### HB14B Regelungen zur Qualitätsüberprüfung (2008)

| | |
|---|---|
| Geregelte Verpflichtung in Ausführungsgesetz oder Verordnung | ● |
| *Elternbefragung (mindestens jährlich)* | – |
| *Selbstevaluation* | – |
| *Fremdevaluation* | – |
| Zahlung öffentlicher Zuschüsse abhängig von externer Qualitätsüberprüfung | – |

Insgesamt **1** von 5 Punkten

Das BremKTG enthält eine Verpflichtung zur Qualitätsentwicklung bzw. -sicherung für Kindertageseinrichtungen, sieht aber keine verbindlichen Verfahren zur Qualitätsüberprüfung vor. Damit wird weder systematisch und kontinuierlich Transparenz bzgl. der Qualität bestehender Bildungs- und Betreuungsangebote hergestellt, noch werden zielgerichtete Impulse für eine kontinuierliche Weiterentwicklung der Qualität geliefert.

# Hamburg

**Basisdaten 2008**

**Fläche: 755 km²**

**Einwohner** (31.12.2007): **1.770.629**

**Anteil der Kinder in FBBE**
**Kinder < 3 Jahren: 22,9%**
**Kinder 3 bis < 6 Jahre (ohne Schulkinder): 87,4%**
(inkl. 8,6% in [vor-]schulischen Einrichtungen)

| | |
|---|---|
| Geborene Kinder (2007) | 16.727 |
| Geburten pro Frau (2007) | 1,3 |
| Anzahl der Kinder < 10 Jahren (31.12.2007) | 151.706 |
| Davon Kinder < 3 Jahren | 48.071 |
| Davon Kinder 3 bis < 6 Jahre | 45.049 |
| Davon Kinder 6 bis < 10 Jahre | 58.586 |

| | |
|---|---|
| Erwerbstätigenquote von Müttern (2007) mit | |
| ... mindestens einem Kind < 3 Jahren | 43,7% |
| ... mindestens einem Kind von 3 bis < 6 Jahre | 53,3% |
| Leistungsempfänger nach SGB II (ALG II u. Sozialgeld, 2008) | 201.055 |
| Darunter Kinder < 6 Jahren | 24.839 |
| Entspricht Anteil an allen Kindern < 6 Jahren | 26,7% |
| Tageseinrichtungen insgesamt (2008) | 968 |
| Anteil der Einrichtungen | |
| ... in öffentlicher Trägerschaft | 3,0% |
| ... in freigemeinnütziger Trägerschaft | 89,6% |
| ... als Betriebs-/Unternehmensteil | 0,9% |
| ... in privatgewerblicher Trägerschaft | 6,5% |
| Anteil der KiTas ohne feste Gruppenstruktur | 17,3% |
| Pädagogisches Personal in KiTas insgesamt | 9.064 |
| Kinder in KiTas insgesamt | 67.229 |
| Darunter Kinder < 3 Jahren | 8.723 |
| Darunter Kinder 3 bis < 6 Jahre (ohne Schulkinder) | 34.856 |
| Darunter Schulkinder 6 bis < 10 Jahre | 13.160 |
| Tagespflegepersonen insgesamt | 1.956 |
| Kinder < 6 Jahren in Kindertagespflege | 3.281 |
| Davon Kinder < 3 Jahren | 2.304 |
| Davon Kinder 3 bis < 6 Jahre | 977 |

In Hamburg ist die Behörde für Soziales, Familie, Gesundheit und Verbraucherschutz zuständig für FBBE. Die Steuerungsgruppen zur Sprachförderung, zur „Weiterentwicklung Hamburger Evaluation Bildung im Elementarbereich" und zum Übergang von der KiTa zur Grundschule sind interministeriell besetzt und tagen regelmäßig. Darüber hinaus beraten sich die aus Sicht der Behörde relevanten Akteure für FBBE in dem „Qualifizierungskuratorium" und der „Vertragskommission", u. a. Vertretungen der Behörde für Schule und Berufsbildung, der Behörde für Soziales, Familie, Gesundheit und Verbraucherschutz, der Trägerverbände, der Vereinigung Hamburger Kindertagesstätten gGmbH und der Wissenschaft. Als landespolitisches Gesamtprogramm stuft die zuständige Behörde den Haushaltsplan-Entwurf des Senats der Freien und Hansestadt Hamburg 2009/2010 (Einzelplan 4) ein.

Politische Priorität hat nach Angaben der Landesebene derzeit der Ausbau von Betreuungsangeboten für unter Dreijährige. Insgesamt sind dafür in den Jahren 2008 bis 2013 Fördermittel in Höhe von 52,8 Mio. Euro verfügbar.[1] Des Weiteren wird die zuständige Behörde die bestehenden Sprachförderansätze für Kinder mit besonderem Unterstützungsbedarf überprüfen und konzeptionell weiterentwickeln. Die vorhandenen Maßnahmen sollen zusammengeführt, stärker als bisher auf die genannte Zielgruppe ausgerichtet und qualitativ verbessert werden. Ebenso ist generell beabsichtigt, in den kommenden Jahren die Qualität der Kindertagesbetreuungsangebote zu überprüfen und ein Qualitätssicherungssystem einzurichten. Weitere landespolitische Aktivitäten richten sich auf die Evaluation der bestehenden Eltern-Kind-Zentren und die Schaffung weiterer 24 solcher Zentren bis 2011. Dafür stehen nach aktueller Haushaltsplanung für 2009 2 Mio. Euro und für 2010 2,7 Mio. Euro zur Verfügung.

## Teilhabe sichern

Die Bildungsbeteiligung der Kinder unter drei Jahren liegt in Hamburg mit 22,9% über dem Bundesdurchschnitt. Während die Teilhabequoten der Ein- und Zweijährigen zwischen 2006 und 2008 stetig gestiegen sind, ist der Anteil von Kindern im Alter von drei Jahren in Kindertagesbetreuung im Jahr 2008 zurückgegangen. Das Hamburger Kinderbetreuungsgesetz soll dahingehend geändert werden, dass der Rechtsanspruch auf den Besuch eines täglich 5-stündigen Betreuungsangebots mit einem Mittagessen in einer KiTa auf alle Kinder ab dem vollendeten 2. Lebensjahr bis zum Schuleintritt ausgeweitet wird. Kinder im Kindergartenalter sind mit 87,4% im Vergleich zum Bundesdurchschnitt zu einem geringeren Anteil in Kindertagesbetreuung. Die Mehrzahl der in KiTas betreuten unter Dreijährigen (rund 58%) nutzt ein Ganztagsangebot (mehr als 7 Stunden tägliche Betreuungszeit). Dieser Anteil liegt fast 10 Prozentpunkte über dem Bundesdurchschnitt. Bei den Kindern ab drei Jahren bis zum Schulbesuch zeigt sich eine andere tägliche Nutzungsdauer. Hier wird für einen großen Teil der Kinder (46,5%) eine halbtägige Betreuung vereinbart (bis zu 5 Stunden tägliche Betreuungszeit), entsprechend bleibt der Anteil der genutzten Ganztagsangebote mit rund 37% überdurchschnittlich. Vermutlich zeigt sich hier ein Effekt der Rechtsanspruchsregelungen in HH mit einem Umfang von 5 Stunden täglich. Lediglich Kinder von erwerbstätigen Eltern oder mit sonstigem besonderen Förderbedarf können zusätzliche Betreuungsstunden beanspruchen.

Von allen Hamburger Kindern unter 3 Jahren haben 40% einen Migrationshintergrund, von allen Kindern im Alter von 3 bis unter 6 Jahre sind es 43%, die mindestens ein Elternteil nichtdeutscher Herkunft haben. Die Teilhabequoten liegen in beiden Altersgruppen deutlich unter den Quoten der Kinder ohne Migrationshintergrund.

## Investitionen wirkungsvoll einsetzen

Hamburg ist bei den Investitionen pro unter 10-jährigem Kind Spitzenreiter in Westdeutschland. Der Anteil der reinen Nettoausgaben für FBBE an den gesamten Ausgaben der öffentlichen Hand ist 2006 zwar zurückgegangen, liegt aber mit 3,8% noch über dem westdeutschen Vergleichswert von 3,3%. Die zuständige Landesbehörde plant eine Änderung des Hamburger Kinderbetreuungsgesetzes, um ab September 2009 die Beitragsfreiheit für eine 5-stündige Betreuung sowie eine entsprechende Beitragsermäßigung bei Mehrstunden-Betreuung im Jahr vor der Einschulung umzusetzen. Angesichts einer Teilhabequote von fast 100% im letzten Kindergartenjahr kann es bei der Beitragsfreiheit kaum um verbesserte Zugangschancen zu FBBE gehen. Ein derartiger Steuerungseffekt wäre dagegen von einer Freistellung von den Elternbeiträgen für die ersten Jahre im Kindergartenalter (ab 3 Jahren) und noch früher zu erwarten.

## Bildung fördern – Qualität sichern

Die Qualität der pädagogischen Praxis wird maßgeblich über die verfügbaren Personalressourcen bestimmt. Das formale Qualifikationsniveau des pädagogischen Personals in den Hamburger KiTas ist im Vergleich zum Bundesdurchschnitt eher niedrig, wenngleich der Anteil der Beschäftigten mit (sozialpädagogischem) Hochschulabschluss 4 Prozentpunkte über dem bundesweiten Vergleichswert liegt. Dass die Beschäftigungsumfänge des Personals breit gestreut sind, ist im Zusammenhang mit dem Hamburger KiTa-Gutschein-System zu sehen. Die gebuchten Betreuungszeiten stellen nämlich die Berechnungs- und damit auch Finanzierungsgrundlage für die Personalressourcen dar. Hinweise auf die konkrete Personalausstattung der KiTas können die berechneten Personalschlüssel geben. Der durchschnittliche Personalschlüssel für Kinder unter 3 Jahren in Krippengruppen – 38,5% von ihnen werden dort betreut – liegt mit 1:5,4 bundesweit im Mittelfeld. Mehrheitlich besuchen unter Dreijährige jedoch altersübergreifende Gruppen (43,4%) und erfahren dort einen Personalschlüssel von durchschnittlich 1:7,2. Im Bundesvergleich gesehen günstiger sind die Voraussetzungen für Kindergartenkinder angesichts eines durchschnittlichen Personalschlüssels von 1:9,4.

Der „Landesrahmenvertrag Kinderbetreuung in Tageseinrichtungen" sieht die Entwicklung einer Qualitätsberichterstattung für Hamburg vor. So sollen u. a. die Kompetenzen von Kindern und deren Entwicklung im Verlauf des KiTa-Besuchs evaluiert werden, um daraus wiederum Erkenntnisse für die Weiterentwicklung der Hamburger Bildungsempfehlungen und des KiTa-Gutschein-Systems zu gewinnen. Zu diesem Zweck wurde eine Längsschnittstudie durchgeführt, deren Ergebnisse Ende April 2008 vorgelegt wurden, die aber keine eindeutigen Aussagen, so die Einschätzung der Behörde, zu den Erhebungszielen machen konnte. Für den Bereich der KiTas werden weitere Möglichkeiten zur Qualitätsfeststellung, -entwicklung und -verbesserung geprüft.

## HH1 | Rechtsanspruch des Kindes auf einen Betreuungsplatz (2008)

Es besteht ein elternunabhängiger Rechtsanspruch auf einen Betreuungsplatz für jedes Kind vom vollendeten dritten Lebensjahr bis zum Schuleintritt mit einem garantierten Betreuungsumfang von fünf Stunden täglich.[2]

# Teilhabe sichern

In HH liegt die Bildungsbeteiligung der unter Dreijährigen bei 22,9%, die der Drei- bis unter Sechsjährigen bei 87,4%. Die Teilhabequoten der unter Dreijährigen als auch der Kinder über drei mit Migrationshintergrund liegen jeweils 15 Prozentpunkte unter denen von Kindern ohne Migrationshintergrund. Für 57,6% der unter Dreijährigen in KiTas sind mehr als 7 Stunden tägliche Betreuungszeit vereinbart. Von den Kindern über drei Jahren nutzen nur 37,3% diese Betreuungszeit. Die Mehrzahl dieser Altersgruppe (46,5%) hat eine vertragliche Betreuungszeit von bis zu 5 Stunden.

## HH2 | Ausbaubedarf von Betreuungsplätzen für unter Dreijährige nach dem Kinderförderungsgesetz

Nach dem KiFöG wird angenommen, dass 2013 im Bundesdurchschnitt für 35% der unter Dreijährigen ein FBBE-Angebot verfügbar sein soll. Demnach wäre das Angebot in HH von 22,9% (15.3.2008) noch um 12,1 Prozentpunkte zu steigern. Gemäß der 11. koordinierten Bevölkerungsvorausberechnung entspräche dies ca. 5.500 Plätzen.[3]

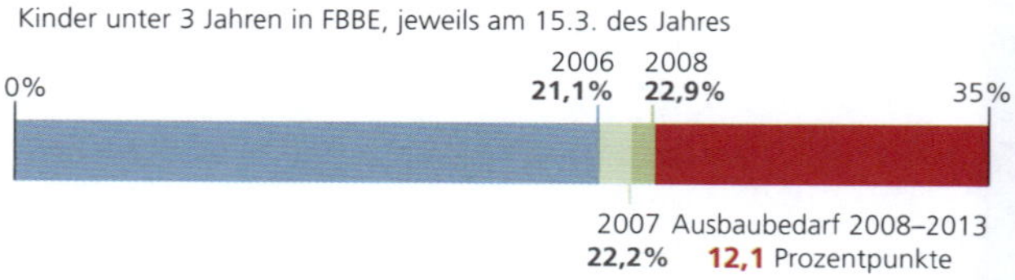


## HH3 | Vertraglich vereinbarte tägliche Betreuungszeiten (2008)

| | Kindertageseinrichtungen | | Öffentlich geförderte Kindertagespflege | |
|---|---|---|---|---|
| | 8.723 Kinder < 3 J. | 41.404 Kinder ≥ 3 J. (o. Schulk.) | 2.304 Kinder < 3 J. | 1.237 Kinder v. 3 bis < 6 J. |
| Bis zu 5 h | 9,8 (24,9) | 46,5 (26,1) | 37,5 (31,6) | 35,4 (52,4) |
| Mehr als 5 bis zu 7 h | 32,7 (24,3) | 16,1 (31,0) | 36,7 (28,9) | 40,7 (25,1) |
| Mehr als 7 h | 57,6 (47,9) | 37,3 (29,9) | 25,9 (39,0) | 23,9 (22,2) |
| Vor- u. nachmittags o. Mittagsbetreuung | 0,0 (2,8) | 0,1 (13,0) | 0,0 (0,5) | 0,0 (0,3) |

HH 2008 | ø Deutschland 2008

## HH4 | Bildungsbeteiligung von Kindern in Kindertageseinrichtungen und Kindertagespflege

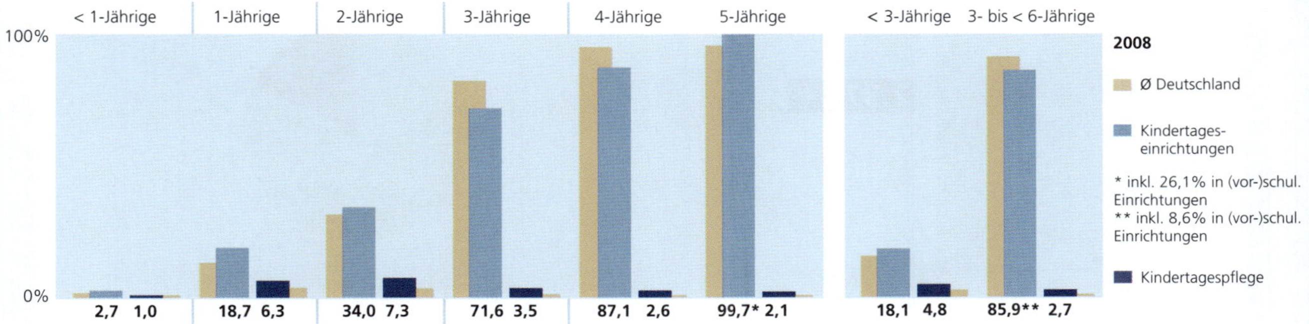


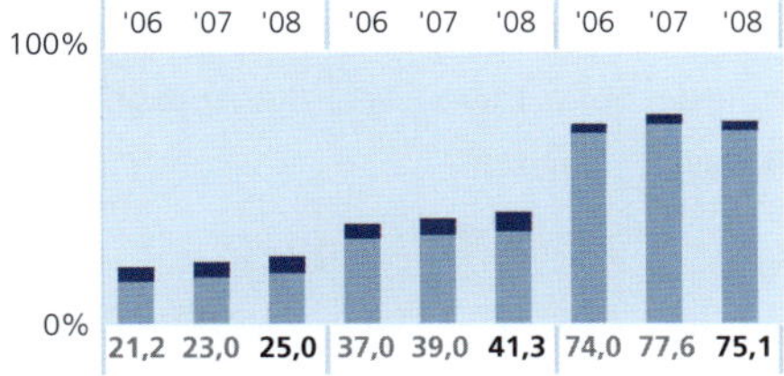


Insgesamt nehmen 22,9% der unter Dreijährigen ein Angebot der FBBE wahr. Die Teilhabequoten der Ein- und Zweijährigen sind zwischen 2006 und 2008 stetig gewachsen und liegen 8,6 bzw. 6,9 Prozentpunkte über dem Bundesdurchschnitt (16,4% bzw. 34,4%). Kinder im Alter von einem Jahr werden zu 18,7% in einer KiTa und zu 6,3% in der Tagespflege betreut. Von den Zweijährigen sind 34% in KiTas und 7,3% in der Tagespflege. Bei den Dreijährigen ist der Anteil der betreuten Kinder rückläufig. Dagegen sind mit fünf Jahren alle Kinder entweder in Tagesbetreuung oder in Vorklassen.

## HH5 | Bildungsbeteiligung und familiäre Sprachpraxis von Kindern mit und ohne Migrationshintergrund (2008)

### HH5A Bildungsbeteiligung

**Kinder unter 3 Jahren in der Bevölkerung**

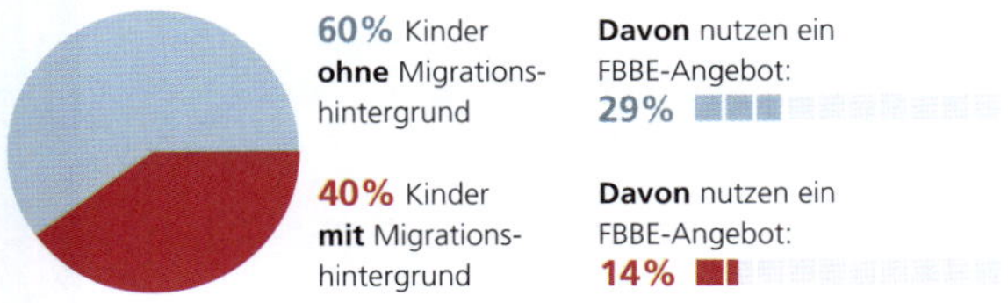


**Kinder von 3 bis unter 6 Jahre in der Bevölkerung**

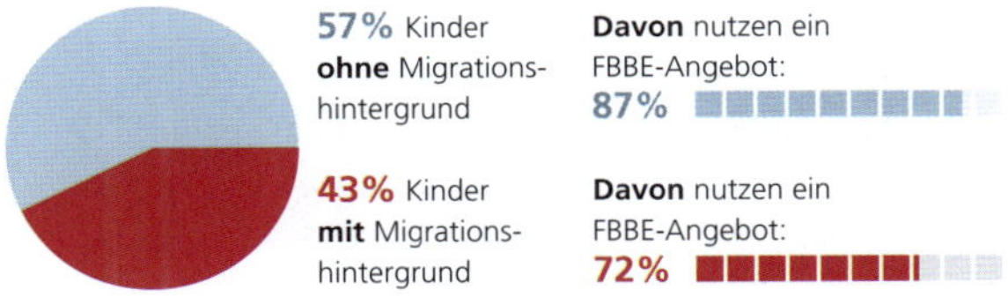


### HH5B Familiäre Sprachpraxis von Kindern in KiTas

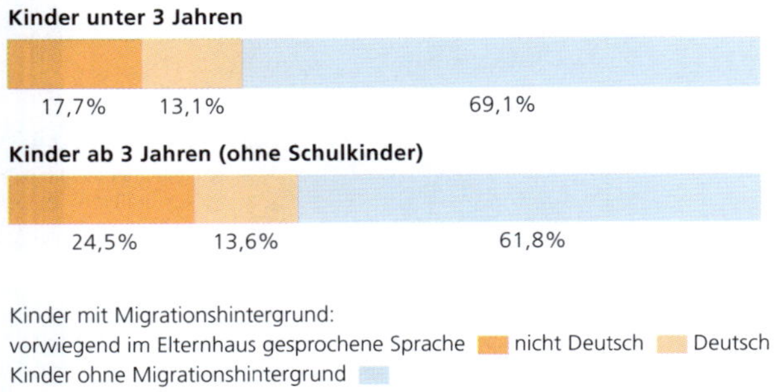


Von allen Kindern unter drei Jahren in Hamburg haben 40% einen Migrationshintergrund, in der Altersgruppe der Kinder von drei bis unter sechs Jahre sind es 43%. Im Vergleich zu den Kindern ohne Migrationshintergrund differieren die Teilhabequoten um jeweils 15 Prozentpunkte.

## HH6 Investitionen pro Kind*

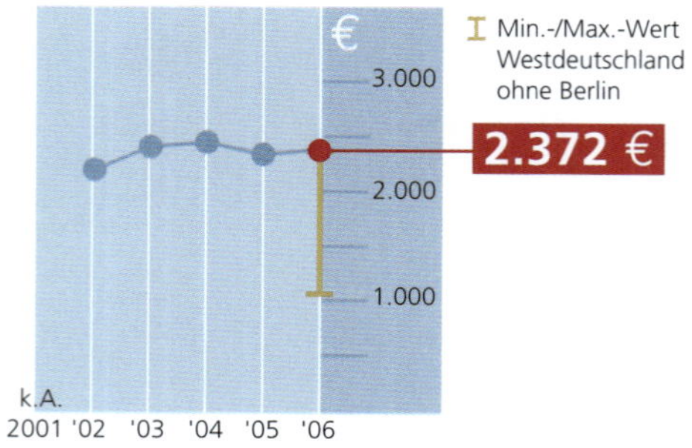


Die reinen Nettoausgaben der öffentlichen Haushalte für FBBE pro unter zehnjährigem Kind sind nach einem Rückgang zwischen 2004 und 2005 im Jahr 2006 wieder angestiegen. Damit liegt HH weiterhin nicht nur sehr deutlich über dem Durchschnitt in West- (1.365 €), sondern auch über dem in Ostdeutschland (2.225 €).

## HH7 Finanzierungsgemeinschaft für FBBE (2006)

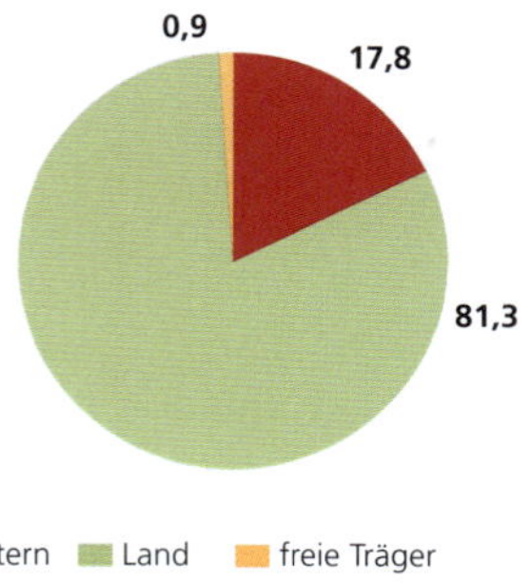


In den öffentlichen Statistiken fehlen i. d. R. die Elternbeiträge, die direkt von freien Trägern eingezogen werden, sowie die finanziellen Eigenanteile der freien Träger. Diese Ausgabengrößen werden daher über Schätzungen ermittelt.

# Investitionen wirkungsvoll einsetzen

Die Investitionen pro unter 10-jährigem Kind sind in HH leicht angestiegen und die höchsten in Westdeutschland. Im westdeutschen Vergleich ist der Anteil der reinen Nettoausgaben für FBBE an allen reinen Ausgaben des Landes leicht höher, wenngleich er 2006 niedriger war als 2005. Die Finanzierungsgemeinschaft für FBBE besteht v. a. aus zwei Akteuren, der Freien und Hansestadt Hamburg und den Eltern.[4] Der Anteil des Landes an den Ausgaben ist auf 81,3% zurückgegangen, der Anteil der Eltern ist auf 17,8% gestiegen. Geplant ist, Eltern ab September 2009 im Jahr vor der Einschulung vollständig von den Beiträgen für eine fünfstündige Betreuung zu befreien und die Beiträge für eine mehr als fünfstündige Betreuung entsprechend zu ermäßigen. Die freien Träger und die Vereinigung Hamburger Kindertagesstätten gGmbH erhalten eine Vollfinanzierung und sind nicht verpflichtet, einen bestimmten Anteil selbst zu finanzieren. Nur die kirchlichen Träger tragen - letztmalig im Jahr 2007 - einen Eigenanteil.

## HH8 Anteil der reinen Nettoausgaben für FBBE an den gesamten reinen Ausgaben öffentlicher Haushalte*

Zwischen 2005 und 2006 ist der Anteil der reinen Nettoausgaben für FBBE gemessen an ihrem Anteil an den gesamten reinen Ausgaben der öffentlichen Haushalte leicht zurückgegangen (3,8%). Dennoch liegt dieser Anteil an allen reinen Nettoausgaben des Landes leicht höher als der westdeutsche Vergleichswert (3,3%).

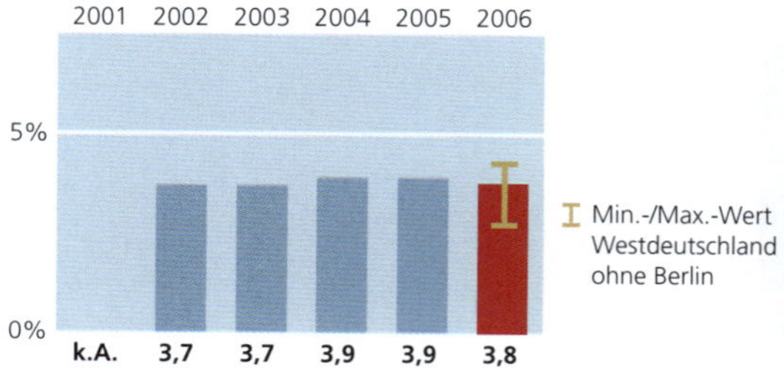


* Bei den Nettoausgaben der öffentlichen Hand werden neben Ausgaben für die Kinder in vorschulischen Angeboten (u. a. Krippen, Kindergärten, Einrichtungen mit altersübergreifenden Gruppen) auch Kindertageseinrichtungen mit Schulkindern berücksichtigt (z. B. Horte). Zwischen den Ländern schwankt der Anteil der Schulkinder, die in Kindertageseinrichtungen betreut werden, erheblich. Dies ist bei der vergleichenden Bewertung der Finanzindikatoren zu berücksichtigen.

# Bildung fördern – Qualität sichern

Der Bildungsplan (Hamburger Bildungsempfehlungen für die Bildung und Erziehung von Kindern in Tageseinrichtungen) ist konzipiert für Kinder von 0 bis 14 Jahren, konzentriert sich aber auf den Elementarbereich. Es wird breit über den Bildungsplan informiert, die Qualifizierung des KiTa-Personals wird mit einzelnen Maßnahmen unterstützt. Die Umsetzung der Bildungsempfehlungen in KiTas wird nicht kontrolliert. Zurzeit wird ein Qualitätssicherungssystem konzeptionell entwickelt sowie ein Instrument zur Erfassung von Kompetenzständen der in KiTas und Vorschulklassen betreuten Kinder auf freiwilliger Basis erprobt. Für den Bereich der KiTas werden weitere Möglichkeiten zur Qualitätsfeststellung, -entwicklung und -verbesserung geprüft. Nach Berechnungen auf Grundlage der Kinder- und Jugendhilfestatistik besteht in Krippengruppen, die von 38,5% der Kinder unter 3 Jahren besucht werden, ein durchschnittlicher Personalschlüssel von 1:5,4. Mehrheitlich (43,4%) sind die unter Dreijährigen in altersübergreifenden Gruppen, in denen sie eine ungünstigere Betreuungssituation (1:7,2) erfahren. Mehr als jedes 10. Kind ist in einer Einrichtung ohne feste Gruppenstruktur, für die kein Personalschlüssel berechnet werden kann. Der Schlüssel für Kinder über drei in Kindergartengruppen ist durchschnittlich 1:9,4.

## HH9 | Bildungsplan – BP (2008)

| **I. Information** | |
|---|---|
| Kostenloser Versand des BP an alle KiTas | ● |
| BP als Download verfügbar | ● |
| BP als Publikation erwerbbar | ● [5] |
| Informationsmaterial über BP für Eltern verfügbar | ● |
| Informationsmaterial über BP mehrsprachig f. Eltern verfügbar | ● |
| **5 von 5 Punkten** | ●●●●● |

| **II. Qualifizierung** | |
|---|---|
| Infoveranstaltung zum BP für alle KiTa-Mitarbeiterinnen | ● |
| Verpflichtende Informationsveranstaltung zum BP für alle KiTa-Mitarbeiterinnen | – |
| Angebotene Fortbildung zum BP mindestens zweitägig | ● |
| Alle Fachberatungen erhalten Fortbildungen zum BP | – |
| Öffentliche Mittel für regelmäßige Fortbildung zum BP für alle pädagogischen Mitarbeiterinnen verfügbar | ● |
| **3 von 5 Punkten** | ●●●○○ |

| **III. Umsetzungskontrolle (in allen KiTas)** | |
|---|---|
| Jährliche externe Überprüfung der Umsetzung des BP | – |
| Jährliche Berichtspflicht zur Implementation des BP | – |
| Nachweis der Aufnahme des BP in die Konzeption | – |
| **0 von 3 Punkten** | ○○○ |

Insgesamt
**8**
von 13 Punkten

## HH10 | Kooperation KiTa – Grundschule (2008)

Es gibt eine landesweit verbindliche Regelung zur Kooperation von KiTas und Grundschulen, die im Landesrahmenvertrag „Kinderbetreuung in Tageseinrichtungen" festgeschrieben ist. Grundschulen erhalten zusätzliche Mittel für die Kooperation mit KiTas.

## HH11 | Pädagogisches Personal nach Berufsausbildungsabschlüssen (2008)

In HH verfügen 60,5% des pädagogischen Personals über einen Fachschulabschluss. Dieser Anteil liegt 11,4 Prozentpunkte unter dem Bundesdurchschnitt. Der Anteil der Kinderpflegerinnen liegt bei 18,8% und somit 5,5 Prozentpunkte über dem bundesweiten Vergleichswert. Der Anteil der Tätigen mit Hochschulabschluss beträgt 7,5% und bewegt sich um 4 Prozentpunkte über dem bundesdeutschen Durchschnitt. 7,4% der pädagogisch Tätigen sind u. a. in Ausbildung oder Praktikum.

| | Hamburg | ø Deutschland |
|---|---|---|
| **Abschluss** | Anteile in Prozent | |
| (sozialpädagogischer) Hochschulabschluss | 7,5 | *3,5* |
| Fachschulabschluss (Erzieherinnen, Heilpädagoginnen) | 60,5 | *71,9* |
| Kinderpflegerinnen | 18,8 | *13,3* |
| anderer fachlicher Abschluss (sonst. Sozial- u. Erziehungsberufe) | 3,5 | *1,9* |
| Sonstige | 7,4 | *7,1* |
| ohne abgeschl. Ausbildung | 2,2 | *2,2* |

## HH12 | Personalschlüssel und Gruppentypen in Kindertageseinrichtungen

### HH12A Personalschlüssel und Fachkraft-Kind-Relation

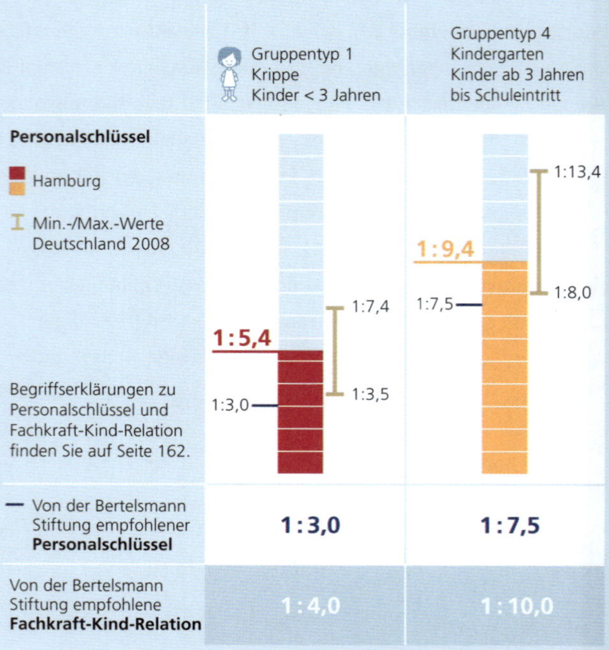


## HH13 | Beschäftigungsumfang des pädagogischen Personals und Anteil der Vollzeitbeschäftigten in Kindertageseinrichtungen

In Hamburg sind 31,9% der pädagogisch Tätigen vollzeitbeschäftigt, bundesweit sind es 39,4%. Ihr Anteil ist in HH zwischen 1998 und 2007 um 13,4 Prozentpunkte zurückgegangen. Im Jahr 2008 ist ein leichter Anstieg um 1,2 Prozentpunkte zu beobachten. Wöchentlich weniger als 38,5 Stunden, aber mehr als 32 Stunden arbeiten 12,3% des pädagogischen Personals. Die Teilzeittätigen mit einer Wochenarbeitszeit von 21 bis unter 32 Stunden (32,5%) sind die größte Beschäftigungsgruppe. Auch Teilzeittätige mit einem noch geringeren Beschäftigungsumfang (unter 21 Stunden) machen einen vergleichsweise großen Anteil (15,3%) der pädagogisch Tätigen insgesamt aus. Die Finanzierungsprinzipien des KiTa-Gutschein-Systems bedingen, dass die von den Eltern für ihre Kinder nachgefragten Betreuungszeiten die Berechnungsgrundlage für die Personalressourcen sind. Auffällig ist der hohe Anteil der pädagogisch Tätigen, die nur nebenberuflich in der KiTa arbeiten (8,1%).

### HH13A Pädagogisches Personal nach Beschäftigungsumfang (2008)

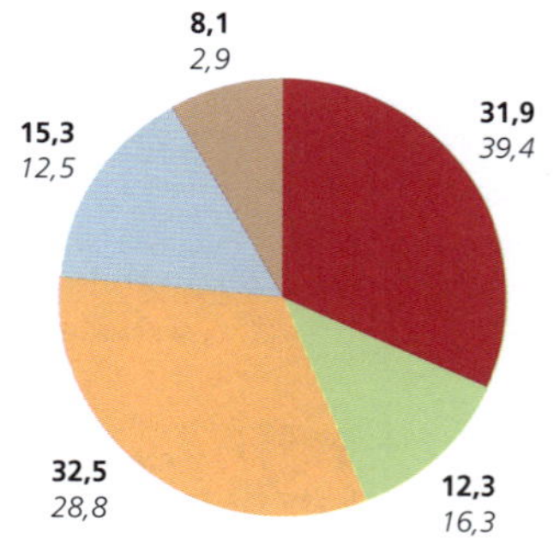


Angaben in %
- Hauptberuflich, Vollzeit, 38,5 und mehr Wochenstunden
- Teilzeit, 32 bis < 38,5 Wochenstunden
- Teilzeit, 21 bis < 32 Wochenstunden
- Teilzeit, < 21 Wochenstunden
- Nebenberuflich, < 20 Wochenstunden

*kursiv* = ø Deutschland

## HH12B Verteilung der Kinder unter 3 Jahren auf verschiedene Gruppentypen (2008)

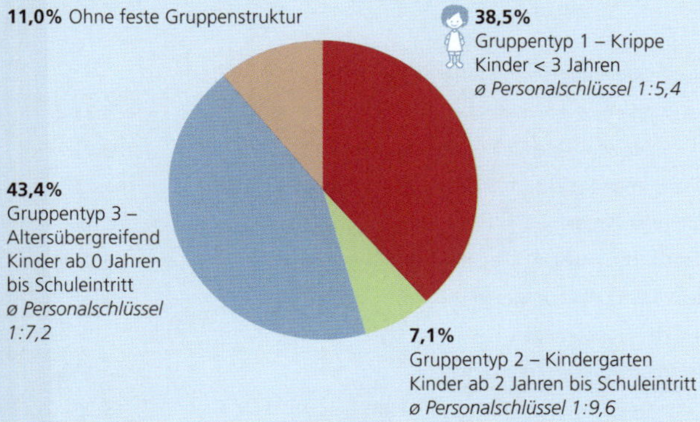


Die Mehrheit der unter Dreijährigen wird in Krippengruppen (38,5%) oder in altersübergreifenden Gruppen (43,4%) betreut. Für Erstere besteht ein Personalschlüssel von durchschnittlich 1 : 5,4, für Letztere von 1 : 7,2. Der Personalschlüssel für Kinder ab 3 Jahren bis zum Schuleintritt ist in Kindergartengruppen mit durchschnittlich 1 : 9,4 noch besser als der in für Zweijährige geöffneten Kindergartengruppen (durchschnittlich 1 : 9,6).

## HH13B Anteil der Vollzeitbeschäftigten

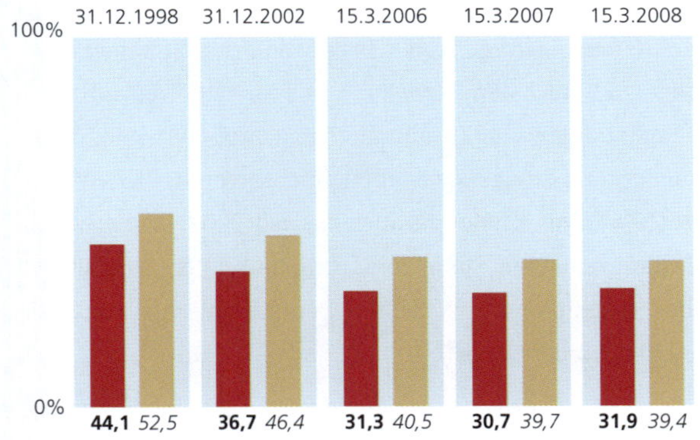


Anteil der Vollzeitbeschäftigten an allen Beschäftigten, ohne Verwaltung und Hauswirtschaft/Technik

■ HH ■ ø Deutschland

# HH14 Rahmenbedingungen für Bildungsqualität

## HH14A Regelungen zur Strukturqualität (2008)

| | Allgemein geregelt | Präzise definiert |
|---|---|---|
| Maximale Gruppengröße | – | – |
| Fachkraft-Kind-Relation | ● | ● |
| Verfügungszeit | – | – |
| Fachberatung | ● | – |
| Fortbildung | ● | – |
| Leitungsfreistellung | ● | ● |
| (Innen-/Außen-)Flächen | ● | ● |

Insgesamt **8** von 14 Punkten

Im Landesrahmenvertrag Kinderbetreuung in Tageseinrichtungen sind die Fachkraft-Kind-Relation und die Leitungsfreistellung präzise, die Fachberatung und Fortbildung nur allgemein geregelt. Die Flächen pro Kind sind in den Richtlinien für den Betrieb von Kindertageseinrichtungen präzise definiert.

## HH14B Regelungen zur Qualitätsüberprüfung (2008)

| | |
|---|---|
| Geregelte Verpflichtung in Ausführungsgesetz oder Verordnung | ● [6] |
| *Elternbefragung (mindestens jährlich)* | – |
| *Selbstevaluation* | ● |
| *Fremdevaluation* | – |
| Zahlung öffentlicher Zuschüsse abhängig von externer Qualitätsüberprüfung | – |

Insgesamt **2** von 5 Punkten

Nach dem Landesrahmenvertrag ist verbindlich für alle KiTas vorgesehen, dass wahlweise Selbst- oder Fremdevaluation in einem mindestens zweijährigen Rhythmus nach einem fachlich anerkannten Verfahren durchgeführt werden muss. Für die Überprüfung der Qualität der Kindertagesbetreuungsangebote soll ein Qualitätssicherungssystem eingerichtet werden, das derzeit konzeptionell entwickelt wird.[7]

# Hessen

**Basisdaten 2008**

**Fläche: 21.115 km²**

**Einwohner** (31.12.2007):
**6.072.555**

**Anteil der Kinder in FBBE**
**Kinder < 3 Jahren: 14,3%**
**Kinder 3 bis < 6 Jahre**
**(ohne Schulkinder): 92,6%**
(inkl. 0,7% in [vor-]schulischen Einrichtungen)

| | |
|---|---|
| Geborene Kinder (2007) | 52.616 |
| Geburten pro Frau (2007) | 1,4 |
| Anzahl der Kinder < 10 Jahren (31.12.2007) | 553.336 |
| Davon Kinder < 3 Jahren | 157.195 |
| Davon Kinder 3 bis < 6 Jahre | 162.960 |
| Davon Kinder 6 bis < 10 Jahre | 233.181 |

| | |
|---|---|
| Erwerbstätigenquote von Müttern (2007) mit | |
| … mindestens einem Kind < 3 Jahren | 39,2% |
| … mindestens einem Kind von 3 bis < 6 Jahre | 53,9% |
| Leistungsempfänger nach SGB II (ALG II u. Sozialgeld, 2008) | 444.491 |
| Darunter Kinder < 6 Jahren | 58.442 |
| Entspricht Anteil an allen Kindern < 6 Jahren | 18,3% |
| Tageseinrichtungen insgesamt (2008) | 3.799 |
| Anteil der Einrichtungen | |
| … in öffentlicher Trägerschaft | 44,1% |
| … in freigemeinnütziger Trägerschaft | 55,2% |
| … als Betriebs-/Unternehmensteil | 0,1% |
| … in privatgewerblicher Trägerschaft | 0,6% |
| Anteil der KiTas ohne feste Gruppenstruktur | 9,4% |
| Pädagogisches Personal in KiTas insgesamt | 32.492 |
| Kinder in KiTas insgesamt | 226.901 |
| Darunter Kinder < 3 Jahren | 18.297 |
| Darunter Kinder 3 bis < 6 Jahre (ohne Schulkinder) | 148.628 |
| Darunter Schulkinder 6 bis < 10 Jahre | 23.959 |
| Tagespflegepersonen insgesamt | 2.509 |
| Kinder < 6 Jahren in Kindertagespflege | 4.778 |
| Davon Kinder < 3 Jahren | 4.151 |
| Davon Kinder 3 bis < 6 Jahre | 627 |

In HE ist das Sozialministerium zuständig für FBBE. Die Steuerungsgruppe zum Bildungs- und Erziehungsplan ist interministeriell besetzt und regelmäßig im Austausch. Darüber hinaus kommen in der Fachkommission zur Entwicklung und Implementierung des Bildungs- und Erziehungsplans für Kinder von 0 bis 10 neben Experten aus den zuständigen Ministerien Vertreter der kommunalen Spitzenverbände, der Kirchen, der Liga der freien Wohlfahrtspflege, der Fachschulen sowie weiterer relevanter gesellschaftlicher Gruppierungen zusammen. Die landespolitischen Ziele und Maßnahmen für die FBBE sind in dem Hessischen Bildungs- und Erziehungsplan „Bildung von Anfang an" festgelegt. Gegenwärtig ganz oben auf der politischen Agenda steht die landesweite Implementierung des Bildungs- und Erziehungsplans für Kinder von 0 bis 10 Jahren. Weitere Handlungsschwerpunkte sind der Ausbau der Betreuungsangebote für unter Dreijährige, qualitative Verbesserungen bei Gruppengrößen und Personalschlüsseln für unter und über Dreijährige sowie der Ausbau und die Qualifizierung der Kindertagespflege u. a. im Rahmen des 2007 gestarteten Pilotprojektes „Kindertagespflege – Qualität und Professionalität durch Kontinuität und sichere Rahmenbedingungen".[1] Politische Priorität haben auch die Themen Sprachstandserhebung und Sprachförderung. Zu nennen sind in diesem Zusammenhang sowohl das seit 2007 flächendeckend erfolgende Kindersprachscreening (KiSS)[2] aller 4- bis 4½-jährigen Kinder als auch das seit 2002 existierende Landesprogramm zur Sprachförderung im Kindergartenalter[3] und das Modellprojekt „frühstart – Deutsch und interkulturelle Bildung im Kindergarten"[4].

Die Landesebene plant alle Maßnahmen und Fördertatbestände für Kinder in Tageseinrichtungen und Kindertagespflege in einem Hessischen Kinderförderungsgesetz zu bündeln.

## Teilhabe sichern

Mit dem BAMBINI-Programm von 2007 verfolgt die Landesregierung die Förderung der Betreuung unter Dreijähriger. Um diesen Ausbau-Prozess zu beschleunigen, wurden 2008 mit dem Projekt KNIRPS die zur Verfügung gestellten Haushaltsmittel auf 90 Mio. Euro verdoppelt. Zu den neu aufgenommenen Fördersegmenten in BAMBINI-KNIRPS zählt die verstärkte Förderung von Kindern unter drei Jahren, die täglich über sieben Stunden in KiTas oder in Kindertagespflege betreut werden, mit einer erhöhten Pauschale von 3.000 € jährlich. Des Weiteren wird die Integration von Kindern mit Behinderung nun auch im U-3-Bereich gefördert. Trotz dieser Anstrengungen verbleiben in HE ca. 29.000 bis 2013 zusätzlich zu schaffende Betreuungsplätze für Kinder unter drei (gemäß der 11. koordinierten Bevölkerungsvorausberechnung). Angesichts der Teilhabequote von 14,3% bei den unter Dreijährigen entspricht das einem Ausbaubedarf von 20,7 Prozentpunkten. Deutlich erhöht hat sich zwischen 2006 und 2008 v. a. die Bildungsbeteiligung Zweijähriger (28,6%), bleibt aber unter dem Bundesdurchschnitt von 34,4%. Die Teilhabequote der drei- bis unter sechsjährigen Kinder bewegt sich leicht über dem Bundesniveau. Diese Altersgruppe nutzt in geringerem Maße (32,5%) ein ganztägiges Betreuungsangebot mit mehr als 7 Stunden täglich als die Altersgruppe der Kinder unter drei (43,8%).

In HE haben knapp 40% aller Kinder unter 6 Jahren mindestens ein Elternteil nicht-deutscher Herkunft. Zwar ist die Bildungsbeteiligung der Kinder mit Migrationshintergrund in beiden Altersgruppen geringer als die der Kinder ohne andere kulturelle Herkunft, aber gerade die Teilhabequoten der Drei- bis unter Sechsjährigen differieren weniger als in vielen anderen westlichen Bundesländern (9 Prozentpunkte). Über die Gründe für diese vergleichsweise hohe Bildungsbeteiligung dieser Gruppe kann nur spekuliert werden. Hinzuweisen ist aber auf „frühstart", ein Modellprojekt zur frühen Förderung von Migrantenkindern, das Sprachförderung, Fortbildungen für Erzieherinnen, interkulturelle Bildung und Elternarbeit miteinander kombiniert.

## Investitionen wirkungsvoll einsetzen

Die Investitionen pro unter zehnjährigem Kind sind seit 2001 kontinuierlich gestiegen und liegen 2006 deutlich über dem westdeutschen Durchschnitt. Der Anteil der reinen Ausgaben für FBBE an allen reinen Ausgaben der öffentlichen Hand ist dagegen leicht gesunken. Infolge des 2007 initiierten BAMBINI-Programms wird das Land mit 65 Mio. Euro die Beitragsfreistellung für das letzte Kindergartenjahr für eine mindestens fünfstündige Betreuungszeit pro Tag fördern. Im Hinblick auf verbesserte Zugangschancen und höhere Teilhabequoten kann der Nutzen der Beitragsfreiheit für das letzte Kindergartenjahr als vergleichsweise gering eingestuft werden. Eine höhere Steuerungswirkung wäre eher von einer Freistellung von den Elternbeiträgen für die ersten Jahre im Kindergartenalter (ab 3 Jahren) und noch früher zu erwarten.

## Bildung fördern – Qualität sichern

Die verfügbaren Personalressourcen sind eine wichtige Voraussetzung für die Qualität der pädagogischen Arbeit in KiTas. Das formale Qualifikationsniveau der pädagogisch Tätigen ist im Bundesvergleich gesehen in HE punktuell höher. Mehr als jede Dritte des pädagogischen Personals arbeitet entweder Vollzeit oder ist teilzeitbeschäftigt mit einem Wochenstundenumfang von 21 bis unter 32 Wochenstunden. Die Personalausstattung in den KiTas scheint gemessen an den berechneten Personalschlüsseln eher günstig zu sein. Für Kinder unter drei in Krippengruppen ist der durchschnittliche Personalschlüssel 1:4,6, für Kindergartenkinder beträgt er durchschnittlich 1:9,8. Es wird jedoch nur knapp ein Drittel der unter Dreijährigen in Krippengruppen betreut. Knapp 40% besuchen altersübergreifende Gruppen, für die ein Personalschlüssel von durchschnittlich 1:6,5 ausgewiesen wird. Eine wesentlich ungünstigere Betreuungssituation erfahren die unter Dreijährigen in für Zweijährige geöffneten Kindergartengruppen (22,4%). Verschärfend zu der vergleichsweise schlechten Personalausstattung angesichts eines durchschnittlichen Personalschlüssels von 1:9,6 kommt hier der Umstand hinzu, dass etwa die Hälfte der Zweijährigen in diesen Gruppen keinen oder nur einen gleichaltrigen Spielpartner haben. Zur Verbesserung der Personalausstattung in KiTas hat die Landesregierung im Dezember 2007 eine neue Mindestverordnung in Kraft gesetzt, mit der ab September 2009 die Zahl der Fachkräfte angehoben und die Gruppengrößen zum Teil verringert werden.[5] Das Land strebt bis zu diesem Zeitpunkt eine Übereinkunft mit den kommunalen Spitzenverbänden an, wie es die finanzielle Belastung der Kommunen durch den Mehrbedarf an Personal ausgleicht. Die Effekte dieser Änderungen bleiben abzuwarten.

## HE1 | Rechtsanspruch des Kindes auf einen Betreuungsplatz (2008)

Es besteht ein elternunabhängiger Rechtsanspruch auf einen Betreuungsplatz vom vollendeten dritten Lebensjahr bis zum Schuleintritt. Der zeitliche Mindestumfang der Betreuung ist durch Landesrecht nicht geregelt.[6]

# Teilhabe sichern

Die Bildungsbeteiligung der unter Dreijährigen liegt in HE bei 14,3% und die der Drei- bis unter Sechsjährigen bei 92,6%. Die Teilhabe der Kinder unter drei sowie über drei mit Migrationshintergrund liegt 8 bzw. 9 Prozentpunkte unter der von Kindern ohne Migrationshintergrund. Für die meisten unter Dreijährigen in KiTas (43,8%) sind mehr als 7 Stunden täglich vereinbart. Bei den über Dreijährigen wird diese Betreuungszeit nur von 32,5% genutzt. Die Mehrzahl von ihnen (34,4%) hat eine Betreuungszeit von bis zu 5 Stunden täglich. Diese wird nur von 23,3% der unter Dreijährigen genutzt.

## HE2 | Ausbaubedarf von Betreuungsplätzen für unter Dreijährige nach dem Kinderförderungsgesetz

Nach dem KiFöG wird angenommen, dass im Jahr 2013 im Bundesdurchschnitt für 35% der unter Dreijährigen ein FBBE-Angebot verfügbar sein soll. Demnach wäre das Angebot in HE von 14,3% (15.3.2008) noch um 20,7 Prozentpunkte zu steigern. Gemäß der 11. koordinierten Bevölkerungsvorausberechnung entspräche dies ca. 29.000 Plätzen.[7]

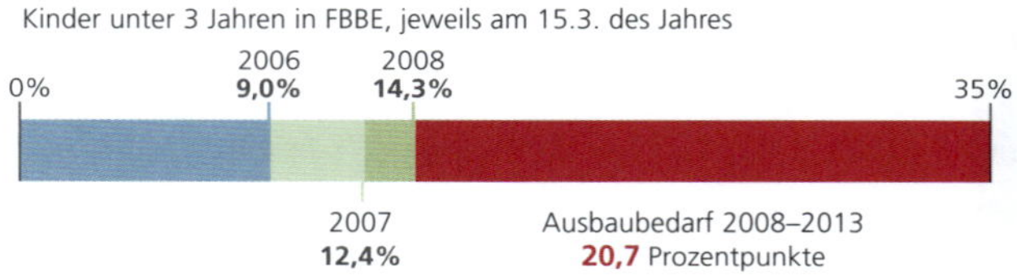


## HE3 | Vertraglich vereinbarte tägliche Betreuungszeiten (2008)

| | Kindertageseinrichtungen | | Öffentlich geförderte Kindertagespflege | |
|---|---|---|---|---|
| | 18.297 Kinder < 3 J. | 179.430 K. ≥ 3 J. (o. Schulk.) | 4.151 Kinder < 3 J. | 920 Kinder v. 3 bis < 6 J. |
| Bis zu 5 h | 23,3 (24,9) | 34,4 (26,1) | 29,2 (31,6) | 55,4 (52,4) |
| Mehr als 5 bis zu 7 h | 30,9 (24,3) | 26,8 (31,0) | 32,6 (28,9) | 22,4 (25,1) |
| Mehr als 7 h | 43,8 (47,9) | 32,5 (29,9) | 32,4 (39,0) | 18,9 (22,2) |
| Vor- u. nachmittags o. Mittagsbetreuung | 2,1 (2,8) | 6,3 (13,0) | 5,8 (0,5) | 3,3 (0,3) |

HE 2008 (ø Deutschland 2008)

## HE4 | Bildungsbeteiligung von Kindern in Kindertageseinrichtungen und Kindertagespflege

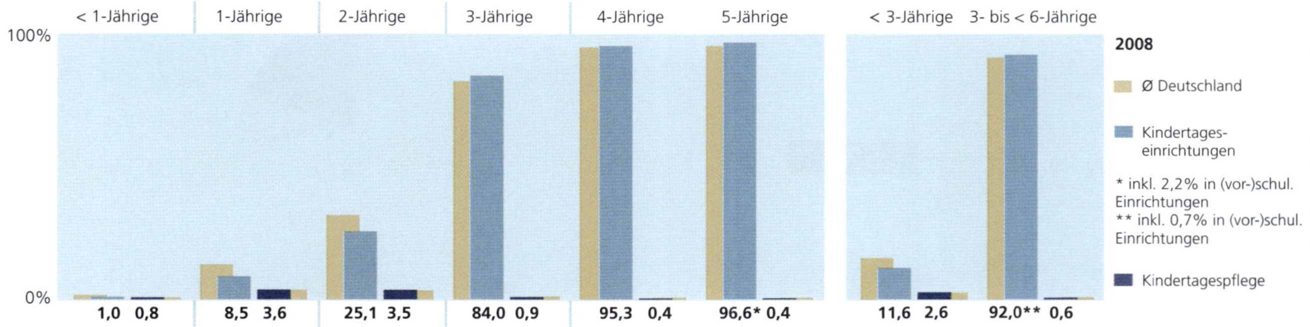


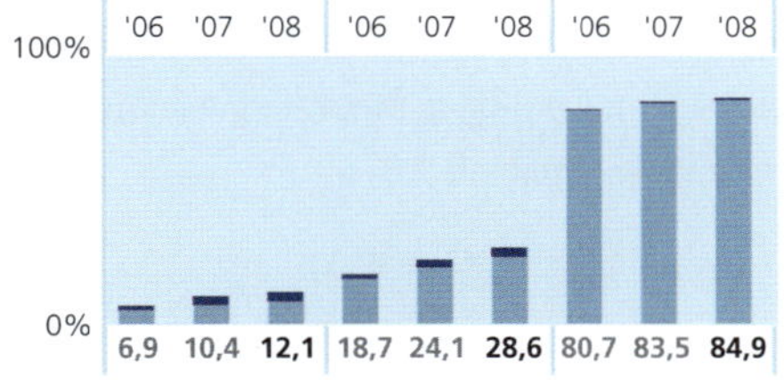


Im Vergleich zum Bundesdurchschnitt (17,8%) sind weniger unter Dreijährige in Tagesbetreuung (14,3%). Ebenso verhält es sich bei den Teilhabequoten von Ein- und Zweijährigen, obgleich sich der Anteil der betreuten Kinder zwischen 2006 und 2008 um 5,2 bzw. 10 Prozentpunkte erhöht hat. Im Alter von einem Jahr sind 12,1% der Kinder in einem FBBE-Angebot, im Alter von zwei Jahren sind es 28,6%. Leicht über dem bundesweiten Durchschnittswert (82,9% bzw. 91,6%) liegt sowohl die Teilhabequote der Dreijährigen (84,9%) als auch die der Drei- bis unter Sechsjährigen (92,6%).

## HE5 | Bildungsbeteiligung und familiäre Sprachpraxis von Kindern mit und ohne Migrationshintergrund (2008)

### HE5A Bildungsbeteiligung

**Kinder unter 3 Jahren in der Bevölkerung**

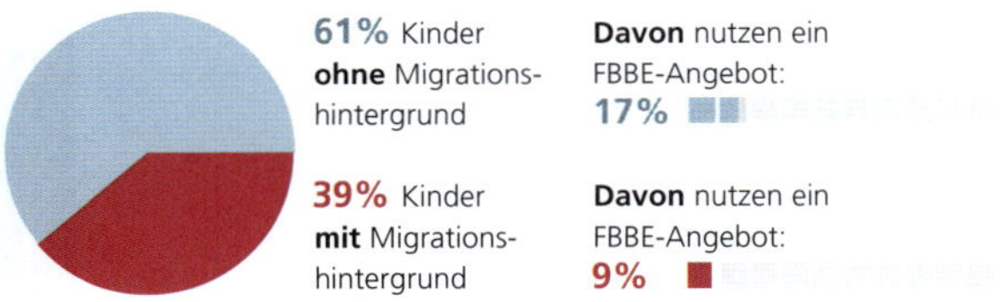


**Kinder von 3 bis unter 6 Jahre in der Bevölkerung**

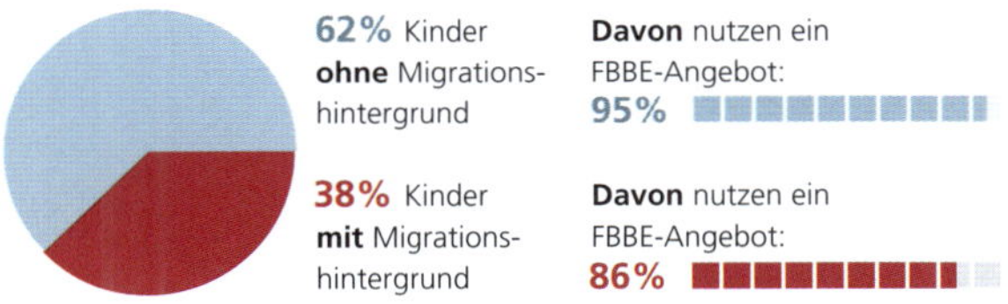


### HE5B Familiäre Sprachpraxis von Kindern in KiTas

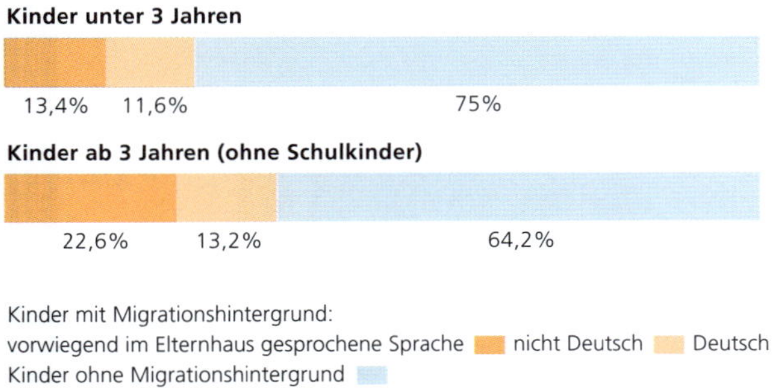


In HE haben knapp 40% aller unter Dreijährigen einen Migrationshintergrund, von denen 9% ein Angebot der FBBE besuchen. Bei den gleichaltrigen Kindern ohne Migrationshintergrund sind es 17%. Von allen Kindern im Alter von 3 bis unter 6 Jahre haben 38% einen Migrationshintergrund, von ihnen nutzen 86% eine KiTa oder Kindertagespflege. Die Kinder in diesem Alter ohne Migrationshintergrund sind zu 95% in einem Angebot der FBBE.

## HE6 | Investitionen pro Kind*

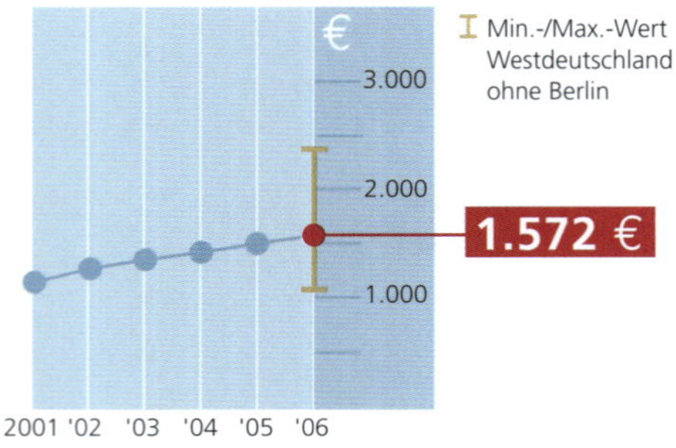


Die reinen Nettoausgaben der öffentlichen Haushalte für FBBE pro unter zehnjährigem Kind sind seit 2001 kontinuierlich gestiegen, zuletzt um 4,9% zwischen 2005 und 2006. Die durchschnittlichen Investitionen pro Kind unter zehn Jahren liegen über den durchschnittlichen Ausgaben in Westdeutschland (1.365 €).

## HE7 | Finanzierungsgemeinschaft für FBBE (2006)

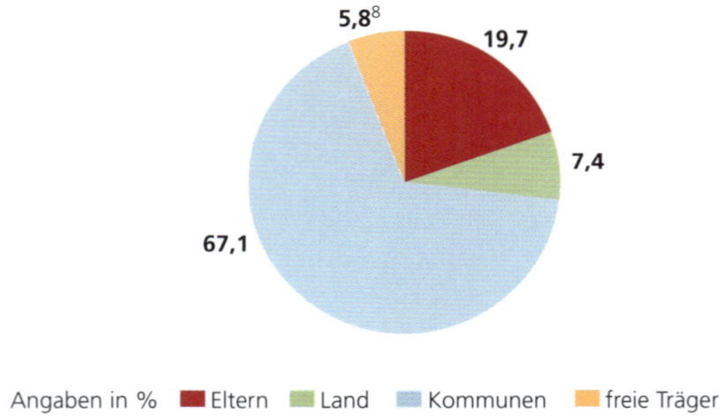


In den öffentlichen Statistiken fehlen i. d. R. die Elternbeiträge, die direkt von freien Trägern eingezogen werden, sowie die finanziellen Eigenanteile der freien Träger. Diese Ausgabengrößen werden daher über Schätzungen ermittelt.

# Investitionen wirkungsvoll einsetzen

Die Investitionen pro unter 10-jährigem Kind sind weiter gestiegen und liegen über dem westdeutschen Durchschnittswert. Der Anteil der reinen Nettoausgaben für FBBE an allen reinen Ausgaben der öffentlichen Hand hingegen ist gesunken. 2008 ist mit dem Programm BAMBINI-KNIRPS die Landesförderung für die Betriebskosten der Betreuungsplätze für unter Dreijährige auf 90 Mio. Euro verdoppelt worden. Damit hat sich der Landesanteil an der Finanzierung für FBBE auf schätzungsweise 30–35% erhöht. Die Finanzierungsgemeinschaft für FBBE hat sich im Vergleich zum Vorjahr kaum verändert, ist aber charakterisiert durch einen niedrigen Landesanteil (7,4%)[9] und einen hohen Elternanteil (19,7%). 2007 sollte der Elternanteil sinken, da seitdem das letzte Kindergartenjahr vor der Einschulung – für eine Betreuungszeit von mindestens fünf Stunden täglich – gebührenfrei gestellt ist. Die Kommunen tragen mit 67,1% den größten Anteil an der Finanzierung. Die freien Träger beteiligen sich mit 5,8%.

## HE8 | Anteil der reinen Nettoausgaben für FBBE an den gesamten reinen Ausgaben öffentlicher Haushalte*

Der Anteil der reinen Nettoausgaben für FBBE gemessen an ihrem Anteil an den gesamten reinen Ausgaben der öffentlichen Haushalte war bis zum Jahr 2005 kontinuierlich gestiegen, zuletzt auf 3,5%. Im Jahr 2006 ist der Anteil jedoch auf 3,4% gesunken. Dieser Wert entspricht nahezu dem Durchschnittswert aller westdeutschen Bundesländer (3,3%).

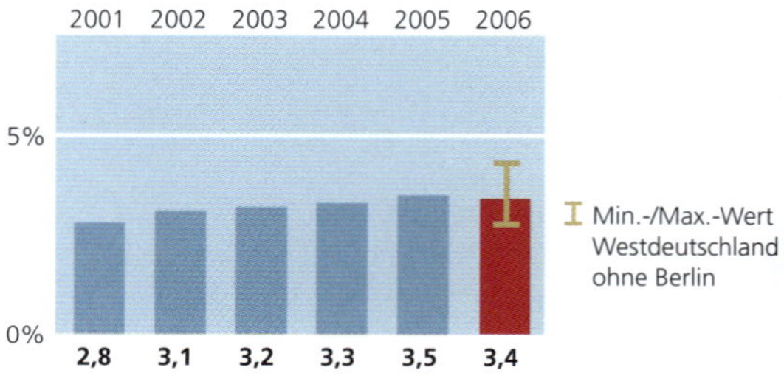


* Bei den Nettoausgaben der öffentlichen Hand werden neben Ausgaben für die Kinder in vorschulischen Angeboten (u. a. Krippen, Kindergärten, Einrichtungen mit altersübergreifenden Gruppen) auch Kindertageseinrichtungen mit Schulkindern berücksichtigt (z. B. Horte). Zwischen den Ländern schwankt der Anteil der Schulkinder, die in Kindertageseinrichtungen betreut werden, erheblich. Dies ist bei der vergleichenden Bewertung der Finanzindikatoren zu berücksichtigen.

# Bildung fördern – Qualität sichern

Die Weiterentwicklung des Bildungsplans (Bildung von Anfang an - Bildungs- und Erziehungsplan für Kinder von 0 bis 10 Jahren in Hessen) erfolgt im Rahmen eines fünfjährigen Implementierungsprozesses, der auf enge Abstimmung mit der Fachpraxis setzt. Aktueller Schwerpunkt ist die Vernetzung aller Lernorte für Kinder von 0 bis 10 Jahren, insbesondere der Kindertagespflege und der Familienbildungsstätten. Außerdem soll die Vernetzung der Ausbildungen u. a. von Erzieherinnen und Grundschullehrkräften angestrebt werden, um gemeinsame Perspektiven für die Praxis zu entwickeln. Ein Konzept zur Evaluation der pädagogischen Praxis auf Grundlage des Bildungsplans ist geplant und befindet sich derzeit in der Abstimmung. Nach Berechnungen auf Grundlage der Kinder- und Jugendhilfestatistik ist die Personalausstattung für Kinder unter 3 Jahren in Krippengruppen mit einem Personalschlüssel von durchschnittlich 1:4,6 relativ günstig. Dieser gilt jedoch nur für 30,5% der unter Dreijährigen. 39,9% dieser Altersgruppe werden in altersübergreifenden Gruppen bei einem Schlüssel von durchschnittlich 1:6,5 betreut. Knapp ein Viertel besucht geöffnete Kindergartengruppen, deren durchschnittlicher Personalschlüssel sich minimal von dem in Kindergartengruppen für über Dreijährige (1:9,8) unterscheidet.

## HE9 | Bildungsplan – BP (2008)

| **I. Information** | |
|---|---|
| Kostenloser Versand des BP an alle KiTas | ● |
| BP als Download verfügbar | ● |
| BP als Publikation erwerbbar | – |
| Informationsmaterial über BP für Eltern verfügbar | ● |
| Informationsmaterial über BP mehrsprachig f. Eltern verfügbar | ● |
| **4 von 5 Punkten** | ●●●●○ |

| **II. Qualifizierung** | |
|---|---|
| Infoveranstaltung zum BP für alle KiTa-Mitarbeiterinnen | ● |
| Verpflichtende Informationsveranstaltung zum BP für alle KiTa-Mitarbeiterinnen | – |
| Angebotene Fortbildung zum BP mindestens zweitägig | – |
| Alle Fachberatungen erhalten Fortbildungen zum BP | ● |
| Öffentliche Mittel für regelmäßige Fortbildung zum BP für alle pädagogischen Mitarbeiterinnen verfügbar | ● |
| **3 von 5 Punkten** | ●●●○○ |

| **III. Umsetzungskontrolle (in allen KiTas)** | |
|---|---|
| Jährliche externe Überprüfung der Umsetzung des BP | – |
| Jährliche Berichtspflicht zur Implementation des BP | – |
| Nachweis der Aufnahme des BP in die Konzeption | – |
| **0 von 3 Punkten** | ○○○ |

Insgesamt **7** von 13 Punkten

## HE10 | Kooperation KiTa – Grundschule (2008)

Landesweit verbindliche Regelungen zur Kooperation von Kindertageseinrichtungen und Grundschulen sind in §15 der Verordnung zur Ausgestaltung der Bildungsgänge und Schulformen der Grundschule (Primarstufe) festgelegt.[10] Zusätzliche Mittel werden weder Kindertageseinrichtungen noch Grundschulen gewährt.

## HE11 | Pädagogisches Personal nach Berufsausbildungsabschlüssen (2008)

Der Anteil des pädagogischen Personals mit Fachschulabschluss (70,7%) entspricht fast dem Bundesdurchschnitt (71,9%). Während dagegen der Anteil derjenigen, die über einen Hochschulabschluss verfügen (7,6%), vergleichsweise hoch ist, ist der Anteil der Kinderpflegerinnen an allen pädagogisch Tätigen eher niedrig (6,5%). Ein Zehntel des pädagogischen Personals befindet sich u. a. in der Ausbildung oder im Praktikum. 3,3% haben keine abgeschlossene Ausbildung.

| Abschluss | Hessen | ø Deutschland |
|---|---|---|
| | Anteile in Prozent | |
| (sozialpädagogischer) Hochschulabschluss | 7,6 | *3,5* |
| Fachschulabschluss (Erzieherinnen, Heilpädagoginnen) | 70,7 | *71,9* |
| Kinderpflegerinnen | 6,5 | *13,3* |
| anderer fachlicher Abschluss (sonst. Sozial- u. Erziehungsberufe) | 1,8 | *1,9* |
| Sonstige | 10,0 | *7,1* |
| ohne abgeschl. Ausbildung | 3,3 | *2,2* |

## HE12 | Personalschlüssel und Gruppentypen in Kindertageseinrichtungen

### HE12A Personalschlüssel und Fachkraft-Kind-Relation

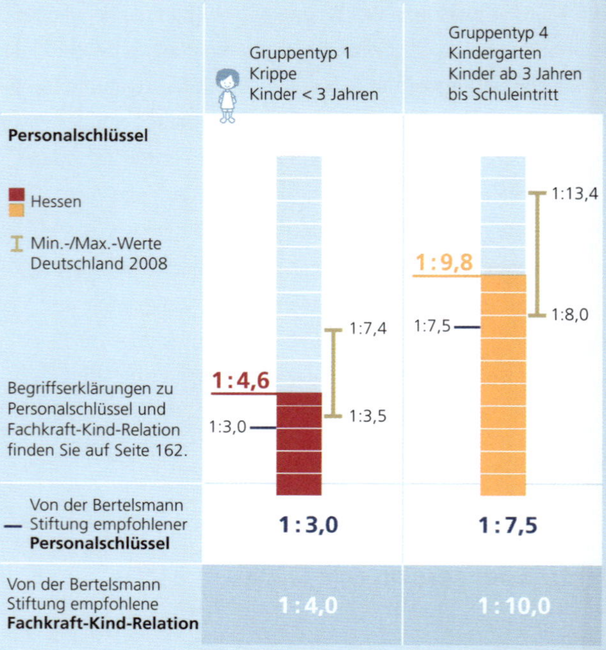


## HE13 | Beschäftigungsumfang des pädagogischen Personals und Anteil der Vollzeitbeschäftigten in Kindertageseinrichtungen

Der Anteil der Vollzeitbeschäftigten in HE (34,8%) liegt 4,6 Prozentpunkte unter dem Bundesdurchschnitt. Zwischen 1998 und 2007 hat sich ihr Anteil kontinuierlich um 13,5 Prozentpunkte reduziert, erst zwischen 2007 und 2008 ist dieser Anteil wieder leicht gestiegen (+ 0,4 Prozentpunkte). Zu einem fast gleich hohen Anteil (34,7%) haben pädagogisch Tätige eine Wochenarbeitszeit von 21 bis unter 32 Wochenstunden. Dieser Anteil bewegt sich um fast 6 Prozentpunkte über dem Bundesdurchschnitt. 15,4% des pädagogischen Personals arbeiten wöchentlich weniger als 21 Stunden und 4,0% gehen ihrer Beschäftigung in Kindertageseinrichtungen lediglich nebenberuflich nach.

### HE13A Pädagogisches Personal nach Beschäftigungsumfang (2008)

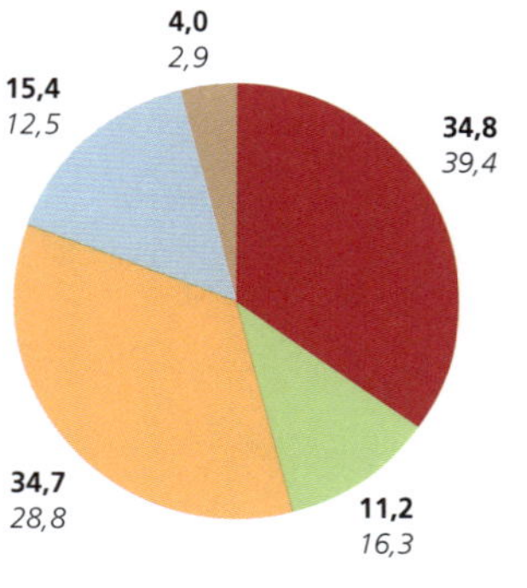


Angaben in %
- Hauptberuflich, Vollzeit, 38,5 und mehr Wochenstunden
- Teilzeit, 32 bis < 38,5 Wochenstunden
- Teilzeit, 21 bis < 32 Wochenstunden
- Teilzeit, < 21 Wochenstunden
- Nebenberuflich, < 20 Wochenstunden

*kursiv* = ø Deutschland

### HE12B Verteilung der Kinder unter 3 Jahren auf verschiedene Gruppentypen (2008)

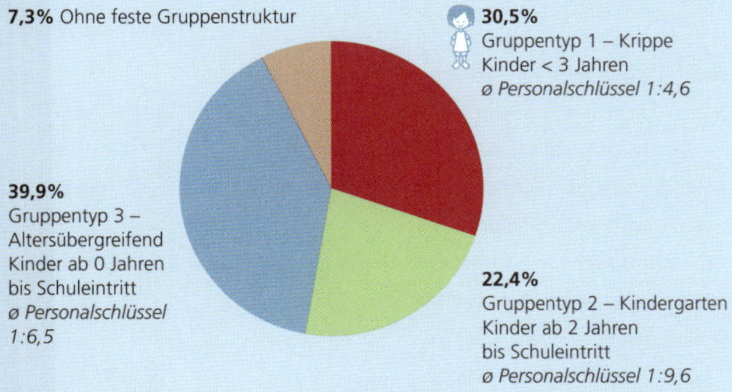


Etwa ein Drittel der unter Dreijährigen besucht Krippengruppen, deren durchschnittlicher Personalschlüssel 1 : 4,6 beträgt. Mehrheitlich finden sich die unter Dreijährigen in altersübergreifenden Gruppen (39,9%), die einen besseren Personalschlüssel (durchschnittlich 1 : 6,5) aufweisen als die geöffneten Kindergartengruppen (1 : 9,6).

### HE13B Anteil der Vollzeitbeschäftigten

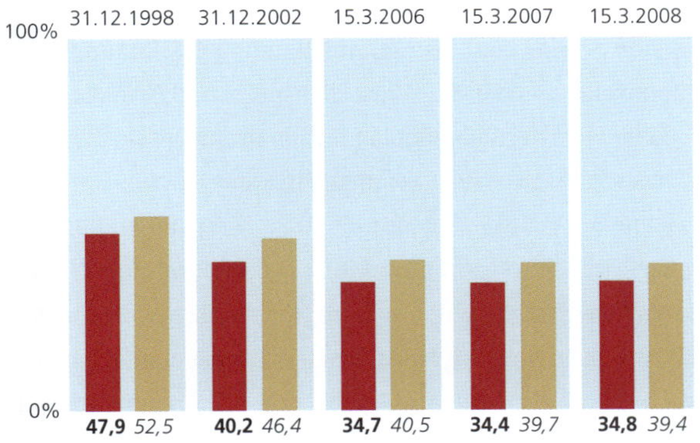


Anteil der Vollzeitbeschäftigten an allen Beschäftigten, ohne Verwaltung und Hauswirtschaft/Technik

HE ø Deutschland

## HE14 Rahmenbedingungen für Bildungsqualität

### HE14A Regelungen zur Strukturqualität (2008)

| | Allgemein geregelt | Präzise definiert |
|---|---|---|
| Maximale Gruppengröße | ● | ● [11] |
| Fachkraft-Kind-Relation | ● | ● |
| Verfügungszeit | – | – |
| Fachberatung | ● | – |
| Fortbildung | ● | – |
| Leitungsfreistellung | – | – |
| (Innen-/Außen-)Flächen | – | – |

Insgesamt **6** von 14 Punkten

In Hessen wird lediglich die maximale Gruppengröße präzise geregelt. Indirekt lässt sich aus maximaler Gruppengröße und entsprechender Fachkraftzuordnung eine Regelung zur Fachkraft-Kind-Relation ableiten.[12] Zu Fachberatung und Fortbildung gibt es allgemeine Regelungen. Das Land finanziert insgesamt zehn vollständige Fortbildungstage pro Fachkraft.

### HE14B Regelungen zur Qualitätsüberprüfung (2008)

| | |
|---|---|
| Geregelte Verpflichtung in Ausführungsgesetz oder Verordnung | – |
| *Elternbefragung (mindestens jährlich)* | – |
| *Selbstevaluation* | – |
| *Fremdevaluation* | – |
| Zahlung öffentlicher Zuschüsse abhängig von externer Qualitätsüberprüfung | – |

Insgesamt **0** von 5 Punkten

Verfahren zur Qualitätsüberprüfung sind nicht verbindlich in allen KiTas vorgesehen. Damit mangelt es an systematischer und kontinuierlicher Transparenz hinsichtlich der Qualität der bestehenden FBBE-Angebote und zielgerichteten Impulsen für eine Weiterentwicklung der pädagogischen Qualität. Die Zahlung öffentlicher Zuschüsse kann im Rahmen des Betriebserlaubnisverfahrens von Qualitätsüberprüfungen abhängig gemacht werden.

# Mecklenburg-Vorpommern

**Basisdaten 2008**

**Fläche: 23.185 km²**

**Einwohner** (31.12.2007): **1.679.682**

**Anteil der Kinder in FBBE**
**Kinder < 3 Jahren: 44,9%**
**Kinder 3 bis < 6 Jahre (ohne Schulkinder): 94,1%**
(inkl. 0,1% in [vor-]schulischen Einrichtungen)

| | |
|---|---|
| Geborene Kinder (2007) | 12.786 |
| Geburten pro Frau (2007) | 1,4 |
| Anzahl der Kinder < 10 Jahren (31.12.2007) | 125.566 |
| Davon Kinder < 3 Jahren | 37.643 |
| Davon Kinder 3 bis < 6 Jahre | 38.132 |
| Davon Kinder 6 bis < 10 Jahre | 49.791 |

| | |
|---|---|
| Erwerbstätigenquote von Müttern (2007) mit | |
| … mindestens einem Kind < 3 Jahren | 46,1% |
| … mindestens einem Kind von 3 bis < 6 Jahre | 62,7% |
| Leistungsempfänger nach SGB II (ALG II u. Sozialgeld, 2008) | 251.305 |
| Darunter Kinder < 6 Jahren | 27.052 |
| Entspricht Anteil an allen Kindern < 6 Jahren | 35,7% |
| Tageseinrichtungen insgesamt (2008) | 1.007 |
| Anteil der Einrichtungen | |
| … in öffentlicher Trägerschaft | 24,1% |
| … in freigemeinnütziger Trägerschaft | 69,9% |
| … als Betriebs-/Unternehmensteil | 0,0% |
| … in privatgewerblicher Trägerschaft | 6,0% |
| Anteil der KiTas ohne feste Gruppenstruktur | 12,1% |
| Pädagogisches Personal in KiTas insgesamt | 8.591 |
| Kinder in KiTas insgesamt | 83.723 |
| Darunter Kinder < 3 Jahren | 12.939 |
| Darunter Kinder 3 bis < 6 Jahre (ohne Schulkinder) | 35.128 |
| Darunter Schulkinder 6 bis < 10 Jahre | 24.034 |
| Tagespflegepersonen insgesamt | 1.477 |
| Kinder < 6 Jahren in Kindertagespflege | 4.173 |
| Davon Kinder < 3 Jahren | 3.981 |
| Davon Kinder 3 bis < 6 Jahre | 192 |

In MV sind das Ministerium für Arbeit und Soziales sowie auch das Ministerium für Bildung, Wissenschaft und Kultur für den Bereich FBBE zuständig. Ein regelmäßiger Austausch beider Ministerien findet in einer gemeinsamen Arbeitsgruppe statt. Weitere relevante Akteure aus dem Bereich der FBBE arbeiten im Unterausschuss KiTa des Landesjugendhilfeausschusses und in der Projektgruppe zur Entwicklung einer „Bildungskonzeption 0- bis 10-jährige Kinder in Mecklenburg-Vorpommern" zusammen. Vertreten sind in diesen Gremien neben Politik und Verwaltung die Trägerverbände, die kommunalen Landesverbände, die Kirchen, wissenschaftliche Institutionen u. a. m.

Die landespolitischen Ziele und Maßnahmen für FBBE sind im Rahmenplan für die zielgerichtete Vorbereitung von Kindern in KiTas auf die Schule enthalten und in der Koalitionsvereinbarung für die Legislaturperiode von 2006 bis 2011 niedergeschrieben. Eine vom zuständigen Minister berufene Projektgruppe hat seit Anfang 2008 eine Bildungskonzeption für 0- bis 10-jährige Kinder entwickelt, die gegenwärtig in den KiTas erprobt wird. Besonderer Schwerpunkt ist die Abstimmung des Bildungsverständnisses und der Ziele zwischen KiTas und Grundschulen. Zudem wird der Rahmenplan für die pädagogische Arbeit in KiTas mit Kindern vor dem Schuleintritt weiterentwickelt. Weitere Elemente sind Konzepte für die Aus-, Fort- und Weiterbildung der Fachkräfte, zur Entwicklung von Bildungs- und Erziehungspartnerschaften, zur Arbeit im Hort und zur Gestaltung der Übergänge sowie das pädagogische Qualitätsmanagement in den KiTas (Evaluation). Politische Priorität genießt außerdem die Entlastung der Eltern von den Kosten der Kindertagesförderung. Seit September 2008 übernimmt das Land zum einen anteilig – je nach Betreuungsumfang – die Elternbeiträge für Kinder im letzten Kindergartenjahr. Zum anderen bezuschusst das Land die Mittagsverpflegung aller bedürftigen Kinder bis zum Schuleintritt. Weiterhin stehen dem Bildungsministerium nach Angaben der Landesebene 2009 für Ausgaben im Bereich der FBBE zusätzlich insgesamt 5 Mio. Euro zur Verbesserung der vorschulischen Bildung zur Verfügung.

## Teilhabe sichern

In MV ist die Bildungsbeteiligung im Bundesvergleich sowohl bei den unter Dreijährigen mit 44,9% als auch bei den über Dreijährigen mit 94,1% sehr hoch. Zwischen 2006 und 2008 ist insbesondere die Teilhabequote der Einjährigen nochmals deutlich gestiegen, so dass mittlerweile jedes 2. Kind im Alter von einem Jahr in Kindertagesbetreuung ist. Die Tagespflege hat in der Betreuung der Ein- und Zweijährigen mit einem Anteil von jeweils annähernd 15% einen besonderen Stellenwert. In keinem anderen Bundesland ist der Anteil so hoch. Drei Viertel der Kinder unter drei und knapp 70% der Kinder über drei sind ganztägig, d. h. mehr als 7 Stunden pro Tag, in Kindertagespflege. Ganztagsangebote in KiTas nutzen 57,4% der jüngeren und 55,6% der älteren Kinder. Für etwa jedes 3. Kind sind dort Betreuungszeiten im Umfang von mehr als 5 bis zu 7 Stunden am Tag vertraglich vereinbart. Angesichts des garantierten Betreuungsumfangs von 6 Stunden täglich im Rahmen des Rechtsanspruchs fällt der hohe Anteil von Kindern in Ganztagsbetreuung auf.

## Investitionen wirkungsvoll einsetzen

Nachdem die Investitionen pro unter zehnjährigem Kind in MV lange Zeit fast stagnierten, sind sie 2006 angestiegen. Sie bleiben aber weiterhin unter dem Durchschnittswert in Ostdeutschland. Trotz deutlichen und kontinuierlichen Anstiegs des Anteils der reinen Nettoausgaben für FBBE an den gesamten reinen Ausgaben der öffentlichen Haushalte bildet MV mit dem Anteil von 4,9% das Schlusslicht bei den Investitionen für FBBE in Ostdeutschland. Bei der Finanzierungsgemeinschaft hat sich 2006 der Landesanteil an den Kosten erhöht, der der Eltern ist gesunken. Mit der seit September 2008 laufenden Entlastung der Eltern von den Kosten der Kindertagesförderung dürfte sich diese Entwicklung fortsetzen. Dafür hat der Landtag mit dem Haushaltsgesetz 2008/2009 für das Haushaltsjahr 2008 insgesamt 6 Mio. Euro und für 2009 insgesamt 14,5 Mio. Euro bereitgestellt. Erhöhte Teilhabequoten sind von dieser Maßnahme kaum zu erwarten, da bereits 95,2% der Fünfjährigen in Kindertagesbetreuung sind. In Anbetracht der schlechten Personalschlüssel in Gruppen für Kinder ab drei Jahren hätten hingegen Investitionen in Personalressourcen für die Verbesserung der Bildungsqualität eine wirksamere Strategie sein können.

## Bildung fördern – Qualität sichern

Denn wie man aus Studien der Qualitätsforschung weiß, bestimmen die verfügbaren Personalressourcen maßgeblich die Qualität der pädagogischen Arbeit in KiTas. Allerdings ist der Personalschlüssel für die Mehrheit der Kinder über drei Jahren (fast 72%) in Kindergartengruppen mit durchschnittlich 1:13,4 bundesweit der schlechteste. Günstiger dagegen ist die Betreuungssituation für die knapp 70% der Kinder unter drei in Krippengruppen. Der dortige Personalschlüssel von durchschnittlich 1:5,7 liegt für diesen Gruppentyp im Bundesländervergleich im Mittelfeld und ist im Vergleich der östlichen Bundesländer der günstigste. Ungefähr jedes 4. Kind erfährt in altersübergreifenden Gruppen (0 Jahre bis zum Schuleintritt) jedoch einen Personalschlüssel von durchschnittlich 1:8,6. Bei den Rahmenbedingungen für die Strukturqualität fällt auf, dass in MV neben der Fachkraft-Kind-Relation auch zu den Verfügungs- und Fortbildungszeiten präzise Regelungen bestehen. Damit sind Voraussetzungen für vergleichbare Rahmenbedingungen in allen KiTas in MV gegeben.

Das formale Qualifikationsniveau des pädagogischen Personals ist vergleichsweise hoch. Fast 90% der pädagogisch Tätigen haben einen Fachschulabschluss. Der Anteil der Tätigen mit (sozialpädagogischem) Hochschulabschluss ist unterdurchschnittlich (1,8%). Um den Akademisierungsgrad zu erhöhen, will die Landesebene den Modellstudiengang „Early Education" verstetigen und zudem ein weiteres, daraus resultierendes Modellprojekt „Qualifizierungsmodule für LeiterInnen von Kindertageseinrichtungen" (Laufzeit: 2008 bis 2014) durchführen.

Von der Landesebene sind in MV vielfältige Maßnahmen zur Weiterentwicklung des Systems der FBBE initiiert worden. Welche Wirkungen diese für die Qualität der pädagogischen Praxis entfalten werden, bleibt abzuwarten. Insbesondere bedürfen die vergleichsweise schlechten Personalausstattungen im Bereich der Angebote für Kinder ab drei Jahren hier besonderer Aufmerksamkeit – denn letztlich kann gute Bildungsqualität nur unter angemessenen Rahmenbedingungen vom Fachpersonal realisiert werden.

## MV1 | Rechtsanspruch des Kindes auf einen Betreuungsplatz (2008)

Es besteht ein elternunabhängiger Rechtsanspruch auf einen Betreuungsplatz für jedes Kind vom vollendeten dritten Lebensjahr bis zum Schuleintritt mit einem garantierten Betreuungsumfang von sechs Stunden täglich.[1]

# Teilhabe sichern

Die Bildungsbeteiligung der Kinder unter wie über drei Jahren ist in MV mit 44,9% bzw. 94,1% sehr hoch. Vergleichsweise hoch ist der Anteil an unter Dreijährigen, die die Kindertagespflege nutzen (10,6%). Drei Viertel (74,8%) dieser Kinder werden dort mehr als 7 Stunden täglich betreut. In den KiTas hat jeweils deutlich mehr als die Hälfte der Kinder unter bzw. über drei Jahren bis zum Schuleintritt einen solchen Ganztagsplatz (57,4% bzw. 55,6%). Mehr als 5 bis zu 7 Stunden täglich sind 32,5% der Kinder unter drei und 37,0% der Kinder über drei in einer KiTa.

## MV2 | Ausbaubedarf von Betreuungsplätzen für unter Dreijährige nach dem Kinderförderungsgesetz

Zwischen 2006 und 2008 ist die Teilhabequote der unter Dreijährigen um 1,8 Prozentpunkte auf 44,9% gestiegen. Angesichts dieses Trends bleibt abzuwarten, wie sich der Betreuungsbedarf bis 2013, wenn der bundesweite Rechtsanspruch auf einen Betreuungsplatz für Kinder ab dem vollendeten ersten Lebensjahr in Kraft tritt, entwickelt.[2]

## MV3 | Vertraglich vereinbarte tägliche Betreuungszeiten (2008)

| | Kindertageseinrichtungen | | Öffentlich geförderte Kindertagespflege | |
|---|---|---|---|---|
| | 12.939 Kinder < 3 J. | 43.408 Kinder ≥ 3 J. (o. Schulk.) | 3.981 Kinder < 3 J. | 748 Kinder v. 3 bis < 6 J. |
| Bis zu 5 h | 9,8 (24,9) | 7,2 (26,1) | 9,1 (31,6) | 10,0 (52,4) |
| Mehr als 5 bis zu 7 h | 32,5 (24,3) | 37,0 (31,0) | 16,1 (28,9) | 20,2 (25,1) |
| Mehr als 7 h | 57,4 (47,9) | 55,6 (29,9) | 74,8 (39,0) | 69,8 (22,2) |
| Vor- u. nachmittags o. Mittagsbetreuung | 0,2 (2,8) | 0,2 (13,0) | 0,0 (0,5) | 0,0 (0,3) |

MV 2008 (ø Deutschland 2008)

## MV4 | Bildungsbeteiligung von Kindern in Kindertageseinrichtungen und Kindertagespflege

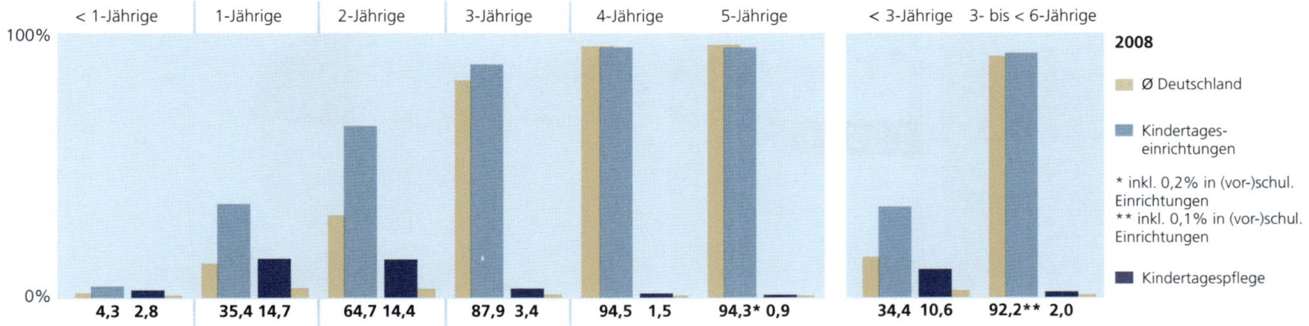


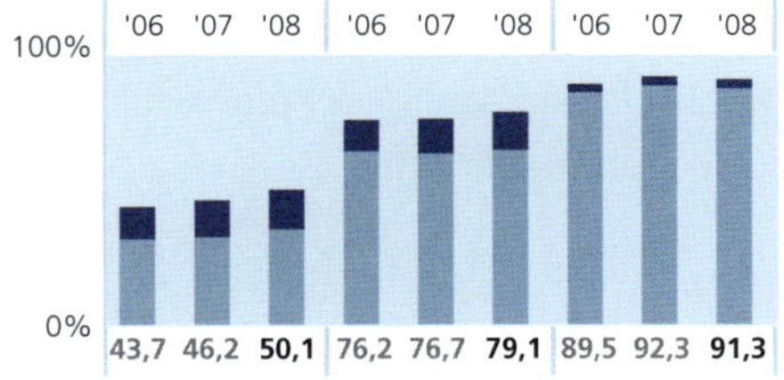


Die Bildungsbeteiligung von Kindern liegt v. a. bei den Altersjahrgängen unter drei weit über den bundesweiten Vergleichswerten. So haben 44,9% der Kinder unter drei einen Betreuungsplatz. Zwischen 2006 und 2008 hat sich insbesondere der Anteil der Einjährigen erhöht (+ 6,3 Prozentpunkte). Ein Drittel dieses Altersjahrgangs besucht eine KiTa; von den Zweijährigen sind es bereits zwei Drittel. Etwa je 15% beider Jahrgänge sind in der Tagespflege untergebracht. Der Anteil der betreuten Dreijährigen hat im Vergleich zum Vorjahr leicht abgenommen.

## MV5 | Bildungsbeteiligung und familiäre Sprachpraxis von Kindern mit und ohne Migrationshintergrund (2008)

### MV5A Bildungsbeteiligung

Zu den Teilhabequoten von Kindern mit und ohne Migrationshintergrund in MV können keine Angaben gemacht werden, da es keine repräsentativen Daten über den Anteil der Kinder mit und ohne Migrationshintergrund in der Bevölkerung gibt. Diese Referenzgrößen wären jedoch notwendig zur Bestimmung der Höhe der Bildungsbeteiligung.

### MV5B Familiäre Sprachpraxis von Kindern in KiTas

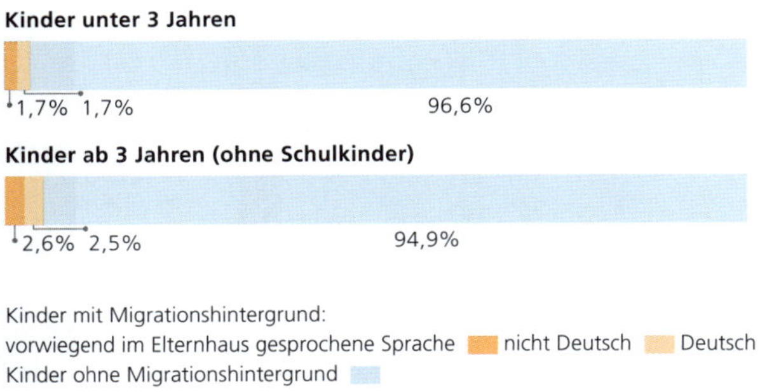

## MV6 | Investitionen pro Kind*

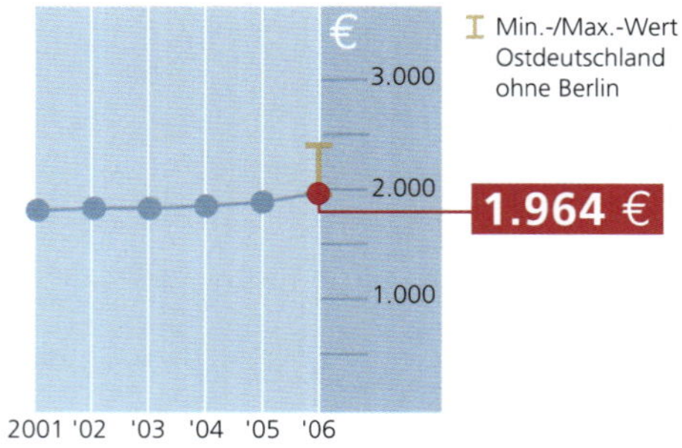


Stiegen die reinen Nettoausgaben der öffentlichen Haushalte für FBBE zwischen 2001 und 2005 insgesamt um 4,2%, so ist allein für den Zeitraum von 2005 und 2006 eine Steigerungsrate von 4,5% festzustellen. Damit liegt MV dennoch weiterhin unter den durchschnittlichen Investitionen in Ostdeutschland (2.225 €).

## MV7 | Finanzierungsgemeinschaft für FBBE (2006)

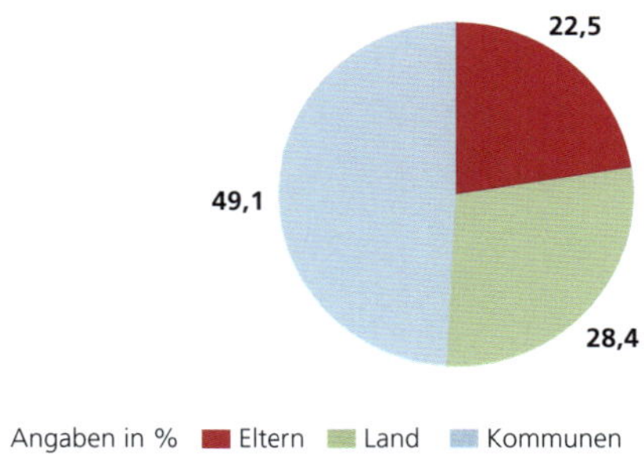


In den öffentlichen Statistiken fehlen i. d. R. die Elternbeiträge, die direkt von freien Trägern eingezogen werden, sowie die finanziellen Eigenanteile der freien Träger. Diese Ausgabengrößen werden daher über Schätzungen ermittelt.

# Investitionen wirkungsvoll einsetzen

Trotz weiteren Ansteigens der Investitionen pro unter 10-jährigem Kind auf 1.964 € im Jahr 2006 erreicht MV nicht die durchschnittliche Ausgabehöhe in Ostdeutschland. Auch der Anteil der reinen Nettoausgaben für FBBE an allen reinen Ausgaben der öffentlichen Hand verzeichnet einen deutlichen Anstieg, bleibt aber dennoch am unteren Ende der ostdeutschen Ausgaben-Spannbreite. Leicht verändert präsentiert sich die Finanzierungsgemeinschaft im Jahr 2006: Während der Anteil von Land (49,1%) und Kommunen (28,4%) gestiegen ist, ist der Elternanteil auf 22,5% gesunken. Damit beteiligen sich die Eltern immer noch zu mehr als einem Fünftel an den Gesamtkosten. Seit dem 1. September 2008 übernimmt das Land einerseits anteilig die Elternbeiträge für Kinder im letzten Kindergartenjahr vor der Einschulung[3], andererseits stellt es für alle bedürftigen Kinder bis zum Eintritt in die Schule die Mittagsverpflegung sicher. Ein Eigenanteil der freien Träger an der Finanzierung der KiTas ist gesetzlich nicht vorgesehen.

## MV8 | Anteil der reinen Nettoausgaben für FBBE an den gesamten reinen Ausgaben öffentlicher Haushalte*

Von 2005 auf 2006 ist der Anteil der reinen Nettoausgaben für FBBE gemessen an ihrem Anteil an den gesamten reinen Ausgaben der öffentlichen Haushalte deutlich gestiegen, von 4,5% auf 4,9%. Damit setzt sich der Trend eines steigenden Anteils an den reinen Gesamtausgaben des Landes seit 2002 zwar stetig fort, bewegt sich aber nach wie vor unter dem Durchschnittswert für Ostdeutschland (5,5%).

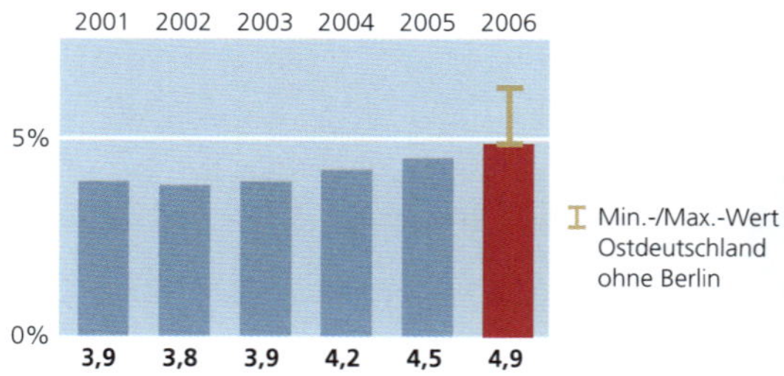


* Bei den Nettoausgaben der öffentlichen Hand werden neben Ausgaben für die Kinder in vorschulischen Angeboten (u. a. Krippen, Kindergärten, Einrichtungen mit altersübergreifenden Gruppen) auch Kindertageseinrichtungen mit Schulkindern berücksichtigt (z. B. Horte). Zwischen den Ländern schwankt der Anteil der Schulkinder, die in Kindertageseinrichtungen betreut werden, erheblich. Dies ist bei der vergleichenden Bewertung der Finanzindikatoren zu berücksichtigen.

# Bildung fördern – Qualität sichern

Der gegenwärtige Bildungsplan (Rahmenplan für die zielgerichtete Vorbereitung von Kindern in Kindertageseinrichtungen auf die Schule) konzentriert sich inhaltlich auf das Jahr vor der Einschulung. Seit 2008 wird eine „Bildungskonzeption 0- bis 10-jährige Kinder in Mecklenburg-Vorpommern" entwickelt und soll 2011 in Absprache mit den KiTa-Trägern in Kraft gesetzt werden. Parallel zu einer 2009 gestarteten Erprobungsphase in den KiTas werden die Fachkräfte fortgebildet. Bei der Entwicklung der Bildungskonzeption sollen v. a. Bildungsverständnis und Ziele zwischen KiTa und Grundschule abgestimmt werden. Entwickelt werden außerdem Konzepte für die Aus-, Fort- und Weiterbildung der Fachkräfte, für Bildungs- und Erziehungspartnerschaften, zur Gestaltung der Übergänge sowie zum pädagogischen Qualitätsmanagement in KiTas. Ab 2011 ist eine Evaluation geplant. Nach Berechnungen auf Grundlage der Kinder- und Jugendhilfestatistik ist die Personalausstattung für die Kinder ab 3 Jahren bis zum Schuleintritt in den Kindergartengruppen mit einem durchschnittlichen Personalschlüssel von 1:13,4 bundesweit der schlechteste. Für die Mehrheit der Kinder unter 3 Jahren in Krippengruppen (68,1%) stellt sich die Situation angesichts eines Personalschlüssels von durchschnittlich 1:5,7 besser dar.

## MV9 | Bildungsplan – BP (2008)

| **I. Information** | |
|---|---|
| Kostenloser Versand des BP an alle KiTas | ● |
| BP als Download verfügbar | ● |
| BP als Publikation erwerbbar | – |
| Informationsmaterial über BP für Eltern verfügbar | – |
| Informationsmaterial über BP mehrsprachig f. Eltern verfügbar | – |
| **2 von 5 Punkten** | ●●○○○ |

| **II. Qualifizierung** | |
|---|---|
| Infoveranstaltung zum BP für alle KiTa-Mitarbeiterinnen | ● |
| Verpflichtende Informationsveranstaltung zum BP für alle KiTa-Mitarbeiterinnen | – |
| Angebotene Fortbildung zum BP mindestens zweitägig | – |
| Alle Fachberatungen erhalten Fortbildungen zum BP | ● |
| Öffentliche Mittel für regelmäßige Fortbildung zum BP für alle pädagogischen Mitarbeiterinnen verfügbar | ● |
| **3 von 5 Punkten** | ●●●○○ |

| **III. Umsetzungskontrolle (in allen KiTas)** | |
|---|---|
| Jährliche externe Überprüfung der Umsetzung des BP | – |
| Jährliche Berichtspflicht zur Implementation des BP | – |
| Nachweis der Aufnahme des BP in die Konzeption | ● |
| **1 von 3 Punkten** | ●○○ |

Insgesamt **6** von 13 Punkten

## MV10 | Kooperation KiTa – Grundschule (2008)

Im KiföG MV ist eine landesweit verbindliche Regelung zur Kooperation von KiTas und Grundschulen festgelegt. Bei der Entwicklung einer „Bildungskonzeption 0- bis 10-jährige Kinder in Mecklenburg-Vorpommern" soll ein besonderer Schwerpunkt die Abstimmung des Bildungsverständnisses und der Ziele zwischen den Kindertageseinrichtungen und der Grundschule sein. KiTas werden zusätzliche Mittel für die Kooperationen zur Verfügung gestellt.

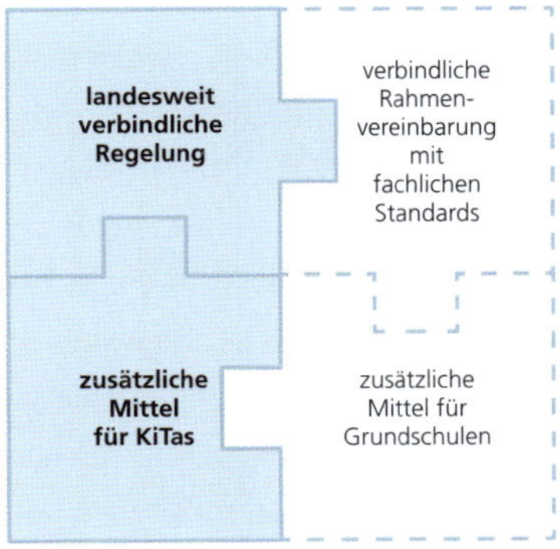

## MV11 | Pädagogisches Personal nach Berufsausbildungsabschlüssen (2008)

Über einen Fachschulabschluss verfügen 88,8% der pädagogisch Tätigen. Dieser Anteil liegt fast 17 Prozentpunkte über dem Bundesdurchschnitt. Fast 12 Prozentpunkte unter dem bundesweiten Vergleichswert liegt der Anteil der Kinderpflegerinnen mit 1,4%. Sehr gering ist auch der Anteil des pädagogischen Personals mit Hochschulabschluss (1,8%). Dafür arbeiten Tätige mit einem anderen Sozial- und Erziehungsberuf überdurchschnittlich oft (4,7%) in den KiTas.[4]

| Abschluss | Mecklenburg-Vorpommern | ø Deutschland |
|---|---|---|
| | Anteile in Prozent | |
| (sozialpädagogischer) Hochschulabschluss | 1,8 | *3,5* |
| Fachschulabschluss (Erzieherinnen, Heilpädagoginnen) | 88,8 | *71,9* |
| Kinderpflegerinnen | 1,4 | *13,3* |
| anderer fachlicher Abschluss (sonst. Sozial- u. Erziehungsberufe) | 4,7 | *1,9* |
| Sonstige | 1,8 | *7,1* |
| ohne abgeschl. Ausbildung | 1,5 | *2,2* |

## MV12 | Personalschlüssel und Gruppentypen in Kindertageseinrichtungen

### MV12A Personalschlüssel und Fachkraft-Kind-Relation

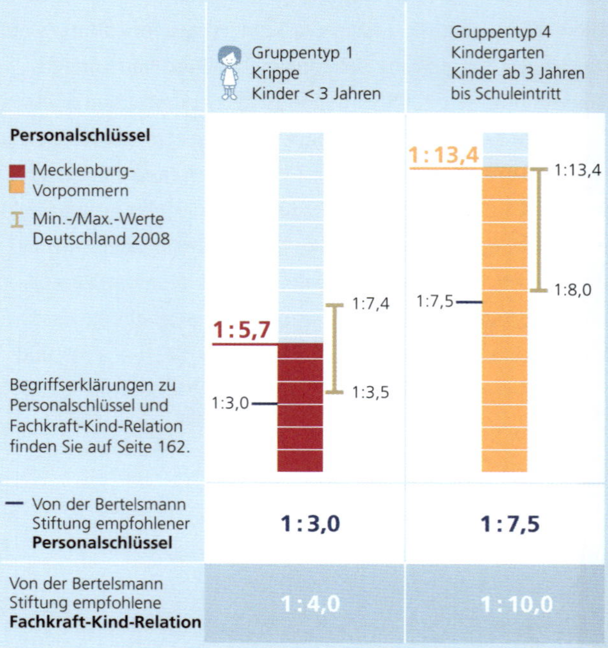


## MV13 | Beschäftigungsumfang des pädagogischen Personals und Anteil der Vollzeitbeschäftigten in Kindertageseinrichtungen

In MV sind 19,9% der pädagogisch Tätigen in einem Vollzeit-Beschäftigungsverhältnis. Dieser Anteil liegt fast 20 Prozentpunkte unter dem bundesdeutschen Durchschnittswert, hat sich aber seit 1998 kaum verändert. Mehr als ein Viertel des pädagogischen Personals arbeitet wöchentlich mehr als 32 Stunden, aber weniger als 38,5 Stunden. Der größte Teil der Tätigen hat einen Beschäftigungsumfang von 21 bis unter 32 Stunden wöchentlich (45,0%). In beiden Fällen bewegen sich die Anteile deutlich über dem Bundesdurchschnitt. Vermutlich ist dies Ausdruck arbeitsmarktpolitischer Maßnahmen, in deren Folge in der Vergangenheit viele Tätige auf eine Vollzeitstelle verzichteten und mit reduziertem Stundenumfang ihre Tätigkeit fortsetzten. Da weit über 50% aller Kinder ganztags in einer KiTa sind, wäre zu prüfen, ob in den Einrichtungen eine Abstimmung von Betreuungs- und Beschäftigungszeiten erfolgt. Auf diese Weise würden den Kindern kontinuierliche und verlässliche Beziehungserfahrungen ermöglicht werden.

### MV13A Pädagogisches Personal nach Beschäftigungsumfang (2008)

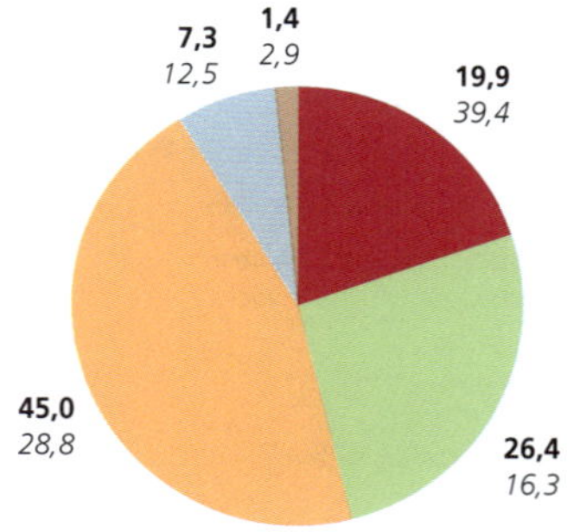


Angaben in %
- Hauptberuflich, Vollzeit, 38,5 und mehr Wochenstunden
- Teilzeit, 32 bis < 38,5 Wochenstunden
- Teilzeit, 21 bis < 32 Wochenstunden
- Teilzeit, < 21 Wochenstunden
- Nebenberuflich, < 20 Wochenstunden

*kursiv* = ø Deutschland

### MV12B Verteilung der Kinder unter 3 Jahren auf verschiedene Gruppentypen (2008)

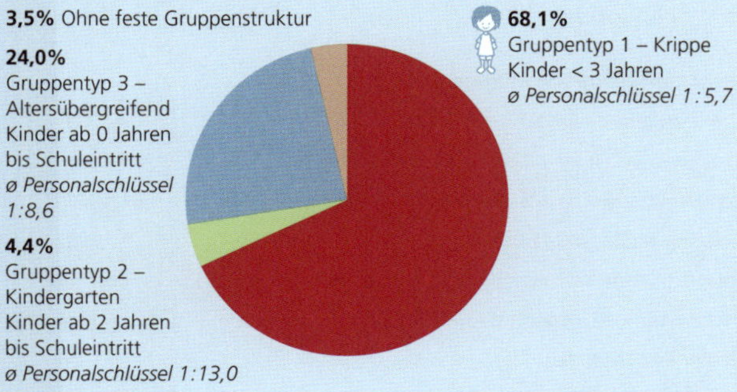


Mehr als zwei Drittel der unter Dreijährigen in KiTas werden in einer Krippengruppe mit einem Personalschlüssel von durchschnittlich 1:5,7 betreut. Knapp ein Viertel der unter Dreijährigen ist in altersübergreifenden Gruppen mit einem Personalschlüssel von durchschnittlich 1:8,6. Der Personalschlüssel in Kindergartengruppen für über Dreijährige ist mit durchschnittlich 1:13,4 bundesweit der schlechteste dieses Gruppentyps.

### MV13B Anteil der Vollzeitbeschäftigten

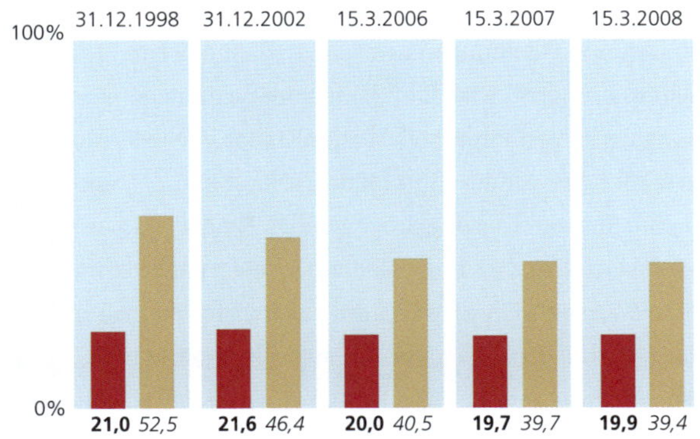


Anteil der Vollzeitbeschäftigten an allen Beschäftigten, ohne Verwaltung und Hauswirtschaft/Technik

■ MV ■ ø Deutschland

## MV14 Rahmenbedingungen für Bildungsqualität

### MV14A Regelungen zur Strukturqualität (2008)

| | Allgemein geregelt | Präzise definiert |
|---|---|---|
| Maximale Gruppengröße | – | – |
| Fachkraft-Kind-Relation | ● | ● |
| Verfügungszeit | ● | ● |
| Fachberatung | ● | – |
| Fortbildung | ● | ● |
| Leitungsfreistellung | – | – |
| (Innen-/Außen-)Flächen | ● [5] | – |

Insgesamt **8** von 14 Punkten

Das KiföG MV regelt zentrale Elemente der Strukturqualität wie die Fachkraft-Kind-Relation, Verfügungszeiten und Fortbildungen landeseinheitlich präzise. Regelungen zur Fachberatung und zu Flächen pro Kind liegen in allgemeiner Form vor. Damit sind wichtige Voraussetzungen für landesweit vergleichbare Rahmenbedingungen der pädagogischen Arbeit und strukturell ähnlich ausgestattete Bildungsangebote für Kinder gegeben.

### MV14B Regelungen zur Qualitätsüberprüfung (2008)

| | |
|---|---|
| Geregelte Verpflichtung in Ausführungsgesetz oder Verordnung | ● |
| *Elternbefragung (mindestens jährlich)* | – |
| *Selbstevaluation* | – |
| *Fremdevaluation* | – |
| Zahlung öffentlicher Zuschüsse abhängig von externer Qualitätsüberprüfung | – |

Insgesamt **1** von 5 Punkten

Aufgrund der Vorgabe zu Kapazitäten für Fach- und Praxisberatung wird die Qualitätsüberprüfung als verpflichtend geregelt angegeben. Konkrete Verfahren werden jedoch nicht verbindlich vorgegeben. Damit mangelt es einerseits an systematischer und kontinuierlicher Transparenz hinsichtlich der Qualität der bestehenden FBBE-Angebote, andererseits an zielgerichteten Impulsen für eine Weiterentwicklung der pädagogischen Qualität.

# Niedersachsen

**Basisdaten 2008**

**Fläche: 47.625 km²**

**Einwohner** (31.12.2007): **7.971.684**

**Anteil der Kinder in FBBE**
**Kinder < 3 Jahren: 9,2%**
**Kinder 3 bis < 6 Jahre (ohne Schulkinder): 86,5%**
(inkl. 0,1% in [vor-]schulischen Einrichtungen)

| | |
|---|---|
| Geborene Kinder (2007) | 65.326 |
| Geburten pro Frau (2007) | 1,4 |
| Anzahl der Kinder < 10 Jahren (31.12.2007) | 744.429 |
| Davon Kinder < 3 Jahren | 198.770 |
| Davon Kinder 3 bis < 6 Jahre | 217.724 |
| Davon Kinder 6 bis < 10 Jahre | 327.935 |

| | |
|---|---|
| Erwerbstätigenquote von Müttern (2007) mit | |
| … mindestens einem Kind < 3 Jahren | 42,3% |
| … mindestens einem Kind von 3 bis < 6 Jahre | 52,9% |
| Leistungsempfänger nach SGB II (ALG II u. Sozialgeld, 2008) | 671.831 |
| Darunter Kinder < 6 Jahren | 83.699 |
| Entspricht Anteil an allen Kindern < 6 Jahren | 20,1% |
| Tageseinrichtungen insgesamt (2008) | 4.330 |
| Anteil der Einrichtungen | |
| … in öffentlicher Trägerschaft | 32,3% |
| … in freigemeinnütziger Trägerschaft | 67,3% |
| … als Betriebs-/Unternehmensteil | 0,1% |
| … in privatgewerblicher Trägerschaft | 0,3% |
| Anteil der KiTas ohne feste Gruppenstruktur | 3,6% |
| Pädagogisches Personal in KiTas insgesamt | 33.465 |
| Kinder in KiTas insgesamt | 263.661 |
| Darunter Kinder < 3 Jahren | 15.140 |
| Darunter Kinder 3 bis < 6 Jahre (ohne Schulkinder) | 186.347 |
| Darunter Schulkinder 6 bis < 10 Jahre | 14.406 |
| Tagespflegepersonen insgesamt | 3.579 |
| Kinder < 6 Jahren in Kindertagespflege | 4.418 |
| Davon Kinder < 3 Jahren | 3.050 |
| Davon Kinder 3 bis < 6 Jahre | 1.368 |

In Niedersachsen ist das Kulturministerium für FBBE zuständig. Nach Auskunft der zuständigen Ministerien findet in einer interministeriellen Arbeitsgruppe mit dem Niedersächsischen Institut für Frühkindliche Bildung (nifbe) ein regelmäßiger Austausch zwischen den Ministerien statt sowie darüber hinaus in themenbezogenen Arbeitsgruppen beispielsweise zur Musikalisierung. Im Landesbeirat für Kinder- und Jugendhilfe sind die freien Träger, die Kirchen, die Landkreise bzw. Gemeinden und weitere Experten vertreten.

Politische Priorität hat in NI aktuell der quantitative wie qualitative Ausbau der Bildungs- und Betreuungsangebote für unter Dreijährige. So will das Land das Ziel des Bundesprogramms (KiFöG), 2013 bundesweit für 35% aller unter Dreijährigen einen Platz in der FBBE anzubieten, u. a. durch eine Bezuschussung von Investitionskosten und erhöhte Betriebskostenzuschüsse für U-3-Plätze umsetzen. Entsprechende Änderungen des Niedersächsischen KiTa-Gesetzes sind in Vorbereitung. Die Qualität in der pädagogischen Praxis soll mit Hilfe der Weiterentwicklung des Orientierungsplans für unter Dreijährige verbessert werden. Einen weiteren Handlungsschwerpunkt sieht das Land bei der Sprachförderung. So wird im Rahmen der Schuleingangsuntersuchung der Sprachförderbedarf aller Kinder in Niedersachsen anderthalb Jahre vor der Einschulung erfasst und ggf. anschließend eine Sprachförderung durchgeführt. Kinder mit besonderem Bedarf können bereits ab dem 3. Lebensjahr gefördert werden. Dafür werden KiTa-Trägern zusätzliche Personalmittel gewährt. Qualifizierungsmaßnahmen flankieren die Umsetzung der Sprachförderung. Darüber hinaus verweist das zuständige Ministerium auf das durchgeführte Landesprogramm „Das letzte Kindergartenjahr als Brückenjahr zur Grundschule", in dessen Rahmen fachliche Standards für die Gestaltung des Übergangs erarbeitet werden sollen.

## Teilhabe sichern

Die Bildungsbeteiligung der Kinder unter sechs Jahren ist in NI deutlicher niedriger als in anderen Bundesländern. Bei den unter Dreijährigen ist die Teilhabequote mit 9,2% bundesweit am niedrigsten. Bei den Zweijährigen ist 2008 nicht einmal jedes fünfte Kind dieses Alters in Kindertagesbetreuung. Entsprechend hoch ist der verbleibende Ausbaubedarf an Betreuungsplätzen für unter Dreijährige bis 2013, nämlich 25,8 Prozentpunkte. Gemäß der 11. koordinierten Bevölkerungsvorausberechnung müssten in NI bis 2013 noch ca. 48.000 Plätze geschaffen werden. Von den Dreijährigen besuchen 70,5% eine KiTa oder die Kindertagespflege – dies ist bundesweit der zweitniedrigste Anteil dieses Altersjahrgangs. Die Teilhabequote in der Altersgruppe der Drei- bis unter Sechsjährigen liegt mit 86,5% fast 5 Prozentpunkte unter dem Bundesniveau. Die überwiegende Mehrheit der Kinder unter wie über drei Jahren (49,5% bzw. 70,7%) ist täglich nicht mehr als 5 Stunden in einer KiTa. Mehr als ein Viertel der unter Dreijährigen nimmt ein Ganztagsangebot (mehr als 7 Stunden täglich) in Anspruch, aber nur ein Fünftel der über Dreijährigen bis zum Schuleintritt. Diese überwiegend geringen Betreuungsumfänge unterscheiden sich deutlich vom Bundestrend und sind vermutlich auf den rechtlichen Betreuungsanspruch von 4 Stunden täglich zurückzuführen.

Einen Migrationshintergrund (mindestens ein Elternteil nichtdeutscher Herkunft) haben in NI 28% aller Kinder unter 3 Jahren und 26% aller Kinder von 3 bis unter 6 Jahre. Bei den unter Dreijährigen mit Migrationshintergrund ist die Teilhabequote mit 5% nicht nur 5 Prozentpunkte niedriger als bei den Kindern gleichen Alters ohne Migrationshintergrund, sondern von den westlichen Bundesländern die niedrigste. Bei den älteren differieren die Teilhabequoten um 14 Prozentpunkte. Angesichts dieser Unterschiede in der Bildungsbeteiligung ist nach den Ursachen zu fragen sowie nach den Maßnahmen der Landesregierung, um allen Kindern gleichermaßen den Zugang zu früher Bildung zu eröffnen.

## Investitionen wirkungsvoll einsetzen

Als von vermutlich geringer Wirkung auf verbesserte Zugangschancen und höhere Teilhabequoten ist die bestehende Freistellung von Elternbeiträgen für das letzte KiTa-Jahr vor der Einschulung, die das Land den Eltern im vollen Umfang der vereinbarten Betreuungszeit gewährt, einzustufen. Eine höhere Bildungsbeteiligung könnte allenfalls durch eine Beitragsfreiheit für die ersten KiTa-Jahre erzielt werden. Der geschätzte Anteil der Eltern an der Finanzierungsgemeinschaft ist mit 25,2% im Jahr 2006 einer der bundesweit höchsten. Der Landesanteil an den Kosten wird auf 12,9% geschätzt. Der Anteil der reinen Nettoausgaben für FBBE an den gesamten reinen Ausgaben der öffentlichen Hand in NI stagniert bei 3,1% und liegt unter dem westdeutschen Durchschnitt von 3,3%. Die Ausgaben pro unter zehnjährigem Kind sind zwar leicht gestiegen, sind aber bundesweit die niedrigsten.

## Bildung fördern – Qualität sichern

Der Orientierungsplan für Bildung und Erziehung im Elementarbereich wurde verfasst mit Blick auf die Drei- bis unter Sechsjährigen. Derzeit wird eine Ergänzung des Orientierungsplans für die pädagogische Arbeit mit Kindern unter drei Jahren erarbeitet. Für die Umsetzung des Orientierungsplans und die Qualität der pädagogischen Arbeit sind auch die verfügbaren Personalressourcen maßgeblich. Gemessen an den berechneten Personalschlüsseln liegt NI bei der Betreuungssituation für Kindergartenkinder mit einem Schlüssel von durchschnittlich 1:9,2 im Bundesländervergleich für diesen Gruppentyp im Mittelfeld. Für einen kleinen Teil der unter Dreijährigen (17,4%) besteht in den Krippengruppen ein vergleichsweise guter Personalschlüssel von durchschnittlich 1: 5,6. Die Mehrheit dieser Altersgruppe (53,7%) wird jedoch in altersübergreifenden Gruppen bei einem Schlüssel von 1:7,7 betreut. Immerhin jedes vierte Kind unter drei erlebt eine noch ungünstigere Betreuungssituation in den für Zweijährige geöffneten Kindergartengruppen (1:9,2). Für 15,5% der unter Dreijährigen bedeutet dies zudem, alleine oder nur mit einem anderen gleichaltrigen Kind in der Gruppe zu sein.

Für das System der FBBE fehlt in NI ein landespolitisches Programm, das die einzelnen bestehenden Aktivitäten der Landesebene in einem Gesamtrahmen verankert. Damit könnten auch gemeinsame Orientierungen für alle Akteure von der Landes- bis zur Einrichtungsebene geschaffen sowie Impulse für eine kohärente fachliche Weiterentwicklung des Systems gegeben werden.

## NI1 | Rechtsanspruch des Kindes auf einen Betreuungsplatz (2008)

Es besteht ein elternunabhängiger Rechtsanspruch auf einen Betreuungsplatz für jedes Kind ab Vollendung des dritten Lebensjahres bis zum Schuleintritt. Garantiert wird ein Betreuungsumfang von vier Stunden täglich in Vormittags-, ersatzweise auch in Nachmittagsgruppen oder in einem Kinderspielkreis mit 15 Stunden wöchentlich.

# Teilhabe sichern

Die Teilhabequote der unter Dreijährigen in NI ist mit 9,2% die niedrigste in Deutschland, wie auch die der Drei- bis unter Sechsjährigen mit 86,5% vergleichsweise niedrig bleibt. Etwa 27% aller Kinder unter 6 Jahren haben einen Migrationshintergrund. Die Bildungsbeteiligung dieser Kinder liegt deutlich unter der von Kindern ohne Migrationshintergrund. Die Mehrheit der Kinder nutzt die KiTa halbtägig. So nutzen 49,5% der unter Dreijährigen und 70,7% der über Dreijährigen bis zu 5 Stunden täglich eine KiTa. Mehr als 7 Stunden werden nur von 12,5% der über Dreijährigen genutzt.

## NI2 | Ausbaubedarf von Betreuungsplätzen für unter Dreijährige nach dem Kinderförderungsgesetz

Nach dem KiFöG wird angenommen, dass im Jahr 2013 im Bundesdurchschnitt für 35% der Kinder unter 3 Jahren ein FBBE-Angebot verfügbar sein soll. Demnach wäre das Angebot in NI von derzeit 9,27% noch um 25,8 Prozentpunkte zu steigern. Gemäß der 11. koordinierten Bevölkerungsvorausberechnung entspräche dies ca. 48.000 Plätzen.[1]

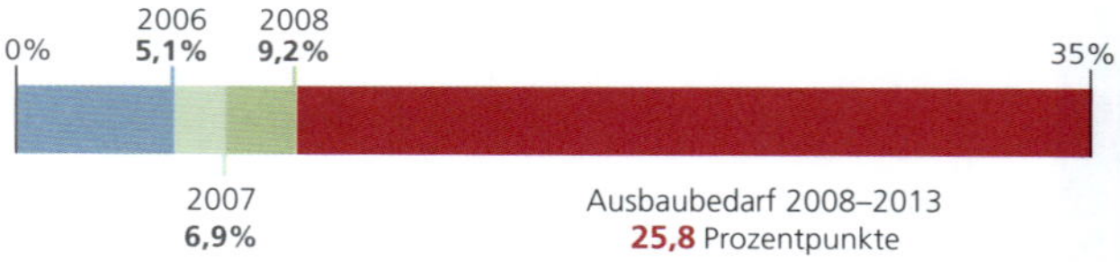


## NI3 | Vertraglich vereinbarte tägliche Betreuungszeiten (2008)

| | Kindertageseinrichtungen | | Öffentlich geförderte Kindertagespflege | |
|---|---|---|---|---|
| | 15.140 Kinder < 3 J. | 231.334 K. ≥ 3 J. (o. Schulk.) | 3.050 Kinder < 3 J. | 1.683 Kinder v. 3 bis < 6 J. |
| Bis zu 5 h | 49,5 (24,9) | 70,7 (26,1) | 45,7 (31,6) | 58,8 (52,4) |
| Mehr als 5 bis zu 7 h | 22,0 (24,3) | 16,2 (31,0) | 28,9 (28,9) | 25,5 (25,1) |
| Mehr als 7 h | 27,6 (47,9) | 12,5 (29,9) | 25,1 (39,0) | 15,3 (22,2) |
| Vor- u. nachmittags o. Mittagsbetreuung | 0,9 (2,8) | 0,6 (13,0) | 0,2 (0,5) | 0,4 (0,3) |

NI 2008 | ø Deutschland 2008 (in Klammern)

## NI4 | Bildungsbeteiligung von Kindern in Kindertageseinrichtungen und Kindertagespflege

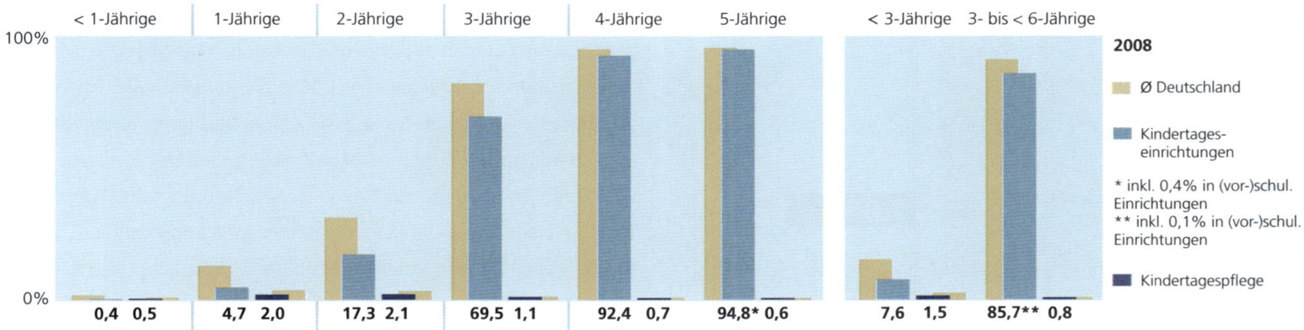


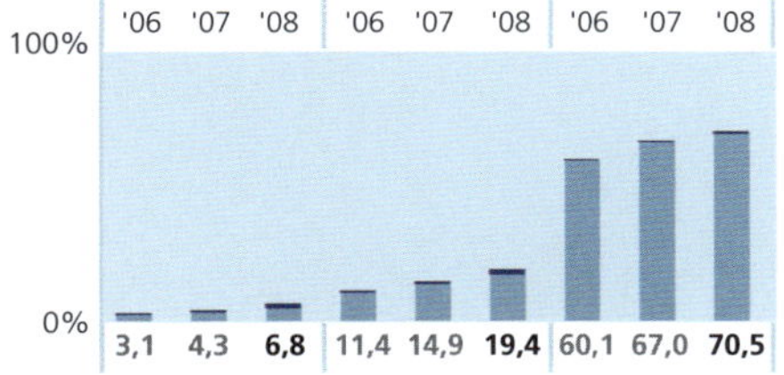


Die Teilhabequoten der Kinder unter sowie über drei Jahren liegen mit 9,2% und 86,5% deutlich unter den bundesweiten Vergleichswerten (17,8% und 91,6%). Der Anteil der Einjährigen (6,8%) liegt fast zehn Prozentpunkte unter dem Bundesdurchschnitt. Ungeachtet eines Zuwachses um acht Prozentpunkte zwischen 2006 und 2008 bleibt auch der Anteil der betreuten Zweijährigen mit 19,4% um 14,9 Prozentpunkte dahinter zurück. Vergleichbares gilt für die Entwicklung der Teilhabequote Dreijähriger, der bundesweit zweitniedrigsten (70,5%).

## NI5 | Bildungsbeteiligung und familiäre Sprachpraxis von Kindern mit und ohne Migrationshintergrund (2008)

### NI5A Bildungsbeteiligung

**Kinder unter 3 Jahren in der Bevölkerung**

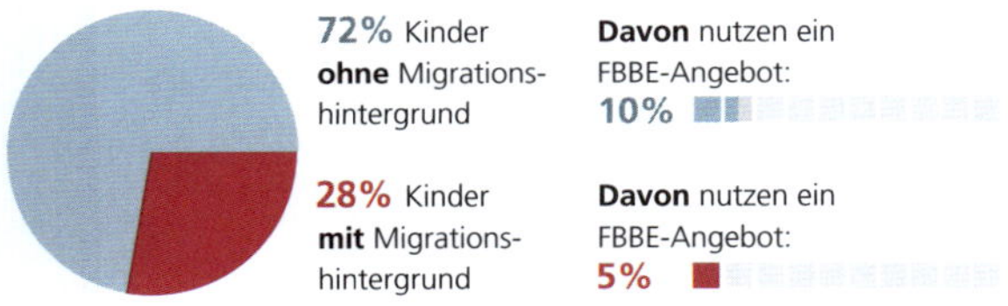


**Kinder von 3 bis unter 6 Jahre in der Bevölkerung**

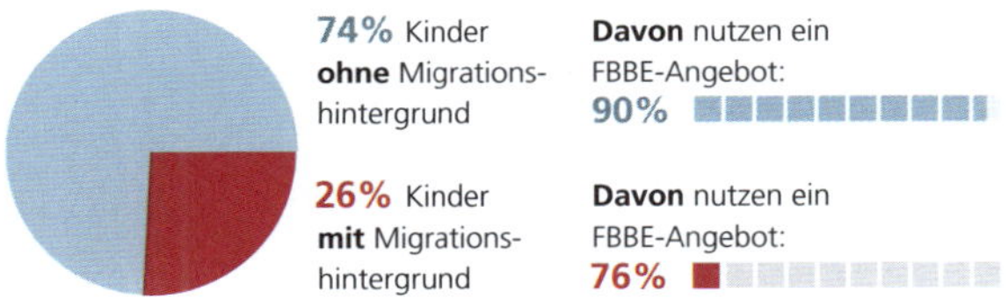


### NI5B Familiäre Sprachpraxis von Kindern in KiTas

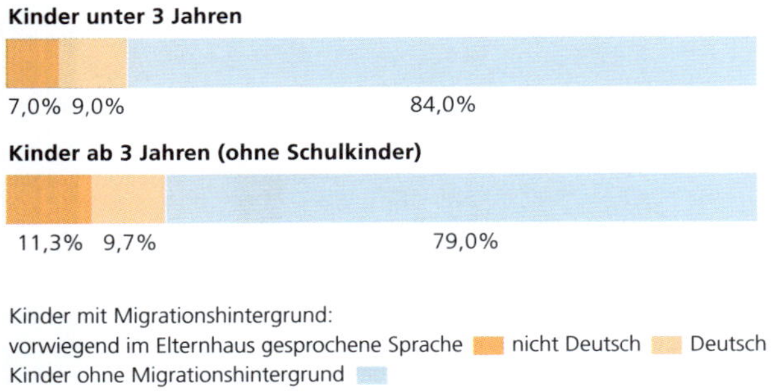


In NI haben 28% aller Kinder unter drei Jahren einen Migrationshintergrund. Die Bildungsbeteiligung ist sowohl bei den Kindern mit (5%) als auch bei denen ohne (10%) Migrationshintergrund bundesweit die niedrigste. Von den 26% aller Drei- bis unter Sechsjährigen, die einen Migrationshintergrund haben, nutzen 76% ein Angebot der FBBE. Hingegen nehmen von den Kindern ohne Migrationshintergrund in dieser Altersgruppe 90% an einem Angebot teil.

## NI6 | Investitionen pro Kind*

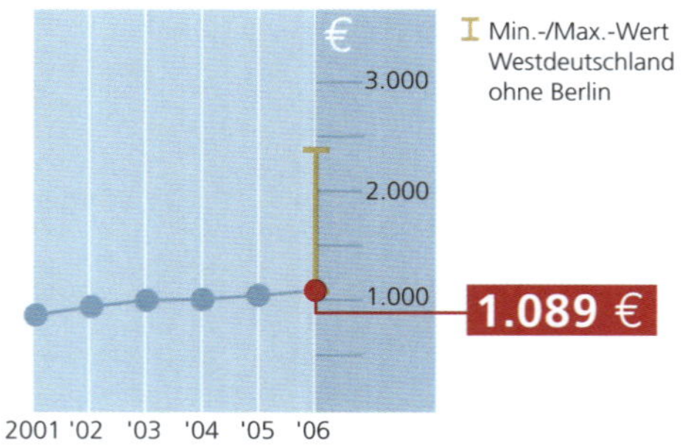


Die reinen Nettoausgaben der öffentlichen Haushalte für FBBE pro unter zehnjährigem Kind sind zwischen 2001 und 2002 um 8,7%, danach bis 2006 um insgesamt 8,6% gestiegen. NI liegt so mit den durchschnittlichen Investitionen unter dem westdeutschen Durchschnitt (1.365 €) und wendet bundesweit den niedrigsten Wert auf.

## NI7 | Finanzierungsgemeinschaft für FBBE (2006)

In welchem Umfang sich die Träger der freien Jugendhilfe an den Betriebskosten ihrer eigenen Einrichtungen beteiligen, ist in Niedersachsen nicht bekannt. Aus diesem Grund kann der Finanzierungsanteil der freien Träger nicht genau bestimmt werden und somit die Finanzierungsgemeinschaft nicht abgebildet werden. Würde für Niedersachsen z. B. ein Eigenfinanzierungsanteil der Träger in Höhe von ca. 10% der Gesamtkosten angenommen, ergäben sich folgende Anteile: Kommune 51,9%, Land 12,9% und Eltern 25,2%.

# Investitionen wirkungsvoll einsetzen

Obgleich die Investitionen pro unter 10-jährigem Kind 2006 moderat gestiegen sind, investiert NI bundesweit am wenigsten für FBBE. Der Anteil der reinen Nettoausgaben für FBBE an allen reinen Ausgaben der öffentlichen Haushalte bleibt konstant bei 3,3% und bildet den westdeutschen Durchschnitt ab. Das Land übernimmt grundsätzlich 20% der pädagogischen Personalkosten der Einrichtungen.[2] Auf die Gesamtausgaben bezogen ergibt sich so ein Landesanteil von ca. 13%. Über die Finanzierung der restlichen Kosten muss jeder Träger einer KiTa individuell mit dem zuständigen örtlichen Träger der Jugendhilfe verhandeln. Es kommt so zu sehr unterschiedlichen Beteiligungen der Träger der freien Jugendhilfe, die an keiner Stelle dokumentiert werden. Nimmt man einen Trägeranteil in Höhe von 10% an, liegt der Landesanteil bei nur 12,9%, der der Kommunen hingegen bei 51,9%. Die Eltern beteiligen sich demnach zu 25,2% an der Finanzierung. Im letzten Kindergartenjahr vor der Einschulung gewährt das Land den Eltern eine Beitragsfreiheit in vollem Umfang der vertraglich vereinbarten Betreuungszeit.

## NI8 | Anteil der reinen Nettoausgaben für FBBE an den gesamten reinen Ausgaben öffentlicher Haushalte*

Zwischen 2001 und 2006 ist der Anteil der reinen Nettoausgaben für FBBE gemessen an ihrem Anteil an den gesamten reinen Nettoausgaben der öffentlichen Haushalte lediglich um 0,2 Prozentpunkte gestiegen und liegt mit 3,1% im Jahr 2006 auf einem – im Vergleich mit dem westdeutschen Durchschnittswert (3,3%) – niedrigen Niveau.

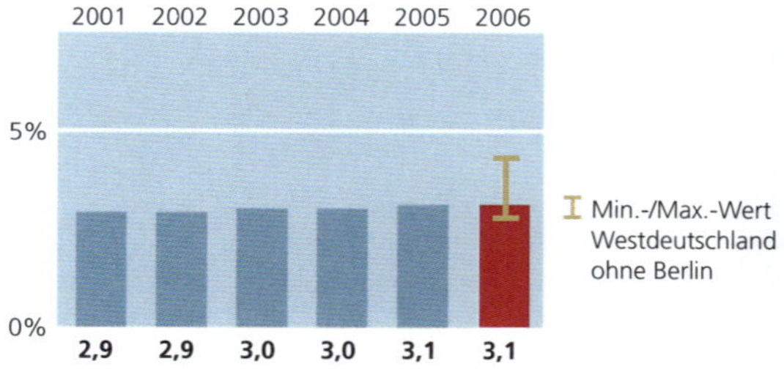


* Bei den Nettoausgaben der öffentlichen Hand werden neben Ausgaben für die Kinder in vorschulischen Angeboten (u. a. Krippen, Kindergärten, Einrichtungen mit altersübergreifenden Gruppen) auch Kindertageseinrichtungen mit Schulkindern berücksichtigt (z. B. Horte). Zwischen den Ländern schwankt der Anteil der Schulkinder, die in Kindertageseinrichtungen betreut werden, erheblich. Dies ist bei der vergleichenden Bewertung der Finanzindikatoren zu berücksichtigen.

# Bildung fördern – Qualität sichern

Über den Bildungsplan (Orientierungsplan für Bildung und Erziehung im Elementarbereich niedersächsischer Tageseinrichtungen für Kinder) wird breit informiert, u. a. mittels mehrsprachigen Informationsmaterials für Eltern. Die Qualifizierungsmaßnahmen des Personals in KiTas beschränken sich auf die Verfügbarkeit öffentlicher Mittel für regelmäßige Fortbildungen zum Bildungsplan. Ob KiTas ihre Arbeit nach dem Orientierungsplan ausrichten, wird nicht überprüft. Gegenstand der derzeitigen Weiterentwicklung, die in engem Austausch zwischen Ministerium und Trägern erfolgt, ist die pädagogische Arbeit mit Kindern unter drei Jahren. Die Ergebnisse stehen den KiTas ab dem Kindergartenjahr 2009/2010 zur Verfügung. Weitere Ergänzungen u. a. zur Gestaltung des Übergangs KiTa - Grundschule sind geplant. Nach Berechnungen auf Grundlage der Kinder- und Jugendhilfestatistik besteht für die unter Dreijährigen ein Personalschlüssel von durchschnittlich 1:5,6. Für die Mehrheit der unter Dreijährigen, die zu 53,7% in altersübergreifenden Gruppen und zu 25,5% in geöffneten Kindergartengruppen sind, sind die durchschnittlichen Personalschlüssel mit 1:7,7 bzw. 1:9,2 wesentlich schlechter. Für die älteren Kinder ist in den Kindergartengruppen ein Personalschlüssel von durchschnittlich 1:9,2 verfügbar.

## NI9 | Bildungsplan – BP (2008)

| **I. Information** | |
|---|---|
| Kostenloser Versand des BP an alle KiTas | ● |
| BP als Download verfügbar | ● |
| BP als Publikation erwerbbar | ● |
| Informationsmaterial über BP für Eltern verfügbar | ● |
| Informationsmaterial über BP mehrsprachig f. Eltern verfügbar | ● |
| **5 von 5 Punkten** | ●●●●● |

| **II. Qualifizierung** | |
|---|---|
| Infoveranstaltung zum BP für alle KiTa-Mitarbeiterinnen | – |
| Verpflichtende Informationsveranstaltung zum BP für alle KiTa-Mitarbeiterinnen | – |
| Angebotene Fortbildung zum BP mindestens zweitägig | – |
| Alle Fachberatungen erhalten Fortbildungen zum BP | – |
| Öffentliche Mittel für regelmäßige Fortbildung zum BP für alle pädagogischen Mitarbeiterinnen verfügbar | ● |
| **1 von 5 Punkten** | ●○○○○ |

| **III. Umsetzungskontrolle (in allen KiTas)** | |
|---|---|
| Jährliche externe Überprüfung der Umsetzung des BP | – |
| Jährliche Berichtspflicht zur Implementation des BP | – |
| Nachweis der Aufnahme des BP in die Konzeption | – |
| **0 von 3 Punkten** | ○○○ |

Insgesamt **6** von 13 Punkten

## NI10 | Kooperation KiTa – Grundschule (2008)

Die Kooperation von KiTas und Grundschulen ist landesweit verbindlich geregelt.[3] Das Landesprogramm „Das letzte Kindergartenjahr als Brückenjahr zur Grundschule" fördert flächendeckend Modellprojekte zur Gestaltung des Übergangs zwischen KiTa und Grundschule. Regionale Beratungsteams mit Vertretern aus KiTa und Grundschule sorgen für eine fachliche Begleitung und machen Qualifizierungsangebote für die Projektteilnehmer. Fachliche Standards werden erarbeitet.

## NI11 | Pädagogisches Personal nach Berufsausbildungsabschlüssen (2008)

Die Qualifikationsstruktur des pädagogischen Personals entspricht in weiten Teilen in etwa dem Bundesdurchschnitt. Über einen Fachschulabschluss verfügen 71,0% der pädagogisch Tätigen, über einen Hochschulabschluss 3,7%. Die Kinderpflegerinnen zählen mit 15,5% zu der zweitstärksten Qualifikationsgruppe. Im Vergleich zum Bundesdurchschnitt (7,1%) befinden sich nur 3,9% der Tätigen in Ausbildung, Praktikum o. Ä.

| | Niedersachsen | ø Deutschland |
|---|---|---|
| **Abschluss** | Anteile in Prozent | |
| (sozialpädagogischer) Hochschulabschluss | 3,7 | *3,5* |
| Fachschulabschluss (Erzieherinnen, Heilpädagoginnen) | 71,0 | *71,9* |
| Kinderpflegerinnen | 15,5 | *13,3* |
| anderer fachlicher Abschluss (sonst. Sozial- u. Erziehungsberufe) | 3,4 | *1,9* |
| Sonstige | 3,9 | *7,1* |
| ohne abgeschl. Ausbildung | 2,5 | *2,2* |

## NI12 | Personalschlüssel und Gruppentypen in Kindertageseinrichtungen

### NI12A Personalschlüssel und Fachkraft-Kind-Relation

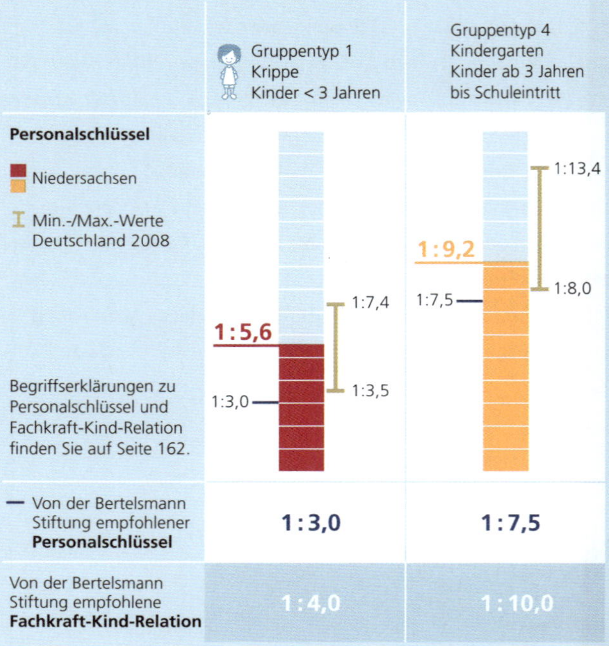


## NI13 | Beschäftigungsumfang des pädagogischen Personals und Anteil der Vollzeitbeschäftigten in Kindertageseinrichtungen

Mit 47,4% hat ein großer Teil des pädagogischen Personals in NI eine Wochenarbeitszeit von 21 bis unter 32 Stunden. Da die Mehrheit der Kinder unter 5 Stunden täglich in der KiTa ist, kann von einer Abstimmung der Beschäftigungszeiten und der Betreuungszeiten der Kinder ausgegangen werden. Es müssen immer zwei Fachkräfte in der Gruppe anwesend sein. Zudem sind pro Gruppe auch verbindliche Arbeitszeiten für Aufgaben ohne Kinder vorgesehen. Diese Regelung bedingt u. U. auch die übrige Verteilung der Beschäftigungsumfänge. So sind 22,3% vollzeit- und 19,7% sind 32 bis unter 38,5 Wochenstunden beschäftigt. War der Anteil der Vollzeittätigen bis 2006 auf 21,0% gesunken, so steigt er seitdem wieder leicht an. Insgesamt entsteht der Eindruck – der empirisch zu bestätigen wäre –, dass eine vergleichsweise hohe Abstimmung zwischen den Betreuungszeiten der Kinder und den Arbeitszeiten des Personals besteht. Damit wären gute Voraussetzungen gegeben, um Kindern z. B. kontinuierliche und verlässliche Beziehungserfahrungen zu ermöglichen.

### NI13A Pädagogisches Personal nach Beschäftigungsumfang (2008)

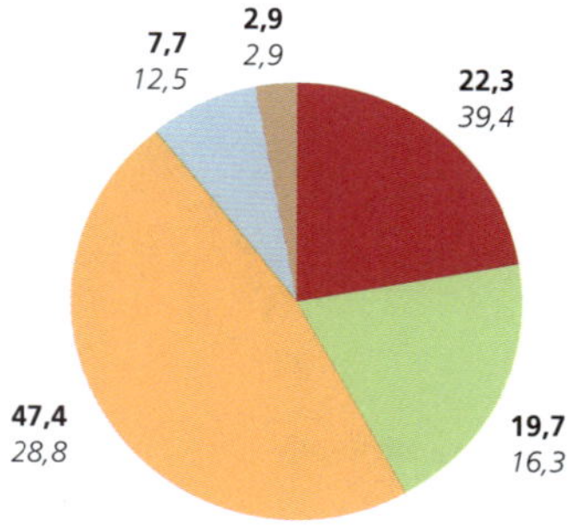


Angaben in %
- Hauptberuflich, Vollzeit, 38,5 und mehr Wochenstunden
- Teilzeit, 32 bis < 38,5 Wochenstunden
- Teilzeit, 21 bis < 32 Wochenstunden
- Teilzeit, < 21 Wochenstunden
- Nebenberuflich, < 20 Wochenstunden

*kursiv* = ø Deutschland

### NI12B Verteilung der Kinder unter 3 Jahren auf verschiedene Gruppentypen (2008)

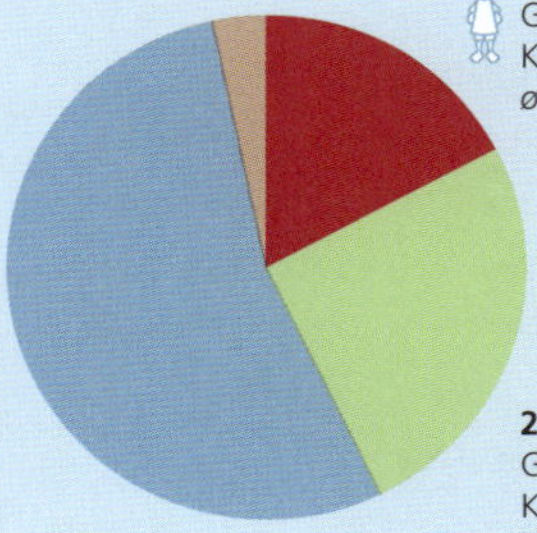


Nur 17,4% der unter Dreijährigen kommt in Krippengruppen ein Personalschlüssel von durchschnittlich 1 : 5,6 zugute. Mehr als die Hälfte der unter Dreijährigen ist in altersübergreifenden Gruppen mit einem Personalschlüssel von durchschnittlich 1 : 7,7. In den für Zweijährige geöffneten Kindergartengruppen erfahren 25,5% der U-3-Kinder einen Personalschlüssel von durchschnittlich 1 : 9,2.

### NI13B Anteil der Vollzeitbeschäftigten

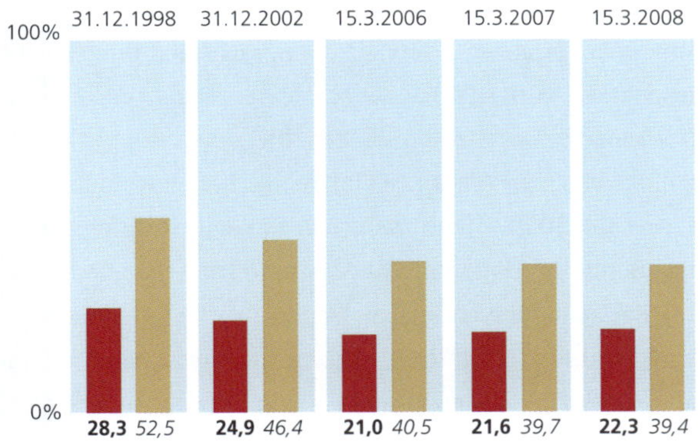


Anteil der Vollzeitbeschäftigten an allen Beschäftigten, ohne Verwaltung und Hauswirtschaft/Technik

## NI14 Rahmenbedingungen für Bildungsqualität

### NI14A Regelungen zur Strukturqualität (2008)

| | Allgemein geregelt | Präzise definiert |
|---|---|---|
| Maximale Gruppengröße | ● | ● |
| Fachkraft-Kind-Relation | ● | ● [4] |
| Verfügungszeit | ● | ● |
| Fachberatung | ● | – |
| Fortbildung | ● | ● |
| Leitungsfreistellung | ● | ● |
| (Innen-/Außen-)Flächen | ● | ● |

Insgesamt **13** von 14 Punkten

Im KiTa-Gesetz sind die zentralen Elemente der Strukturqualität landeseinheitlich und präzise geregelt. Allein die Regelungen zur Fachberatung haben allgemeinen Charakter. Damit sind insgesamt in NI sehr gute Voraussetzungen für landesweit vergleichbare Rahmenbedingungen der pädagogischen Arbeit gegeben, die die Chancen von Kindern auf strukturell ähnlich ausgestattete Bildungsangebote erhöhen.

### NI14B Regelungen zur Qualitätsüberprüfung (2008)

| | |
|---|---|
| Geregelte Verpflichtung in Ausführungsgesetz oder Verordnung | – |
| *Elternbefragung (mindestens jährlich)* | – |
| *Selbstevaluation* | – |
| *Fremdevaluation* | – |
| Zahlung öffentlicher Zuschüsse abhängig von externer Qualitätsüberprüfung | – |

Insgesamt **0** von 5 Punkten

Verfahren zur Qualitätsüberprüfung sind nicht verbindlich in allen KiTas vorgesehen. Damit fehlt eine systematische und kontinuierliche Transparenz mit Blick auf die bestehenden Bildungs- und Betreuungsangebote und somit eine Grundlage zielgerichteter Impulse für kontinuierliche Qualitätsentwicklung. Die Zahlung öffentlicher Zuschüsse für die Kindertageseinrichtungen erfolgt unabhängig von einer externen Qualitätsüberprüfung.

# Nordrhein-Westfalen

**Basisdaten 2008**

**Fläche: 34.086 km²**

**Einwohner** (31.12.2007):
**17.996.621**

**Anteil der Kinder in FBBE**
**Kinder < 3 Jahren: 9,4%**
**Kinder 3 bis < 6 Jahre (ohne Schulkinder): 90,9%**
(inkl. 0,4% in [vor-]schulischen Einrichtungen)

| | |
|---|---|
| Geborene Kinder (2007) | 151.168 |
| Geburten pro Frau (2007) | 1,4 |
| Anzahl der Kinder < 10 Jahren (31.12.2007) | 1.644.013 |
| Davon Kinder < 3 Jahren | 454.513 |
| Davon Kinder 3 bis < 6 Jahre | 482.116 |
| Davon Kinder 6 bis < 10 Jahre | 707.384 |

| | |
|---|---|
| Erwerbstätigenquote von Müttern (2007) mit | |
| … mindestens einem Kind < 3 Jahren | 39,0% |
| … mindestens einem Kind von 3 bis < 6 Jahre | 50,0% |
| Leistungsempfänger nach SGB II (ALG II u. Sozialgeld, 2008) | 1.639.763 |
| Darunter Kinder < 6 Jahren | 200.834 |
| Entspricht Anteil an allen Kindern < 6 Jahren | 21,4% |
| Tageseinrichtungen insgesamt (2008) | 9.746 |
| Anteil der Einrichtungen | |
| … in öffentlicher Trägerschaft | 24,2% |
| … in freigemeinnütziger Trägerschaft | 73,6% |
| … als Betriebs-/Unternehmensteil | 0,1% |
| … in privatgewerblicher Trägerschaft | 2,1% |
| Anteil der KiTas ohne feste Gruppenstruktur | 2,4% |
| Pädagogisches Personal in KiTas insgesamt | 77.105 |
| Kinder in KiTas insgesamt | 568.809 |
| Darunter Kinder < 3 Jahren | 32.203 |
| Darunter Kinder 3 bis < 6 Jahre (ohne Schulkinder) | 433.090 |
| Darunter Schulkinder 6 bis < 10 Jahre | 12.833 |
| Tagespflegepersonen insgesamt | 8.830 |
| Kinder < 6 Jahren in Kindertagespflege | 12.767 |
| Davon Kinder < 3 Jahren | 10.429 |
| Davon Kinder 3 bis < 6 Jahre | 2.338 |

In NW ist das Ministerium für Generationen, Familie, Frauen und Integration (MGFFI) zuständig für FBBE. Eine regelmäßige interministerielle Abstimmung erfolgt nach Angaben des zuständigen Ministeriums u. a. in der AG zur Einführung der offenen Ganztagsschule, bei den Werkstattgesprächen zwischen dem MGFFI und dem Ministerium für Schule und Weiterbildung (MSW), in der AG zum Thema Qualifizierung des Personals sowie in der AG, die die Einführung des Verfahrenswegs zur Feststellung des Sprachstandes zwei Jahre vor der Einschulung begleitet. Im Ständigen Arbeitskreis des Ministeriums sind die kommunalen Spitzenverbände, die Spitzenverbände der freien und öffentlichen Wohlfahrtspflege, die Kirchen und die Landesjugendämter mit Gaststatus vertreten. Daneben gibt es das Gremium der Tagespflege-, Eltern-, Familien- und Elternverbände (TEFE).

Ganz oben auf der politischen Agenda steht in NW derzeit nach Angaben des Ministeriums das Thema Sprachförderung. Bei allen vierjährigen Kindern wird zwei Jahre vor der Einschulung mit dem Verfahren „Delfin 4" der Sprachstand festgestellt. Landespolitische Priorität hat außerdem der Ausbau der Angebote für Kinder unter drei Jahren. Bis 2013 sollen rund 144.000 Betreuungsplätze für unter Dreijährige geschaffen werden. Dafür stellt das Land 30 Mio. Euro zusätzlich zu den Investitionsmitteln des Bundes in Höhe von 481 Mio. Euro zur Verfügung. Neben dem quantitativen Ausbau ist geplant, die frühkindliche Bildung qualitativ zu stärken. Ansetzen will das zuständige Landesministerium in diesem Zusammenhang bei der Weiterentwicklung der Bildungsvereinbarung, der Bildungsdokumentation und der Stärkung der individuellen Förderung. Als landespolitisches Gesamtprogramm für die FBBE in NW nennt das zuständige Landesministerium die Bildungsvereinbarung und das Kinderbildungsgesetz (KiBiz).

## Teilhabe sichern

Die Bildungsbeteiligung der Kinder unter wie über drei Jahren ist, im Bundesländervergleich gesehen, in einzelnen Altersjahrgängen eher niedrig. Sowohl die Ein- als auch die Zweijährigen nutzen vergleichsweise selten ein Angebot der FBBE. Bei den Zweijährigen ist es ein Anteil von 19,0%, bundesweit ist bereits ein gutes Drittel (34,4%) der Zweijährigen in Kindertagesbetreuung. Von den Dreijährigen sind 78,5% in Kindertagesbetreuung, während es bundesweit 82,9% sind. Die Teilhabequote der Drei- bis unter Sechsjährigen hat sich 2008 mit 90,9% dem Bundesdurchschnitt fast ganz angenähert. Die Betreuungsumfänge sind in beiden Altersgruppen sehr unterschiedlich. Etwa jedes zweite Kind unter drei nutzt ein Ganztagsangebot, jedes vierte hat einen Halbtagsplatz. Von den Kindern über drei ist nur ein knappes Drittel mehr als 7 Stunden täglich in einer KiTa. Betreuungsumfänge von mehr als 5 bis zu 7 Stunden sind für etwa ein weiteres Drittel der Kinder dieses Alters vertraglich vereinbart. Auffällig hoch ist der Anteil der Kindergartenkinder (27,1%), die vor- und nachmittags ohne Mittagsbetreuung in einer KiTa angemeldet sind. Mit dem neuen Kinderbildungsgesetz sind drei Buchungszeiten eingeführt worden – 25, 35 und 45 Stunden wöchentlich. Die vorliegenden Daten (15.3.2008) können die sich dadurch ergebenden Veränderungen noch nicht widerspiegeln. Es bleibt abzuwarten, welche Veränderungen sich durch verändertes Nachfrageverhalten der Eltern, aber auch durch die Angebotsgestaltung seitens der Träger ergeben.

Von allen Kindern in NW haben 38% der unter Dreijährigen und 35% der Drei- bis unter Sechsjährigen einen Migrationshintergrund. Während die Bildungsbeteiligung bei den Jüngeren (6%) niedriger ist als bei den Kindern gleichen Alters ohne Migrationshintergrund (11%), unterscheiden sich die Teilhabequoten bei den Älteren kaum.

## Investitionen wirkungsvoll einsetzen

Die Investitionen pro unter zehnjährigem Kind sind seit 2001 kontinuierlich gestiegen und liegen 2006 über den durchschnittlichen Ausgaben in Westdeutschland. Auch der Anteil der reinen Nettoausgaben für FBBE an den gesamten Ausgaben der öffentlichen Hand bewegt sich mit einem Wert von 3,6% über dem westdeutschen Vergleichswert (3,3%). Der Anteil des Landes an der Finanzierungsgemeinschaft für FBBE hat sich 2006 im Vergleich zum Vorjahr leicht erhöht, ebenso der Anteil der Eltern an den Kosten. Mit dem KiBiz werden die Elternbeiträge nun von den Kommunen festgelegt und können daher landesweit variieren[1].

## Bildung fördern – Qualität sichern

Nach dem zuständigen Ministerium wird derzeit in einem breit angelegten, wissenschaftlich begleiteten Prozess die Bildungsvereinbarung von 2003 in Zusammenarbeit mit Vertretern der kommunalen Spitzenverbände, der Spitzenverbände der freien Wohlfahrtspflege, der Kirchen und Fachleuten aus der Praxis überarbeitet. Die Ergebnisse sollen bei zwei Fachtagungen der Fachöffentlichkeit präsentiert und mit ihr diskutiert werden.

Von wesentlichem Einfluss auf die Qualität der pädagogischen Arbeit sind die Personalressourcen. Das formale Qualifikationsniveau des pädagogischen Personals in NW entspricht weitgehend dem Bundesdurchschnitt, wenngleich der Anteil von Tätigen mit Fachschulabschluss etwas niedriger ist. Der Anteil der Vollzeitbeschäftigten ist weiter gesunken, ist jedoch mit 57,9% bundesweit der höchste. Hinweise auf die verfügbaren Personalressourcen liefern die Berechnungen zum Personalschlüssel. Insgesamt sind die Personalschlüssel für Kinder unter 3 Jahren tendenziell eher ungünstig. So ist der Personalschlüssel für Kinder dieser Altersgruppe in Krippengruppen bundesweit mit durchschnittlich 1:7,4 der schlechteste für diese Gruppenform, betrifft aber nur 9,5% der Kinder in NW. Die große Mehrheit (59,5%) wird in altersübergreifenden Gruppen betreut, für die zwar ein leicht besserer, aber vergleichsweise noch ungünstiger Schlüssel für diesen Gruppentyp (durchschnittlich 1:7,1) besteht. Die Bedingungen in für Zweijährige geöffneten Kindergartengruppen sind für gut ein Viertel der U-3-Kinder angesichts eines durchschnittlichen Personalschlüssels von 1:8,6 noch schlechter. Recht gut, im Bundesländervergleich gesehen, fällt der Personalschlüssel in Kindergartengruppen aus (durchschnittlich 1:9,1). Es bleibt abzuwarten, wie sich die Personalschlüssel infolge von KiBiz verändern werden, zumal das Modell der kleinen altersgemischten Gruppe aufgegeben wurde.

Mit dem Kinderbildungsgesetz (KiBiz) haben sich die Rahmenbedingungen für KiTas dahingehend geändert, dass nun Verfügungszeiten und Leitungsfreistellung anteilsmäßig in den sogenannten Kindpauschalen berücksichtigt werden. Von den Landesjugendämtern neu entwickelt wurden Empfehlungen zu den Flächen pro Kind.

## NW1 | Rechtsanspruch des Kindes auf einen Betreuungsplatz (2008)

Es besteht ein elternunabhängiger Rechtsanspruch auf einen Betreuungsplatz vom vollendeten dritten Lebensjahr bis zum Schuleintritt. Ein zeitlicher Mindestumfang für die Betreuung ist gesetzlich nicht festgelegt.

# Teilhabe sichern

Die Bildungsbeteiligung der unter Dreijährigen in NW liegt bei 9,4%, bei den Drei- bis unter Sechsjährigen bei 90,9%. 38% der Kinder unter drei und 35% der Kinder über drei bis unter sechs haben einen Migrationshintergrund. Ihre Teilhabequoten differieren nur wenig zu denen der Kinder ohne Migrationshintergrund. Von den unter Dreijährigen sind 50,5% mehr als 7 Stunden, ca. ein Viertel bis zu 5 Stunden täglich in einer KiTa. Jeweils etwa 30% der Kinder über drei nutzen mehr als 5 bis zu 7 Stunden bzw. mehr als 7 Stunden täglich. Für 27,1% von ihnen gilt eine geteilte Öffnungszeit.

## NW2 | Ausbaubedarf von Betreuungsplätzen für unter Dreijährige nach dem Kinderförderungsgesetz

Nach dem KiFöG wird angenommen, dass im Jahr 2013 im Bundesdurchschnitt für 35% der unter Dreijährigen ein FBBE-Angebot verfügbar sein soll. Demnach wäre das Angebot in NW von 9,4% (15.3.2008) um 25,6 Prozentpunkte zu steigern. Gemäß der 11. koordinierten Bevölkerungsvorausberechnung entspräche dies ca. 110.000 Plätzen.[2]

Kinder unter 3 Jahren in FBBE, jeweils am 15.3. des Jahres

## NW3 | Vertraglich vereinbarte tägliche Betreuungszeiten (2008)

| | Kindertageseinrichtungen | | Öffentlich geförderte Kindertagespflege | |
|---|---|---|---|---|
| | 32.203 Kinder < 3 J. | 519.303 K. ≥ 3 J. (o. Schulk.) | 10.429 Kinder < 3 J. | 3.248 Kinder v. 3 bis < 6 J. |
| Bis zu 5 h | 25,2 / 24,9 | 12,9 / 26,1 | 32,0 / 31,6 | 60,3 / 52,4 |
| Mehr als 5 bis zu 7 h | 17,6 / 24,3 | 30,2 / 31,0 | 35,7 / 28,9 | 24,4 / 25,1 |
| Mehr als 7 h | 50,5 / 47,9 | 29,7 / 29,9 | 32,3 / 39,0 | 15,4 / 22,2 |
| Vor- u. nachmittags o. Mittagsbetreuung | 6,7 / 2,8 | 27,1 / 13,0 | 0,0 / 0,5 | 0,0 / 0,3 |

NW 2008 | ø Deutschland 2008

## NW4 | Bildungsbeteiligung von Kindern in Kindertageseinrichtungen und Kindertagespflege

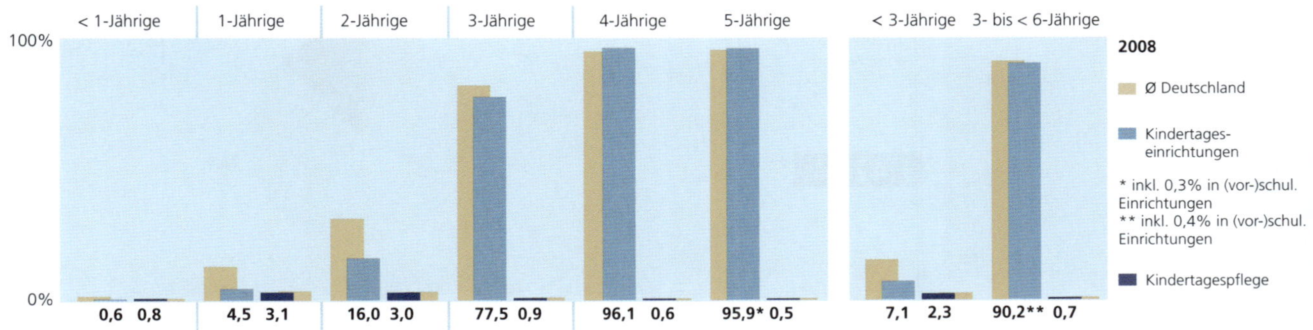


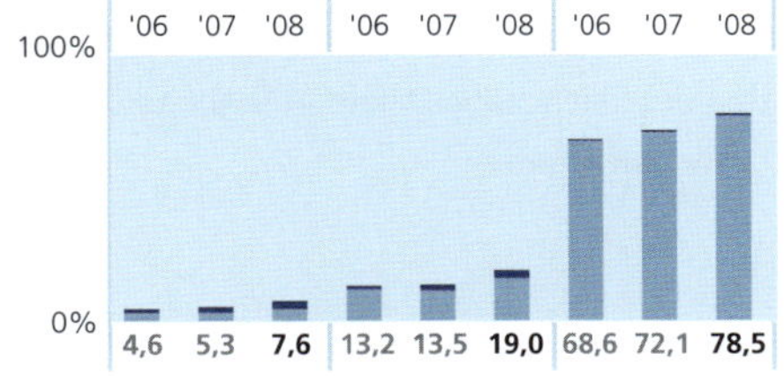


Die Bildungsbeteiligung der unter Dreijährigen ist zwischen 2006 und 2008 auf 9,4% gestiegen, liegt aber noch 8,4 Prozentpunkte unter dem Bundesdurchschnitt (17,8%). Die Teilhabequote der Einjährigen hat sich in diesem Zeitraum um drei Prozentpunkte auf 7,6% erhöht. Obgleich sich die Teilhabe Zweijähriger an Angeboten der FBBE (19%) seit 2006 deutlich gesteigert hat, bleibt sie um 15,4 Prozentpunkte unter dem Bundesniveau (34,4%). Von den Dreijährigen sind 78,5% in Tagesbetreuung, womit hier eine Annäherung an den Bundesdurchschnitt (82,9%) zu beobachten ist.

## NW5 | Bildungsbeteiligung und familiäre Sprachpraxis von Kindern mit und ohne Migrationshintergrund (2008)

### NW5A Bildungsbeteiligung

**Kinder unter 3 Jahren in der Bevölkerung**

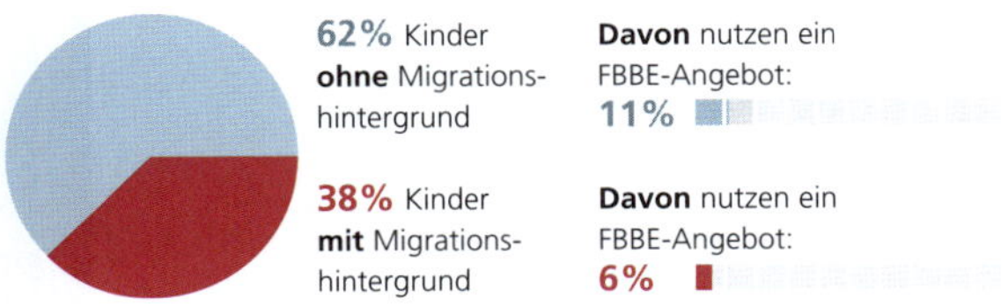


**Kinder von 3 bis unter 6 Jahre in der Bevölkerung**

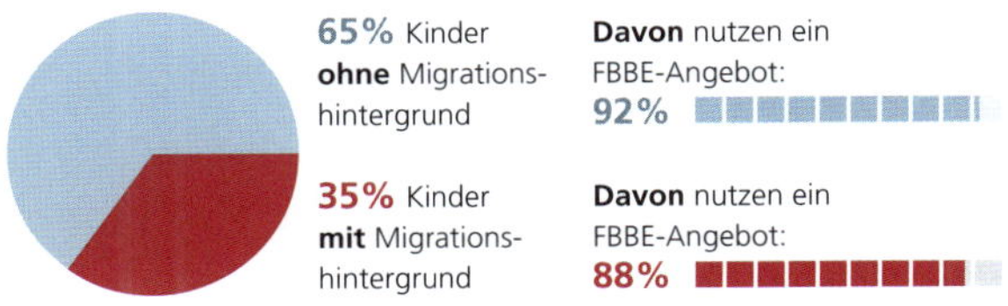


### NW5B Familiäre Sprachpraxis von Kindern in KiTas

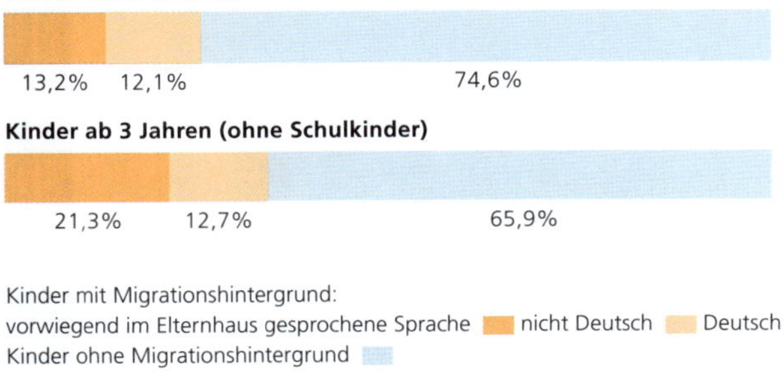


In NW haben 38% aller Kinder unter 3 Jahren einen Migrationshintergrund. Ihre Teilhabequote liegt bei 6%, während die von Kindern gleichen Alters ohne Migrationshintergrund 11% beträgt. Von allen Drei- bis unter Sechsjährigen haben 35% einen Migrationshintergrund. In dieser Altersgruppe unterscheidet sich die Bildungsbeteiligung von Kindern mit und ohne Migrationshintergrund kaum.

## NW6 | Investitionen pro Kind*

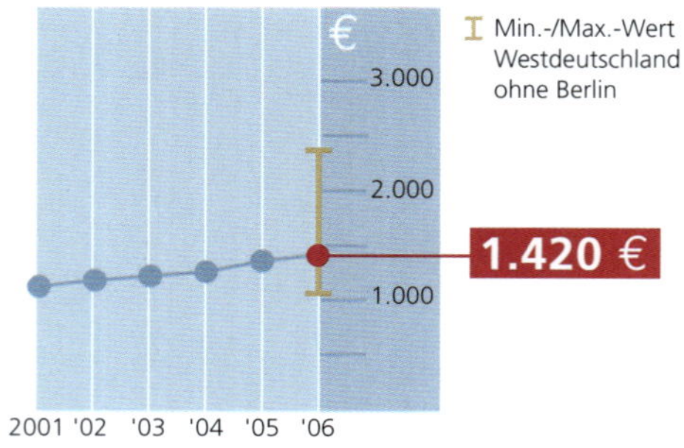


Die reinen Nettoausgaben der öffentlichen Haushalte für FBBE pro unter zehnjährigem Kind sind seit 2001 konstant gestiegen, aber mit im Zeitverlauf unterschiedlichen Steigerungsraten. Die Investitionen pro unter Zehnjährigem liegen in NW leicht über dem durchschnittlichen Vergleichswert in Westdeutschland (1.365 €).

## NW7 | Finanzierungsgemeinschaft für FBBE (2006)

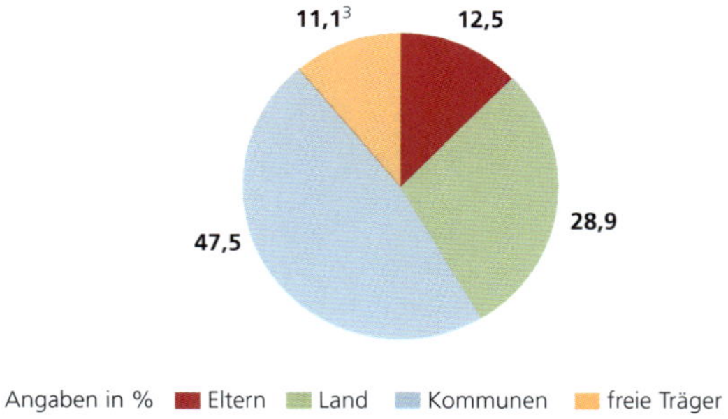


In den öffentlichen Statistiken fehlen i. d. R. die Elternbeiträge, die direkt von freien Trägern eingezogen werden, sowie die finanziellen Eigenanteile der freien Träger. Diese Ausgabengrößen werden daher über Schätzungen ermittelt.

# Investitionen wirkungsvoll einsetzen

Wie in den Vorjahren sind die Investitionen pro unter 10-jährigem Kind weiter gestiegen und bewegen sich leicht über dem durchschnittlichen Vergleichswert für Westdeutschland. Zugenommen hat ebenso der Anteil der reinen Nettoausgaben für FBBE an allen reinen Ausgaben öffentlicher Haushalte. Bei der Finanzierungsgemeinschaft für FBBE beteiligen sich die Akteure 2006[4] wie folgt: Finanziert werden 47,5% vom Land, 28,9% von den Kommunen und 11,1% von den freien Trägern. Der Elternanteil liegt bei 12,5%. Mit dem neuen Kinderbildungsgesetz vom 1. August 2008 erfolgte eine grundlegende Umstellung des Finanzierungssystems von einer gruppenbezogenen Förderung der spitz abgerechneten Kosten hin zu einer pauschalierten Förderung pro Kind zuzüglich weiterer Zuschüsse. In dem Zuge wurde der kirchliche Trägeranteil von 20 Prozent auf 12 Prozent abgesenkt. Die Höhe der Elternbeiträge wird nun auf kommunaler Ebene festgelegt, so dass diese jetzt landesweit sehr unterschiedlich ausfallen können.

## NW8 | Anteil der reinen Nettoausgaben für FBBE an den gesamten reinen Ausgaben öffentlicher Haushalte*

Der Anteil der reinen Nettoausgaben für FBBE gemessen an ihrem Anteil an den gesamten reinen Ausgaben der öffentlichen Haushalte hat sich seit 2001 langsam, aber kontinuierlich erhöht. Im Jahr 2001 lag er noch bei 3,2%, im Jahr 2006 dann bei 3,6%. Im Vergleich zu dem Anteil, der durchschnittlich in den westdeutschen Bundesländern für FBBE aufgewandt wird (3,3%), liegt NW mit seinen Ausgaben leicht darüber.

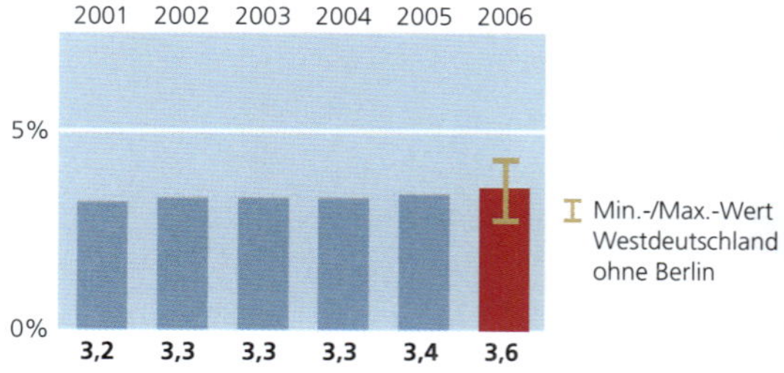


* Bei den Nettoausgaben der öffentlichen Hand werden neben Ausgaben für die Kinder in vorschulischen Angeboten (u. a. Krippen, Kindergärten, Einrichtungen mit altersübergreifenden Gruppen) auch Kindertageseinrichtungen mit Schulkindern berücksichtigt (z. B. Horte). Zwischen den Ländern schwankt der Anteil der Schulkinder, die in Kindertageseinrichtungen betreut werden, erheblich. Dies ist bei der vergleichenden Bewertung der Finanzindikatoren zu berücksichtigen.

# Bildung fördern – Qualität sichern

Zum 1. August 2008 ist das neue Kinderbildungsgesetz KiBiz in Kraft getreten. Nordrhein-Westfalen arbeitet derzeit an einer Weiterentwicklung der Bildungsvereinbarung.[5] Mit Vertretern der Kommunalen Spitzenverbände, der Spitzenverbände der freien Wohlfahrtspflege, der Kirchen und Fachleuten aus der Praxis (Elementar- und Primarbereich) finden mit wissenschaftlicher Begleitung fünf Workshops statt, in denen neue Anforderungen im Elementar- und Primarbereich, ein gemeinsames Bildungsverständnis, Bildungsziele sowie Bildungsbereiche diskutiert werden sollen. Die Ergebnisse dieser Workshops werden in zwei Fachtagungen einer breiten Fachöffentlichkeit vorgestellt und diskutiert. Nach Berechnungen auf Grundlage der Kinder- und Jugendhilfestatistik sind die durchschnittlichen Personalschlüssel für Kinder unter 3 Jahren in Krippengruppen (1:7,4) im Bundesvergleich vergleichsweise sehr schlecht. Allerdings sind nur 9,5% der Kinder in einer Krippe. Die Mehrheit der unter Dreijährigen (59,5%) besucht altersübergreifende Gruppen, die im Schnitt einen leicht besseren Personalschlüssel (1:7,1) haben. Für Kinder ab 3 Jahren wird ein Schlüssel von durchschnittlich 1:9,1 ausgewiesen.

## NW9 | Bildungsplan – BP (2008)

| **I. Information** | |
|---|---|
| Kostenloser Versand des BP an alle KiTas | ● |
| BP als Download verfügbar | ● |
| BP als Publikation erwerbbar | – |
| Informationsmaterial über BP für Eltern verfügbar | ● |
| Informationsmaterial über BP mehrsprachig f. Eltern verfügbar | ● |
| **4 von 5 Punkten** | ●●●●○ |

| **II. Qualifizierung** | |
|---|---|
| Infoveranstaltung zum BP für alle KiTa-Mitarbeiterinnen | – |
| Verpflichtende Informationsveranstaltung zum BP für alle KiTa-Mitarbeiterinnen | – |
| Angebotene Fortbildung zum BP mindestens zweitägig | – |
| Alle Fachberatungen erhalten Fortbildungen zum BP | ● |
| Öffentliche Mittel für regelmäßige Fortbildung zum BP für alle pädagogischen Mitarbeiterinnen verfügbar | ● |
| **2 von 5 Punkten** | ●●○○○ |

| **III. Umsetzungskontrolle (in allen KiTas)** | |
|---|---|
| Jährliche externe Überprüfung der Umsetzung des BP | – |
| Jährliche Berichtspflicht zur Implementation des BP | – |
| Nachweis der Aufnahme des BP in die Konzeption | – |
| **0 von 3 Punkten** | ○○○ |

Insgesamt **6** von 13 Punkten

## NW10 | Kooperation KiTa – Grundschule (2008)

Eine landesweit verbindliche Regelung zur Kooperation von KiTas und Grundschulen besteht zwischen dem Ministerium für Generationen, Familie, Frauen und Integration und dem Ministerium für Schule und Weiterbildung. In der Bildungsvereinbarung sowie Empfehlungen der Landesjugendämter und kommunalen Spitzenverbände sind Prinzipien, Grundsätze sowie fachliche Standards für die Zusammenarbeit definiert. Zusätzliche Mittel werden weder Schulen noch KiTas zur Verfügung gestellt.

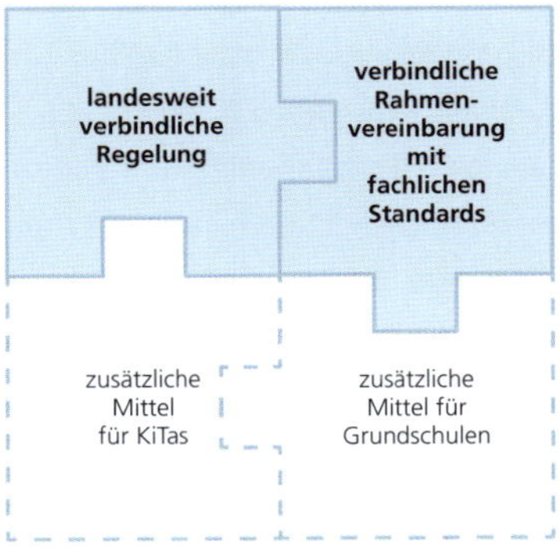

## NW11 | Pädagogisches Personal nach Berufsausbildungsabschlüssen (2008)

In NW haben 68,0% der pädagogisch Tätigen einen Fachschulabschluss, bundesweit sind es 71,9%. Der Anteil an Kinderpflegerinnen entspricht mit 13,1% dagegen fast dem Bundesdurchschnitt (13,3%). Dies gilt in gleicher Weise für den Teil des pädagogischen Personals mit Hochschulabschluss in NW (3,1%). Überdurchschnittlich vertreten ist die Gruppe der pädagogisch Tätigen, die sich in der Ausbildung, im Praktikum o. Ä. befinden.

| Abschluss | Nordrhein-Westfalen | ø Deutschland |
|---|---|---|
| | Anteile in Prozent | |
| (sozialpädagogischer) Hochschulabschluss | 3,1 | *3,5* |
| Fachschulabschluss (Erzieherinnen, Heilpädagoginnen) | 68,0 | *71,9* |
| Kinderpflegerinnen | 13,1 | *13,3* |
| anderer fachlicher Abschluss (sonst. Sozial- u. Erziehungsberufe) | 1,2 | *1,9* |
| Sonstige | 11,8 | *7,1* |
| ohne abgeschl. Ausbildung | 2,7 | *2,2* |

## NW12 | Personalschlüssel und Gruppentypen in Kindertageseinrichtungen

### NW12A Personalschlüssel und Fachkraft-Kind-Relation

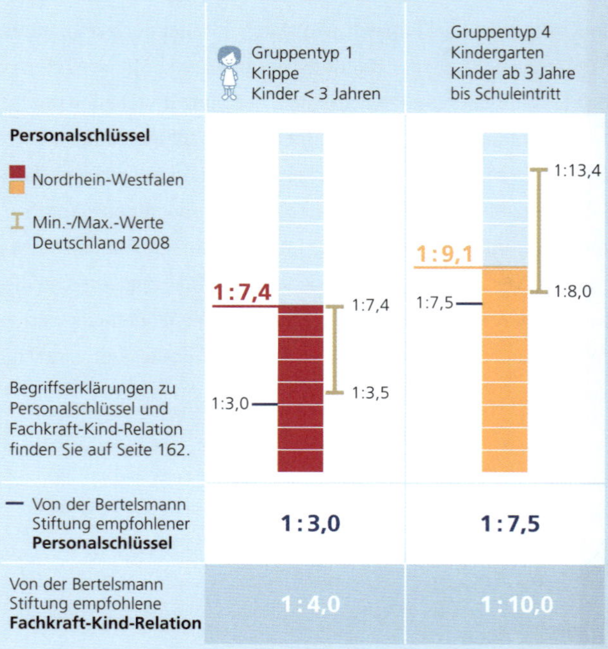


## NW13 | Beschäftigungsumfang des pädagogischen Personals und Anteil der Vollzeitbeschäftigten in Kindertageseinrichtungen

Weit mehr als die Hälfte (57,9%) der pädagogisch Tätigen sind vollzeitbeschäftigt. Dieser Wert liegt 18,5 Prozentpunkte über dem Bundesdurchschnitt (39,4%). Allerdings hat sich von 1998 bis 2007 ihr Anteil kontinuierlich um insgesamt 16,7 Prozentpunkte reduziert und auch zwischen 2007 und 2008 ist der Anteil noch einmal um 0,9 Prozentpunkte zurückgegangen. Wochenarbeitszeiten zwischen 32 und unter 38,5 Stunden haben vergleichsweise nur wenige der pädagogisch Tätigen (8,9%). Bundesweit liegt der Anteil bei 16,3%. Ebenfalls deutlich unter dem bundesdeutschen Vergleichswert von 28,8% bewegt sich der Anteil derer, die zwischen 21 und unter 32 Stunden pro Woche arbeiten (16,0%). Da über die Hälfte des pädagogischen Personals vollzeitbeschäftigt ist, ist eine Abstimmung von Betreuungszeiten und Arbeitszeiten anzunehmen. Damit ist eine Voraussetzung gegeben, Kindern z. B. kontinuierliche und verlässliche Beziehungserfahrungen zu ermöglichen und so elementare pädagogische Standards zu realisieren.

### NW13A Pädagogisches Personal nach Beschäftigungsumfang (2008)

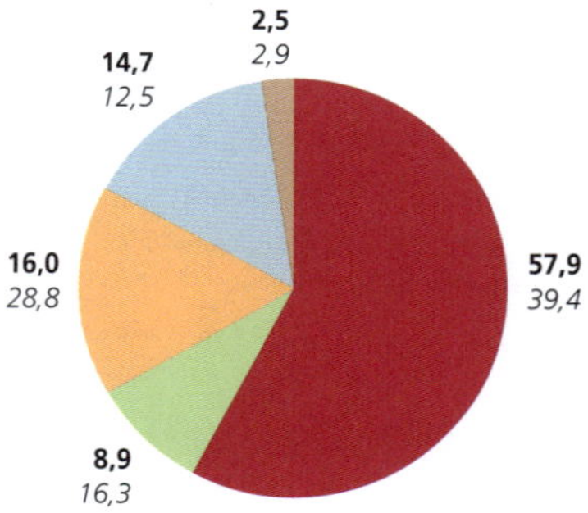


Angaben in %
- Hauptberuflich, Vollzeit, 38,5 und mehr Wochenstunden
- Teilzeit, 32 bis < 38,5 Wochenstunden
- Teilzeit, 21 bis < 32 Wochenstunden
- Teilzeit, < 21 Wochenstunden
- Nebenberuflich, < 20 Wochenstunden

*kursiv* = ø Deutschland

### NW12B Verteilung der Kinder unter 3 Jahren auf verschiedene Gruppentypen (2008)

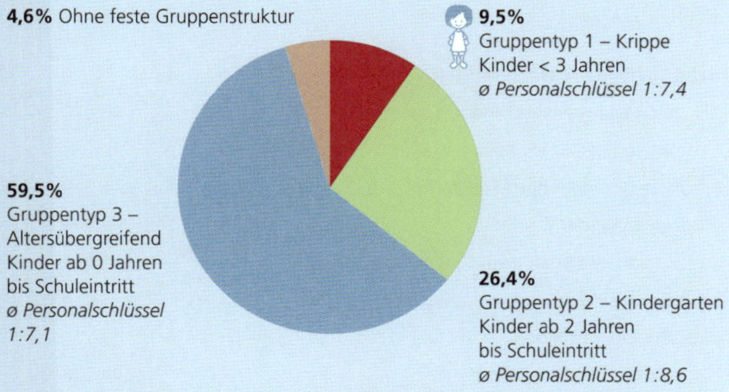


Von den unter Dreijährigen erfahren 9,5% in Krippengruppen einen Personalschlüssel von durchschnittlich 1:7,4 – bundesweit der schlechteste dieses Gruppentyps. Etwas besser fällt der Schlüssel für die altersübergreifenden Gruppen aus (durchschnittlich 1:7,1), in denen die Mehrzahl der unter Dreijährigen (59,5%) betreut wird. Für 26,4% der U-3-Kinder beträgt der Schlüssel in geöffneten Kindergartengruppen durchschnittlich 1:8,6.

### NW13B Anteil der Vollzeitbeschäftigten

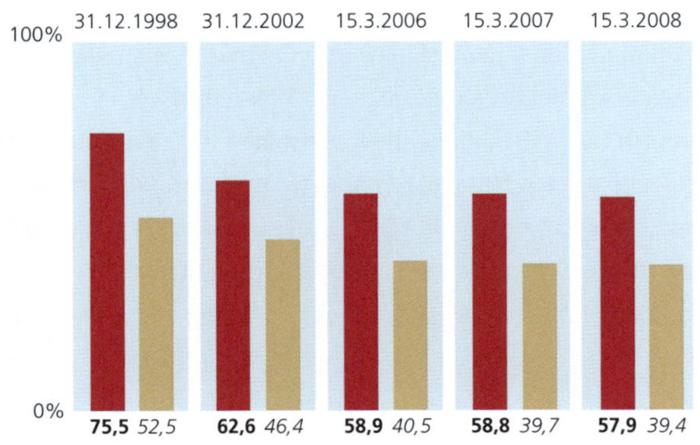


Anteil der Vollzeitbeschäftigten an allen Beschäftigten, ohne Verwaltung und Hauswirtschaft/Technik

■ NW ■ ø Deutschland

## NW14 Rahmenbedingungen für Bildungsqualität

### NW14A Regelungen zur Strukturqualität (2008)

| | Allgemein geregelt | Präzise definiert |
|---|---|---|
| Maximale Gruppengröße | ● | ● |
| Fachkraft-Kind-Relation | ● | ● |
| Verfügungszeit | ●[6] | – |
| Fachberatung | ● | – |
| Fortbildung | ● | – |
| Leitungsfreistellung | ●[7] | – |
| (Innen-/Außen-)Flächen | ●[8] | – |

Insgesamt **9** von 14 Punkten

Im KiBiz (Kinderbildungsgesetz) sind die maximale Gruppengröße und die Fachkraft-Kind-Relation präzise geregelt. Allgemeine Regelungen existieren für Fachberatung und Fortbildung. Verfügungszeiten und Leitungsfreistellung werden anteilsmäßig in den Kindpauschalen berücksichtigt. Die Landesjugendämter haben Empfehlungen über die vorzuhaltende Quadratmeterfläche entwickelt.

### NW14B Regelungen zur Qualitätsüberprüfung (2008)

| | |
|---|---|
| Geregelte Verpflichtung in Ausführungsgesetz oder Verordnung | ● |
| *Elternbefragung (mindestens jährlich)* | – |
| *Selbstevaluation* | ● |
| *Fremdevaluation* | – |
| Zahlung öffentlicher Zuschüsse abhängig von externer Qualitätsüberprüfung | – |

Insgesamt **2** von 5 Punkten

Im KiBiz ist eine Verpflichtung zur Qualitätsentwicklung enthalten. Konkrete Qualitätsentwicklungsmaßnahmen werden von den Trägern der KiTas in eigener Verantwortung durchgeführt. Die Grundlagen dieser Evaluation sind rechtlich vorgeschrieben. Die Zahlung öffentlicher Zuschüsse ist nicht abhängig vom Ergebnis der Evaluation. In Abstimmung mit dem Träger kann die oberste Landesjugendbehörde eine Einrichtung extern evaluieren.

# Rheinland-Pfalz

**Basisdaten 2008**

**Fläche: 19.853 km²**

**Einwohner** (31.12.2007):
**4.045.643**

**Anteil der Kinder in FBBE**
**Kinder < 3 Jahren: 15,1%**
**Kinder 3 bis < 6 Jahre**
**(ohne Schulkinder): 95,9%**
(inkl. 0,2% in [vor-]schulischen Einrichtungen)

| | |
|---|---|
| Geborene Kinder (2007) | 32.536 |
| Geburten pro Frau (2007) | 1,4 |
| Anzahl der Kinder < 10 Jahren (31.12.2007) | 358.805 |
| Davon Kinder < 3 Jahren | 97.566 |
| Davon Kinder 3 bis < 6 Jahre | 104.642 |
| Davon Kinder 6 bis < 10 Jahre | 156.597 |

| | |
|---|---|
| Erwerbstätigenquote von Müttern (2007) mit | |
| … mindestens einem Kind < 3 Jahren | 46,0% |
| … mindestens einem Kind von 3 bis < 6 Jahre | 56,0% |
| Leistungsempfänger nach SGB II (ALG II u. Sozialgeld, 2008) | 246.123 |
| Darunter Kinder < 6 Jahren | 32.192 |
| Entspricht Anteil an allen Kindern < 6 Jahren | 15,9% |
| Tageseinrichtungen insgesamt (2008) | 2.414 |
| Anteil der Einrichtungen | |
| … in öffentlicher Trägerschaft | 44,9% |
| … in freigemeinnütziger Trägerschaft | 53,8% |
| … als Betriebs-/Unternehmensteil | 0,2% |
| … in privatgewerblicher Trägerschaft | 1,1% |
| Anteil der KiTas ohne feste Gruppenstruktur | 8,5% |
| Pädagogisches Personal in KiTas insgesamt | 21.715 |
| Kinder in KiTas insgesamt | 142.621 |
| Darunter Kinder < 3 Jahren | 13.467 |
| Darunter Kinder 3 bis < 6 Jahre (ohne Schulkinder) | 99.631 |
| Darunter Schulkinder 6 bis < 10 Jahre | 6.632 |
| Tagespflegepersonen insgesamt | 1.474 |
| Kinder < 6 Jahren in Kindertagespflege | 1.765 |
| Davon Kinder < 3 Jahren | 1.221 |
| Davon Kinder 3 bis < 6 Jahre | 544 |

In RP ist das Ministerium für Bildung, Wissenschaft, Jugend und Kultur für FBBE zuständig. Mit dem Sozialministerium gibt es einen regelmäßigen Austausch in der interministeriellen Fachgruppe zum Thema Integration von Kindern mit Behinderung in KiTas. Fragen der Betriebserlaubnis werden in einer Fachgruppe mit den für Brandschutz, Baurecht, Hygiene, Gesundheit zuständigen Ministerien diskutiert und koordiniert. Als Gremium aller relevanten Akteure für den Bereich der FBBE führt das zuständige Ministerium den KiTa-Tag der Spitzenverbände an, an dem die kommunalen Spitzenverbände, die Kirchen, die Liga der freien Wohlfahrtspflege, Landeselternausschuss und Landesjugendamt beteiligt sind.

Landespolitisch oberste Priorität hat der Angebotsausbau für unter Dreijährige, der mit Hilfe des Investitionsprogramms „Kinderbetreuungsausbau“ in RP forciert werden soll. Darüber hinaus will das Land die Qualifizierung der Fachkräfte weiter unterstützen und zwar mittels eines Landesfortbildungsprogramms/-curriculums, KonsultationskiTas sowie akademischen Studiengängen. Weiteres Schwerpunktthema ist die Sprachförderung, deren Maßnahmen gegenwärtig in einer Evaluationsstudie untersucht werden. Als weitere, neue Aktivitäten werden der Stufenplan zur vollständigen Beitragsfreiheit für Eltern und der Sozialfonds für das Mittagessen in KiTas genannt. Den Orientierungsrahmen für diese politischen Handlungsschwerpunkte bildet die im Jahr 2005 von der Landesregierung ins Leben gerufene Initiative „Zukunftschance Kinder – Bildung von Anfang an“.

## Teilhabe sichern

Die Bildungsbeteiligung der Kinder unter 3 Jahren bewegt sich in RP mit 15,1% unter dem Bundesdurchschnitt. Zurückzuführen ist dies auf die niedrige Teilhabequote der Einjährigen an Angeboten der FBBE (7,7%). Effekte des gezielten Ausbaus von Betreuungsplätzen für unter Dreijährige zeigen sich allerdings in der Teilhabequote der Zweijährigen, die zwischen 2006 und 2008 um 12,5 Prozentpunkte gestiegen ist und nun mit 35,4% über dem bundesdeutschen Vergleichswert liegt. Die Teilhabequoten der Altersjahrgänge über drei sind sämtlich höher als im Bundesvergleich. So sind 92,1% der Dreijährigen in Kindertagesbetreuung und über 98% der Vier- bzw. Fünfjährigen. Die Kinder unter wie über drei verteilen sich relativ gleichmäßig auf die verschiedenen Betreuungsumfänge, wobei die jüngeren sowohl etwas häufiger einen Halbtagsplatz (bis zu 5 Stunden) als auch einen Ganztagsplatz (mehr als 7 Stunden) beanspruchen. Auffällig ist zudem der überdurchschnittlich hohe Anteil von Kindern, die vor- und nachmittags ohne Mittagsbetreuung in einer KiTa sind. Es wäre zu prüfen, ob diese Betreuungszeiten tatsächlich mit den Bedarfen von Kindern bzw. Eltern korrespondieren.

## Investitionen wirkungsvoll einsetzen

Seit 2001 steigen die Investitionen pro unter zehnjährigem Kind kontinuierlich und mit deutlichen Steigerungsraten. Bundesweit liegt RP damit im Mittelfeld. Mit seinem Anteil der reinen Nettoausgaben an allen reinen Ausgaben der öffentlichen Hand in Höhe von 4,3% liegt RP – trotz Stagnation von 2005 auf 2006 – in Westdeutschland an der Spitze. Nach Schätzungen ist der Landesanteil an der Finanzierungsgemeinschaft für FBBE im Jahr 2006 gestiegen und der der Eltern gesunken. Begründet ist diese Entwicklung in der Einführung der Beitragsfreistellung für das letzte KiTa-Jahr vor der Einschulung. Diese Maßnahme war 2006 der Beginn der stufenweisen Umsetzung der Beitragsfreiheit für alle Kinder in KiTas ab 2 Jahren bis 2010. Die erwartbaren Mehrkosten kalkulierte das Land laut Gesetzentwurf im Haushaltsjahr 2008 mit 8,6 Mio. Euro, im Haushaltsjahr 2009 mit 30,4 Mio. Euro, im Haushaltsjahr 2010 mit 49,8 Mio. Euro und ab dem Haushaltsjahr 2011 mit jährlich rund 58,5 Mio. Euro. Darüber hinaus stellt das Land ab 2009 jährlich 1,5 Mio. Euro in einem Sozialfonds für das Mittagessen in KiTas bereit. Die örtlichen Träger der öffentlichen Jugendhilfe der kreisfreien Städte und Landkreise ergänzen diese Mittel.

## Bildung fördern – Qualität sichern

Zu den Bildungs- und Erziehungsempfehlungen, die die fachliche Grundlage für die Weiterentwicklung der FBBE in RP darstellen, wird derzeit im Dialog mit den Trägern eine „Lesehilfe" mit Blick auf die unter Dreijährigen erarbeitet. Zudem ist im KiTa-Gesetz eine Verpflichtung der Einrichtungen zur Qualitätsüberprüfung enthalten. Die Grundlagen einer Vereinbarung zur Qualitätssicherung werden gegenwärtig im Austausch mit den Trägern entwickelt.

Für die Qualität der pädagogischen Praxis sind die verfügbaren Personalressourcen maßgeblich. Das formale Qualifikationsniveau des pädagogischen Personals in RP ist annähernd vergleichbar mit dem Bundesdurchschnitt. Lediglich der Anteil der Tätigen mit Fachschulabschluss ist etwas höher, der der Kinderpflegerinnen etwas niedriger. Im Bundesvergleich gesehen überdurchschnittlich hoch ist der Anteil der Vollzeitbeschäftigten (46,4%). Knapp ein Drittel arbeitet zwischen 21 bis unter 32 Stunden wöchentlich, 16,0% arbeiten weniger als 21 Stunden pro Woche. Inwieweit diese unterschiedlich langen Beschäftigungszeiten mit den differenzierten Betreuungszeiten der Kinder kompatibel sind, wäre zu prüfen. Auf relativ gute Ausgangsbedingungen bei der Personalausstattung weisen die Berechnungen der durchschnittlichen Personalschlüssel hin. Der Schlüssel für Kinder über drei in Kindergartengruppen ist bundesweit mit durchschnittlich 1:8,2 einer der besten in diesem Gruppentyp. Auch der durchschnittliche Personalschlüssel für Kinder unter 3 Jahren in Krippengruppen ist mit 1:4,6 sehr günstig, allerdings profitieren davon nur 16,9% der Kinder dieser Altersgruppe. Die Mehrheit von ihnen (40,1%) besucht eine für Zweijährige geöffnete Kindergartengruppe, für die ein eher ungünstiger Schlüssel von durchschnittlich 1:8,0 ausgewiesen wird. Bundesweit ist dies der höchste Anteil Zweijähriger in geöffneten Kindergartengruppen. Es ist zu vermuten, dass der Ausbau der Betreuungsangebote für diese Altersgruppe – auch angesichts der hohen Steigerungsraten bei den Teilhabequoten Zweijähriger – in RP v. a. über die Alterserweiterung von Kindergartengruppen erreicht wurde. Problematisch daran könnte sein, dass etwa die Hälfte der Zweijährigen in diesen Gruppen alleine oder zusammen mit nur einem weiteren gleichaltrigen Kind ist.

Die Aktivitäten der Landesebene im Bereich der FBBE zeigen eine Kontinuität der fachlichen Maßnahmen in einem stabilen Programmrahmen im Dialog mit allen beteiligten Akteuren sowie gleichzeitig die Motivation, die Weiterentwicklung des Systems mit neuen Aktivitäten zu fördern.

## RP1 | Rechtsanspruch des Kindes auf einen Betreuungsplatz (2008)

Es besteht ein elternunabhängiger Rechtsanspruch auf einen Kindergartenplatz für jedes Kind vom vollendeten dritten Lebensjahr bis zum Schuleintritt. Ab August 2010 wird dieser Anspruch auf Kinder ab dem vollendeten zweiten Lebensjahr ausgeweitet. Der garantierte Rechtsanspruch umfasst bis zu sieben Stunden täglich.[1]

# Teilhabe sichern

Die Bildungsbeteiligung der unter Dreijährigen in RP liegt bei 15,1%, die der Drei- bis unter Sechsjährigen bei 95,9%. Weniger als ein Drittel aller Kinder unter 6 Jahren in RP haben einen Migrationshintergrund. Diese nutzen seltener ein Angebot der FBBE als Kinder ohne Migrationshintergrund. Die Betreuungszeiten für die unter wie für die über Dreijährigen bis zum Schuleintritt in KiTas sind sehr differenziert. Auffällig ist der Anteil von Kindern, die vor- und nachmittags ohne Mittagsbetreuung in einer KiTa sind: 14,9% der Kinder unter drei sowie 23,4% der Kinder über drei.

## RP2 | Ausbaubedarf von Betreuungsplätzen für unter Dreijährige nach dem Kinderförderungsgesetz

Nach dem KiFöG wird angenommen, dass 2013 im Bundesdurchschnitt für 35% der unter Dreijährigen ein FBBE-Angebot verfügbar sein soll. Demnach wäre das Angebot in RP von 15,1% (15.3.2008) noch um 19,9 Prozentpunkte zu steigern. Gemäß der 11. koordinierten Bevölkerungsvorausberechnung entspräche dies ca. 18.000 Plätzen.[2]

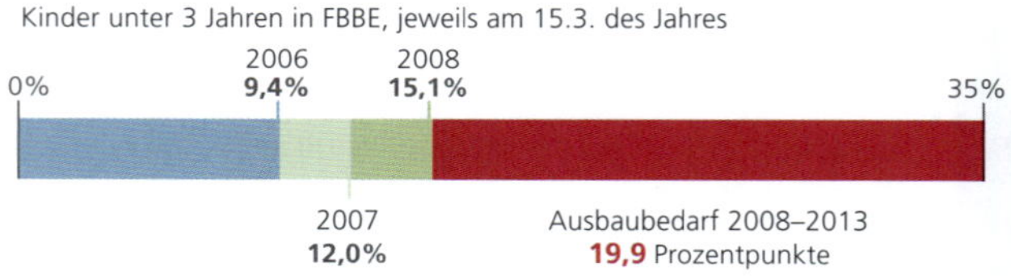


## RP3 | Vertraglich vereinbarte tägliche Betreuungszeiten (2008)

| | Kindertageseinrichtungen | | Öffentlich geförderte Kindertagespflege | |
|---|---|---|---|---|
| | 13.467 Kinder < 3 J. | 120.556 K. ≥ 3 J. (o. Schulk.) | 1.221 Kinder < 3 J. | 552 Kinder v. 3 bis < 6 J. |
| Bis zu 5 h | 29,1 / 24,9 | 21,3 / 26,1 | 40,3 / 31,6 | 69,2 / 52,4 |
| Mehr als 5 bis zu 7 h | 27,0 / 24,3 | 30,2 / 31,0 | 28,9 / 28,9 | 18,7 / 25,1 |
| Mehr als 7 h | 28,9 / 47,9 | 25,1 / 29,9 | 30,8 / 39,0 | 12,1 / 22,2 |
| Vor- u. nachmittags o. Mittagsbetreuung | 14,9 / 2,8 | 23,4 / 13,0 | 0,0 / 0,5 | 0,0 / 0,3 |

RP 2008 | ø Deutschland 2008

## RP4 | Bildungsbeteiligung von Kindern in Kindertageseinrichtungen und Kindertagespflege

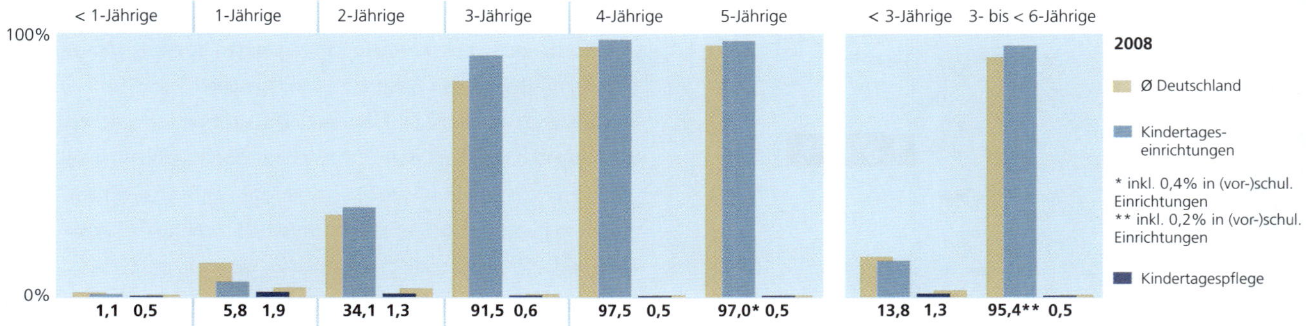


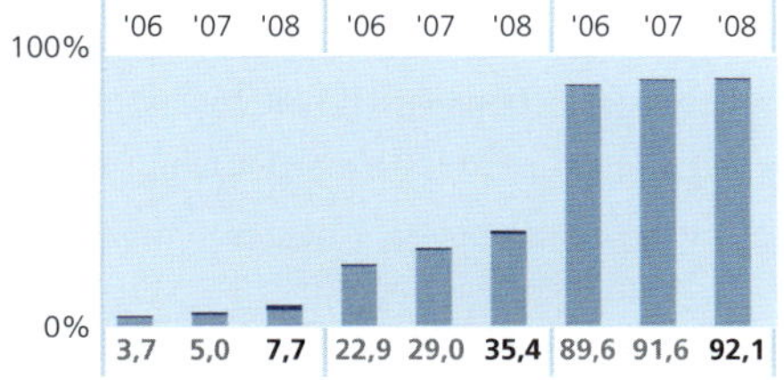


Die Teilhabequote der unter Dreijährigen liegt mit 15,1% leicht unter dem Bundesdurchschnitt (17,8%). Obgleich die Bildungsbeteiligung bei den Einjährigen zwischen 2006 und 2008 um 4,1 Prozentpunkte auf 7,7% gestiegen ist, ist sie noch weit unter dem Bundesniveau (16,4%). Anders hingegen die Entwicklung bei der Teilhabequote bei den Zweijährigen: Im Vergleich zu 2006 (22,9%) nutzen inzwischen 35,4% ein Angebot der FBBE (+ 12,5 Prozentpunkte). Bei den Dreijährigen liegt die Teilhabequote mit 92,1% um 9,2 Prozentpunkte über dem Bundesdurchschnitt (82,9%).

## RP5 | Bildungsbeteiligung und familiäre Sprachpraxis von Kindern mit und ohne Migrationshintergrund (2008)

### RP5A Bildungsbeteiligung

**Kinder unter 3 Jahren in der Bevölkerung**

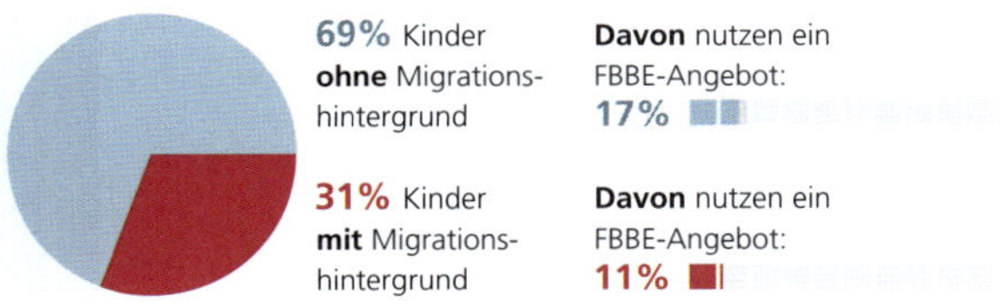


**Kinder von 3 bis unter 6 Jahre in der Bevölkerung**

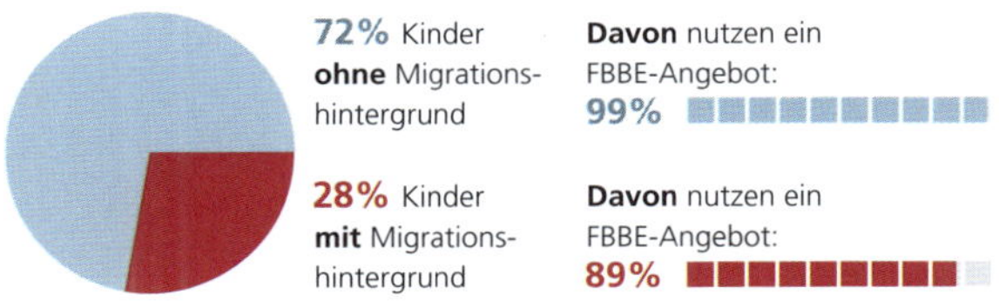


### RP5B Familiäre Sprachpraxis von Kindern in KiTas

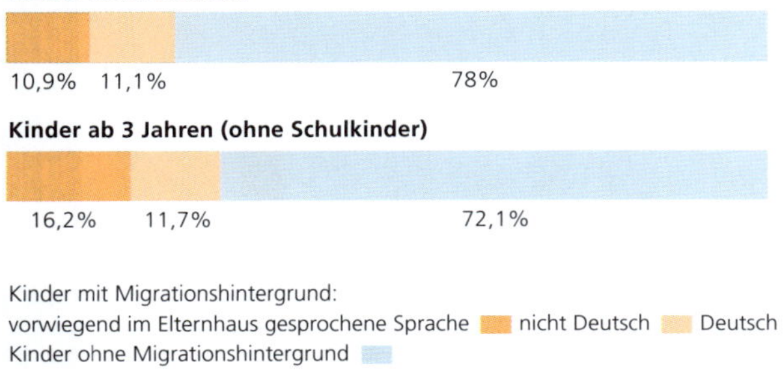


In RP haben 31% aller Kinder unter drei Jahren einen Migrationshintergrund. Während von ihnen 11% ein Angebot der FBBE besuchen, sind es von den Kindern ohne Migrationshintergrund 17%. In der Altersgruppe der über Drei- bis unter Sechsjährigen haben 28% der Kinder einen Migrationshintergrund. Ihre Teilhabequote (89%) liegt 10 Prozentpunkte unter der von Kindern ohne Migrationshintergrund (99%).

## RP6 | Investitionen pro Kind*

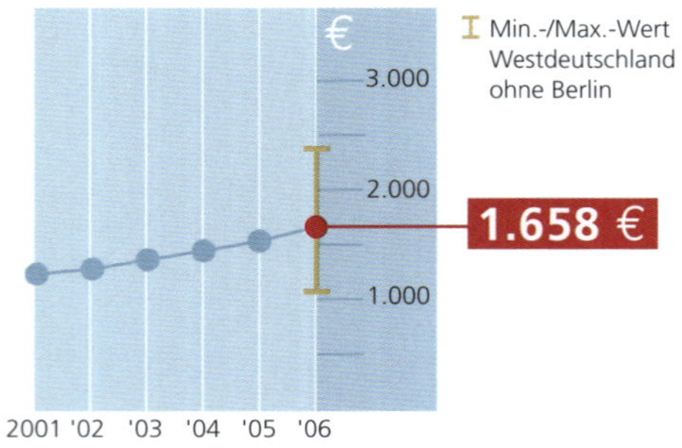


Die reinen Nettoausgaben der öffentlichen Haushalte für FBBE pro unter zehnjährigem Kind sind seit 2002 von Jahr zu Jahr deutlich gestiegen, zuletzt um 8,2%. Die durchschnittlichen Investitionen pro Kind liegen über dem westdeutschen Durchschnittswert (1.365 €) und zählen zu den höchsten in Westdeutschland.

## RP7 | Finanzierungsgemeinschaft für FBBE (2006)

Der finanzielle Eigenanteil der freien Träger in Rheinland-Pfalz umfasst bei den Kindertageseinrichtungen den gesetzlich vorgegebenen Anteil an den Personalkosten (zwischen 5 und 12,5%) sowie grundsätzlich die Sachkosten und die (öffentlich geförderten) Investitionskosten. Zahlreiche Gemeinden haben darüber hinaus mit ihren freien Trägern Vereinbarungen zur kommunalen Kostenübernahme geschlossen. Da statistische Erhebungen hierzu nicht vorliegen, wird von einem Anteil in Höhe von ca. 8,75% ausgegangen. Da die Eltern 2006 für das Jahr vor der Einschulung beitragsfrei gestellt worden sind, hätte dies nach Abschätzungen zu einem Rückgang der Elternbeiträge um fast 25% führen müssen. Aufgrund ungeklärter Differenzen zwischen Abschätzungen und Angaben der Jahresrechnungsstatistik ist eine Ausweisung der Finanzierungsgemeinschaft nicht möglich. Gesichert ist nur, dass der Anteil des Landes gestiegen, der Anteil der Eltern gesunken ist.

# Investitionen wirkungsvoll einsetzen

2006 sind die durchschnittlichen Investitionen pro unter 10-jährigem Kind weiter gestiegen und bewegen sich weiterhin deutlich über dem westdeutschen Durchschnittswert. Der Anteil der reinen Nettoausgaben für FBBE an allen reinen Ausgaben der öffentlichen Hand ist trotz Stagnation mit 4,3% im Jahr 2006 der höchste in Westdeutschland. Obgleich zu der Finanzierungsgemeinschaft keine Angaben gemacht werden können, steht fest, dass 2006 der Landesanteil von 28,3% im Jahr 2005 gestiegen und der Elternanteil von 13,1% im Jahr 2005 gesunken ist.

Ursächlich dafür ist die Einführung der Beitragsfreiheit im letzten Kindergartenjahr vor der Einschulung im Jahr 2006. Der Stufenplan zur vollständigen Freistellung der Eltern von KiTa-Beiträgen beinhaltet die Beitragsfreiheit 2 Jahre vor der Einschulung seit dem 01.09.2008, 3 Jahre davor seit dem 01.09.2009 und ab dem 01.08.2010 für alle Kinder im Kindergarten ab 2 Jahren. Die Freistellung gewährt das Land in vollem Umfang der vertraglich vereinbarten Betreuungszeit.

## RP8 | Anteil der reinen Nettoausgaben für FBBE an den gesamten reinen Ausgaben öffentlicher Haushalte*

Im Jahr 2006 ist der Anteil der reinen Nettoausgaben für FBBE gemessen an ihrem Anteil an den gesamten reinen Ausgaben der öffentlichen Haushalte mit 4,3% unverändert und liegt einen Prozentpunkt über dem Anteil, der im Durchschnitt in Westdeutschland (3,3%) für FBBE aufgewandt wird. Seit 2001 ist dieser Anteil stetig gestiegen und liegt bei den westdeutschen Bundesländern an der Spitze.

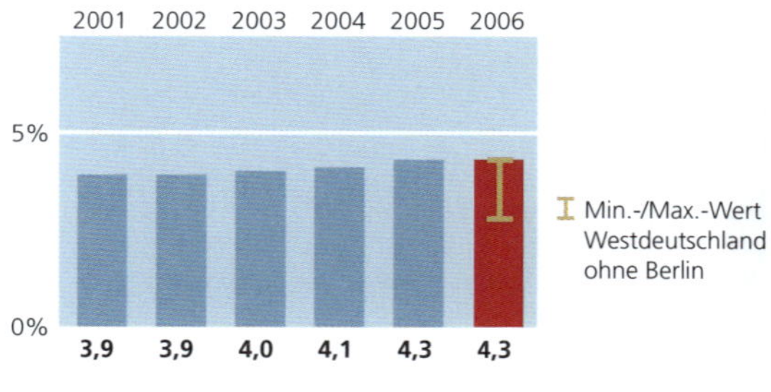


* Bei den Nettoausgaben der öffentlichen Hand werden neben Ausgaben für die Kinder in vorschulischen Angeboten (u. a. Krippen, Kindergärten, Einrichtungen mit altersübergreifenden Gruppen) auch Kindertageseinrichtungen mit Schulkindern berücksichtigt (z. B. Horte). Zwischen den Ländern schwankt der Anteil der Schulkinder, die in Kindertageseinrichtungen betreut werden, erheblich. Dies ist bei der vergleichenden Bewertung der Finanzindikatoren zu berücksichtigen.

# Bildung fördern – Qualität sichern

Der Bildungsplan (Bildungs- und Erziehungsempfehlungen für Kindertagesstätten in Rheinland-Pfalz) wurde mit Vertretern der Kommunen, der freien Träger und der Elternvertretung entwickelt. Konsultationen weiterer gesellschaftlicher Gruppen fanden ebenso statt wie eine Erprobungsphase in allen KiTas. Im Anschluss daran wurden die Bildungsempfehlungen überarbeitet. Konzipiert für alle Kinder unter 14 Jahren, umfassen diese auch die Betreuung und Bildung von unter Dreijährigen. In Anbetracht der zunehmenden Bildungsbeteiligung dieser Altersgruppe werden die Empfehlungen derzeit weiterentwickelt. So wird es eine „Lesehilfe“ für den speziellen Blick auf die unter Dreijährigen geben. Gerade für die pädagogische Praxis mit Kindern unter 3 Jahren ist eine ausreichende Personalausstattung unabdingbar. Nach Berechnungen auf der Grundlage der Kinder- und Jugendhilfestatistik sind die Bedingungen für diese Altersgruppe in den Krippengruppen angesichts eines durchschnittlichen Personalschlüssels von 1:4,6 relativ günstig. Mehrheitlich werden die unter Dreijährigen jedoch in geöffneten Kindergartengruppen (40,1%) und in altersübergreifenden Gruppen (34,8%) betreut, für die im Schnitt ein Schlüssel von 1:8,0 bzw. 1:6,2 gilt. Der durchschnittliche Personalschlüssel für Kinder ab 3 Jahren hingegen ist mit 1:8,2 einer der besten in Deutschland.

## RP9 | Bildungsplan – BP (2008)

| I. Information | |
|---|---|
| Kostenloser Versand des BP an alle KiTas | ● |
| BP als Download verfügbar | ● |
| BP als Publikation erwerbbar | ● |
| Informationsmaterial über BP für Eltern verfügbar | ● |
| Informationsmaterial über BP mehrsprachig f. Eltern verfügbar | – |
| **4 von 5 Punkten** | ●●●●○ |

| II. Qualifizierung | |
|---|---|
| Infoveranstaltung zum BP für alle KiTa-Mitarbeiterinnen | ● |
| Verpflichtende Informationsveranstaltung zum BP für alle KiTa-Mitarbeiterinnen | – |
| Angebotene Fortbildung zum BP mindestens zweitägig | ● |
| Alle Fachberatungen erhalten Fortbildungen zum BP | ● |
| Öffentliche Mittel für regelmäßige Fortbildung zum BP für alle pädagogischen Mitarbeiterinnen verfügbar | ● |
| **4 von 5 Punkten** | ●●●●○ |

| III. Umsetzungskontrolle (in allen KiTas) | |
|---|---|
| Jährliche externe Überprüfung der Umsetzung des BP | – |
| Jährliche Berichtspflicht zur Implementation des BP | – |
| Nachweis der Aufnahme des BP in die Konzeption | ● |
| **1 von 3 Punkten** | ●○○ |

Insgesamt **9** von 13 Punkten

## RP10 | Kooperation KiTa – Grundschule (2008)

Im Kindertagesstättengesetz ist eine verbindliche Regelung zur Kooperation von KiTas und Grundschulen enthalten und auch das Schulgesetz ist um eine entsprechende Regelung erweitert worden. In den Bildungs- und Erziehungsempfehlungen werden Grundsätze und Formen der Kooperation von KiTa und Grundschule definiert. Im Rahmen des Landesprogramms „Zukunftschance Kinder“ werden KiTas für die Kooperation mit Grundschulen zusätzliche Mittel zur Verfügung gestellt.

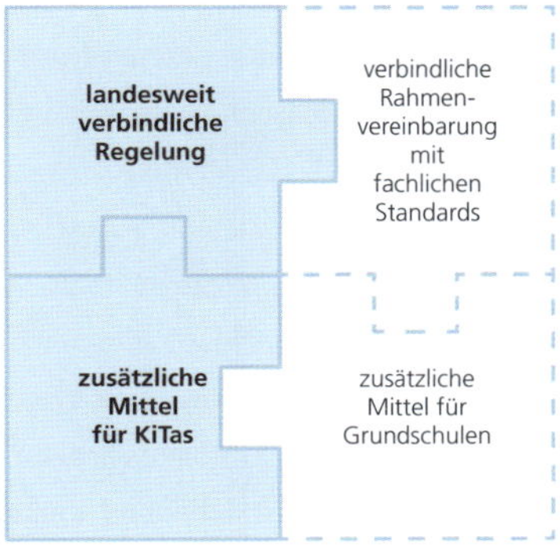

## RP11 | Pädagogisches Personal nach Berufsausbildungsabschlüssen (2008)

Dreiviertel (74,8%) der pädagogisch Tätigen in KiTas verfügen über einen Fachschulabschluss. Dieser Anteil liegt über dem durchschnittlichen Anteil in Deutschland (71,9%). Mit einem Anteil von 10,9% am gesamten pädagogischen Personal fällt der Anteil an Kinderpflegerinnen in KiTas etwas geringer aus als im bundesweiten Durchschnitt (13,3%). Zudem gibt es vergleichsweise weniger pädagogisch Tätige mit Hochschulabschluss (2,3%). Bundesweit sind es 3,5%.

| Abschluss | Rheinland-Pfalz | ø Deutschland |
|---|---|---|
| | Anteile in Prozent | |
| (sozialpädagogischer) Hochschulabschluss | 2,3 | *3,5* |
| Fachschulabschluss (Erzieherinnen, Heilpädagoginnen) | 74,8 | *71,9* |
| Kinderpflegerinnen | 10,9 | *13,3* |
| anderer fachlicher Abschluss (sonst. Sozial- u. Erziehungsberufe) | 1,9 | *1,9* |
| Sonstige | 7,4 | *7,1* |
| ohne abgeschl. Ausbildung | 2,6 | *2,2* |

## RP12 | Personalschlüssel und Gruppentypen in Kindertageseinrichtungen

### RP12A Personalschlüssel und Fachkraft-Kind-Relation

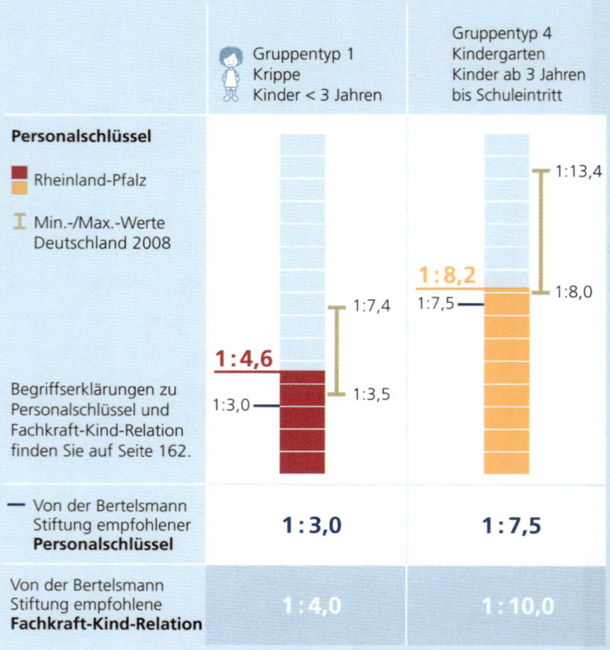


## RP13 | Beschäftigungsumfang des pädagogischen Personals und Anteil der Vollzeitbeschäftigten in Kindertageseinrichtungen

In RP sind 46,4% des pädagogischen Personals hauptberuflich in Kindertageseinrichtungen tätig. Obgleich der Anteil der Vollzeit Tätigen zwischen 1998 und 2008 kontinuierlich um insgesamt 13,5 Prozentpunkte gesunken ist, liegt er immer noch sieben Prozentpunkte über dem Bundesdurchschnitt. Dagegen gibt es kaum Beschäftigte mit einer Wochenarbeitszeit von 32 bis unter 38,5 Stunden (4,6%). Bundesweit beläuft sich der Anteil von pädagogisch Tätigen, die in diesem Umfang teilzeitbeschäftigt sind, auf 16,3%. Die übrigen Beschäftigten in Teilzeit sind in RP im Vergleich zum Bundesdurchschnitt proportional betrachtet stärker vertreten. Knapp ein Drittel (30,9%) arbeitet wöchentlich zwischen 21 und unter 32 Stunden, 16,0% haben Arbeitsverträge über weniger als 21 Stunden pro Woche. Bundesweit liegen die Werte dagegen bei 28,8% bzw. bei 12,5%.

### RP13A Pädagogisches Personal nach Beschäftigungsumfang (2008)

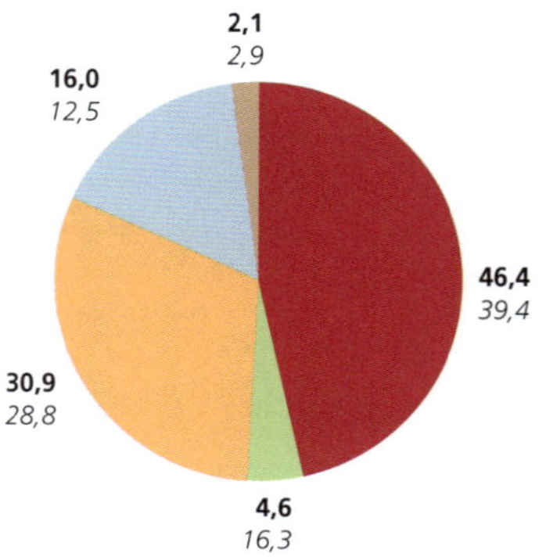


Angaben in %
- Hauptberuflich, Vollzeit, 38,5 und mehr Wochenstunden
- Teilzeit, 32 bis < 38,5 Wochenstunden
- Teilzeit, 21 bis < 32 Wochenstunden
- Teilzeit, < 21 Wochenstunden
- Nebenberuflich, < 20 Wochenstunden

*kursiv* = ø Deutschland

### RP12B Verteilung der Kinder unter 3 Jahren auf verschiedene Gruppentypen (2008)

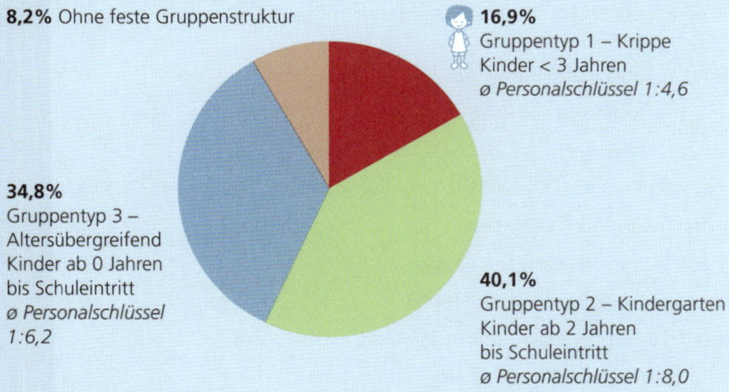


In Krippengruppen, in denen ein Personalschlüssel von durchschnittlich 1:4,6 besteht, werden nur 16,9% der unter Dreijährigen betreut. Mehrheitlich sind sie entweder in geöffneten Kindergartengruppen (40,1%) oder in altersübergreifenden Gruppen (34,8%). In diesen Gruppen sind die Personalschlüssel deutlich ungünstiger, sie liegen bei durchschnittlich 1:8,0 bzw. 1:6,2.

### RP13B Anteil der Vollzeitbeschäftigten

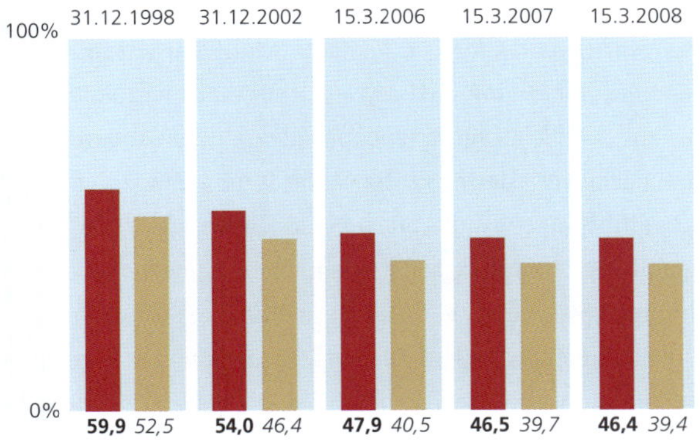


Anteil der Vollzeitbeschäftigten an allen Beschäftigten, ohne Verwaltung und Hauswirtschaft/Technik

RP ø Deutschland

## RP14 Rahmenbedingungen für Bildungsqualität

### RP14A Regelungen zur Strukturqualität (2008)

| | Allgemein geregelt | Präzise definiert |
|---|---|---|
| Maximale Gruppengröße | ● | ● |
| Fachkraft-Kind-Relation | ● | ● |
| Verfügungszeit | ● [3] | – |
| Fachberatung | ● | – |
| Fortbildung | ● [4] | – |
| Leitungsfreistellung | ● [5] | – |
| (Innen-/Außen-)Flächen | ● [6] | – |

Insgesamt **9** von 14 Punkten

Landeseinheitlich präzise geregelt sind die maximale Gruppengröße und die Fachkraft-Kind-Relation. Die übrigen Merkmale der Strukturqualität sind allgemein geregelt. Die Berechnung von Verfügungszeit und Leitungsfreistellung erfolgt auf der Basis eines sog. „Controlling-Papiers", das eine Auslegung der Kann-Vorschriften definiert. Die Vereinbarung dazu wurde zwischen Städte-, Landkreistag und den Kirchen geschlossen.

### RP14B Regelungen zur Qualitätsüberprüfung (2008)

| | |
|---|---|
| Geregelte Verpflichtung in Ausführungsgesetz oder Verordnung | ● |
| *Elternbefragung (mindestens jährlich)* | – |
| *Selbstevaluation* | – |
| *Fremdevaluation* | – |
| Zahlung öffentlicher Zuschüsse abhängig von externer Qualitätsüberprüfung | – |

Insgesamt **1** von 5 Punkten

Im KiTa-Gesetz ist eine Verpflichtung zur Qualitätsentwicklung bzw. -sicherung für Kindertageseinrichtungen enthalten. Konkrete Verfahren zur Qualitätsüberprüfung sind jedoch nicht landesweit verbindlich in allen KiTas vorgesehen. Damit fehlen eine systematische und kontinuierliche Transparenz über die Qualität der bestehenden FBBE-Angebote sowie zielgerichtete Impulse für eine Weiterentwicklung der pädagogischen Qualität.

# Saarland

**Basisdaten 2008**

**Fläche: 2.569 km²**

**Einwohner** (31.12.2007):
**1.036.598**

**Anteil der Kinder in FBBE**
**Kinder < 3 Jahren: 14,2%**
**Kinder 3 bis < 6 Jahre**
**(ohne Schulkinder): 93,1%**
(inkl. 0,0% in [vor-]schulischen Einrichtungen)

| | |
|---|---|
| Geborene Kinder (2007) | 7.274 |
| Geburten pro Frau (2007) | 1,3 |
| Anzahl der Kinder < 10 Jahren (31.12.2007) | 80.609 |
| Davon Kinder < 3 Jahren | 21.970 |
| Davon Kinder 3 bis < 6 Jahre | 23.368 |
| Davon Kinder 6 bis < 10 Jahre | 35.271 |

| | |
|---|---|
| Erwerbstätigenquote von Müttern (2007) mit | |
| … mindestens einem Kind < 3 Jahren | 43,1% |
| … mindestens einem Kind von 3 bis < 6 Jahre | 58,3% |
| Leistungsempfänger nach SGB II (ALG II u. Sozialgeld, 2008) | 83.080 |
| Darunter Kinder < 6 Jahren | 9.468 |
| Entspricht Anteil an allen Kindern < 6 Jahren | 20,9% |
| Tageseinrichtungen insgesamt (2008) | 473 |
| Anteil der Einrichtungen | |
| … in öffentlicher Trägerschaft | 27,3% |
| … in freigemeinnütziger Trägerschaft | 72,3% |
| … als Betriebs-/Unternehmensteil | 0,0% |
| … in privatgewerblicher Trägerschaft | 0,4% |
| Anteil der KiTas ohne feste Gruppenstruktur | 6,1% |
| Pädagogisches Personal in KiTas insgesamt | 4.191 |
| Kinder in KiTas insgesamt | 32.035 |
| Darunter Kinder < 3 Jahren | 2.899 |
| Darunter Kinder 3 bis < 6 Jahre (ohne Schulkinder) | 21.611 |
| Darunter Schulkinder 6 bis < 10 Jahre | 2.045 |
| Tagespflegepersonen insgesamt | 370 |
| Kinder < 6 Jahren in Kindertagespflege | 361 |
| Davon Kinder < 3 Jahren | 224 |
| Davon Kinder 3 bis < 6 Jahre | 137 |

Im SL ist das Ministerium für Bildung, Familie, Frauen und Kultur zuständig für FBBE. Eine regelmäßig tagende interministerielle Fachgruppe existiert nicht. In dem Arbeitskreis „Zukunft der Kindertageseinrichtungen" arbeiten Vertreter des zuständigen Ministeriums, der kommunalen Spitzenverbände, der Kirchen, der freien Träger und der KiTa gGmbH Saarland zusammen. Als landespolitisches Gesamtprogramm wird vom zuständigen Ministerium das Bildungsprogramm für saarländische Kindergärten genannt.

Politische Priorität genießt aktuell der Ausbau der Betreuungsangebote für unter Dreijährige. Um das Angebot quantitativ zu steigern, schreibt das Land in Kooperation mit den Kreisen, den Kommunen und den freien Trägern jährlich den Krippenentwicklungsplan fort, fördert den Ausbau der Kindertagespflege durch Einrichtung von Betreuungsbörsen für Tagespflegepersonen auf Kreisebene und gewährt zusätzliche Landesmittel zum Bundesprogramm „Kinderbetreuungsfinanzierung". Qualitative Verbesserungen in der Betreuung unter Dreijähriger will die Landesebene erzielen zum einen durch die Ergänzung des „Bildungsprogramms für saarländische Kindergärten" um eine Arbeitshilfe „Betreuung U 3" sowie mittels eines Fortbildungsangebots zur „Fachkraft für Krippenpädagogik"; zum anderen wurde eine Rechtsverordnung zu den Anforderungen an die Eignung und Qualifikation von Tagespflegepersonen sowie deren Fortbildung und Begleitung erarbeitet. Ein anderer landespolitischer Handlungsschwerpunkt gilt der internen und externen Evaluation. Maßnahmen in diesem Zusammenhang sind die Bereitstellung von Materialien zur internen Evaluation, die Ausbildung externer Evaluatoren sowie die Finanzierung einrichtungsbezogener Qualifizierungsmaßnahmen. Des Weiteren ist nach Auskunft des zuständigen Ministeriums das Thema des Übergangs vom Kindergarten in die Grundschule ein Handlungsschwerpunkt.

## Teilhabe sichern

Die Bildungsbeteiligung der unter Dreijährigen liegt im SL mit 14,2% etwas niedriger als im Bundesdurchschnitt, die der Kinder über 3 etwas höher (93,2%). Obgleich es seit 2006 kontinuierliche Zuwächse bei den Teilhabequoten der Ein- und Zweijährigen gibt, bleiben beide Werte unter Bundesniveau. Gemäß den Anforderungen aus dem KiFöG wäre das Angebot an Plätzen für U-3-Kinder bis 2013 noch um 20,8 Prozentpunkte zu steigern. Der Anteil der Dreijährigen in Kindertagesbetreuung ist entgegen dem Bundestrend zum Jahr 2008 hin auf 87,8% zurückgegangen, liegt damit aber immer noch fast 5 Prozentpunkte höher. Die unter Dreijährigen nutzen mehr als doppelt so häufig ein ganztägiges Angebot in FBBE (43,8%) als die Kinder über drei bis zum Schuleintritt. Insgesamt ist jedoch die ganztägige Betreuung seltener zu beobachten als im Bundesdurchschnitt. Die Mehrheit der älteren Kinder ist mehr als 5 bis zu 7 Stunden täglich in einer KiTa (40,0%), was möglicherweise auf den Rechtsanspruch mit einem garantierten Betreuungsumfang von 6 Stunden pro Tag zurückzuführen ist.

Von allen Kindern im Alter von 3 bis unter 6 Jahre im SL haben 30% einen Migrationshintergrund. Die Bildungsbeteiligung dieser Kinder unterscheidet sich nur geringfügig von der der Kinder ohne Migrationshintergrund.

## Investitionen wirkungsvoll einsetzen

Die Investitionen pro unter zehnjährigem Kind sind im SL seit 2001 kontinuierlich angestiegen, zuletzt von 2005 auf 2006 um 7,1%. Während die Ausgaben pro Kind im SL höher als der westdeutsche Durchschnitt ausfallen, liegt der Anteil der reinen Nettoausgaben für FBBE an den gesamten reinen Ausgaben der öffentlichen Haushalte darunter. Seit 2004 ist dieser Anteil stetig gesunken und liegt 2006 bei 3,1%. Seit August 2000 übernimmt das Land die Elternbeiträge für das letzte Kindergartenjahr vor der Einschulung im Umfang der Regelbetreuung von 6 Stunden pro Tag. Für die übrigen KiTa-Jahre werden die Elternbeiträge nach Anzahl der Kinder gestaffelt, einkommensschwachen Familien wird eine Beitragsermäßigung bzw. -übernahme gewährt. Für eine höhere Bildungsbeteiligung von jüngeren Kindern wäre es vermutlich wirksamer die ersten Kindergartenjahre beitragsfrei zu stellen.

Bis dato tragen die Kommunen mit fast 50% den Hauptanteil an der Finanzierung der Ausgaben für FBBE, während das Land etwa ein Viertel der Kosten übernimmt. Bis zum Jahr 2013 wird das Land jedoch den Personalkostenanteil der kommunalen und der freien Träger von 15% (2008) auf 10% absenken und den Landesanteil entsprechend von 25% (2008) auf 29% anheben. Seit Herbst 2008 sind Kinderkrippen, Kindergärten und Kinderhorte bei der finanziellen Förderung rechtlich gleichgestellt. Die Finanzierung soll von der gruppenbezogenen auf die kindbezogene Förderung umgestellt werden.

## Bildung fördern – Qualität sichern

Das Bildungsprogramm für saarländische Kindergärten ist ebenfalls rechtlich verankert und damit verbindlich als inhaltliche Grundlage für die pädagogische Praxis in KiTas festgelegt. Das Land unterstützt den Prozess der Implementierung mit Kursangeboten und Arbeitshilfen zum Bildungsprogramm.

Die Qualität der pädagogischen Praxis bedarf nicht nur fachlicher Leitlinien, sondern ist in besonderem Maße abhängig von der Qualifikation und den zeitlichen Ressourcen des pädagogischen Personals in KiTas. Das formale Qualifikationsniveau ist - aus Bundesperspektive betrachtet - eher unterdurchschnittlich. Der Anteil von Kinderpflegerinnen ist deutlich höher (fast 21%), der Anteil Beschäftigter mit Fach- oder gar Hochschulabschluss ist niedriger (68,6% bzw. 1,3%). Mit dem Ziel der Akademisierung der pädagogisch Tätigen wurde an der Hochschule für Technik und Wirtschaft des Saarlandes (HTW) der Studiengang „Pädagogik der Kindheit" eingerichtet. Gesetzlich neu vorgesehen ist, dass Leitungskräfte als Voraussetzung für ihre Tätigkeit über einen sozialwissenschaftlichen Hochschulabschluss verfügen müssen.

Hinweise auf gute Rahmenbedingungen beim pädagogischen Personal geben die berechneten Personalschlüssel. Etwa ein Viertel der unter Dreijährigen besucht eine Krippengruppe und erfährt dort den bundesweit besten Personalschlüssel für diesen Gruppentyp von durchschnittlich 1:3,5. Mehrheitlich (41,0%) werden unter Dreijährige in altersübergreifenden Gruppen betreut, für die ein Personalschlüssel von durchschnittlich 1:6,0 ausgewiesen wird. Ungünstiger ist die Personalsituation angesichts eines durchschnittlichen Schlüssels von 1:8,9 für knapp ein Drittel dieser Altersgruppe in den für Zweijährige geöffneten Kindergartengruppen. Der Personalschlüssel für Kinder über drei in Kindergartengruppen liegt im Bundesländervergleich für diesen Gruppentyp im Mittelfeld (1:9,3).

## SL1 | Rechtsanspruch des Kindes auf einen Betreuungsplatz (2008)

Es besteht ein elternunabhängiger Rechtsanspruch auf einen Betreuungsplatz für jedes Kind vom vollendeten dritten Lebensjahr bis zum Schuleintritt mit einem garantierten Betreuungsumfang von sechs Stunden täglich.

# Teilhabe sichern

Die Bildungsbeteiligung der unter Dreijährigen liegt im SL bei 14,2%, die der Drei- bis unter Sechsjährigen bei 93,1%. Einen Migrationshintergrund haben 30% aller Kinder von 3 bis unter 6 Jahren. Ihre Bildungsbeteiligung ist leicht geringer als die von Kindern ohne Migrationshintergrund. Die Mehrzahl der unter Dreijährigen in KiTas (43,8%) wird mehr als 7 Stunden täglich betreut. Von den Kindern über 3 Jahren bis zum Schuleintritt sind die meisten (40,0%) 5 bis zu 7 Stunden täglich in der KiTa. Von dieser Altersgruppe besuchen nur 20,6% mehr als 7 Stunden täglich eine KiTa.

## SL2 | Ausbaubedarf von Betreuungsplätzen für unter Dreijährige nach dem Kinderförderungsgesetz

Nach dem KiFöG wird angenommen, dass im Jahr 2013 im Bundesdurchschnitt für 35% der unter Dreijährigen ein FBBE-Angebot verfügbar sein soll. Demnach wäre das Angebot im SL von derzeit 14,2% noch um 20,8 Prozentpunkte zu steigern. Gemäß der 11. koordinierten Bevölkerungsvorausberechnung entspräche dies ca. 4.500 Plätzen.[1]

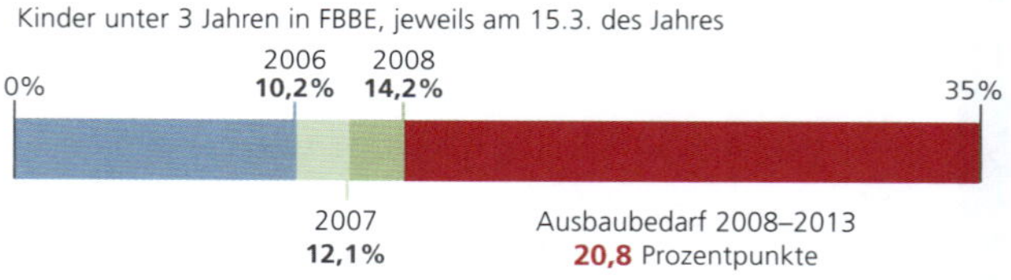


## SL3 | Vertraglich vereinbarte tägliche Betreuungszeiten (2008)

| | Kindertageseinrichtungen | | Öffentlich geförderte Kindertagespflege | |
|---|---|---|---|---|
| | 2.899 Kinder < 3 J. | 26.582 Kinder ≥ 3 J. (o. Schulk.) | 224 Kinder < 3 J. | 135 Kinder v. 3 bis < 6 J. |
| Bis zu 5 h | 17,6 (24,9) | 25,4 (26,1) | 35,3 (31,6) | 51,9 (52,4) |
| Mehr als 5 bis zu 7 h | 34,2 (24,3) | 40,0 (31,0) | 40,6 (28,9) | 37,0 (25,1) |
| Mehr als 7 h | 43,8 (47,9) | 20,6 (29,9) | 24,1 (39,0) | 11,1 (22,2) |
| Vor- u. nachmittags o. Mittagsbetreuung | 4,4 (2,8) | 13,9 (13,0) | 0,0 (0,5) | 0,0 (0,3) |

SL 2008 | ø Deutschland 2008 (in Klammern)

## SL4 | Bildungsbeteiligung von Kindern in Kindertageseinrichtungen und Kindertagespflege

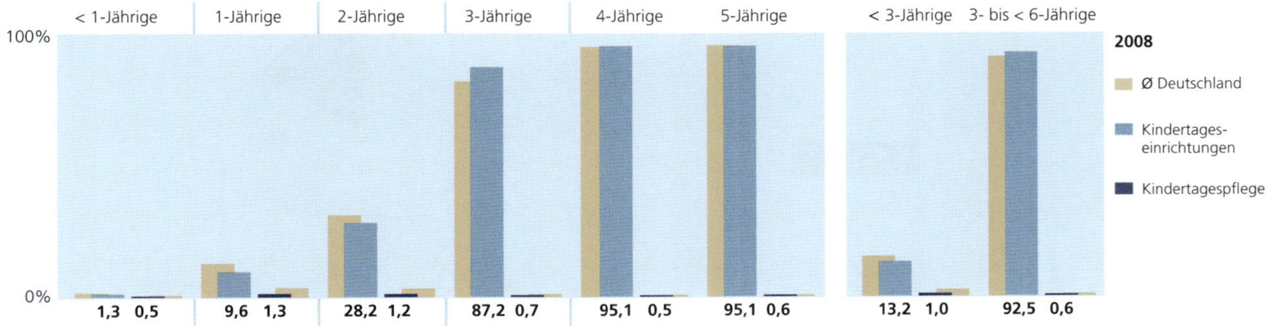


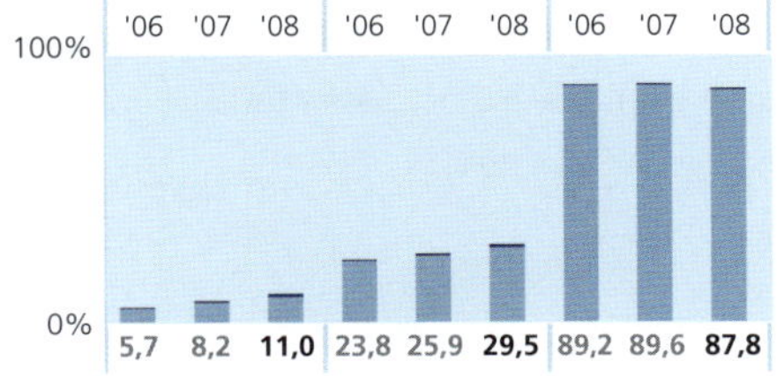


Die Teilhabequote der unter Dreijährigen ist zwischen 2006 und 2008 um 4 Prozentpunkte auf 14,2% gestiegen. Die Zuwächse verteilen sich im SL gleichermaßen auf die Ein- und Zweijährigen. Bei beiden Altersjahrgängen haben sich die Teilhabequoten seit 2006 um mehr als 5 Prozentpunkte erhöht, erreichen aber nicht das Bundesniveau (16,4% bzw. 34,4%). Von den Einjährigen sind 11,0%, von den Zweijährigen 29,5% in FBBE-Angeboten. Die Teilhabequote der Dreijährigen ist mit 87,8% leicht zurückgegangen und dennoch über dem Bundesdurchschnitt (82,9%).

## SL5 | Bildungsbeteiligung und familiäre Sprachpraxis von Kindern mit und ohne Migrationshintergrund (2008)

### SL5A Bildungsbeteiligung

**Kinder von 3 bis unter 6 Jahre in der Bevölkerung**

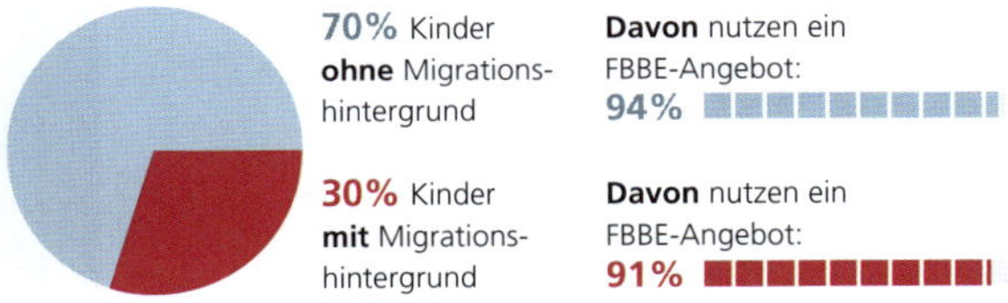


Zur Teilhabequote der unter Dreijährigen mit und ohne Migrationshintergrund können keine Angaben gemacht werden, da es keine repräsentativen Daten über den Anteil der Kinder mit und ohne Migrationshintergrund in der Bevölkerung gibt. Diese Referenzgrößen wären jedoch notwendig zur Bestimmung der Höhe der Bildungsbeteiligung. In der Altersgruppe der Kinder ab 3 Jahren bis zum Schuleintritt haben 30% aller Kinder im SL einen Migrationshintergrund. Die Teilhabequoten der Kinder mit (91%) und ohne Migrationshintergrund (94%) unterscheiden sich kaum.

### SL5B Familiäre Sprachpraxis von Kindern in KiTas

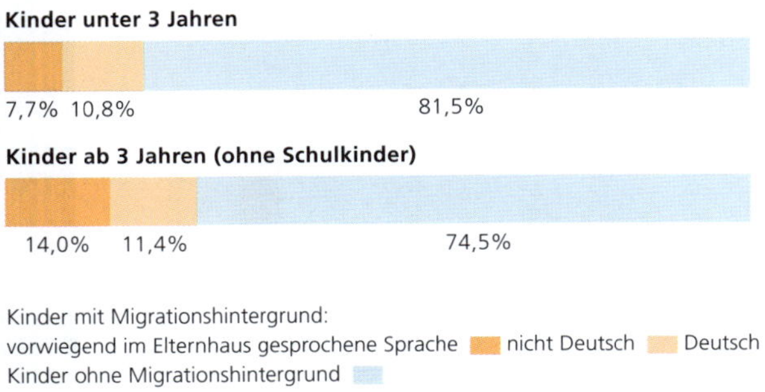

## SL6 | Investitionen pro Kind*

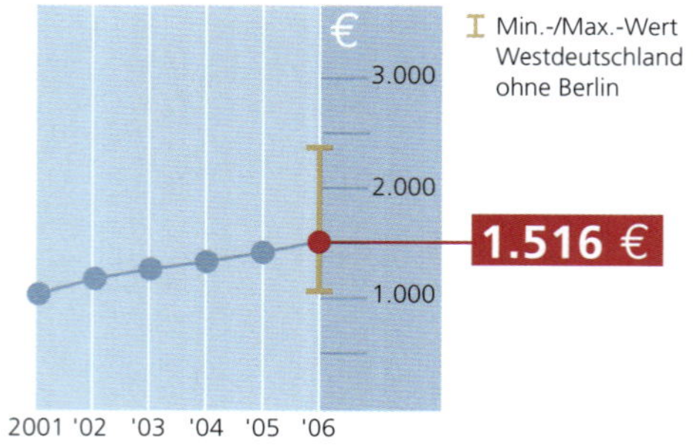


Die reinen Nettoausgaben der öffentlichen Haushalte für FBBE pro unter zehnjährigem Kind sind zwischen 2005 und 2006 um 7,1% gestiegen und rangieren über dem westdeutschen Durchschnittswert (1.365 €). In den Jahren zuvor lagen die Steigerungsraten zwischen 5,5% von 2003 auf 2004 und 13,3% von 2001 auf 2002.

## SL7 | Finanzierungsgemeinschaft für FBBE (2006)

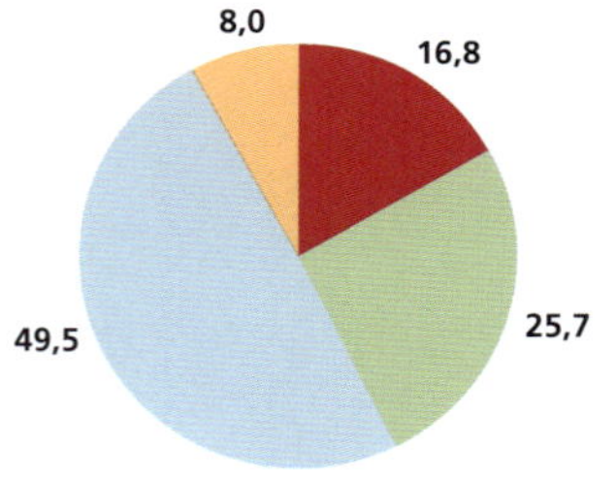


In den öffentlichen Statistiken fehlen i. d. R. die Elternbeiträge, die direkt von freien Trägern eingezogen werden, sowie die finanziellen Eigenanteile der freien Träger. Diese Ausgabengrößen werden daher über Schätzungen ermittelt.

# Investitionen wirkungsvoll einsetzen

Seit 2001 sind die durchschnittlichen Ausgaben pro unter 10-jährigem Kind kontinuierlich auf 1.516 € im Jahr 2006 gestiegen und übersteigen damit die durchschnittlichen Ausgaben pro Kind in Westdeutschland (1.365 €). Anteilsmäßig sind die reinen Nettoausgaben für FBBE an allen reinen Ausgaben der öffentlichen Hand seit 2004 rückläufig. Die Kommunen tragen mit 49,5% den höchsten Finanzierungsanteil an den Gesamtausgaben für FBBE.[2] Das Land übernimmt 25,7% und die freien Träger sind mit 8,0% an der Finanzierungsgemeinschaft beteiligt. Die Eltern finanzieren 16,8% der Gesamtausgaben. Die Träger legen die Höhe der Elternbeiträge zwar individuell fest, aber eine landeseinheitliche Regelung gibt als maximale Höhe 25% der Personalkosten vor. Das letzte Kindergartenjahr vor der Einschulung ist für die Regelbetreuung (6 Stunden pro Tag) seit August 2000 beitragsfrei gestellt. Gesetzlich neu geregelt ist die Umstellung der Finanzierung von der gruppen- zur kindbezogenen Förderung.

## SL8 | Anteil der reinen Nettoausgaben für FBBE an den gesamten reinen Ausgaben öffentlicher Haushalte*

Der Anteil der reinen Nettoausgaben für FBBE gemessen an ihrem Anteil an den gesamten reinen Ausgaben der öffentlichen Haushalte ist im Jahr 2006 weiter gesunken. Er liegt mit 3,1% in 2006 unter dem Anteil, der im Durchschnitt in Westdeutschland für FBBE aufgewandt wurde. Nachdem er im Jahr 2004 noch bei 3,5% lag, ist er seitdem kontinuierlich gesunken.

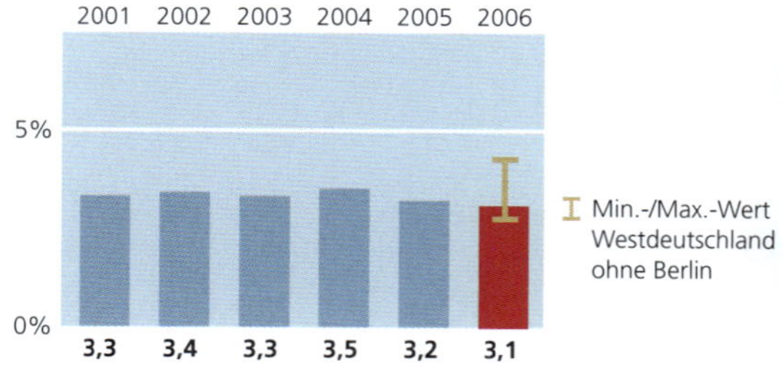


* Bei den Nettoausgaben der öffentlichen Hand werden neben Ausgaben für die Kinder in vorschulischen Angeboten (u. a. Krippen, Kindergärten, Einrichtungen mit altersübergreifenden Gruppen) auch Kindertageseinrichtungen mit Schulkindern berücksichtigt (z. B. Horte). Zwischen den Ländern schwankt der Anteil der Schulkinder, die in Kindertageseinrichtungen betreut werden, erheblich. Dies ist bei der vergleichenden Bewertung der Finanzindikatoren zu berücksichtigen.

# Bildung fördern – Qualität sichern

Der Bildungsplan (Bildungsprogramm für saarländische Kindergärten) ist eingeführt. Wissenschaftlich evaluiert wurden die zweisprachigen Kindergärten und die Implementierung eines Entwicklungstagebuches für Kinder in FBBE. Dieses Portfolio steht im Kontext des Übergangs vom Kindergarten in die Grundschule. Im Zuge der systematischen Weiterentwicklung wurden zudem weitere Arbeitshilfen aus dem Bildungsprogramm abgeleitet: Handreichungen für die Praxis, Materialien für die interne Evaluation und eine „Arbeitshilfe Betreuung U3“. Des Weiteren bietet das Land eine Fortbildung „Fachkraft für Krippenpädagogik“ an. Nach Berechnungen auf der Grundlage der Kinder- und Jugendhilfestatistik ist der Personalschlüssel für unter Dreijährige in Krippengruppen mit durchschnittlich 1:3,5 bundesweit der beste und besteht für jedes vierte Kind dieser Altersgruppe. Kinder dieses Alters verteilen sich zudem auf altersübergreifende Gruppen (41,0%) mit einem durchschnittlichen Personalschlüssel von 1:6,0 und geöffnete Kindergartengruppen (29,4%) mit einem Schlüssel von 1:8,9; diese sind damit personell deutlich schlechter ausgestattet. Der Schlüssel für Kinder über drei zählt im Bundesvergleich mit durchschnittlich 1:9,3 zu den günstigeren.

## SL9 | Bildungsplan – BP (2008)

| I. Information | |
|---|---|
| Kostenloser Versand des BP an alle KiTas | ● |
| BP als Download verfügbar | ● |
| BP als Publikation erwerbbar | ● |
| Informationsmaterial über BP für Eltern verfügbar | ● |
| Informationsmaterial über BP mehrsprachig f. Eltern verfügbar | – |
| **4 von 5 Punkten** | ●●●●○ |

| II. Qualifizierung | |
|---|---|
| Infoveranstaltung zum BP für alle KiTa-Mitarbeiterinnen | – |
| Verpflichtende Informationsveranstaltung zum BP für alle KiTa-Mitarbeiterinnen | – |
| Angebotene Fortbildung zum BP mindestens zweitägig | – |
| Alle Fachberatungen erhalten Fortbildungen zum BP | ● |
| Öffentliche Mittel für regelmäßige Fortbildung zum BP für alle pädagogischen Mitarbeiterinnen verfügbar | ● |
| **2 von 5 Punkten** | ●●○○○ |

| III. Umsetzungskontrolle (in allen KiTas) | |
|---|---|
| Jährliche externe Überprüfung der Umsetzung des BP | – |
| Jährliche Berichtspflicht zur Implementation des BP | – |
| Nachweis der Aufnahme des BP in die Konzeption | ● |
| **1 von 3 Punkten** | ●○○ |

Insgesamt **7** von 13 Punkten

## SL10 | Kooperation KiTa – Grundschule (2008)

Zur Kooperation von Kindertageseinrichtungen und Grundschulen gibt es eine neue, landesweit verbindliche Regelung in der Schulgesetzgebung sowie der Ausführungs-Verordnung zum Saarländischen Kinderbildungs- und -betreuungsgesetz. Verbindliche Rahmenvereinbarungen, in denen fachliche Standards für die Kooperation definiert werden, existieren nicht. Zusätzliche Mittel werden weder KiTas noch Grundschulen gewährt.

## SL11 | Pädagogisches Personal nach Berufsausbildungsabschlüssen (2008)

Der Anteil von 68,6% pädagogisch Tätigen mit Fachschulabschluss liegt unter dem Bundesdurchschnitt von 71,9%. Auffällig hoch ist der Anteil von Kinderpflegerinnen mit 20,7%. Dieser liegt mehr als 7 Prozentpunkte über dem Bundesdurchschnitt (13,3%). Nur 1,3% des pädagogischen Personals verfügen über einen Hochschulabschluss, während es bundesweit 3,5% sind. 6,1% befinden sich beispielsweise noch in der Ausbildung oder sind im Praktikum.

| | Saarland | ø Deutschland |
|---|---|---|
| **Abschluss** | Anteile in Prozent | |
| (sozialpädagogischer) Hochschulabschluss | 1,3 | *3,5* |
| Fachschulabschluss (Erzieherinnen, Heilpädagoginnen) | 68,6 | *71,9* |
| Kinderpflegerinnen | 20,7 | *13,3* |
| anderer fachlicher Abschluss (sonst. Sozial- u. Erziehungsberufe) | 1,4 | *1,9* |
| Sonstige | 6,1 | *7,1* |
| ohne abgeschl. Ausbildung | 1,9 | *2,2* |

## SL12 | Personalschlüssel und Gruppentypen in Kindertageseinrichtungen

### SL12A Personalschlüssel und Fachkraft-Kind-Relation

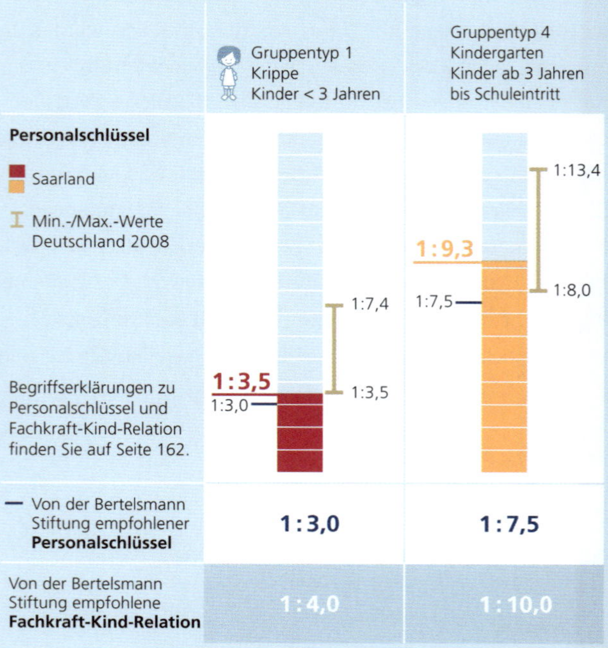


## SL13 | Beschäftigungsumfang des pädagogischen Personals und Anteil der Vollzeitbeschäftigten in Kindertageseinrichtungen

Von den pädagogisch Tätigen sind 45,5% vollzeitbeschäftigt. Dieser Wert liegt 6,1 Prozentpunkte über dem durchschnittlichen Anteil dieser Gruppe in Deutschland (39,4%). Nachdem der Anteil von Vollzeitbeschäftigten zwischen 1998 und 2007 kontinuierlich um mehr als 13 Prozentpunkte gesunken ist, ist er im Jahr 2008 wieder leicht angestiegen. Die zweitgrößte Gruppe (35,8%) besteht aus Beschäftigten mit einer wöchentlichen Arbeitszeit von 21 bis unter 32 Stunden. Während dieser Anteil um sieben Prozentpunkte über dem Bundesdurchschnitt liegt, fällt der Anteil Teilzeitbeschäftigter mit einer Arbeitszeit von 32 bis unter 38,5 Wochenstunden mit 7% vergleichsweise niedriger aus (Bundesdurchschnitt 16,3%). Ähnlich viele pädagogisch Tätige wie im Bundesvergleich arbeiten weniger als 21 Stunden in der Woche (11,2%). Nebenberuflich Tätige gibt es in den KiTas im Saarland kaum.

### SL13A Pädagogisches Personal nach Beschäftigungsumfang (2008)

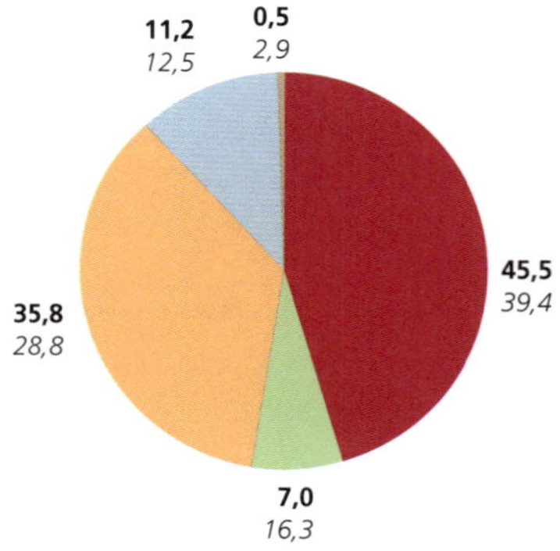


Angaben in %

- Hauptberuflich, Vollzeit, 38,5 und mehr Wochenstunden
- Teilzeit, 32 bis < 38,5 Wochenstunden
- Teilzeit, 21 bis < 32 Wochenstunden
- Teilzeit, < 21 Wochenstunden
- Nebenberuflich, < 20 Wochenstunden

*kursiv* = ø Deutschland

### SL12B Verteilung der Kinder unter 3 Jahren auf verschiedene Gruppentypen (2008)

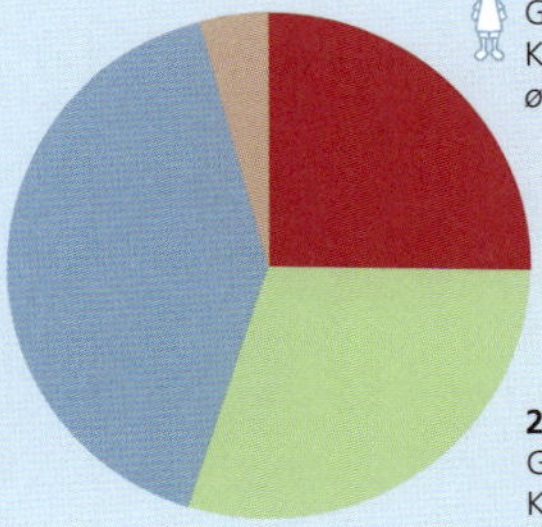


Gut ein Viertel der unter Dreijährigen besucht eine Krippengruppe. Der Personalschlüssel dort ist mit durchschnittlich 1 : 3,5 der bundesweit beste. Schlechter fallen dagegen die Personalschlüssel in den altersübergreifenden Gruppen (durchschnittlich 1 : 6,0) und den geöffneten Kindergartengruppen (durchschnittlich 1 : 8,9) aus, in denen 41,0% bzw. 29,6% der unter Dreijährigen betreut werden.

### SL13B Anteil der Vollzeitbeschäftigten

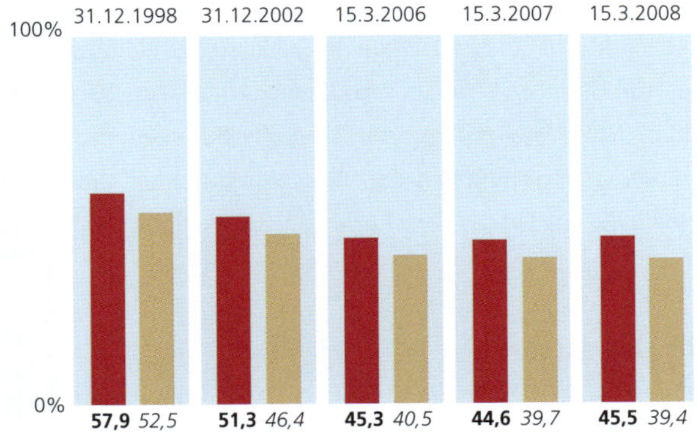


Anteil der Vollzeitbeschäftigten an allen Beschäftigten, ohne Verwaltung und Hauswirtschaft/Technik

SL ø Deutschland

## SL14 Rahmenbedingungen für Bildungsqualität

### SL14A Regelungen zur Strukturqualität (2008)

| | Allgemein geregelt | Präzise definiert |
|---|---|---|
| Maximale Gruppengröße | ● | ● |
| Fachkraft-Kind-Relation | ● | ● |
| Verfügungszeit | ● | ● |
| Fachberatung | ● | – |
| Fortbildung | ● | – |
| Leitungsfreistellung | ● | ● |
| (Innen-/Außen-)Flächen | ● | ● |

Insgesamt **12** von 14 Punkten

Zentrale Elemente der Strukturqualität sind im Saarländischen Kinderbildungs- und -betreuungsgesetz bzw. der Ausführungsverordnung dazu präzise geregelt. Für Fachberatung und Fortbildung existieren allgemeine Regelungen. Damit sind wichtige Voraussetzungen für landesweit vergleichbare Rahmenbedingungen der pädagogischen Arbeit gegeben, die die Chancen von Kindern auf strukturell ähnlich ausgestattete Bildungsangebote erhöhen.

### SL14B Regelungen zur Qualitätsüberprüfung (2008)

| | |
|---|---|
| Geregelte Verpflichtung in Ausführungsgesetz oder Verordnung | – |
| *Elternbefragung (mindestens jährlich)* | – |
| *Selbstevaluation* | – |
| *Fremdevaluation* | – |
| Zahlung öffentlicher Zuschüsse abhängig von externer Qualitätsüberprüfung | – |

Insgesamt **0** von 5 Punkten

Im Saarländischen Kinderbildungs- und -betreuungsgesetz ist keine Verpflichtung zur Qualitätssicherung und -entwicklung enthalten. Folglich sind auch keine konkreten Verfahren zur Qualitätsüberprüfung vorgesehen. Zu den aktuellen landespolitischen Maßnahmen innerhalb der FBBE zählen jedoch u. a. die Bereitstellung von Materialien zur internen Evaluation sowie die Ausbildung externer Evaluatoren.

# Sachsen

**Basisdaten 2008**

**Fläche: 18.418 km$^2$**

**Einwohner** (31.12.2007):
**4.220.200**

**Anteil der Kinder in FBBE**
**Kinder < 3 Jahren: 36,5%**
**Kinder 3 bis < 6 Jahre (ohne Schulkinder): 94,7%**
(inkl. 0,0% in [vor-]schulischen Einrichtungen)

| | |
|---|---|
| Geborene Kinder (2007) | 33.858 |
| Geburten pro Frau (2007) | 1,4 |
| Anzahl der Kinder < 10 Jahren (31.12.2007) | 319.273 |
| Davon Kinder < 3 Jahren | 98.949 |
| Davon Kinder 3 bis < 6 Jahre | 96.569 |
| Davon Kinder 6 bis < 10 Jahre | 123.755 |

| | |
|---|---|
| Erwerbstätigenquote von Müttern (2007) mit | |
| … mindestens einem Kind < 3 Jahren | 48,4% |
| … mindestens einem Kind von 3 bis < 6 Jahre | 65,0% |
| Leistungsempfänger nach SGB II (ALG II u. Sozialgeld, 2008) | 529.897 |
| Darunter Kinder < 6 Jahren | 58.582 |
| Entspricht Anteil an allen Kindern < 6 Jahren | 30,0% |
| Tageseinrichtungen insgesamt (2008) | 2.679 |
| Anteil der Einrichtungen | |
| … in öffentlicher Trägerschaft | 47,5% |
| … in freigemeinnütziger Trägerschaft | 51,4% |
| … als Betriebs-/Unternehmensteil | 0,2% |
| … in privatgewerblicher Trägerschaft | 0,9% |
| Anteil der KiTas ohne feste Gruppenstruktur | 9,1% |
| Pädagogisches Personal in KiTas insgesamt | 22.813 |
| Kinder in KiTas insgesamt | 235.737 |
| Darunter Kinder < 3 Jahren | 32.644 |
| Darunter Kinder 3 bis < 6 Jahre (ohne Schulkinder) | 91.094 |
| Darunter Schulkinder 6 bis < 10 Jahre | 77.272 |
| Tagespflegepersonen insgesamt | 1.123 |
| Kinder < 6 Jahren in Kindertagespflege | 3.610 |
| Davon Kinder < 3 Jahren | 3.520 |
| Davon Kinder 3 bis < 6 Jahre | 90 |

In SN ist das Staatsministerium für Soziales zuständig für FBBE. Eine interministerielle Arbeitsgruppe zu Themen der FBBE gibt es nicht. Im Unterausschuss 4 „Kindertagesbetreuung" des Landesjugendhilfeausschusses arbeiten Vertreter des Ministeriums, der kommunalen Spitzenverbände, der Liga der Spitzenverbände der freien Wohlfahrtspflege sowie weitere externe Fachleute zusammen. Ein schriftlich fixiertes Gesamtprogramm, in dem die landespolitischen Ziele und Maßnahmen im Bereich der FBBE formuliert sind, liegt nicht vor.

Aktuell verfolgt die Landesregierung zuvorderst das Ziel, die bestehenden Angebote von KiTas und Kindertagespflege zu erhalten und auszubauen. Der quantitative Ausbau wird über das Investitionsprogramm für KiTas und Tagespflege, ergänzt durch das Konjunkturprogramm der Bundesregierung, gefördert. Das sächsische Finanzierungssystem für FBBE soll evaluiert werden. Für den Bereich der Tagespflege plant die Landesebene neue Empfehlungen sowie einen Qualitätskriterienkatalog zu verfassen. Außerdem hat die Qualitätssicherung der pädagogischen Arbeit in den Einrichtungen politische Priorität. Maßnahmen sind z. B.: die Evaluation des Sächsischen Bildungsplanes, die Herausgabe eines Werkbuches zur pädagogischen Arbeit im Schulvorbereitungsjahr, die Entwicklung einer Handreichung „Kinderschutz in Kindertageseinrichtungen" sowie eine zweite Phase des Landesmodellprojektes „Konsultationskita".

## Teilhabe sichern

Die Bildungsbeteiligung von Kindern bis zum Schuleintritt ist in SN insgesamt sehr hoch. Besonders deutlich über dem Bundesdurchschnitt liegt die Teilhabequote unter Dreijähriger (36,6%). Die Teilhabequoten der Ein- und Zweijährigen haben sich seit 2006 stetig gesteigert und liegen 2008 bei 40,3% bzw. 66,8%. Der Anteil Dreijähriger in Angeboten der FBBE ist minimal gesunken

(92,5%). Aus der Altersgruppe der Drei- bis unter Sechsjährigen nutzen 94,7% eine KiTa oder die Kindertagespflege. Rund 70% der Kinder unter und über 3 Jahren sind ganztags, d. h. mehr als 7 Stunden täglich, in einer KiTa. Nur für etwa jedes 5. Kind ist eine Betreuungszeit von mehr als 5 bis zu 7 Stunden pro Tag vertraglich vereinbart.

Nach Berechnungen, deren Ergebnisse sich für SN in den nächsten Jahren erst noch bestätigen müssen, haben in SN 12% aller Drei- bis unter Sechsjährigen einen Migrationshintergrund. Von ihnen sind 65% in einer Kindertagesbetreuung und demnach ein erheblich niedrigerer Anteil als von den Kindern ohne Migrationshintergrund (98%). Positiv ist deshalb zu bewerten, dass das zuständige Ministerium plant, eine Konzeption zur Unterstützung von KiTas mit hohem Anteil an Kindern mit Migrationshintergrund zu erarbeiten. Darüber hinaus befindet sich ein Konzept zur Mehrsprachigkeit mit Fokus auf den Übergang KiTa – Grundschule in der Abstimmung.

## Investitionen wirkungsvoll einsetzen

Nach Schwankungen in den Vorjahren sind seit 2004 die Investitionen stetig angestiegen und stellen 2006 bundesweit die höchsten Ausgaben pro unter zehnjährigem Kind dar. Auch der Anteil der reinen Nettoausgaben für FBBE an den gesamten reinen Ausgaben der öffentlichen Hand in SN liegt im Bundesländervergleich an der Spitze. Seit 2002 ist der Anteil kontinuierlich um insgesamt 1,2 Prozentpunkte gestiegen. FBBE hat demzufolge in SN einen hohen politischen Stellenwert.

Seit März 2009 sind Eltern im letzten Kindergartenjahr vor der Einschulung für eine Betreuungszeit von maximal 9 Stunden täglich beitragsfrei gestellt. Die ausfallenden Einnahmen in Höhe von 38 Mio. Euro pro Jahr ersetzt der Freistaat den Kommunen. Abzuwägen wäre allerdings, ob diese Finanzmittel nicht wirksamer für Verbesserungen bei der Strukturqualität, insbesondere dem Personalschlüssel der Angebote, eingesetzt wären.

## Bildung fördern – Qualität sichern

Die Qualität der pädagogischen Praxis wird entscheidend von der Qualifikation und den zeitlichen Ressourcen des pädagogischen Personals beeinflusst. Das formale Qualifikationsniveau ist in SN vergleichsweise hoch. So arbeiten im Bundesvergleich gesehen überdurchschnittlich viele Fachkräfte mit Fachschulabschluss in KiTas (87,2%). Auch der Anteil der Tätigen mit Hochschulabschluss fällt etwas höher aus. Kinderpflegerinnen findet man dagegen kaum in den Einrichtungen. Nach Angaben des zuständigen Ministeriums soll die Qualifikation und Fortbildung von Fachkräften in KiTas und Kindertagespflege rechtlich neu geregelt werden.

Entgegen dem Bundestrend hat sich der Anteil Vollzeitbeschäftigter in KiTas zwischen 1998 und 2008 um knapp 6 Prozentpunkte auf 20,1% erhöht. Mehrheitlich gehen die pädagogisch Tätigen einer Teilzeitbeschäftigung nach, 39,9% im Umfang von 32 bis unter 38,5 Wochenstunden und 33,7% im Umfang von 21 bis unter 32 Stunden wöchentlich. Eine Abstimmung von Betreuungszeiten und Beschäftigungszeiten unterstützt bei den Kindern das Erleben verlässlicher und kontinuierlicher Beziehungen im KiTa-Alltag. Inwiefern dies in SN angesichts hoher Anteile von Teilzeitbeschäftigung auf der einen und hoher Anteile in Ganztagsangeboten auf der anderen Seite gelingt, wäre zu überprüfen.

Sowohl der durchschnittliche Personalschlüssel für unter Dreijährige in Krippengruppen als auch der für Kinder ab 3 Jahren in Kindergartengruppen ist für diese Gruppentypen im Bundesvergleich eher ungünstig. Der Krippen-Personalschlüssel liegt bei 1:6,4 und gilt für fast 60% der Kinder unter drei. Annähernd jedes 3. Kind besucht eine altersübergreifende Gruppe und erfährt dort einen durchschnittlichen Personalschlüssel von 1:9,4. In Kindergartengruppen besteht ein Schlüssel von durchschnittlich 1:12,6. Das Land weist darauf hin, dass die Finanzierung des zusätzlichen Personals im Schulvorbereitungsjahr neu geregelt wurde. Im vorletzten Kindergartenjahr werden ab 2009 zwei zusätzliche Erzieherstunden, im Jahr vor dem Schuleintritt vier zusätzliche Erzieherstunden vom Freistaat über die gesetzliche Landespauschale hinaus finanziert. Die Ausgaben dafür werden auf 14 Mio. Euro pro Jahr beziffert. Inwieweit sich diese Maßnahmen positiv auf den Personalschlüssel für Kinder ab 3 Jahren bis zum Schuleintritt auswirken werden, bleibt abzuwarten.

Nach wie vor fehlt in SN ein landespolitisches Gesamtprogramm für FBBE, das sowohl die landesspezifischen Zielsetzungen als auch die zentralen Handlungsfelder in einem Orientierungsrahmen einordnet. Damit könnten für alle beteiligten Akteure Orientierungen geschaffen werden, die eine vergleichbare fachliche Weiterentwicklung und gute Qualität aller KiTas in SN fördern könnten.

## SN1 | Rechtsanspruch des Kindes auf einen Betreuungsplatz (2008)

Es besteht ein elternunabhängiger Rechtsanspruch auf einen Betreuungsplatz für jedes Kind vom vollendeten dritten Lebensjahr bis zum Schuleintritt. Ein Mindestumfang an garantierten Betreuungsstunden ist durch Landesrecht nicht geregelt.

# Teilhabe sichern

Die Bildungsbeteiligung der unter Dreijährigen in SN liegt bei 36,5%, die der Drei- bis unter Sechsjährigen bei 94,7%. Die Kinder beider Altersgruppen in KiTas werden mehrheitlich ganztags betreut, d. h., 68,4% der Kinder unter drei Jahren und 70,2% der Kinder über drei Jahren sind mehr als 7 Stunden täglich in einer KiTa. Für etwa ein Fünftel der Kinder beider Altersgruppen sind 5 bis zu 7 Stunden tägliche Betreuungszeit vereinbart. Nur für 10,3% der unter Dreijährigen und 8,5% der Kinder über drei Jahren sind bis zu 5 Stunden täglich in einer KiTa festgelegt.

## SN2 | Ausbaubedarf von Betreuungsplätzen für unter Dreijährige nach dem Kinderförderungsgesetz

Zwischen 2006 und 2008 ist die Teilhabequote der unter Dreijährigen um 3,1 Prozentpunkte auf 36,5% gestiegen. Angesichts dieses Trends bleibt abzuwarten, wie sich der Betreuungsbedarf bis 2013 entwickelt, wenn der bundesweite Rechtsanspruch auf einen Betreuungsplatz für Kinder ab dem vollendeten ersten Lebensjahr in Kraft tritt.

## SN3 | Vertraglich vereinbarte tägliche Betreuungszeiten (2008)

| | Kindertageseinrichtungen | | | | Öffentlich geförderte Kindertagespflege | | | |
|---|---|---|---|---|---|---|---|---|
| | 32.644 Kinder < 3 J. | | 111.957 K. ≥ 3 J. (o. Schulk.) | | 3.520 Kinder < 3 J. | | 306 Kinder v. 3 bis < 6 J. | |
| | SN 2008 | ø Deutschland 2008 | SN 2008 | ø Deutschland 2008 | SN 2008 | ø Deutschland 2008 | SN 2008 | ø Deutschland 2008 |
| Bis zu 5 h | 10,3 | 24,9 | 8,5 | 26,1 | 6,0 | 31,6 | 27,5 | 52,4 |
| Mehr als 5 bis zu 7 h | 21,3 | 24,3 | 21,3 | 31,0 | 13,5 | 28,9 | 11,1 | 25,1 |
| Mehr als 7 h | 68,4 | 47,9 | 70,2 | 29,9 | 80,5 | 39,0 | 61,1 | 22,2 |
| Vor- u. nachmittags o. Mittagsbetreuung | 0,0 | 2,8 | 0,0 | 13,0 | 0,0 | 0,5 | 0,3 | 0,3 |

SN 2008 | ø Deutschland 2008

## SN4 | Bildungsbeteiligung von Kindern in Kindertageseinrichtungen und Kindertagespflege

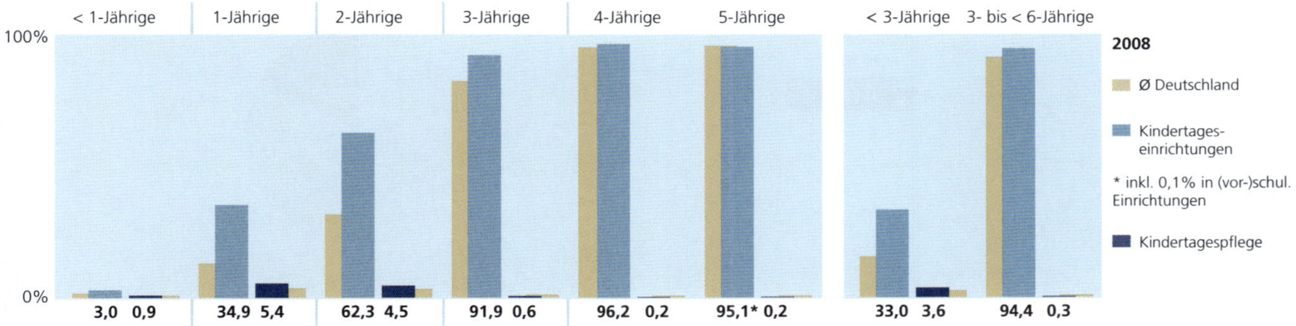


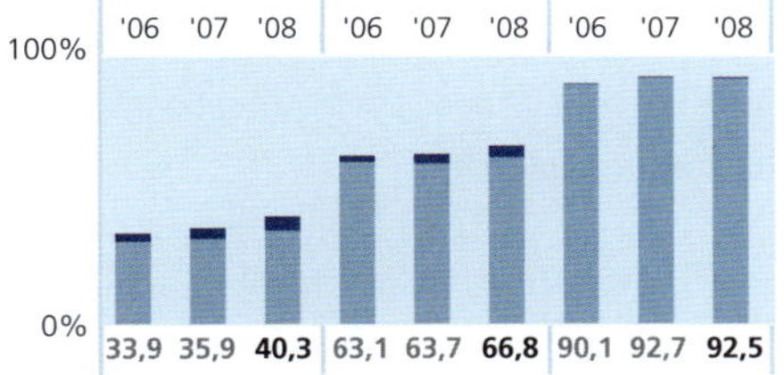


Die Teilhabequote von unter Dreijährigen liegt mit einem Anteil von 36,5% über dem Bundesdurchschnitt (17,8%). Besonders zugenommen hat die Bildungsbeteiligung Einjähriger. Zwischen 2006 und 2008 ist sie um 6,4 Prozentpunkte auf 40,3% gestiegen und liegt somit 23,9 Prozentpunkte über dem bundesweiten Vergleichswert (16,4%). Im Vergleich zum Vorjahr hat sich auch die Zahl der Zweijährigen in FBBE-Angeboten deutlich auf 66,8% gesteigert und bewegt sich 32,4 Prozentpunkte über dem Bundesniveau (34,4%).

## SN5 | Bildungsbeteiligung und familiäre Sprachpraxis von Kindern mit und ohne Migrationshintergrund (2008)

### SN5A Bildungsbeteiligung

In SN weist nur ein geringer Anteil aller Kinder einen Migrationshintergrund (mindestens ein Elternteil nicht deutscher Herkunft) auf. Rechnerisch lässt sich dieser Anteil zwar bestimmen, doch bleibt angesichts der methodischen Einschränkungen[1] und der im Ergebnis hohen Abweichungen der Teilhabequoten an FBBE-Angeboten von Kindern mit und ohne Migrationshintergrund abzuwarten, ob sich die Ergebnisse der Berechnungen in den nächsten Jahren bestätigen. Demnach haben 11% der Kinder unter drei Jahren in der Bevölkerung einen Migrationshintergrund (31.12.2006). Die Teilhabequote von ihnen liegt bei 3%, von den gleichaltrigen Kindern ohne Migrationshintergrund bei 39%. In der Altersgruppe aller Drei- bis unter Sechsjährigen in SN haben 12% einen Migrationshintergrund. Von diesen sind 65% in FBBE-Angeboten, von den Kindern gleichen Alters ohne Migrationshintergrund sind es 98%.

### SN5B Familiäre Sprachpraxis von Kindern in KiTas

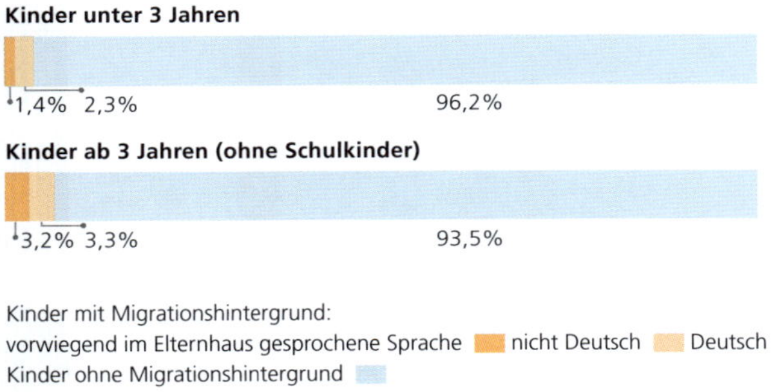

## SN6 | Investitionen pro Kind*

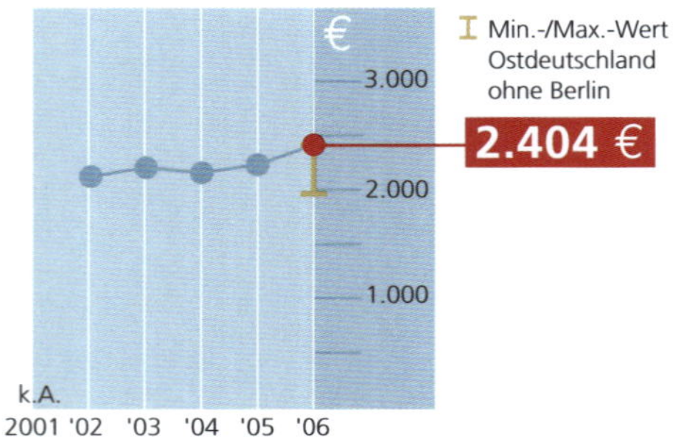


Die reinen Nettoausgaben der öffentlichen Haushalte für FBBE pro unter zehnjährigem Kind sind zwischen 2005 und 2006 um 8,0% gestiegen. Trotz Schwankungen im Zeitverlauf liegt SN mit diesem Ausgabenniveau über dem ostdeutschen Durchschnittswert (2.225 €) für die Investitionen pro unter zehnjährigem Kind.

## SN7 | Finanzierungsgemeinschaft für FBBE (2006)

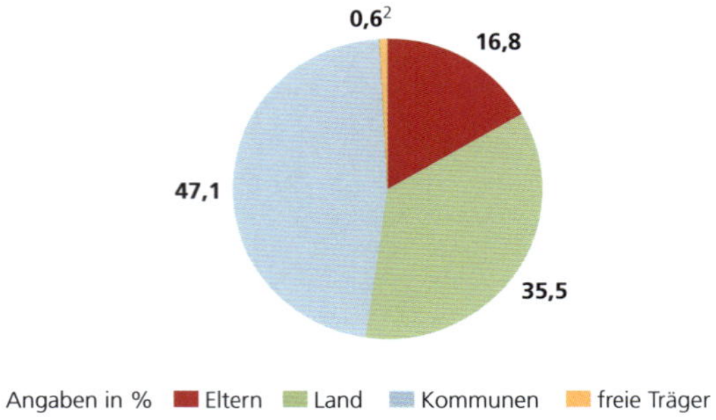


In den öffentlichen Statistiken fehlen i. d. R. die Elternbeiträge, die direkt von freien Trägern eingezogen werden, sowie die finanziellen Eigenanteile der freien Träger. Diese Ausgabengrößen werden daher über Schätzungen ermittelt.

# Investitionen wirkungsvoll einsetzen

Bundesweit kann SN sowohl auf die höchsten Investitionen pro unter 10-jährigem Kind verweisen als auch auf den höchsten Anteil der reinen Nettoausgaben für FBBE an allen reinen Ausgaben der öffentlichen Hand. Die Ausgaben pro unter 10-jährigem Kind sind damit gestiegen. An der Finanzierungsgemeinschaft für FBBE beteiligt sich das Land mit einem Anteil von 35,5%. Die Kommunen tragen mit 47,1% den höchsten Anteil der Ausgaben. Die freien Träger spielen bei der Finanzierung eine marginale Rolle. Die Eltern finanzieren über ihre Beiträge die Ausgaben für FBBE zu 16,8%. Diese können in der Höhe variieren, da sie kommunal festgelegt werden. Der minimale bzw. maximale Anteil der Eltern ist landeseinheitlich geregelt. Mit Änderung des SächsKiTaG ist ab dem 01.03.2009 das letzte Kindergartenjahr vor der Einschulung im Umfang von maximal neun Stunden täglich für die Eltern beitragsfrei. Die ausfallenden Einnahmen ersetzt der Freistaat den Kommunen.

## SN8 | Anteil der reinen Nettoausgaben für FBBE an den gesamten reinen Ausgaben öffentlicher Haushalte*

Der Anteil der reinen Nettoausgaben für FBBE gemessen an ihrem Anteil an den gesamten reinen Ausgaben der öffentlichen Haushalte ist seit 2002 kontinuierlich um 1,2 Prozentpunkte gestiegen. Mit einem Anteil von 6,3% an allen reinen Nettoausgaben des Landes liegt SN 0,8 Prozentpunkte über dem Anteil, der im Durchschnitt in Ostdeutschland (5,5%) für FBBE aufgewandt wird, und ist somit Spitzenreiter bei den anteiligen reinen Nettoausgaben.

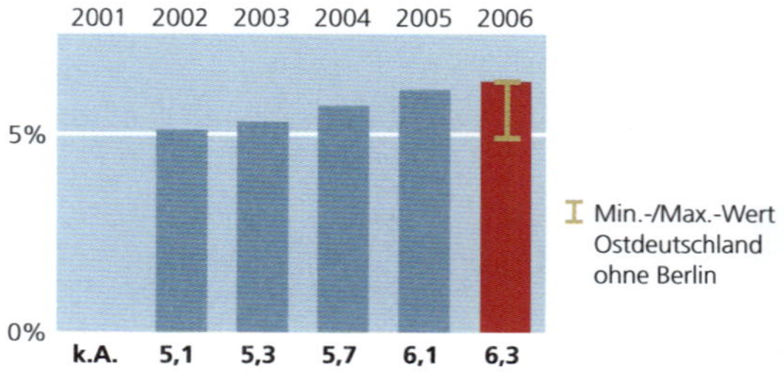


* Bei den Nettoausgaben der öffentlichen Hand werden neben Ausgaben für die Kinder in vorschulischen Angeboten (u. a. Krippen, Kindergärten, Einrichtungen mit altersübergreifenden Gruppen) auch Kindertageseinrichtungen mit Schulkindern berücksichtigt (z. B. Horte). Zwischen den Ländern schwankt der Anteil der Schulkinder, die in Kindertageseinrichtungen betreut werden, erheblich. Dies ist bei der vergleichenden Bewertung der Finanzindikatoren zu berücksichtigen.

# Bildung fördern – Qualität sichern

Der Bildungsplan (Der Sächsische Bildungsplan - ein Leitfaden für pädagogische Fachkräfte in Krippen, Kindergärten und Horten sowie für Kindertagespflege) ist eingeführt und ab 2009 soll die Gestaltung der pädagogischen Praxis in den KiTas unter Berücksichtigung des Bildungsplans evaluiert werden. Über den Bildungsplan wird breit informiert und mehrsprachiges Informationsmaterial für Eltern wird erstellt. Die Qualifizierung erfolgt über Fortbildungsveranstaltungen, die für alle KiTa-Mitarbeiterinnen angeboten werden und mindestens zweitägig sind. Öffentliche Mittel speziell für regelmäßige Fortbildungen zum Bildungsplan werden jedoch nicht bereitgestellt. Einrichtungen müssen die Aufnahme des Bildungsplans in die Konzeption nachweisen. Nach Berechnungen auf der Grundlage der Kinder- und Jugendhilfestatistik besteht ein vergleichsweise schlechter Personalschlüssel für Kinder unter wie über 3 Jahren in den sächsischen KiTas. Die Mehrheit der unter Dreijährigen wird in Krippengruppen mit einem durchschnittlichen Personalschlüssel von 1:6,4 betreut. Ca. ein Drittel ist in altersübergreifenden Gruppen, für die ein durchschnittlicher Personalschlüssel von 1:9,4 ausgewiesen wird. Für die über Dreijährigen besteht in Kindergartengruppen durchschnittlich ein Schlüssel von 1:12,6.

## SN9 | Bildungsplan – BP (2008)

| I. Information | |
|---|---|
| Kostenloser Versand des BP an alle KiTas | ● |
| BP als Download verfügbar | ● |
| BP als Publikation erwerbbar | ● |
| Informationsmaterial über BP für Eltern verfügbar | ● |
| Informationsmaterial über BP mehrsprachig f. Eltern verfügbar | in Planung[3] |
| **4 von 5 Punkten** | ●●●●○ |

| II. Qualifizierung | |
|---|---|
| Infoveranstaltung zum BP für alle KiTa-Mitarbeiterinnen | ● |
| Verpflichtende Informationsveranstaltung zum BP für alle KiTa-Mitarbeiterinnen | – |
| Angebotene Fortbildung zum BP mindestens zweitägig | ● |
| Alle Fachberatungen erhalten Fortbildungen zum BP | – |
| Öffentliche Mittel für regelmäßige Fortbildung zum BP für alle pädagogischen Mitarbeiterinnen verfügbar | – |
| **2 von 5 Punkten** | ●●○○○ |

| III. Umsetzungskontrolle (in allen KiTas) | |
|---|---|
| Jährliche externe Überprüfung der Umsetzung des BP | – |
| Jährliche Berichtspflicht zur Implementation des BP | – |
| Nachweis der Aufnahme des BP in die Konzeption | ● |
| **1 von 3 Punkten** | ●○○ |

Insgesamt **7** von 13 Punkten

## SN10 | Kooperation KiTa – Grundschule (2008)

Im SächsKiTaG ist eine landesweit verbindliche Regelung zur Kooperation von KiTas und Grundschulen enthalten. Zudem gibt es eine gemeinsame Vereinbarung zwischen dem Sächs. Staatsministerium für Soziales und dem Sächs. Staatsministerium für Kultus zur Kooperation. Für die Umsetzung der kooperativen Maßnahmen werden beiden Einrichtungsformen zusätzlich Mittel für Personalbedarf gewährt.

## SN11 | Pädagogisches Personal nach Berufsausbildungsabschlüssen (2008)

Das pädagogische Personal hat in SN überwiegend einen Fachschulabschluss (87,2%), sein Anteil liegt damit 15,3 Prozentpunkte über dem Bundesdurchschnitt (71,9%). Über einen Abschluss als Kinderpflegerin verfügen indes nur 0,9% der pädagogisch Tätigen. Im Bundesvergleich gesehen höher ist die Zahl derer, die über einen Hochschulabschluss verfügen (4,4%). Geringer dagegen ist der Anteil von pädagogisch Tätigen in Ausbildung, Praktikum o. Ä. (2,7%).

| Abschluss | Sachsen | ø Deutschland |
|---|---|---|
| | Anteile in Prozent | |
| (sozialpädagogischer) Hochschulabschluss | 4,4 | *3,5* |
| Fachschulabschluss (Erzieherinnen, Heilpädagoginnen) | 87,2 | *71,9* |
| Kinderpflegerinnen | 0,9 | *13,3* |
| anderer fachlicher Abschluss (sonst. Sozial- u. Erziehungsberufe) | 3,4 | *1,9* |
| Sonstige | 2,7 | *7,1* |
| ohne abgeschl. Ausbildung | 1,3 | *2,2* |

## SN12 | Personalschlüssel und Gruppentypen in Kindertageseinrichtungen

### SN12A Personalschlüssel und Fachkraft-Kind-Relation

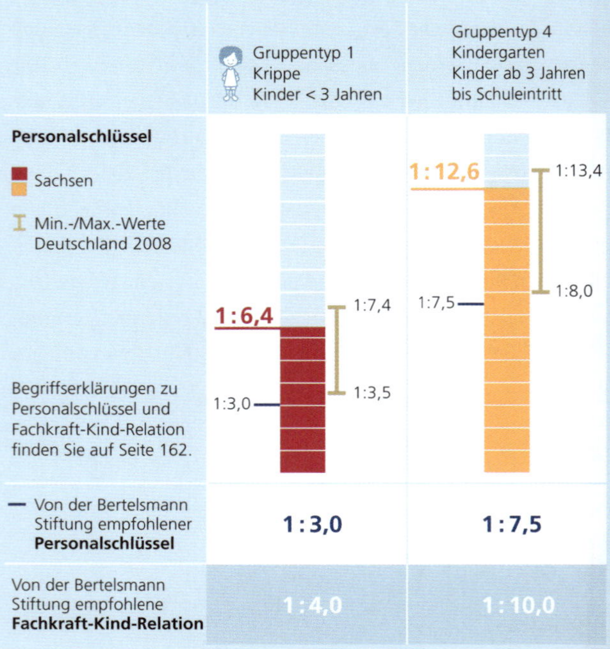


## SN13 | Beschäftigungsumfang des pädagogischen Personals und Anteil der Vollzeitbeschäftigten in Kindertageseinrichtungen

Etwa ein Fünftel des pädagogischen Personals (20,1%) ist in SN vollzeitbeschäftigt. Dieser Wert liegt 19,3 Prozentpunkte unter dem Bundesdurchschnitt. Allerdings hat sich der Anteil der Vollzeitbeschäftigten entgegen dem Bundestrend seit 1998 positiv entwickelt und ist um fast 6 Prozentpunkte angewachsen. Wie in allen ostdeutschen Bundesländern hat ein großer Teil der Beschäftigten Arbeitsverträge mit wöchentlichen Arbeitszeiten von 21 bis unter 38,5 Wochenstunden. Ein Anteil von 39,9% des pädagogischen Personals arbeitet zwischen 32 bis unter 38,5 Stunden pro Woche. Bundesweit liegt der Anteil bei 16,3%. Ein weiteres Drittel (33,7%) hat eine Wochenarbeitszeit von 21 bis unter 32 Stunden. Nur wenige haben eine Teilzeitbeschäftigung mit weniger als 21 Stunden wöchentlich (5,6%) bzw. arbeiten nebenberuflich in KiTas. Da mehr als zwei Drittel aller Kinder länger als 7 Stunden täglich in einer KiTa sind, wäre zu prüfen, ob Betreuungs- und Beschäftigungszeiten aufeinander abgestimmt werden.

### SN13A Pädagogisches Personal nach Beschäftigungsumfang (2008)

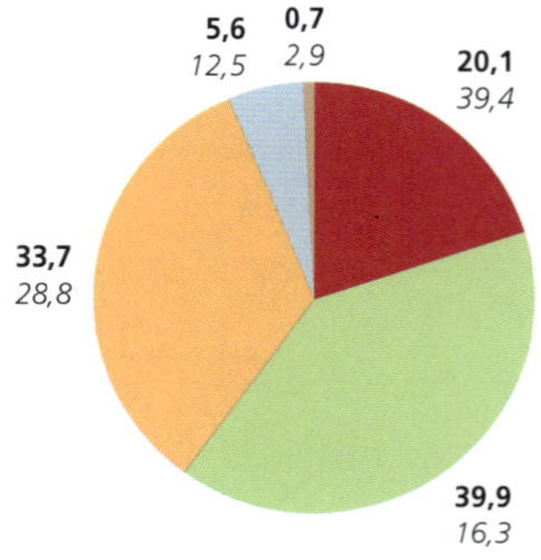


Angaben in %

- Hauptberuflich, Vollzeit, 38,5 und mehr Wochenstunden
- Teilzeit, 32 bis < 38,5 Wochenstunden
- Teilzeit, 21 bis < 32 Wochenstunden
- Teilzeit, < 21 Wochenstunden
- Nebenberuflich, < 20 Wochenstunden

*kursiv* = ø Deutschland

### SN12B Verteilung der Kinder unter 3 Jahren auf verschiedene Gruppentypen (2008)

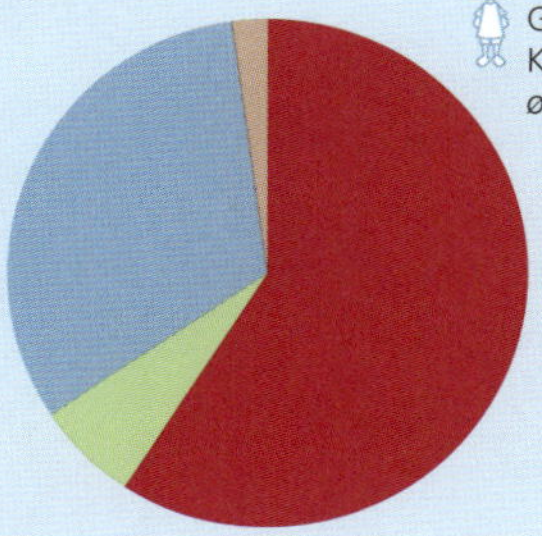


Die Mehrheit der unter Dreijährigen (59,2%) wird in einer Krippengruppe mit einem durchschnittlichen Personalschlüssel von 1:6,4 betreut – bundesweit einer der schlechtesten für Krippengruppen. 32,2% der unter Dreijährigen sind in altersübergreifenden Gruppen mit einem Personalschlüssel von durchschnittlich 1:9,4. Nur wenige U-3-Kinder sind in geöffneten Kindergartengruppen (6,4%) mit einem durchschnittlichen Personalschlüssel von 1:12,4.

### SN13B Anteil der Vollzeitbeschäftigten

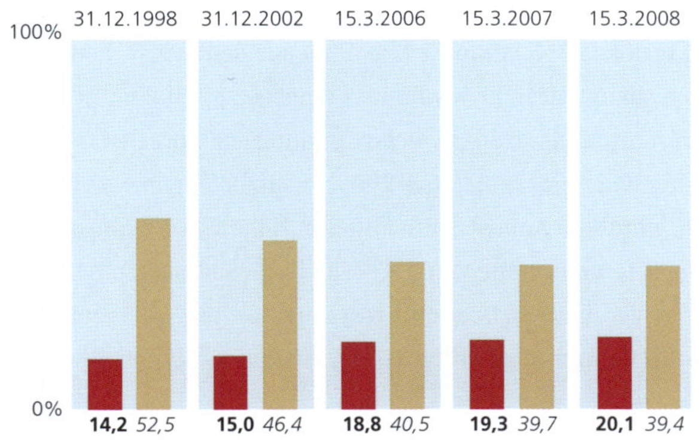


Anteil der Vollzeitbeschäftigten an allen Beschäftigten, ohne Verwaltung und Hauswirtschaft/Technik

■ SN ■ ø Deutschland

## SN14 Rahmenbedingungen für Bildungsqualität

### SN14A Regelungen zur Strukturqualität (2008)

| | Allgemein geregelt | Präzise definiert |
|---|---|---|
| Maximale Gruppengröße | – | – |
| Fachkraft-Kind-Relation | ● | ● |
| Verfügungszeit | – | – |
| Fachberatung | ● [4] | – |
| Fortbildung | ● | ● |
| Leitungsfreistellung | ● | ● |
| (Innen-/Außen-)Flächen | ● | – |

Insgesamt **8** von 14 Punkten

Das Sächsische KiTa-Gesetz enthält landeseinheitliche präzise Regelungen zur Fachkraft-Kind-Relation, Fortbildung sowie zur Leitungsfreistellung. Der Umfang der Fachberatung wird durch eine Empfehlung des Landesjugendamtes geregelt, die jedoch keinen verbindlichen Charakter hat. Auch die Flächen pro Kind sind nur allgemein geregelt. Die maximale Gruppengröße und Verfügungszeiten sind nicht geregelt.

### SN14B Regelungen zur Qualitätsüberprüfung (2008)

| | |
|---|---|
| Geregelte Verpflichtung in Ausführungsgesetz oder Verordnung | ● |
| *Elternbefragung (mindestens jährlich)* | – |
| *Selbstevaluation* | – |
| *Fremdevaluation* | – |
| Zahlung öffentlicher Zuschüsse abhängig von externer Qualitätsüberprüfung | – |

Insgesamt **1** von 5 Punkten

Das SächsKiTaG gibt vor, dass die Qualität der Arbeit in den KiTas durch geeignete Maßnahmen sichergestellt und weiterentwickelt werden soll. Ebenso soll die Qualitätssicherung in den Konzeptionen festgeschrieben werden. Konkrete Verfahren zur Qualitätsüberprüfung sind nicht in allen KiTas verbindlich vorgesehen. Vom Staatsministerium für Soziales können zum Zweck der Weiterentwicklung der KiTas Erhebungen durchgeführt und Auskünfte eingeholt werden[5].

# Sachsen-Anhalt

**Basisdaten 2008**

**Fläche: 20.447 km²**

**Einwohner** (31.12.2007):
**2.412.472**

**Anteil der Kinder in FBBE**
**Kinder < 3 Jahren: 52,7%**
**Kinder 3 bis < 6 Jahre (ohne Schulkinder): 93,7%**
(inkl. 0,0% in [vor-]schulischen Einrichtungen)

| | |
|---|---|
| Geborene Kinder (2007) | 17.387 |
| Geburten pro Frau (2007) | 1,3 |
| Anzahl der Kinder < 10 Jahren (31.12.2007) | 171.065 |
| Davon Kinder < 3 Jahren | 51.251 |
| Davon Kinder 3 bis < 6 Jahre | 51.016 |
| Davon Kinder 6 bis < 10 Jahre | 68.798 |

| | |
|---|---|
| Erwerbstätigenquote von Müttern (2007) mit | |
| … mindestens einem Kind < 3 Jahren | 55,0% |
| … mindestens einem Kind von 3 bis < 6 Jahre | 69,0% |
| Leistungsempfänger nach SGB II (ALG II u. Sozialgeld, 2008) | 359.556 |
| Darunter Kinder < 6 Jahren | 37.733 |
| Entspricht Anteil an allen Kindern < 6 Jahren | 36,9% |
| Tageseinrichtungen insgesamt (2008) | 1.695 |
| Anteil der Einrichtungen | |
| … in öffentlicher Trägerschaft | 61,7% |
| … in freigemeinnütziger Trägerschaft | 38,0% |
| … als Betriebs-/Unternehmensteil | 0,1% |
| … in privatgewerblicher Trägerschaft | 0,3% |
| Anteil der KiTas ohne feste Gruppenstruktur | 18,6% |
| Pädagogisches Personal in KiTas insgesamt | 13.379 |
| Kinder in KiTas insgesamt | 123.870 |
| Darunter Kinder < 3 Jahren | 26.722 |
| Darunter Kinder 3 bis < 6 Jahre (ohne Schulkinder) | 47.722 |
| Darunter Schulkinder 6 bis < 10 Jahre | 33.536 |
| Tagespflegepersonen insgesamt | 91 |
| Kinder < 6 Jahren in Kindertagespflege | 284 |
| Davon Kinder < 3 Jahren | 264 |
| Davon Kinder 3 bis < 6 Jahre | 20 |

Das Ministerium für Gesundheit und Soziales ist in ST zuständig für FBBE. Ein regelmäßiger interministerieller Austausch findet in der Fachgruppe „Frühkindliche Bildung“ sowie in den Arbeitsgruppen „Nationaler Integrationsplan“ und „Bildung für nachhaltige Entwicklung“ statt. Nach Angaben des verantwortlichen Ministeriums sind auch im Bildungskonvent für das Land Sachsen-Anhalt, der vom Landtag gebildet wird, alle relevanten Akteure für FBBE vertreten. Als landespolitisches Gesamtprogramm für die Weiterentwicklung der FBBE stuft das zuständige Ministerium die Koalitionsvereinbarung zwischen CDU und SPD in der 5. Legislaturperiode ein.

Als aktuelle landespolitische Handlungsschwerpunkte benennt das zuständige Ministerium eine verstärkte Professionalisierung der pädagogischen Fachkräfte. Neben einer Akademisierung mittels berufsbegleitender Studiengänge und eines Bachelor-Studiengangs für Leitungskräfte soll die Fort- und Weiterbildung der Fachkräfte verbessert werden. Für den Ausbau einer familien- und kinderfreundlichen KiTa-Infrastruktur werden in der Förderperiode 2007 bis 2013 rund 41 Mio. Euro aus dem Europäischen Strukturfonds ESF sowie 52 Mio. Euro aus dem Kinderbetreuungsausbauprogramm des Bundes eingesetzt. Mit dem Gesetz zur Förderung der frühkindlichen Bildung soll Sprachstandsfeststellung und -förderung (ab 8/2009) zusätzlich finanziert werden. Dafür gibt es ab August 2009 Mittel in Höhe von 1,3 Mio. Euro sowie 2010 im Umfang von 2,43 Mio. Euro. Seit September 2008 werden Vor- und Nachbereitungsstunden für das pädagogische Personal zusätzlich gefördert (2008: 0,9 Mio. €, 2009: 2,94 Mio. €, 2010: 2,98 Mio. €).

## Teilhabe sichern

Die Bildungsbeteiligung unter Dreijähriger in ST ist bundesweit mit fast 65% am höchsten. Von den Drei- bis unter Sechsjährigen nutzen 93,7% ein Angebot der FBBE. Die hohen Teilhabequoten bei den Einjährigen (64,9%) und den Zweijährigen (85,7%) können als Effekt des Rechtsanspruches auf Kindertagesbetreuung ab Geburt gewertet werden. Zwischen 2006 und 2008 hat sich der Anteil der Einjährigen in Kindertagesbetreuung sogar um 7,5 Prozentpunkte erhöht. Die vertraglich vereinbarten Betreuungsumfänge scheinen ebenfalls im Zusammenhang mit dem garantierten Betreuungsumfang von 5 Stunden täglich zu stehen. So sind um die 40% der Kinder unter wie über drei Jahren bis zu 5 Stunden täglich in einer KiTa. Mehrheitlich nutzen die unter Dreijährigen (54,7%) und die über Dreijährigen (58,3%) jedoch einen Ganztagsplatz.

## Investitionen wirkungsvoll einsetzen

Die Investitionen pro unter zehnjährigem Kind sind nach dem Abwärtstrend in den vorangegangenen Jahren 2006 um 3,7% gestiegen und liegen damit leicht über dem ostdeutschen Vergleichswert. Der Anteil der reinen Nettoausgaben für FBBE an den gesamten reinen Ausgaben der öffentlichen Hand war in ST ebenfalls bis 2005 deutlich rückläufig, ist aber im Jahr 2006 wieder angestiegen. Allerdings zählt der Anteil von 4,9% zu den niedrigsten in Ostdeutschland.

## Bildung fördern – Qualität sichern

Im Rahmen der Implementierung des Bildungsprogramms „Bildung: elementar - Bildung von Anfang an" fördert die Landesregierung seit 2007 Modellprojekte. Im Jahr 2009 stehen dafür 250.000 Euro zur Verfügung, 2007 und 2008 waren es zusammen 500.000 Euro. Geplant ist den Implementierungsprozess des Bildungsprogramms in den Einrichtungen zu evaluieren. Zudem sollen in einer Rahmenrichtlinie für die Ausbildung von Erzieherinnen die Grundsätze der frühkindlichen Bildung und die Inhalte des Bildungsprogramms verankert werden. Das Bildungsprogramm soll 2009 zum einen für die Altersgruppe der unter Dreijährigen systematisch weiterentwickelt werden, zum anderen sollen neuere Erkenntnisse aus der Arbeit mit Kindern im Kindergartenalter in den Kompetenzeinrichtungen des Landes eingearbeitet werden. Im Jahr 2010 soll das Bildungsprogramm für Kinder mit Behinderung in der pädagogischen Praxis präzisiert werden.

Gute pädagogische Praxis sowie ihre Orientierung am Bildungsprogramm ist insbesondere von den vorhandenen Personalressourcen abhängig. Die formale Qualifikationsstruktur des pädagogischen Personals ist in ST überdurchschnittlich hoch. Der Anteil der Tätigen mit Fachschulabschluss (91,9%) liegt 20 Prozentpunkte über dem Bundesdurchschnitt. Kinderpflegerinnen sind nur selten in KiTas beschäftigt, allerdings gibt es ebenfalls kaum Beschäftigte mit Hochschulabschluss. Der Anteil der Vollzeitbeschäftigten erhöht sich zwar seit 2006 wieder leicht, bewegt sich aber angesichts eines Anteils von 13,9% um mehr als 25 Prozentpunkte unter dem Bundesniveau. Mehr als die Hälfte geht einer Teilzeitbeschäftigung mit einem Umfang von 21 bis unter 32 Wochenstunden nach. Knapp ein Viertel des pädagogischen Personals arbeitet wöchentlich 32 bis unter 38,5 Stunden. In Anbetracht des hohen Ausmaßes an Teilzeitbeschäftigungen sowie eines hohen Anteils von Kindern in Ganztagsbetreuung ist zu fragen, ob diese Bedingungen den Kindern das Erleben kontinuierlicher und verlässlicher Beziehungen ermöglichen und dem Personal Arbeitszeiten für Aufgaben ohne Kinder erübrigen.

Hinsichtlich der Strukturqualität in den KiTas ist auffällig, dass in ST nur der Bereich der Fachkraft-Kind-Relation präzise geregelt ist. Daneben gibt es nur allgemeine Regelungen für Fortbildung und Leitungsfreistellung. Für weitere Elemente der Strukturqualität bestehen keine allgemeinen oder präzisen Regelungen, so dass von erheblichen Handlungsspielräumen bei der Ausgestaltung der Strukturqualität von KiTas auszugehen ist.

Weitere Hinweise auf ungünstige Voraussetzungen bei der Strukturqualität liefern die berechneten Personalschlüssel. Demnach ist der Personalschlüssel von durchschnittlich 1:6,6 für Krippengruppen, in denen über 60% der unter Dreijährigen betreut werden, im Bundesvergleich eher ungünstig für diesen Gruppentyp. Aus Landessicht besteht damit allerdings für die Mehrheit dieser Altersgruppe ein relativ günstiger Schlüssel. Denn noch ungünstigere Bedingungen erleben 28,1% der unter Dreijährigen in altersübergreifenden Gruppen – mit einem Schlüssel von durchschnittlich 1:8,9. Für Kinder ab 3 Jahren bis zum Schuleintritt besteht in Kindergartengruppen ein Personalschlüssel von durchschnittlich 1:11,6. Es bleibt abzuwarten, ob sich die Personalausstattung durch die zusätzlichen Landesmittel für Verfügungszeiten deutlich verbessert. Weitere Verbesserungen wären hier wünschenswert, da die hohen Teilhabequoten an FBBE in ST nur dann positive Wirkungen auf die Bildung und Entwicklung der Kinder entfalten können, wenn die qualitativen Kapazitäten des Systems dafür die Voraussetzungen bieten.

## ST1 | Rechtsanspruch des Kindes auf einen Betreuungsplatz (2008)

Es besteht ein elternunabhängiger Rechtsanspruch auf einen Betreuungsplatz für jedes Kind ab Geburt bis zur Versetzung in den 7. Schuljahrgang mit einem garantierten Umfang von fünf Stunden täglich.

# Teilhabe sichern

Die Bildungsbeteiligung der Kinder unter 3 Jahren liegt in ST bei 52,7% und bei den Drei- bis unter Sechsjährigen bei 93,7%. Bei den vertraglich vereinbarten Betreuungszeiten in KiTas lassen sich zwei Schwerpunkte hinsichtlich des zeitlichen Umfangs der Nutzung erkennen: Für jeweils etwa 40% der Kinder sind bis zu fünf Stunden täglich in einer KiTa vereinbart. Die Mehrheit der unter Dreijährigen (54,7%) wird jedoch mehr als sieben Stunden täglich in einer KiTa betreut und von den Kindern im Alter von drei Jahren bis zum Schuleintritt sind es sogar 58,3%.

## ST2 | Ausbaubedarf von Betreuungsplätzen für unter Dreijährige nach dem Kinderförderungsgesetz

Zwischen 2006 und 2008 ist die Teilhabequote der unter Dreijährigen um 2,4 Prozentpunkte auf 52,7% gestiegen. Angesichts dieses Trends bleibt abzuwarten, wie sich der Betreuungsbedarf bis 2013, wenn der bundesweite Rechtsanspruch auf einen Betreuungsplatz für Kinder ab dem vollendeten ersten Lebensjahr in Kraft tritt, entwickelt.[1]

## ST3 | Vertraglich vereinbarte tägliche Betreuungszeiten (2008)

| | Kindertageseinrichtungen | | | | Öffentlich geförderte Kindertagespflege | | | |
|---|---|---|---|---|---|---|---|---|
| | 26.722 Kinder < 3 J. | | 58.703 Kinder ≥ 3 J. (o. Schulk.) | | 264 Kinder < 3 J. | | 46 Kinder v. 3 bis < 6 J. | |
| | ST 2008 | ø Deutschland 2008 | ST 2008 | ø Deutschland 2008 | ST 2008 | ø Deutschland 2008 | ST 2008 | ø Deutschland 2008 |
| Bis zu 5 h | 41,1 | 24,9 | 38,0 | 26,1 | 23,5 | 31,6 | 15,2 | 52,4 |
| Mehr als 5 bis zu 7 h | 4,1 | 24,3 | 3,6 | 31,0 | 12,9 | 28,9 | 26,1 | 25,1 |
| Mehr als 7 h | 54,7 | 47,9 | 58,3 | 29,9 | 63,3 | 39,0 | 58,7 | 22,2 |
| Vor- u. nachmittags o. Mittagsbetreuung | 0,1 | 2,8 | 0,1 | 13,0 | 0,4 | 0,5 | 0,0 | 0,3 |

ST 2008 | ø Deutschland 2008

## ST4 | Bildungsbeteiligung von Kindern in Kindertageseinrichtungen und Kindertagespflege

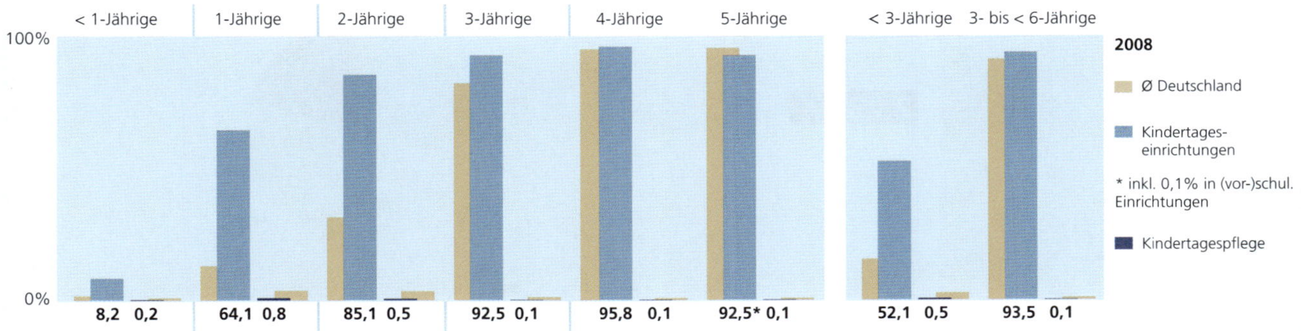


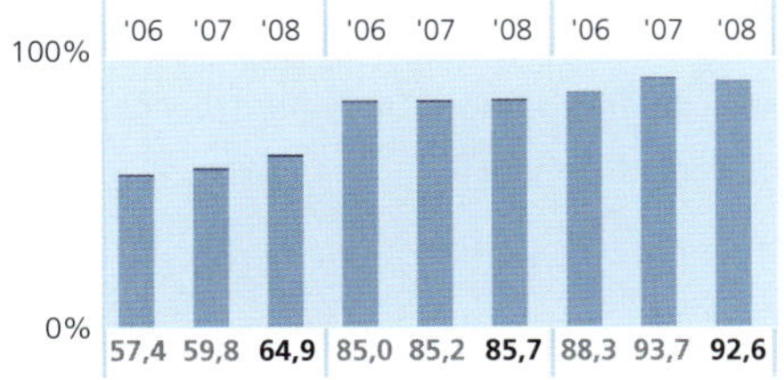


Bundesweit weist Sachsen-Anhalt bei den unter Dreijährigen die höchste Teilhabequote an FBBE auf (52,7%) und liegt damit 34,9 Prozentpunkte über dem Bundesdurchschnitt (17,8%). Besonders die Bildungsbeteiligung der Einjährigen hat sich zwischen 2006 und 2008 weiter erhöht (+ 7,5 Prozentpunkte). Während bundesweit nur 16,4% der Einjährigen in FBBE-Angeboten sind, nutzen sie in ST 64,9%. Bei den Zweijährigen ist die Teilhabequote nur leicht gestiegen (85,7%), stärker angewachsen ist sie bei den Dreijährigen (+ 4,3 Prozentpunkte auf 92,6%).

## ST5 | Bildungsbeteiligung und familiäre Sprachpraxis von Kindern mit und ohne Migrationshintergrund (2008)

### ST5A Bildungsbeteiligung

Zu den Teilhabequoten von Kindern mit und ohne Migrationshintergrund (mindestens ein Elternteil nicht deutscher Herkunft) in ST können keine Angaben gemacht werden, da es keine repräsentativen Daten über den Anteil der Kinder mit und ohne Migrationshintergrund in der Bevölkerung gibt. Diese Referenzgrößen wären jedoch notwendig zur Bestimmung der Höhe der Bildungsbeteiligung.

### ST5B Familiäre Sprachpraxis von Kindern in KiTas

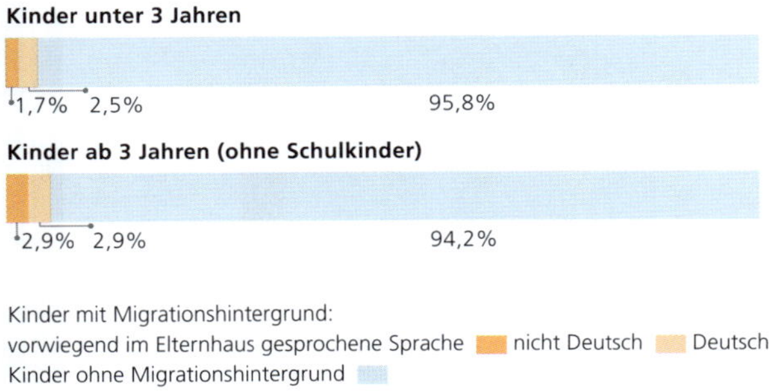

## ST6 | Investitionen pro Kind*

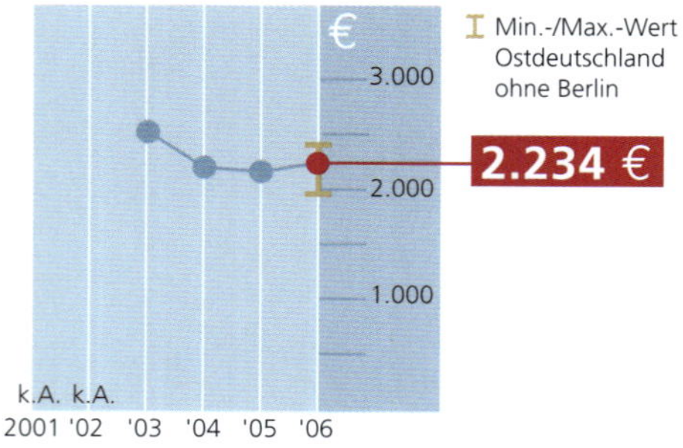


Die reinen Nettoausgaben der öffentlichen Haushalte für FBBE pro unter zehnjährigem Kind sind nach dem Rückgang 2003, 2004 und 2005 zum Jahr 2006 wieder um 3,7% gestiegen. Damit liegen die durchschnittlichen Investitionen pro unter Zehnjährigem knapp über dem Durchschnittswert für Ostdeutschland (2.225 €).

## ST7 | Finanzierungsgemeinschaft für FBBE (2006)

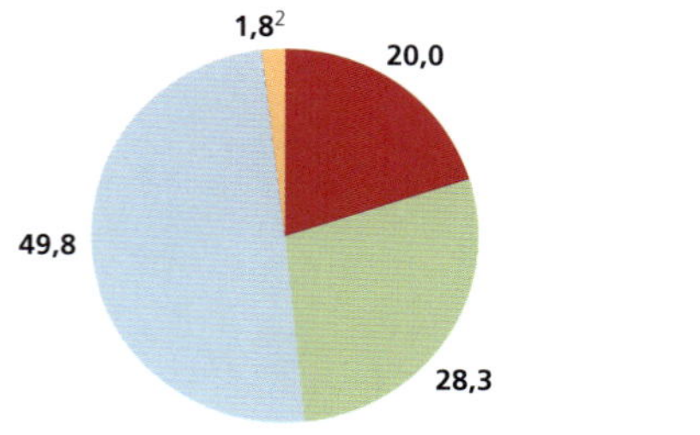


In den öffentlichen Statistiken fehlen i. d. R. die Elternbeiträge, die direkt von freien Trägern eingezogen werden, sowie die finanziellen Eigenanteile der freien Träger. Diese Ausgabengrößen werden daher über Schätzungen ermittelt.

# Investitionen wirkungsvoll einsetzen

Nach dem negativen Trend der Jahre zuvor sind die durchschnittlichen Investitionen pro unter 10-jährigem Kind 2006 wieder gestiegen. Diese Entwicklung zeichnet sich auch bei dem Anteil der reinen Nettoausgaben für FBBE an allen reinen Ausgaben der öffentlichen Hand ab. Der Anteil von 4,9% liegt deutlich unter dem ostdeutschen Vergleichswert. An der Finanzierungsgemeinschaft hat das Land einen Anteil von 28,3%. Die Kommunen tragen annähernd die Hälfte (49,8%) der Ausgaben. Die freien Träger bringen mit 1,8% den geringsten Anteil auf, die Eltern hingegen beteiligen sich zu einem Fünftel an der Finanzierung der Ausgaben für FBBE. Die Höhe der Elternbeiträge kann allerdings schwanken, da diese von jedem einzelnen Träger festgelegt werden. Eine Staffelung der Beiträge nach Anzahl der Kinder ist ebenso vorgesehen wie eine Beitragsermäßigung bzw. -übernahme für einkommensschwache Familien. Eine landeseinheitliche Regelung zur maximalen Höhe der Elternbeiträge gibt es nicht.

## ST8 | Anteil der reinen Nettoausgaben für FBBE an den gesamten reinen Ausgaben öffentlicher Haushalte*

Nachdem der Anteil der reinen Nettoausgaben für FBBE gemessen an ihrem Anteil an den gesamten reinen Ausgaben der öffentlichen Haushalte seit 2003 auf 4,6% im Jahr 2005 zurückgegangen war, ist er im Jahr 2006 um 0,3 Prozentpunkte gestiegen. Dieser Anteil liegt nicht nur 0,6 Prozentpunkte unter dem ostdeutschen Durchschnittswert (5,5%), sondern zählt auch zu den niedrigsten der ostdeutschen Bundesländer.

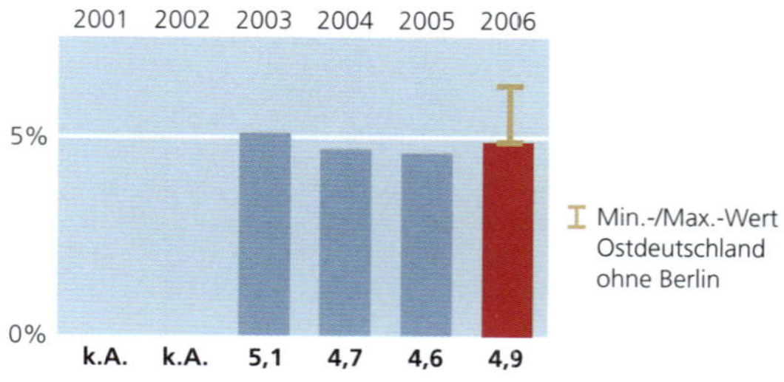


* Bei den Nettoausgaben der öffentlichen Hand werden neben Ausgaben für die Kinder in vorschulischen Angeboten (u. a. Krippen, Kindergärten, Einrichtungen mit altersübergreifenden Gruppen) auch Kindertageseinrichtungen mit Schulkindern berücksichtigt (z. B. Horte). Zwischen den Ländern schwankt der Anteil der Schulkinder, die in Kindertageseinrichtungen betreut werden, erheblich. Dies ist bei der vergleichenden Bewertung der Finanzindikatoren zu berücksichtigen.

# Bildung fördern – Qualität sichern

Der Bildungsplan (Bildung: elementar - Bildung von Anfang an) ist eingeführt und muss von den KiTas nachweisbar in die Konzeption aufgenommen werden. Die Qualifizierung des KiTa-Personals zum Bildungsplan wird mit Infoveranstaltungen, mindestens zweitägigen Fortbildungen und öffentlichen Mitteln für regelmäßige Fortbildungen unterstützt. In Planung ist eine Evaluation des Implementierungsprozesses in den KiTas. 2009 soll der Bildungsplan für die Altersgruppe der unter Dreijährigen systematisch weiterentwickelt werden. Aktuelle Erkenntnisse zu Kindern im Kindergartenalter sollen ebenfalls Eingang in den Bildungsplan finden. Hierzu werden Erfahrungen aus Modellprojekten des Landes (sog. Kompetenzeinrichtungen) genutzt. 2010 soll der Bildungsplan für Kinder mit Behinderung präzisiert werden. Nach Berechnungen auf der Grundlage der Kinder- und Jugendhilfestatistik sind die Personalausstattungen in den KiTas in ST eher ungünstig. Für die Mehrheit der unter Dreijährigen (60,9%) besteht in Krippengruppen ein durchschnittlicher Personalschlüssel von 1:6,6. Weitere 28,1% sind in altersübergreifenden Gruppen, für die ein durchschnittlicher Personalschlüssel von 1:8,9 gilt. Auch für die Kinder ab drei Jahren ergibt sich in Kindergartengruppen ein ungünstiger Personalschlüssel von durchschnittlich 1:11,6.

## ST9 | Bildungsplan – BP (2008)

| **I. Information** | |
|---|---|
| Kostenloser Versand des BP an alle KiTas | ● |
| BP als Download verfügbar | ● |
| BP als Publikation erwerbbar | ● |
| Informationsmaterial über BP für Eltern verfügbar | ● |
| Informationsmaterial über BP mehrsprachig f. Eltern verfügbar | – |
| **4 von 5 Punkten** | ●●●●○ |

| **II. Qualifizierung** | |
|---|---|
| Infoveranstaltung zum BP für alle KiTa-Mitarbeiterinnen | ● |
| Verpflichtende Informationsveranstaltung zum BP für alle KiTa-Mitarbeiterinnen | – |
| Angebotene Fortbildung zum BP mindestens zweitägig | ● |
| Alle Fachberatungen erhalten Fortbildungen zum BP | – |
| Öffentliche Mittel für regelmäßige Fortbildung zum BP für alle pädagogischen Mitarbeiterinnen verfügbar | ● |
| **3 von 5 Punkten** | ●●●○○ |

| **III. Umsetzungskontrolle (in allen KiTas)** | |
|---|---|
| Jährliche externe Überprüfung der Umsetzung des BP | – |
| Jährliche Berichtspflicht zur Implementation des BP | – |
| Nachweis der Aufnahme des BP in die Konzeption | ● |
| **1 von 3 Punkten** | ●○○ |

Insgesamt **8** von 13 Punkten

## ST10 | Kooperation KiTa – Grundschule (2008)

In ST ist die Kooperation von KiTas und Grundschulen landesweit verbindlich geregelt. Eine verbindliche Rahmenvereinbarung mit fachlichen Standards existiert nicht. Zusätzliche Mittel für die Kooperation werden den Grundschulen, aber nicht den KiTas gewährt.

## ST11 | Pädagogisches Personal nach Berufsausbildungsabschlüssen (2008)

Die Mehrheit (91,9%) aller pädagogisch Tätigen in ST verfügt über einen Fachschulabschluss. Das sind 20 Prozentpunkte mehr als im Bundesdurchschnitt. Entsprechend gering fallen die Anteile für pädagogisches Personal mit anderen Berufsausbildungsabschlüssen aus. Lediglich 0,9% sind Kinderpflegerinnen. Einen Hochschulabschluss haben nur 1,8% der Beschäftigten. 2,5% der pädagogisch Tätigen sind in der Ausbildung, im Praktikum o. Ä.

| Abschluss | Sachsen-Anhalt | ø Deutschland |
|---|---|---|
| | Anteile in Prozent | |
| (sozialpädagogischer) Hochschulabschluss | 1,8 | *3,5* |
| Fachschulabschluss (Erzieherinnen, Heilpädagoginnen) | 91,9 | *71,9* |
| Kinderpflegerinnen | 0,9 | *13,3* |
| anderer fachlicher Abschluss (sonst. Sozial- u. Erziehungsberufe) | 1,6 | *1,9* |
| Sonstige | 2,5 | *7,1* |
| ohne abgeschl. Ausbildung | 1,2 | *2,2* |

## ST12 | Personalschlüssel und Gruppentypen in Kindertageseinrichtungen

### ST12A Personalschlüssel und Fachkraft-Kind-Relation

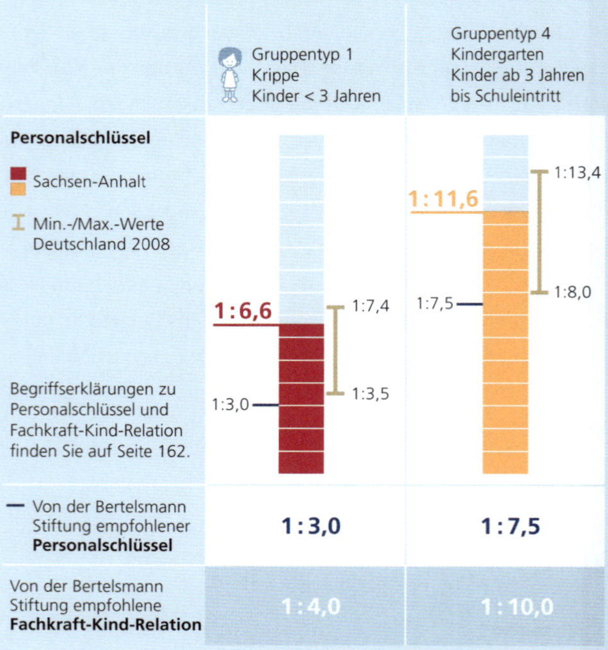


## ST13 | Beschäftigungsumfang des pädagogischen Personals und Anteil der Vollzeitbeschäftigten in Kindertageseinrichtungen

In ST gibt es bundesweit den niedrigsten Anteil Vollzeitbeschäftigter. Mit 13,9% liegt dieser um mehr als 25 Prozentpunkte unter dem Bundesdurchschnitt. Nachdem der Anteil Vollzeitbeschäftigter zwischen 1998 und 2006 dramatisch zurückgegangen war, von 36,8% auf 12,2%, ist er seitdem wieder leicht angestiegen (+ 1,7 Prozentpunkte). Knapp ein Viertel (23,7%) des pädagogischen Personals hat eine Wochenarbeitszeit von 32 bis unter 38,5 Stunden und mehr als die Hälfte (53,0%) arbeitet wöchentlich zwischen 21 bis unter 32 Stunden. In beiden Fällen liegen die Anteile deutlich über dem jeweiligen Durchschnittswert für Deutschland. Mit Blick auf die Qualität der Angebote wäre zu prüfen, ob insbesondere bei der Ganztagsbetreuung eine Abstimmung von Betreuungszeiten und Beschäftigungszeiten erfolgt, die Kindern z.B. kontinuierliche sowie verlässliche Beziehungserfahrungen ermöglicht und gleichzeitig für das pädagogische Personal Arbeitszeit für Aufgaben ohne Kinder berücksichtigt.

### ST13A Pädagogisches Personal nach Beschäftigungsumfang (2008)

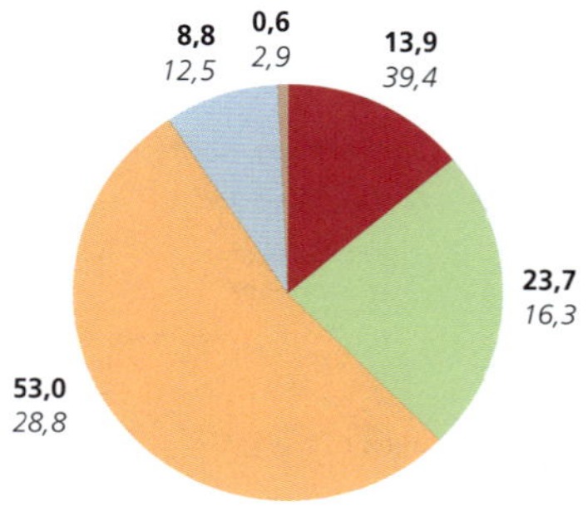


Angaben in %
- Hauptberuflich, Vollzeit, 38,5 und mehr Wochenstunden
- Teilzeit, 32 bis < 38,5 Wochenstunden
- Teilzeit, 21 bis < 32 Wochenstunden
- Teilzeit, < 21 Wochenstunden
- Nebenberuflich, < 20 Wochenstunden

*kursiv* = ø Deutschland

### ST12B Verteilung der Kinder unter 3 Jahren auf verschiedene Gruppentypen (2008)

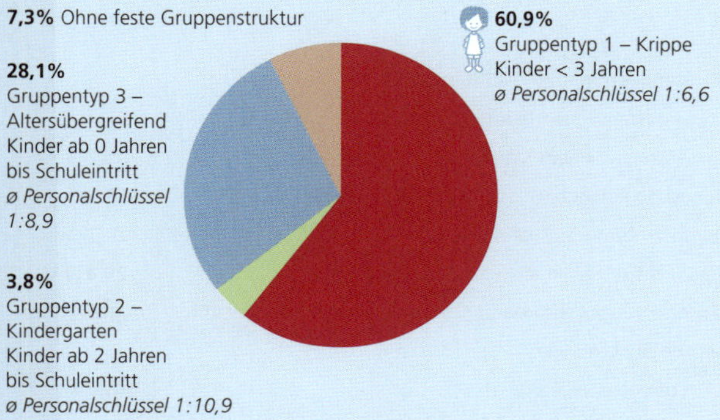


Mehrheitlich (60,9%) werden unter Dreijährige in Krippengruppen mit einem durchschnittlichen Personalschlüssel von 1 : 6,6 betreut. Weitere 28,1% der unter Dreijährigen sind in altersübergreifenden Gruppen mit einem Schlüssel von durchschnittlich 1 : 8,9. Schlechter sind die Personalschlüssel in den für Zweijährige geöffneten Kindergartengruppen (durchschnittlich 1 : 10,9) und den Kindergartengruppen (durchschnittlich 1 : 11,6).

### ST13B Anteil der Vollzeitbeschäftigten

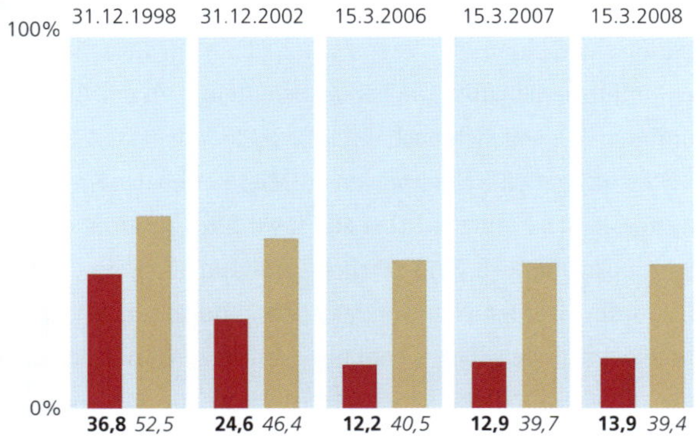


Anteil der Vollzeitbeschäftigten an allen Beschäftigten, ohne Verwaltung und Hauswirtschaft/Technik

■ ST ■ ø Deutschland

## ST14 Rahmenbedingungen für Bildungsqualität

### ST14A Regelungen zur Strukturqualität (2008)

| | Allgemein geregelt | Präzise definiert |
|---|---|---|
| Maximale Gruppengröße | – | – |
| Fachkraft-Kind-Relation | ● | ● |
| Verfügungszeit | – | – |
| Fachberatung | – | – |
| Fortbildung | ● | – |
| Leitungsfreistellung | ● | – |
| (Innen-/Außen-)Flächen | – | – |

Insgesamt **4** von 14 Punkten

Das Kinderförderungsgesetz von ST regelt nur die Fachkraft-Kind-Relation landeseinheitlich präzise. Vorgaben zur Leitungsfreistellung und Fortbildung werden dort allgemein geregelt. Da die übrigen Elemente der Strukturqualität nicht geregelt sind, wäre zu prüfen, ob dadurch deutlich differierende Rahmenbedingungen für die pädagogische Arbeit in den KiTas entstehen und wie sich dies gegebenenfalls auf die pädagogische Qualität auswirkt.

### ST14B Regelungen zur Qualitätsüberprüfung (2008)

| | |
|---|---|
| Geregelte Verpflichtung in Ausführungsgesetz oder Verordnung | – |
| *Elternbefragung (mindestens jährlich)* | – |
| *Selbstevaluation* | – |
| *Fremdevaluation* | – |
| Zahlung öffentlicher Zuschüsse abhängig von externer Qualitätsüberprüfung | – |

Insgesamt **0** von 5 Punkten

Verfahren zur Qualitätsüberprüfung sind nicht verbindlich in allen KiTas vorgesehen. Damit fehlt eine systematische und kontinuierliche Transparenz mit Blick auf die bestehenden Bildungs- und Betreuungsangebote und somit eine Grundlage zielgerichteter Impulse für eine kontinuierliche Qualitätsentwicklung. Die Zahlung öffentlicher Zuschüsse für die Kindertageseinrichtungen erfolgt unabhängig von einer externen Qualitätsüberprüfung.

# Schleswig-Holstein

**Basisdaten 2008**

**Fläche: 15.799 km²**

**Einwohner** (31.12.2007):
**2.837.373**

**Anteil der Kinder in FBBE**
**Kinder < 3 Jahren: 11,7%**
**Kinder 3 bis < 6 Jahre**
**(ohne Schulkinder): 84,5%**
(inkl. 0,1% in [vor-]schulischen Einrichtungen)

| | |
|---|---|
| Geborene Kinder (2007) | 22.961 |
| Geburten pro Frau (2007) | 1,4 |
| Anzahl der Kinder < 10 Jahren (31.12.2007) | 260.359 |
| Davon Kinder < 3 Jahren | 69.868 |
| Davon Kinder 3 bis < 6 Jahre | 76.240 |
| Davon Kinder 6 bis < 10 Jahre | 114.251 |

| | |
|---|---|
| Erwerbstätigenquote von Müttern (2007) mit | |
| … mindestens einem Kind < 3 Jahren | 42,7% |
| … mindestens einem Kind von 3 bis < 6 Jahre | 55,2% |
| Leistungsempfänger nach SGB II (ALG II u. Sozialgeld, 2008) | 243.555 |
| Darunter Kinder < 6 Jahren | 29.871 |
| Entspricht Anteil an allen Kindern < 6 Jahren | 20,4% |
| Tageseinrichtungen insgesamt (2008) | 1.636 |
| Anteil der Einrichtungen | |
| … in öffentlicher Trägerschaft | 23,7% |
| … in freigemeinnütziger Trägerschaft | 75,1% |
| … als Betriebs-/Unternehmensteil | 0,2% |
| … in privatgewerblicher Trägerschaft | 1,0% |
| Anteil der KiTas ohne feste Gruppenstruktur | 5,6% |
| Pädagogisches Personal in KiTas insgesamt | 11.735 |
| Kinder in KiTas insgesamt | 92.271 |
| Darunter Kinder < 3 Jahren | 5.133 |
| Darunter Kinder 3 bis < 6 Jahre (ohne Schulkinder) | 63.400 |
| Darunter Schulkinder 6 bis < 10 Jahre | 5.829 |
| Tagespflegepersonen insgesamt | 2.005 |
| Kinder < 6 Jahren in Kindertagespflege | 3.544 |
| Davon Kinder < 3 Jahren | 3.013 |
| Davon Kinder 3 bis < 6 Jahre | 531 |

In SH ist das Ministerium für Bildung und Frauen zuständig für FBBE. Ein regelmäßiger interministerieller Austausch findet in den Fachgruppen „Sprachförderung" und „Rechtliche Grundlagen" statt. Eine Abstimmung mit anderen relevanten Akteuren der FBBE erfolgt in der Steuerungs- sowie in der Arbeitsgruppe „Kindertagesbetreuung". Vertreten sind dort die kommunalen Landesverbände, die Wohlfahrtsverbände, die Landeselternvertretung, die Staatskanzlei und – themenabhängig – andere Ministerien. Als schriftlich fixiertes Gesamtprogramm für die Weiterentwicklung der FBBE in SH stuft die Landesebene sowohl das interne Arbeitsprogramm der Landesregierung als auch das interne Arbeitsprogramm des Ministeriums für Bildung und Frauen ein.

Zu den aktuellen landespolitischen Handlungsschwerpunkten zählt das zuständige Ministerium zuvorderst den Ausbau der Betreuungsangebote für Kinder unter drei Jahren. In diesem Zuge sollen in SH bis 2013 rund 17.000 zusätzliche Plätze, davon 5.100 in der Kindertagespflege, geschaffen werden. Vorgesehen ist, dass das Land sich ab 2011 mit Landesmitteln in Höhe von voraussichtlich 46 Mio. Euro zusätzlich an der Investitionskostenförderung beteiligt. Die Landesbeteiligung an der Betriebskostenförderung soll sich nach aktuellem Planungsstand von 2009 bis 2013 auf eine Summe von 62 Mio. Euro belaufen. Über die Weiterentwicklung von KiTas zu Eltern-Kind-Zentren, die ab 2009 bis einschließlich 2013 jährlich voraussichtlich mit 1 Mio. Euro gefördert werden soll, will das Land Impulse für den Ausbau der Tagespflege geben. Ebenfalls politische Priorität hat nach Angaben des zuständigen Landesministeriums die stufenweise Einführung der Beitragsfreiheit für den Kindergarten. Um die finanziellen Mehrbelastungen der Kommunen auszugleichen, stellt das Land 2009 dafür 14,6 Mio. Euro und 35 Mio. Euro im Jahr 2010 zur Verfügung. Als weiteres Ziel nennt die Landesebene die Weiterentwicklung der Bildungsleitlinien und den Ausbau der vorschulischen Sprachförderung. Dieser Prozess wird seit 2007 bis Ende 2010 mit jährlich 6 Mio. Euro gefördert.

## Teilhabe sichern

Die Bildungsbeteiligung von Kindern bis zum Schuleintritt liegt in SH insgesamt unter dem Bundesdurchschnitt. Die Teilhabequote der unter Dreijährigen (11,7%) ist ca. 6 Prozentpunkte niedriger, die der Drei- bis unter Sechsjährigen (84,5%) ca. 7 Prozentpunkte. Von den Dreijährigen sind 69,5% in Kindertagesbetreuung und damit so wenige wie in keinem anderen Bundesland. Im Bundesvergleich ebenfalls unterdurchschnittlich ist die Nutzung von Ganztagsangeboten in KiTas. Knapp ein Drittel der unter Dreijährigen und 15% der über Dreijährigen werden täglich mehr als 7 Stunden in einer KiTa betreut. Für etwa je ein Viertel beider Altersgruppen sind Betreuungsumfänge von mehr als 5 bis zu 7 Stunden täglich vertraglich vereinbart. Der Großteil der Kinder hat jedoch einen Halbtagsplatz, von den jüngeren sind es 42,2%, von den älteren 60,0%.

In SH haben 19% aller unter Dreijährigen und 18% aller Drei- bis unter Sechsjährigen einen Migrationshintergrund. Die Bildungsbeteiligung dieser Gruppe liegt deutlich niedriger als die der Kinder ohne Migrationshintergrund. Bei den Drei- bis unter Sechsjährigen liegt die Teilhabequote der Kinder mit Migrationshintergrund bei 60% und damit um 31 Prozentpunkte unter der Quote der Kinder ohne Migrationshintergrund (91%). Seitens des Landes wäre zu prüfen, woher diese Differenzen rühren und welche Maßnahmen geeignet wären, die Bildungsbeteiligung von Kindern mit Migrationshintergrund zu verbessern.

## Investitionen wirkungsvoll einsetzen

Die Investitionen pro unter zehnjährigem Kind sind in SH zwar seit 2001 kontinuierlich, aber insgesamt nur moderat gestiegen. Die Ausgaben pro unter Zehnjährigem zählen zu den niedrigsten bundesweit. Der Anteil der reinen Nettoausgaben für FBBE an den gesamten reinen Ausgaben der öffentlichen Haushalte hat sich auf 3,0% erhöht, bleibt aber unter dem westdeutschen Durchschnittswert von 3,3%. Der Landesanteil an der Finanzierung für FBBE beträgt 14,1%, der der Kommunen dagegen 51,9%. Im Bundesvergleich gesehen beteiligen sich die Eltern in SH in großem Maße, nämlich zu 28,1%, an den Ausgaben. Mit der stufenweisen Einführung der Beitragsfreiheit für das letzte Kindergartenjahr vor der Einschulung ab August 2009 dürften sich die Finanzierungsanteile von Eltern und Land dahingehend verändern, dass Ersterer sinkt und Letzterer ansteigt. Es ist geplant, das zweite und dritte Kindergartenjahr vor Schuleintritt von 2011 bzw. 2013 an ebenfalls für ein bis zu fünfstündiges Angebot beitragsfrei zu stellen. Grundsätzlich abzuwägen wäre allerdings, ob nicht zunächst mehr Mittel in den Qualitätsausbau der Angebote investiert werden sollten und eine Beitragsfreiheit dann mittelfristig zu realisieren wäre.

## Bildung fördern – Qualität sichern

Die Bildungsleitlinien für Kindertageseinrichtungen in SH wurden 2008 unter Berücksichtigung der Evaluationsergebnisse und der Praxiserfahrungen mit den vorläufigen Leitlinien weiterentwickelt. Zudem werden nun die pädagogischen Aspekte der Betreuung unter Dreijähriger stärker akzentuiert. Der Implementierungsprozess wird vom Land in Kooperation mit den Trägern durch Arbeitsmaterialien und Fortbildungsveranstaltungen für das pädagogische Personal unterstützt sowie von eigens qualifizierten Multiplikatoren, die die Einrichtungen beraten, begleitet.

Die pädagogische Qualität ist auch abhängig von den verfügbaren Personalressourcen. Das formale Qualifikationsniveau des pädagogischen Personals in SH ist in Relation zum Bundesdurchschnitt eher niedrig, d. h., der Anteil an Tätigen mit Fachschulabschluss ist vergleichsweise geringer (63,6%), der der Kinderpflegerinnen höher (21,4%). Der Anteil der Vollzeitbeschäftigten ist weiter rückläufig. Nur noch etwa jede vierte Kraft arbeitet Vollzeit in einer KiTa. Die Mehrheit (42,8%) hat eine wöchentliche Arbeitszeit von 21 bis unter 32 Stunden. Gemessen an den durchschnittlichen Personalschlüsseln für Krippengruppen (1:4,7) und Kindergartengruppen (1:9,5) scheint die Personalausstattung in KiTas im Vergleich der Bundesländer eher günstig zu sein. Für die unter Dreijährigen verhält es sich aber so, dass nur 22,2% dieser Altersgruppe von dem recht guten Personalschlüssel in Krippengruppen profitieren. Mehr als die Hälfte (53,3%) von ihnen wird in altersübergreifenden Gruppen bei einem Schlüssel von durchschnittlich 1:7,6 betreut. In den für Zweijährige geöffneten Kindergartengruppen ist der durchschnittliche Personalschlüssel mit 1:9,8 sogar schlechter als in klassischen Kindergartengruppen.

## SH1 | Rechtsanspruch des Kindes auf einen Betreuungsplatz (2008)

Es besteht ein elternunabhängiger Rechtsanspruch auf einen Betreuungsplatz für jedes Kind vom vollendeten dritten Lebensjahr bis zum Schuleintritt. Garantiert wird eine Betreuung im Umfang von vier Stunden täglich.

# Teilhabe sichern

Die Bildungsbeteiligung der unter Dreijährigen in SH liegt bei 11,7% und die der Drei- bis unter Sechsjährigen bei 84,5%. Fast jedes 5. Kind unter 6 Jahren hat einen Migrationshintergrund. Die Teilhabequoten dieser Kinder liegen insbesondere bei den Drei- bis unter Sechsjährigen deutlich unter denen der Kinder ohne Migrationshintergrund (31 Prozentpunkte). Mehrheitlich nutzen die Kinder in KiTas ein Halbtagsangebot: 42,2% der Kinder unter drei und 60,0% der Kinder über drei. 32,0% der unter Dreijährigen sind mehr als 7 Stunden täglich in einer KiTa, aber nur 15% der älteren Kinder.

## SH2 | Ausbaubedarf von Betreuungsplätzen für unter Dreijährige nach dem Kinderförderungsgesetz

Nach dem KiFöG wird angenommen, dass im Jahr 2013 im Bundesdurchschnitt für 35% der unter Dreijährigen ein FBBE-Angebot verfügbar sein soll. Demnach wäre das Angebot in SH von derzeit 11,7% noch um 23,3 Prozentpunkte zu steigern. Gemäß der 11. koordinierten Bevölkerungsvorausberechnung entspräche dies ca. 15.000 Plätzen.

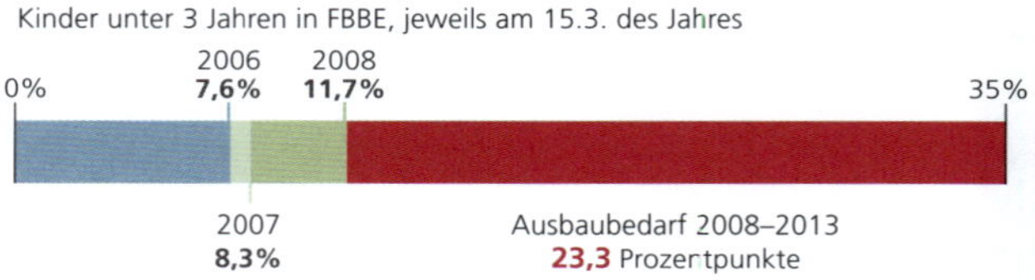


## SH3 | Vertraglich vereinbarte tägliche Betreuungszeiten (2008)

| | Kindertageseinrichtungen | | Öffentlich geförderte Kindertagespflege | |
|---|---|---|---|---|
| | 5.133 Kinder < 3 J. | 80.089 Kinder ≥ 3 J. (o. Schulk.) | 3.013 Kinder < 3 J. | 950 Kinder v. 3 bis < 6 J. |
| Bis zu 5 h | 42,2 (24,9) | 60,0 (26,1) | 47,9 (31,6) | 54,0 (52,4) |
| Mehr als 5 bis zu 7 h | 25,6 (24,3) | 24,7 (31,0) | 31,1 (28,9) | 28,4 (25,1) |
| Mehr als 7 h | 32,0 (47,9) | 15,0 (29,9) | 20,8 (39,0) | 17,2 (22,2) |
| Vor- u. nachmittags o. Mittagsbetreuung | 0,2 (2,8) | 0,4 (13,0) | 0,2 (0,5) | 0,4 (0,3) |

SH 2008 | ø Deutschland 2008 (in Klammern)

## SH4 | Bildungsbeteiligung von Kindern in Kindertageseinrichtungen und Kindertagespflege

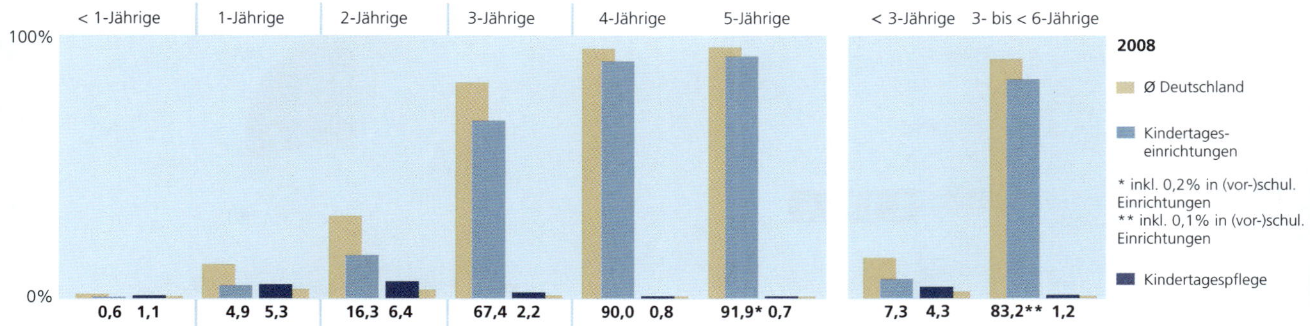


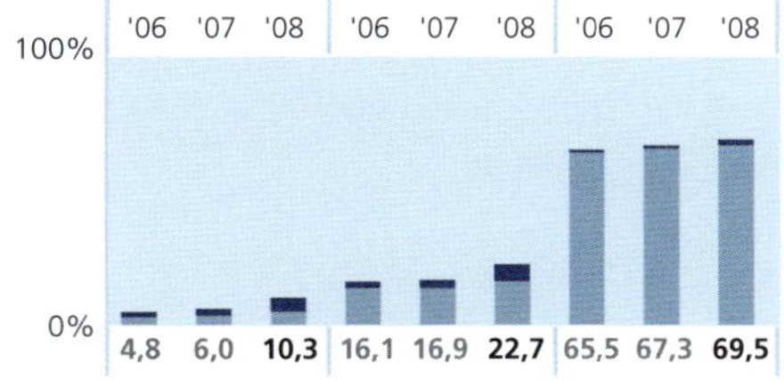


Die Teilhabequote der unter Dreijährigen liegt in SH bei 11,7% und damit um 6,1 Prozentpunkte unter dem Bundesdurchschnitt (17,8%). Trotz Zuwachsraten von 5,4 bzw. 6,6 Prozentpunkten bei den Ein- und Zweijährigen bleibt SH mit 10,3% und 22,7% deutlich hinter dem Bundesdurchschnitt (16,4% bzw. 34,4%) zurück. Angebote der Kindertagespflege werden von den Ein- und Zweijährigen mit einer Inanspruchnahme von 5,3% bzw. 6,4% vergleichsweise häufig genutzt. Die Bildungsbeteiligung Dreijähriger bildet mit 69,5% bundesweit das Schlusslicht bei den Teilhabequoten dieses Altersjahrgangs.

## SH5 | Bildungsbeteiligung und familiäre Sprachpraxis von Kindern mit und ohne Migrationshintergrund (2008)

### SH5A Bildungsbeteiligung

**Kinder unter 3 Jahren in der Bevölkerung**

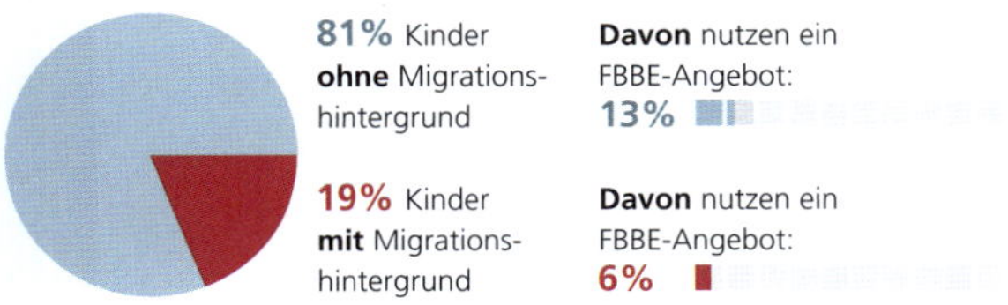


**Kinder von 3 bis unter 6 Jahre in der Bevölkerung**

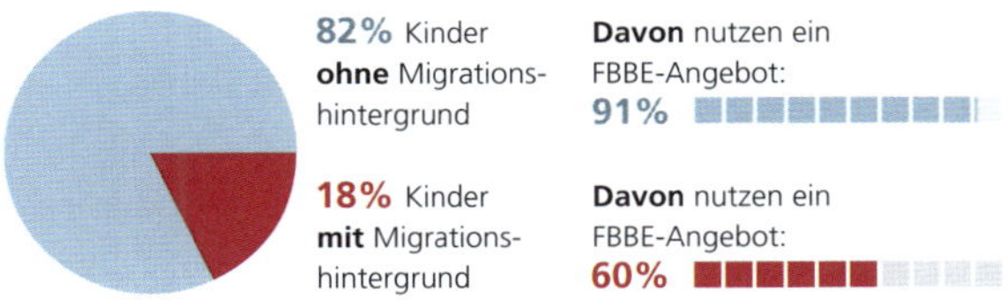


### SH5B Familiäre Sprachpraxis von Kindern in KiTas

**Kinder unter 3 Jahren**

**Kinder ab 3 Jahren (ohne Schulkinder)**

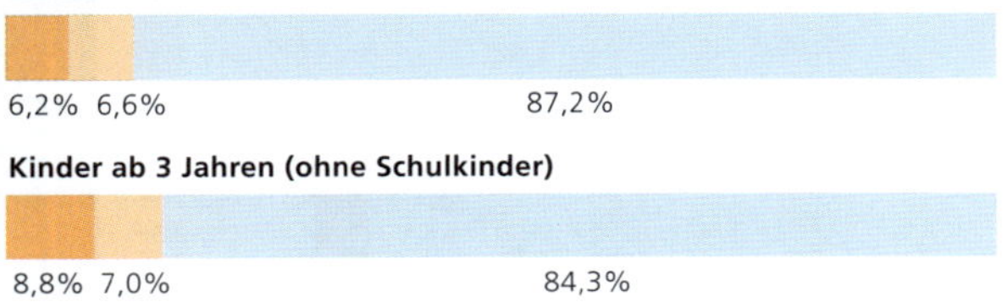


Kinder mit Migrationshintergrund:
vorwiegend im Elternhaus gesprochene Sprache nicht Deutsch Deutsch
Kinder ohne Migrationshintergrund

In SH haben 19% aller Kinder unter 3 Jahren einen Migrationshintergrund. Von ihnen nutzen 6% ein Angebot der FBBE. Von den Kindern ohne Migrationshintergrund sind 13% in einer KiTa oder Kindertagespflege. Von allen über Drei- bis unter Sechsjährigen haben 18% einen Migrationshintergrund. Ihre Teilhabequote liegt mit 60% um 31 Prozentpunkte unter der Quote von Kindern ohne Migrationshintergrund.

## SH6 | Investitionen pro Kind*

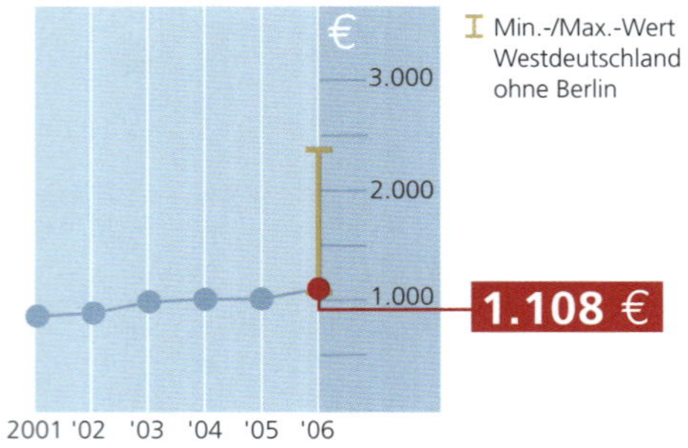


Die reinen Nettoausgaben der öffentlichen Haushalte für FBBE pro unter 10-jährigem Kind sind von 2005 bis 2006 um 8,7% gestiegen. Im Vorjahreszeitraum lag die Steigerungsrate nur bei 0,5%. Die durchschnittlichen Investitionen pro Kind liegen unter dem westdeutschen Vergleichswert (1.365 €) und sind bundesweit die zweitniedrigsten.

## SH7 | Finanzierungsgemeinschaft für FBBE (2006)

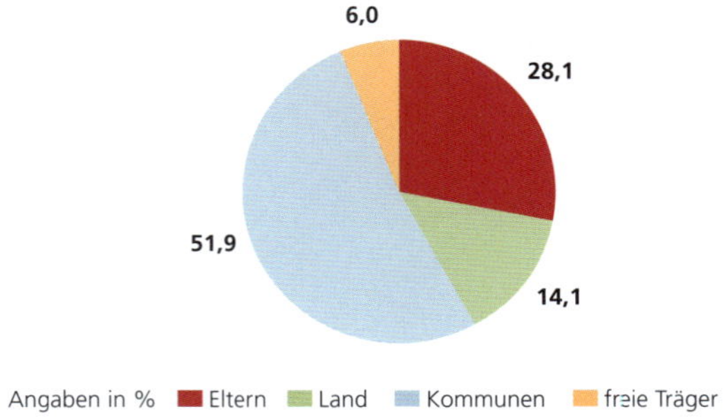


In den öffentlichen Statistiken fehlen i. d. R. die Elternbeiträge, die direkt von freien Trägern eingezogen werden, sowie die finanziellen Eigenanteile der freien Träger. Diese Ausgabengrößen werden daher über Schätzungen ermittelt.

# Investitionen wirkungsvoll einsetzen

Die durchschnittlichen Investitionen pro unter 10-jährigem Kind sind 2006 zwar höher als im Vorjahr, zählen aber unverändert mit zu den niedrigsten bundesweit. Der Anteil der reinen Nettoausgaben für FBBE an allen reinen Ausgaben der öffentlichen Hand ist in SH trotz Anstieg einer der niedrigsten in Deutschland. Das Land trägt nur einen geringen Anteil der Gesamtausgaben für FBBE, und zwar 14,1%. Demgegenüber tragen die Kommunen einen Anteil von 51,9%. Die freien Träger übernehmen 6,0% der Ausgaben. Die Eltern beteiligen sich zu 28,1% an der Finanzierung der FBBE. Bundesweit ist dies der höchste Anteil, den Eltern beitragen. Eine Verschiebung der prozentualen Anteile könnte die stufenweise Einführung der Beitragsfreiheit für den Kindergarten bewirken. Seit August 2009 gewährt das Land Eltern im letzten Kindergartenjahr vor Schuleintritt Beitragsfreiheit für ein bis zu 5-stündiges Angebot. Das zweite und dritte Jahr wird von 2011 und 2013 an beitragsfrei sein.[1]

## SH8 | Anteil der reinen Nettoausgaben für FBBE an den gesamten reinen Ausgaben öffentlicher Haushalte*

Der Anteil der reinen Nettoausgaben für FBBE gemessen an ihrem Anteil an den gesamten reinen Ausgaben der öffentlichen Haushalte ist von 2005 auf 2006 auf 3,0% gestiegen und wieder auf dem Niveau von 2004 angelangt. Zwischen 2001 und 2004 hatte sich der Anteil langsam, jedoch kontinuierlich erhöht, war dann aber auf 2,8% gesunken. Damit liegt er 2006 unter dem Anteil, der durchschnittlich in den westdeutschen Bundesländern aufgewandt wird (3,3%).

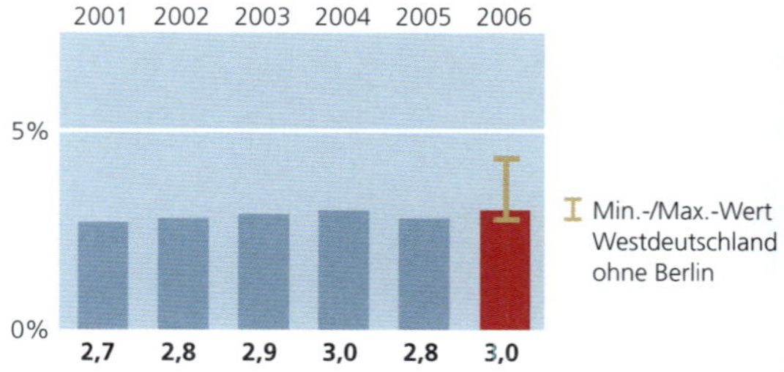


* Bei den Nettoausgaben der öffentlichen Hand werden neben Ausgaben für die Kinder in vorschulischen Angeboten (u. a. Krippen, Kindergärten, Einrichtungen mit altersübergreifenden Gruppen) auch Kindertageseinrichtungen mit Schulkindern berücksichtigt (z. B. Horte). Zwischen den Ländern schwankt der Anteil der Schulkinder, die in Kindertageseinrichtungen betreut werden, erheblich. Dies ist bei der vergleichenden Bewertung der Finanzindikatoren zu berücksichtigen.

# Bildung fördern – Qualität sichern

2008 wurde der Bildungsplan (Leitlinien zum Bildungsauftrag von Kindertageseinrichtungen) weiterentwickelt. Berücksichtigt wurden einerseits die in den vorangegangenen Jahren gesammelten Erfahrungen mit dem vorläufigen Bildungsplan, andererseits die Ergebnisse einer wissenschaftlichen Evaluation aus dem Jahr 2006. Die Qualifizierung zum Bildungsplan erfolgte durch spezifische Fortbildungen und Fachtagungen. Zu jedem der im Bildungsplan aufgeführten Bildungsbereiche werden vom Ministerium eintägige Fachtagungen sowie ca. 15 regionale Fortbildungsveranstaltungen durchgeführt. Auf diese Weise will das Land die Weiterentwicklung des Bildungsplans in der Praxis systematisch fördern. Für Eltern liegt Informationsmaterial zum Bildungsplan vor, seit Anfang 2009 auch mehrsprachig. Nach Berechnungen auf der Grundlage der Kinder- und Jugendhilfestatistik sind die Personalschlüssel für unter Dreijährige in Krippengruppen im Bundesvergleich relativ günstig (1:4,7). Es sind jedoch nur 22,2% der unter Dreijährigen in diesem Gruppentyp, d. h., für die Mehrheit gelten schlechtere Personalschlüssel: durchschnittlich 1:7,6 in altersübergreifenden Gruppen (53,3%) und 1:9,8 in geöffneten Kindergartengruppen (20,1%). Für die älteren Kinder besteht in Kindergartengruppen ein durchschnittlicher Personalschlüssel von 1:9,5.

## SH9 | Bildungsplan – BP (2008)

| **I. Information** | |
|---|---|
| Kostenloser Versand des BP an alle KiTas | ● |
| BP als Download verfügbar | ● |
| BP als Publikation erwerbbar | – |
| Informationsmaterial über BP für Eltern verfügbar | ● |
| Informationsmaterial über BP mehrsprachig f. Eltern verfügbar | ● [2] |
| **4 von 5 Punkten** | ●●●●○ |

| **II. Qualifizierung** | |
|---|---|
| Infoveranstaltung zum BP für alle KiTa-Mitarbeiterinnen | ● |
| Verpflichtende Informationsveranstaltung zum BP für alle KiTa-Mitarbeiterinnen | – |
| Angebotene Fortbildung zum BP mindestens zweitägig | – [3] |
| Alle Fachberatungen erhalten Fortbildungen zum BP | ● |
| Öffentliche Mittel für regelmäßige Fortbildung zum BP für alle pädagogischen Mitarbeiterinnen verfügbar | ● |
| **3 von 5 Punkten** | ●●●○○ |

| **III. Umsetzungskontrolle (in allen KiTas)** | |
|---|---|
| Jährliche externe Überprüfung der Umsetzung des BP | – |
| Jährliche Berichtspflicht zur Implementation des BP | – |
| Nachweis der Aufnahme des BP in die Konzeption | ● |
| **1 von 3 Punkten** | ●○○ |

Insgesamt **8** von 13 Punkten

## SH10 | Kooperation KiTa – Grundschule (2008)

Es gibt landesweite und für alle Kindertageseinrichtungen verbindliche Regelungen zur Kooperation von Kindertageseinrichtungen und Grundschulen. Verbindliche Rahmenvereinbarungen, in denen Prinzipien und Grundsätze der Zusammenarbeit sowie fachliche Standards für die Kooperation definiert sind, liegen nicht vor. Zusätzliche Mittel für die Kooperation werden weder KiTas noch Grundschulen gewährt.

## SH11 | Pädagogisches Personal nach Berufsausbildungsabschlüssen (2008)

Der Anteil des pädagogischen Personals mit Fachschulabschluss liegt mit 63,6% um 8,3 Prozentpunkte unter dem Bundesdurchschnitt. Der Anteil an Kinderpflegerinnen hingegen liegt mit 21,4% um gut 8 Prozentpunkte über dem bundesweiten Vergleichswert. Stärker vertreten sind auch pädagogisch Tätige mit Hochschulabschluss (4,3%) und mit anderen fachlichen Abschlüssen (4,0%). Z. B. in der Ausbildung oder im Praktikum sind nur 3,7% des pädagogischen Personals.

| Abschluss | Schleswig-Holstein | ø Deutschland |
|---|---|---|
| | Anteile in Prozent | |
| (sozialpädagogischer) Hochschulabschluss | 4,3 | *3,5* |
| Fachschulabschluss (Erzieherinnen, Heilpädagoginnen) | 63,6 | *71,9* |
| Kinderpflegerinnen | 21,4 | *13,3* |
| anderer fachlicher Abschluss (sonst. Sozial- u. Erziehungsberufe) | 4,0 | *1,9* |
| Sonstige | 3,7 | *7,1* |
| ohne abgeschl. Ausbildung | 3,0 | *2,2* |

## SH12 | Personalschlüssel und Gruppentypen in Kindertageseinrichtungen

### SH12A Personalschlüssel und Fachkraft-Kind-Relation

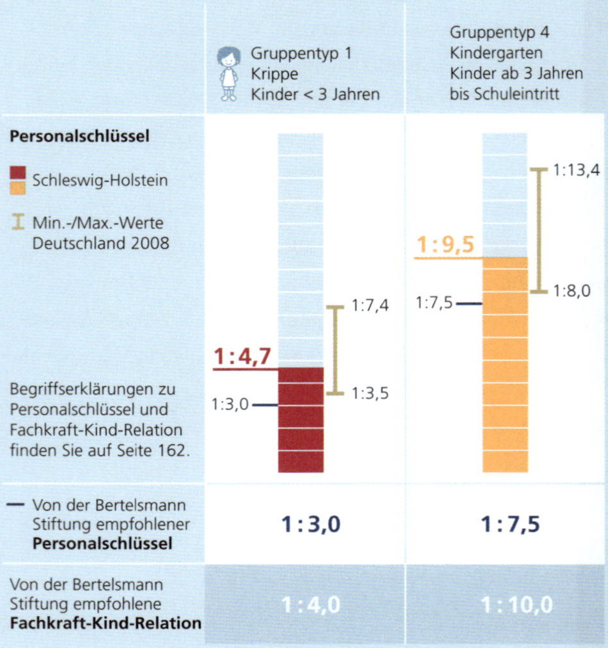


## SH13 | Beschäftigungsumfang des pädagogischen Personals und Anteil der Vollzeitbeschäftigten in Kindertageseinrichtungen

Seit 1998 ist der Anteil pädagogischen Personals, der Vollzeit in KiTas tätig ist, kontinuierlich um fast 10 Prozentpunkte zurückgegangen. Dieser Anteil liegt mit 24,0% im Jahr 2008 um mehr als 15 Prozentpunkte unter dem Bundesdurchschnitt. Die Mehrzahl der pädagogisch Tätigen (42,8%) hat eine Wochenarbeitszeit von 21 bis unter 32 Stunden. Da die Mehrheit der Kinder in KiTas bis zu fünf Stunden täglich betreut wird, könnten die Beschäftigungszeiten auf diese Betreuungszeiten abgestimmt sein. Während der Anteil Teilzeitbeschäftigter mit ebendiesem Arbeitszeitvolumen deutlich über dem bundesweiten Vergleichswert liegt, entsprechen die Anteile der übrigen Teilzeitbeschäftigungsumfänge im Wesentlichen dem Bundesdurchschnitt. 3,9% der pädagogisch Tätigen arbeiten nebenberuflich in Kindertageseinrichtungen.

### SH13A Pädagogisches Personal nach Beschäftigungsumfang (2008)

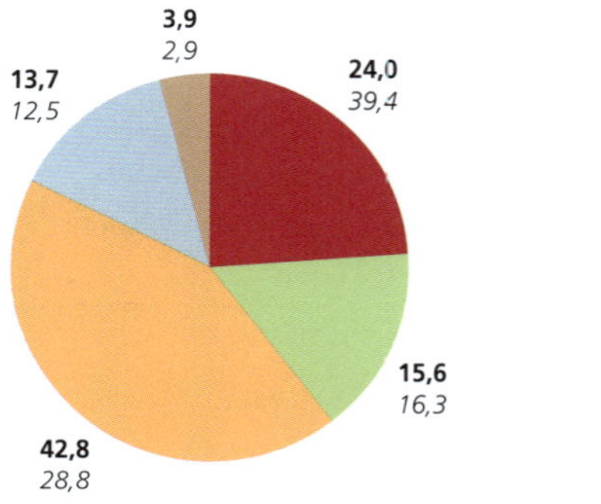


Angaben in %
- Hauptberuflich, Vollzeit, 38,5 und mehr Wochenstunden
- Teilzeit, 32 bis < 38,5 Wochenstunden
- Teilzeit, 21 bis < 32 Wochenstunden
- Teilzeit, < 21 Wochenstunden
- Nebenberuflich, < 20 Wochenstunden

*kursiv* = ø Deutschland

### SH12B Verteilung der Kinder unter 3 Jahren auf verschiedene Gruppentypen (2008)

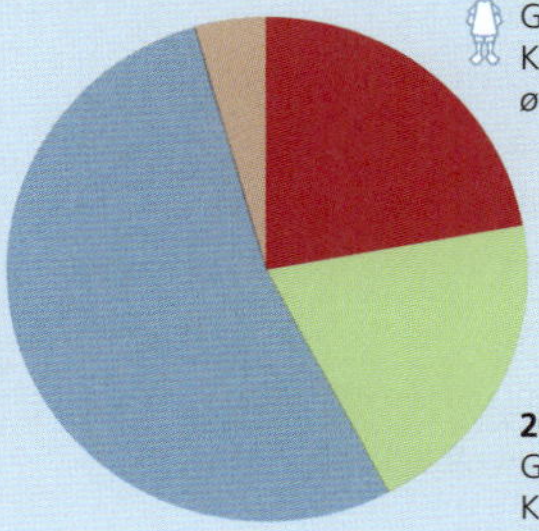


In Krippengruppen sind 22,2% der unter Dreijährigen. Zählt der Personalschlüssel dort mit durchschnittlich 1 : 4,7 bundesweit zu den besten, ist er in den altersübergreifenden Gruppen ungünstiger (durchschnittlich 1 : 7,6). Diese Gruppen besuchen 53,3% der unter Dreijährigen. 20,1% der Kinder unter drei haben in den geöffneten Kindergartengruppen einen noch schlechteren Personalschlüssel (durchschnittlich 1 : 9,8).

### SH13B Anteil der Vollzeitbeschäftigten

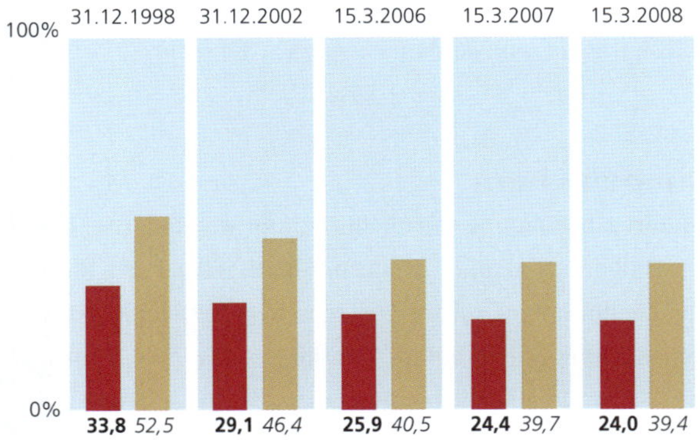


Anteil der Vollzeitbeschäftigten an allen Beschäftigten, ohne Verwaltung und Hauswirtschaft/Technik

■ SH ■ ø Deutschland

## SH14 Rahmenbedingungen für Bildungsqualität

### SH14A Regelungen zur Strukturqualität (2008)

| | Allgemein geregelt | Präzise definiert |
|---|---|---|
| Maximale Gruppengröße | ● | ● |
| Fachkraft-Kind-Relation | ● | ● |
| Verfügungszeit | ● | – |
| Fachberatung | ● | – |
| Fortbildung | ● | – |
| Leitungsfreistellung | ● | – |
| (Innen-/Außen-)Flächen | ●[4] | – |

Insgesamt **9** von 14 Punkten

KiTa-Gesetz bzw. KiTa-Verordnung regeln in SH die maximale Gruppengröße und die Fachkraft-Kind-Relation landeseinheitlich präzise[5]. Für alle übrigen Elemente der Strukturqualität gibt es dort allgemeine Regelungen. Die vorzuhaltenden Quadratmeterflächen pro Kind legt die jeweilige Heimaufsichtsbehörde (die 11 Jugendämter der Kreise und das Landesjugendamt) in eigener Zuständigkeit fest.

### SH14B Regelungen zur Qualitätsüberprüfung (2008)

| | |
|---|---|
| Geregelte Verpflichtung in Ausführungsgesetz oder Verordnung | ● |
| *Elternbefragung (mindestens jährlich)* | – |
| *Selbstevaluation* | ● |
| *Fremdevaluation* | – |
| Zahlung öffentlicher Zuschüsse abhängig von externer Qualitätsüberprüfung | – |

Insgesamt **2** von 5 Punkten

Im KiTa-Gesetz von SH ist eine Verpflichtung zur Qualitätsentwicklung bzw. -sicherung für Kindertageseinrichtungen enthalten. Die Umsetzung des Bildungsauftrages wird als Teil des Gesamtauftrages in der pädagogischen Konzeption jeder Kindertageseinrichtung dargestellt und unter Einbeziehung der Eltern evaluiert. Konkrete Verfahren werden nicht vorgegeben. Die Zahlung öffentlicher Zuschüsse wird nicht abhängig gemacht.

# Thüringen

**Basisdaten 2008**

**Fläche: 16.172 km²**

**Einwohner** (31.12.2007):
**2.289.219**

**Anteil der Kinder in FBBE**
**Kinder < 3 Jahren: 38,9%**
**Kinder 3 bis < 6 Jahre (ohne Schulkinder): 96,0%**
(inkl. 0,1% in [vor-]schulischen Einrichtungen)

| | |
|---|---|
| Geborene Kinder (2007) | 17.176 |
| Geburten pro Frau (2007) | 1,3 |
| Anzahl der Kinder < 10 Jahren (31.12.2007) | 167.630 |
| Davon Kinder < 3 Jahren | 50.148 |
| Davon Kinder 3 bis < 6 Jahre | 50.701 |
| Davon Kinder 6 bis < 10 Jahre | 66.781 |

| | |
|---|---|
| Erwerbstätigenquote von Müttern (2007) mit | |
| ... mindestens einem Kind < 3 Jahren | 38,3% |
| ... mindestens einem Kind von 3 bis < 6 Jahre | 69,9% |
| Leistungsempfänger nach SGB II (ALG II u. Sozialgeld, 2008) | 250.120 |
| Darunter Kinder < 6 Jahren | 28.249 |
| Entspricht Anteil an allen Kindern < 6 Jahren | 28,0% |
| Tageseinrichtungen insgesamt (2008) | 1.341 |
| Anteil der Einrichtungen | |
| ... in öffentlicher Trägerschaft | 37,8% |
| ... in freigemeinnütziger Trägerschaft | 61,7% |
| ... als Betriebs-/Unternehmensteil | 0,1% |
| ... in privatgewerblicher Trägerschaft | 0,4% |
| Anteil der KiTas ohne feste Gruppenstruktur | 6,3% |
| Pädagogisches Personal in KiTas insgesamt | 10.191 |
| Kinder in KiTas insgesamt | 79.460 |
| Darunter Kinder < 3 Jahren | 18.823 |
| Darunter Kinder 3 bis < 6 Jahre (ohne Schulkinder) | 48.605 |
| Darunter Schulkinder 6 bis < 10 Jahre | 1.478 |
| Tagespflegepersonen insgesamt | 318 |
| Kinder < 6 Jahren in Kindertagespflege | 732 |
| Davon Kinder < 3 Jahren | 707 |
| Davon Kinder 3 bis < 6 Jahre | 25 |

In TH ist das Kultusministerium für FBBE zuständig. Für die interministerielle Abstimmung und den regelmäßigen Austausch bestehen Fachgruppen zu den Themen „Gesundheitsförderung" und „Kinderschutz". In einer Fachgruppe „Monitoring" sind zusätzlich zu den Ministerien die kommunalen Spitzenverbände sowie die Liga der freien Wohlfahrtsverbände vertreten.
Auf der landespolitischen Agenda stehen in erster Linie Maßnahmen zur Verbesserung der Qualität der Kindertagesbetreuung. So unterstützt die Landesebene zum einen die Implementierung des Bildungsplans, indem seit Frühjahr 2009 (zunächst bis Ende 2010) Multiplikatoren Inhouse-Fortbildungen in den Einrichtungen durchführen. Zum anderen soll der Bildungsanspruch unter Dreijähriger im basalen Bereich deutlich betont werden. Darüber hinaus stellt das zuständige Ministerium verschiedene Instrumente zur Selbstevaluation bereit, um eine datenbasierte Qualitätssicherung in KiTas und Tagespflege zu ermöglichen. Zudem soll auf diese Weise eine datenbasierte Analyse des Entwicklungsstands der Einrichtungen einschließlich einer Elternbefragung realisiert werden. Ein Gesamtkonzept, in dem die landespolitischen Ziele und Aktivitäten für die Weiterentwicklung der FBBE transparent werden, existiert in TH nicht.

## Teilhabe sichern

Die Bildungsbeteiligung von Kindern unter wie über drei Jahren ist in TH überdurchschnittlich hoch. Allerdings hat sich die Teilhabequote der unter Dreijährigen zwischen 2006 und 2008 nur um einen Prozentpunkt auf 38,9% erhöht, während die Entwicklung in den anderen östlichen Bundesländern wesentlich stärker war. Vermutlich ist dieser nur leichte Anstieg verknüpft mit einem Rückgang der Teilhabequote Zweijähriger von 80,0% im Jahr 2006 auf 73,8% im Jahr 2007 – wenngleich die Quote 2008 im Vergleich zum Vorjahr wieder höher ist (76,7%). Mutmaßlich ist dieser Verlauf auf die Einführung des Thüringer

Betreuungsgeldes für Eltern zweijähriger Kinder, die ihr Kind nicht in einer KiTa betreuen lassen, zurückzuführen. Reduziert hat sich auch die Bildungsbeteiligung Dreijähriger: Waren es 2007 noch 96,2%, liegt die Teilhabequote 2008 bei 94,1%. Von den Drei- bis unter Sechsjährigen sind 96,0% in Kindertagesbetreuung. Die Kindertagespflege hat in TH kaum eine Bedeutung. Die Mehrheit aller betreuten Kinder unter und über drei Jahren nutzten in TH das FBBE-Angebot überwiegend ganztägig (mehr als 7 Stunden vereinbarte Betreuungszeit). Bei den unter Dreijährigen ist dies ein Anteil von 83,3%, bei den Älteren ein Anteil von 88,5%. Der hohe Anteil an Ganztagsbetreuung ist wahrscheinlich ein Effekt des in TH geltenden Rechtsanspruchs der Kinder ab dem zweiten Lebensjahr auf einen Betreuungsplatz im Umfang von nicht mehr als 10 Stunden täglich.

## Investitionen wirkungsvoll einsetzen

Die Investitionen pro unter zehnjährigem Kind sind 2006 in TH im Vergleich zum Vorjahr gesunken und bilden das Schlusslicht bei den Ausgaben pro Kind von allen ostdeutschen Bundesländern. Gleiches gilt für den Anteil der reinen Nettoausgaben für FBBE an den gesamten reinen Ausgaben der öffentlichen Hand. Auch hier führt die Absenkung des Anteils auf 4,9% im Jahr 2006 dazu, dass dieser Wert zu den niedrigsten in Ostdeutschland zählt. Der Landesanteil an der Finanzierungsgemeinschaft für FBBE hat sich deutlich reduziert, der der Kommunen hingegen hat sich spürbar erhöht. Die Eltern tragen zu einem Anteil von 18,4% die Kosten mit. Die freien Träger spielen bei der Finanzierung eine untergeordnete Rolle.

## Bildung fördern – Qualität sichern

Der Thüringer Bildungsplan bis 10 Jahre ist seit dem 16. August 2008 in Kraft und muss von allen KiTas in die eigene Konzeption aufgenommen werden. Unterstützt wird der Prozess der Implementierung durch kostenlose Inhouse-Fortbildungen zum Bildungsplan. Weitere Personen mit Multiplikator-Funktion wie beispielsweise Lehrkräfte der Fachschulen für Sozialpädagogik werden ebenso entsprechend weiterqualifiziert. Es wird breit informiert über den Bildungsplan, u. a. mittels einer mehrsprachig vorliegenden Elternbroschüre. Bis zum Jahr 2010 soll der Bildungsplan systematisch weiterentwickelt werden und in diesem Zuge dann das Altersspektrum bis 18 Jahre in den Blick nehmen.

Ungeachtet der vielfältigen Maßnahmen zur Implementierung des Bildungsplans wird der Prozess einer gelingenden Umsetzung der konzeptionellen Vorgaben in die pädagogische Praxis auch von den verfügbaren Personalressourcen abhängen. Das formale Qualifikationsniveau des pädagogischen Personals in den KiTas von TH ist im Vergleich zum Bundesdurchschnitt gesehen relativ hoch: 93% der Tätigen verfügen über einen Fachschulabschluss, nur 0,4% sind Kinderpflegerinnen. Vollzeitbeschäftigt ist nur etwa jede Fünfte und die Zahl ist weiter rückläufig. Die Mehrheit der Beschäftigten arbeitet pro Woche zwischen 32 bis unter 38,5 Stunden.

Auf eher ungünstige Voraussetzungen bei den personellen Kapazitäten deuten die berechneten Personalschlüssel hin. Auf Grundlage der Berechnungen mit Daten aus der Kinder- und Jugendhilfestatistik kann für Kinder über 3 Jahren in Kindergartengruppen ein durchschnittlicher Personalschlüssel von 1:12,6 ausgewiesen werden. Während die Betreuungssituation damit für die älteren Kinder relativ schlecht ist, bewegt sich zumindest der Personalschlüssel für Krippengruppen mit durchschnittlich 1:6,3 noch im bundesdeutschen Mittelfeld. Dieser gilt für 42,7% der unter Dreijährigen in TH. Etwa ebenso viele (43,5%) erfahren in altersübergreifenden Gruppen einen wesentlich ungünstigeren Schlüssel (durchschnittlich 1:9,8). Für die Qualitätsentwicklung in den KiTas hat das Land Instrumente zur Selbstevaluation der KiTas bereitgestellt. Diese ermöglichen Erkenntnisse zur Prozess- und Ergebnisqualität aus Sicht der pädagogisch Tätigen und Eltern und bieten eine gute Grundlage für kontinuierliche Weiterentwicklung der Qualität.

Zentrale Herausforderung ist in TH, mittelfristig eine Verbesserung der Personalressourcen zu realisieren, um angemessene Voraussetzungen zu schaffen, damit die bildungspolitischen Anforderungen an die pädagogische Praxis überhaupt erfüllt werden können. Dies ist nach eigener Auskunft auch ein Anliegen der Fachabteilungen im zuständigen Ministerium; so wird dort insbesondere über Veränderungen der Personalschlüssel in Verbindung mit den Ressourcen für Vor- und Nachbereitung sowie die Leitungstätigkeit diskutiert.

## TH1 | Rechtsanspruch des Kindes auf einen Betreuungsplatz (2008)

Es besteht ein elternunabhängiger Rechtsanspruch auf einen Betreuungsplatz für jedes Kind ab dem vollendeten zweiten Lebensjahr bis zum Schuleintritt. Der Mindestumfang ist nicht geregelt. Die Betreuungszeiten sollen bedarfsgerecht angeboten werden, sich am Kindeswohl orientieren und nicht mehr als zehn Stunden täglich betragen.[1]

# Teilhabe sichern

Die Bildungsbeteiligung der unter Dreijährigen in TH liegt bei 38,9% und die der Drei- bis unter Sechsjährigen bei 96,0%. Als tägliche Betreuungszeit wird für die Mehrheit der Kinder bis zum Schuleintritt in KiTas ein Umfang von mehr als 7 Stunden vertraglich vereinbart. Bei den unter Dreijährigen ist dies ein Anteil von 83,3%, bei den älteren ein Anteil von 88,5%. Kürzere Betreuungszeiten werden daher kaum in Anspruch genommen.

## TH2 | Ausbaubedarf von Betreuungsplätzen für unter Dreijährige nach dem Kinderförderungsgesetz

Zwischen 2006 und 2008 ist die Teilhabequote der unter Dreijährigen um einen Prozentpunkt auf 38,9% gestiegen. Angesichts dieses Trends bleibt abzuwarten, wie sich der Betreuungsbedarf bis 2013 entwickelt, wenn der bundesweite Rechtsanspruch auf einen Betreuungsplatz für Kinder ab dem vollendeten ersten Lebensjahr in Kraft tritt.

## TH3 | Vertraglich vereinbarte tägliche Betreuungszeiten (2008)

| | Kindertageseinrichtungen | | | | Öffentlich geförderte Kindertagespflege | | | |
|---|---|---|---|---|---|---|---|---|
| | 18.823 Kinder < 3 J. | | 58.956 Kinder ≥ 3 J. (o. Schulk.) | | 707 Kinder < 3 J. | | 25 Kinder v. 3 bis < 6 J. | |
| | TH 2008 | ø Deutschland 2008 | TH 2008 | ø Deutschland 2008 | TH 2008 | ø Deutschland 2008 | TH 2008 | ø Deutschland 2008 |
| Bis zu 5 h | 9,1 | 24,9 | 5,7 | 26,1 | 21,2 | 31,6 | 48,0 | 52,4 |
| Mehr als 5 bis zu 7 h | 7,6 | 24,3 | 5,8 | 31,0 | 12,9 | 28,9 | 28,0 | 25,1 |
| Mehr als 7 h | 83,3 | 47,9 | 88,5 | 29,9 | 65,9 | 39,0 | 24,0 | 22,2 |
| Vor- u. nachmittags o. Mittagsbetreuung | 0,0 | 2,8 | 0,0 | 13,0 | 0,0 | 0,5 | 0,0 | 0,3 |

TH 2008 | ø Deutschland 2008

## TH4 Bildungsbeteiligung von Kindern in Kindertageseinrichtungen und Kindertagespflege

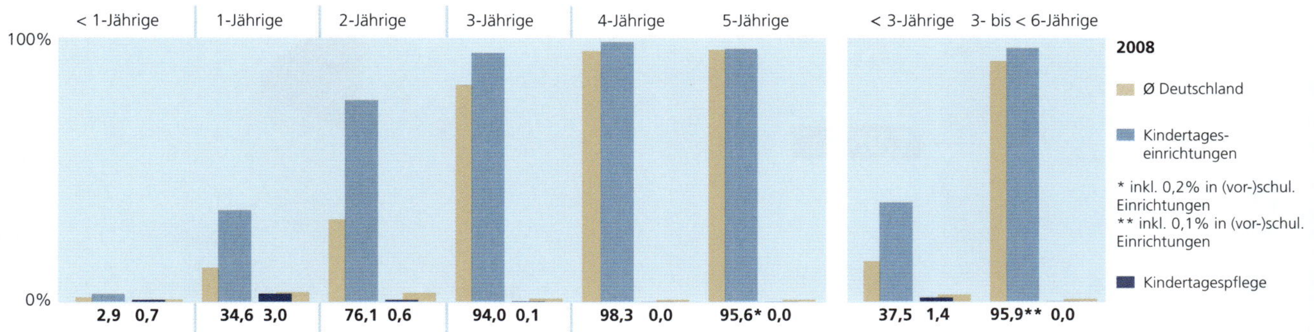


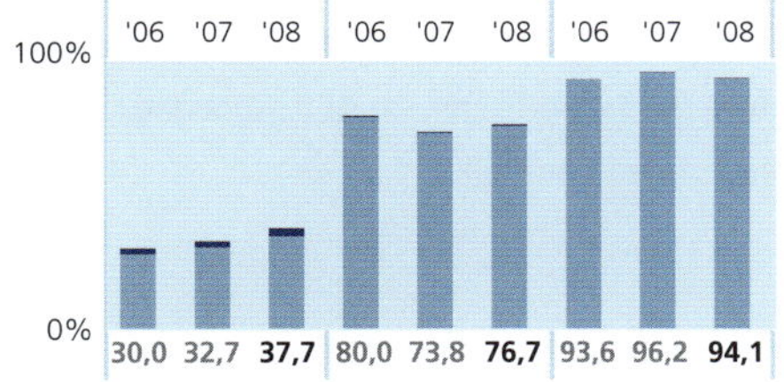


Die Teilhabequote der Kinder unter 3 Jahren liegt mit 38,9% um 21,2 Prozentpunkte über dem Bundesdurchschnitt (17,8%). Während zwischen 2006 und 2008 die Bildungsbeteiligung Einjähriger um 7,7 Prozentpunkte auf 37,7% gestiegen ist, ist sie bei den Zweijährigen im gleichen Zeitraum um 3,3 Prozentpunkte zurückgegangen. Nach dem deutlichen Rückgang 2007 hat sich die Quote wieder auf 76,7% im Jahr 2008 erhöht. Dieser Wert liegt 42,3 Prozentpunkte über dem Bundesniveau (34,4%). Von den Dreijährigen nutzen 94,1% ein Angebot der FBBE, von den Vierjährigen 98,3%.

## TH5 Bildungsbeteiligung und familiäre Sprachpraxis von Kindern mit und ohne Migrationshintergrund (2008)

### TH5A Bildungsbeteiligung

In TH weist nur ein geringer Anteil aller Kinder einen Migrationshintergrund (mindestens ein Elternteil nicht deutscher Herkunft) auf. Rechnerisch lässt sich dieser Anteil zwar bestimmen, doch bleibt angesichts der methodischen Einschränkungen[2] und der im Ergebnis hohen Abweichungen der Teilhabequoten von Kindern mit und ohne Migrationshintergrund abzuwarten, ob sich die Ergebnisse der Berechnungen in den nächsten Jahren bestätigen. Demnach haben 13% Kinder unter drei Jahren in der Bevölkerung einen Migrationshintergrund (31.12.2006). Die Teilhabequote an FBBE liegt bei ihnen bei 12%, bei den gleichaltrigen Kindern ohne Migrationshintergrund bei 43%. In der Altersgruppe aller Drei- bis unter Sechsjährigen in TH haben 11% einen Migrationshintergrund. Von diesen sind 70% in Kindertagesbetreuung, von den Kindern gleichen Alters ohne Migrationshintergrund sind es 98%.

### TH5B Familiäre Sprachpraxis von Kindern in KiTas

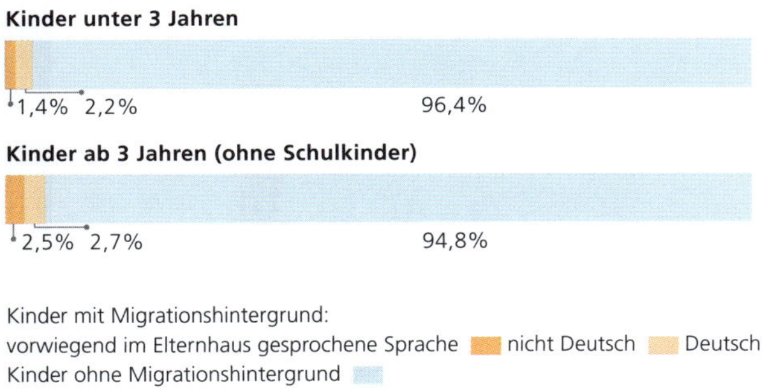

## TH6 | Investitionen pro Kind*

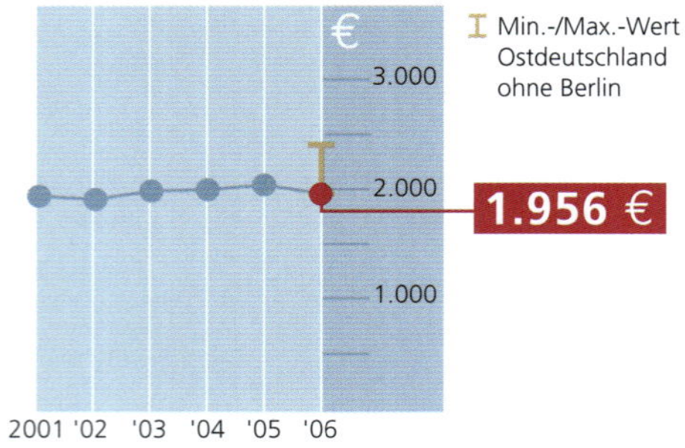


Die reinen Nettoausgaben der öffentlichen Haushalte für FBBE pro unter zehnjährigem Kind sind nach moderaten Steigerungsraten zwischen 2002 und 2005 zum Jahr 2006 hin um –3,8% gesunken. Die durchschnittlichen Investitionen pro Kind liegen unter dem ostdeutschen Durchschnittswert (2.225 €).

## TH7 | Finanzierungsgemeinschaft für FBBE (2006)

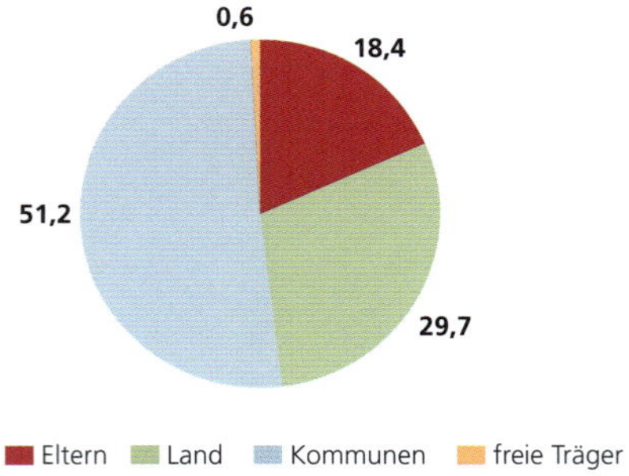


In den öffentlichen Statistiken fehlen i. d. R. die Elternbeiträge, die direkt von freien Trägern eingezogen werden, sowie die finanziellen Eigenanteile der freien Träger. Diese Ausgabengrößen werden daher über Schätzungen ermittelt.[3]

# Investitionen wirkungsvoll einsetzen

2006 sind in TH sowohl die durchschnittlichen Investitionen pro unter 10-jährigem Kind als auch der Anteil der reinen Nettoausgaben für FBBE an allen reinen Ausgaben öffentlicher Haushalte gesunken. Im ostdeutschen Vergleich werden damit in TH mit die niedrigsten Ausgaben pro unter 10-jährigem Kind für FBBE getätigt. Der Landesanteil an der Finanzierungsgemeinschaft für FBBE ist von 37,8% im Jahr 2005 auf 29,7% im Jahr 2006 gesunken. Die Kommunen tragen nun nicht mehr 44,8% der Ausgaben wie noch 2005, sondern 51,2%. Der Finanzierungsanteil der freien Träger hat sich kaum verändert und liegt bei 0,6%. Die Eltern beteiligen sich mit 18,4% stärker an der Finanzierung als im Vorjahr (16,9%). Die Höhe der Elternbeiträge kann von Träger zu Träger schwanken, da sie von diesen individuell festgelegt werden. Die Beiträge der Eltern werden generell nach deren Einkommen und/oder nach Anzahl der Kinder gestaffelt erhoben.

## TH8 | Anteil der reinen Nettoausgaben für FBBE an den gesamten reinen Ausgaben öffentlicher Haushalte*

Der Anteil der reinen Nettoausgaben für FBBE gemessen an ihrem Anteil an den gesamten reinen Ausgaben der öffentlichen Haushalte ist zwischen 2005 und 2006 um 0,2 Prozentpunkte zurückgegangen. Mit einem Anteil von 4,9% an allen reinen Nettoausgaben des Landes liegt dieser nicht nur 0,6 Prozentpunkte unter dem ostdeutschen Vergleichswert, sondern zählt auch zu den niedrigsten in Ostdeutschland (5,5%). Bis 2005 war der Anteil stetig gestiegen.

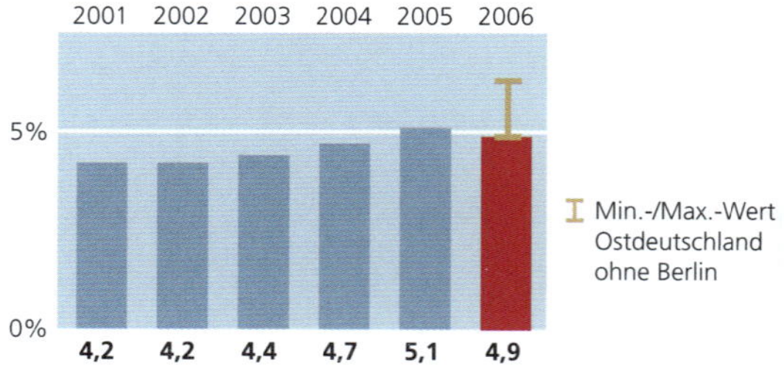


* Bei den Nettoausgaben der öffentlichen Hand werden neben Ausgaben für die Kinder in vorschulischen Angeboten (u. a. Krippen, Kindergärten, Einrichtungen mit altersübergreifenden Gruppen) auch Kindertageseinrichtungen mit Schulkindern berücksichtigt (z. B. Horte). Zwischen den Ländern schwankt der Anteil der Schulkinder, die in Kindertageseinrichtungen betreut werden, erheblich. Dies ist bei der vergleichenden Bewertung der Finanzindikatoren zu berücksichtigen.

# Bildung fördern – Qualität sichern

Der Bildungsplan (Thüringer Bildungsplan bis 10 Jahre) ist seit 2008 in Kraft und wird, unterstützt durch kostenlose Inhouse-Fortbildungen, in allen KiTas implementiert. Die KiTas sind verpflichtet, sich konzeptionell am Bildungsplan auszurichten. Inwieweit dies gelingt, wird im Herbst 2010 wissenschaftlich evaluiert. Zugleich stehen KiTas ab 2009 Instrumente zur Selbstevaluation - diese ist verpflichtend - zur Verfügung, mit denen Aussagen zur Prozess- und Ergebnisqualität aus Sicht von Erzieherinnen und Eltern gewonnen werden sollen. Die systematische Weiterentwicklung des Bildungsplans bis 2010 stützt sich auf Erkenntnisse aus der pädagogischen Praxis und auf Rückmeldungen zu weiterem Änderungsbedarf aller relevanten Akteure. Die Weiterentwicklung beinhaltet auch die konzeptionelle Erweiterung auf ein Altersspektrum bis 18 Jahre. Nach Berechnungen auf der Grundlage der Kinder- und Jugendhilfestatistik ist die personelle Ausstattung der KiTas in TH eher ungünstig. Der Personalschlüssel liegt für 43% der unter Dreijährigen in Krippengruppen bei durchschnittlich 1:6,3. Ebenso viele Kinder werden in altersübergreifenden Gruppen mit einem Personalschlüssel von durchschnittlich 1:9,8 betreut. Für die älteren Kinder besteht in Kindergartengruppen ein Personalschlüssel von durchschnittlich 1:12,6.

## TH9 | Bildungsplan – BP (2008)

| **I. Information** | |
|---|---|
| Kostenloser Versand des BP an alle KiTas | ● |
| BP als Download verfügbar | ● |
| BP als Publikation erwerbbar | ● |
| Informationsmaterial über BP für Eltern verfügbar | ● |
| Informationsmaterial über BP mehrsprachig f. Eltern verfügbar | ● |
| **5 von 5 Punkten** | ●●●●● |

| **II. Qualifizierung** | |
|---|---|
| Infoveranstaltung zum BP für alle KiTa-Mitarbeiterinnen | – |
| Verpflichtende Informationsveranstaltung zum BP für alle KiTa-Mitarbeiterinnen | ● [4] |
| Angebotene Fortbildung zum BP mindestens zweitägig | – |
| Alle Fachberatungen erhalten Fortbildungen zum BP | ● |
| Öffentliche Mittel für regelmäßige Fortbildung zum BP für alle pädagogischen Mitarbeiterinnen verfügbar | ● |
| **3 von 5 Punkten** | ●●●○○ |

| **III. Umsetzungskontrolle (in alien KiTas)** | |
|---|---|
| Jährliche externe Überprüfung der Umsetzung des BP | – |
| Jährliche Berichtspflicht zur Implementation des BP | – |
| Nachweis der Aufnahme des BP in die Konzeption | ● |
| **1 von 3 Punkten** | ●○○ |

**Insgesamt 9 von 13 Punkten**

## TH10 | Kooperation KiTa – Grundschule (2008)

Das Thüringische KiTa-Gesetz regelt die Kooperation von KiTas und Grundschulen landesweit verbindlich, indem es eine enge Zusammenarbeit von pädagogischem Personal in beiden Einrichtungen vorschreibt. Zusätzliche Mittel erhalten KiTas und Grundschulen lediglich im Rahmen der Teilnahme an dem Modellprojekt TransKiGs.[5]

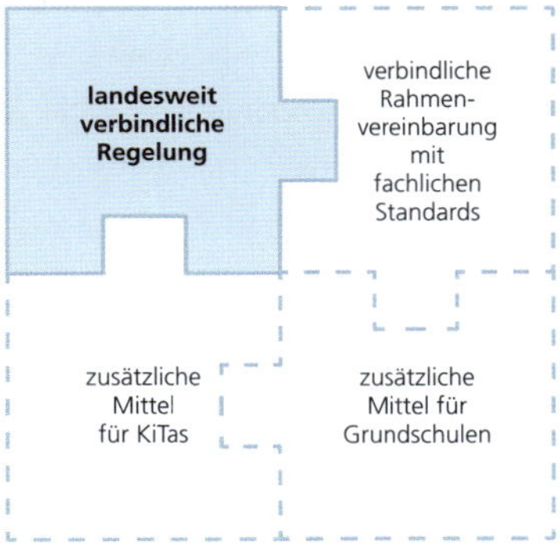

# TH11 Pädagogisches Personal nach Berufsausbildungsabschlüssen (2008)

Die Mehrheit (93,0%) des pädagogischen Personals verfügt über einen Fachschulabschluss. Damit liegt ihr Anteil sehr deutlich über dem gesamtdeutschen Durchschnitt (71,9%). Kinderpflegerinnen sind kaum in KiTas beschäftigt (0,4%). Der Anteil der pädagogisch Tätigen mit Hochschulabschluss bewegt sich mit 1,9% unter dem bundesdeutschen Vergleichswert von 3,5%. Vergleichsweise wenige Tätige befinden sich derzeit in Ausbildung, im Praktikum o. a. m. (2,1%).

| | **Thüringen** | **ø Deutschland** |
|---|---|---|
| **Abschluss** | Anteile in Prozent | |
| (sozialpädagogischer) Hochschulabschluss | 1,9 | *3,5* |
| Fachschulabschluss (Erzieherinnen, Heilpädagoginnen) | 93,0 | *71,9* |
| Kinderpflegerinnen | 0,4 | *13,3* |
| anderer fachlicher Abschluss (sonst. Sozial- u. Erziehungsberufe) | 1,3 | *1,9* |
| Sonstige | 2,1 | *7,1* |
| ohne abgeschl. Ausbildung | 1,2 | *2,2* |

# TH12 Personalschlüssel und Gruppentypen in Kindertageseinrichtungen

## TH12A Personalschlüssel und Fachkraft-Kind-Relation

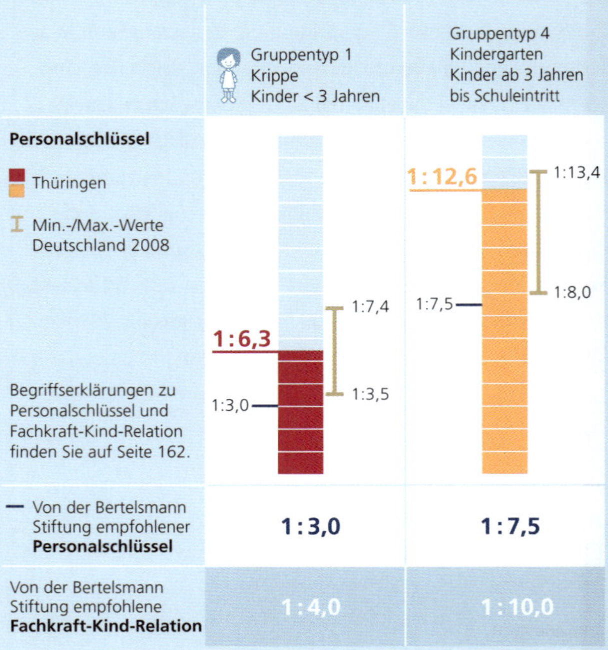


# TH13 Beschäftigungsumfang des pädagogischen Personals und Anteil der Vollzeitbeschäftigten in Kindertageseinrichtungen

Etwas mehr als jede fünfte pädagogisch Tätige in KiTas (21,3%) ist vollzeitbeschäftigt. Dieser Anteil liegt um mehr als 18 Prozentpunkte unter dem Bundesdurchschnitt. Mit 42,0% hat ein Großteil der pädagogisch Tätigen eine wöchentliche Arbeitszeit von 32 bis unter 38,5 Wochenstunden. Dieser Anteil ist deutlich höher als im Bundesdurchschnitt (16,3%). Vergleichbar mit Bundesniveau ist der Anteil der Tätigen mit einem Wochenarbeitsvolumen von 21 bis unter 32 Stunden (29,8%). Nur 6,6% der Beschäftigten arbeiten wöchentlich weniger als 21 Stunden. Da ein vergleichsweise hoher Anteil an pädagogisch Tätigen mit einem höheren Wochenstundenumfang beschäftigt ist – v. a. im ostdeutschen Vergleich –, entsteht der Eindruck, dass in TH eine Personalplanung praktiziert wird, die Betreuungszeiten und Beschäftigungszeiten deutlicher abstimmt. Auf diese Weise können Kindern z. B. kontinuierliche und verlässliche Beziehungserfahrungen ermöglicht und damit elementare pädagogische Standards realisiert werden.

## TH13A Pädagogisches Personal nach Beschäftigungsumfang (2008)

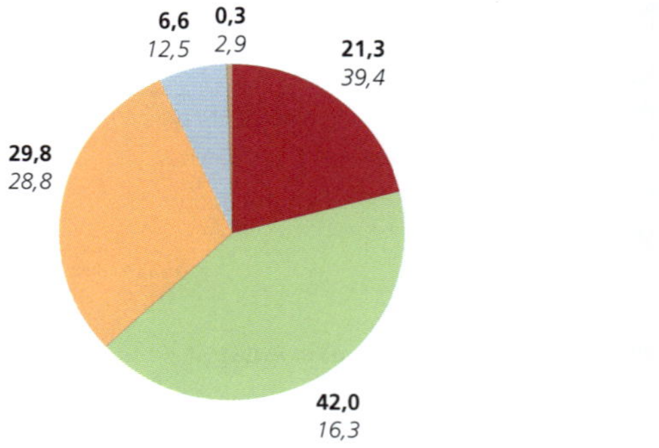


Angaben in %
- Hauptberuflich, Vollzeit, 38,5 und mehr Wochenstunden
- Teilzeit, 32 bis < 38,5 Wochenstunden
- Teilzeit, 21 bis < 32 Wochenstunden
- Teilzeit, < 21 Wochenstunden
- Nebenberuflich, < 20 Wochenstunden

*kursiv* = ø Deutschland

### TH12B Verteilung der Kinder unter 3 Jahren auf verschiedene Gruppentypen (2008)

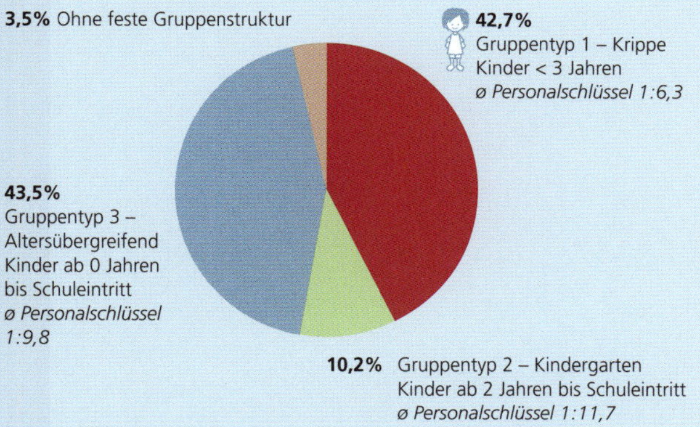


42,7% der unter Dreijährigen werden in Krippengruppen mit einem Personalschlüssel von durchschnittlich 1:6,3 betreut. In altersübergreifenden Gruppen besteht für 43,5% der unter Dreijährigen ein Personalschlüssel von durchschnittlich 1:9,8. Noch schlechter ist der Schlüssel mit durchschnittlich 1:11,7 für die 10,2% der unter Dreijährigen in den geöffneten Kindergartengruppen.

### TH13B Anteil der Vollzeitbeschäftigten

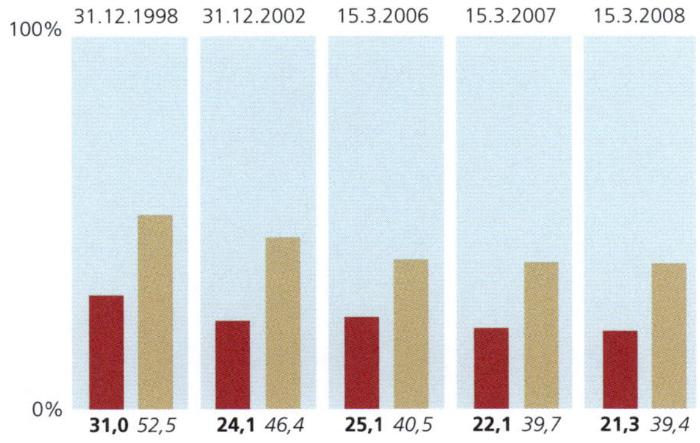


Anteil der Vollzeitbeschäftigten an allen Beschäftigten, ohne Verwaltung und Hauswirtschaft/Technik

## TH14 | Rahmenbedingungen für Bildungsqualität

### TH14A Regelungen zur Strukturqualität (2008)

| | Allgemein geregelt | Präzise definiert |
|---|---|---|
| Maximale Gruppengröße | – | – |
| Fachkraft-Kind-Relation | ● | ● |
| Verfügungszeit | ● | ● |
| Fachberatung | ● | – |
| Fortbildung | ● | – |
| Leitungsfreistellung | ● | ● |
| (Innen-/Außen-)Flächen | ● | ● |

Insgesamt **10** von 14 Punkten

Das Thüringische KiTa-Gesetz regelt zentrale Elemente der Strukturqualität landeseinheitlich und präzise. Damit sind gute Voraussetzungen für landesweit vergleichbare Rahmenbedingungen der pädagogischen Arbeit gegeben, die die Chancen von Kindern auf strukturell ähnlich ausgestattete Bildungsangebote erhöhen.

### TH14B Regelungen zur Qualitätsüberprüfung (2008)

| | |
|---|---|
| Geregelte Verpflichtung in Ausführungsgesetz oder Verordnung | ● |
| *Elternbefragung (mindestens jährlich)* | – |
| *Selbstevaluation* | ● |
| *Fremdevaluation* | – |
| Zahlung öffentlicher Zuschüsse abhängig von externer Qualitätsüberprüfung | – |

Insgesamt **2** von 5 Punkten

Das Thüringische KiTa-Gesetz enthält eine Verpflichtung zur Qualitätsentwicklung bzw. -sicherung für KiTas. Die KiTas sollen auf der Basis kontinuierlicher Selbstevaluation unter Einbeziehung der Eltern und in Verbindung mit internen Zielvereinbarungen systematisch an der Weiterentwicklung der Qualität arbeiten. Aktueller landespolitischer Handlungsschwerpunkt ist u. a. die Bereitstellung entsprechender Instrumente.

# Anhang zu den Länderprofilen

# Anmerkungen zu den Bundesländern

## Rundungseffekte

In den Texten zu den aufgeführten Indikatoren kann es zu Abweichungen um 0,1 Prozentpunkte kommen. Dies sind Rundungseffekte.

## Bildungsbeteiligung von Kindern mit und ohne Migrationshintergrund

Durch das Statistische Bundesamt wurde aus dem Mikrozensus der prozentuale Anteil der Kinder mit und ohne Migrationshintergrund (mindestens ein Elternteil ausländischer Herkunft) im Rahmen einer Sonderauswertung ermittelt. Diese prozentualen Anteile wurden auf die Bevölkerungsfortschreibung zum 31.12.2007 übertragen, um so die Anzahl der Kinder der entsprechenden Altersgruppe mit und ohne Migrationshintergrund zu errechnen. Aus den Statistiken der Kinder- und Jugendhilfe wurde ebenfalls die Anzahl der Kinder mit und ohne Migrationshintergrund (mindestens ein Elternteil ausländischer Herkunft), die eine Tageseinrichtung bzw. eine Kindertagespflege am 15.03.2008 in Anspruch nehmen, errechnet. Abschließend wurde errechnet, wie hoch der Anteil der Kinder mit Migrationshintergrund in der Bevölkerung ist, die ein Angebot der Kindertagesbetreuung nutzen (Tageseinrichtungen und Kindertagespflege).

**Methodische Erläuterungen:**
Die Berechnung ist eine Schätzung, bei der folgende Einschränkungen, die die Genauigkeit beeinflussen, berücksichtigt werden müssen:

1.
Es werden verschiedene Datenquellen miteinander verknüpft: Während der Mikrozensus auf einer 1%-Stichprobe der Bevölkerung basiert und die Bevölkerungsfortschreibung eine Fortschreibung der letzten Volkszählung ist, handelt es sich bei der Kinder- und Jugendhilfestatistik (KJH-Statistik) um eine Vollerhebung.

2.
Die Daten werden an unterschiedlichen Orten erhoben: Die KJH-Statistik wird am Ort der Einrichtung, der Mikrozensus am Ort des Wohnsitzes erhoben. Besucht beispielsweise ein Kind eine Kindertageseinrichtung in einem benachbarten Bundesland, so kann dies zu Verzerrungen führen.

3.
Die Daten werden zu unterschiedlichen Zeitpunkten erhoben: Der Mikrozensus wird zwar unterjährig erhoben, er wird jedoch auf die Bevölkerung zum Stichtag 31.12. hochgerechnet. Die Meldungen der KJH-Statistik hingegen erfolgen zum Stichtag 15.03.

4.
Das spezifische Hochrechnungskonzept des Mikrozensus berücksichtigt nur unzureichend die ausgewiesenen Altersgruppen: Der Mikrozensus wird zwar nach Altersgruppen an die Bevölkerung angepasst, die jüngste Altersgruppe umfasst jedoch die 0- bis 15-Jährigen. Dies heißt, dass bei Auswertungen unterhalb dieser Altersschneidung die mit dem Mikrozensus ermittelten Kinderzahlen nicht mit denen der Bevölkerungsfortschreibung übereinstimmen. Aufgrund dessen wurde ein Korrekturfaktor für die einzelnen Altersjahre errechnet, mit dem eine bessere Anpassung an die Bevölkerung erreicht werden soll. Mit diesem Verfahren konnte zwar eine bessere Anpassung erreicht werden, nach wie vor weist der Mikrozensus jedoch weniger Kinder in den einzelnen Altersjahren aus als die Bevölkerungsfortschreibung.

## Personalschlüssel und Gruppentypen

Der ausgewiesene Personalressourceneinsatzschlüssel gibt nicht die tatsächliche Erzieher-Kind-Relation in den Gruppen wieder. Zur genauen Berechnungsgrundlage und Aussagekraft des Personalressourceneinsatzschlüssels vergleiche: Lange, Jens: Personalschlüssel in Kindertageseinrichtungen. Berechnungsgrundlagen und empirische Ergebnisse eines vielbeachteten Indikators, in: FORUM Jugendhilfe, H. 3/2008, S. 41–44.

Ausgewiesen werden die Personalschlüssel für verschiedene Gruppentypen, in denen Kinder unter drei Jahren und Kinder über drei Jahren bis zum Schuleintritt betreut werden. D. h., der Personalschlüssel ist nicht für alle Kinder der Altersgruppe der unter Dreijährigen bzw. der Altersgruppe der Kinder von drei Jahren bis zum Schuleintritt gültig, sondern nur für Kinder dieser Altersgruppe, die den jeweiligen Gruppentyp besuchen. Die Zuordnung von Gruppen in Kindertageseinrichtungen zu einem bestimmten Gruppentyp wird nicht von den Einrichtungen selbst vorgenommen, sondern erfolgt im Rahmen der Auswertung der Daten der amtlichen Kinder- und Jugendhilfestatistik. Dabei erfolgt die Zuordnung primär anhand der Alterszusammensetzung der Kinder in der Gruppe. Allerdings findet in bestimmten Fällen auch die Größe der Gruppe Berücksichtigung. Folgende Gruppentypen mit folgenden Merkmalen wurden bei der Indikatorenbildung gebildet:

**Gruppentyp 1 „Krippengruppe":**
Dies sind alle Gruppen, in denen ausschließlich Kinder unter 3 Jahren sind.

**Gruppentyp 2 „für 2-Jährige geöffnete Kindergartengruppen":**
Dies sind Gruppen mit 15 und mehr Kindern, in denen neben Kindern ab einem Alter von 3 Jahren bis zum Schulbesuch auch bis zu fünf 2-jährige Kinder betreut werden.

**Gruppentyp 3 „altersübergreifende Gruppen":**
Hierunter fallen diejenigen Gruppen, die nicht den vorangegangenen Gruppentypen zugeordnet wurden, aber in denen Kinder unter 3 Jahren sind. Sprachlich exakt müsste diese Gruppenform „altersgruppenübergreifende Gruppen" heißen, da diese Gruppen sowohl von Kindern der Altersgruppe unter 3 Jahren (‚Krippenkinder') als auch von Kindern der Altersgruppe ab 3 Jahren bis zur Einschulung (‚Kindergartenkinder') genutzt werden.

**Gruppentyp 4 „Kindergartengruppe":**
Hier sind alle Gruppen zusammengefasst, in denen ausschließlich Kinder ab 3 Jahren bis zu ihrem Schuleintritt sind.

Für Einrichtungen ohne feste Gruppenstruktur ist die Ausweisung eines gruppenbezogenen Personalschlüssels nicht sinnvoll.

## Baden-Württemberg

1
Die Finanzierung der Kinderkrippen und der Kindertagespflege wird in diesem Zusammenhang im Rahmen des Gesetzes zur Änderung des Kindertagesbetreuungsgesetzes und des Finanzausgleichsgesetzes, welches seit dem 01.01.2009 in Kraft ist, nach dem Leitsatz „Das Geld folgt den Kindern" neu geordnet.

2
Zur Höhe des kommunalen Zuschusses an freie Träger von Kindergärten und Tageseinrichtungen mit altersgemischten Gruppen, zum Eigenanteil der Träger und zu den Elternbeiträgen liegen in Baden-Württemberg keine verlässlichen bzw. konkreten Daten vor. Die Werte sind von Gemeinde zu Gemeinde bzw. von Träger zu Träger sehr unterschiedlich. Gemäß den gesetzlichen Vorgaben fördern die Kommunen diejenigen Kindergärten von Trägern der freien Jugendhilfe, die in den Bedarfsplan aufgenommen wurden, mit mindestens 63% der Betriebskosten. Nach groben Schätzungen der landesweiten Durchschnittswerte dürfte die Zuschusshöhe der Kommunen bei 75–100% (für die Berechnung wurden 75% zu Grunde gelegt), der Eigenanteil der Träger bei 0–20% (für die Berechnung wurden 10% zu Grunde gelegt) und die Elternbeiträge bei 0–20% (für die Berechnung wurden 15% zu Grunde gelegt) der Betriebskosten liegen. Das Landesministerium merkt zudem an, dass insbesondere bei der Finanzierung von Einrichtungen zur Betreuung von Kindern unter drei Jahren und bei den Beiträgen der Eltern zur Kindertagespflege die Trägeranteile wegen der deutlich höheren Landesförderung ab 2009 zurückgehen dürften.

3
Das zuständige Landesministerium gibt an, dass die maximale Gruppengröße im Rahmen des Betriebserlaubnisverfahrens über eine mit den zuständigen Ministerien und den Trägerverbänden für ihre Mitglieder abgestimmte Handhabung des Landesjugendamts präzise geregelt ist.

## Bayern

1
Nach einer jährlichen Abfrage des Bayerischen Sozialministeriums lag die Teilhabequote von Kindern unter drei Jahren zum 01.01.2009 bei 18,1%.

2
Unter Berücksichtigung der staatlichen Ausgaben für die Kinderbetreuung und der korrespondierenden kommunalen Anteile, die aufgrund des Vorgängergesetzes des BayKiBiG auf der Basis der Personalkosten ca. 80% der Gesamtkosten betrugen, kann der Restanteil an Kosten grob auf 20% taxiert werden. Ein Teil der Restkosten wird über Elternbeiträge und ein weiterer Teil wird durch Defizitverträge der freien Träger mit den Kommunen abgefangen. Daten über den Umfang des Defizitausgleichs liegen nicht vor. Demzufolge können auch keine Aussagen über die den Trägern der freien Wohlfahrtspflege für Kinderbetreuung entstandenen Ausgaben getroffen werden. In den Daten ab 2006 werden auch die Ausgaben für Kinderkrippen der Studentenwerke mit berücksichtigt (2006: 1,96 Mio. Euro). Da der Anteil der freien Träger nicht ausgewiesen werden kann, sind die ausgewiesenen Finanzierungsanteile von Land, Kommunen und Eltern daher tendenziell etwas überhöht und nicht vollständig vergleichbar. Würde für Bayern z. B. ein Trägeranteil von 100 Mio. Euro angenommen, ergäben sich folgende Anteile: Kommune: 46,7%, Land: 29,3%, Eltern: 18,8% und freie Träger: 5,2%. Für Bayern können die Anteile an der Finanzierungsgemeinschaft nicht ausgewiesen werden, da die Datengrundlage mit eigenen Angaben des Staatsministeriums nicht vollständig plausibilisiert werden konnte.

3
Aus der Multiplikation eines sogenannten Basiswertes mit Zeit- und Gewichtungsfaktoren ergibt sich eine kindbezogene Leistungspauschale, die in gleicher Höhe von Staat und Kommune zu leisten ist.

4
Es ist geplant, mittelfristig ein für die Eltern kostenfreies letztes Kindergartenjahr einzuführen. Unabhängig davon gibt es in der Regel auf kommunaler Ebene eine Sozialstaffelung von Elternbeiträgen.

5
Für die Grundschulen stehen zusätzliche Finanzmittel für die gemeinsame Kooperation zur Verfügung (Fachstunden für Kooperationsbeauftragte). Im Bereich der Kindertageseinrichtungen wurden die Mittel für die Durchführung gemeinsamer Fortbildungsveranstaltungen erheblich aufgestockt. Für 13.000 Kinder führen die Grundschulen und Kindertageseinrichtungen gemeinsam Vorkurse zur Sprachförderung für Kinder mit Migrationshintergrund durch (insgesamt 240 Stunden im Jahr vor der Einschulung). U. a. dafür erhalten Träger von Kindertageseinrichtungen eine um 30% höhere kindbezogene Förderung.

6
Seit dem 01.09.2006 wird in Bayern flächendeckend kindbezogen gefördert. Die neue Förderung setzt nicht mehr am Gruppenbegriff an, weshalb auf eine rechtliche Regelung zu maximalen Gruppengrößen verzichtet wird. Daher wird die maximale Gruppengröße als nicht geregelt eingestuft, wenngleich nach Angaben des Landes dieses Merkmal der Strukturqualität in Verbindung mit der Betriebserlaubnis für eine Einrichtung mittelbar über § 17 AVBayKiBiG geregelt wird.

Zu den Strukturmerkmalen der Leitungsfreistellung und des Umfangs von Innen- und Außenflächen existieren in Bayern keine Regelungen. Bayern verfolgt den Ansatz der mittelbaren Steuerung und verzichtet daher auf Standardfestlegungen.

7
Im Zusammenhang mit der in Bayern existierenden geregelten Verpflichtung zur Qualitätsentwicklung bzw. -sicherung für Kindertageseinrichtungen weist das zuständige Landesministerium zugleich darauf hin, dass Bayern den Ansatz der mittelbaren Steuerung verfolgt und daher auf Standardfestlegungen verzichtet.

## Berlin

1
In diesem Zusammenhang führt die zuständige Senatsverwaltung verschiedene weitere Maßnahmen an. So gibt es für Mitarbeiter der Arbeitsbereiche „Kinder mit Behinderung" der Berliner Jugendämter eine Fortbildungsreihe „Fallmanagement". Die im Jahr 2006 eingeführten einheitlichen Verfahrensgrundsätze für diesen Arbeitsbereich werden evaluiert. Außerdem werden Leistungsverträge der Reha-Träger mit den Trägern sozialpädiatrischer Einrichtungen zur ambulanten und mobilen Versorgung von Kindern mit Behinderungen in Berlin vorbereitet, wobei die Finanzierung von Zuwendungen auf eine leistungsvertragliche Basis umgestellt werden soll.

2
Die Übernahme von Elternbeiträgen im letzten Kindergartenjahr vor der Einschulung erfolgt gemäß Bedarfsfestsetzung des Jugendamtes, soweit ein Bedarf über den Rechtsanspruch (halbtags) geltend gemacht wurde.
Als derzeitiger politischer Handlungsschwerpunkt wird die Abschaffung des Elternbeitrages bis 2010 für das 2. KiTa-Jahr sowie die Abschaffung des Elternbeitrages bis 2011 für das 1. KiTa-Jahr genannt.

3
Bei den Kindern im Alter von 3 bis unter 6 Jahre in Tageseinrichtungen und Kindertagespflege ist davon auszugehen, dass die Quote der Inanspruchnahme der Kinder ohne Migrationshintergrund bei annähernd 100% liegt.

4
Für Berlin können für 2006 keine Werte ausgewiesen werden, da die reinen Nettoausgaben laut Rechnungsergebnissen der öffentlichen Haushalte Werte ausweisen, die mit eigenen Angaben des Senats nicht vollständig plausibilisiert werden konnten.

5
Vgl. Anmerkung 4.

6
Die Zahlung öffentlicher Zuschüsse ist in Berlin abhängig von der Einhaltung der Maßnahmen, zu denen sich die Träger im Rahmen der „Qualitätsvereinbarung Tageseinrichtungen – QVTAG" verpflichtet haben. Dies ist in § 23 Abs. 3 Nr. 3 Kita FöG geregelt.

## Brandenburg

1
Ziel ist nach Angaben des Ministeriums, gemeinsame Bildungsangebote für Kinder und Eltern zur Verbesserung der Wirksamkeit und Nachhaltigkeit von Kindertagesbetreuung zu machen, Orte der Begegnung für Erwachsene und Kinder zu schaffen, Anlaufstelle für weitere familienunterstützende Angebote zu sein.

2
Kinder haben ab dem 3. Lebensjahr bis zur Versetzung in die fünfte Schuljahrgangsstufe einen unbedingten Rechtsanspruch auf einen Betreuungsplatz. Die familiäre Situation oder ein besonderer Erziehungsbedarf können auch einen Rechtsanspruch für jüngere und ältere Kinder begründen. Ebenso haben Kinder einen Anspruch auf längere Betreuungszeiten als sechs Stunden täglich, wenn die familiäre Situation oder ein besonderer Erziehungsbedarf dies erfordert. Die bedingten Rechtsansprüche werden nicht ausgewiesen.

3
In Brandenburg wurden laut Kita-BKNV zum 01.09.2008 insgesamt 23.556 Kinder unter drei Jahren an das Landesjugendamt gemeldet, die ein Angebot der Kindertagesbetreuung nutzen. Davon nutzen 19.332 ein Angebot in Kindertageseinrichtungen und 4.224 in der Kindertagespflege.

4
Auf Grund der Einschränkungen der Genauigkeit, wie sie in den methodischen Erläuterungen (s. Seite 162) aufgeführt sind, und der im Ergebnis hohen Abweichungen der Teilhabequoten von Kindern mit und ohne Migrationshintergrund bleibt abzuwarten, ob sich die Ergebnisse der Berechnungen in den nächsten Jahren bestätigen. Nach den vorliegenden Berechnungen ergeben sich für Brandenburg folgende Teilhabequoten:

Kinder unter 3 Jahren:
Anteil der Kinder mit Migrationshintergrund in der Bevölkerung (31.12.2006): 10%
Teilhabequote Kinder mit Migrationshintergrund: 19%
Teilhabequote K. ohne Migrationshintergrund: 47%

Kinder von 3 bis unter 6 Jahren:
Anteil der Kinder mit Migrationshintergrund in der Bevölkerung (31.12.2006): 10%
Teilhabequote K. mit Migrationshintergrund: 50%
Teilhabequote Kinder ohne Migrationshintergrund: annähernd 100%

5
Für Brandenburg wurde für das Jahr 1999 ein Eigenanteil der freien Träger an den Gesamtbetriebskosten von 2,11% (12,5 Mio. Euro) ermittelt. Dieser Anteil ist Berechnungsgrundlage des Eigenanteils der freien Träger.

6
Der „Gemeinsame Orientierungsrahmen für die Bildung in Kindertagesbetreuung und Grundschule – Zwei Bildungseinrichtungen in gemeinsamer Bildungsverantwortung" wird derzeit öffentlich diskutiert und soll im Sommer 2009 verabschiedet werden. Wenn dieser Orientierungsrahmen Mitte 2009 mit den Trägern vereinbart und für die Schulen in Kraft gesetzt wird, dann wird er für Kindertagesbetreuung und Schule die gemeinsame konzeptionelle Klammer darstellen und somit die Bildungsgrundsätze ebenso wie die Rahmenlehrpläne überwölben.

Vom zuständigen Landesministerium bzw. im Auftrag des Landesministeriums wird zwar nicht evaluiert, ob Kindertageseinrichtungen ihre pädagogische Praxis nach dem Bildungsplan ihres Bundeslandes ausrichten, allerdings ist gesetzlich Folgendes vorgeschrieben:
„(3) Die Umsetzung der Ziele und Aufgaben wird in einer pädagogischen Konzeption beschrieben, die in jeder Kindertagesstätte zu erarbeiten ist. In dieser Konzeption ist ebenfalls zu beschreiben, wie die Grundsätze elementarer Bildung Berücksichtigung finden und die Qualität der pädagogischen Arbeit überprüft wird.

(4) Die Kindertagesstätten können durch die örtlichen Träger der öffentlichen Jugendhilfe verpflichtet werden, ihre Arbeit durch Qualitätsfeststellungen überprüfen zu lassen." (§ 3, Kindertagesstättengesetz des Landes Brandenburg)

Vom MBJS werden gegenwärtig Instrumente und Verfahren der Evaluation (vornehmlich als Peer-Evaluation) entwickelt. Das Qualitätsmessinstrument IQS ist mit dem Bildungsplan kompatibel.

7
Die maximale Gruppengröße ist nur abstrakt in Ziffer 3.2 „Grundsätze des Verwaltungshandelns" bei der Prüfung der räumlichen Bedingungen durch das Landesjugendamt geregelt, nicht aber präzise. Demnach darf die Anzahl der Kinder pro regelmäßig pädagogisch genutzten Raum höchstens 18 Kinder betragen. Werden ausschließlich Kinder im Alter bis zum vollendeten dritten Lebensjahr betreut, so sind höchstens 10 Kinder pro regelmäßig pädagogisch genutzten Raum zulässig. Bei Altersmischung mit Kindern im Krippenalter sollte der Anteil der Kinder im Alter bis zum vollendeten dritten Lebensjahr nicht zu hoch sein und keinesfalls mehr als 10 Kinder betragen.

8
Zur Fachberatung gibt es allgemeine Regelungen, präzise allenfalls in abstrakter Form in § 10 KitaG.

9
Allein für die pädagogische Leitung gibt es quantitative Bestimmungen in § 5 Kita-Personalverordnung. Über den Umfang der organisatorischen Leitungsaufgaben und der Freistellung entscheidet der Träger.

10
Der Umfang von Innen- und Außenflächen kann zwar als präzise geregelt eingestuft werden, nicht aber in einem rechtlichen Sinne, sondern durch Verwaltungsvorschriften (s. o. Ziffer 3.1 in „Grundsätze des Verwaltungshandelns")

11
Die Zahlung öffentlicher Zuschüsse ist gegenwärtig nicht abhängig von einer externen Qualitätsüberprüfung. Es ist seit dem 01.07.2007 grundsätzlich möglich, dass bei unzureichender Qualität Zuschüsse gekürzt werden oder entfallen können.

## Bremen

1
Laut dem Senator für Arbeit, Frauen, Gesundheit, Jugend und Soziales standen zum 01.08.2009 2.946 Plätze in der Kindertagesbetreuung für unter Dreijährige zur Verfügung (davon 2.485 Plätze in Kindertageseinrichtungen und 461 Plätze in der Kindertagespflege). Nach Angaben des Senates ist die Anzahl der Plätze faktisch identisch mit der Anzahl der betreuten Kinder, so dass 18,1% der Kinder unter drei Jahren betreut werden. In den Angaben sind auch 519 Plätze/Kinder in sog. Sozialpädagogischen Spielkreisen enthalten.

2
Für Bremen ist hinsichtlich des Eigenanteils der freien Träger und der Elternbeiträge nur eine sehr grobe Schätzung möglich. Bekannt ist, dass 2006 die städtischen Eigenbetriebe KiTa Bremen 5,377 Mio. Euro Elternbeiträge eingenommen haben. Da in der Stadtgemeinde Bremen ca. 85% aller Plätze in Kindertageseinrichtungen des Landes Bremen sind, wird für die Abschätzung angenommen, dass die 5,377 Mio. Euro 85% der bei öffentlichen Trägern vereinnahmten Elternbeiträge sind. Daran anschließend wird das oben erläuterte Schätzverfahren zu den Elternbeiträgen bei den freien Trägern angewendet. Der Eigenanteil der freien Träger wurde 2004 für die Stadtgemeinde Bremen mit 3.087 Tsd. Euro beziffert. Nimmt man auch hier an, dass dies 85% des gesamten Eigenanteils der freien Träger sind, so ergibt sich ein Gesamteigenanteil der freien Träger für 2004. Da keine aktuelleren Daten zum Eigenanteil der freien Träger vorhanden sind, wird für die vorliegende Abschätzung der Wert von 2004 auch für 2006 abgenommen. Zudem sind beim Finanzierungsanteil der freien Träger nicht die Eigenanteile der Elternvereine in der Stadtgemeinde Bremen enthalten, da diese nicht beziffert werden können. Basierend auf dieser Schätzung würde das Land Bremen einen Anteil von 83,5%, die Eltern einen Anteil von 13,2% und die freien Träger einen Anteil von 3,3% an der Finanzierungsgemeinschaft tragen.

3
In den beiden Stadtgemeinden Bremen und Bremerhaven ist kommunal geregelt, dass Kindern von Eltern, die einen niedrigen Beitrag zahlen, ein kostenloses Mittagessen angeboten wird.

4
Die Bremer Landesverfassung enthält für den 2-Städte-Staat nur einen losen Rahmen für die Gemeindeverfassung. Die Stadtgemeinde Bremerhaven besitzt (seit 1948) eigene Gestaltungsspielräume, die in anderen Bundesländern auf Landesebene ausgeführt werden.

Dies gilt z. B. auch für die Implementierung des Rahmenplans für Bildung und Erziehung im Elementarbereich und alle damit einhergehenden Maßnahmen (Einführung einer Lern- und Entwicklungsdokumentation, Qualifizierung der pädagogischen Fachkräfte und Fachberatungen, Sprachentwicklungsförderung), Regelungen zu Verfügungszeiten, Leitungsfreistellung, Fachberatung und die Elternbeitragsgestaltung, die jeweils in den beiden Stadtgemeinden eigenständig geregelt werden.

5
Der Umfang für Fachberatung und Fortbildung ist für alle Träger über Teilleistungspauschalen präzise definiert, d. h., alle Träger haben Fachberatung. Gleiches gilt für die Leitungsfreistellung, jeweils definiert über Platzzahl. Verfügungszeiten sind ebenfalls über die Personalbemessung für alle Träger gleich geregelt, allerdings in den beiden Stadtgemeinden mit kleinen Unterschieden bei den jeweiligen Anteilen z. B. für pädagogische Gruppenarbeit oder Kooperationszeiten (Mitteilung von der Senatorin für Arbeit, Frauen, Gesundheit, Jugend und Soziales vom 30.11.2007).

6
Vgl. Anmerkung 5.

7
Vgl. Anmerkung 5.

8
Vgl. Anmerkung 5.

## Hamburg

1
Abgesehen von der Bereitstellung der notwendigen Finanzressourcen im Haushalt unterstützt die Behörde das Investitionsvorhaben mit der „Förderrichtlinie Investitionsprogramm Krippenausbau 2008 –2013", die mit Wirkung ab dem 01.01.2008 in Kraft gesetzt wurde.

2
Des Weiteren haben Kinder mit dringlichem sozial bedingten oder pädagogischen Bedarf Anspruch auf Tagesbetreuung in dem zeitlichen Umfang, der es erlaubt, sie bedarfsgerecht zu fördern.

3
Nach der Datenbank der Behörde für Soziales, Familie, Gesundheit und Verbraucherschutz lag die Teilhabequote von Kindern unter drei Jahren zum 01.05.2009 bei 23,8%.

4
In Hamburg gibt es bis auf wenige Ausnahmen keine Einrichtungen des öffentlichen Trägers mehr. Die freien Träger erhalten im Prinzip eine Vollfinanzierung und sind nicht verpflichtet, einen bestimmten Anteil selbst zu finanzieren. Deshalb gibt es in Hamburg nur zwei Finanzierungsanteile, Land und Eltern (die kirchlichen Träger haben bis einschließlich des Jahres 2007 einen Eigenanteil getragen).

5
Einzelne Exemplare der Bildungsempfehlungen können in gedruckter Form gegen Einsendung eines mit 85 Cent frankierten und als „Büchersendung" gekennzeichneten Rückumschlages bei der Behörde für Soziales, Familie, Gesundheit und Verbraucherschutz bestellt werden.

6
Von der Freien Hansestadt Hamburg wird auf folgenden Sachverhalt hingewiesen: Im ‚Landesrahmenvertrag Kinderbetreuung in Tageseinrichtungen' (Landesrahmenvertrag) § 15 ist die Qualitätssicherung

und -berichterstattung geregelt. Dort heißt es „(1) Die Träger überprüfen die Qualität der Leistungserbringung in mindestens zweijährigem Rhythmus nach einem von ihnen ausgewählten, fachlich anerkannten Verfahren (...). (2) Die Vertragsparteien beabsichtigen eine hamburgweite Qualitätsberichterstattung zu entwickeln. Ziel ist es, die Entwicklung und die Kompetenzen von Kindern in Tageseinrichtungen in einem repräsentativen Verfahren zu erfassen, um daraus Erkenntnisse für die Weiterentwicklung der Hamburger Bildungsempfehlungen und des Kita-Gutschein-Systems zu gewinnen. (...)"
Mit dem bisher dafür entwickelten Instrumentarium sollte herausgefunden werden, ob und wie die Inhalte und Ziele der Hamburger Bildungsempfehlungen für die Bildung und Erziehung von Kindern in Tageseinrichtungen und der Richtlinie für Vorschulklassen in den Einrichtungen umgesetzt werden, d. h., ob und wie diese bei den Kindern zu Kompetenzsteigerungen führen. Auf Grundlage der Ergebnisse einer Längsschnittstudie sollten die Bildungsempfehlungen evaluiert und weiterentwickelt werden. In den Jahren 2006 bis 2008 wurden in Kindertageseinrichtungen (Kitas) und Vorschulklassen (VSK) mehrere nicht repräsentative Kompetenz-Erhebungen durchgeführt.
Ein Abschlussbericht nebst Anlagen wurde vom Auftragnehmer Ende April 2008 vorgelegt.
Mit den entwickelten Instrumenten sind die mit der ursprünglichen Auftragslage verbundenen Ziele allerdings nicht eindeutig nachweisbar. Deshalb ergibt sich die Notwendigkeit einer Neuorientierung.

7
In der Entwicklung befindet sich des Weiteren ein Instrument zur Erfassung von Kompetenzständen aller in Kitas betreuten Kinder. Erste Erprobungen haben in Kitas und Vorschulklassen auf freiwilliger Basis stattgefunden. Eine Weiterentwicklung, die Aussagen über Kompetenzen sowie Lern- und Lebensbedingungen von Kita-Kindern zu einem bestimmten Zeitpunkt in deren Kita-Biographie zulässt, soll geprüft werden. Für den Bereich der Kitas werden weitere Möglichkeiten zur Qualitätsfeststellung, -entwicklung und -verbesserung geprüft.

## Hessen

1
Ende des Jahres 2007 startete das Pilotprojekt „Kindertagespflege – Qualität und Professionalität durch Kontinuität und sichere Rahmenbedingungen" mit der Karl Kübel Stiftung für Kind und Familie in Bensheim als Projektträger und dem Institut für Organisationskommunikation IFOK GmbH in Bensheim als durchführendes Institut. Es läuft bis zum Jahr 2010 an sieben hessischen Standorten und wird finanziell vom Land Hessen unterstützt. Während seiner Laufzeit wird das Pilotprojekt durch eine projektbegleitende Arbeitsgruppe unterstützt, die aus Vertreterinnen und Vertretern der Spitzenverbände, Fachleuten aus der Praxis sowie Vertreterinnen und Vertretern der Projektteilnehmenden besteht. Das Pilotprojekt Kindertagespflege hat folgende Ziele:

- sichere Rahmenbedingungen für die in der Kindertagespflege Tätigen zu schaffen,
- Unterstützung der Familien und ihrer Kinder durch verlässliche Strukturen zu bieten und
- Unterstützung der Kommunen beim Aus- und Ausbau von Strukturen im Kinderbetreuungsbereich.

Das Gesamtvolumen der Landesmittel beträgt 220.000,- Euro für die Jahre 2007–2010.

2
Das Verfahren wird durch pädagogische Fachkräfte in den Kindertagesstätten durchgeführt, die von erfahrenen Sprachexperten an den Gesundheitsämtern qualifiziert werden. KiSS wurde im Jahr 2007 anhand mehrerer voneinander unabhängiger Sprachscreening- und Testverfahren wissenschaftlich untersucht und validiert. Es wurde ein kurzes und einfach durchführbares Verfahren entwickelt. Das Land stellt die Ausbildung aller Sprachexperten an den Gesundheitsämtern, die Ausbildung der Erzieherinnen sowie die Begleitung und Beratung der Erzieherinnen bei Durchführung und Auswertung von KiSS zur Verfügung. Alle diese Leistungen werden den Kommunen und den übrigen Trägern von Kindereinrichtungen vom Land kostenfrei zur Verfügung gestellt. Mit KiSS wird Erzieherinnen und Erziehern ein Instrument zur Verfügung gestellt, um in Übereinstimmung mit dem Hessischen Bildungs- und Erziehungsplan (BEP) die gezielte Sprachförderung des Kindes in die Wege leiten zu können.

3
Im Fokus des Sprachförderprogramms stehen Kinder mit Migrationshintergrund ohne ausreichende Deutschkenntnisse. In geringerem Umfang nehmen auch Kinder mit Deutsch als Erstsprache an der Förderung teil. Aus dem Programm werden zwei unterschiedliche Schwerpunkte gefördert: Zum einen Sprachfördermaßnahmen für Kinder im Kindergartenalter. Es können auch unter dreijährige Kinder gefördert werden. Zum anderen Fortbildungen für Erzieherinnen und Erzieher und sonstige für die Sprachvermittlung geeignete Personen. Seit dem Start des Sprachförderprogramms für Kindergartenkinder wurden ca. 66.600 Kinder/Plätze durch zusätzliche Sprachfördermaßnahmen gefördert und fast 17.000 Erzieher/-innen nahmen an den Fortbildungsmaßnahmen teil (Stand 12.12.2008). An Haushaltsmitteln wurden bisher über 18,2 Millionen Euro bereitgestellt. Für 2009 wird eine weitere Steigerung erwartet.

4
Das Modellprojekt „frühstart – Deutsch und interkulturelle Bildung im Kindergarten" ist ein Kooperationsprojekt der Hertie-Stiftung, der Gölkel-Stiftung, der Türkisch-Deutschen Gesundheitsstiftung, des Hessischen Sozialministeriums und zehn hessische Kommunen.
Die zehn Kommunen nehmen mit insgesamt 36 KiTas an frühstart teil. Nach der ersten Erprobungsphase kommen nun neben der Weiterentwicklung der bisherigen Schwerpunkte Sprachförderung, interkulturelle Bildung und Qualifizierung von Elternbegleitern als weitere Schwerpunkte hinzu: verlässliche Koordinierungsstelle in den Kommunen, Verknüpfung mit aktuellen Entwicklungen im Bildungs- und Sprachförderbereich (bspw. BEPL, Kiss), Übergang KiTa – Schule, Intensivierung der Elternarbeit und Öffnung zum Stadtteil. Das Gesamtbudget für 2007–2010 beträgt rund 1,8 Mio. Euro.

5
Bislang gilt eine Mindestanzahl von 1,5 Fachkräften einheitlich für jede Kindergruppe. Die personelle Besetzung wird nun gestaffelt angehoben auf mindestens 2,0 Fachkräfte bei Gruppen mit ausschließlich unter dreijährigen Kindern, auf mindestens 1,75 Fachkräfte bei Gruppen mit Kindern vom dritten Lebensjahr bis zum Schuleintritt und bei Kindern unterschiedlicher Altersstufen. Für Gruppen mit Kindern im Schulalter sind mindestens 1,5 Fachkräfte vorzusehen.
Die Zahl der Kinder, die in eine Gruppe aufgenommen werden, soll bei den unter Dreijährigen nur noch acht bis zehn betragen, bisher war eine Gruppengröße von zehn (für Kinder unter zwei Jahren) bzw. 15 (für Kinder unter drei Jahren) vorgesehen. Für die Kinder vom dritten Lebensjahr bis zum Schuleintritt soll die Gruppengröße 15 bis 25 (statt 25) betragen, für ältere Kinder 15 bis 20 (statt 25).
Die Neufassung beinhaltet neben den Vorgaben für die Personalbesetzung und Gruppenstärke weitere Änderungen. Zu den Fachkräften zählen nun auch studierte Grundschul- und Förderschullehrkräfte sowie Personen mit Bachelor- oder Masterabschluss im sozialpädagogischen und -pflegerischen Bereich. In Krippen und altersübergreifenden Gruppen können Kinderpflegerinnen bzw. -pfleger arbeiten, in Tageseinrichtungen mit Kindern mit Behinderung können auch Heilerziehungspflegerinnen und Heilerziehungspfleger tätig sein. Bei Tageseinrichtungen in „sozialen Brennpunkten" ist ein Zuschlag bei den Mitarbeiterstellen möglich.

6
Die Freistellung von Elternbeiträgen muss für eine Betreuungszeit von mindestens fünf Stunden täglich erfolgen.

7
Nach einer eigenen Erhebung des Landes Hessen lag die Teilhabequote der Kinder im Alter von unter 3 Jahren zum 15.09.2008 bei 15,5%. Zum 01.09.2009 stehen laut Betriebserlaubnisstatistik des HMAFG in Hessen für Kinder unter drei Jahren 23.046 Plätze in Kindertageseinrichtungen zur Verfügung, davon 13.530 in reinen Krippengruppen und 9.516 in altersübergreifenden Gruppen, Angaben zur Anzahl der Kinder, die ein Angebot der Kindertagespflege zu diesem Zeitpunkt nutzen, wurden nicht gemacht.

8
Der Berechnung des Anteils der freien Träger wurden mehrere Abschätzungen zu Grunde gelegt. Hinsichtlich der Elternbeiträge ist aus Kommunen bekannt, dass man von Elternbeiträgen ausgeht, die bis zu 33% der Kosten decken. Hierbei werden aber nicht Beitragsentlastungen der Eltern berücksichtigt. Keinesfalls werden die Elternbeiträge im Durchschnitt unter 20% liegen. Für die Abschätzung erscheint ein Anteil der Eltern von 22,5% plausibel. Bei dem Eigenanteil der freien Träger ist im Zeitverlauf von einem Rückgang auszugehen. Für die vergangenen Jahre betrug der Anteil 15 bis 20%, aktuell ist er sehr viel niedriger. Für 2006 wird von einem durchschnittlichen Eigenanteil von 12,5% ausgegangen. Seit 2008 ist mit BAMBINI-KNIRPS die Landesförderung für die Betriebskosten der Betreuungsplätze für unter Dreijährige auf 90 Mio. Euro ausgeweitet worden. Der Landesanteil an der Finanzierung hat sich in diesem Bereich auf schätzungsweise 30–35% erhöht.

9
Dabei ist zu berücksichtigen, dass 1997/98 der Landesanteil an der Finanzierung der KiTas für den Bereich der Kindergärten mit einer Höhe von 110 Mio. DM in den kommunalen Finanzausgleich überführt wurde. Mit der Überführung ist eine Zweckbindung festgelegt worden. Die Zuwendungen werden von zentraler Stelle den einzelnen Kindergartenträgern zweckgebunden zugewiesen und in Abständen vom Rechnungshof geprüft. Der Landesanteil wird bei der Kindergartenförderung direkt an die örtlichen Träger und freien Träger ausgezahlt. Bei der Förderung der anderen Altersgruppen und der Beitragsfreistellung wird der Landesanteil direkt an die Gemeinden ausgezahlt. Der örtliche Träger der Jugendhilfe hat bei der Weitergabe der Landesgelder einen Gestaltungsspielraum, da die Gemeinden die Antragsstellung steuern können.

10
Die Zusammenarbeit der Grundschulen mit Kindertageseinrichtungen ist in § 15 der Verordnung zur Ausgestaltung der Bildungsgänge und Schulformen der Grundschule (Primarstufe) und Mittelstufe (Sekundarstufe I) und der Abschlussprüfung in der Mittelstufe (VOBGM) geregelt. Dort heißt es:
(1) Die Grundschule und der Kindergarten sorgen unter Wahrung ihres jeweils eigenständigen Erziehungs- und Bildungsauftrags durch eine angemessene pädagogische Gestaltung des Übergangs für die Kontinuität von Erziehung und Bildung.
(2) Gegenseitige Information und Abstimmung über Ziele, Aufgaben, Arbeitsweisen und Organisationsformen der jeweiligen Bereiche, wechselseitige Hospitationen sowie die Teilnahme von Erzieherinnen und Erziehern, Lehrerinnen und Lehrern an gemeinsamen Besprechungen, bei denen die Rahmenbedingungen, insbesondere der Stundenplan, der Dienstplan, die Ausstattung, die Klassen- oder Gruppenstärken und die schulrechtlichen Bestimmungen, sowie die pädagogischen Grundlagen, insbesondere die Erziehungsziele, Lehrpläne, pädagogischen Konzeptionen, Lern- und Sozialformen, der Erziehungs- und Unterrichtsarbeit erörtert werden, fördern die Zusammenarbeit ebenso wie gemeinsame Veranstaltungen und Projekte.
(3) Besuche von Kindergartengruppen in der Schule sind geeignet, Kindergartenkinder mit der Schule vertraut zu machen. Die Schulleiterin oder der Schulleiter sowie die Lehrerinnen und Lehrer der zukünftigen Jahrgangsstufe 1 nehmen möglichst frühzeitig Kontakt mit der Leiterin oder dem Leiter der Kindergartengruppe auf, aus der die Kinder in die jeweils zuständige Schule übergehen werden. Der Austausch zwischen Erzieherinnen oder Erziehern und Lehrerinnen oder Lehrern kann zu einer besseren Beurteilung des Entwicklungsstandes der Kinder beitragen und die individuelle Beratung der Eltern vertiefen. Die Entgegennahme von Informationen über einzelne Kinder setzt voraus, dass eine entsprechende Einwilligung der Eltern gegenüber dem Kindergarten erklärt worden ist.
(4) Die Abstimmung zwischen Schule und Kindergarten über die Ausstattung der Schule mit Spiel- und Lernmaterial sowie die Übernahme von Anregungen aus dem Kindergarten und die Fortführung von Projekten können die Arbeit, insbesondere im Anfangsunterricht, unterstützen.
(5) Die Zusammenarbeit zwischen Kindergarten und Grundschule erfolgt im Einvernehmen mit dem Träger des Kindergartens und im Rahmen der von der Schulkonferenz nach § 129 Nr. 7 des Hessischen Schulgesetzes beschlossenen Grundsätze. In die Veranstaltungen der Schule zu Fragen des Schuleintritts sollen auch solche Eltern einbezogen werden, deren Kinder keinen Kindergarten besuchen.

11
Die maximale Gruppengröße ist in § 3 der Verordnung über Mindestvoraussetzungen in Tageseinrichtungen für Kinder vom 28. Juni 2001 (GVBl. I S. 318), zuletzt geändert durch Verordnung von 17. Dezember 2008 (GVBl. I S. 1047), geregelt.

Die Fachkraft-Kind-Relation lässt sich indirekt aus der Relation von maximaler Gruppenstärke und Fachkraftschlüssel ableiten und kann somit als präzise geregelt gelten.

12
Die Verordnung über Mindestvoraussetzungen in Tageseinrichtungen für Kinder (Mindestverordnung – MVO) ist in geänderter Fassung zum 1. September 2009 in Kraft getreten (vgl. GVBl. 2008 Teil I, S. 1047).

Bislang gilt eine Mindestanzahl von 1,5 Fachkräften einheitlich für jede Kindergruppe. Die personelle Besetzung wird nun gestaffelt angehoben auf mindestens 2,0 Fachkräfte bei Gruppen mit ausschließlich unter dreijährigen Kindern, auf mindestens 1,75 Fachkräfte bei Gruppen mit Kindern vom dritten Lebensjahr bis zum Schuleintritt und bei Kindern unterschiedlicher Altersstufen. Für Gruppen mit Kindern im Schulalter sind mindestens 1,5 Fachkräfte vorzusehen.

Die Zahl der Kinder, die in eine Gruppe aufgenommen werden, soll bei den unter Dreijährigen nur noch acht bis zehn betragen, bisher war eine Gruppengröße von zehn (für Kinder unter zwei Jahren) bzw. 15 (für Kinder unter drei Jahren) vorgesehen. Für die Kinder vom dritten Lebensjahr bis zum Schuleintritt soll die Gruppengröße 15 bis 25 (statt 25) betragen, für ältere Kinder 15 bis 20 (statt 25).

## Mecklenburg-Vorpommern

1
Das Land übernimmt seit dem 1. September 2008 anteilig die Elternbeiträge für Kinder im letzten Kindergartenjahr (Ganztagsplatz bis zu 80 Euro, Teilzeitplatz bis zu 48 Euro und Halbtagsplatz bis zu 32 Euro) und gewährt für die Sicherstellung der Mittagsverpflegung (auch) für alle bedürftigen Kinder bis zum Eintritt in die Schule eine Zuwendung von bis zu 1,50 Euro pro Mittagsmahlzeit. Im Rahmen der derzeitigen Novellierung des Kindertagesförderungsgesetzes (KiföG M-V) bleibt zu prüfen, in welcher Form und in welchem Umfang diese Förderung weitergeführt bzw. weiterentwickelt wird.

2
Gemäß den Meldungen der örtlichen Träger der öffentlichen Jugendhilfe zur Platzbelegung gem. § 18 Abs. 2 KiföG M-V waren zum 01.04.2009 insgesamt 18.377 Kinder unter drei Jahren in Kindertagesbetreuung, davon 13.748 in Kindertageseinrichtungen und 4.629 in Kindertagespflege.

3
Für einen Ganztagsplatz sind dies bis zu 80 Euro, für einen Teilzeitplatz bis zu 48 Euro und für einen Halbtagsplatz bis zu 32 Euro.

4
Grundsätzlich müssen pädagogische Fachkräfte (Abschlüsse: staatlich anerkannte Erzieherin, Diplompädagogin und Sozialpädagogin) in KiTas beschäftigt werden. Die pädagogischen Fachkräfte können bei der Wahrnehmung ihrer Aufgaben durch Personen mit anerkannten pädagogischen Teilqualifikationen sowie durch Kinderpflegerinnen und Kinderpfleger und Sozialassistentinnen und Sozialassistenten unterstützt werden. Ebenso ist auch der zusätzliche Einsatz von Praktikantinnen und Praktikanten in der Ausbildung zur Erzieherin oder zum Erzieher zulässig (KiföG MV vom 1. April 2004 in der Fassung vom 2. Dezember 2004, § 10, Abs. 2, 4).

5
Der Umfang von Innen- und Außenflächen wird vom zuständigen Landesministerium als allgemein, aber nicht präzise geregelt angegeben. Hingewiesen wird jedoch auf den Punkt „Räumliche Gegebenheiten" in der „Handreichung zur Erlaubniserteilung für den Betrieb von Kindertageseinrichtungen".

## Niedersachsen

1
Gemäß einer Erhebung bei den Jugendämtern waren zum 31.12.2008 6.120 Kinder unter drei Jahren in Kindertagespflege.

2
Das Land übernimmt grundsätzlich 20% der Personalkosten der Einrichtungen. Die Finanzierung der restlichen Kosten liegt in der Verantwortung jeder einzelnen Kommune. Bei dieser offenen Regelung kommt es zu sehr unterschiedlichen Beteiligungen der Träger der freien Jugendhilfe, die an keiner Stelle dokumentiert werden. Aus diesem Grund kann der Finanzierungsteil der freien Träger nicht hinreichend geklärt werden. Ohne Berücksichtigung des Eigenanteils des freien Trägers läge der Finanzierungsanteil der Kommune bei 57,6%, der des Landes bei 14,3% und der der Eltern bei 28,0%. Diese Werte sind wegen des fehlenden Anteils der freien Träger aber tendenziell überhöht und nicht vollständig vergleichbar. Für Niedersachsen ergäbe sich bei einem Eigenfinanzierungsanteil der freien Träger von ca. 10% folgende Verteilung: Kommune 51,9%, Land 12,9% und Eltern 25,2%.

3
Als verbindliche Rahmenvereinbarung mit fachlichen Standards weist das zuständige Landesministerium auf das Dokument zum Bildungsverständnis KiTa – Grundschule hin. Dieser Text wurde mit den niedersächsischen Trägern von Kindertageseinrichtungen abgestimmt und soll in Zukunft in den Bildungsauftrag für Kindertageseinrichtungen integriert werden.

Im Rahmen des niedersächsischen Modellprojektes „Das letzte Kindergartenjahr als Brückenjahr" bewilligt das Land allen beteiligten KiTas und Grundschulen Gelder. Allerdings ist die Zahl der insgesamt zu fördernden Institutionen auf 500 begrenzt.

4
Die Fachkraft-Kind-Relation ergibt sich aus der maximalen Gruppengröße sowie der Anzahl der Fachkräfte, die gemäß § 4 Abs. 2 und 3 KiTaG pro Gruppe eingesetzt werden müssen.

## Nordrhein-Westfalen

1
Da die Elternbeiträge der kommunalen Selbstverwaltung unterliegen, können keine allgemeingültigen Aussagen über die Ausgestaltung dieser getroffen werden. Gemäß § 23 Abs.1 KiBiz können nach § 90 Abs. 1 SGB VIII vom Jugendamt Teilnahme- oder Kostenbeiträge (Elternbeiträge) für die Inanspruchnahme von Angeboten in Kindertageseinrichtungen oder Kindertagespflege festgesetzt werden. Erhebt das Jugendamt Elternbeiträge für die Inanspruchnahme von Kindertageseinrichtungen, hat es eine soziale Staffelung vorzusehen und die wirtschaftliche Leistungsfähigkeit der Eltern sowie die Betreuungszeit zu berücksichtigen. Es kann ermäßigte Beiträge oder eine Beitragsfreiheit für Geschwisterkinder, auch wenn sie eine Ganztagsschule im Primarbereich besuchen, vorsehen (vgl. § 23 Abs. 4 KiBiz).

2
Laut MGFFI fördert die Landesregierung NRW ab August 2009 74.669 Betreuungsplätze für unter Dreijährige (58.424 in Tageseinrichtungen, 16.245 in der Kindertagespflege). Hinzu kommen nach der Statistik des Bundes schätzungsweise 12.000 Plätze in privatgewerblichen Einrichtungen und Spielgruppen, so dass etwa 86.000 unter Dreijährige betreut werden. Dies entspricht einer Teilhabequote von rund 19%.

3
Nach Angaben des Ministeriums ist ein Eigenanteil der freien Träger in Höhe von ca. 16% plausibel. Bis 2005 konnte das Land genaue Angaben zur Höhe der vereinnahmten Elternbeiträge bei freien und öffentlichen Trägern vornehmen. Auf Grund einer Gesetzesänderung liegen dem Land ab dem 01.08.2006 diese Daten nicht mehr vor. Deshalb werden ab 2006 die Elternbeiträge auf Grundlage der Ergebnisse der Jahresrechnungsstatistik ausgewiesen. Dadurch ist ein Vergleich der Daten zu Angaben aus den Vorjahren nur eingeschränkt möglich. Das neue Kinderbildungsgesetz trat am 1. August 2008 in Kraft. Mit diesem Gesetz erfolgte eine grundlegende Umstellung des Finanzierungssystems von einer Beteiligung an der Spitzabrechnung der Kosten hin zu einer finanziellen Leistung des Landes im Rahmen einer pauschalierten Förderung (Kindpauschalen zuzüglich weiterer Zuschüsse).
Mit dem neuen Gesetz wurde der kirchliche Trägeranteil von 20 Prozent auf 12 Prozent (um 8 Prozentpunkte) abgesenkt, von denen 6 Prozent vom Land und zwei Prozent von den Kommunen getragen werden.

4
Bis 2005 konnte das Land genaue Angaben zur Höhe der vereinnahmten Elternbeiträge bei freien und öffentlichen Trägern vornehmen. Auf Grund einer Gesetzesänderung liegen dem Land ab dem 01.08.2006 diese Daten nicht mehr vor. Deshalb werden ab 2006 die Elternbeiträge auf Grundlage der Ergebnisse der Jahresrechnungsstatistik ausgewiesen. Dadurch ist ein Vergleich der Daten zu den Angaben aus den Vorjahren nur eingeschränkt möglich.

5
Die Angaben in der Grafik gründen auf der Basis der bestehenden Bildungsvereinbarung. Mit der laufenden Weiterentwicklung der Bildungsvereinbarung wird es Veränderungen hinsichtlich der Informations- und Qualifizierungsmaßnahmen sowie zur Umsetzungskontrolle der Bildungsvereinbarung geben.

6
Die Kindpauschalen enthalten einen Anteil für die Verfügungszeit und die Leitungsfreistellung. Insofern können diese Merkmale als allgemein geregelt bewertet werden.

7
Vgl. Anmerkung 6.

8
Bezüglich des Umfangs von Innen- und Außenflächen gibt es Empfehlungen über die vorzuhaltende Quadratmeterfläche, die die Landesjugendämter (Aufsicht) entwickelt haben. Diese haben allgemeinen Regelungscharakter.

## Rheinland-Pfalz

1
Der Anspruch eines Kindes auf einen Betreuungsplatz richtet sich auf eine Betreuung vor- und nachmittags und kann auch in Form des sog. verlängerten Vormittagsangebots (7 Stunden, bis 14:00 Uhr) erfüllt werden. Ab August 2010 wird dieser Anspruch auf Kinder ab zwei Jahren ausgeweitet.

Ein Stufenplan zur vollständigen Beitragsfreiheit wird seit 2006 sukzessive umgesetzt: Seit 01.01.2006 ist das Jahr vor der Einschulung für Eltern im vollen Umfang der vertraglich vereinbarten Betreuungszeit kostenfrei; seit 01.09.2008 zwei Jahre vor der Einschulung und geplant ab 01.09.2009 drei Jahre vor der Einschulung sowie ab 01.08.2010 alle Kinder in KiTas ab 2 Jahren.
Zudem gibt es Sozialfonds für das Mittagessen in KiTas.

2
In Rheinland-Pfalz standen nach der Betriebserlaubnisdatenbank des Landesjugendamtes im August 2009 19.907 Angebote für Kinder unter drei Jahren in Kindertageseinrichtungen (ohne Kindertagespflege) zur Verfügung, was einer Teilhabequote von 20,5% entspricht.

3
Empfehlungen u. a. für die Berechnung von Leitungsfreistellung und Verfügungszeiten beinhaltet ein sog. „Controlling-Papier", das eine Auslegung der Kann-Vorschriften definiert. Eine Vereinbarung über das Controlling-Papier wurde zwischen Städte- und Landkreistag sowie den beiden christlichen Kirchen unter beratender Mitwirkung des zuständigen Landesministeriums geschlossen.

4
Es besteht ein landesweites Fortbildungsprogramm für Erzieherinnen im Rahmen der Initiative der Landesregierung „Zukunftschance Kinder – Bildung von Anfang an".

5
Vgl. Anmerkung 3.

6
Hinsichtlich des Umfangs von Innen- und Außenflächen hat ein Träger bei der Aufnahme von unter Dreijährigen für die Betriebserlaubnis bei der räumlichen Gestaltung spezifische Anforderungsprofile mit Blick auf die Bedürfnisse der Kinder zu berücksichtigen.

## Saarland

1
Nach Angaben des Statistischen Landesamtes des Saarlandes aus der amtlichen Kinder- und Jugendhilfestatistik waren zum 01.03.2009 3.281 Kinder unter drei Jahren in Kindertagesbetreuung, davon 2.984 in Kindertageseinrichtungen und 297 in Tagespflege.

2
Der Personalkostenanteil der freien und kommunalen Träger wurde durch das Land von 15% (2008) auf 10% (2013) reduziert, der Landesanteil der Personalkosten von 25% (2008) auf 29% (2013) erhöht.

## Sachsen

1
Auf Grund der Einschränkungen der Genauigkeit, wie sie in den methodischen Erläuterungen (s. Seite 162) aufgeführt sind, und der im Ergebnis hohen Abweichungen der Teilhabequoten von Kindern mit und ohne Migrationshintergrund bleibt abzuwarten, ob sich die Ergebnisse der Berechnungen in den nächsten Jahren bestätigen. Nach den vorliegenden Berechnungen ergeben sich für Sachsen folgende Teilhabequoten:

Kinder unter 3 Jahren:
Anteil der Kinder mit Migrationshintergrund in der Bevölkerung (31.12.2006): 11%
Teilhabequote K. mit Migrationshintergrund: 13%
Teilhabequote K. ohne Migrationshintergrund: 39%

Kinder von 3 bis unter 6 Jahre:
Anteil der Kinder mit Migrationshintergrund in der Bevölkerung (31.12.2006): 12%
Teilhabequote K. mit Migrationshintergrund: 65%
Teilhabequote K. ohne Migrationshintergrund: 98%

2
Der Eigenanteil der freien Träger lag 2002 bei ca. 4 Mio. Euro. Dies entspricht einem Anteil von 4,4% an den Betriebskosten. Neuere Daten zum Eigenanteil liegen nicht vor.

3
Mehrsprachige Informationsmaterialien liegen dem Landesministerium bereits als Manuskripte vor und sollen in diesem Jahr noch veröffentlicht werden.

4
Die Fachberatung ist Gegenstand von § 21 Abs. 3 SächsKitaG. Den Umfang regelt eine Empfehlung des Landesjugendamtes, die jedoch keinen verbindlichen Charakter hat.

Aufgrund des Passus „...pädagogische Fachkräfte mindestens fünf Tage im Jahre an fachlichen Fortbildungsveranstaltungen teilnehmen" in § 4 (2) SächsQualiVO kann die Fortbildung des pädagogischen Personals als allgemein geregelt bewertet werden.

5
Entsprechende Auskünfte können bei den örtlichen Trägern der öffentlichen Jugendhilfe sowie den Trägern der Einrichtungen eingeholt werden.

## Sachsen-Anhalt

1
Nach Angaben des Landes Sachsen-Anhalt lag die Teilhabequote von Kindern unter drei Jahren zum 01.01.2009 bei 54,4%.

2
Der Anteil der freien Träger beträgt in der Regel bis zu 5% der monatlichen Betriebskosten. Die konkrete Höhe der Eigenbeteiligung ist nicht bekannt und dürfte im Einzelfall variieren. Die Eigenbeteiligung wird in der Regel in Vereinbarungen zwischen der leistungsverpflichteten Gemeinde und dem Träger der freien Jugendhilfe festgelegt. Für die Berechnung wird ein Eigenanteil von 5% an den Betriebskosten zu Grunde gelegt.

## Schleswig-Holstein

1
Die stufenweise Einführung der Beitragsfreiheit für den Kindergarten sieht vor, dass ab dem 01.08.2009 die Träger keine Teilnahmebeiträge und Gebühren für eine täglich bis zu fünfstündige Kindertagesbetreuung im letzten Jahr vor Schuleintritt erheben (§ 25 Absatz 4 und 5 KiTaG-neu).

2
Informationsmaterialien für Eltern zu den Bildungsleitlinien sind – in sechs Sprachen – erstellt worden und werden seit Januar 2009 an alle Kindertageseinrichtungen zur Verteilung an die Eltern versandt.

3
Von Seiten des Ministeriums für Bildung und Frauen des Landes Schleswig-Holstein werden zu jedem der

sechs in den Leitlinien zum Bildungsauftrag verankerten Bildungsbereiche eine landesweite eintägige Fachtagung und ca. 15 regionale eintägige Fortbildungsveranstaltungen durchgeführt. Die dort angebotenen Inhalte entsprechen den in zweitägigen Fortbildungsveranstaltungen vermittelten Inhalten.

4
Der Umfang von Innen- und Außenflächen ist allgemein darüber geregelt, dass die Heimaufsichtsbehörde, bestehend aus den 11 Jugendämtern der Kreise und dem Landesjugendamt, die vorzuhaltenden Quadratmeterflächen pro Kind in eigener Zuständigkeit festlegt.

5
In der KitaVO sind neben den maximalen Gruppengrößen auch Mindestanforderungen an das in den Gruppen tätige Personal geregelt (z. B. 2,0 Stellen in Krippengruppen sowie 1,5 Stellen in Kindergarten- und in Hortgruppen, jeweils ohne Verfügungszeiten). Daraus lassen sich präzise Erzieher-Kind-Relationen für die einzelnen Gruppenarten ableiten (z. B. 2:10 in Krippengruppen; 1,5:20 in Kindergartengruppen; 1,5:15 in Hortgruppen).

## Thüringen

1
Einen Rechtsanspruch auf einen Betreuungsplatz haben Kinder ab dem 2. Lebensjahr bis zum Schuleintritt, sowie auf einen Hortplatz bis Ende der Grundschulzeit. Der Mindestumfang ist nicht präzise geregelt. Es gilt, dass die Kindertageseinrichtungen bedarfsgerechte Öffnungszeiten anbieten sollen, die am Kindeswohl orientiert sind. Unabhängig von der Öffnungszeit der Einrichtung soll die Betreuungszeit des einzelnen Kindes in der Regel 10 Stunden nicht überschreiten.

2
Auf Grund der Einschränkungen der Genauigkeit, wie sie in den methodischen Erläuterungen (s. Seite 162) aufgeführt sind, und der im Ergebnis hohen Abweichungen der Teilhabequoten von Kindern mit und ohne Migrationshintergrund bleibt abzuwarten, ob sich die Ergebnisse der Berechnungen in den nächsten Jahren bestätigen. Nach den vorliegenden Berechnungen ergeben sich für Thüringen folgende Teilhabequoten:

Kinder unter 3 Jahren:
Anteil der Kinder mit Migrationshintergrund in der Bevölkerung (31.12.2006): 13%
Teilhabequote K. mit Migrationshintergrund: 12%
Teilhabequote K. ohne Migrationshintergrund: 43%

Kinder von 3 bis unter 6 Jahre:
Anteil der Kinder mit Migrationshintergrund in der Bevölkerung (31.12.2006): 11%
Teilhabequote K. mit Migrationshintergrund: 70%
Teilhabequote K. ohne Migrationshintergrund: 98%

3
Grundsätzlich sind die Träger der freien Jugendhilfe nicht verpflichtet einen finanziellen Eigenanteil zu leisten. Allerdings ergeben sich in manchen Kommunen Konstellationen, dass die Träger der freien Jugendhilfe Eigenanteile beisteuern. Seit 2006 werden durch das Land statistische Angaben zu den Betreuungskosten erhoben. Diese Daten weisen prozentual für die freien Träger eine Negativentwicklung aus, welche 2006 bei 1,1% liegt.

4
Laut Angaben des Ministeriums gibt es zwar nicht für alle pädagogischen Mitarbeiterinnen Infoveranstaltungen zum BP, aber alle pädagogischen Mitarbeiterinnen müssen an Infoveranstaltungen teilnehmen. Zurückzuführen ist dies auf die Qualifizierungspraxis Thüringens. Dort sind alle KiTas und mithin auch alle jeweils dort tätigen pädagogischen Mitarbeiterinnen verpflichtet, an Inhouse-Seminaren zum Bildungsplan teilzunehmen. Diese Seminare werden von 110 zum Bildungsplan geschulten Multiplikatorinnen angeboten. Der zeitliche Umfang der Seminare ist nicht geregelt. Das Ministerium geht jedoch davon aus, dass die Veranstaltungen mindestens eintägig sind, und befürwortet Veranstaltungen von 5 Tagen während der Schließungszeiten der Einrichtung. Das Land hat sich aus inhaltlichen Gründen gegen Infoveranstaltungen und für Inhouse-Seminare entschieden, diese Qualifikationsstrategie wird vom Land als effektiver und nachhaltiger als reine Infoveranstaltungen eingeschätzt.

5
Das Land gewährt projektgebunden zusätzliche Mittel sowohl für Grundschulen als auch für KiTas. Zunächst waren solche Gelder auf Projekte im Rahmen von TransKiGs begrenzt, inzwischen gibt es eine Ausweitung auf eine Vielzahl von Kooperationsmöglichkeiten und -projekten. Bislang erhalten in Thüringen inzwischen 400 der 1.300 KiTas Gelder für ein Kooperationsprojekt vom Land.

# Quellenangaben und allgemeine Anmerkungen

## Basisdaten

**Fläche**
*Quelle:*
Statistische Ämter des Bundes und der Länder, Wiesbaden, 2009.

**Einwohner**
*Quelle:*
Statistisches Bundesamt: Bevölkerungsfortschreibung, 2007; zusammengestellt von der Arbeitsstelle Kinder- und Jugendhilfestatistik, Dortmund, 2009.

**Anteil der Kinder in FBBE**
*Quelle:*
Statistisches Bundesamt: Kinder und tätige Personen in Tageseinrichtungen, 2008; Kinder und tätige Personen in öffentlich geförderter Kindertagespflege, 2008; zusammengestellt und berechnet von der Arbeitsstelle Kinder- und Jugendhilfestatistik, Dortmund, 2009.

**Geborene Kinder**
*Quelle:*
Statistisches Bundesamt: Statistik der Geburten, 2007, Wiesbaden, 2009.

**Geburten pro Frau**
*Quelle:*
Statistisches Bundesamt, Wiesbaden, 2009.
*Anmerkung:*
Zusammengefasste Geburtenziffer von Frauen im Alter von 15 bis unter 50 Jahren, 2007.

**Anzahl der Kinder unter 10 Jahren**
Statistisches Bundesamt: Bevölkerungsfortschreibung, 2007; zusammengestellt und berechnet von der Arbeitsstelle Kinder- und Jugendhilfestatistik, Dortmund, 2009.

**Erwerbstätigenquote von Müttern**
*Quelle:*
Statistisches Bundesamt: Mikrozensus, Bevölkerung und Erwerbstätigkeit, 2007, Sonderauswertung, Wiesbaden, 2009.
*Anmerkung:*
Ergebnisse des Mikrozensus (Jahresdurchschnitt), Bevölkerung in Familien/Lebensformen am Hauptwohnsitz.

**Leistungsempfänger nach SGB II**
*Quelle:*
Bundesagentur für Arbeit: Statistik der Grundsicherung für Arbeitsuchende nach dem SGB II, Nürnberg, 2009; zusammengestellt und berechnet von der Arbeitsstelle Kinder- und Jugendhilfestatistik, Dortmund, 2009.
*Anmerkung:*
Die Angaben zu den Empfängern von Leistungen nach dem SGB II unter 6 Jahren sind aus A2LL hochgerechnet. Die Werte beziehen sich auf den Jahresdurchschnitt, die Bevölkerungszahlen auf den 31.12.2007.

**Tageseinrichtungen insgesamt**
*Quelle:*
Statistisches Bundesamt: Kinder und tätige Personen in Tageseinrichtungen, 2008; zusammengestellt und berechnet von der Arbeitsstelle Kinder- und Jugendhilfestatistik, Dortmund, 2009.

**Anteil der Einrichtungen differenziert nach Trägerschaft**
*Quelle:*
Statistisches Bundesamt: Kinder und tätige Personen in Tageseinrichtungen, 2008; zusammengestellt und berechnet von der Arbeitsstelle Kinder- und Jugendhilfestatistik, Dortmund, 2009.

**Anteil der KiTas ohne feste Gruppenstruktur**
*Quelle:*
Statistisches Bundesamt: Kinder und tätige Personen in Tageseinrichtungen, 2008; zusammengestellt und berechnet von der Arbeitsstelle Kinder- und Jugendhilfestatistik, Dortmund, 2009.

**Pädagogisches Personal in KiTas**
*Quelle:*
Statistisches Bundesamt: Kinder und tätige Personen in Tageseinrichtungen, 2008; zusammengestellt und berechnet von der Arbeitsstelle Kinder- und Jugendhilfestatistik, Dortmund, 2009.

**Kinder in KiTas insgesamt und differenziert nach Altersgruppen**
*Quelle:*
Statistisches Bundesamt: Kinder und tätige Personen in Tageseinrichtungen, 2008; zusammengestellt und berechnet von der Arbeitsstelle Kinder- und Jugendhilfestatistik, Dortmund, 2009.

**Tagespflegepersonen**
*Quelle:*
Statistisches Bundesamt: Kinder und tätige Personen in öffentlich geförderter Kindertagespflege, 2008; zusammengestellt und berechnet von der Arbeitsstelle Kinder- und Jugendhilfestatistik, Dortmund, 2009.

**Kinder in Kindertagespflege insgesamt und differenziert nach Altersgruppen**
*Quelle:*
Statistisches Bundesamt: Kinder und tätige Personen in öffentlich geförderter Kindertagespflege, 2008; zusammengestellt und berechnet von der Arbeitsstelle Kinder- und Jugendhilfestatistik, Dortmund, 2009.

## Grafiken

**Grafik 1**
**Rechtsanspruch des Kindes auf einen Betreuungsplatz**
*Quelle:*
Angaben der Bundesländer zum elternunabhängigen Rechtsanspruch des Kindes auf einen Betreuungsplatz und zur Beitragsfreiheit im Rahmen der schriftlichen Befragung der Bertelsmann Stiftung für den Länderreport Frühkindliche Bildungssysteme (Stand Dezember 2008).

**Grafik 2**
**Ausbaubedarf von Betreuungsplätzen für unter Dreijährige nach dem Kinderförderungsgesetz**
*Quelle:*
Statistisches Bundesamt: Kinder und tätige Personen in Tageseinrichtungen, verschiedene Jahrgänge; Kinder und tätige Personen in Kindertagespflege, verschiedene Jahrgänge;
Statistisches Bundesamt: 11. koordinierte Bevölkerungsvorausberechnung – Ländergebnisse, Variante 1W1, Wiesbaden; zusammengestellt und berechnet von der Dortmunder Arbeitsstelle Kinder- und Jugendhilfestatistik, März 2009.

**Grafik 3**
**Vertraglich vereinbarte Betreuungszeiten**
*Quelle:*
Statistisches Bundesamt: Kinder und tätige Personen in Tageseinrichtungen 2008; Kinder und tätige Personen in öffentlich geförderter Kindertagespflege 2008; zusammengestellt und berechnet von der Dortmunder Arbeitsstelle Kinder- und Jugendhilfestatistik, Januar 2009.

**Grafik 4**
**Bildungsbeteiligung von Kindern in Kindertageseinrichtungen und Kindertagespflege**
*Quelle:*
Statistisches Bundesamt: Kinder und tätige Personen in Tageseinrichtungen, verschiedene Jahrgänge; Kinder und tätige Personen in öffentlich geförderter Kindertagespflege, verschiedene Jahrgänge; Bildung und Kultur: Allgemeinbildende Schulen 2007/08; zusammengestellt und berechnet von der Dortmunder Arbeitsstelle Kinder- und Jugendhilfestatistik, Januar 2009.

**Grafik 5:**
**Bildungsbeteiligung und familiäre Sprachpraxis von Kindern mit und ohne Migrationshintergrund**
*Quelle:*
*Grafik 5A: Bildungsbeteiligung von Kindern mit und ohne Migrationshintergrund*
Statistisches Bundesamt: Kinder und tätige Personen in Kindertageseinrichtungen, 2008, Kinder und tätige Personen in öffentlich geförderter Kindertagespflege, 2008, Bevölkerungsfortschreibung 2007, Sonderauswertung des Mikrozensus durch das Statistische Bundesamt. Bonn, 2009.
*Quelle:*
*Grafik 5B: Familiäre Sprachpraxis*
Statistisches Bundesamt: Kinder und tätige Personen in Tageseinrichtungen 2008; zusammengestellt und berechnet von der Dortmunder Arbeitsstelle Kinder- und Jugendhilfestatistik, August 2009.

**Grafik 6**
**Investitionen pro Kind**
*Quelle:*
Statistisches Bundesamt: Finanzen und Steuern. Rechnungsergebnisse der kommunalen Haushalte. Sonderauswertung der Dreisteller HUA 454 und 464 durch das Statistische Bundesamt nach dem Schema der Tabelle 4 der Fachserie 14, Reihe 3.3; Statistisches Bundesamt: Finanzen und Steuern. Rechnungsergebnisse der öffentlichen Haushalte für soziale Sicherung und für Gesundheit, Sport, Erholung. Fachserie 14, Reihe 3.5; Tabelle 2.2 Veröffentlichungsnummer 3060 (Förderung von Kindern in Tageseinrichtungen und Tagespflege = Funktion 264) und 3074 (Tageseinrichtungen für Kinder = Funktion 274); Angaben der Bundesländer; zusammengestellt und berechnet von der Dortmunder Arbeitsstelle Kinder- und Jugendhilfestatistik, Mai 2009.

**Grafik 7**
**Finanzierungsgemeinschaft für FBBE**
*Quelle:*
s. Grafik 6

**Grafik 8**
**Anteil der reinen Nettoausgaben für FBBE an den gesamten reinen Ausgaben öffentlicher Haushalte**
*Quelle:*
s. Grafik 6

**Grafik 9**
**Bildungsplan**
*Quelle:*
Angaben der Bundesländer zum Bildungsplan im Rahmen der schriftlichen Befragung der Bertelsmann Stiftung für den Länderreport Frühkindliche Bildungssysteme (Stand Dezember 2008).

**Grafik 10**
**Kooperation KiTa – Grundschule**
*Quelle:*
Angaben der Bundesländer zu Regelungen und Aktivitäten zum Bereich Kooperation KiTa – Grundschule im Rahmen der schriftlichen Befragung der Bertelsmann Stiftung für den Länderreport Frühkindliche Bildungssysteme (Stand Dezember 2008).

**Grafik 11**
**Pädagogisches Personal nach Berufsausbildungsabschlüssen**
*Quelle:*
Statistisches Bundesamt: Kinder und tätige Personen in Tageseinrichtungen 2008; zusammengestellt und berechnet von der Dortmunder Arbeitsstelle Kinder- und Jugendhilfestatistik, Januar 2009.

**Grafik 12: Personalschlüssel und Gruppentypen in Kindertageseinrichtungen**
*Quelle:*
*Grafik 12A: Personalschlüssel und Fachkraft-Kind-Relation*
Kinder und tätige Personen in Tageseinrichtungen, 2008, Forschungsdatenzentrum der Statistischen Landesämter, Berechnungen der Dortmunder Arbeitsstelle Kinder- und Jugendhilfestatistik, April 2009.

*Quelle:*
*Grafik 12B: Verteilung der Kinder unter 3 Jahren auf verschiedene Gruppentypen*
Kinder und tätige Personen in Tageseinrichtungen, 2008, Forschungsdatenzentrum der Statistischen Landesämter, Berechnungen der Dortmunder Arbeitsstelle Kinder- und Jugendhilfestatistik, März 2009.

**Grafik 13**
**Beschäftigungsumfang des pädagogischen Personals in Kindertageseinrichtungen**
*Quelle:*
*Grafik 13A: Pädagogisches Personal nach Beschäftigungsumfang*
Statistisches Bundesamt: Kinder und tätige Personen in Tageseinrichtungen 2008; zusammengestellt und berechnet von der Dortmunder Arbeitsstelle Kinder- und Jugendhilfestatistik, Januar 2009.

*Quelle:*
*Grafik 13B: Anteil der Vollzeitbeschäftigten*
Statistisches Bundesamt: Tageseinrichtungen für Kinder 1998 und 2002; Kinder und tätige Personen in Tageseinrichtungen, verschiedene Jahrgänge; zusammengestellt und berechnet von der Dortmunder Arbeitsstelle Kinder- und Jugendhilfestatistik, Januar 2009.

**Grafik 14**
**Rahmenbedingungen für Bildungsqualität**
*Quelle:*
Angaben der Bundesländer zu Regelungen der Strukturqualität sowie zu Regelungen zur Qualitätsentwicklung und -sicherung im Rahmen der schriftlichen Befragung der Bertelsmann Stiftung für den Länderreport Frühkindliche Bildungssysteme (Stand Dezember 2008).

# Tabellen

Das folgende Tabellenverzeichnis bietet eine Übersicht zu der Datengrundlage der im Länderreport verwendeten Indikatoren. Der Reihenfolge der Indikatoren folgend, werden die Tabellen bzw. Grafiken den einzelnen Indikatoren zugeordnet. Unter „Weitere Tabellen" ist zusätzliches Datenmaterial zu finden.

Die Tabellen selbst werden im Anhang in numerischer Reihenfolge aufgeführt. Im Zuge der Aktualisierung wurde auf die Abbildung einzelner Tabellen aus dem Länderreport Frühkindliche Bildungssysteme 2008 verzichtet, wiederum andere wurden neu aufgenommen.


## Indikator 1
Rechtsanspruch des Kindes auf einen Betreuungsplatz (2008)

**Tab. 37 → S. 212**
Rechtsanspruch des Kindes auf einen Betreuungsplatz und Beitragsfreiheit

## Indikator 2
Ausbaubedarf von Betreuungsplätzen für unter Dreijährige nach dem KiFöG

**Tab. 1 → S. 173**
Kinder im Alter von unter 3 Jahren in Kindertagesbetreuung 2006, 2007 und 2008 sowie Ausbaubedarf nach der Bund-Länder-Verwaltungsvereinbarung „Investitionsprogramm ‚Kinderbetreuungsfinanzierung' 2008–2013"

## Indikator 3
Vertraglich vereinbarte Betreuungszeiten (2008)

**Tab. 2 → S. 174**
Kinder im Alter von unter 3 Jahren in Kindertageseinrichtungen nach Betreuungszeit

**Tab. 3 → S. 175**
Kinder im Alter von 3 Jahren bis zum Schuleintritt in Kindertageseinrichtungen nach Betreuungszeit

**Tab. 4 → S. 176**
Kinder im Alter von unter 3 Jahren in öffentlich geförderter Kindertagespflege nach Betreuungszeit

**Tab. 5 → S. 177**
Kinder im Alter von 3 bis unter 6 Jahren in öffentlich geförderter Kindertagespflege nach Betreuungszeit

## Indikator 4
Bildungsbeteiligung von Kindern in Kindertageseinrichtungen und Kindertagespflege (2006–2008)

**Grafik LM4.6 → S. 216**
Kinder im Alter von unter 3 Jahren in Kindertagesbetreuung sowie Quote der Inanspruchnahme nach Art der Betreuung

**Tab. 6 → S. 178**
Kinder im Alter von unter 3 Jahren in Kindertagesbetreuung sowie Quote der Inanspruchnahme nach Art der Betreuung

**Grafik LM4.7 → S. 217**
Kinder im Alter von 3 bis unter 6 Jahren bis zum Schulbesuch in Kindertagesbetreuung und Kinder im Alter von unter 6 Jahren in (vor-)schulischen Einrichtungen sowie Quote der Inanspruchnahme nach Art der Betreuung

**Tab. 7 → S. 179**
Kinder im Alter von 3 bis unter 6 Jahren bis zum Schulbesuch in Kindertagesbetreuung und Kinder im Alter von unter 6 Jahren in (vor-)schulischen Einrichtungen sowie Quote der Inanspruchnahme nach Art der Betreuung

**Tab. 8 → S. 180**
Kinder im Alter von unter 1 Jahr in Kindertagesbetreuung sowie Quote der Inanspruchnahme nach Art der Betreuung

**Tab. 9 → S. 181**
Kinder im Alter von 1 Jahr in Kindertagesbetreuung sowie Quote der Inanspruchnahme nach Art der Betreuung

**Tab. 10 → S. 182**
Kinder im Alter von 2 Jahren in Kindertagesbetreuung sowie Quote der Inanspruchnahme nach Art der Betreuung

**Tab. 11 → S. 183**
Kinder im Alter von 3 Jahren in Kindertagesbetreuung sowie Quote der Inanspruchnahme nach Art der Betreuung

**Tab. 12 → S. 184**
Kinder im Alter von 4 Jahren in Kindertagesbetreuung sowie Quote der Inanspruchnahme nach Art der Betreuung

**Tab. 13 → S. 185**
Kinder im Alter von 5 Jahren (ohne Schulkinder) in Kindertagesbetreuung sowie Quote der Inanspruchnahme nach Art der Betreuung

## Indikator 5
Bildungsbeteiligung und familiäre Sprachpraxis von Kindern mit und ohne Migrationshintergrund (2008)

**Tab. 15a → S. 187**
Kinder im Alter von unter 3 Jahren in Kindertageseinrichtungen mit und ohne Migrationshintergrund

**Tab. 16a → S. 189**
Kinder im Alter von 3 Jahren bis zum Schuleintritt in Kindertageseinrichtungen mit und ohne Migrationshintergrund

**Tab. 38 → S. 213**
Quote der Inanspruchnahme von Kindern im Alter von unter 3 Jahren in Tageseinrichtungen und Kindertagespflege mit und ohne Migrationshintergrund sowie Anteil der Kinder im Alter von unter 3 Jahren mit Migrationshintergrund in der Bevölkerung in den Bundesländern

**Tab. 39 → S. 214**
Quote der Inanspruchnahme von Kindern im Alter von 3 bis unter 6 Jahren in Tageseinrichtungen und Kindertagespflege mit und ohne Migrationshintergrund sowie Anteil der Kinder im Alter von 3 Jahren bis zum Schuleintritt mit Migrationshintergrund in der Bevölkerung in den Bundesländern

## Indikator 6
Investitionen pro Kind

**Tab. 21 → S. 195**
Reine Nettoausgaben der öffentlichen Haushalte für die FBBE pro unter 10-jährigem Kind 2001 bis 2006

## Indikator 7
Finanzierungsgemeinschaft für FBBE (2006)

**Tab. 23 → S. 197**
Finanzierungsanteil der staatlichen und nicht-staatlichen Ebenen an den Gesamtkosten für die FBBE

## Indikator 8
Anteil der reinen Nettoausgaben für FBBE an den gesamten reinen Ausgaben öffentlicher Haushalte

**Tab. 22 → S. 196**
Anteil der Nettoausgaben für FBBE an den Nettogesamtausgaben der staatlichen und kommunalen Haushalte 2001 bis 2006

## Indikator 9
Bildungsplan – BP

**Grafik LM9 → S. 218**
Bildungsplan 2008

## Indikator 10
Kooperation KiTa – Grundschule

**Grafik LM10 → S. 220**
Kooperation KiTa – Grundschule 2008

## Indikator 11
Pädagogisches Personal nach Berufsausbildungsabschlüssen (2008)

**Tab. 27 → S. 201**
Pädagogisch Tätige in Kindertageseinrichtungen nach Berufsausbildungsabschluss am 15.03.2008

## Indikator 12
Personalschlüssel und Gruppentypen in Kindertageseinrichtungen

**Tab. 24 → S. 198**
Anzahl der Gruppen und standardisierter Personalschlüssel von Gruppentyp 1 (Kinder im Alter von 0 bis unter 3 Jahren) 2006, 2007 und 2008

**Tab. 25 → S. 199**
Anzahl der Gruppen und standardisierter Personalschlüssel von Gruppentyp 4 (Kinder ab 3 J. bis Schuleintritt) 2006, 2007 und 2008

**Tab. 36a → S. 211**
Kinder unter 3 Jahren in Kindertageseinrichtungen nach Gruppentypen sowie Personalressourceneinsatzschlüssel nach Gruppentypen am 15.03.2008

## Indikator 13
Beschäftigungsumfang des pädagogischen Personals und Anteil der Vollzeitbeschäftigten

**Tab. 28 → S. 202**
Anteil der Vollzeitbeschäftigten an den Beschäftigten insgesamt 1998, 2002, 2006, 2007 und 2008

**Tab. 29 → S. 203**
Pädagogisch Tätige in Kindertageseinrichtungen nach Beschäftigungsumfang am 15.03.2008

## Indikator 14
Rahmenbedingungen für Bildungsqualität

**Grafik LM14A → S. 221**
Regelungen zur Strukturqualität 2008

**Grafik LM14B → S. 223**
Regelungen zur Qualitätsüberprüfung 2008

## Weitere Tabellen

**Tab. 15 → S. 186**
Kinder im Alter von unter 3 Jahren in Kindertageseinrichtungen nach Migrationshintergrund in den Bundesländern am 15.03.2008

**Tab. 16 → S. 188**
Kinder im Alter von 3 Jahren bis zum Schuleintritt in Kindertageseinrichtungen nach Migrationshintergrund in den Bundesländern am 15.03.2008

**Tab. 17 → S. 190**
Kinder in Kindertagespflege nach Migrationshintergrund am 15.03.2008

**Tab. 18 → S. 191**
Anteil der Kinder mit Migrationshintergrund in Kindertageseinrichtungen (ohne Schulkinder) nach Altersjahrgängen am 15.03.2008

**Tab. 19 → S. 192**
Kinder insgesamt, Kinder mit Migrationshintergrund sowie Kinder ohne Migrationshintergrund in Kindertageseinrichtungen nach vereinbarter täglicher Betreuungszeit am 15.03.2008

**Tab. 20a → S. 193**
Kinder mit und ohne Migrationshintergrund nach dem Anteil der Kinder mit Migrationshintergrund in den Einrichtungen am 15.03.2008

**Tab. 20b → S. 194**
Kinder nach vorrangig in Familie gesprochener Sprache nach dem Anteil der Kinder mit vorrangig nicht deutscher Familiensprache in den Einrichtungen am 15.03.2008

**Tab. 26a → S. 200**
Durchschnittliche Anzahl der Kinder in Gruppen nach Gruppenarten und nach Ganztagsgruppe bzw. nicht Ganztagsgruppe 2006, 2007 und 2008

**Tab. 30 → S. 204**
Pädagogisch Tätige in Kindertageseinrichtungen nach Beschäftigungsumfang 1998, 2002, 2006 und 2008

**Tab. 31 → S. 205**
Anteil der Verwaltungstätigen an allen tätigen Personen 1998, 2002, 2006 und 2008

**Tab. 32 → S. 206**
Verwaltungstätige in Kindertageseinrichtungen nach Arbeitszeit in den Bundesländern 1998, 2002, 2006 und 2008

**Tab. 35a → S. 207**
Kindertageseinrichtungen nach Art des Trägers (öffentliche und freie Träger) der Einrichtung 1998, 2002, 2006 und 2008

**Tab. 35b → S. 208**
Kindertageseinrichtungen nach Art des Trägers der Einrichtung am 15.03.2007 und 15.03.2008 (Anzahl)

**Tab. 35c → S. 209**
Kindertageseinrichtungen nach Art des Trägers der Einrichtung am 15.03.2007 und 15.03.2008 (Anzahl, Anteil in %)

**Tab. 36 → S. 210**
Kinder unter 3 Jahren in Kindertageseinrichtungen nach Gruppentypen sowie Personalressourceneinsatzschlüssel nach Gruppentypen in den Bundesländern am 15.03.2008

**Tab. 40 → S. 215**
Kinder mit Behinderungen in Kindertageseinrichtungen, Sondereinrichtungen und integrativen Einrichtungen am 15.03.2008

**Tab. 1 | Kinder im Alter von unter 3 Jahren in Kindertagesbetreuung (Tageseinrichtungen und Kindertagespflege) am 15.03.2006, 15.03.2007 und 15.03.2008 sowie Ausbaubedarf nach der Bund-Länder-Verwaltungsvereinbarung „Investitionsprogramm ‚Kinderbetreuungsfinanzierung' 2008–2013" vom 28.08.2007 in den westdeutschen Bundesländern unter den Bedingungen der 11. koordinierten Bevölkerungsvorausberechnung**

(Anzahl; Anteil; Entwicklung)

| | Kinder im Alter von unter 3 Jahren in Kindertagesbetreuung (Tageseinrichtungen und Kindertagespflege) | | | | | | Ausbaubedarf 2008–2013** Ausbauziel 2013* = Quote der Inanspruchnahme soll 35% sein | | Berechnung des Ausbaubedarfs bis 2013 unter Bedingungen der 11. koordinierten Bevölkerungsvorausberechnung*** | | |
|---|---|---|---|---|---|---|---|---|---|---|---|
| | 15.03.2006 | | 15.03.2007 | | 15.03.2008 | | | | | | |
| | Anzahl | Quote Inanspruch-nahme in % | Anzahl | Quote Inanspruch-nahme in % | Anzahl | Quote Inanspruch-nahme in % | insgesamt | jährlich | Kinder < 3 J. in der Bevölkerung 2013 | davon 35% | Ausbau-bedarf (gerundet) |
| Bundesland | | | | | | | in Prozentpunkten | | Anzahl | | |
| Baden-Württemberg | 25.605 | 8,8 | 33.027 | 11,6 | 38.582 | 13,7 | 21,3 | 4,3 | 272.500 | 95.375 | 57.000 |
| Bayern**** | 27.308 | 8,2 | 35.117 | 10,8 | 42.807 | 13,2 | 21,8 | 4,4 | 313.600 | 109.760 | 67.000 |
| Bremen**** | 1.488 | 9,2 | 1.696 | 10,6 | 2.078 | 12,8 | 22,2 | 4,4 | 16.200 | 5.670 | 3.500 |
| Hamburg**** | 9.798 | 21,1 | 10.457 | 22,2 | 11.027 | 22,9 | 12,1 | 2,4 | 47.100 | 16.485 | 5.500 |
| Hessen**** | 14.602 | 9,0 | 19.747 | 12,4 | 22.448 | 14,3 | 20,7 | 4,1 | 146.500 | 51.275 | 29.000 |
| Niedersachsen**** | 10.750 | 5,1 | 14.052 | 6,9 | 18.190 | 9,2 | 25,8 | 5,2 | 188.400 | 65.940 | 48.000 |
| Nordrhein-Westfalen**** | 30.710 | 6,5 | 31.997 | 6,9 | 42.632 | 9,4 | 25,6 | 5,1 | 435.700 | 152.495 | 110.000 |
| Rheinland-Pfalz**** | 9.567 | 9,4 | 11.892 | 12,0 | 14.688 | 15,1 | 19,9 | 4,0 | 94.000 | 32.900 | 18.000 |
| Saarland**** | 2.335 | 10,2 | 2.717 | 12,1 | 3.123 | 14,2 | 20,8 | 4,2 | 21.100 | 7.385 | 4.500 |
| Schleswig-Holstein | 5.504 | 7,6 | 5.890 | 8,3 | 8.146 | 11,7 | 23,3 | 4,7 | 65.700 | 22.995 | 15.000 |
| Westdeutschland (o. BE) | 137.667 | 8,0 | 166.592 | 9,9 | 203.721 | 12,2 | 22,8 | 4,6 | 1.600.800 | 560.280 | 357.500 |

Quelle
Statistisches Bundesamt: Kinder und tätige Personen in Tageseinrichtungen 2006, 2007, 2008; Kinder und tätige Personen in Kindertagespflege 2006, 2007, 2008; Statistisches Bundesamt: 11. koordinierte Bevölkerungsvorausberechnung – Länderergebnisse, Variante 1W1, Wiesbaden; zusammengestellt und berechnet von der Dortmunder Arbeitsstelle Kinder- und Jugendhilfestatistik, März 2009

* Entsprechend der gemeinsamen Zielvereinbarung von Bund, Ländern und Kommunen für einen bedarfsgerechten Ausbau der Betreuungsangebote für unter 3-Jährige bis 2013 in Höhe von bundesdurchschnittlich 35% (vgl. Verwaltungsvereinbarung „Investitionsprogramm ‚Kinderbetreuungsfinanzierung' 2008–2013" vom 28.08.2007).

** Ergibt sich aus der Differenz zwischen der Quote der Inanspruchnahme am 15.03.2008 und dem Ausbauziel von 35% im Jahr 2013.

*** Ergibt sich aus der Differenz von 35% der Kinder unter 3 Jahren im Jahr 2013 abzüglich der Kinder unter 3 Jahren in Kindertagesbetreuung am 15.03.2008.

**** Einige westdeutsche Bundesländer können auf Grund eigener Erhebungen Angaben zu aktuellen Entwicklungen zur Inanspruchnahme von Angeboten der FBBE nach dem 15.03.2008 durch unter 3-Jährige machen.

**Bayern:** Nach einer jährlichen Abfrage des Bayerischen Sozialministeriums lag die Teilhabequote von Kindern unter drei Jahren zum 01.01.2009 bei 18,1%.

**Bremen:** Laut dem Senator für Arbeit, Frauen, Gesundheit, Jugend und Soziales standen zum 01.08.2009 2.946 Plätze in der Kindertagesbetreuung für unter Dreijährige zur Verfügung (davon 2.485 Plätze in Kindertageseinrichtungen und 461 Plätze in der Kindertagespflege). Nach Angaben des Senates ist die Anzahl der Plätze faktisch identisch mit der Anzahl der betreuten Kinder, so dass 18,1% der Kinder unter drei Jahren betreut werden. In den Angaben sind auch 519 Plätze/Kinder in sog. Sozialpädagogischen Spielkreisen enthalten.

**Hamburg:** Nach der Datenbank der Behörde für Soziales, Familie, Gesundheit und Verbraucherschutz lag die Teilhabequote von Kindern unter drei Jahren zum 01.05.2009 bei 23,8%.

**Hessen:** Nach einer eigenen Erhebung des Landes Hessen lag die Teilhabequote der Kinder im Alter von unter 3 Jahren zum 15.09.2008 bei 15,5%. Zum 01.09.2009 stehen laut Betriebserlaubnisstatistik des HMAFG in Hessen für Kinder unter drei Jahren 23.046 Plätze in Kindertageseinrichtungen zur Verfügung, davon 13.530 in reinen Krippengruppen und 9.516 in altersübergreifenden Gruppen. Angaben zur Anzahl der Kinder, die ein Angebot der Kindertagespflege zu diesem Zeitpunkt nutzen, wurden nicht gemacht.

**Niedersachsen:** Gemäß einer Erhebung bei den Jugendämtern waren zum 31.12.2008 6.120 Kinder unter drei Jahren in Kindertagespflege.

**Nordrhein-Westfalen:** Laut MGFFI fördert die Landesregierung NRW ab August 2009 74.669 Betreuungsplätze für unter Dreijährige (58.424 in Tageseinrichtungen, 16.245 in der Kindertagespflege). Hinzu kommen nach der Statistik des Bundes schätzungsweise 12.000 Plätze in privatgewerblichen Einrichtungen und Spielgruppen, so dass etwa 86.000 unter Dreijährige betreut werden. Dies entspricht einer Teilhabequote von rund 19 Prozent.

**Rheinland-Pfalz:** In Rheinland-Pfalz standen nach der Betriebserlaubnisdatenbank des Landesjugendamtes im August 2009 19.907 Angebote für Kinder unter drei Jahren in Kindertageseinrichtungen (ohne Kindertagespflege) zur Verfügung, was einer Teilhabequote von 20,5% entspricht.

**Saarland:** Nach Angaben des Statistischen Landesamtes des Saarlandes aus der amtlichen Kinder- und Jugendhilfestatistik waren zum 01.03.2009 3.281 Kinder unter drei Jahren in Kindertagesbetreuung, davon 2.984 in Kindertageseinrichtungen und 297 in Tagespflege.

**Tab. 2 | Kinder im Alter von unter 3 Jahren in Kindertageseinrichtungen nach vertraglich vereinbarter täglicher Betreuungszeit in den Bundesländern am 15.03.2008**

(Anzahl; Anteil in %)

| Bundesland | Kinder in Tages-einrichtungen insgesamt | Vertraglich vereinbarte Betreuungszeit pro Tag | | | | | | | |
|---|---|---|---|---|---|---|---|---|---|
| | | bis zu 5 Stunden | mehr als 5 bis zu 7 Stunden | mehr als 7 Stunden | vor- und nachmittags ohne Mittags-betreuung | bis zu 5 Stunden | mehr als 5 bis zu 7 Stunden | mehr als 7 Stunden | vor- und nachmittags ohne Mittags-betreuung |
| | Anzahl | Anzahl | | | | in % | | | |
| Baden-Württemberg | 32.289 | 10.157 | 10.719 | 7.564 | 3.849 | 31,5 | 33,2 | 23,4 | 11,9 |
| Bayern | 37.757 | 16.656 | 11.576 | 9.378 | 147 | 44,1 | 30,7 | 24,8 | 0,4 |
| Berlin | 32.732 | 4.863 | 9.181 | 18.688 | 0 | 14,9 | 28,0 | 57,1 | 0,0 |
| Brandenburg | 21.623 | 1.251 | 7.128 | 13.243 | 1 | 5,8 | 33,0 | 61,2 | 0,0 |
| Bremen | 1.723 | 530 | 446 | 747 | 0 | 30,8 | 25,9 | 43,4 | 0,0 |
| Hamburg | 8.723 | 851 | 2.849 | 5.023 | 0 | 9,8 | 32,7 | 57,6 | 0,0 |
| Hessen | 18.297 | 4.247 | 5.645 | 8.017 | 388 | 23,2 | 30,9 | 43,8 | 2,1 |
| Mecklenburg-Vorpommern | 12.939 | 1.271 | 4.205 | 7.433 | 30 | 9,8 | 32,5 | 57,4 | 0,2 |
| Niedersachsen | 15.140 | 7.490 | 3.331 | 4.182 | 137 | 49,5 | 22,0 | 27,6 | 0,9 |
| Nordrhein-Westfalen | 32.203 | 8.111 | 5.671 | 16.273 | 2.148 | 25,2 | 17,6 | 50,5 | 6,7 |
| Rheinland-Pfalz | 13.467 | 3.920 | 3.640 | 3.896 | 2.011 | 29,1 | 27,0 | 28,9 | 14,9 |
| Saarland | 2.899 | 509 | 991 | 1.270 | 129 | 17,6 | 34,2 | 43,8 | 4,4 |
| Sachsen | 32.644 | 3.365 | 6.945 | 22.330 | 4 | 10,3 | 21,3 | 68,4 | 0,0 |
| Sachsen-Anhalt | 26.722 | 10.995 | 1.094 | 14.607 | 26 | 41,1 | 4,1 | 54,7 | 0,1 |
| Schleswig-Holstein | 5.133 | 2.165 | 1.313 | 1.643 | 12 | 42,2 | 25,6 | 32,0 | 0,2 |
| Thüringen | 18.823 | 1.707 | 1.428 | 15.688 | 0 | 9,1 | 7,6 | 83,3 | 0,0 |
| Ostdeutschland (o. BE) | 112.751 | 18.589 | 20.800 | 73.301 | 61 | 16,5 | 18,4 | 65,0 | 0,1 |
| Westdeutschland (o. BE) | 167.631 | 54.636 | 46.181 | 57.993 | 8.821 | 32,6 | 27,5 | 34,6 | 5,3 |
| Deutschland | 313.114 | 78.088 | 76.162 | 149.982 | 8.882 | 24,9 | 24,3 | 47,9 | 2,8 |

Quelle
Statistisches Bundesamt: Kinder und tätige Personen in Tageseinrichtungen 2008; zusammengestellt und berechnet von der Dortmunder Arbeitsstelle Kinder- und Jugendhilfestatistik, Januar 2009

**Tab. 3 | Kinder im Alter von 3 Jahren bis zum Schuleintritt in Kindertageseinrichtungen nach vertraglich vereinbarter täglicher Betreuungszeit in den Bundesländern am 15.03.2008**
(Anzahl; Anteil in %)

| Bundesland | Kinder in Tages-einrichtungen insgesamt | vertraglich vereinbarte Betreuungszeit pro Tag | | | | | | | |
|---|---|---|---|---|---|---|---|---|---|
| | | bis zu 5 Stunden | mehr als 5 bis zu 7 Stunden | mehr als 7 Stunden | vor- und nachmittags ohne Mittags-betreuung | bis zu 5 Stunden | mehr als 5 bis zu 7 Stunden | mehr als 7 Stunden | vor- und nachmittags ohne Mittags-betreuung |
| | Anzahl | Anzahl | | | | in % | | | |
| Baden-Württemberg | 320.678 | 36.461 | 142.295 | 31.021 | 110.901 | 11,4 | 44,4 | 9,7 | 34,6 |
| Bayern | 352.564 | 117.496 | 150.491 | 81.008 | 3.569 | 33,3 | 42,7 | 23,0 | 1,0 |
| Berlin | 80.984 | 7.848 | 26.327 | 46.806 | 3 | 9,7 | 32,5 | 57,8 | 0,0 |
| Brandenburg | 63.075 | 3.505 | 26.817 | 32.740 | 13 | 5,6 | 42,5 | 51,9 | 0,0 |
| Bremen | 16.022 | 5.768 | 6.539 | 3.712 | 3 | 36,0 | 40,8 | 23,2 | 0,0 |
| Hamburg | 41.404 | 19.257 | 6.665 | 15.442 | 40 | 46,5 | 16,1 | 37,3 | 0,1 |
| Hessen | 179.430 | 61.666 | 48.072 | 58.354 | 11.338 | 34,4 | 26,8 | 32,5 | 6,3 |
| Mecklenburg-Vorpommern | 43.408 | 3.118 | 16.075 | 24.121 | 94 | 7,2 | 37,0 | 55,6 | 0,2 |
| Niedersachsen | 231.334 | 163.656 | 37.373 | 28.825 | 1.480 | 70,7 | 16,2 | 12,5 | 0,6 |
| Nordrhein-Westfalen | 519.303 | 67.107 | 156.810 | 154.491 | 140.895 | 12,9 | 30,2 | 29,7 | 27,1 |
| Rheinland-Pfalz | 120.556 | 25.665 | 36.391 | 30.289 | 28.211 | 21,3 | 30,2 | 25,1 | 23,4 |
| Saarland | 26.582 | 6.757 | 10.641 | 5.484 | 3.700 | 25,4 | 40,0 | 20,6 | 13,9 |
| Sachsen | 111.957 | 9.473 | 23.856 | 78.617 | 11 | 8,5 | 21,3 | 70,2 | 0,0 |
| Sachsen-Anhalt | 58.703 | 22.307 | 2.122 | 34.237 | 37 | 38,0 | 3,6 | 58,3 | 0,1 |
| Schleswig-Holstein | 80.089 | 48.022 | 19.769 | 11.985 | 313 | 60,0 | 24,7 | 15,0 | 0,4 |
| Thüringen | 58.956 | 3.353 | 3.410 | 52.181 | 12 | 5,7 | 5,8 | 88,5 | 0,0 |
| Ostdeutschland (o. BE) | 336.099 | 41.756 | 72.280 | 221.896 | 167 | 12,4 | 21,5 | 66,0 | 0,0 |
| Westdeutschland (o. BE) | 1.887.962 | 551.855 | 615.046 | 420.611 | 300.450 | 29,2 | 32,6 | 22,3 | 15,9 |
| Deutschland | 2.305.045 | 601.459 | 713.653 | 689.313 | 300.620 | 26,1 | 31,0 | 29,9 | 13,0 |

Quelle
Statistisches Bundesamt: Kinder und tätige Personen in Tageseinrichtungen 2008; zusammengestellt und berechnet von der Dortmunder Arbeitsstelle Kinder- und Jugendhilfestatistik, Januar 2009

## Tab. 4 Kinder im Alter von unter 3 Jahren in öffentlich geförderter Kindertagespflege nach vertraglich vereinbarter täglicher Betreuungszeit in den Bundesländern am 15.03.2008

(Anzahl; Anteil in %)

| Bundesland | Kinder in Tagespflege insgesamt | vertraglich vereinbarte Betreuungszeit pro Tag | | | | | | | |
|---|---|---|---|---|---|---|---|---|---|
| | | bis zu 5 Stunden | mehr als 5 bis zu 7 Stunden | mehr als 7 Stunden | vor- und nachmittags ohne Mittags-betreuung | bis zu 5 Stunden | mehr als 5 bis zu 7 Stunden | mehr als 7 Stunden | vor- und nachmittags ohne Mittags-betreuung |
| | Anzahl | Anzahl | | | | in % | | | |
| Baden-Württemberg | 6.293 | 3.249 | 1.512 | 1.524 | 8 | 51,6 | 24,0 | 24,2 | 0,1 |
| Bayern | 5.050 | 2.276 | 1.546 | 1.227 | 1 | 45,1 | 30,6 | 24,3 | 0,0 |
| Berlin | 3.234 | 604 | 1.214 | 1.416 | 0 | 18,7 | 37,5 | 43,8 | 0,0 |
| Brandenburg | 3.280 | 285 | 930 | 2.064 | 1 | 8,7 | 28,4 | 62,9 | 0,0 |
| Bremen | 355 | 108 | 137 | 110 | 0 | 30,4 | 38,6 | 31,0 | 0,0 |
| Hamburg | 2.304 | 863 | 845 | 596 | 0 | 37,5 | 36,7 | 25,9 | 0,0 |
| Hessen | 4.151 | 1.214 | 1.354 | 1.344 | 239 | 29,2 | 32,6 | 32,4 | 5,8 |
| Mecklenburg-Vorpommern | 3.981 | 363 | 639 | 2.979 | 0 | 9,1 | 16,1 | 74,8 | 0,0 |
| Niedersachsen | 3.050 | 1.395 | 881 | 767 | 7 | 45,7 | 28,9 | 25,1 | 0,2 |
| Nordrhein-Westfalen | 10.429 | 3.335 | 3.725 | 3.364 | 5 | 32,0 | 35,7 | 32,3 | 0,0 |
| Rheinland-Pfalz | 1.221 | 492 | 353 | 376 | 0 | 40,3 | 28,9 | 30,8 | 0,0 |
| Saarland | 224 | 79 | 91 | 54 | 0 | 35,3 | 40,6 | 24,1 | 0,0 |
| Sachsen | 3.520 | 212 | 475 | 2.833 | 0 | 6,0 | 13,5 | 80,5 | 0,0 |
| Sachsen-Anhalt | 264 | 62 | 34 | 167 | 1 | 23,5 | 12,9 | 63,3 | 0,4 |
| Schleswig-Holstein | 3.013 | 1.443 | 938 | 626 | 6 | 47,9 | 31,1 | 20,8 | 0,2 |
| Thüringen | 707 | 150 | 91 | 466 | 0 | 21,2 | 12,9 | 65,9 | 0,0 |
| Ostdeutschland (o. BE) | 11.752 | 1.072 | 2.169 | 8.509 | 2 | 9,1 | 18,5 | 72,4 | 0,0 |
| Westdeutschland (o. BE) | 36.090 | 14.454 | 11.382 | 9.988 | 266 | 40,0 | 31,5 | 27,7 | 0,7 |
| Deutschland | 51.076 | 16.130 | 14.765 | 19.913 | 268 | 31,6 | 28,9 | 39,0 | 0,5 |

Quelle
Statistisches Bundesamt: Kinder und tätige Personen in öffentlich geförderter Kindertagespflege 2008; zusammengestellt und berechnet von der Dortmunder Arbeitsstelle Kinder- und Jugendhilfestatistik, Januar 2009

**Tab. 5 | Kinder im Alter von 3 bis unter 6 Jahre in öffentlich geförderter Kindertagespflege nach vertraglich vereinbarter täglicher Betreuungszeit in den Bundesländern am 15.03.2008**
(Anzahl; Anteil in %)

| | Kinder in Tagespflege insgesamt | vertraglich vereinbarte Betreuungszeit pro Tag | | | | | | | |
|---|---|---|---|---|---|---|---|---|---|
| | | bis zu 5 Stunden | mehr als 5 bis zu 7 Stunden | mehr als 7 Stunden | vor- und nachmittags ohne Mittags-betreuung | bis zu 5 Stunden | mehr als 5 bis zu 7 Stunden | mehr als 7 Stunden | vor- und nachmittags ohne Mittags-betreuung |
| Bundesland | Anzahl | Anzahl | | | | in % | | | |
| Baden-Württemberg | 3.498 | 2.379 | 731 | 384 | 4 | 68,0 | 20,9 | 11,0 | 0,1 |
| Bayern | 1.330 | 849 | 304 | 176 | 1 | 63,8 | 22,9 | 13,2 | 0,1 |
| Berlin | 1.113 | 242 | 324 | 545 | 2 | 21,7 | 29,1 | 49,0 | 0,2 |
| Brandenburg | 532 | 48 | 170 | 314 | 0 | 9,0 | 32,0 | 59,0 | 0,0 |
| Bremen | 176 | 96 | 50 | 30 | 0 | 54,5 | 28,4 | 17,0 | 0,0 |
| Hamburg | 1.237 | 438 | 503 | 296 | 0 | 35,4 | 40,7 | 23,9 | 0,0 |
| Hessen | 920 | 510 | 206 | 174 | 30 | 55,4 | 22,4 | 18,9 | 3,3 |
| Mecklenburg-Vorpommern | 748 | 75 | 151 | 522 | 0 | 10,0 | 20,2 | 69,8 | 0,0 |
| Niedersachsen | 1.683 | 990 | 430 | 257 | 6 | 58,8 | 25,5 | 15,3 | 0,4 |
| Nordrhein-Westfalen | 3.248 | 1.957 | 791 | 499 | 1 | 60,3 | 24,4 | 15,4 | 0,0 |
| Rheinland-Pfalz | 552 | 382 | 103 | 67 | 0 | 69,2 | 18,7 | 12,1 | 0,0 |
| Saarland | 135 | 70 | 50 | 15 | 0 | 51,9 | 37,0 | 11,1 | 0,0 |
| Sachsen | 306 | 84 | 34 | 187 | 1 | 27,5 | 11,1 | 61,1 | 0,3 |
| Sachsen-Anhalt | 46 | 7 | 12 | 27 | 0 | 15,2 | 26,1 | 58,7 | 0,0 |
| Schleswig-Holstein | 950 | 513 | 270 | 163 | 4 | 54,0 | 28,4 | 17,2 | 0,4 |
| Thüringen | 25 | 12 | 7 | 6 | 0 | 48,0 | 28,0 | 24,0 | 0,0 |
| Ostdeutschland (o. BE) | 1.657 | 226 | 374 | 1.056 | 1 | 13,6 | 22,6 | 63,7 | 0,1 |
| Westdeutschland (o. BE) | 13.729 | 8.184 | 3.438 | 2.061 | 46 | 59,6 | 25,0 | 15,0 | 0,3 |
| Deutschland | 16.499 | 8.652 | 4.136 | 3.662 | 49 | 52,4 | 25,1 | 22,2 | 0,3 |

Quelle
Statistisches Bundesamt: Kinder und tätige Personen in öffentlich geförderter Kindertagespflege 2008; zusammengestellt und berechnet von der Dortmunder Arbeitsstelle Kinder- und Jugendhilfestatistik, Januar 2009

**Tab. 6** | **Kinder im Alter von unter 3 Jahren in Kindertagesbetreuung (Tageseinrichtungen und Kindertagespflege) sowie Quote der Inanspruchnahme nach Art der Betreuung in den Bundesländern am 15.03.2006, 15.03.2007, 15.03.2008**

(Anzahl; Quote in %)*

| Bundesland | Kinder in: der Bevölkerung | | | Kindertagesbetreuung | | | Tageseinrichtungen | | | Kindertagespflege | | | Quote der Inanspruchnahme: in Kindertagesbetreuung | | | in Tageseinrichtungen | | | in Kindertagespflege | | |
|---|---|---|---|---|---|---|---|---|---|---|---|---|---|---|---|---|---|---|---|---|---|
| | Anzahl | | | | | | | | | | | | in % | | | | | | | | |
| BW | 290.502 | 284.787 | 281.101 | 25.605 | 33.027 | 38.582 | 21.193 | 26.978 | 32.289 | 4.412 | 6.049 | 6.293 | 8,8 | 11,6 | 13,7 | 7,3 | 9,5 | 11,5 | 1,5 | 2,1 | 2,2 |
| BY** | 332.754 | 325.935 | 323.145 | 27.308 | 35.117 | 42.807 | 24.291 | 31.091 | 37.757 | 3.017 | 4.026 | 5.050 | 8,2 | 10,8 | 13,2 | 7,3 | 9,5 | 11,7 | 0,9 | 1,2 | 1,6 |
| BE | 85.597 | 86.784 | 88.869 | 32.445 | 34.535 | 35.966 | 29.437 | 31.363 | 32.732 | 3.008 | 3.172 | 3.234 | 37,9 | 39,8 | 40,5 | 34,4 | 36,1 | 36,8 | 3,5 | 3,7 | 3,6 |
| BB** | 55.586 | 55.222 | 55.537 | 22.488 | 23.993 | 24.903 | 19.902 | 21.013 | 21.623 | 2.586 | 2.980 | 3.280 | 40,5 | 43,4 | 44,8 | 35,8 | 38,1 | 38,9 | 4,7 | 5,4 | 5,9 |
| HB** | 16.125 | 16.058 | 16.222 | 1.488 | 1.696 | 2.078 | 1.198 | 1.404 | 1.723 | 290 | 292 | 355 | 9,2 | 10,6 | 12,8 | 7,4 | 8,7 | 10,6 | 1,8 | 1,8 | 2,2 |
| HH** | 46.539 | 47.103 | 48.071 | 9.798 | 10.457 | 11.027 | 7.705 | 8.286 | 8.723 | 2.093 | 2.171 | 2.304 | 21,1 | 22,2 | 22,9 | 16,6 | 17,6 | 18,1 | 4,5 | 4,6 | 4,8 |
| HE** | 161.733 | 158.909 | 157.195 | 14.602 | 19.747 | 22.448 | 12.515 | 15.759 | 18.297 | 2.087 | 3.988 | 4.151 | 9,0 | 12,4 | 14,3 | 7,7 | 9,9 | 11,6 | 1,3 | 2,5 | 2,6 |
| MV** | 38.258 | 37.916 | 37.643 | 16.507 | 16.737 | 16.920 | 12.960 | 12.899 | 12.939 | 3.547 | 3.838 | 3.981 | 43,1 | 44,1 | 44,9 | 33,9 | 34,0 | 34,4 | 9,3 | 10,1 | 10,6 |
| NI** | 209.401 | 203.975 | 198.770 | 10.750 | 14.052 | 18.190 | 9.406 | 12.283 | 15.140 | 1.344 | 1.769 | 3.050 | 5,1 | 6,9 | 9,2 | 4,5 | 6,0 | 7,6 | 0,6 | 0,9 | 1,5 |
| NW** | 471.347 | 461.177 | 454.513 | 30.710 | 31.997 | 42.632 | 24.925 | 23.834 | 32.203 | 5.785 | 8.163 | 10.429 | 6,5 | 6,9 | 9,4 | 5,3 | 5,2 | 7,1 | 1,2 | 1,8 | 2,3 |
| RP** | 101.334 | 98.753 | 97.566 | 9.567 | 11.892 | 14.688 | 8.949 | 11.150 | 13.467 | 618 | 742 | 1.221 | 9,4 | 12,0 | 15,1 | 8,8 | 11,3 | 13,8 | 0,6 | 0,8 | 1,3 |
| SL** | 22.792 | 22.403 | 21.970 | 2.335 | 2.717 | 3.123 | 2.253 | 2.565 | 2.899 | 82 | 152 | 224 | 10,2 | 12,1 | 14,2 | 9,9 | 11,4 | 13,2 | 0,4 | 0,7 | 1,0 |
| SN | 97.911 | 98.434 | 98.949 | 32.795 | 34.104 | 36.164 | 30.632 | 31.182 | 32.644 | 2.163 | 2.922 | 3.520 | 33,5 | 34,6 | 36,5 | 31,3 | 31,7 | 33,0 | 2,2 | 3,0 | 3,6 |
| ST** | 51.258 | 51.188 | 51.251 | 25.735 | 26.538 | 26.986 | 25.568 | 26.309 | 26.722 | 167 | 229 | 264 | 50,2 | 51,8 | 52,7 | 49,9 | 51,4 | 52,1 | 0,3 | 0,4 | 0,5 |
| SH | 72.646 | 71.127 | 69.868 | 5.504 | 5.890 | 8.146 | 4.263 | 4.310 | 5.133 | 1.241 | 1.580 | 3.013 | 7,6 | 8,3 | 11,7 | 5,9 | 6,1 | 7,3 | 1,7 | 2,2 | 4,3 |
| TH | 50.811 | 50.217 | 50.148 | 19.268 | 18.824 | 19.530 | 18.697 | 18.216 | 18.823 | 571 | 608 | 707 | 37,9 | 37,5 | 38,9 | 36,8 | 36,3 | 37,5 | 1,1 | 1,2 | 1,4 |
| O (o. BE) | 293.824 | 292.977 | 293.528 | 116.793 | 120.196 | 124.503 | 107.759 | 109.619 | 112.751 | 9.034 | 10.577 | 11.752 | 39,7 | 41,0 | 42,4 | 36,7 | 37,4 | 38,4 | 3,1 | 3,6 | 4,0 |
| W (o. BE) | 1.725.173 | 1.690.227 | 1.668.421 | 137.667 | 166.592 | 203.721 | 116.698 | 137.660 | 167.631 | 20.969 | 28.932 | 36.090 | 8,0 | 9,9 | 12,2 | 6,8 | 8,1 | 10,0 | 1,2 | 1,7 | 2,2 |
| D | 2.104.594 | 2.069.988 | 2.050.818 | 286.905 | 321.323 | 364.190 | 253.894 | 278.642 | 313.114 | 33.011 | 42.681 | 51.076 | 13,6 | 15,5 | 17,8 | 12,1 | 13,5 | 15,3 | 1,6 | 1,6 | 2,5 |

Quelle
Statistisches Bundesamt: Kinder und tätige Personen in Tageseinrichtungen 2008; Kinder und tätige Personen in öffentlich geförderter Kindertagespflege 2008; zusammengestellt und berechnet von der Dortmunder Arbeitsstelle Kinder- und Jugendhilfestatistik, Januar 2009

* Kinder, die sowohl Tageseinrichtungen als auch Kindertagespflege nutzen, werden doppelt gezählt. Am 15.03.2008 gab es in Deutschland 2.567 Kinder im Alter von unter 3 Jahren, die sowohl Kindertagespflege als auch eine Tageseinrichtung besucht haben.

**

**Bayern:** Nach einer jährlichen Abfrage des Bayerischen Sozialministeriums lag die Teilhabequote von Kindern unter drei Jahren zum 01.01.2009 bei 18,1%.

**Brandenburg:** In Brandenburg wurden laut KiTa-BKNV zum 01.09.2008 insgesamt 23.556 Kinder unter drei Jahren an das Landesjugendamt gemeldet, die ein Angebot der Kindertagesbetreuung nutzen. Davon nutzen 19.332 ein Angebot in Kindertageseinrichtungen und 4.224 in der Kindertagespflege.

**Bremen:** Laut dem Senator für Arbeit, Frauen, Gesundheit, Jugend und Soziales standen zum 01.08.2009 2.946 Plätze in der Kindertagesbetreuung für unter Dreijährige zur Verfügung (davon 2.485 Plätze in Kindertageseinrichtungen und 461 Plätze in der Kindertagespflege). Nach Angaben des Senates ist die Anzahl der Plätze faktisch identisch mit der Anzahl der betreuten Kinder, so dass 18,1% der Kinder unter drei Jahren betreut werden. In den Angaben sind auch 519 Plätze/Kinder in sog. Sozialpädagogischen Spielkreisen enthalten.

**Hamburg:** Nach der Datenbank der Behörde für Soziales, Familie, Gesundheit und Verbraucherschutz lag die Teilhabequote von Kindern unter drei Jahren zum 01.05.2009 bei 23,8%.

**Hessen:** Nach einer eigenen Erhebung des Landes Hessen lag die Teilhabequote der Kinder im Alter von unter 3 Jahren zum 15.09.2008 bei 15,5%. Zum 01.09.2009 stehen laut Betriebserlaubnisstatistik des HMAFG in Hessen für Kinder unter drei Jahren 23.046 Plätze in Kindertageseinrichtungen zur Verfügung, davon 13.530 in reinen Krippengruppen und 9.516 in altersübergreifenden Gruppen. Angaben zur Anzahl der Kinder, die ein Angebot der Kindertagespflege zu diesem Zeitpunkt nutzen, wurden nicht gemacht.

**Mecklenburg-Vorpommern:** Gemäß den Meldungen der örtlichen Träger der öffentlichen Jugendhilfe zur Platzbelegung gem. § 18 Abs. 2 KiföG M-V waren zum 01.04.2009 insgesamt 18.377 Kinder unter drei Jahren in Kindertagesbetreuung, davon 13.748 in Kindertageseinrichtungen und 4.629 in Kindertagespflege.

**Niedersachsen:** Gemäß einer Erhebung bei den Jugendämtern waren zum 31.12.2008 6.120 Kinder unter drei Jahren in Kindertagespflege.

**Nordrhein-Westfalen:** Laut MGFFI fördert die Landesregierung NRW ab August 2009 74.669 Betreuungsplätze für unter Dreijährige (58.424 in Tageseinrichtungen, 16.245 in der Kindertagespflege). Hinzu kommen nach der Statistik des Bundes schätzungsweise 12.000 Plätze in privatgewerblichen Einrichtungen und Spielgruppen, so dass etwa 86.000 unter Dreijährige betreut werden. Dies entspricht einer Teilhabequote von rund 19 Prozent.

**Rheinland-Pfalz:** In Rheinland-Pfalz standen nach der Betriebserlaubnisdatenbank des Landesjugendamtes im August 2009 19.907 Angebote für Kinder unter drei Jahren in Kindertageseinrichtungen (ohne Kindertagespflege) zur Verfügung, was einer Teilhabequote von 20,5% entspricht.

**Saarland:** Nach Angaben des Statistischen Landesamtes des Saarlandes aus der amtlichen Kinder- und Jugendhilfestatistik waren zum 01.03.2009 3.281 Kinder unter drei Jahren in Kindertagesbetreuung, davon 2.984 in Kindertageseinrichtungen und 297 in Tagespflege.

**Sachsen-Anhalt:** Nach Angaben des Landes Sachsen-Anhalt lag die Teilhabequote von Kindern unter drei Jahren zum 01.01.2009 bei 54,4%.

**Tab. 7** **Kinder im Alter von 3 bis unter 6 Jahre bis zum Schulbesuch in Kindertagesbetreuung (Tageseinrichtungen und Kindertagespflege) und Kinder im Alter von unter 6 Jahren in (vor-)schulischen Einrichtungen sowie Quote der Inanspruchnahme nach Art der Betreuung in den Bundesländern am 15.03.2006, 15.03.2007, 15.03.2008**
(Anzahl; Quote in %)*

| Bundesland | Kinder in | | | | | | | | | | | | | | |
|---|---|---|---|---|---|---|---|---|---|---|---|---|---|---|---|
| | der Bevölkerung | | | Kindertagesbetreuung und (vor-)schulischen Einrichtungen | | | Tageseinrichtungen | | | Kindertagespflege | | | (vor-)schulischen Einrichtungen | | |
| | Anzahl in 1.000 | | | Anzahl | | | | | | | | | | | |
| BW | 313 | 303 | 297 | 297.163 | 288.607 | 285.734 | 290.554 | 281.415 | 278.005 | 2.587 | 3.031 | 3.498 | 4.022 | 4.161 | 4.231 |
| BY** | 357 | 346 | 340 | 303.430 | 303.920 | 302.847 | 302.087 | 302.473 | 301.149 | 995 | 1.129 | 1.330 | 348 | 318 | 368 |
| BE | 82 | 82 | 83 | 73.808 | 76.180 | 78.237 | 71.848 | 74.372 | 76.390 | 1.045 | 991 | 1.113 | 915 | 817 | 734 |
| BB | 57 | 57 | 57 | 52.509 | 53.592 | 54.323 | 52.010 | 53.002 | 53.706 | 400 | 495 | 532 | 99 | 95 | 85 |
| HB | 17 | 16 | 16 | 14.173 | 13.818 | 13.677 | 13.961 | 13.564 | 13.464 | 189 | 198 | 176 | 23 | 56 | 37 |
| HH | 45 | 45 | 45 | 38.472 | 39.433 | 39.945 | 33.832 | 34.918 | 34.856 | 1.219 | 1.253 | 1.237 | 3.421 | 3.262 | 3.852 |
| HE | 171 | 165 | 163 | 153.068 | 152.199 | 150.769 | 151.147 | 150.065 | 148.628 | 566 | 807 | 920 | 1.355 | 1.327 | 1.221 |
| MV | 38 | 38 | 38 | 35.154 | 35.439 | 35.899 | 34.455 | 34.692 | 35.128 | 674 | 720 | 748 | 25 | 27 | 23 |
| NI | 234 | 224 | 218 | 186.023 | 188.443 | 188.322 | 184.771 | 186.964 | 186.347 | 945 | 1.177 | 1.683 | 307 | 302 | 292 |
| NW | 510 | 493 | 482 | 429.683 | 426.372 | 438.239 | 425.666 | 421.648 | 433.090 | 2.057 | 2.780 | 3.248 | 1.960 | 1.944 | 1.901 |
| RP | 112 | 107 | 105 | 105.034 | 102.015 | 100.343 | 104.489 | 101.466 | 99.631 | 390 | 395 | 552 | 155 | 154 | 160 |
| SL | 25 | 24 | 23 | 23.559 | 22.527 | 21.746 | 23.465 | 22.412 | 21.611 | 94 | 115 | 135 | 0 | 0 | 0 |
| SN | 96 | 95 | 97 | 89.076 | 89.476 | 91.423 | 88.863 | 89.157 | 91.094 | 178 | 233 | 306 | 35 | 86 | 23 |
| ST | 53 | 52 | 51 | 48.525 | 47.932 | 47.790 | 48.432 | 47.841 | 47.722 | 51 | 58 | 46 | 42 | 33 | 22 |
| SH | 81 | 78 | 76 | 65.578 | 64.853 | 64.406 | 64.971 | 64.186 | 63.400 | 560 | 605 | 950 | 47 | 62 | 56 |
| TH | 51 | 51 | 51 | 48.806 | 48.798 | 48.658 | 48.770 | 48.740 | 48.605 | 21 | 26 | 25 | 15 | 32 | 28 |
| O (o. BE) | 296 | 293 | 294 | 274.070 | 275.237 | 278.093 | 272.530 | 273.432 | 276.255 | 1.324 | 1.532 | 1.657 | 216 | 273 | 181 |
| W (o. BE) | 1.863 | 1.801 | 1.765 | 1.616.183 | 1.602.187 | 1.606.028 | 1.594.943 | 1.579.111 | 1.580.181 | 9.602 | 11.490 | 13.729 | 11.638 | 11.586 | 12.118 |
| D | 2.242 | 2.175 | 2.142 | 1.964.061 | 1.953.604 | 1.962.358 | 1.939.321 | 1.926.915 | 1.932.826 | 11.971 | 14.013 | 16.499 | 12.769 | 12.676 | 13.033 |

| Bundesland | Quote der Inanspruchnahme | | | | | | | | | | | |
|---|---|---|---|---|---|---|---|---|---|---|---|---|
| | in Kindertagesbetreuung und (vor-) schulischen Einrichtungen | | | in Tageseinrichtungen | | | in Kindertagespflege | | | in (vor-) schulischen Einrichtungen | | |
| | in % | | | | | | | | | | | |
| BW | 95,1 | 95,4 | 96,2 | 93,0 | 93,0 | 93,6 | 0,8 | 1 | 1,2 | 1,3 | 1,4 | 1,4 |
| BY** | 85,1 | 87,9 | 89,1 | 84,7 | 87,5 | 88,6 | 0,3 | 0,3 | 0,4 | 0,1 | 0,1 | 0,1 |
| BE | 89,5 | 93,4 | 94,5 | 87,1 | 91,1 | 92,2 | 1,3 | 1,2 | 1,3 | 1,1 | 1,0 | 0,9 |
| BB | 91,5 | 93,8 | 94,7 | 90,6 | 92,8 | 93,6 | 0,7 | 0,9 | 0,9 | 0,2 | 0,2 | 0,1 |
| HB | 85,1 | 86,0 | 87,0 | 83,8 | 84,4 | 85,6 | 1,1 | 1,2 | 1,1 | 0,1 | 0,3 | 0,2 |
| HH | 86,3 | 88,5 | 87,4 | 75,9 | 78,3 | 77,4 | 2,7 | 2,8 | 2,7 | 7,7 | 7,3 | 8,6 |
| HE | 89,6 | 92,1 | 92,6 | 88,5 | 90,8 | 91,2 | 0,3 | 0,5 | 0,6 | 0,8 | 0,8 | 0,7 |
| MV | 91,8 | 93,2 | 94,1 | 89,9 | 91,3 | 92,1 | 1,8 | 1,9 | 2 | 0,1 | 0,1 | 0,1 |
| NI | 79,6 | 84,1 | 86,5 | 79,1 | 83,4 | 85,6 | 0,4 | 0,5 | 0,8 | 0,1 | 0,1 | 0,1 |
| NW | 84,2 | 86,5 | 90,9 | 83,4 | 85,5 | 89,8 | 0,4 | 0,6 | 0,7 | 0,4 | 0,4 | 0,4 |
| RP | 93,9 | 95,0 | 95,9 | 93,4 | 94,5 | 95,2 | 0,3 | 0,4 | 0,5 | 0,1 | 0,1 | 0,2 |
| SL | 94,0 | 94,2 | 93,1 | 93,7 | 93,7 | 92,5 | 0,4 | 0,5 | 0,6 | 0 | 0 | 0 |
| SN | 92,8 | 93,9 | 94,7 | 92,6 | 93,5 | 94,3 | 0,2 | 0,2 | 0,3 | 0 | 0,1 | 0 |
| ST | 91,2 | 93,0 | 93,7 | 91,1 | 92,8 | 93,5 | 0,1 | 0,1 | 0,1 | 0,1 | 0,1 | 0 |
| SH | 81,0 | 83,3 | 84,5 | 80,3 | 82,4 | 83,2 | 0,7 | 0,8 | 1,2 | 0,1 | 0,1 | 0,1 |
| TH | 94,9 | 95,9 | 96,0 | 94,9 | 95,8 | 95,9 | 0 | 0,1 | 0 | 0 | 0,1 | 0,1 |
| O (o. BE) | 92,5 | 94,0 | 94,7 | 92 | 93,4 | 94,0 | 0,4 | 0,5 | 0,6 | 0,1 | 0,1 | 0,1 |
| W (o. BE) | 86,8 | 89,0 | 91,0 | 85,6 | 87,7 | 89,5 | 0,5 | 0,6 | 0,8 | 0,6 | 0,6 | 0,7 |
| D | 87,6 | 89,8 | 91,6 | 86,5 | 88,6 | 90,3 | 0,5 | 0,6 | 0,8 | 0,6 | 0,6 | 0,6 |

Quelle
Statistisches Bundesamt: Kinder und tätige Personen in Tageseinrichtungen 2008; Kinder und tätige Personen in öffentlich geförderter Kindertagespflege 2008; Bildung und Kultur: Allgemeinbildende Schulen 2007/08; zusammengestellt und berechnet von der Dortmunder Arbeitsstelle Kinder- und Jugendhilfestatistik, Januar 2009

* Kinder, die sowohl Tageseinrichtungen als auch Kindertagespflege nutzen, werden doppelt gezählt. Kinder, die sowohl Kindertagespflege als auch (vor-)schulische Einrichtungen nutzen, werden doppelt gezählt. Am 15.03.2008 gab es in Deutschland 8.347 Kinder im Alter von 3 bis unter 6 Jahre, die sowohl Kindertagespflege als auch eine Tageseinrichtung besucht haben.

** Bezogen auf die Quote der Inanspruchnahme vom 15.03.2007 gibt das Staatsministerium für Arbeit, Sozialordnung, Familie und Frauen am 08.10.2007 folgenden Hinweis: Fast 88% der drei- bis unter sechsjährigen Kinder besuchten eine KiTa oder die Kindertagespflege. Dieser statistische Wert berücksichtigt nicht rund 59.000 Vorschulkinder im Alter ab Vollendung des sechsten Lebensjahres und auch nicht rund 9.000 Kinder in schulvorbereitenden Einrichtungen. Zum Schuleintritt haben rund 99% der Kinder einen Kindergarten besucht.

**Tab. 8 Kinder im Alter von unter 1 Jahr in Kindertagesbetreuung (Tageseinrichtungen und Kindertagespflege) sowie Quote der Inanspruchnahme nach Art der Betreuung in den Bundesländern am 15.03.2006, 15.03.2007, 15.03.2008**
(Anzahl; Quote in %)*

| Bundesland | Kinder in | | | | | | | | | | | | Quote der Inanspruchnahme | | | | | | | | |
|---|---|---|---|---|---|---|---|---|---|---|---|---|---|---|---|---|---|---|---|---|---|
| | der Bevölkerung | | | Kindertagesbetreuung | | | Tageseinrichtungen | | | Kindertagespflege | | | in Kindertagesbetreuung | | | in Tageseinrichtungen | | | in Kindertagespflege | | |
| | Anzahl | | | | | | | | | | | | in % | | | | | | | | |
| BW | 94.424 | 92.224 | 93.149 | 1.358 | 1.890 | 1.730 | 560 | 836 | 926 | 798 | 1.054 | 804 | 1,4 | 2,0 | 1,9 | 0,6 | 0,9 | 1,0 | 0,8 | 1,1 | 0,9 |
| BY | 108.163 | 105.466 | 107.605 | 1.945 | 1.949 | 2.039 | 1.509 | 1.305 | 1.457 | 436 | 644 | 582 | 1,8 | 1,8 | 1,9 | 1,4 | 1,2 | 1,4 | 0,4 | 0,6 | 0,5 |
| BE | 28.800 | 29.507 | 31.086 | 1.500 | 1.641 | 1.491 | 1.142 | 1.168 | 1.125 | 358 | 473 | 366 | 5,2 | 5,6 | 4,8 | 4,0 | 4,0 | 3,6 | 1,2 | 1,6 | 1,2 |
| BB | 18.082 | 17.970 | 18.686 | 1.433 | 1.634 | 1.366 | 1.092 | 1.224 | 1.042 | 341 | 410 | 324 | 7,9 | 9,1 | 7,3 | 6,0 | 6,8 | 5,6 | 1,9 | 2,3 | 1,7 |
| HB | 5.411 | 5.470 | 5.523 | 74 | 108 | 79 | 33 | 53 | 40 | 41 | 55 | 39 | 1,4 | 2,0 | 1,4 | 0,6 | 1,0 | 0,7 | 0,8 | 1,0 | 0,7 |
| HH | 15.812 | 15.908 | 16.594 | 900 | 808 | 617 | 521 | 516 | 450 | 379 | 292 | 167 | 5,7 | 5,1 | 3,7 | 3,3 | 3,2 | 2,7 | 2,4 | 1,8 | 1,0 |
| HE | 53.197 | 51.287 | 52.518 | 721 | 1.128 | 957 | 424 | 520 | 544 | 297 | 608 | 413 | 1,4 | 2,2 | 1,8 | 0,8 | 1,0 | 1,0 | 0,6 | 1,2 | 0,8 |
| MV | 12.344 | 12.607 | 12.779 | 1.011 | 1.076 | 914 | 584 | 641 | 552 | 427 | 435 | 362 | 8,2 | 8,5 | 7,2 | 4,7 | 5,1 | 4,3 | 3,5 | 3,5 | 2,8 |
| NI | 67.017 | 65.301 | 65.290 | 385 | 537 | 590 | 197 | 282 | 285 | 188 | 255 | 305 | 0,6 | 0,8 | 0,9 | 0,3 | 0,4 | 0,4 | 0,3 | 0,4 | 0,5 |
| NW | 153.110 | 149.728 | 150.971 | 2.372 | 2.436 | 2.107 | 1.045 | 975 | 965 | 1.327 | 1.461 | 1.142 | 1,5 | 1,6 | 1,4 | 0,7 | 0,7 | 0,6 | 0,9 | 1,0 | 0,8 |
| RP | 32.653 | 31.848 | 32.582 | 343 | 386 | 535 | 226 | 236 | 374 | 117 | 150 | 161 | 1,1 | 1,2 | 1,6 | 0,7 | 0,7 | 1,1 | 0,4 | 0,5 | 0,5 |
| SL | 7.483 | 7.204 | 7.271 | 82 | 108 | 128 | 69 | 76 | 93 | 13,0 | 32 | 35,0 | 1,1 | 1,5 | 1,8 | 0,9 | 1,1 | 1,3 | 0,2 | 0,4 | 0,5 |
| SN | 32.561 | 32.535 | 33.851 | 1.240 | 1.211 | 1.317 | 961 | 907 | 1.006 | 279 | 304 | 311 | 3,8 | 3,7 | 3,9 | 3,0 | 2,8 | 3,0 | 0,9 | 0,9 | 0,9 |
| ST | 17.162 | 16.894 | 17.364 | 1.535 | 1.662 | 1.470 | 1.517 | 1.632 | 1.430 | 18 | 30 | 40 | 8,9 | 9,8 | 8,5 | 8,8 | 9,7 | 8,2 | 0,1 | 0,2 | 0,2 |
| SH | 23.141 | 22.877 | 23.066 | 289 | 292 | 393 | 136 | 89 | 138 | 153 | 203 | 255 | 1,2 | 1,3 | 1,7 | 0,6 | 0,4 | 0,6 | 0,7 | 0,9 | 1,1 |
| TH | 16.627 | 16.306 | 17.160 | 562 | 644 | 609 | 436 | 478 | 490 | 126 | 166 | 119 | 3,4 | 3,9 | 3,5 | 2,6 | 2,9 | 2,9 | 0,8 | 1,0 | 0,7 |
| O (o. BE) | 96.776 | 96.312 | 99.840 | 5.781 | 6.227 | 5.676 | 4.590 | 4.882 | 4.520 | 1.191 | 1.345 | 1.156 | 6,0 | 6,5 | 5,7 | 4,7 | 5,1 | 4,5 | 1,2 | 1,4 | 1,2 |
| W (o. BE) | 560.411 | 547.313 | 554.569 | 8.469 | 9.642 | 9.175 | 4.720 | 4.888 | 5.272 | 3.749 | 4.754 | 3.903 | 1,5 | 1,8 | 1,7 | 0,8 | 0,9 | 1,0 | 0,7 | 0,9 | 0,7 |
| D | 685.987 | 673.132 | 685.495 | 15.750 | 17.510 | 16.342 | 10.452 | 10.938 | 10.917 | 5.298 | 6.572 | 5.425 | 2,3 | 2,6 | 2,4 | 1,5 | 1,6 | 1,6 | 0,8 | 1,0 | 0,8 |

Quelle
Statistisches Bundesamt: Kinder und tätige Personen in Tageseinrichtungen 2008; Kinder und tätige Personen in öffentlich geförderter Kindertagespflege 2008; zusammengestellt und berechnet von der Dortmunder Arbeitsstelle Kinder- und Jugendhilfestatistik, Januar 2009

* Kinder, die sowohl Tageseinrichtungen als auch Kindertagespflege nutzen, werden doppelt gezählt.

**Tab. 9** **Kinder im Alter von 1 Jahr in Kindertagesbetreuung (Tageseinrichtungen und Kindertagespflege) sowie Quote der Inanspruchnahme nach Art der Betreuung in den Bundesländern am 15.03.2006, 15.03.2007, 15.03.2008**
(Anzahl; Quote in %)*

| Bundesland | Kinder in | | | | | | | | | | | | Quote der Inanspruchnahme | | | | | | | | |
|---|---|---|---|---|---|---|---|---|---|---|---|---|---|---|---|---|---|---|---|---|---|
| | der Bevölkerung | | | Kindertagesbetreuung | | | Tageseinrichtungen | | | Kindertagespflege | | | in Kindertagesbetreuung | | | in Tageseinrichtungen | | | in Kindertagespflege | | |
| | Anzahl | | | | | | | | | | | | in % | | | | | | | | |
| BW | 97.531 | 94.936 | 92.808 | 5.403 | 7.297 | 8.637 | 3.525 | 4.649 | 5.787 | 1.878 | 2.648 | 2.850 | 5,5 | 7,7 | 9,3 | 3,6 | 4,9 | 6,2 | 1,9 | 2,8 | 3,1 |
| BY | 111.545 | 108.770 | 106.382 | 6.021 | 8.739 | 11.416 | 4.667 | 7.024 | 9.092 | 1.354 | 1.715 | 2.324 | 5,4 | 8,0 | 10,7 | 4,2 | 6,5 | 8,5 | 1,2 | 1,6 | 2,2 |
| BE | 29.063 | 28.591 | 29.400 | 10.937 | 11.328 | 12.637 | 9.510 | 9.898 | 10.994 | 1.427 | 1.430 | 1.643 | 37,6 | 39,6 | 43,0 | 32,7 | 34,6 | 37,4 | 4,9 | 5,0 | 5,6 |
| BB | 18.613 | 18.360 | 18.327 | 8.079 | 8.715 | 9.367 | 6.813 | 7.331 | 7.750 | 1.266 | 1.384 | 1.617 | 43,4 | 47,5 | 51,1 | 36,6 | 39,9 | 42,3 | 6,8 | 7,5 | 8,8 |
| HB | 5.339 | 5.342 | 5.390 | 381 | 494 | 664 | 269 | 382 | 504 | 112 | 112 | 160 | 7,1 | 9,2 | 12,3 | 5,0 | 7,2 | 9,4 | 2,1 | 2,1 | 3,0 |
| HH | 15.626 | 15.723 | 15.885 | 3.309 | 3.609 | 3.974 | 2.445 | 2.705 | 2.975 | 864 | 904 | 999 | 21,2 | 23,0 | 25,0 | 15,6 | 17,2 | 18,7 | 5,5 | 5,7 | 6,3 |
| HE | 54.391 | 53.429 | 51.458 | 3.780 | 5.570 | 6.251 | 2.908 | 3.775 | 4.398 | 872 | 1.795 | 1.853 | 6,9 | 10,4 | 12,1 | 5,3 | 7,1 | 8,5 | 1,6 | 3,4 | 3,6 |
| MV | 13.074 | 12.289 | 12.599 | 5.717 | 5.676 | 6.308 | 4.139 | 3.997 | 4.456 | 1.578 | 1.679 | 1.852 | 43,7 | 46,2 | 50,1 | 31,7 | 32,5 | 35,4 | 12,1 | 13,7 | 14,7 |
| NI | 70.836 | 67.511 | 65.757 | 2.201 | 2.883 | 4.443 | 1.659 | 2.182 | 3.111 | 542 | 701 | 1.332 | 3,1 | 4,3 | 6,8 | 2,3 | 3,2 | 4,7 | 0,8 | 1,0 | 2,0 |
| NW | 158.082 | 153.312 | 150.032 | 7.218 | 8.136 | 11.416 | 4.857 | 4.850 | 6.739 | 2.361 | 3.286 | 4.677 | 4,6 | 5,3 | 7,6 | 3,1 | 3,2 | 4,5 | 1,5 | 2,1 | 3,1 |
| RP | 33.935 | 32.865 | 32.029 | 1.252 | 1.634 | 2.480 | 1.007 | 1.311 | 1.863 | 245 | 323 | 617 | 3,7 | 5,0 | 7,7 | 3,0 | 4,0 | 5,8 | 0,7 | 1,0 | 1,9 |
| SL | 7.674 | 7.507 | 7.222 | 438 | 616 | 792 | 409 | 562 | 695 | 29 | 54 | 97 | 5,7 | 8,2 | 11,0 | 5,3 | 7,5 | 9,6 | 0,4 | 0,7 | 1,3 |
| SN | 33.177 | 32.652 | 32.515 | 11.254 | 11.719 | 13.095 | 10.188 | 10.338 | 11.343 | 1.066 | 1.381 | 1.752 | 33,9 | 35,9 | 40,3 | 30,7 | 31,7 | 34,9 | 3,2 | 4,2 | 5,4 |
| ST | 17.305 | 17.063 | 16.885 | 9.925 | 10.202 | 10.953 | 9.835 | 10.090 | 10.818 | 90 | 112 | 135 | 57,4 | 59,8 | 64,9 | 56,8 | 59,1 | 64,1 | 0,5 | 0,7 | 0,8 |
| SH | 24.546 | 23.489 | 23.124 | 1.186 | 1.421 | 2.372 | 685 | 803 | 1.140 | 501 | 618 | 1.232 | 4,8 | 6,0 | 10,3 | 2,8 | 3,4 | 4,9 | 2,0 | 2,6 | 5,3 |
| TH | 17.276 | 16.659 | 16.329 | 5.180 | 5.441 | 6.149 | 4.824 | 5.076 | 5.657 | 356 | 365 | 492 | 30,0 | 32,7 | 37,7 | 27,9 | 30,5 | 34,6 | 2,1 | 2,2 | 3,0 |
| O (o. BE) | 99.445 | 97.023 | 96.655 | 40.155 | 41.753 | 45.872 | 35.799 | 36.832 | 40.024 | 4.356 | 4.921 | 5.848 | 40,4 | 43,0 | 47,5 | 36,0 | 38,0 | 41,4 | 4,4 | 5,1 | 6,1 |
| W (o. BE) | 579.505 | 562.884 | 550.087 | 31.189 | 40.399 | 52.445 | 22.431 | 28.243 | 36.304 | 8.758 | 12.156 | 16.141 | 5,4 | 7,2 | 9,5 | 3,9 | 5,0 | 6,6 | 1,5 | 2,2 | 2,9 |
| D | 708.013 | 688.498 | 676.142 | 82.281 | 93.480 | 110.954 | 67.740 | 74.973 | 87.322 | 14.541 | 18.507 | 23.632 | 11,6 | 13,6 | 16,4 | 9,6 | 10,9 | 12,9 | 2,1 | 2,7 | 3,5 |

Quelle
Statistisches Bundesamt: Kinder und tätige Personen in Tageseinrichtungen 2008; Kinder und tätige Personen in öffentlich geförderter Kindertagespflege 2008; zusammengestellt und berechnet von der Dortmunder Arbeitsstelle Kinder- und Jugendhilfestatistik, Januar 2009

* Kinder, die sowohl Tageseinrichtungen als auch Kindertagespflege nutzen, werden doppelt gezählt.

## Tab. 10 Kinder im Alter von 2 Jahren in Kindertagesbetreuung (Tageseinrichtungen und Kindertagespflege) sowie Quote der Inanspruchnahme nach Art der Betreuung in den Bundesländern am 15.03.2006, 15.03.2007, 15.03.2008

(Anzahl; Quote in %)*

| Bundesland | Kinder in | | | | | | | | | | | | Quote der Inanspruchnahme | | | | | | | | |
|---|---|---|---|---|---|---|---|---|---|---|---|---|---|---|---|---|---|---|---|---|---|
| | der Bevölkerung | | | Kindertagesbetreuung | | | Tageseinrichtungen | | | Kindertagespflege | | | in Kindertagesbetreuung | | | in Tageseinrichtungen | | | in Kindertagespflege | | |
| | Anzahl | | | | | | | | | | | | in % | | | | | | | | |
| BW | 98.547 | 97.627 | 95.144 | 18.844 | 23.840 | 28.215 | 17.108 | 21.493 | 25.576 | 1.736 | 2.347 | 2.639 | 19,1 | 24,4 | 29,7 | 17,4 | 22,0 | 26,9 | 1,8 | 2,4 | 2,8 |
| BY | 113.046 | 111.699 | 109.158 | 19.342 | 24.429 | 29.352 | 18.115 | 22.762 | 27.208 | 1.227 | 1.667 | 2.144 | 17,1 | 21,9 | 26,9 | 16,0 | 20,4 | 24,9 | 1,1 | 1,5 | 2,0 |
| BE | 27.734 | 28.686 | 28.383 | 20.008 | 21.566 | 21.838 | 18.785 | 20.297 | 20.613 | 1.223 | 1.269 | 1.225 | 72,1 | 75,2 | 76,9 | 67,7 | 70,8 | 72,6 | 4,4 | 4,4 | 4,3 |
| BB | 18.891 | 18.892 | 18.524 | 12.976 | 13.644 | 14.170 | 11.997 | 12.458 | 12.831 | 979 | 1.186 | 1.339 | 68,7 | 72,2 | 76,5 | 63,5 | 65,9 | 69,3 | 5,2 | 6,3 | 7,2 |
| HB | 5.375 | 5.246 | 5.309 | 1.033 | 1.094 | 1.335 | 896 | 969 | 1.179 | 137 | 125 | 156 | 19,2 | 20,9 | 25,1 | 16,7 | 18,5 | 22,2 | 2,5 | 2,4 | 2,9 |
| HH | 15.101 | 15.472 | 15.592 | 5.589 | 6.040 | 6.436 | 4.739 | 5.065 | 5.298 | 850 | 975 | 1.138 | 37,0 | 39,0 | 41,3 | 31,4 | 32,7 | 34,0 | 5,6 | 6,3 | 7,3 |
| HE | 54.145 | 54.193 | 53.219 | 10.101 | 13.049 | 15.240 | 9.183 | 11.464 | 13.355 | 918 | 1.585 | 1.885 | 18,7 | 24,1 | 28,6 | 17,0 | 21,2 | 25,1 | 1,7 | 2,9 | 3,5 |
| MV | 12.840 | 13.020 | 12.265 | 9.779 | 9.985 | 9.698 | 8.237 | 8.261 | 7.931 | 1.542 | 1.724 | 1.767 | 76,2 | 76,7 | 79,1 | 64,2 | 63,4 | 64,7 | 12,0 | 13,2 | 14,4 |
| NI | 71.548 | 71.163 | 67.723 | 8.164 | 10.632 | 13.157 | 7.550 | 9.819 | 11.744 | 614 | 813 | 1.413 | 11,4 | 14,9 | 19,4 | 10,6 | 13,8 | 17,3 | 0,9 | 1,1 | 2,1 |
| NW | 160.155 | 158.137 | 153.510 | 21.120 | 21.425 | 29.109 | 19.023 | 18.009 | 24.499 | 2.097 | 3.416 | 4.610 | 13,2 | 13,5 | 19,0 | 11,9 | 11,4 | 16,0 | 1,3 | 2,2 | 3,0 |
| RP | 34.746 | 34.040 | 32.955 | 7.972 | 9.872 | 11.673 | 7.716 | 9.603 | 11.230 | 256 | 269 | 443 | 22,9 | 29,0 | 35,4 | 22,2 | 28,2 | 34,1 | 0,7 | 0,8 | 1,3 |
| SL | 7.635 | 7.692 | 7.477 | 1.815 | 1.993 | 2.203 | 1.775 | 1.927 | 2.111 | 40 | 66 | 92 | 23,8 | 25,9 | 29,5 | 23,2 | 25,1 | 28,2 | 0,5 | 0,9 | 1,2 |
| SN | 32.173 | 33.247 | 32.583 | 20.301 | 21.174 | 21.752 | 19.483 | 19.937 | 20.295 | 818 | 1.237 | 1.457 | 63,1 | 63,7 | 66,8 | 60,6 | 60,0 | 62,3 | 2,5 | 3,7 | 4,5 |
| ST | 16.791 | 17.231 | 17.002 | 14.275 | 14.674 | 14.563 | 14.216 | 14.587 | 14.474 | 59 | 87 | 89 | 85,0 | 85,2 | 85,7 | 84,7 | 84,7 | 85,1 | 0,4 | 0,5 | 0,5 |
| SH | 24.959 | 24.761 | 23.678 | 4.029 | 4.177 | 5.381 | 3.442 | 3.418 | 3.855 | 587 | 759 | 1.526 | 16,1 | 16,9 | 22,7 | 13,8 | 13,8 | 16,3 | 2,4 | 3,1 | 6,4 |
| TH | 16.908 | 17.252 | 16.659 | 13.526 | 12.739 | 12.772 | 13.437 | 12.662 | 12.676 | 89 | 77 | 96 | 80,0 | 73,8 | 76,7 | 79,5 | 73,4 | 76,1 | 0,5 | 0,4 | 0,6 |
| O (o. BE) | 97.603 | 99.642 | 97.033 | 70.857 | 72.216 | 72.955 | 67.370 | 67.905 | 68.207 | 3.487 | 4.311 | 4.748 | 72,6 | 72,5 | 75,2 | 69,0 | 68,1 | 70,3 | 3,6 | 4,3 | 4,9 |
| W (o. BE) | 585.257 | 580.030 | 563.765 | 98.009 | 116.551 | 142.101 | 89.547 | 104.529 | 126.055 | 8.462 | 12.022 | 16.046 | 16,7 | 20,1 | 25,2 | 15,3 | 18,0 | 22,4 | 1,4 | 2,1 | 2,8 |
| D | 710.594 | 708.358 | 689.181 | 188.874 | 210.333 | 236.894 | 175.702 | 192.731 | 214.875 | 13.172 | 17.602 | 22.019 | 26,6 | 29,7 | 34,4 | 24,7 | 27,2 | 31,2 | 1,9 | 2,5 | 3,2 |

Quelle
Statistisches Bundesamt: Kinder und tätige Personen in Tageseinrichtungen 2008; Kinder und tätige Personen in öffentlich geförderter Kindertagespflege 2008; zusammengestellt und berechnet von der Dortmunder Arbeitsstelle Kinder- und Jugendhilfestatistik, Januar 2009

* Kinder, die sowohl Tageseinrichtungen als auch Kindertagespflege nutzen, werden doppelt gezählt.

## Tab. 11 | Kinder im Alter von 3 Jahren in Kindertagesbetreuung (Tageseinrichtungen und Kindertagespflege) sowie Quote der Inanspruchnahme nach Art der Betreuung in den Bundesländern am 15.03.2006, 15.03.2007, 15.03.2008

(Anzahl; Quote in %)*

| Bundesland | Kinder in: der Bevölkerung | | | Kindertagesbetreuung | | | Tageseinrichtungen | | | Kindertagespflege | | | Quote der Inanspruchnahme: in Kindertagesbetreuung | | | in Tageseinrichtungen | | | in Kindertagespflege | | |
|---|---|---|---|---|---|---|---|---|---|---|---|---|---|---|---|---|---|---|---|---|---|
| | Anzahl | | | | | | | | | | | | in % | | | | | | | | |
| BW** | 100.761 | 98.420 | 97.656 | 90.394 | 89.791 | 89.529 | 89.413 | 88.650 | 88.156 | 981 | 1.141 | 1.373 | 89,7 | 91,2 | 91,7 | 88,7 | 90,1 | 90,3 | 1,0 | 1,2 | 1,4 |
| BY | 115.245 | 113.024 | 111.759 | 81.097 | 85.311 | 88.004 | 80.644 | 84.724 | 87.308 | 453 | 587 | 696 | 70,4 | 75,5 | 78,7 | 70,0 | 75,0 | 78,1 | 0,4 | 0,5 | 0,6 |
| BE | 27.523 | 27.457 | 28.478 | 23.769 | 24.928 | 26.129 | 23.281 | 24.457 | 25.570 | 488 | 471 | 559 | 86,4 | 90,8 | 91,8 | 84,6 | 89,1 | 89,8 | 1,8 | 1,7 | 2,0 |
| BB | 18.762 | 19.127 | 19.047 | 16.955 | 17.863 | 17.634 | 16.716 | 17.571 | 17.332 | 239 | 292 | 302 | 90,4 | 93,4 | 92,6 | 89,1 | 91,9 | 91,0 | 1,3 | 1,5 | 1,6 |
| HB | 5.311 | 5.319 | 5.219 | 3.583 | 3.744 | 3.800 | 3.508 | 3.659 | 3.741 | 75 | 85 | 59 | 67,5 | 70,4 | 72,8 | 66,1 | 68,8 | 71,7 | 1,4 | 1,6 | 1,1 |
| HH | 14.941 | 15.038 | 15.371 | 11.056 | 11.669 | 11.548 | 10.551 | 11.120 | 11.003 | 505 | 549 | 545 | 74,0 | 77,6 | 75,1 | 70,6 | 73,9 | 71,6 | 3,4 | 3,7 | 3,5 |
| HE | 55.195 | 53.980 | 54.134 | 44.537 | 45.063 | 45.947 | 44.289 | 44.700 | 45.462 | 248 | 363 | 485 | 80,7 | 83,5 | 84,9 | 80,2 | 82,8 | 84,0 | 0,4 | 0,7 | 0,9 |
| MV | 12.504 | 12.780 | 13.001 | 11.194 | 11.794 | 11.872 | 10.805 | 11.358 | 11.426 | 389 | 436 | 446 | 89,5 | 92,3 | 91,3 | 86,4 | 88,9 | 87,9 | 3,1 | 3,4 | 3,4 |
| NI | 74.510 | 71.671 | 71.290 | 44.767 | 48.039 | 50.260 | 44.399 | 47.588 | 49.511 | 368 | 451 | 749 | 60,1 | 67,0 | 70,5 | 59,6 | 66,4 | 69,5 | 0,5 | 0,6 | 1,1 |
| NW** | 164.204 | 160.204 | 158.151 | 112.569 | 115.440 | 124.110 | 111.708 | 114.112 | 122.630 | 861 | 1.328 | 1.480 | 68,6 | 72,1 | 78,5 | 68,0 | 71,2 | 77,5 | 0,5 | 0,8 | 0,9 |
| RP | 35.637 | 34.777 | 34.188 | 31.916 | 31.840 | 31.481 | 31.771 | 31.704 | 31.284 | 145 | 136 | 197 | 89,6 | 91,6 | 92,1 | 89,2 | 91,2 | 91,5 | 0,4 | 0,4 | 0,6 |
| SL | 8.008 | 7.659 | 7.695 | 7.143 | 6.861 | 6.760 | 7.113 | 6.817 | 6.709 | 30 | 44 | 51 | 89,2 | 89,6 | 87,8 | 88,8 | 89,0 | 87,2 | 0,4 | 0,6 | 0,7 |
| SN | 31.650 | 32.068 | 33.127 | 28.520 | 29.732 | 30.630 | 28.411 | 29.597 | 30.445 | 109 | 135 | 185 | 90,1 | 92,7 | 92,5 | 89,8 | 92,3 | 91,9 | 0,3 | 0,4 | 0,6 |
| ST | 17.500 | 16.740 | 17.127 | 15.454 | 15.681 | 15.868 | 15.429 | 15.655 | 15.845 | 25 | 26 | 23 | 88,3 | 93,7 | 92,6 | 88,2 | 93,5 | 92,5 | 0,1 | 0,2 | 0,1 |
| SH | 25.808 | 25.118 | 24.938 | 16.910 | 16.900 | 17.342 | 16.638 | 16.598 | 16.798 | 272 | 302 | 544 | 65,5 | 67,3 | 69,5 | 64,5 | 66,1 | 67,4 | 1,1 | 1,2 | 2,2 |
| TH | 16.953 | 16.837 | 17.161 | 15.872 | 16.205 | 16.141 | 15.865 | 16.195 | 16.129 | 7 | 10 | 12 | 93,6 | 96,2 | 94,1 | 93,6 | 96,2 | 94,0 | 0,0 | 0,1 | 0,1 |
| O (o. BE) | 97.369 | 97.552 | 99.463 | 87.995 | 91.275 | 92.145 | 87.226 | 90.376 | 91.177 | 769 | 899 | 968 | 90,4 | 93,6 | 92,6 | 89,6 | 92,6 | 91,7 | 0,8 | 0,9 | 1,0 |
| W (o. BE) | 599.620 | 585.210 | 580.401 | 443.972 | 454.658 | 468.781 | 440.034 | 449.672 | 462.602 | 3.938 | 4.986 | 6.179 | 74,0 | 77,7 | 80,8 | 73,4 | 76,8 | 79,7 | 0,7 | 0,9 | 1,1 |
| D | 724.512 | 710.219 | 708.342 | 555.736 | 570.861 | 587.055 | 550.541 | 564.505 | 579.349 | 5.195 | 6.356 | 7.706 | 76,7 | 80,4 | 82,9 | 76,0 | 79,5 | 81,8 | 0,7 | 0,9 | 1,1 |

Quelle
Statistisches Bundesamt: Kinder und tätige Personen in Tageseinrichtungen 2008; Kinder und tätige Personen in öffentlich geförderter Kindertagespflege 2008; zusammengestellt und berechnet von der Dortmunder Arbeitsstelle Kinder- und Jugendhilfestatistik, Januar 2009

* Kinder, die sowohl Tageseinrichtungen als auch Kindertagespflege nutzen, werden doppelt gezählt.

** In **Baden-Württemberg** besuchten im Schuljahr 2006/07 681 Kinder des Geburtsjahrgangs 2003 einen Schulkindergarten. Diese Kinder werden in den Daten zum 15.03.2006 nicht ausgewiesen. Im Schuljahr 2007/08 besuchten 711 Kinder des Geburtsjahrgangs 2004 einen Schulkindergarten. In **Nordrhein-Westfalen** besuchten 1.378 Kinder der Geburtsjahre 2002 und später einen Schulkindergarten, von diesen Kindern ist das genaue Geburtsjahr statistisch nicht erfasst. Diese Kinder werden in den Daten zum 15.03.2008 nicht ausgewiesen.

## Tab. 12 Kinder im Alter von 4 Jahren in Kindertagesbetreuung (Tageseinrichtungen und Kindertagespflege) sowie Quote der Inanspruchnahme nach Art der Betreuung in den Bundesländern am 15.03.2006, 15.03.2007, 15.03.2008

(Anzahl; Quote in %)*

| Bundes-land | Kinder in | | | | | | | | | | | | Quote der Inanspruchnahme | | | | | | | | |
|---|---|---|---|---|---|---|---|---|---|---|---|---|---|---|---|---|---|---|---|---|---|
| | der Bevölkerung | | | Kindertagesbetreuung | | | Tageseinrichtungen | | | Kindertagespflege | | | in Kindertages-betreuung | | | in Tages-einrichtungen | | | in Kinder-tagespflege | | |
| | Anzahl | | | | | | | | | | | | in % | | | | | | | | |
| BW** | 103.275 | 100.782 | 98.514 | 99.324 | 96.591 | 95.816 | 98.521 | 95.638 | 94.717 | 803 | 953 | 1.099 | 96,2 | 95,8 | 97,3 | 95,4 | 94,9 | 96,1 | 0,8 | 0,9 | 1,1 |
| BY | 117.858 | 115.070 | 113.147 | 107.654 | 106.978 | 106.197 | 107.374 | 106.675 | 105.839 | 280 | 303 | 358 | 91,3 | 93,0 | 93,9 | 91,1 | 92,7 | 93,5 | 0,2 | 0,3 | 0,3 |
| BE | 27.156 | 27.272 | 27.277 | 24.710 | 25.267 | 25.982 | 24.389 | 24.984 | 25.692 | 321 | 283 | 290 | 91,0 | 92,6 | 95,3 | 89,8 | 91,6 | 94,2 | 1,2 | 1,0 | 1,1 |
| BB | 18.852 | 18.939 | 19.261 | 17.256 | 18.008 | 18.469 | 17.163 | 17.889 | 18.340 | 93 | 119 | 129 | 91,5 | 95,1 | 95,9 | 91,0 | 94,5 | 95,2 | 0,5 | 0,6 | 0,7 |
| HB | 5.547 | 5.250 | 5.294 | 5.065 | 4.891 | 4.919 | 5.004 | 4.836 | 4.859 | 61 | 55 | 60 | 91,3 | 93,2 | 92,9 | 90,2 | 92,1 | 91,8 | 1,1 | 1,0 | 1,1 |
| HH | 14.780 | 14.871 | 14.915 | 12.950 | 12.962 | 13.368 | 12.569 | 12.586 | 12.984 | 381 | 376 | 384 | 87,6 | 87,2 | 89,6 | 85,0 | 84,6 | 87,1 | 2,6 | 2,5 | 2,6 |
| HE | 56.461 | 55.089 | 53.868 | 52.508 | 52.879 | 51.553 | 52.339 | 52.636 | 51.320 | 169 | 243 | 233 | 93,0 | 96,0 | 95,7 | 92,7 | 95,5 | 95,3 | 0,3 | 0,4 | 0,4 |
| MV | 12.803 | 12.467 | 12.731 | 11.762 | 11.639 | 12.228 | 11.587 | 11.465 | 12.035 | 175 | 174 | 193 | 91,9 | 93,4 | 96,0 | 90,5 | 92,0 | 94,5 | 1,4 | 1,4 | 1,5 |
| NI | 77.527 | 74.681 | 71.729 | 66.792 | 66.900 | 66.766 | 66.468 | 66.550 | 66.280 | 324 | 350 | 486 | 86,2 | 89,6 | 93,1 | 85,7 | 89,1 | 92,4 | 0,4 | 0,5 | 0,7 |
| NW** | 168.983 | 164.123 | 160.052 | 154.896 | 151.176 | 154.774 | 154.271 | 150.444 | 153.827 | 625 | 732 | 947 | 91,7 | 92,1 | 96,7 | 91,3 | 91,7 | 96,1 | 0,4 | 0,4 | 0,6 |
| RP | 36.996 | 35.646 | 34.807 | 35.613 | 34.276 | 34.109 | 35.488 | 34.136 | 33.936 | 125 | 140 | 173 | 96,3 | 96,2 | 98,0 | 95,9 | 95,8 | 97,5 | 0,3 | 0,4 | 0,5 |
| SL | 8.281 | 7.990 | 7.645 | 7.946 | 7.646 | 7.305 | 7.913 | 7.610 | 7.270 | 33 | 36 | 35 | 96,0 | 95,7 | 95,6 | 95,6 | 95,2 | 95,1 | 0,4 | 0,5 | 0,5 |
| SN | 31.703 | 31.581 | 31.978 | 29.608 | 29.638 | 30.819 | 29.572 | 29.571 | 30.751 | 36 | 67 | 68 | 93,4 | 93,8 | 96,4 | 93,3 | 93,6 | 96,2 | 0,1 | 0,2 | 0,2 |
| ST | 17.598 | 17.322 | 16.665 | 16.306 | 15.849 | 15.969 | 16.290 | 15.828 | 15.959 | 16 | 21 | 10 | 92,7 | 91,5 | 95,8 | 92,6 | 91,4 | 95,8 | 0,1 | 0,1 | 0,1 |
| SH | 26.717 | 25.963 | 25.254 | 23.518 | 23.040 | 22.943 | 23.366 | 22.867 | 22.731 | 152 | 173 | 212 | 88,0 | 88,7 | 90,8 | 87,5 | 88,1 | 90,0 | 0,6 | 0,7 | 0,8 |
| TH | 17.215 | 16.893 | 16.747 | 16.547 | 16.031 | 16.461 | 16.537 | 16.021 | 16.456 | 10 | 10 | 5 | 96,1 | 94,9 | 98,3 | 96,1 | 94,8 | 98,3 | 0,1 | 0,1 | 0,0 |
| O (o. BE) | 98.171 | 97.202 | 97.382 | 91.479 | 91.165 | 93.946 | 91.149 | 90.774 | 93.541 | 330 | 391 | 405 | 93,2 | 93,8 | 96,5 | 92,8 | 93,4 | 96,1 | 0,3 | 0,4 | 0,4 |
| W (o. BE) | 616.425 | 599.465 | 585.225 | 566.266 | 557.339 | 557.750 | 563.313 | 553.978 | 553.763 | 2.953 | 3.361 | 3.987 | 91,9 | 93,0 | 95,3 | 91,4 | 92,4 | 94,6 | 0,5 | 0,6 | 0,7 |
| D | 741.752 | 723.939 | 709.884 | 682.455 | 673.771 | 677.678 | 678.851 | 669.736 | 672.996 | 3.604 | 4.035 | 4.682 | 92,0 | 93,1 | 95,5 | 91,5 | 92,5 | 94,8 | 0,5 | 0,6 | 0,7 |

Quelle
Statistisches Bundesamt: Kinder und tätige Personen in Tageseinrichtungen 2008; Kinder und tätige Personen in öffentlich geförderter Kindertagespflege 2008; zusammengestellt und berechnet von der Dortmunder Arbeitsstelle Kinder- und Jugendhilfestatistik, Januar 2009

* Kinder, die sowohl Tageseinrichtungen als auch Kindertagespflege nutzen, werden doppelt gezählt.

** Im Schuljahr 2006/07 besuchten in **Baden-Württemberg** 1.100 Kinder des Geburtsjahrgangs 2002 einen Schulkindergarten, in Nordrhein-Westfalen geschätzt 907 Kinder. Diese Kinder werden in den Daten zum 15.03.2007 nicht ausgewiesen. Im Schuljahr 2007/08 besuchten in Baden-Württemberg 1.094 Kinder des Geburtsjahrgangs 2003 einen Schulkindergarten. In **Nordrhein-Westfalen** besuchten 1.378 Kinder der Geburtsjahre 2002 und später einen Schulkindergarten, von diesen Kindern ist das genaue Geburtsjahr statistisch nicht erfasst. Diese Kinder werden in den Daten zum 15.03.2008 nicht ausgewiesen.

**Tab. 13** | **Kinder im Alter von 5 Jahren (ohne Schulkinder) in Kindertagesbetreuung (Tageseinrichtungen und Kindertagespflege) sowie Quote der Inanspruchnahme nach Art der Betreuung in den Bundesländern am 15.03.2006, 15.03.2007, 15.03.2008**

(Anzahl; Quote in %)*

| Bundesland | Kinder in | | | | | | | | | | | | | | | Quote der Inanspruchnahme | | | | | | | | | | | |
|---|---|---|---|---|---|---|---|---|---|---|---|---|---|---|---|---|---|---|---|---|---|---|---|---|---|---|---|
| | der Bevölkerung | | | Kindertagesbetreuung und (vor-)schulischen Einrichtungen | | | Tageseinrichtungen | | | Kindertagespflege | | | (vor-)schulischen Einrichtungen | | | in Kindertagesbetreuung und (vor-) schulischen Einrichtungen | | | in Tageseinrichtungen | | | in Kindertagespflege | | | in (vor-)schulischen Einrichtungen | | |
| | Anzahl in 1.000 | | | Anzahl | | | | | | | | | | | | in % | | | | | | | | | | | |
| BW | 108 | 103 | 101 | 107.445 | 100.444 | 97.855 | 103.423 | 98.064 | 95.132 | 803 | 937 | 1.026 | 4.022 | 2.380 | 1.697 | 99,0 | 97,2 | 97,1 | 95,3 | 94,9 | 94,4 | 0,7 | 0,9 | 1,0 | 3,7 | 2,3 | 1,7 |
| BY | 123 | 118 | 115 | 114.679 | 111.631 | 108.646 | 114.331 | 111.313 | 108.002 | 262 | 239 | 276 | 348 | 318 | 368 | 92,9 | 94,8 | 94,3 | 92,6 | 94,6 | 93,8 | 0,2 | 0,2 | 0,2 | 0,3 | 0,3 | 0,3 |
| BE | 28 | 27 | 27 | 25.329 | 25.985 | 26.126 | 24.414 | 25.168 | 25.128 | 236 | 237 | 264 | 915 | 817 | 734 | 91,2 | 96,7 | 96,5 | 87,9 | 93,7 | 92,8 | 0,8 | 0,9 | 1,0 | 3,3 | 3,0 | 2,7 |
| BB | 20 | 19 | 19 | 18.298 | 17.721 | 18.220 | 18.199 | 17.626 | 18.034 | 68 | 84 | 101 | 99 | 95 | 85 | 92,5 | 93,1 | 95,5 | 92,0 | 92,6 | 94,5 | 0,3 | 0,4 | 0,5 | 0,5 | 0,5 | 0,4 |
| HB | 6 | 5 | 5 | 5.525 | 5.183 | 4.958 | 5.502 | 5.127 | 4.864 | 53 | 58 | 57 | 23 | 56 | 37 | 95,3 | 94,4 | 95,1 | 94,9 | 93,3 | 93,3 | 0,9 | 1,1 | 1,1 | 0,4 | 1,0 | 0,7 |
| HH | 15 | 15 | 15 | 14.466 | 14.802 | 15.029 | 11.045 | 11.540 | 10.869 | 333 | 328 | 308 | 3.421 | 3.262 | 3.852 | 97,4 | 100,9 | 101,8 | 74,4 | 78,7 | 73,6 | 2,2 | 2,2 | 2,1 | 23,0 | 22,2 | 26,1 |
| HE | 59 | 56 | 55 | 56.023 | 54.257 | 53.269 | 54.668 | 52.930 | 51.846 | 149 | 201 | 202 | 1.355 | 1.327 | 1.221 | 94,8 | 96,4 | 96,9 | 92,5 | 94,1 | 94,3 | 0,3 | 0,4 | 0,4 | 2,3 | 2,4 | 2,2 |
| MV | 13 | 13 | 12 | 12.198 | 12.006 | 11.799 | 12.173 | 11.979 | 11.667 | 110 | 110 | 109 | 25 | 27 | 23 | 93,8 | 94,1 | 95,2 | 93,7 | 93,8 | 94,1 | 0,8 | 0,9 | 0,9 | 0,2 | 0,2 | 0,2 |
| NI | 82 | 78 | 75 | 74.464 | 73.504 | 71.296 | 74.157 | 73.202 | 70.556 | 253 | 376 | 448 | 307 | 302 | 292 | 91,2 | 94,6 | 95,4 | 90,8 | 94,2 | 94,4 | 0,3 | 0,5 | 0,6 | 0,4 | 0,4 | 0,4 |
| NW** | 177 | 169 | 164 | 162.218 | 158.849 | 157.977 | 160.258 | 157.812 | 156.633 | 571 | 720 | 821 | 1.960 | 1.037 | 523 | 91,6 | 94,1 | 96,4 | 90,5 | 93,5 | 95,6 | 0,3 | 0,4 | 0,5 | 1,1 | 0,6 | 0,3 |
| RP | 39 | 37 | 36 | 37.505 | 35.899 | 34.753 | 37.350 | 35.745 | 34.411 | 120 | 119 | 182 | 155 | 154 | 160 | 95,7 | 97,1 | 97,5 | 95,3 | 96,7 | 96,5 | 0,3 | 0,3 | 0,5 | 0,4 | 0,4 | 0,4 |
| SL | 9 | 8 | 8 | 8.470 | 8.020 | 7.681 | 8.470 | 8.020 | 7.632 | 31 | 35 | 49 | 0 | 0 | 0 | 96,6 | 96,9 | 95,7 | 96,6 | 96,9 | 95,1 | 0,4 | 0,4 | 0,6 | 0,0 | 0,0 | 0,0 |
| SN | 33 | 32 | 31 | 30.948 | 30.106 | 29.974 | 30.913 | 30.020 | 29.898 | 33 | 31 | 53 | 35 | 86 | 23 | 94,8 | 95,1 | 95,3 | 94,7 | 94,8 | 95,0 | 0,1 | 0,1 | 0,2 | 0,1 | 0,3 | 0,1 |
| ST | 18 | 17 | 17 | 16.765 | 16.402 | 15.953 | 16.723 | 16.369 | 15.918 | 10 | 11 | 13 | 42 | 33 | 22 | 92,7 | 93,8 | 92,6 | 92,5 | 93,6 | 92,4 | 0,1 | 0,1 | 0,1 | 0,2 | 0,2 | 0,1 |
| SH | 28 | 27 | 26 | 25.150 | 24.913 | 24.121 | 25.103 | 24.851 | 23.871 | 136 | 130 | 194 | 47 | 62 | 56 | 88,6 | 92,9 | 92,6 | 88,4 | 92,7 | 91,6 | 0,5 | 0,5 | 0,7 | 0,2 | 0,2 | 0,2 |
| TH | 17 | 17 | 17 | 16.387 | 16.562 | 16.056 | 16.372 | 16.530 | 16.020 | 4 | 6 | 8 | 15 | 32 | 28 | 95,0 | 96,6 | 95,6 | 94,9 | 96,5 | 95,4 | 0,0 | 0,0 | 0,0 | 0,1 | 0,2 | 0,2 |
| O (o. BE) | 101 | 98 | 97 | 94.596 | 92.797 | 92.002 | 94.380 | 92.524 | 91.537 | 225 | 242 | 284 | 216 | 273 | 181 | 93,9 | 94,6 | 94,9 | 93,7 | 94,3 | 94,4 | 0,2 | 0,2 | 0,3 | 0,2 | 0,3 | 0,2 |
| W (o. BE) | 647 | 616 | 599 | 605.945 | 587.502 | 575.585 | 594.307 | 578.604 | 563.816 | 2.711 | 3.143 | 3.563 | 11.638 | 8.898 | 8.206 | 93,7 | 95,4 | 96,1 | 91,9 | 93,9 | 94,1 | 0,4 | 0,5 | 0,6 | 1,8 | 1,4 | 1,4 |
| D | 775 | 741 | 723 | 725.870 | 706.284 | 693.713 | 713.101 | 696.296 | 680.481 | 3.172 | 3.622 | 4.111 | 12.769 | 9.988 | 9.121 | 93,6 | 95,3 | 95,9 | 92 | 94,0 | 94,1 | 0,4 | 0,5 | 0,6 | 1,6 | 1,3 | 1,3 |

Quelle
Statistisches Bundesamt: Kinder und tätige Personen in Tageseinrichtungen 2008; Kinder und tätige Personen in öffentlich geförderter Kindertagespflege 2008; Bildung und Kultur: Allgemeinbildende Schulen 2007/08; zusammengestellt und berechnet von der Dortmunder Arbeitsstelle Kinder- und Jugendhilfestatistik, Januar 2009

* Kinder, die sowohl Tageseinrichtungen als auch Kindertagespflege nutzen, werden doppelt gezählt. Kinder, die sowohl Kindertagespflege als auch (vor-)schulische Einrichtungen nutzen, werden doppelt gezählt.

** In **Nordrhein-Westfalen** besuchten 1.378 Kinder der Geburtsjahre 2002 und später im Schuljahr 2007/08 einen Schulkindergarten. Von diesen Kindern ist das genaue Geburtsjahr statistisch nicht erfasst, so dass diese Kinder bei den Kindern in (vor-)schulischen Einrichtungen bei den Daten zum 15.03.2008 unberücksichtigt bleiben.

## Tab. 15 Kinder im Alter von unter 3 Jahren in Kindertageseinrichtungen nach Migrationshintergrund in den Bundesländern am 15.03.2008

(Anzahl; Anteile in %)

| | Kinder im Alter von < 3 Jahren in Kindertages-einrichtungen | Kinder, von denen mindestens ein Elternteil ausländischer Herkunft ist | | | Kinder, von denen mindestens ein Elternteil ausländischer Herkunft ist | | |
|---|---|---|---|---|---|---|---|
| | | insgesamt | davon vorwiegend im Elternhaus gesprochene Sprache | | insgesamt | davon vorwiegend im Elternhaus gesprochene Sprache | |
| | | | Deutsch | nicht Deutsch | | Deutsch | nicht Deutsch |
| Bundesland | Anzahl | | | | | | |
| Baden-Württemberg | 32.289 | 8.580 | 4.158 | 4.422 | 26,6 | 48,5 | 51,5 |
| Bayern | 37.757 | 7.694 | 3.875 | 3.819 | 20,4 | 50,4 | 49,6 |
| Berlin | 32.732 | 9.225 | 3.049 | 6.176 | 28,2 | 33,1 | 66,9 |
| Brandenburg | 21.623 | 815 | 471 | 344 | 3,8 | 57,8 | 42,2 |
| Bremen | 1.723 | 445 | 208 | 237 | 25,8 | 46,7 | 53,3 |
| Hamburg | 8.723 | 2.694 | 1.147 | 1.547 | 30,9 | 42,6 | 57,4 |
| Hessen | 18.297 | 4.578 | 2.122 | 2.456 | 25,0 | 46,4 | 53,6 |
| Mecklenburg-Vorpommern | 12.939 | 442 | 223 | 219 | 3,4 | 50,5 | 49,5 |
| Niedersachsen | 15.140 | 2.427 | 1.366 | 1.061 | 16,0 | 56,3 | 43,7 |
| Nordrhein-Westfalen | 32.203 | 8.166 | 3.906 | 4.260 | 25,4 | 47,8 | 52,2 |
| Rheinland-Pfalz | 13.467 | 2.967 | 1.496 | 1.471 | 22,0 | 50,4 | 49,6 |
| Saarland | 2.899 | 536 | 312 | 224 | 18,5 | 58,2 | 41,8 |
| Sachsen | 32.644 | 1.237 | 767 | 470 | 3,8 | 62,0 | 38,0 |
| Sachsen-Anhalt | 26.722 | 1.131 | 669 | 462 | 4,2 | 59,2 | 40,8 |
| Schleswig-Holstein | 5.133 | 657 | 340 | 317 | 12,8 | 51,8 | 48,2 |
| Thüringen | 18.823 | 670 | 405 | 265 | 3,6 | 60,4 | 39,6 |
| Ostdeutschland (o. BE) | 112.751 | 4.295 | 2.535 | 1.760 | 3,8 | 59,0 | 41,0 |
| Westdeutschland (o. BE) | 167.631 | 38.744 | 18.930 | 19.814 | 23,1 | 48,9 | 51,1 |
| Deutschland | 313.114 | 52.264 | 24.514 | 27.750 | 16,7 | 46,9 | 53,1 |

Quelle
Statistisches Bundesamt: Kinder und tätige Personen in Tageseinrichtungen 2008; zusammengestellt und berechnet von der Dortmunder Arbeitsstelle Kinder- und Jugendhilfestatistik, Januar 2009

**Tab. 15a** | **Kinder im Alter von unter 3 Jahren in Kindertageseinrichtungen mit und ohne Migrationshintergrund (mindestens ein Elternteil ausländischer Herkunft) in den Bundesländern am 15.03.2008**

(Anzahl; Anteile in % von insgesamt)

| | Kinder im Alter von < 3 Jahren in Kindertages-einrichtungen | Kinder, deren Eltern beide in Deutschland geboren wurden | Kinder, von denen mindestens ein Elternteil ausländischer Herkunft ist | | | Kinder, deren Eltern beide in Deutschland geboren wurden | Kinder, von denen mindestens ein Elternteil ausländischer Herkunft ist | | |
|---|---|---|---|---|---|---|---|---|---|
| | | | insgesamt | davon vorwiegend im Elternhaus gesprochene Sprache | | | insgesamt | davon vorwiegend im Elternhaus gesprochene Sprache | |
| | | | | Deutsch | nicht Deutsch | | | Deutsch | nicht Deutsch |
| Bundesland | Anzahl | Anzahl | | | | in % | | | |
| Baden-Württemberg | 32.289 | 23.709 | 8.580 | 4.158 | 4.422 | 73,4 | 26,6 | 12,9 | 13,7 |
| Bayern | 37.757 | 30.063 | 7.694 | 3.875 | 3.819 | 79,6 | 20,4 | 10,3 | 10,1 |
| Berlin | 32.732 | 23.507 | 9.225 | 3.049 | 6.176 | 71,8 | 28,2 | 9,3 | 18,9 |
| Brandenburg | 21.623 | 20.808 | 815 | 471 | 344 | 96,2 | 3,8 | 2,2 | 1,6 |
| Bremen | 1.723 | 1.278 | 445 | 208 | 237 | 74,2 | 25,8 | 12,1 | 13,8 |
| Hamburg | 8.723 | 6.029 | 2.694 | 1.147 | 1.547 | 69,1 | 30,9 | 13,1 | 17,7 |
| Hessen | 18.297 | 13.719 | 4.578 | 2.122 | 2.456 | 75,0 | 25,0 | 11,6 | 13,4 |
| Mecklenburg-Vorpommern | 12.939 | 12.497 | 442 | 223 | 219 | 96,6 | 3,4 | 1,7 | 1,7 |
| Niedersachsen | 15.140 | 12.713 | 2.427 | 1.366 | 1.061 | 84,0 | 16,0 | 9,0 | 7,0 |
| Nordrhein-Westfalen | 32.203 | 24.037 | 8.166 | 3.906 | 4.260 | 74,6 | 25,4 | 12,1 | 13,2 |
| Rheinland-Pfalz | 13.467 | 10.500 | 2.967 | 1.496 | 1.471 | 78,0 | 22,0 | 11,1 | 10,9 |
| Saarland | 2.899 | 2.363 | 536 | 312 | 224 | 81,5 | 18,5 | 10,8 | 7,7 |
| Sachsen | 32.644 | 31.407 | 1.237 | 767 | 470 | 96,2 | 3,8 | 2,3 | 1,4 |
| Sachsen-Anhalt | 26.722 | 25.591 | 1.131 | 669 | 462 | 95,8 | 4,2 | 2,5 | 1,7 |
| Schleswig-Holstein | 5.133 | 4.476 | 657 | 340 | 317 | 87,2 | 12,8 | 6,6 | 6,2 |
| Thüringen | 18.823 | 18.153 | 670 | 405 | 265 | 96,4 | 3,6 | 2,2 | 1,4 |
| Ostdeutschland (o. BE) | 112.751 | 108.456 | 4.295 | 2.535 | 1.760 | 96,2 | 3,8 | 2,2 | 1,6 |
| Westdeutschland (o. BE) | 167.631 | 128.887 | 38.744 | 18.930 | 19.814 | 76,9 | 23,1 | 11,3 | 11,8 |
| Deutschland | 313.114 | 260.850 | 52.264 | 24.514 | 27.750 | 83,3 | 16,7 | 7,8 | 8,9 |

Quelle
Statistisches Bundesamt: Kinder und tätige Personen in Tageseinrichtungen 2008; zusammengestellt und berechnet von der Dortmunder Arbeitsstelle Kinder- und Jugendhilfestatistik, Januar 2009

## Tab. 16 | Kinder im Alter von 3 Jahren bis zum Schuleintritt in Kindertageseinrichtungen nach Migrationshintergrund in den Bundesländern am 15.03.2008

(Anzahl; Anteile in %)

| | Kinder im Alter von > 3 Jahren in Kindertages-einrichtungen (ohne Schulkinder) | Kinder, von denen mindestens ein Elternteil ausländischer Herkunft ist | | | Kinder, von denen mindestens ein Elternteil ausländischer Herkunft ist | | |
|---|---|---|---|---|---|---|---|
| | | insgesamt | davon vorwiegend im Elternhaus gesprochene Sprache | | insgesamt | davon vorwiegend im Elternhaus gesprochene Sprache | |
| | | | Deutsch | nicht Deutsch | | Deutsch | nicht Deutsch |
| Bundesland | Anzahl | | | | | | |
| Baden-Württemberg | 320.678 | 104.569 | 43.808 | 60.761 | 32,6 | 41,9 | 58,1 |
| Bayern | 352.564 | 83.373 | 35.072 | 48.301 | 23,6 | 42,1 | 57,9 |
| Berlin | 80.984 | 29.288 | 7.028 | 22.260 | 36,2 | 24,0 | 76,0 |
| Brandenburg | 63.075 | 3.663 | 1.963 | 1.700 | 5,8 | 53,6 | 46,4 |
| Bremen | 16.022 | 6.306 | 2.018 | 4.288 | 39,4 | 32,0 | 68,0 |
| Hamburg | 41.404 | 15.805 | 5.641 | 10.164 | 38,2 | 35,7 | 64,3 |
| Hessen | 179.430 | 64.204 | 23.741 | 40.463 | 35,8 | 37,0 | 63,0 |
| Mecklenburg-Vorpommern | 43.408 | 2.224 | 1.076 | 1.148 | 5,1 | 48,4 | 51,6 |
| Niedersachsen | 231.334 | 48.478 | 22.420 | 26.058 | 21,0 | 46,2 | 53,8 |
| Nordrhein-Westfalen | 519.303 | 176.862 | 66.070 | 110.792 | 34,1 | 37,4 | 62,6 |
| Rheinland-Pfalz | 120.556 | 33.679 | 14.102 | 19.577 | 27,9 | 41,9 | 58,1 |
| Saarland | 26.582 | 6.774 | 3.041 | 3.733 | 25,5 | 44,9 | 55,1 |
| Sachsen | 111.957 | 7.257 | 3.651 | 3.606 | 6,5 | 50,3 | 49,7 |
| Sachsen-Anhalt | 58.703 | 3.416 | 1.692 | 1.724 | 5,8 | 49,5 | 50,5 |
| Schleswig-Holstein | 80.089 | 12.603 | 5.585 | 7.018 | 15,7 | 44,3 | 55,7 |
| Thüringen | 58.956 | 3.066 | 1.620 | 1.446 | 5,2 | 52,8 | 47,2 |
| Ostdeutschland (o. BE) | 336.099 | 19.626 | 10.002 | 9.624 | 5,8 | 51,0 | 49,0 |
| Westdeutschland (o. BE) | 1.887.962 | 552.653 | 221.498 | 331.155 | 29,3 | 40,1 | 59,9 |
| Deutschland | 2.305.045 | 601.567 | 238.528 | 363.039 | 26,1 | 39,7 | 60,3 |

Quelle
Statistisches Bundesamt: Kinder und tätige Personen in Tageseinrichtungen 2008; zusammengestellt und berechnet von der Dortmunder Arbeitsstelle Kinder- und Jugendhilfestatistik, Januar 2009

**Tab. 16a** **Kinder im Alter von 3 Jahren bis zum Schuleintritt in Kindertageseinrichtungen mit und ohne Migrationshintergrund (mindestens ein Elternteil ausländischer Herkunft) in den Bundesländern am 15.03.2008**
(Anzahl; Anteile in % von insgesamt)

| | Kinder im Alter von > 3 Jahren in Kindertages-einrichtungen (ohne Schulkinder) | Kinder, deren Eltern beide in Deutschland geboren wurden | Kinder, von denen mindestens ein Elternteil ausländischer Herkunft ist | | | Kinder, deren Eltern beide in Deutschland geboren wurden | Kinder, von denen mindestens ein Elternteil ausländischer Herkunft ist | | |
|---|---|---|---|---|---|---|---|---|---|
| | | | insgesamt | davon vorwiegend im Elternhaus gesprochene Sprache: Deutsch | davon vorwiegend im Elternhaus gesprochene Sprache: nicht Deutsch | | insgesamt | davon vorwiegend im Elternhaus gesprochene Sprache: Deutsch | davon vorwiegend im Elternhaus gesprochene Sprache: nicht Deutsch |
| Bundesland | Anzahl | Anzahl | | | | in % | | | |
| Baden-Württemberg | 320.678 | 216.109 | 104.569 | 43.808 | 60.761 | 67,4 | 32,6 | 13,7 | 18,9 |
| Bayern | 352.564 | 269.191 | 83.373 | 35.072 | 48.301 | 76,4 | 23,6 | 9,9 | 13,7 |
| Berlin | 80.984 | 51.696 | 29.288 | 7.028 | 22.260 | 63,8 | 36,2 | 8,7 | 27,5 |
| Brandenburg | 63.075 | 59.412 | 3.663 | 1.963 | 1.700 | 94,2 | 5,8 | 3,1 | 2,7 |
| Bremen | 16.022 | 9.716 | 6.306 | 2.018 | 4.288 | 60,6 | 39,4 | 12,6 | 26,8 |
| Hamburg | 41.404 | 25.599 | 15.805 | 5.641 | 10.164 | 61,8 | 38,2 | 13,6 | 24,5 |
| Hessen | 179.430 | 115.226 | 64.204 | 23.741 | 40.463 | 64,2 | 35,8 | 13,2 | 22,6 |
| Mecklenburg-Vorpommern | 43.408 | 41.184 | 2.224 | 1.076 | 1.148 | 94,9 | 5,1 | 2,5 | 2,6 |
| Niedersachsen | 231.334 | 182.856 | 48.478 | 22.420 | 26.058 | 79,0 | 21,0 | 9,7 | 11,3 |
| Nordrhein-Westfalen | 519.303 | 342.441 | 176.862 | 66.070 | 110.792 | 65,9 | 34,1 | 12,7 | 21,3 |
| Rheinland-Pfalz | 120.556 | 86.877 | 33.679 | 14.102 | 19.577 | 72,1 | 27,9 | 11,7 | 16,2 |
| Saarland | 26.582 | 19.808 | 6.774 | 3.041 | 3.733 | 74,5 | 25,5 | 11,4 | 14,0 |
| Sachsen | 111.957 | 104.700 | 7.257 | 3.651 | 3.606 | 93,5 | 6,5 | 3,3 | 3,2 |
| Sachsen-Anhalt | 58.703 | 55.287 | 3.416 | 1.692 | 1.724 | 94,2 | 5,8 | 2,9 | 2,9 |
| Schleswig-Holstein | 80.089 | 67.486 | 12.603 | 5.585 | 7.018 | 84,3 | 15,7 | 7,0 | 8,8 |
| Thüringen | 58.956 | 55.890 | 3.066 | 1.620 | 1.446 | 94,8 | 5,2 | 2,7 | 2,5 |
| Ostdeutschland (o. BE) | 336.099 | 316.473 | 19.626 | 10.002 | 9.624 | 94,2 | 5,8 | 3,0 | 2,9 |
| Westdeutschland (o. BE) | 1.887.962 | 1.335.309 | 552.653 | 221.498 | 331.155 | 70,7 | 29,3 | 11,7 | 17,5 |
| Deutschland | 2.305.045 | 1.703.478 | 601.567 | 238.528 | 363.039 | 73,9 | 26,1 | 10,3 | 15,7 |

Quelle
Statistisches Bundesamt: Kinder und tätige Personen in Tageseinrichtungen 2008; zusammengestellt und berechnet von der Dortmunder Arbeitsstelle Kinder- und Jugendhilfestatistik, Januar 2009

## Tab. 17 Kinder in Kindertagespflege nach Migrationshintergrund in den Bundesländern am 15.03.2008

(Anzahl; Anteil in %)

| | Kinder in Kindertagespflege insgesamt | Kinder, von denen mindestens ein Elternteil ausländischer Herkunft ist | | | Kinder, von denen mindestens ein Elternteil ausländischer Herkunft ist | | |
|---|---|---|---|---|---|---|---|
| | | insgesamt | davon vorwiegend im Elternhaus gesprochene Sprache | | insgesamt | davon vorwiegend im Elternhaus gesprochene Sprache | |
| | | | Deutsch | nicht Deutsch | | Deutsch | nicht Deutsch |
| Bundesland | Anzahl | Anzahl | | | in % | | |
| Baden-Württemberg | 14.411 | 2.332 | 1.602 | 730 | 16,2 | 68,7 | 31,3 |
| Bayern | 7.866 | 1.181 | 744 | 437 | 15,0 | 63,0 | 37,0 |
| Berlin | 4.569 | 626 | 373 | 253 | 13,7 | 59,6 | 40,4 |
| Brandenburg | 3.905 | 101 | 65 | 36 | 2,6 | 64,4 | 35,6 |
| Bremen | 756 | 148 | 112 | 36 | 19,6 | 75,7 | 24,3 |
| Hamburg | 5.534 | 406 | 56 | 350 | 7,3 | 13,8 | 86,2 |
| Hessen | 6.141 | 1.169 | 771 | 398 | 19,0 | 66,0 | 34,0 |
| Mecklenburg-Vorpommern | 4.845 | 102 | 67 | 35 | 2,1 | 65,7 | 34,3 |
| Niedersachsen | 7.146 | 1.049 | 800 | 249 | 14,7 | 76,3 | 23,7 |
| Nordrhein-Westfalen | 17.852 | 3.268 | 2.141 | 1.127 | 18,3 | 65,5 | 34,5 |
| Rheinland-Pfalz | 2.751 | 511 | 325 | 186 | 18,6 | 63,6 | 36,4 |
| Saarland | 616 | 113 | 70 | 43 | 18,3 | 61,9 | 38,1 |
| Sachsen | 3.893 | 152 | 102 | 50 | 3,9 | 67,1 | 32,9 |
| Sachsen-Anhalt | 317 | 13 | 5 | 8 | 4,1 | 38,5 | 61,5 |
| Schleswig-Holstein | 4.708 | 403 | 275 | 128 | 8,6 | 68,2 | 31,8 |
| Thüringen | 762 | 36 | 30 | 6 | 4,7 | 83,3 | 16,7 |
| Ostdeutschland (o. BE) | 13.722 | 404 | 269 | 135 | 2,9 | 66,6 | 33,4 |
| Westdeutschland (o. BE) | 67.781 | 10.580 | 6.896 | 3.684 | 15,6 | 65,2 | 34,8 |
| Deutschland | 86.072 | 11.610 | 7.538 | 4.072 | 13,5 | 64,9 | 35,1 |

Quelle
Statistisches Bundesamt: Kinder und tätige Personen in öffentlich geförderter Kindertagespflege 2008; zusammengestellt und berechnet von der Dortmunder Arbeitsstelle Kinder- und Jugendhilfestatistik, Januar 2009

**Tab. 18 | Anteil der Kinder mit Migrationshintergrund (mindestens ein Elternteil ausländischer Herkunft) in Kindertageseinrichtungen (ohne Schulkinder) in den Bundesländern nach Altersjahrgängen am 15.03.2008**
(Anteil in %)

| | BW | BY | BE | BB | HB | HH | HE | MV | NI | NW | RP | SL | SN | ST | SH | TH |
|---|---|---|---|---|---|---|---|---|---|---|---|---|---|---|---|---|
| Altersjahrgänge | in % | | | | | | | | | | | | | | | |
| unter 1-Jährige | 25,6 | 23,6 | 18,4 | 2,5 | 20,0 | 23,6 | 28,3 | 2,0 | 14,4 | 24,0 | 24,9 | 16,1 | 4,5 | 2,4 | 15,2 | 3,5 |
| 1-Jährige | 25,8 | 20,7 | 21,6 | 3,0 | 20,2 | 27,6 | 24,9 | 2,6 | 14,4 | 24,2 | 20,8 | 17,1 | 3,1 | 3,5 | 10,4 | 2,3 |
| 2-Jährige | 26,8 | 20,1 | 32,2 | 4,3 | 28,4 | 33,4 | 24,9 | 4,0 | 16,5 | 25,7 | 22,1 | 19,0 | 4,2 | 5,0 | 13,4 | 4,1 |
| 3-Jährige | 32,8 | 24,4 | 35,4 | 5,9 | 37,7 | 39,0 | 34,5 | 5,2 | 20,6 | 33,3 | 27,6 | 24,9 | 6,4 | 5,8 | 15,2 | 5,3 |
| 4-Jährige | 33,0 | 23,8 | 37,0 | 5,7 | 40,3 | 40,0 | 36,6 | 5,3 | 21,5 | 34,9 | 28,6 | 26,7 | 6,6 | 6,3 | 15,9 | 5,4 |
| 5-Jährige | 32,3 | 23,1 | 36,4 | 5,6 | 39,6 | 37,0 | 36,1 | 5,1 | 20,7 | 34,0 | 27,9 | 24,6 | 6,7 | 5,8 | 16,1 | 5,1 |
| 6-Jährige | 32,0 | 23,0 | 34,3 | 6,0 | 39,6 | 35,6 | 35,7 | 4,7 | 21,0 | 33,9 | 27,5 | 25,6 | 6,2 | 5,1 | 15,5 | 4,8 |
| 7-Jährige und älter | 35,8 | 30,0 | 34,3 | 8,3 | 27,9 | 32,8 | 38,6 | 5,7 | 21,0 | 34,7 | 24,5 | 34,0 | 6,9 | 3,9 | 16,4 | 5,2 |
| Kinder im Alter von unter 3 Jahren | 26,6 | 20,4 | 28,2 | 3,8 | 25,8 | 30,9 | 25,0 | 3,4 | 16,0 | 25,4 | 22,0 | 18,5 | 3,8 | 4,2 | 12,8 | 3,6 |
| Kinder im Alter von 3 Jahren bis zum Schuleintritt | 32,6 | 23,6 | 36,2 | 5,8 | 39,4 | 38,2 | 35,8 | 5,1 | 21,0 | 34,1 | 27,9 | 25,5 | 6,5 | 5,8 | 15,7 | 5,2 |
| Insgesamt | 32,1 | 23,3 | 33,9 | 5,3 | 38,0 | 36,9 | 34,8 | 4,7 | 20,7 | 33,5 | 27,3 | 24,8 | 5,9 | 5,3 | 15,6 | 4,8 |

Quelle
Statistisches Bundesamt: Kinder und tätige Personen in Tageseinrichtungen 2008; zusammengestellt und berechnet von der Dortmunder Arbeitsstelle Kinder- und Jugendhilfestatistik, Januar 2009

**Tab. 19 | Kinder insgesamt, Kinder mit Migrationshintergrund (mindestens ein Elternteil ausländischer Herkunft) sowie Kinder ohne Migrationshintergrund (beide Eltern deutscher Herkunft) in Kindertageseinrichtungen nach vereinbarter täglicher Betreuungszeit in den Bundesländern am 15.03.2008**

(Anteil an allen Betreuungszeiten in %)

| | Vertraglich vereinbarte Betreuungszeit pro Tag | | | | | | | | | | | |
|---|---|---|---|---|---|---|---|---|---|---|---|---|
| | Kinder insgesamt | | | | Kinder mit Migrationshintergrund | | | | Kinder ohne Migrationshintergrund | | | |
| | bis zu 5 Stunden | mehr als 5 bis zu 7 Stunden | mehr als 7 Stunden | vor- und nachmittags ohne Mittagsbetreuung | bis zu 5 Stunden | mehr als 5 bis zu 7 Stunden | mehr als 7 Stunden | vor- und nachmittags ohne Mittagsbetreuung | bis zu 5 Stunden | mehr als 5 bis zu 7 Stunden | mehr als 7 Stunden | vor- und nachmittags ohne Mittagsbetreuung |
| Bundesland | in % | | | | | | | | | | | |
| BW | 15,6 | 43,8 | 10,2 | 30,4 | 12,9 | 47,2 | 12,2 | 27,7 | 17,0 | 42,1 | 9,2 | 31,7 |
| BY | 38,2 | 40,8 | 20,2 | 0,8 | 30,6 | 38,1 | 30,4 | 0,9 | 40,7 | 41,7 | 16,8 | 0,8 |
| BE | 11,2 | 31,2 | 57,6 | 0,0 | 11,3 | 49,0 | 39,7 | 0,0 | 11,1 | 22,1 | 66,8 | 0,0 |
| BB | 36,4 | 30,8 | 32,8 | 0,0 | 34,4 | 42,2 | 23,5 | 0,0 | 36,5 | 30,2 | 33,3 | 0,0 |
| HB | 44,8 | 34,4 | 20,8 | 0,0 | 46,4 | 35,2 | 18,3 | 0,0 | 43,9 | 33,8 | 22,3 | 0,0 |
| HH | 54,0 | 15,5 | 30,4 | 0,1 | 58,4 | 13,4 | 28,1 | 0,0 | 51,4 | 16,7 | 31,8 | 0,1 |
| HE | 32,4 | 32,9 | 29,3 | 5,4 | 30,7 | 31,2 | 32,3 | 5,8 | 33,4 | 33,8 | 27,5 | 5,3 |
| MV | 23,3 | 38,8 | 37,7 | 0,3 | 26,5 | 49,2 | 24,1 | 0,1 | 23,1 | 38,3 | 38,3 | 0,3 |
| NI | 69,3 | 17,5 | 12,5 | 0,7 | 63,3 | 17,2 | 18,8 | 0,6 | 70,9 | 17,6 | 10,8 | 0,7 |
| NW | 14,1 | 30,7 | 30,0 | 25,2 | 13,0 | 29,9 | 33,9 | 23,1 | 14,6 | 31,1 | 28,0 | 26,3 |
| RP | 23,4 | 31,4 | 24,0 | 21,3 | 20,3 | 31,8 | 25,2 | 22,7 | 24,6 | 31,2 | 23,5 | 20,7 |
| SL | 27,9 | 39,0 | 21,1 | 12,0 | 31,2 | 36,4 | 20,1 | 12,3 | 26,8 | 39,9 | 21,4 | 11,8 |
| SN | 32,8 | 24,4 | 42,8 | 0,0 | 32,7 | 27,4 | 39,9 | 0,0 | 32,8 | 24,2 | 43,0 | 0,0 |
| ST | 46,4 | 14,1 | 39,4 | 0,1 | 63,5 | 13,5 | 22,9 | 0,2 | 45,5 | 14,1 | 40,3 | 0,0 |
| SH | 59,1 | 25,7 | 14,8 | 0,4 | 52,1 | 24,4 | 23,4 | 0,1 | 60,5 | 26,0 | 13,1 | 0,4 |
| TH | 8,0 | 6,6 | 85,4 | 0,0 | 7,1 | 7,2 | 85,5 | 0,2 | 8,0 | 6,5 | 85,4 | 0,0 |
| O (o. BE) | 31,9 | 23,5 | 44,5 | 0,1 | 35,2 | 27,9 | 36,8 | 0,1 | 31,7 | 23,3 | 45,0 | 0,1 |
| W (o. BE) | 31,7 | 33,1 | 21,4 | 13,9 | 26,1 | 33,1 | 26,5 | 14,3 | 34,0 | 33,1 | 19,2 | 13,7 |
| D | 30,9 | 30,9 | 27,8 | 10,3 | 25,7 | 33,7 | 27,7 | 12,9 | 32,6 | 30,1 | 27,9 | 9,5 |

Quelle
Statistisches Bundesamt: Kinder und tätige Personen in Tageseinrichtungen 2008; zusammengestellt und berechnet von der Dortmunder Arbeitsstelle Kinder- und Jugendhilfestatistik, Januar 2009

**Tab. 20a | Kinder* mit und ohne Migrationshintergrund (mindestens ein Elternteil ausländischer Herkunft) nach dem Anteil der Kinder mit Migrationshintergrund in den Einrichtungen in den Bundesländern am 15.03.2008**

(Anzahl; Verteilung auf Einrichtungen nach Anteil der Kinder mit Migrationshintergrund in %)

| | | Prozentualer Anteil der Kinder mit mindestens einem Elternteil ausländischer Herkunft in den Einrichtungen | | | | | | | | |
|---|---|---|---|---|---|---|---|---|---|---|
| | | unter 25% | | 25% bis unter 50% | | 50% bis unter 75% | | 75% und mehr | | insgesamt |
| Bundesland | Merkmale der Kinder in den Einrichtungen | Anzahl | in % | Anzahl | in % | Anzahl | in % | Anzahl | in % | Anzahl |
| BW | Mindestens ein Elternteil ausländischer Herkunft | 21.996 | 18,0 | 46.940 | 38,4 | 34.604 | 28,3 | 18.640 | 15,3 | 122.180 |
| | Beide Elternteile deutscher Herkunft | 144.693 | 56,6 | 85.302 | 33,4 | 22.468 | 8,8 | 3.280 | 1,3 | 255.743 |
| | Zusammen | 166.689 | 44,1 | 132.242 | 35,0 | 57.072 | 15,1 | 21.920 | 5,8 | 377.923 |
| BY | Mindestens ein Elternteil ausländischer Herkunft | 27.527 | 24,8 | 37.832 | 34,1 | 28.590 | 25,8 | 17.072 | 15,4 | 111.021 |
| | Beide Elternteile deutscher Herkunft | 246.647 | 73,1 | 68.786 | 20,4 | 18.778 | 5,6 | 3.266 | 1,0 | 337.477 |
| | Zusammen | 274.174 | 61,1 | 106.618 | 23,8 | 47.368 | 10,6 | 20.338 | 4,5 | 448.498 |
| BE | Mindestens ein Elternteil ausländischer Herkunft | 7.069 | 18,4 | 11.118 | 28,9 | 10.390 | 27,0 | 9.937 | 25,8 | 38.514 |
| | Beide Elternteile deutscher Herkunft | 46.559 | 61,9 | 20.063 | 26,7 | 6.729 | 8,9 | 1.859 | 2,5 | 75.210 |
| | Zusammen | 53.628 | 47,2 | 31.181 | 27,4 | 17.119 | 15,1 | 11.796 | 10,4 | 113.724 |
| BB | Mindestens ein Elternteil ausländischer Herkunft | 6.159 | 91,0 | 504 | 7,4 | 10 | 0,1 | 95 | 1,4 | 6.768 |
| | Beide Elternteile deutscher Herkunft | 132.103 | 99,2 | 1.105 | 0,8 | 10 | 0,0 | | | 133.218 |
| | Zusammen | 138.262 | 98,8 | 1.609 | 1,1 | 20 | 0,0 | 95 | 0,1 | 139.986 |
| HB | Mindestens ein Elternteil ausländischer Herkunft | 780 | 9,5 | 2.959 | 36,1 | 2.663 | 32,5 | 1.795 | 21,9 | 8.197 |
| | Beide Elternteile deutscher Herkunft | 6.152 | 46,4 | 5.069 | 38,3 | 1.565 | 11,8 | 466 | 3,5 | 13.252 |
| | Zusammen | 6.932 | 32,3 | 8.028 | 37,4 | 4.228 | 19,7 | 2.261 | 10,5 | 21.449 |
| HH | Mindestens ein Elternteil ausländischer Herkunft | 2.608 | 10,4 | 7.467 | 29,8 | 9.986 | 39,9 | 4.995 | 19,9 | 25.056 |
| | Beide Elternteile deutscher Herkunft | 21.811 | 51,7 | 13.082 | 31,0 | 6.333 | 15,0 | 947 | 2,2 | 42.173 |
| | Zusammen | 24.419 | 36,3 | 20.549 | 30,6 | 16.319 | 24,3 | 5.942 | 8,8 | 67.229 |
| HE | Mindestens ein Elternteil ausländischer Herkunft | 11.631 | 14,4 | 27.969 | 34,5 | 23.499 | 29,0 | 17.865 | 22,1 | 80.964 |
| | Beide Elternteile deutscher Herkunft | 77.763 | 53,3 | 49.868 | 34,2 | 15.355 | 10,5 | 2.951 | 2,0 | 145.937 |
| | Zusammen | 89.394 | 39,4 | 77.837 | 34,3 | 38.854 | 17,1 | 20.816 | 9,2 | 226.901 |
| MV** | Mindestens ein Elternteil ausländischer Herkunft | | | | | | | | | |
| | Beide Elternteile deutscher Herkunft | | | | | | | | | |
| | Zusammen | | | | | | | | | |
| NI | Mindestens ein Elternteil ausländischer Herkunft | 18.851 | 33,8 | 21.381 | 38,3 | 11.569 | 20,7 | 4.032 | 7,2 | 55.833 |
| | Beide Elternteile deutscher Herkunft | 159.966 | 77,0 | 39.388 | 19,0 | 7.699 | 3,7 | 775 | 0,4 | 207.828 |
| | Zusammen | 178.817 | 67,8 | 60.769 | 23,0 | 19.268 | 7,3 | 4.807 | 1,8 | 263.661 |
| NW | Mindestens ein Elternteil ausländischer Herkunft | 31.226 | 16,3 | 68.930 | 36,0 | 59.703 | 31,2 | 31.691 | 16,5 | 191.550 |
| | Beide Elternteile deutscher Herkunft | 209.645 | 55,6 | 122.694 | 32,5 | 39.241 | 10,4 | 5.679 | 1,5 | 377.259 |
| | Zusammen | 240.871 | 42,3 | 191.624 | 33,7 | 98.944 | 17,4 | 37.370 | 6,6 | 568.809 |
| RP | Mindestens ein Elternteil ausländischer Herkunft | 10.054 | 25,5 | 15.658 | 39,8 | 10.180 | 25,9 | 3.489 | 8,9 | 39.381 |
| | Beide Elternteile deutscher Herkunft | 66.978 | 64,9 | 29.027 | 28,1 | 6.662 | 6,5 | 573 | 0,6 | 103.240 |
| | Zusammen | 77.032 | 54,0 | 44.685 | 31,3 | 16.842 | 11,8 | 4.062 | 2,8 | 142.621 |
| SL | Mindestens ein Elternteil ausländischer Herkunft | 2.585 | 32,3 | 3.073 | 38,4 | 2.114 | 26,4 | 237 | 3,0 | 8.009 |
| | Beide Elternteile deutscher Herkunft | 16.797 | 69,9 | 5.810 | 24,2 | 1.360 | 5,7 | 59 | 0,2 | 24.026 |
| | Zusammen | 19.382 | 60,5 | 8.883 | 27,7 | 3.474 | 10,8 | 296 | 0,9 | 32.035 |
| SN | Mindestens ein Elternteil ausländischer Herkunft | 10.849 | 80,0 | 2.365 | 17,4 | 353 | 2,6 | | | 13.567 |
| | Beide Elternteile deutscher Herkunft | 217.220 | 97,8 | 4.712 | 2,1 | 238 | 0,1 | | | 222.170 |
| | Zusammen | 228.069 | 96,7 | 7.077 | 3,0 | 591 | 0,3 | | | 235.737 |
| ST | Mindestens ein Elternteil ausländischer Herkunft | 5.411 | 85,3 | 862 | 13,6 | 69 | 1,1 | | | 6.342 |
| | Beide Elternteile deutscher Herkunft | 115.578 | 98,3 | 1.917 | 1,6 | 33 | 0,0 | | | 117.528 |
| | Zusammen | 120.989 | 97,7 | 2.779 | 2,2 | 102 | 0,1 | | | 123.870 |
| SH | Mindestens ein Elternteil ausländischer Herkunft | 6.723 | 45,7 | 5.301 | 36,0 | 2.330 | 15,8 | 364 | 2,5 | 14.718 |
| | Beide Elternteile deutscher Herkunft | 65.612 | 84,6 | 10.265 | 13,2 | 1.610 | 2,1 | 66 | 0,1 | 77.553 |
| | Zusammen | 72.335 | 78,4 | 15.566 | 16,9 | 3.940 | 4,3 | 430 | 0,5 | 92.271 |
| TH | Mindestens ein Elternteil ausländischer Herkunft | 3.261 | 85,9 | 498 | 13,1 | 37 | 1,0 | | | 3.796 |
| | Beide Elternteile deutscher Herkunft | 74.584 | 98,6 | 1.046 | 1,4 | 34 | 0,0 | | | 75.664 |
| | Zusammen | 77.845 | 98,0 | 1.544 | 1,9 | 71 | 0,1 | | | 79.460 |

Quelle
Kinder und tätige Personen in Tageseinrichtungen 2008, Forschungsdatenzentrum der Statistischen Landesämter, Berechnungen der Dortmunder Arbeitsstelle Kinder- und Jugendhilfestatistik, April 2009

* Ausgewiesen sind alle Kinder in Tageseinrichtungen, also auch Kinder, die bereits die Schule besuchen.

** Aus Gründen der Anonymisierung können für Mecklenburg-Vorpommern keine Daten ausgewiesen werden.

## Tab. 20b Kinder* nach vorrangig in der Familie gesprochener Sprache nach dem Anteil der Kinder mit vorrangig nicht deutscher Familiensprache in den Einrichtungen in den Bundesländern am 15.03.2008

(Anzahl; Verteilung auf Einrichtungen nach Anteil der Kinder mit vorrangig nicht deutscher Familiensprache in %)

| | | Prozentualer Anteil der Kinder, deren Familiensprache vorrangig nicht Deutsch ist, in den Einrichtungen | | | | | | | | |
|---|---|---|---|---|---|---|---|---|---|---|
| | | unter 25% | | 25% bis unter 50% | | 50% bis unter 75% | | 75% und mehr | | insgesamt |
| Bundesland | Merkmale der Kinder in den Einrichtungen | Anzahl | In % | Anzahl | In % | Anzahl | In % | Anzahl | In % | Anzahl |
| BW | Familiensprache vorrangig nicht Deutsch | 24.730 | 35,2 | 26.462 | 37,6 | 14.445 | 20,5 | 4.705 | 6,7 | 70.342 |
| | Familiensprache vorrangig Deutsch | 247.295 | 80,4 | 49.712 | 16,2 | 9.651 | 3,1 | 923 | 0,3 | 307.581 |
| | Zusammen | 272.025 | 72,0 | 76.174 | 20,2 | 24.096 | 6,4 | 5.628 | 1,5 | 377.923 |
| BY | Familiensprache vorrangig nicht Deutsch | 23.076 | 33,9 | 23.221 | 34,2 | 15.132 | 22,3 | 6.548 | 9,6 | 67.977 |
| | Familiensprache vorrangig Deutsch | 326.036 | 85,7 | 43.342 | 11,4 | 10.084 | 2,7 | 1.059 | 0,3 | 380.521 |
| | Zusammen | 349.112 | 77,8 | 66.563 | 14,8 | 25.216 | 5,6 | 7.607 | 1,7 | 448.498 |
| BE | Familiensprache vorrangig nicht Deutsch | 5.886 | 19,1 | 7.610 | 24,7 | 7.670 | 24,9 | 9.696 | 31,4 | 30.862 |
| | Familiensprache vorrangig Deutsch | 63.212 | 76,3 | 12.922 | 15,6 | 4.962 | 6,0 | 1.766 | 2,1 | 82.862 |
| | Zusammen | 69.098 | 60,8 | 20.532 | 18,1 | 12.632 | 11,1 | 11.462 | 10,1 | 113.724 |
| BB** | Familiensprache vorrangig nicht Deutsch | | | | | | | | | |
| | Familiensprache vorrangig Deutsch | | | | | | | | | |
| | Zusammen | | | | | | | | | |
| HB | Familiensprache vorrangig nicht Deutsch | 1.111 | 19,7 | 2.181 | 38,8 | 2.022 | 35,9 | 314 | 5,6 | 5.628 |
| | Familiensprache vorrangig Deutsch | 10.546 | 66,7 | 3.892 | 24,6 | 1.321 | 8,3 | 62 | 0,4 | 15.821 |
| | Zusammen | 11.657 | 54,3 | 6.073 | 28,3 | 3.343 | 15,6 | 376 | 1,8 | 21.449 |
| HH | Familiensprache vorrangig nicht Deutsch | 3.059 | 19,4 | 5.916 | 37,4 | 5.143 | 32,5 | 1.686 | 10,7 | 15.804 |
| | Familiensprache vorrangig Deutsch | 37.246 | 72,4 | 10.457 | 20,3 | 3.400 | 6,6 | 322 | 0,6 | 51.425 |
| | Zusammen | 40.305 | 60,0 | 16.373 | 24,4 | 8.543 | 12,7 | 2.008 | 3,0 | 67.229 |
| HE | Familiensprache vorrangig nicht Deutsch | 13.136 | 24,8 | 18.027 | 34,0 | 13.330 | 25,2 | 8.450 | 16,0 | 52.943 |
| | Familiensprache vorrangig Deutsch | 130.828 | 75,2 | 33.673 | 19,4 | 8.510 | 4,9 | 947 | 0,5 | 173.958 |
| | Zusammen | 143.964 | 63,4 | 51.700 | 22,8 | 21.840 | 9,6 | 9.397 | 4,1 | 226.901 |
| MV*** | Familiensprache vorrangig nicht Deutsch | | | | | | | | | |
| | Familiensprache vorrangig Deutsch | | | | | | | | | |
| | Zusammen | | | | | | | | | |
| NI | Familiensprache vorrangig nicht Deutsch | 14.775 | 45,6 | 10.547 | 32,6 | 4.441 | 13,7 | 2.616 | 8,1 | 32.379 |
| | Familiensprache vorrangig Deutsch | 208.104 | 90,0 | 19.777 | 8,6 | 3.116 | 1,3 | 285 | 0,1 | 231.282 |
| | Zusammen | 222.879 | 84,5 | 30.324 | 11,5 | 7.557 | 2,9 | 2.901 | 1,1 | 263.661 |
| NW | Familiensprache vorrangig nicht Deutsch | 36.269 | 29,9 | 43.454 | 35,9 | 29.848 | 24,6 | 11.572 | 9,6 | 121.143 |
| | Familiensprache vorrangig Deutsch | 346.436 | 77,4 | 79.390 | 17,7 | 19.816 | 4,4 | 2.024 | 0,5 | 447.666 |
| | Zusammen | 382.705 | 67,3 | 122.844 | 21,6 | 49.664 | 8,7 | 13.596 | 2,4 | 568.809 |
| RP | Familiensprache vorrangig nicht Deutsch | 9.555 | 41,0 | 7.955 | 34,2 | 4.161 | 17,9 | 1.620 | 7,0 | 23.291 |
| | Familiensprache vorrangig Deutsch | 101.233 | 84,8 | 14.911 | 12,5 | 2.927 | 2,5 | 259 | 0,2 | 119.330 |
| | Zusammen | 110.788 | 77,7 | 22.866 | 16,0 | 7.088 | 5,0 | 1.879 | 1,3 | 142.621 |
| SL | Familiensprache vorrangig nicht Deutsch | 2.175 | 48,1 | 1.222 | 27,0 | 983 | 21,7 | 145 | 3,2 | 4.525 |
| | Familiensprache vorrangig Deutsch | 24.233 | 88,1 | 2.570 | 9,3 | 704 | 2,6 | 3 | 0,0 | 27.510 |
| | Zusammen | 26.408 | 82,4 | 3.792 | 11,8 | 1.687 | 5,3 | 148 | 0,5 | 32.035 |
| SN | Familiensprache vorrangig nicht Deutsch | 5.414 | 81,5 | 947 | 14,2 | 125 | 1,9 | 161 | 2,4 | 6.647 |
| | Familiensprache vorrangig Deutsch | 227.145 | 99,2 | 1.855 | 0,8 | 78 | 0,0 | 12 | 0,0 | 229.090 |
| | Zusammen | 232.559 | 98,7 | 2.802 | 1,2 | 203 | 0,1 | 173 | 0,1 | 235.737 |
| ST | Familiensprache vorrangig nicht Deutsch | 2.695 | 86,5 | 194 | 6,2 | 59 | 1,9 | 169 | 5,4 | 3.117 |
| | Familiensprache vorrangig Deutsch | 120.296 | 99,6 | 410 | 0,3 | 43 | 0,0 | 4 | 0,0 | 120.753 |
| | Zusammen | 122.991 | 99,3 | 604 | 0,5 | 102 | 0,1 | 173 | 0,1 | 123.870 |
| SH | Familiensprache vorrangig nicht Deutsch | 4.532 | 53,5 | 2.863 | 33,8 | 647 | 7,6 | 424 | 5,0 | 8.466 |
| | Familiensprache vorrangig Deutsch | 77.676 | 92,7 | 5.536 | 6,6 | 497 | 0,6 | 96 | 0,1 | 83.805 |
| | Zusammen | 82.208 | 89,1 | 8.399 | 9,1 | 1.144 | 1,2 | 520 | 0,6 | 92.271 |
| TH*** | Familiensprache vorrangig nicht Deutsch | | | | | | | | | |
| | Familiensprache vorrangig Deutsch | | | | | | | | | |
| | Zusammen | | | | | | | | | |

Quelle
Kinder und tätige Personen in Tageseinrichtungen 2008, Forschungsdatenzentrum der Statistischen Landesämter, Berechnungen der Dortmunder Arbeitsstelle Kinder- und Jugendhilfestatistik, April 2009

* Ausgewiesen sind alle Kinder in Tageseinrichtungen, also auch Kinder, die bereits die Schule besuchen.

** In Brandenburg ist die Anzahl der statistisch erfassten Kinder mit dem Merkmal der nicht deutschen Familiensprache unplausibel hoch. Aus diesem Grund werden die entsprechenden Daten nicht ausgewiesen.

*** Aus Gründen der Anonymisierung können für Mecklenburg-Vorpommern und Thüringen keine Daten ausgewiesen werden.

Lesehilfe:
In Baden-Württemberg besuchen 35,2% der Kinder, die in ihrer Familie vorrangig nicht Deutsch sprechen, eine Kindertageseinrichtung, in der der Anteil der Kinder, die in der Familie überwiegend nicht Deutsch sprechen, bei unter 25% liegt. Im Vergleich dazu: Von den Kindern, die zu Hause überwiegend Deutsch sprechen, besucht ein Anteil von 80,4% ebensolche Einrichtungen (also Einrichtungen, in denen der Anteil der Kinder, die zu Hause überwiegend nicht Deutsch sprechen, bei unter 25% liegt). Oder: 27,2% der Kinder in Baden-Württemberg, die zu Hause überwiegend nicht Deutsch sprechen, besuchen Einrichtungen, in denen 50% und mehr der Kinder in der Familie ebenfalls überwiegend nicht Deutsch sprechen. Bei den Kindern, die überwiegend Deutsch in ihrer Familie sprechen, liegt dieser Anteil bei 3,4%.

**Tab. 21 Reine Nettoausgaben* der öffentlichen Haushalte (ohne Elternbeiträge und Anteile der freien Träger) für die FBBE (einschließlich Ausgaben für Hortangebote) pro unter 10-jährigem Kind 2001 bis 2006 in den Bundesländern**

(Angaben in Euro)

| | 2001 | 2002 | 2003 | 2004 | 2005 | 2006 |
|---|---|---|---|---|---|---|
| Bundesland | in Euro | | | | | |
| Baden-Württemberg | 1.072 | 1.147 | 1.199 | 1.210 | 1.257 | 1.309 |
| Bayern | k.A. | 1.050 | 1.116 | 1.142 | 1.198 | 1.228 |
| Berlin** | k.A. | k.A. | 2.834 | 2.784 | 2.776 | k.A. |
| Brandenburg | 2.484 | 2.409 | 2.403 | 2.292 | 2.273 | 2.326 |
| Bremen | k.A. | 1.443 | 1.496 | 1.572 | 1.560 | 1.662 |
| Hamburg | k.A. | 2.189 | 2.395 | 2.436 | 2.329 | 2.372 |
| Hessen | 1.148 | 1.272 | 1.354 | 1.420 | 1.499 | 1.572 |
| Mecklenburg-Vorpommern | 1.804 | 1.824 | 1.822 | 1.844 | 1.880 | 1.964 |
| Niedersachsen | 869 | 945 | 1.003 | 1.011 | 1.048 | 1.089 |
| Nordrhein-Westfalen | 1.127 | 1.184 | 1.222 | 1.263 | 1.362 | 1.420 |
| Rheinland-Pfalz | 1.236 | 1.281 | 1.365 | 1.445 | 1.533 | 1.658 |
| Saarland | 1.040 | 1.178 | 1.264 | 1.333 | 1.416 | 1.516 |
| Sachsen | k.A. | 2.117 | 2.198 | 2.152 | 2.226 | 2.404 |
| Sachsen-Anhalt | k.A. | k.A. | 2.512 | 2.192 | 2.155 | 2.234 |
| Schleswig-Holstein | 862 | 889 | 991 | 1.014 | 1.019 | 1.108 |
| Thüringen | 1.932 | 1.903 | 1.979 | 1.991 | 2.034 | 1.956 |
| Ostdeutschland (o. BE) | / | / | 2.208 | 2.118 | 2.144 | 2.225 |
| Westdeutschland (o. BE) | / | / | 1.211 | 1.245 | 1.307 | 1.365 |

Quelle
Statistisches Bundesamt: Finanzen und Steuern. Rechnungsergebnisse der kommunalen Haushalte. Sonderauswertung der Dreisteller HUA 454 und 464 durch das Statistische Bundesamt nach dem Schema der Tabelle 4 der Fachserie 14, Reihe 3.3; Statistisches Bundesamt: Finanzen und Steuern. Rechnungsergebnisse der öffentlichen Haushalte für soziale Sicherung und für Gesundheit, Sport, Erholung. Fachserie 14, Reihe 3.5; Tabelle 2.2 Veröffentlichungsnummer 3060 (Förderung von Kindern in Tageseinrichtungen und Tagespflege = Funktion 264) und 3074 (Tageseinrichtungen für Kinder = Funktion 274); zusammengestellt und berechnet von der Dortmunder Arbeitsstelle Kinder- und Jugendhilfestatistik, Mai 2009

* Unter reinen Nettoausgaben werden hier die ausgewiesenen Nettoausgaben der öffentlichen Haushalte abzüglich der Nettoeinnahmen der öffentlichen Haushalte verstanden. Es handelt sich dabei um die Unterdeckung der Haushaltsunterabschnitte/Funktionen, die durch eingenommene Steuermittel finanziert werden müssen. Enthalten sind auch die Kosten für den Hort, die über die Haushaltsunterabschnitte 454/464 und die Funktion 264/274 verbucht werden. Sofern Leistungen nach SGB IX über diese Haushaltsstellen gebucht werden, sind sie ebenfalls enthalten.

** Für Berlin können für 2006 keine Werte ausgewiesen werden, da die reinen Nettoausgaben laut Rechnungsergebnissen der öffentlichen Haushalte Werte ausweisen, die mit eigenen Angaben des Senats nicht vollständig plausibilisiert werden konnten.

/ Aufgrund der unvollständigen Angaben der Länder kann kein Gesamtwert gebildet werden.

## Tab. 22 Anteil der reinen Nettoausgaben* für FBBE an den reinen Nettogesamtausgaben der staatlichen und kommunalen Haushalte 2001 bis 2006 in den Bundesländern

(Anteil in %)

| | 2001 | 2002 | 2003 | 2004 | 2005 | 2006 |
|---|---|---|---|---|---|---|
| Bundesland | in % | | | | | |
| Baden-Württemberg | 3,0 | 3,2 | 3,3 | 3,3 | 3,3 | 3,3 |
| Bayern | k.A. | 2,6 | 2,8 | 2,8 | 2,9 | 2,8 |
| Berlin** | k.A. | k.A. | 5,7 | 5,8 | 5,4 | k.A. |
| Brandenburg | 5,7 | 5,1 | 5,4 | 5,4 | 5,6 | 5,6 |
| Bremen | k.A. | 3,0 | 2,9 | 2,9 | 2,7 | 2,9 |
| Hamburg | k.A. | 3,7 | 3,7 | 3,9 | 3,9 | 3,8 |
| Hessen | 2,8 | 3,1 | 3,2 | 3,3 | 3,5 | 3,4 |
| Mecklenburg-Vorpommern | 3,9 | 3,8 | 3,9 | 4,2 | 4,5 | 4,9 |
| Niedersachsen | 2,9 | 2,9 | 3,0 | 3,0 | 3,1 | 3,1 |
| Nordrhein-Westfalen | 3,2 | 3,3 | 3,3 | 3,3 | 3,4 | 3,6 |
| Rheinland-Pfalz | 3,9 | 3,9 | 4,0 | 4,1 | 4,3 | 4,3 |
| Saarland | 3,3 | 3,4 | 3,3 | 3,5 | 3,2 | 3,1 |
| Sachsen | k.A. | 5,1 | 5,3 | 5,7 | 6,1 | 6,3 |
| Sachsen-Anhalt | k.A. | k.A. | 5,1 | 4,7 | 4,6 | 4,9 |
| Schleswig-Holstein | 2,7 | 2,8 | 2,9 | 3,0 | 2,8 | 3,0 |
| Thüringen | 4,2 | 4,2 | 4,4 | 4,7 | 5,1 | 4,9 |
| Ostdeutschland (o. BE) | / | / | 4,9 | 5,1 | 5,3 | 5,5 |
| Westdeutschland (o. BE) | / | / | 3,2 | 3,2 | 3,3 | 3,3 |

Quellen
Statistisches Bundesamt: Finanzen und Steuern. Rechnungsergebnisse der kommunalen Haushalte. Sonderauswertung der Dreisteller HUA 454 und 464 durch das Statistische Bundesamt nach dem Schema der Tabelle 4 der Fachserie 14, Reihe 3.3; Statistisches Bundesamt: Finanzen und Steuern. Rechnungsergebnisse der öffentlichen Haushalte für soziale Sicherung und für Gesundheit, Sport, Erholung. Fachserie 14, Reihe 3.5; Tabelle 2.2 Veröffentlichungsnummer 3060 (Förderung von Kindern in Tageseinrichtungen und Tagespflege = Funktion 264) und 3074 (Tageseinrichtungen für Kinder = Funktion 274); zusammengestellt und berechnet von der Dortmunder Arbeitsstelle Kinder- und Jugendhilfestatistik, Mai 2009

* Unter reinen Nettoausgaben werden hier die ausgewiesenen Nettoausgaben der öffentlichen Haushalte abzüglich der Nettoeinnahmen der öffentlichen Haushalte verstanden. Es handelt sich dabei um die Unterdeckung der Haushaltsunterabschnitte/Funktionen, die durch eingenommene Steuermittel finanziert werden müssen. Enthalten sind auch die Kosten für den Hort, die über die Haushaltsunterabschnitte 454/464 und die Funktion 264/274 verbucht werden. Sofern Leistungen nach SGB IX über diese Haushaltsstellen gebucht werden, sind sie ebenfalls enthalten.

** Für Berlin können für 2006 keine Werte ausgewiesen werden, da die reinen Nettoausgaben für FBBE laut Rechnungsergebnissen der öffentlichen Haushalte Werte ausweisen, die mit eigenen Angaben des Senats nicht vollständig plausibilisiert werden konnten.

/ Aufgrund der unvollständigen Angaben der Länder kann kein Gesamtwert gebildet werden.

## Tab. 23 Finanzierungsanteil der staatlichen und nicht-staatlichen Ebenen an den Gesamtkosten* für die FBBE in den Bundesländern im Jahr 2006

(Anteil in %)

| Bundesland | Kommune | Land | Eltern** | freie Träger** |
|---|---|---|---|---|
| | In % | | | |
| Baden-Württemberg | 54,5 | 23,2 | 17,4 | 4,9 |
| Bayern**** | (49,3) | (30,9) | (19,8) | / |
| Berlin*** | / | / | / | / |
| Brandenburg | 58,0 | 22,3 | 17,5 | 2,2 |
| Bremen | – | (83,5) | (13,2) | (3,3) |
| Hamburg | – | 81,3 | 17,8 | 0,9 |
| Hessen | 67,1 | 7,4 | 19,7 | 5,8 |
| Mecklenburg-Vorpommern | 49,1 | 28,4 | 22,5 | 0,0 |
| Niedersachsen**** | (57,6) | (14,3) | (28,0) | / |
| Nordrhein-Westfalen | 47,5 | 28,9 | 12,5 | 11,1 |
| Rheinland-Pfalz*** | / | / | / | / |
| Saarland | 49,5 | 25,7 | 16,8 | 8,0 |
| Sachsen | 47,1 | 35,5 | 16,8 | 0,6 |
| Sachsen-Anhalt | 49,8 | 28,3 | 20,0 | 1,8 |
| Schleswig-Holstein | 51,9 | 14,1 | 28,1 | 6,0 |
| Thüringen | 51,2 | 29,7 | 18,4 | 0,6 |

Quelle
Statistisches Bundesamt: Finanzen und Steuern. Rechnungsergebnisse der öffentlichen Haushalte für soziale Sicherung und für Gesundheit, Sport, Erholung. Fachserie 14, Reihe 3.5; Tabelle 2.2 Veröffentlichungsnummer 3060 (Förderung von Kindern in Tageseinrichtungen und Tagespflege = Funktion 264) und 3074 (Tageseinrichtungen für Kinder = Funktion 274); zusammengestellt und berechnet von der Dortmunder Arbeitsstelle Kinder- und Jugendhilfestatistik, Mai 2009

* Das grundsätzliche Problem bei der Darstellung der Gesamtkosten der Kindertageseinrichtungen besteht darin, dass in den Jahresrechnungsergebnissen der öffentlichen Haushalte nicht alle Kosten berücksichtigt werden. In der Regel fehlen die Elternbeiträge, die von den Einrichtungen der Träger der freien Jugendhilfe direkt eingezogen werden, sowie die finanziellen Eigenanteile der Träger der freien Jugendhilfe. Genaue Angaben sind hierzu nicht flächendeckend verfügbar, allerdings kann man sich über eine Schätzung diesen beiden Ausgabegrößen nähern.

** Elternbeiträge bei freien Trägern
Bekannt ist, wie viele Elternbeiträge für wie viele Plätze in Einrichtungen des öffentlichen Trägers als Einnahmen verbucht werden. Zusätzlich ist bekannt, in welchem Verhältnis die Anzahl der Plätze beim öffentlichen zu der beim freien Träger steht. Aufgrund dieser Angaben kann errechnet werden, wie hoch die Elternbeiträge bei den Trägern der freien Jugendhilfe wahrscheinlich ausgefallen sind. Diese Schätzung basiert dabei auf der durchaus plausiblen Annahme, dass die durchschnittliche Höhe der Elternbeiträge für den Besuch einer Tageseinrichtung beim öffentlichen Träger genauso hoch ist wie beim Träger der freien Jugendhilfe. Für NRW war diese Hilfsrechnung nicht notwendig, da sämtliche Elternbeiträge von den Jugendämtern berechnet und eingezogen werden, wodurch alle Zahlungen der Eltern im öffentlichen Haushalt gebucht werden. Weitere Anmerkungen zu einzelnen Ländern siehe Abschnitt „Anmerkungen zu den BL".

Finanzieller Eigenanteil der freien Träger
Der finanzielle Eigenanteil der Träger der freien Jugendhilfe kann nicht durch Schätzungen auf der Grundlage der Ergebnisse der Jahresrechnungsstatistik gewonnen werden. Hierzu sind landesspezifische Recherchen zum Trägeranteil durchgeführt worden, wodurch für die meisten Länder plausible Trägeranteile ermittelt werden konnten. Siehe dazu die Anmerkungen zu den Bundesländern.

*** Die Finanzierungsgemeinschaften können für die Länder **Berlin** und **Rheinland-Pfalz** nicht ausgewiesen werden.

**** In welchem Umfang sich die Träger der freien Jugendhilfe an den Betriebskosten ihrer eigenen Einrichtungen beteiligen, ist in **Niedersachsen** und **Bayern** nicht bekannt. Die ausgewiesenen Finanzierungsanteile der Kommunen, des Landes und der Eltern sind daher tendenziell etwas überhöht und nicht vollständig vergleichbar. Für Niedersachsen ergäbe sich bei einem Eigenfinanzierungsanteil von ca. 10% folgende Verteilung: Kommune 51,9%, Land 12,9% und Eltern 25,2%. Für Bayern ergäbe sich bei einem Eigenfinanzierungsanteil in Höhe von 100 Mio. EUR folgende Verteilung: Kommune: 46,7%, Land: 29,3%, Eltern: 18,8%, freie Träger: 5,2%.

### Anmerkungen zu den Bundesländern

**Baden-Württemberg:** Zur Höhe des kommunalen Zuschusses an freie Träger von Kindergärten und Tageseinrichtungen mit altersgemischten Gruppen, zum Eigenanteil der Träger und zu den Elternbeiträgen liegen in Baden-Württemberg keine verlässlichen bzw. konkreten Daten vor. Die Werte sind von Gemeinde zu Gemeinde bzw. von Träger zu Träger sehr unterschiedlich. Gemäß den gesetzlichen Vorgaben fördern die Kommunen die Kindergärten von Trägern der freien Jugendhilfe, die in den Bedarfsplan aufgenommen sind, mit mindestens 63% der Betriebskosten. Nach groben Schätzungen der landesweiten Durchschnittswerte dürfte die Zuschusshöhe der Kommunen bei 75–100% (für die Berechnung wurden 75% zu Grunde gelegt), der Eigenanteil der Träger bei 0–20% (für die Berechnung wurden 10% zu Grunde gelegt) und die Elternbeiträge bei 0–20% (für die Berechnung wurden 15% zu Grunde gelegt) der Betriebskosten liegen. Insbesondere bei der Finanzierung von Einrichtungen zur Betreuung von Kindern unter drei Jahren und bei den Beiträgen der Eltern zur Kindertagespflege dürften die Trägeranteile wegen der deutlich höheren Landesförderung ab 2009 zurückgehen.

**Bayern:** Unter Berücksichtigung der staatlichen Ausgaben für die Kinderbetreuung und der korrespondierenden kommunalen Anteile, die aufgrund des Vorgängergesetzes des BayKiBiG auf der Basis der Personalkosten ca. 80% der Gesamtkosten betrugen, kann der Restanteil an Kosten grob auf 20% taxiert werden. Ein Teil der Restkosten wird über Elternbeiträge und ein weiterer Teil wird durch Defizitverträge der freien Träger mit den Kommunen abgefangen. Daten über den Umfang des Defizitausgleichs liegen nicht vor. Demzufolge können auch keine Aussagen über die den Trägern der freien Wohlfahrtspflege für Kinderbetreuung entstandenen Ausgaben getroffen werden. In den Daten ab 2006 werden auch die Ausgaben für Kinderkrippen der Studentenwerke mit berücksichtigt (2006: 1,96 Mio. EUR). Da der Anteil der freien Träger nicht ausgewiesen werden kann, sind die ausgewiesenen Finanzierungsanteile von Land, Kommunen und Eltern daher tendenziell etwas überhöht und nicht vollständig vergleichbar. Würde für Bayern z.B. ein Trägeranteil von 100 Mio. EUR angenommen, ergäben sich folgende Anteile: Kommune: 46,7%, Land: 29,3%, Eltern: 18,8% und freie Träger: 5,2%.

**Berlin:** Für Berlin können die Anteile an der Finanzierungsgemeinschaft nicht ausgewiesen werden, da die Datengrundlage mit eigenen Angaben des Senats nicht vollständig plausibilisiert werden konnte.

**Brandenburg:** Für Brandenburg wurde für das Jahr 1999 ein Eigenanteil der freien Träger an den Gesamtbetriebskosten von 2,11% (12,5 Mio. EUR) ermittelt. Dieser Anteil ist Berechnungsgrundlage des Eigenanteils der freien Träger.

**Bremen:** Für Bremen ist hinsichtlich des Eigenanteils der freien Träger und der Elternbeiträge nur eine sehr grobe Schätzung möglich. Bekannt ist, dass 2006 die städtischen Eigenbetriebe KiTa Bremen 5,377 Mio. EUR Elternbeiträge eingenommen haben. Da in der Stadtgemeinde Bremen ca. 85% aller Plätze in Kindertageseinrichtungen des Landes Bremen sind, wird für die Abschätzung angenommen, dass die 5,377 Mio. EUR 85% der bei öffentlichen Trägern vereinnahmten Elternbeiträge sind. Daran anschließend wird das oben erläuterte Schätzverfahren zu den Elternbeiträgen bei den freien Trägern angewendet. Der Eigenanteil der freien Träger wurde 2004 für die Stadtgemeinde Bremen mit 3.087 Tsd. EUR beziffert. Nimmt man auch hier an, dass dies 85% des gesamten Eigenanteils der freien Träger sind, so ergibt sich ein Gesamteigenanteil der freien Träger für 2004. Da keine aktuelleren Daten zum Eigenanteil der freien Träger vorhanden sind, wird für die vorliegende Abschätzung der Wert von 2004 auch für 2006 abgenommen. Zudem sind beim Finanzierungsanteil der freien Träger nicht die Eigenanteile der Elternvereine in der Stadtgemeinde Bremen enthalten, da diese nicht beziffert werden können. Basierend auf dieser Schätzung würde das Land Bremen einen Anteil von 83,5%, die Eltern einen Anteil von 13,2% und die freien Träger einen Anteil von 3,3% an der Finanzierungsgemeinschaft tragen.

**Hamburg:** In Hamburg gibt es keine Einrichtungen des öffentlichen Trägers mehr. Die freien Träger erhalten im Prinzip eine Vollfinanzierung und sind nicht verpflichtet einen bestimmten Anteil selbst zu finanzieren. Deshalb gibt es in Hamburg nur zwei Finanzierungsanteile, Land und Eltern.

**Hessen:** Der Berechnung des Anteils der freien Träger wurden mehrere Abschätzungen zu Grunde gelegt. Hinsichtlich der Elternbeiträge ist aus Kommunen bekannt, dass man von Elternbeiträgen ausgeht, die bis zu 33% der Kosten decken, hierbei werden aber nicht Beitragsentlastungen der Eltern berücksichtigt. Keinesfalls werden die Elternbeiträge im Durchschnitt unter 20% liegen. Für die Abschätzung erscheint ein Anteil der Eltern von 22,5% plausibel. Bei dem Eigenanteil der freien Träger ist im Zeitverlauf von einem Rückgang auszugehen. Für die vergangenen Jahre betrug der Anteil 15 bis 20%, aktuell ist er sehr viel niedriger. Für 2006 wird von einem durchschnittlichen Eigenanteil von 12,5% ausgegangen.

**Mecklenburg-Vorpommern:** Gesetzlich ist kein Eigenanteil der freien Träger im Rahmen der Kindertageseinrichtungen vorgesehen. Es gilt § 17 Abs. 2 KiFöG M-V: „Träger von KiTas können sich durch nicht refinanzierbare Eigenanteile an den Kosten ihrer Einrichtung beteiligen."

**Niedersachsen:** Das Land übernimmt grundsätzlich 20% der Personalkosten der Einrichtungen. Die Finanzierung der restlichen Kosten liegt in der Verantwortung jeder einzelnen Kommune. Bei dieser offenen Regelung kommt es zu sehr unterschiedlichen Beteiligungen der Träger der freien Jugendhilfe, die an keiner Stelle dokumentiert werden. Aus diesem Grund kann der Finanzierungsteil der freien Träger nicht hinreichend geklärt werden. Die ausgewiesenen Finanzierungsanteile der Kommunen, des Landes und der Eltern sind daher tendenziell etwas überhöht und nicht vollständig vergleichbar. Für Niedersachsen ergäbe sich bei einem Eigenfinanzierungsanteil der freien Träger von ca. 10% folgende Verteilung: Kommune 51,9%, Land 12,9% und Eltern 25,2%.

**Nordrhein-Westfalen:** Nach Angaben des Ministeriums ist ein Eigenanteil der freien Träger in Höhe von ca. 16% plausibel. Bis 2005 konnte das Land genaue Angaben zur Höhe der vereinnahmten Elternbeiträge bei freien und öffentlichen Trägern vornehmen. Auf Grund einer Gesetzesänderung liegen dem Land ab dem 01.08.2006 diese Daten nicht mehr vor. Deshalb werden ab 2006 die Elternbeiträge auf Grundlage der Ergebnisse der Jahresrechnungsstatistik ausgewiesen. Dadurch ist ein Vergleich der Daten zu Angaben aus den Vorjahren nur eingeschränkt möglich.

**Rheinland-Pfalz:** Der finanzielle Eigenanteil der freien Träger in Rheinland-Pfalz umfasst bei den Kindertagesstätten den gesetzlich vorgegebenen Anteil an den Personalkosten (zwischen 5 und 12,5%) sowie grundsätzlich die Sachkosten und die (öffentlich geförderten) Investitionskosten. Zahlreiche Gemeinden haben mit ihren freien Trägern über das Kindertagesstättengesetz hinausgehende Vereinbarungen zur kommunalen Kostenübernahme geschlossen. Statistische Erhebungen hierzu liegen nicht vor. Hilfsweise wird von der Arbeitsstelle von ca. 8,75% ausgegangen. In Rheinland-Pfalz sind mit Beginn des Jahres 2006 die Eltern für das Jahr vor der Einschulung beitragsfrei gestellt worden. Dies hätte nach Abschätzungen zu einem Rückgang der Elternbeiträge um fast 25% im Vergleich zum Vorjahr führen müssen. Ergebnisse dieser Abschätzung stehen in Differenz zu Angaben aus der Jahresrechnungsstatistik. Diese Differenz konnte bislang nicht vollständig geklärt werden, so dass auf eine Ausweisung der Finanzierungsgemeinschaft verzichtet wird. Hinsichtlich der Entwicklung zu der für 2005 ausgewiesenen Finanzierungsgemeinschaft ist gesichert, dass der Anteil des Landes gestiegen ist und der Anteil der Eltern gesunken.

**Sachsen:** Der Eigenanteil der freien Träger lag 2002 bei ca. 4 Mio. EUR, dies entspricht einem Anteil von 4,4% an den Betriebskosten. Neuere Daten zum Eigenanteil liegen nicht vor.

**Sachsen-Anhalt:** Der Anteil der freien Träger beträgt in der Regel bis zu 5% der monatlichen Betriebskosten. Die konkrete Höhe der Eigenbeteiligung ist nicht bekannt und dürfte im Einzelfall variieren. Die Eigenbeteiligung wird in der Regel in Vereinbarungen zwischen der leistungsverpflichteten Gemeinde und dem Träger der freien Jugendhilfe festgelegt. Für die Berechnung wird ein Eigenanteil von 5% an den Betriebskosten zu Grunde gelegt.

**Thüringen:** Grundsätzlich sind die Träger der freien Jugendhilfe nicht verpflichtet einen finanziellen Eigenanteil zu leisten. Allerdings ergeben sich in manchen Kommunen Konstellationen, dass die Träger der freien Jugendhilfe Eigenanteile beisteuern. Nach einer Erhebung des Landes zu den Betreuungskosten steuern die freien Träger 2006 so insgesamt einen Anteil von 1,1% der Betreuungskosten bei.

## Tab. 24 | Anzahl der Gruppen und standardisierter Personalschlüssel (Ganztagsinanspruchnahmeäquivalent pro Vollzeitbeschäftigungsäquivalent)* von Gruppentyp 1 (Kinder im Alter von 0 bis unter 3 Jahre) in den Bundesländern am 15.03.2006, 15.03.2007, 15.03.2008

(Anzahl; Ganztagsinanspruchnahmeäquivalente pro Vollzeitbeschäftigungsäquivalent)

| | Anzahl Gruppen Gruppentyp 1 Krippe: Kinder 0 bis < 3 Jahren | | | Ganztagsinanspruchnahmeäquivalent pro Vollzeitbeschäftigungsäquivalent 1 : x | | |
|---|---|---|---|---|---|---|
| | 2006 | 2007 | 2008 | 2006 | 2007 | 2008 |
| Bundesland | Anzahl | | | 1 : x | | |
| Baden-Württemberg | /*** | /*** | 941 | /*** | /*** | 5,4 |
| Bayern | 278 | 540 | 758 | 4,9 | 5,0 | 4,8 |
| Berlin** | / | / | / | / | / | / |
| Brandenburg | 752 | 837 | 832 | 7,8 | 7,3 | 7,4 |
| Bremen | 28 | 46 | 60 | 5,3 | 6,1 | 4,7 |
| Hamburg | 158 | 253 | 252 | 6,2 | 5,8 | 5,4 |
| Hessen | 289 | 401 | 474 | 4,9 | 4,8 | 4,6 |
| Mecklenburg-Vorpommern | 856 | 913 | 900 | 5,9 | 5,7 | 5,7 |
| Niedersachsen | 137 | 188 | 214 | 5,9 | 5,7 | 5,6 |
| Nordrhein-Westfalen | /*** | /*** | 333 | /*** | /*** | 7,4 |
| Rheinland-Pfalz | 110 | 149 | 218 | 4,2 | 4,3 | 4,6 |
| Saarland | 29 | /*** | 67 | 4,3 | /*** | 3,5 |
| Sachsen | 1.422 | 1.529 | 1.615 | 6,7 | 6,6 | 6,4 |
| Sachsen-Anhalt | 1.022 | 1.136 | 1.185 | 6,9 | 6,7 | 6,6 |
| Schleswig-Holstein | 46 | 76 | 121 | 5,4 | 5,9 | 4,7 |
| Thüringen | 653 | 676 | 758 | 6,5 | 6,5 | 6,3 |
| Ostdeutschland (o. BE) | 4.705 | 5.091 | 5.290 | 6,7 | 6,6 | 6,5 |
| Westdeutschland (2006 o. BW, BE, NW; 2007 o. BW, BE, NW, SL; 2008 o. BE) | 1.075 | 1.653 | 3.438 | 5,2 | 5,1 | 5,2 |
| Deutschland (2006 o. BW, BE, NW; 2007 o. BW, BE, NW, SL; 2008 o. BE) | 5.780 | 6.744 | 8.728 | 6,4 | 6,2 | 6,0 |

Quelle
Kinder und tätige Personen in Tageseinrichtungen 2006, 2007, 2008, Forschungsdatenzentrum der Statistischen Landesämter, Berechnungen der Dortmunder Arbeitsstelle Kinder- und Jugendhilfestatistik, April 2009

* Der ausgewiesene Personalressourceneinsatzschlüssel gibt nicht die tatsächliche Erzieher-Kind-Relation in den Gruppen wieder. Zur genauen Berechnungsgrundlage und Aussagekraft des Personalressourceneinsatzschlüssels vergleiche: Lange, Jens: Personalschlüssel in Kindertageseinrichtungen. Berechnungsgrundlagen und empirische Ergebnisse eines vielbeachteten Indikators, in: FORUM Jugendhilfe, H. 3/2008, S. 41–44.

** In Berlin werden fast alle Einrichtungen statistisch als Einrichtungen ohne feste Gruppenstruktur erfasst, auch wenn in Einrichtungen mit einer festen Gruppenstruktur gearbeitet wird. Aus diesem Grund sind keine weiteren Aussagen dazu möglich, welche Gruppenformen Kinder unter drei Jahren nutzen und wie der Personalressourceneinsatz in den Gruppen gestaltet wird.

***
2006
In NRW werden die Angebote für unter 3-Jährige nur sehr selten in altersgruppeneinheitlichen Gruppen (0 bis unter 3 Jahre) angeboten. Die vorherrschende Form der Angebote für unter 3-Jährige ist die kleine alters(gruppen)gemischte Gruppe. Dadurch wird die Darstellung der Unter-Dreijährigen-Gruppe der Situation in NRW nicht gerecht. Ein ähnlicher Vorrang der Unter-Dreijährigen-Betreuung in alters(gruppen)gemischten Gruppen gilt auch in Baden-Württemberg. In Baden-Württemberg haben die alters(gruppen)gemischten Gruppen einen Anteil von 72%.

Bei den Durchschnittswerten für Westdeutschland bzw. Deutschland werden Baden-Württemberg, Berlin und Nordrhein-Westfalen nicht berücksichtigt.

2007
In Baden-Württemberg und Nordrhein-Westfalen werden die Angebote für unter 3-Jährige nur sehr selten in altersgruppeneinheitlichen Gruppen (0 bis unter 3 Jahre) angeboten. Die vorherrschende Form der Angebote für unter 3-Jährige ist z.B. in Nordrhein-Westfalen die kleine alters(gruppen)gemischte Gruppe. Dadurch würde die Darstellung der Unter-Dreijährigen-Gruppe der Situation in Nordrhein-Westfalen nicht gerecht, Ähnliches gilt für Baden-Württemberg. Im Saarland wurden 2007 nur ganz wenige Gruppen als reine Unter-Dreijährigen-Gruppen erfasst, weshalb auf eine Ausweisung des Ergebnisses verzichtet wird.

Bei den Durchschnittswerten für Westdeutschland bzw. Deutschland werden Baden-Württemberg, Berlin, Nordrhein-Westfalen und das Saarland nicht berücksichtigt.

Lesehilfe
Der Wert (Differenz der Mittelwerte) drückt aus, wie sich die Anzahl der Ganztagsinanspruchnahmeäquivalente pro Vollzeitbeschäftigungsäquivalent entwickelt hat. Ein negativer Wert bedeutet, dass die Relation von Ganztagsinanspruchnahmeäquivalenten zu Vollzeitbeschäftigungsäquivalenten besser geworden ist. Zum Beispiel lässt sich für Deutschland bezogen auf den Zeitraum zwischen 2006 und 2008 die Aussage treffen, dass 2008 auf 1 Vollzeitbeschäftigungsäquivalent 0,4 weniger Ganztagsinanspruchnahmeäquivalente kommen; der Personalressourceneinsatzschlüssel hat sich verbessert.

**Tab. 25 | Anzahl der Gruppen und standardisierter Personalschlüssel (Ganztagsinanspruchnahmeäquivalent pro Vollzeitbeschäftigungsäquivalent)* von Gruppentyp 4 (Kinder ab 3 J. bis Schuleintritt) in den Bundesländern am 15.03.2006, 15.03.2007, 15.03.2008**

(Anzahl; Ganztagsinanspruchnahmeäquivalente pro Vollzeitbeschäftigungsäquivalent)

| | Anzahl Gruppen Gruppentyp 4 Kindergarten: Kinder ab 3 J. bis Schuleintritt | | | Ganztagsinanspruchnahmeäquivalent pro Vollzeitbeschäftigungsäquivalent 1 : x | | |
|---|---|---|---|---|---|---|
| | 2006 | 2007 | 2008 | 2006 | 2007 | 2008 |
| Bundesland | Anzahl | | | 1 : x | | |
| Baden-Württemberg | 7.840 | 6.987 | 6.304 | 9,3 | 9,0 | 8,9 |
| Bayern | 6.702 | 6.905 | 6.690 | 10,3 | 9,9 | 9,6 |
| Berlin | 655 | /** | /** | (8,1) | /** | /** |
| Brandenburg | 1.703 | 1.688 | 1.881 | 12,1 | 12,1 | 12,1 |
| Bremen | /*** | /*** | 441 | /*** | /*** | 8,0 |
| Hamburg | 523 | 709 | 732 | 10,4 | 9,8 | 9,4 |
| Hessen | 3.538 | 3.783 | 3.670 | 9,7 | 9,8 | 9,8 |
| Mecklenburg-Vorpommern | 1.392 | 1.519 | 1.523 | 13,6 | 13,3 | 13,4 |
| Niedersachsen | 6.820 | 6.795 | 6.607 | 9,6 | 9,3 | 9,2 |
| Nordrhein-Westfalen | 12.465 | 13.106 | 12.779 | 9,1 | 9,2 | 9,1 |
| Rheinland-Pfalz | 2.098 | 1.928 | 1.794 | 8,8 | 8,5 | 8,2 |
| Saarland | 326 | 397 | 390 | 9,3 | 9,0 | 9,3 |
| Sachsen | 3.026 | 3.404 | 3.427 | 12,7 | 12,6 | 12,6 |
| Sachsen-Anhalt | 1.771 | 1.831 | 1.839 | 11,7 | 11,7 | 11,6 |
| Schleswig-Holstein | 1.868 | 2.298 | 2.137 | 10,5 | 9,8 | 9,5 |
| Thüringen | 1.294 | 1.571 | 1.593 | 12,1 | 12,6 | 12,6 |
| Ostdeutschland (o. BE) | 9.186 | 10.013 | 10.263 | 12,5 | 12,5 | 12,4 |
| Westdeutschland (2006, 2007 o. BE, HB; 2008 o. BE) | 42.180 | 42.908 | 41.544 | 9,5 | 9,3 | 9,2 |
| Deutschland (2006, 2007 o. BE, HB; 2008 o. BE) | 52.021 | 52.921 | 51.807 | 10,0 | 9,9 | 9,8 |

Quelle
Kinder und tätige Personen in Tageseinrichtungen 2006, 2007, 2008, Forschungsdatenzentrum der Statistischen Landesämter, Berechnungen der Dortmunder Arbeitsstelle Kinder- und Jugendhilfestatistik, April 2009

* Der ausgewiesene Personalressourceneinsatzschlüssel gibt nicht die tatsächliche Erzieher-Kind-Relation in den Gruppen wieder. Zur genauen Berechnungsgrundlage und Aussagekraft des Personalressourceneinsatzschlüssels vergleiche: Lange, Jens: Personalschlüssel in Kindertageseinrichtungen. Berechnungsgrundlagen und empirische Ergebnisse eines vielbeachteten Indikators, in: FORUM Jugendhilfe, H. 3/2008, S. 41–44.

** In Berlin werden fast alle Einrichtungen statistisch als Einrichtungen ohne feste Gruppenstruktur erfasst, auch wenn in Einrichtungen mit einer festen Gruppenstruktur gearbeitet wird. Aus diesem Grund sind keine weiteren Aussagen dazu möglich, welche Gruppenformen Kinder unter drei Jahren nutzen und wie der Personalressourceneinsatz in den Gruppen gestaltet wird.

*** Für Bremen ergaben sich zwischen der Auswertung der Kinder- und Jugendhilfestatistik und verwaltungsinternen Erhebungen erhebliche Differenzen, die nicht abschließend geklärt werden konnten. Aufgrund dieser Unsicherheit wird kein Wert ausgewiesen.

Lesehilfe
Der Wert (Differenz der Mittelwerte) drückt aus, wie sich die Anzahl der Ganztagsinanspruchnahmeäquivalente pro Vollzeitbeschäftigungsäquivalent entwickelt hat. Ein negativer Wert bedeutet, dass die Relation von Ganztagsinanspruchnahmeäquivalenten zu Vollzeitbeschäftigungsäquivalenten besser geworden ist. Zum Beispiel lässt sich für Baden-Württemberg bezogen auf den Zeitraum zwischen 2006 und 2008 die Aussage treffen, dass 2008 auf 1 Vollzeitbeschäftigungsäquivalent 0,4 weniger Ganztagsinanspruchnahmeäquivalente kommen; der Personalressourceneinsatzschlüssel hat sich verbessert.

## Tab. 26a | Durchschnittliche Anzahl der Kinder in Gruppen nach Gruppenarten und nach Ganztagsgruppe bzw. nicht Ganztagsgruppe (ohne Gruppen mit Kindern mit einer Behinderung) in den Bundesländern am 15.03.2006, 15.03.2007, 15.03.2008

(Mittelwert; Differenz der Mittelwerte)

| | Gruppen für Kinder im Alter von unter 3 Jahren | | | | | | | | Gruppen für Kinder im Alter von 3 Jahren bis zum Schuleintritt | | | | | | | | Altersübergreifende Gruppen (ohne Gruppen mit Schulkindern)* | | | | | | | |
|---|---|---|---|---|---|---|---|---|---|---|---|---|---|---|---|---|---|---|---|---|---|---|---|---|
| | Ganztagsgruppen** | | | | nicht Ganztagsgruppen** | | | | Ganztagsgruppen** | | | | nicht Ganztagsgruppen** | | | | Ganztagsgruppen** | | | | nicht Ganztagsgruppen** | | | |
| | Durchschnittliche Anzahl Kinder pro Gruppe | | | Veränderung 2006 zu 2008 | Durchschnittliche Anzahl Kinder pro Gruppe | | | Veränderung 2006 zu 2008 | Durchschnittliche Anzahl Kinder pro Gruppe | | | Veränderung 2006 zu 2008 | Durchschnittliche Anzahl Kinder pro Gruppe | | | Veränderung 2006 zu 2008 | Durchschnittliche Anzahl Kinder pro Gruppe | | | Veränderung 2006 zu 2008 | Durchschnittliche Anzahl Kinder pro Gruppe | | | Veränderung 2006 zu 2008 |
| | 15. 03. 06 | 15. 03. 07 | 15. 03. 08 | | 15. 03. 06 | 15. 03. 07 | 15. 03. 08 | | 15. 03. 06 | 15. 03. 07 | 15. 03. 08 | | 15. 03. 06 | 15. 03. 07 | 15. 03. 08 | | 15. 03. 06 | 15. 03. 07 | 15. 03. 08 | | 15. 03. 06 | 15. 03. 07 | 15. 03. 08 | |
| Bundesland | Mittelwert | | | Differenz d. Mittelwerte | Mittelwert | | | Differenz d. Mittelwerte | Mittelwert | | | Differenz d. Mittelwerte | Mittelwert | | | Differenz d. Miytelwerte | Mittelwert | | | Differenz d. Mittelwerte | Mittelwert | | | Differenz d. Mittelwerte |
| BW | 9,5 | 9,5 | 9,9 | 0,4 | 10,5 | 10,1 | 9,6 | –1,0 | 18,5 | 18,4 | 18,0 | –0,5 | 21,8 | 21,4 | 21,1 | –0,7 | 14,4 | 14,8 | 14,1 | –0,3 | 15,7 | 15,2 | 15,1 | –0,6 |
| BY | 11,3 | 11,6 | 11,4 | 0,1 | 12,9 | 12,6 | 12,4 | –0,5 | 24,0 | 23,2 | 23,3 | –0,7 | 24,3 | 23,8 | 23,9 | –0,4 | 17,8 | 14,0 | 14,2 | –3,6 | 20,7 | 17,6 | 16,4 | –4,2 |
| BE*** | 11,1 | / | / | / | 11,8 | / | / | / | 11,9 | / | / | / | 13,3 | / | / | / | 13,6 | / | / | / | 13,9 | / | / | / |
| BB | 11,7 | 11,2 | 11,3 | –0,4 | 10,8 | 11,2 | 11,3 | 0,5 | 15,7 | 15,8 | 15,9 | 0,2 | 16,2 | 16,3 | 16,6 | 0,4 | 14,3 | 14,5 | 14,5 | 0,2 | 14,3 | 14,4 | 14,9 | 0,6 |
| HB | 8,3 | 8,2 | 8,6 | 0,3 | 8,6 | 8,1 | 8,5 | –0,1 | 17,7 | 17,3 | 17,4 | –0,3 | 18,5 | 18,6 | 18,5 | 0,0 | 10,3 | 9,8 | 9,1 | –1,2 | 10,3 | 10,5 | 10,4 | 0,1 |
| HH | 12,3 | 12,8 | 12,7 | 0,5 | 13,0 | 13,4 | 13,3 | 0,3 | 18,7 | 20,8 | 18,8 | 0,0 | 21,0 | 21,3 | 21,1 | 0,2 | 17,3 | 17,0 | 17,1 | –0,2 | 19,0 | 18,6 | 17,7 | –1,3 |
| HE | 10,6 | 11,0 | 10,7 | 0,1 | 11,5 | 12,3 | 12,3 | 0,8 | 20,4 | 19,9 | 20,8 | 0,3 | 22,3 | 21,3 | 22,1 | –0,2 | 13,9 | 14,0 | 14,2 | 0,3 | 16,5 | 16,6 | 16,3 | –0,2 |
| MV | 9,5 | 9,2 | 9,5 | –0,1 | 9,8 | 9,5 | 9,6 | –0,1 | 17,0 | 16,0 | 16,4 | –0,6 | 16,9 | 16,8 | 17,0 | 0,1 | 13,9 | 13,6 | 12,4 | –1,5 | 13,3 | 12,6 | 12,7 | –0,6 |
| NI | 12,8 | 12,6 | 12,9 | 0,1 | 11,1 | 11,1 | 11,9 | 0,8 | 23,1 | 21,5 | 22,8 | –0,3 | 22,1 | 20,6 | 21,9 | –0,2 | 15,9 | 15,2 | 15,3 | –0,6 | 14,3 | 14,9 | 14,1 | –0,2 |
| NW | 7,6 | 8,4 | 8,8 | 1,2 | 9,9 | 9,2 | 9,2 | –0,7 | 20,5 | 18,3 | 20,3 | –0,2 | 24,2 | 23,8 | 23,9 | –0,3 | 15,1 | 15,0 | 14,9 | –0,2 | 17,3 | 17,3 | 15,0 | –2,3 |
| RP | 9,4 | 9,6 | 9,8 | 0,4 | 10,2 | 9,9 | 10,3 | 0,1 | 20,2 | 15,1 | 20,2 | 0,0 | 22,2 | 21,4 | 22,1 | –0,1 | 14,4 | 14,2 | 14,7 | 0,3 | 17,5 | 17,5 | 17,8 | 0,3 |
| SL | 12,4 | 10,6 | 9,6 | –2,8 | 10,8 | 12,0 | 10,2 | –0,6 | 18,0 | 15,4 | 22,2 | 4,2 | 22,4 | 22,3 | 22,6 | 0,1 | 16,2 | 15,7 | 15,7 | –0,5 | 16,8 | 16,4 | 17,1 | 0,3 |
| SN | 11,7 | 11,7 | 11,5 | –0,2 | 11,5 | 11,6 | 11,4 | –0,1 | 16,6 | 15,8 | 16,4 | –0,2 | 16,7 | 16,5 | 16,6 | –0,1 | 14,4 | 14,3 | 14,1 | –0,4 | 14,1 | 13,9 | 13,7 | –0,3 |
| ST | 12,2 | 12,7 | 13,1 | 0,8 | 13,0 | 13,0 | 13,4 | 0,3 | 17,0 | 17,7 | 17,4 | 0,4 | 17,7 | 17,5 | 17,8 | 0,1 | 15,5 | 15,3 | 15,6 | 0,0 | 15,3 | 15,3 | 16,0 | 0,8 |
| SH | 9,1 | 10,2 | 9,9 | 0,8 | 10,2 | 9,6 | 8,9 | –1,2 | 20,2 | 19,9 | 19,8 | –0,4 | 19,9 | 19,5 | 20,1 | 0,2 | 13,2 | 13,3 | 13,0 | –0,1 | 15,1 | 13,9 | 14,6 | –0,5 |
| TH | 10,0 | 10,4 | 10,3 | 0,3 | 10,1 | 10,4 | 9,9 | –0,1 | 17,1 | 17,0 | 17,3 | 0,3 | 17,0 | 16,9 | 17,0 | 0,0 | 14,2 | 14,4 | 14,7 | 0,5 | 14,1 | 14,1 | 14,2 | 0,2 |
| O (o. BE) | 11,0 | 11,1 | 11,1 | 0,1 | 11,4 | 11,4 | 11,5 | 0,1 | 16,8 | 16,4 | 16,8 | 0,0 | 16,9 | 16,7 | 17,0 | 0,1 | 14,4 | 14,4 | 14,4 | 0,1 | 14,3 | 14,1 | 14,4 | 0,1 |
| W (o. BE) | 10,5 | 10,6 | 10,5 | 0,0 | 11,3 | 11,3 | 11,0 | –0,3 | 21,3 | 20,4 | 20,9 | –0,4 | 22,9 | 21,5 | 22,6 | –0,3 | 15,0 | 14,5 | 14,6 | –0,4 | 17,3 | 16,3 | 15,6 | –1,7 |
| D | 10,9 | 11,0 | 10,9 | 0,0 | 11,4 | 11,4 | 11,3 | –0,1 | 18,3 | 17,7 | 18,5 | 0,2 | 22,0 | 20,7 | 21,8 | –0,2 | 14,5 | 14,4 | 14,5 | 0,0 | 15,7 | 15,4 | 15,3 | –0,5 |

Quelle
Kinder und tätige Personen in Tageseinrichtungen 2006, 2007, 2008, Forschungsdatenzentrum der Statistischen Landesämter, Berechnungen der Dortmunder Arbeitsstelle Kinder- und Jugendhilfestatistik, August 2009

* In altersübergreifenden Gruppen sind sowohl Kinder unter als auch über 3 Jahren (ohne Schulkinder). Zudem ist ausgeschlossen, dass es sich um eine für Zweijährige geöffnete Kindergartengruppe handelt. Zur weiteren Erläuterung des Gruppentypes vgl. Anmerkungen zur Tabelle zu Indikator 12b.

** Als Ganztagsgruppen werden hier die Gruppen aufgeführt, in denen für mindestens 75% der Kinder eine tägliche Betreuungszeit von mehr als 7 Stunden vereinbart wurde.

*** In Berlin werden ab 2007 fast alle Einrichtungen statistisch als Einrichtungen ohne feste Gruppenstruktur erfasst, auch wenn in Einrichtungen mit einer festen Gruppenstruktur gearbeitet wird. Aus diesem Grund sind keine weiteren Aussagen dazu möglich, welche durchschnittliche Gruppengröße die unterschiedlichen Gruppenarten in Berlin aufweisen.

## Tab. 27 Pädagogisch tätige Personen* in Kindertageseinrichtungen nach Berufsausbildungsabschluss in den Bundesländern am 15.03.2008

(Anzahl; Anteil in %)

| Bundesland | insgesamt | (sozial-pädagogischer) Hochschulabschluss | Fachschulabschluss (Erzieherinnen/Heilpädagoginnen) | Kinderpflegerinnen | anderer fachl. Abschluss (sonst. Sozial- u. Erziehungsberufe) | Sonstige** | ohne abgeschl. Ausbildung |
|---|---|---|---|---|---|---|---|
| | Anzahl | | | | | | |
| BW | 48.910 | 1.236 | 36.175 | 5.279 | 663 | 4.404 | 1.153 |
| BY | 51.842 | 1.206 | 27.040 | 19.357 | 405 | 3.064 | 770 |
| BE | 16.739 | 634 | 14.725 | 180 | 245 | 675 | 280 |
| BB | 13.351 | 226 | 12.250 | 105 | 304 | 319 | 147 |
| HB | 3.563 | 448 | 2.010 | 260 | 43 | 565 | 237 |
| HH | 9.064 | 682 | 5.486 | 1.703 | 321 | 669 | 203 |
| HE | 32.492 | 2.476 | 22.981 | 2.100 | 594 | 3.259 | 1.082 |
| MV | 8.591 | 156 | 7.625 | 121 | 403 | 156 | 130 |
| NI | 33.465 | 1.248 | 23.770 | 5.171 | 1.124 | 1.300 | 852 |
| NW | 77.105 | 2.371 | 52.448 | 10.123 | 944 | 9.120 | 2.099 |
| RP | 21.715 | 507 | 16.250 | 2.366 | 417 | 1.614 | 561 |
| SL | 4.191 | 55 | 2.874 | 868 | 58 | 256 | 80 |
| SN | 22.813 | 1.015 | 19.903 | 204 | 772 | 625 | 294 |
| ST | 13.379 | 247 | 12.294 | 127 | 218 | 337 | 156 |
| SH | 11.735 | 501 | 7.464 | 2.510 | 470 | 440 | 350 |
| TH | 10.191 | 198 | 9.482 | 43 | 130 | 217 | 121 |
| O (o. BE) | 68.325 | 1.842 | 61.554 | 600 | 1.827 | 1.654 | 848 |
| W (o. BE) | 294.082 | 10.730 | 196.498 | 49.737 | 5.039 | 24.691 | 7.387 |
| D | 379.146 | 13.206 | 272.777 | 50.517 | 7.111 | 27.020 | 8.515 |

| Bundesland | Anzahl | in % | | | | | |
|---|---|---|---|---|---|---|---|
| BW | 48.910 | 2,5 | 74,0 | 10,8 | 1,4 | 9,0 | 2,4 |
| BY | 51.842 | 2,3 | 52,2 | 37,3 | 0,8 | 5,9 | 1,5 |
| BE | 16.739 | 3,8 | 88,0 | 1,1 | 1,5 | 4,0 | 1,7 |
| BB | 13.351 | 1,7 | 91,8 | 0,8 | 2,3 | 2,4 | 1,1 |
| HB | 3.563 | 12,6 | 56,4 | 7,3 | 1,2 | 15,9 | 6,7 |
| HH | 9.064 | 7,5 | 60,5 | 18,8 | 3,5 | 7,4 | 2,2 |
| HE | 32.492 | 7,6 | 70,7 | 6,5 | 1,8 | 10,0 | 3,3 |
| MV | 8.591 | 1,8 | 88,8 | 1,4 | 4,7 | 1,8 | 1,5 |
| NI | 33.465 | 3,7 | 71,0 | 15,5 | 3,4 | 3,9 | 2,5 |
| NW | 77.105 | 3,1 | 68,0 | 13,1 | 1,2 | 11,8 | 2,7 |
| RP | 21.715 | 2,3 | 74,8 | 10,9 | 1,9 | 7,4 | 2,6 |
| SL | 4.191 | 1,3 | 68,6 | 20,7 | 1,4 | 6,1 | 1,9 |
| SN | 22.813 | 4,4 | 87,2 | 0,9 | 3,4 | 2,7 | 1,3 |
| ST | 13.379 | 1,8 | 91,9 | 0,9 | 1,6 | 2,5 | 1,2 |
| SH | 11.735 | 4,3 | 63,6 | 21,4 | 4,0 | 3,7 | 3,0 |
| TH | 10.191 | 1,9 | 93,0 | 0,4 | 1,3 | 2,1 | 1,2 |
| O (o. BE) | 68.325 | 2,7 | 90,1 | 0,9 | 2,7 | 2,4 | 1,2 |
| W (o. BE) | 294.082 | 3,6 | 66,8 | 16,9 | 1,7 | 8,4 | 2,5 |
| D | 379.146 | 3,5 | 71,9 | 13,3 | 1,9 | 7,1 | 2,2 |

Quelle
Statistisches Bundesamt: Kinder und tätige Personen in Tageseinrichtungen 2008; zusammengestellt und berechnet von der Dortmunder Arbeitsstelle Kinder- und Jugendhilfestatistik, Januar 2009

* Berücksichtigt werden auch die Leitungstätigen, unberücksichtigt bleiben hingegen Tätige in der Verwaltung sowie im hauswirtschaftlich-technischen Bereich.

** Pädagogisch Tätige mit einem anderen Abschluss oder in Ausbildung bzw. Praktikum.

**Tab. 28 Anteil der Vollzeitbeschäftigten an den Beschäftigten* insgesamt 1998, 2002, 2006, 2007 und 2008 in den Bundesländern am 31.12.1998, 31.12.2002, 15.03.2006, 15.03.2007, 15.03.2008**
(Anteil in %)

| Bundesland | 31.12.1998 | 31.12.2002 | 15.03.2006 | 15.03.2007 | 15.03.2008 |
|---|---|---|---|---|---|
| | in % | | | | |
| Baden-Württemberg | 67,7 | 61,8 | 52,3 | 50,7 | 49,5 |
| Bayern | 61,3 | 58,7 | 51,9 | 47,8 | 46,3 |
| Berlin | 58,9 | 59,0 | 34,6 | 39,5 | 38,6 |
| Brandenburg | 21,9 | 17,7 | 15,7 | 15,9 | 16,7 |
| Bremen | 40,9 | 34,5 | 32,1 | 29,8 | 30,0 |
| Hamburg | 44,1 | 36,7 | 31,3 | 30,7 | 31,9 |
| Hessen | 47,9 | 40,2 | 34,7 | 34,4 | 34,8 |
| Mecklenburg-Vorpommern | 21,0 | 21,6 | 20,0 | 19,7 | 19,9 |
| Niedersachsen | 28,3 | 24,9 | 21,0 | 21,6 | 22,3 |
| Nordrhein-Westfalen | 75,5 | 62,6 | 58,9 | 58,8 | 57,9 |
| Rheinland-Pfalz | 59,9 | 54,0 | 47,9 | 46,5 | 46,4 |
| Saarland | 57,9 | 51,3 | 45,3 | 44,6 | 45,5 |
| Sachsen | 14,2 | 15,0 | 18,8 | 19,3 | 20,1 |
| Sachsen-Anhalt | 36,8 | 24,6 | 12,2 | 12,9 | 13,9 |
| Schleswig-Holstein | 33,8 | 29,1 | 25,9 | 24,4 | 24,0 |
| Thüringen | 31,0 | 24,1 | 25,1 | 22,1 | 21,3 |
| Ostdeutschland (o. BE) | 24,1 | 19,9 | 18,1 | 17,8 | 18,4 |
| Westdeutschland (o. BE) | 59,4 | 51,9 | 46,2 | 44,8 | 44,4 |
| Deutschland | 52,5 | 46,4 | 40,5 | 39,7 | 39,4 |

Quelle
Statistisches Bundesamt: Tageseinrichtungen für Kinder 1998 und 2002; Kinder und tätige Personen in Tageseinrichtungen 2006, 2007 und 2008; zusammengestellt und berechnet von der Dortmunder Arbeitsstelle Kinder- und Jugendhilfestatistik, Januar 2009

* Berücksichtigt werden auch die Leitungstätigen, unberücksichtigt bleiben hingegen Tätige in der Verwaltung sowie im hauswirtschaftlich-technischen Bereich.

## Tab. 29 | Pädagogisch tätige Personen* in Kindertageseinrichtungen nach Beschäftigungsumfang in den Bundesländern am 15.03.2008

(Anzahl; Anteil in %)

| Bundesland | insgesamt | Hauptberufl. Vollzeit (≥38,5 Wochenst.) | Teilzeit (32 bis < 38,5 Wochenst.) | Teilzeit (21 bis < 32 Wochenst.) | Teilzeit (< 21 Wochenst.) | Nebenberuflich (< 21 Wochenst.) | Hauptberufl. Vollzeit (≥38,5 Wochenst.) | Teilzeit (32 bis < 38,5 Wochenst.) | Teilzeit (21 bis < 32 Wochenst.) | Teilzeit (< 21 Wochenst.) | Nebenberuflich (< 21 Wochenst.) |
|---|---|---|---|---|---|---|---|---|---|---|---|
| | Anzahl Personen | | | | | | in % | | | | |
| Baden-Württemberg | 48.910 | 24.224 | 3.743 | 9.641 | 8.542 | 2.760 | 49,5 | 7,7 | 19,7 | 17,5 | 5,6 |
| Bayern | 51.842 | 24.002 | 7.071 | 12.751 | 6.378 | 1.640 | 46,3 | 13,6 | 24,6 | 12,3 | 3,2 |
| Berlin | 16.739 | 6.462 | 4.519 | 4.054 | 1.472 | 232 | 38,6 | 27,0 | 24,2 | 8,8 | 1,4 |
| Brandenburg | 13.351 | 2.223 | 5.721 | 4.416 | 867 | 124 | 16,7 | 42,9 | 33,1 | 6,5 | 0,9 |
| Bremen | 3.563 | 1.068 | 669 | 1.190 | 511 | 125 | 30,0 | 18,8 | 33,4 | 14,3 | 3,5 |
| Hamburg | 9.064 | 2.890 | 1.114 | 2.942 | 1.385 | 733 | 31,9 | 12,3 | 32,5 | 15,3 | 8,1 |
| Hessen | 32.492 | 11.296 | 3.623 | 11.267 | 4.993 | 1.313 | 34,8 | 11,2 | 34,7 | 15,4 | 4,0 |
| Mecklenburg-Vorpommern | 8.591 | 1.711 | 2.269 | 3.862 | 629 | 120 | 19,9 | 26,4 | 45,0 | 7,3 | 1,4 |
| Niedersachsen | 33.465 | 7.465 | 6.602 | 15.846 | 2.591 | 961 | 22,3 | 19,7 | 47,4 | 7,7 | 2,9 |
| Nordrhein-Westfalen | 77.105 | 44.681 | 6.878 | 12.332 | 11.320 | 1.894 | 57,9 | 8,9 | 16,0 | 14,7 | 2,5 |
| Rheinland-Pfalz | 21.715 | 10.078 | 991 | 6.713 | 3.481 | 452 | 46,4 | 4,6 | 30,9 | 16,0 | 2,1 |
| Saarland | 4.191 | 1.906 | 295 | 1.499 | 469 | 22 | 45,5 | 7,0 | 35,8 | 11,2 | 0,5 |
| Sachsen | 22.813 | 4.575 | 9.106 | 7.689 | 1.284 | 159 | 20,1 | 39,9 | 33,7 | 5,6 | 0,7 |
| Sachsen-Anhalt | 13.379 | 1.861 | 3.168 | 7.095 | 1.174 | 81 | 13,9 | 23,7 | 53,0 | 8,8 | 0,6 |
| Schleswig-Holstein | 11.735 | 2.822 | 1.831 | 5.025 | 1.605 | 452 | 24,0 | 15,6 | 42,8 | 13,7 | 3,9 |
| Thüringen | 10.191 | 2.175 | 4.278 | 3.033 | 672 | 33 | 21,3 | 42,0 | 29,8 | 6,6 | 0,3 |
| Ostdeutschland (o. BE) | 68.325 | 12.545 | 24.542 | 26.095 | 4.626 | 517 | 18,4 | 35,9 | 38,2 | 6,8 | 0,8 |
| Westdeutschland (o. BE) | 294.082 | 130.432 | 32.817 | 79.206 | 41.275 | 10.352 | 44,4 | 11,2 | 26,9 | 14,0 | 3,5 |
| Deutschland | 379.146 | 149.439 | 61.878 | 109.355 | 47.373 | 11.101 | 39,4 | 16,3 | 28,8 | 12,5 | 2,9 |

Quelle
Statistisches Bundesamt: Kinder und tätige Personen in Tageseinrichtungen 2008; zusammengestellt und berechnet von der Dortmunder Arbeitsstelle Kinder- und Jugendhilfestatistik, Januar 2009

* Berücksichtigt werden auch die Leitungstätigen, unberücksichtigt bleiben hingegen Tätige in der Verwaltung sowie im hauswirtschaftlich-technischen Bereich.

**Tab. 30** **Pädagogisch tätige Personen* in Kindertageseinrichtungen nach Beschäftigungsumfang 1998, 2002, 2006 und 2008 in den Bundesländern am 31.12.1998, 31.12.2002, 15.03.2006, 15.03.2008**
(Anteil in %)

| | Anteil hauptberuflich Tätige/ Vollzeittätige (38,5 und mehr Wochenstunden) | | | | Anteil teilzeittätige Personen (32 bis unter 38,5 Wochenstunden) | | | | Anteil teilzeittätige Personen (21 bis unter 32 Wochenstunden) | | | | Anteil teilzeittätige Personen (unter 21 Wochenstunden) | | | | Anteil nebenberuflich tätige Personen (unter 20 Wochenstunden) | | | |
|---|---|---|---|---|---|---|---|---|---|---|---|---|---|---|---|---|---|---|---|---|
| | 1998 | 2002 | 2006 | 2008 | 1998 | 2002 | 2006 | 2008 | 1998 | 2002 | 2006 | 2008 | 1998 | 2002 | 2006 | 2008 | 1998 | 2002 | 2006 | 2008 |
| Bundesland | in % | | | | | | | | | | | | | | | | | | | |
| BW | 67,7 | 61,8 | 52,3 | 49,5 | 4,0 | 5,2 | 6,4 | 7,7 | 14,3 | 16,0 | 18,4 | 19,7 | 12,5 | 14,2 | 17,1 | 17,5 | 1,4 | 2,9 | 5,8 | 5,6 |
| BY | 61,3 | 58,7 | 51,9 | 46,3 | 5,9 | 8,7 | 12,0 | 13,6 | 19,5 | 20,8 | 22,5 | 24,6 | 12,0 | 10,6 | 11,7 | 12,3 | 1,3 | 1,2 | 1,9 | 3,2 |
| BE | 55,7 | 59,0 | 34,6 | 38,6 | 9,7 | 5,6 | 30,2 | 27,0 | 23,2 | 25,0 | 24,3 | 24,2 | 9,9 | 10,0 | 9,4 | 8,8 | 1,6 | 0,3 | 1,5 | 1,4 |
| BB | 21,9 | 17,7 | 15,7 | 16,7 | 48,7 | 46,9 | 42,8 | 42,9 | 25,4 | 29,1 | 33,7 | 33,1 | 3,6 | 5,9 | 6,4 | 6,5 | 0,4 | 0,3 | 1,4 | 0,9 |
| HB | 40,9 | 34,5 | 32,1 | 30,0 | 17,1 | 18,4 | 17,7 | 18,8 | 27,1 | 30,7 | 32,6 | 33,4 | 11,3 | 14,1 | 13,3 | 14,3 | 3,6 | 2,3 | 4,4 | 3,5 |
| HH | 44,1 | 36,7 | 31,3 | 31,9 | 8,1 | 10,2 | 10,8 | 12,3 | 24,1 | 27,2 | 30,5 | 32,5 | 16,9 | 17,0 | 15,6 | 15,3 | 6,8 | 9,0 | 11,8 | 8,1 |
| HE | 47,9 | 40,2 | 34,7 | 34,8 | 5,8 | 7,9 | 9,9 | 11,2 | 32,4 | 34,8 | 35,7 | 34,7 | 12,0 | 14,6 | 15,8 | 15,4 | 1,9 | 2,5 | 3,9 | 4,0 |
| MV | 21,0 | 21,6 | 20,0 | 19,9 | 21,5 | 24,4 | 28,9 | 26,4 | 51,6 | 46,5 | 42,4 | 45,0 | 5,3 | 7,0 | 7,4 | 7,3 | 0,5 | 0,5 | 1,3 | 1,4 |
| NI | 28,3 | 24,9 | 21,0 | 22,3 | 12,6 | 15,6 | 17,0 | 19,7 | 49,3 | 49,4 | 50,8 | 47,4 | 8,1 | 8,5 | 8,2 | 7,7 | 1,8 | 1,7 | 2,9 | 2,9 |
| NW | 75,5 | 62,6 | 58,9 | 57,9 | 2,2 | 8,8 | 9,1 | 8,9 | 11,2 | 16,0 | 16,2 | 16,0 | 10,8 | 11,9 | 11,4 | 14,7 | 0,3 | 0,7 | 4,3 | 2,5 |
| RP | 59,9 | 54,0 | 47,9 | 46,4 | 1,8 | 3,2 | 4,3 | 4,6 | 30,2 | 31,1 | 32,0 | 30,9 | 7,7 | 11,2 | 14,3 | 16,0 | 0,3 | 0,6 | 1,4 | 2,1 |
| SL | 57,9 | 51,3 | 45,3 | 45,5 | 3,0 | 4,8 | 6,6 | 7,0 | 30,7 | 34,0 | 36,0 | 35,8 | 8,0 | 9,1 | 11,4 | 11,2 | 0,4 | 0,9 | 0,7 | 0,5 |
| SN | 14,2 | 15,0 | 18,8 | 20,1 | 34,7 | 36,0 | 36,8 | 39,9 | 46,8 | 41,9 | 37,8 | 33,7 | 4,0 | 6,6 | 5,6 | 5,6 | 0,4 | 0,4 | 0,9 | 0,7 |
| ST | 36,8 | 24,6 | 12,2 | 13,9 | 23,3 | 34,8 | 22,2 | 23,7 | 37,0 | 34,4 | 55,8 | 53,0 | 2,8 | 5,5 | 9,1 | 8,8 | 0,1 | 0,6 | 0,6 | 0,6 |
| SH | 33,8 | 29,1 | 25,9 | 24,0 | 9,8 | 12,1 | 13,0 | 15,6 | 39,3 | 41,7 | 39,4 | 42,8 | 15,3 | 14,1 | 12,5 | 13,7 | 1,8 | 2,9 | 9,2 | 3,9 |
| TH | 31,0 | 24,1 | 25,1 | 21,3 | 35,6 | 43,1 | 41,4 | 42,0 | 26,1 | 25,9 | 25,9 | 29,8 | 7,0 | 6,5 | 7,4 | 6,6 | 0,2 | 0,3 | 0,2 | 0,3 |
| O (o. BE) | 24,1 | 19,9 | 18,1 | 18,4 | 33,9 | 37,6 | 34,8 | 35,9 | 37,4 | 35,8 | 39,3 | 38,2 | 4,3 | 6,3 | 7,0 | 6,8 | 0,3 | 0,4 | 0,9 | 0,8 |
| W (o. BE) | 59,4 | 51,9 | 46,2 | 44,4 | 5,3 | 8,7 | 10,0 | 11,2 | 22,9 | 25,5 | 26,7 | 26,9 | 11,2 | 12,2 | 13,0 | 14,0 | 1,3 | 1,8 | 4,1 | 3,5 |
| D | 52,4 | 46,4 | 40,5 | 39,4 | 11,1 | 13,8 | 15,5 | 16,3 | 25,7 | 27,3 | 28,9 | 28,8 | 9,8 | 11,0 | 11,7 | 12,5 | 1,1 | 1,5 | 3,4 | 2,9 |

Quelle
Statistisches Bundesamt: Tageseinrichtungen für Kinder 1998 und 2002; Kinder und tätige Personen in Tageseinrichtungen 2006 und 2008; zusammengestellt und berechnet von der Dortmunder Arbeitsstelle Kinder- und Jugendhilfestatistik, August 2009

* Berücksichtigt werden auch die Leitungstätigen, unberücksichtigt bleiben hingegen Tätige in der Verwaltung sowie im hauswirtschaftlich-technischen Bereich.

## Tab. 31 | Anteil der im Arbeitsbereich Verwaltung tätigen Personen an allen tätigen Personen* 1998, 2002, 2006 und 2008 in den Bundesländern am 31.12.1998, 31.12.2002, 15.03.2006, 15.03.2008

(Anzahl; Anteil in %)

| | 1998 | | | 2002 | | | 2006 | | | 2008 | | |
|---|---|---|---|---|---|---|---|---|---|---|---|---|
| | Tätige insgesamt | Tätige im Arbeitsbereich Verwaltung | | Tätige insgesamt | Tätige im Arbeitsbereich Verwaltung | | Tätige insgesamt | Tätige im Arbeitsbereich Verwaltung | | Tätige insgesamt | Tätige im Arbeitsberich Verwaltung | |
| Bundesland | Anzahl | Anzahl | in % | Anzahl | Anzahl | in % | Anzahl | Anzahl | in % | Anzahl | Anzahl | in % |
| Baden-Württemberg | 40.942 | 0 | 0,0 | 45.524 | 77 | 0,2 | 46.578 | 223 | 0,5 | 49.107 | 197 | 0,4 |
| Bayern | 41.420 | 137 | 0,3 | 43.081 | 108 | 0,3 | 45.463 | 671 | 1,5 | 52.551 | 709 | 1,3 |
| Berlin | 18.563 | 94 | 0,5 | 18.666 | 89 | 0,5 | 16.155 | 168 | 1,0 | 16.882 | 143 | 0,8 |
| Brandenburg | 14.308 | 24 | 0,2 | 12.647 | 32 | 0,3 | 12.640 | 110 | 0,9 | 13.432 | 81 | 0,6 |
| Bremen | 3.037 | 35 | 1,2 | 3.336 | 24 | 0,7 | 3.374 | 45 | 1,3 | 3.602 | 39 | 1,1 |
| Hamburg | 7.738 | 53 | 0,7 | 8.084 | 38 | 0,5 | 8.421 | 140 | 1,7 | 9.378 | 314 | 3,3 |
| Hessen | 26.377 | 83 | 0,3 | 27.795 | 126 | 0,5 | 30.304 | 285 | 0,9 | 32.825 | 333 | 1,0 |
| Mecklenburg-Vorpommern | 7.630 | 16 | 0,2 | 7.830 | 48 | 0,6 | 8.166 | 98 | 1,2 | 8.707 | 116 | 1,3 |
| Niedersachsen | 27.237 | 149 | 0,5 | 30.463 | 198 | 0,6 | 30.962 | 365 | 1,2 | 33.889 | 424 | 1,3 |
| Nordrhein-Westfalen | 71.099 | 120 | 0,2 | 73.061 | 86 | 0,1 | 74.134 | 177 | 0,2 | 77.343 | 238 | 0,3 |
| Rheinland-Pfalz | 18.733 | 42 | 0,2 | 19.385 | 41 | 0,2 | 19.527 | 83 | 0,4 | 21.795 | 80 | 0,4 |
| Saarland | 3.803 | 1 | 0,0 | 4.045 | 3 | 0,1 | 4.122 | 12 | 0,3 | 4.203 | 12 | 0,3 |
| Sachsen | 19.050 | 99 | 0,5 | 19.034 | 82 | 0,4 | 21.158 | 217 | 1,0 | 23.040 | 227 | 1,0 |
| Sachsen-Anhalt | 13.944 | 11 | 0,1 | 13.796 | 22 | 0,2 | 12.916 | 96 | 0,7 | 13.485 | 106 | 0,8 |
| Schleswig-Holstein | 9.879 | 87 | 0,9 | 10.910 | 90 | 0,8 | 11.405 | 175 | 1,5 | 11.926 | 191 | 1,6 |
| Thüringen | 9.838 | 22 | 0,2 | 9.942 | 37 | 0,4 | 10.385 | 74 | 0,7 | 10.252 | 61 | 0,6 |
| Ostdeutschland (o. BE) | 64.770 | 172 | 0,3 | 63.249 | 221 | 0,3 | 65.265 | 595 | 0,9 | 68.916 | 591 | 0,9 |
| Westdeutschland (o. BE) | 250.265 | 707 | 0,3 | 265.684 | 791 | 0,3 | 274.290 | 2.176 | 0,8 | 296.619 | 2.537 | 0,9 |
| Deutschland | 333.598 | 973 | 0,3 | 347.599 | 1.101 | 0,3 | 355.710 | 2.939 | 0,8 | 382.417 | 3.271 | 0,9 |

Quelle
Statistisches Bundesamt: Tageseinrichtungen für Kinder 1998 und 2002, Kinder und tätige Personen in Tageseinrichtungen 2006 und 2008; zusammengestellt und berechnet von der Dortmunder Arbeitsstelle Kinder- und Jugendhilfestatistik, August 2009

* Unberücksichtigt bleiben Tätige im hauswirtschaftlich-technischen Bereich.

## Tab. 32 | Verwaltungstätige in Kindertageseinrichtungen nach Arbeitszeit in den Bundesländern am 31.12.1998, 31.12.2002, 15.03.2006, 15.03.2008

(Anzahl der Verwaltungstätigen und wöchentliche Arbeitszeit aller Verwaltungstätigen)

| | 1998 | | 2002 | | 2006 | | 2008 | |
|---|---|---|---|---|---|---|---|---|
| | Verwaltungstätige insgesamt | Wöchentliche Arbeitszeit Verwaltungstätige insgesamt | Verwaltungstätige insgesamt | Wöchentliche Arbeitszeit Verwaltungstätige insgesamt | Verwaltungstätige insgesamt | Wöchentliche Arbeitszeit Verwaltungstätige insgesamt | Verwaltungstätige insgesamt | Wöchentliche Arbeitszeit Verwaltungstätige insgesamt |
| Bundesland | Anzahl | Stunden | Anzahl | Stunden | Anzahl | Stunden | Anzahl | Stunden |
| Baden-Württemberg | 0 | / | 77 | 1.055 | 223 | 2.254 | 197 | 2.573 |
| Bayern | 137 | 1.127 | 108 | 1.053 | 671 | 6.069 | 709 | 6.276 |
| Berlin | 94 | 1.745 | 89 | 1.941 | 168 | 2.823 | 143 | 3.364 |
| Brandenburg | 24 | 619 | 32 | 620 | 110 | 1.712 | 81 | 1.470 |
| Bremen | 35 | 684 | 24 | 433 | 45 | 1.159 | 39 | 845 |
| Hamburg | 53 | 788 | 38 | 500 | 140 | 2.202 | 314 | 6.965 |
| Hessen | 83 | 1.247 | 126 | 1.568 | 285 | 4.152 | 333 | 4.238 |
| Mecklenburg-Vorpommern | 16 | 370 | 48 | 851 | 98 | 1.701 | 116 | 1.761 |
| Niedersachsen | 149 | 2.191 | 198 | 3.112 | 365 | 4.595 | 424 | 5.155 |
| Nordrhein-Westfalen | 120 | 2.676 | 86 | 1.565 | 177 | 2.354 | 238 | 3.161 |
| Rheinland-Pfalz | 42 | 639 | 41 | 657 | 83 | 1.693 | 80 | 1.523 |
| Saarland | 1 | 19 | 3 | 57 | 12 | 195 | 12 | 225 |
| Sachsen | 99 | 2.936 | 82 | 1.590 | 217 | 3.888 | 227 | 4.031 |
| Sachsen-Anhalt | 11 | 254 | 22 | 564 | 96 | 1.366 | 106 | 1.923 |
| Schleswig-Holstein | 87 | 1.231 | 90 | 1.217 | 175 | 2.415 | 191 | 2.662 |
| Thüringen | 22 | 599 | 37 | 702 | 74 | 1.512 | 61 | 1.094 |
| Ostdeutschland (o. BE) | 172 | 4.778 | 221 | 4.327 | 595 | 10.179 | 591 | 10.279 |
| Westdeutschland (o. BE) | 707 | 10.602 | 791 | 11.217 | 2.176 | 27.088 | 2.537 | 33.623 |
| Deutschland | 973 | 17.125 | 1.101 | 17.485 | 2.939 | 40.090 | 3.271 | 47.266 |

Quelle
Statistisches Bundesamt: Tageseinrichtungen für Kinder 1998 und 2002, Kinder und tätige Personen in Tageseinrichtungen 2006 und 2008; zusammengestellt und berechnet von der Dortmunder Arbeitsstelle Kinder- und Jugendhilfestatistik, August 2009

## Tab. 35a Kindertageseinrichtungen nach Art des Trägers (öffentliche und freie Träger) der Einrichtung in den Bundesländern am 31.12.1998, 31.12.2002, 15.03.2006, 15.03.2008

(Anzahl; Anteil in %)

| | 1998 | | | 2002 | | | 2006 | | | 2008 | | |
|---|---|---|---|---|---|---|---|---|---|---|---|---|
| | KiTas insgesamt | Träger der Einrichtung | | KiTas insgesamt | Träger der Einrichtung | | KiTas insgesamt | Träger der Einrichtung | | KiTas insgesamt | Träger der Einrichtung | |
| | | öffentlich | frei* | | öffentlich | frei* | | öffentlich | frei* | | öffentlich | frei* |
| Bundesland | Anzahl | in % | | Anzahl | in % | | Anzahl | in % | | Anzahl | in % | |
| Baden-Württemberg | 7.299 | 43,0 | 57,0 | 7.445 | 43,4 | 56,6 | 7.661 | 42,8 | 57,2 | 7.833 | 41,9 | 58,1 |
| Bayern | 7.190 | 32,0 | 68,0 | 7.210 | 31,7 | 68,3 | 7.324 | 32,4 | 67,6 | 7.897 | 30,4 | 69,6 |
| Berlin | 2.072 | 45,7 | 54,3 | 2.034 | 40,8 | 59,2 | 1.712 | 20,3 | 79,7 | 1.798 | 15,6 | 84,4 |
| Brandenburg | 1.972 | 81,2 | 18,8 | 1.755 | 68,8 | 31,2 | 1.672 | 64,5 | 35,5 | 1.704 | 57,9 | 42,1 |
| Bremen | 403 | 25,1 | 74,9 | 397 | 23,9 | 76,1 | 405 | 22,5 | 77,5 | 416 | 20,7 | 79,3 |
| Hamburg | 892 | 28,6 | 71,4 | 904 | 25,9 | 74,1 | 929 | 5,1 | 94,9 | 968 | 3,0 | 97,0 |
| Hessen | 3.663 | 47,1 | 52,9 | 3.541 | 47,2 | 52,8 | 3.668 | 46,4 | 53,6 | 3.799 | 44,1 | 55,9 |
| Mecklenburg-Vorpommern | 1.119 | 60,5 | 39,5 | 1.020 | 45,5 | 54,5 | 1.004 | 30,9 | 69,1 | 1.007 | 24,1 | 75,9 |
| Niedersachsen | 3.777 | 34,8 | 65,2 | 4.156 | 33,7 | 66,3 | 4.156 | 33,4 | 66,6 | 4.330 | 32,3 | 67,7 |
| Nordrhein-Westfalen | 9.376 | 25,6 | 74,4 | 9.313 | 27,7 | 72,3 | 9.561 | 26,5 | 73,5 | 9.746 | 24,2 | 75,8 |
| Rheinland-Pfalz | 2.299 | 42,6 | 57,4 | 2.337 | 47,2 | 52,8 | 2.348 | 45,4 | 54,6 | 2.414 | 44,9 | 55,1 |
| Saarland | 501 | 26,9 | 73,1 | 502 | 28,3 | 71,7 | 493 | 28,2 | 71,8 | 473 | 27,3 | 72,7 |
| Sachsen | 2.912 | 70,8 | 29,2 | 2.661 | 59,2 | 40,8 | 2.622 | 52,1 | 47,9 | 2.679 | 47,5 | 52,5 |
| Sachsen-Anhalt | 1.700 | 77,3 | 22,7 | 1.728 | 72,3 | 27,7 | 1.678 | 63,9 | 36,1 | 1.695 | 61,7 | 38,3 |
| Schleswig-Holstein | 1.623 | 22,6 | 77,4 | 1.635 | 25,8 | 74,2 | 1.604 | 26,4 | 73,6 | 1.636 | 23,7 | 76,3 |
| Thüringen | 1.405 | 54,5 | 45,5 | 1.379 | 48,4 | 51,6 | 1.364 | 39,4 | 60,6 | 1.341 | 37,8 | 62,2 |
| Ostdeutschland (o. BE) | 9.108 | 70,5 | 29,5 | 8.543 | 60,5 | 39,5 | 8.340 | 52,3 | 47,7 | 8.426 | 48,1 | 51,9 |
| Westdeutschland (o. BE) | 37.023 | 34,4 | 65,6 | 37.440 | 35,1 | 64,9 | 38.149 | 34,2 | 65,8 | 39.512 | 32,5 | 67,5 |
| Deutschland | 48.203 | 41,7 | 58,3 | 48.017 | 39,9 | 60,1 | 48.201 | 36,8 | 63,2 | 49.736 | 34,5 | 65,5 |

Quelle
Statistisches Bundesamt: Tageseinrichtungen für Kinder 1998 und 2002, Kinder und tätige Personen in Tageseinrichtungen 2006 und 2008; zusammengestellt und berechnet von der Dortmunder Arbeitsstelle Kinder- und Jugendhilfestatistik, August 2009

* In den Veröffentlichungen des Statistischen Bundesamtes werden die privatgewerblichen Träger als Wirtschaftsunternehmen unter den freien Trägern aufgeführt.

# Tab. 35b Kindertageseinrichtungen nach Art des Trägers der Einrichtung in den Bundesländern am 15.03.2007, 15.03.2008 (Anzahl)

| | | | | | | | | | | | | | | | | | |
|---|---|---|---|---|---|---|---|---|---|---|---|---|---|---|---|---|---|
| BW | 7.833 | 403 | 19 | 0 | 2.863 | 62 | 225 | 9 | 1.585 | 1.850 | 4 | 27 | 3 | 711 | 72 | 21 | 51 |
| BY | 7.897 | 909 | 0 | 0 | 1.493 | 335 | 213 | 111 | 1.101 | 2.645 | 3 | 49 | 7 | 902 | 129 | 11 | 118 |
| BE | 1.798 | 280 | 0 | 0 | 0 | 47 | 407 | 2 | 242 | 64 | 2 | 3 | 0 | 739 | 12 | 1 | 11 |
| BB | 1.704 | 44 | 9 | 0 | 933 | 109 | 138 | 47 | 122 | 18 | 0 | 4 | 2 | 233 | 45 | 4 | 41 |
| HB | 416 | 86 | 0 | 0 | 0 | 18 | 44 | 13 | 82 | 19 | 1 | 6 | 1 | 132 | 14 | 0 | 14 |
| HH | 968 | 15 | 8 | 3 | 3 | 32 | 193 | 40 | 151 | 57 | 0 | 4 | 8 | 382 | 72 | 9 | 63 |
| HE | 3.799 | 449 | 26 | 0 | 1.201 | 56 | 178 | 17 | 671 | 449 | 4 | 28 | 3 | 690 | 27 | 4 | 23 |
| MV | 1.007 | 24 | 0 | 3 | 216 | 83 | 213 | 78 | 101 | 18 | 0 | 0 | 0 | 211 | 60 | 0 | 60 |
| NI | 4.330 | 232 | 0 | 0 | 1.165 | 174 | 304 | 306 | 971 | 490 | 0 | 17 | 1 | 652 | 18 | 4 | 14 |
| NW | 9.746 | 1.981 | 0 | 4 | 369 | 690 | 1.171 | 288 | 1.662 | 2.813 | 2 | 23 | 12 | 510 | 221 | 13 | 208 |
| RP | 2.414 | 414 | 2 | 0 | 669 | 5 | 85 | 8 | 402 | 690 | 1 | 19 | 0 | 88 | 31 | 4 | 27 |
| SL | 473 | 0 | 1 | 0 | 128 | 20 | 18 | 0 | 62 | 223 | 0 | 0 | 0 | 19 | 2 | 0 | 2 |
| SN | 2.679 | 374 | 0 | 0 | 899 | 198 | 458 | 115 | 230 | 35 | 0 | 1 | 4 | 335 | 30 | 5 | 25 |
| ST | 1.695 | 99 | 10 | 0 | 936 | 78 | 205 | 37 | 137 | 29 | 1 | 6 | 3 | 148 | 6 | 1 | 5 |
| SH | 1.636 | 119 | 6 | 2 | 261 | 89 | 188 | 73 | 500 | 34 | 0 | 54 | 9 | 281 | 20 | 3 | 17 |
| TH | 1.341 | 37 | 0 | 0 | 470 | 151 | 213 | 94 | 193 | 77 | 0 | 0 | 0 | 99 | 7 | 2 | 5 |
| O (o. BE) | 8.426 | 578 | 19 | 3 | 3.454 | 619 | 1.227 | 371 | 783 | 177 | 1 | 11 | 9 | 1.026 | 148 | 12 | 136 |
| W (o. BE) | 39.512 | 4.608 | 62 | 9 | 8.152 | 1.481 | 2.619 | 865 | 7.187 | 9.270 | 15 | 227 | 44 | 4.367 | 606 | 69 | 537 |
| D | 49.736 | 5.466 | 81 | 12 | 11.606 | 2.147 | 4.253 | 1.238 | 8.212 | 9.511 | 18 | 241 | 53 | 6.132 | 766 | 82 | 684 |
| 2008 | Anzahl | | | | | | | | | | | | | | | | |
| | | Öffentliche Träger | | | | Freie Träger* | | | | | | | | | | davon | |
| Bundesland | KiTas insgesamt | örtlicher Träger | über-örtlicher Träger | Land | Gemeinden ohne Jugendamt | Arbeiterwohlfahrt | DPWV | DRK | Diakonisches Werk/sonst. der EKD angeschlossener Träger | Caritasverband/sonstiger katholischer Träger | Zentralwohlfahrtsstelle der Juden in Deutschland | sonstige Religionsgemeinschaften öffentlichen Rechts | Jugendgruppen, -verbände, -ringe | sonstige juristische Personen, andere Vereinigungen | Wirtschaftsunternehmen (Unternehmens-/Betriebsteil oder privatgewerblich) | Wirtschaftsunternehmen ist Unternehmens-/Betriebsteil | Wirtschaftsunternehmen ist privatgewerblich |
| 2007 | Anzahl | | | | | | | | | | | | | | | | |
| BW | 7.703 | 421 | 1 | 0 | 2.860 | 55 | 254 | 10 | 1.574 | 1.845 | 2 | 12 | 8 | 592 | 69 | 25 | 44 |
| BY | 7.708 | 931 | 0 | 0 | 1.426 | 313 | 214 | 100 | 1.080 | 2.655 | 2 | 40 | 4 | 841 | 102 | 11 | 91 |
| BE | 1.766 | 288 | 0 | 0 | 0 | 52 | 384 | 2 | 253 | 63 | 1 | 2 | 1 | 707 | 13 | 1 | 12 |
| BB | 1.700 | 195 | 46 | 0 | 806 | 96 | 104 | 39 | 113 | 18 | 0 | 2 | 1 | 239 | 41 | 8 | 33 |
| HB | 403 | 90 | 0 | 0 | 1 | 18 | 39 | 10 | 78 | 18 | 1 | 8 | 2 | 134 | 4 | 0 | 4 |
| HH | 944 | 37 | 6 | 4 | 2 | 30 | 185 | 39 | 152 | 36 | 2 | 7 | 8 | 373 | 63 | 10 | 53 |
| HE | 3.763 | 454 | 10 | 0 | 1.226 | 56 | 167 | 18 | 671 | 460 | 2 | 30 | 4 | 639 | 26 | 3 | 23 |
| MV | 1.006 | 59 | 4 | 1 | 226 | 83 | 202 | 71 | 93 | 17 | 0 | 2 | 0 | 186 | 62 | 0 | 62 |
| NI | 4.264 | 245 | 33 | 2 | 1.136 | 172 | 284 | 297 | 956 | 464 | 1 | 34 | 6 | 610 | 24 | 3 | 21 |
| NW | 9.264 | 2.038 | 0 | 1 | 386 | 655 | 1.054 | 273 | 1.600 | 2.724 | 3 | 26 | 7 | 398 | 99 | 12 | 87 |
| RP | 2.349 | 424 | 23 | 2 | 634 | 8 | 66 | 7 | 412 | 694 | 1 | 20 | 0 | 51 | 7 | 2 | 5 |
| SL | 483 | 0 | 0 | 0 | 129 | 18 | 21 | 0 | 67 | 227 | 0 | 0 | 0 | 18 | 3 | 0 | 3 |
| SN | 2.630 | 384 | 0 | 0 | 909 | 191 | 423 | 108 | 220 | 34 | 0 | 3 | 4 | 327 | 27 | 2 | 25 |
| ST | 1.681 | 103 | 8 | 2 | 944 | 72 | 193 | 34 | 137 | 30 | 0 | 2 | 3 | 144 | 9 | 1 | 8 |
| SH | 1.639 | 120 | 4 | 1 | 267 | 87 | 172 | 72 | 517 | 35 | 0 | 49 | 18 | 276 | 21 | 4 | 17 |
| TH | 1.349 | 62 | 0 | 0 | 460 | 158 | 209 | 89 | 193 | 81 | 0 | 0 | 0 | 94 | 3 | 1 | 2 |
| O (o. BE) | 8.366 | 803 | 58 | 3 | 3.345 | 600 | 1.131 | 341 | 756 | 180 | 0 | 9 | 8 | 990 | 142 | 12 | 130 |
| W (o. BE) | 38.520 | 4.760 | 77 | 10 | 8.067 | 1.412 | 2.456 | 826 | 7.107 | 9.158 | 14 | 226 | 57 | 3.932 | 418 | 70 | 348 |
| D | 48.652 | 5.851 | 135 | 13 | 11.412 | 2.064 | 3.971 | 1.169 | 8.116 | 9.401 | 15 | 237 | 66 | 5.629 | 573 | 83 | 490 |

Quelle
Statistisches Bundesamt: Kinder und tätige Personen in Tageseinrichtungen 2008; zusammengestellt und berechnet von der Dortmunder Arbeitsstelle Kinder- und Jugendhilfestatistik, März 2008, Januar 2009

* In den Veröffentlichungen des Statistischen Bundesamtes werden die privatgewerblichen Träger als Wirtschaftsunternehmen unter den freien Trägern aufgeführt.

## Tab. 35c Kindertageseinrichtungen nach Art des Trägers der Einrichtung in den Bundesländern am 15.03.2007, 15.03.2008

(Anzahl, Anteil in %)

| Bundesland | KiTas insgesamt | Öffentliche Träger: örtlicher Träger | Öffentliche Träger: über-örtlicher Träger | Öffentliche Träger: Land | Öffentliche Träger: Gemeinden ohne Jugendamt | Freie Träger*: Arbeiterwohlfahrt | Freie Träger*: DPWV | Freie Träger*: DRK | Freie Träger*: Diakonisches Werk/sonst. der EKD angeschlossener Träger | Freie Träger*: Caritasverband/sonstiger katholischer Träger | Freie Träger*: Zentralwohlfahrtsstelle der Juden in Deutschland | Freie Träger*: sonstige Religionsgemeinschaften öffentlichen Rechts | Freie Träger*: Jugendgruppen, -verbände, -ringe | Freie Träger*: sonstige juristische Personen, andere Vereinigungen | Freie Träger*: Wirtschaftsunternehmen (Unternehmens-/Betriebsteil oder privatgewerblich) | davon: Wirtschaftsunternehmen ist Unternehmens-/Betriebsteil | davon: Wirtschaftsunternehmen ist privatgewerblich |
|---|---|---|---|---|---|---|---|---|---|---|---|---|---|---|---|---|---|
| 2008 | Anzahl | In % | | | | | | | | | | | | | | | |
| BW | 7.833 | 5,1 | 0,2 | 0,0 | 36,6 | 0,8 | 2,9 | 0,1 | 20,2 | 23,6 | 0,1 | 0,3 | 0,0 | 9,1 | 0,9 | 0,3 | 0,7 |
| BY | 7.897 | 11,5 | 0,0 | 0,0 | 18,9 | 4,2 | 2,7 | 1,4 | 13,9 | 33,5 | 0,0 | 0,6 | 0,1 | 11,4 | 1,6 | 0,1 | 1,5 |
| BE | 1.798 | 15,6 | 0,0 | 0,0 | 0,0 | 2,6 | 22,6 | 0,1 | 13,5 | 3,6 | 0,1 | 0,2 | 0,0 | 41,1 | 0,7 | 0,1 | 0,6 |
| BB | 1.704 | 2,6 | 0,5 | 0,0 | 54,8 | 6,4 | 8,1 | 2,8 | 7,2 | 1,1 | 0,0 | 0,2 | 0,1 | 13,7 | 2,6 | 0,2 | 2,4 |
| HB | 416 | 20,7 | 0,0 | 0,0 | 0,0 | 4,3 | 10,6 | 3,1 | 19,7 | 4,6 | 0,2 | 1,4 | 0,2 | 31,7 | 3,4 | 0,0 | 3,4 |
| HH | 968 | 1,5 | 0,8 | 0,3 | 0,3 | 3,3 | 19,9 | 4,1 | 15,6 | 5,9 | 0,0 | 0,4 | 0,8 | 39,5 | 7,4 | 0,9 | 6,5 |
| HE | 3.799 | 11,8 | 0,7 | 0,0 | 31,6 | 1,5 | 4,7 | 0,4 | 17,7 | 11,8 | 0,1 | 0,7 | 0,1 | 18,2 | 0,7 | 0,1 | 0,6 |
| MV | 1.007 | 2,4 | 0,0 | 0,3 | 21,4 | 8,2 | 21,2 | 7,7 | 10,0 | 1,8 | 0,0 | 0,0 | 0,0 | 21,0 | 6,0 | 0,0 | 6,0 |
| NI | 4.330 | 5,4 | 0,0 | 0,0 | 26,9 | 4,0 | 7,0 | 7,1 | 22,4 | 11,3 | 0,0 | 0,4 | 0,0 | 15,1 | 0,4 | 0,1 | 0,3 |
| NW | 9.746 | 20,3 | 0,0 | 0,0 | 3,8 | 7,1 | 12,0 | 3,0 | 17,1 | 28,9 | 0,0 | 0,2 | 0,1 | 5,2 | 2,3 | 0,1 | 2,1 |
| RP | 2.414 | 17,1 | 0,1 | 0,0 | 27,7 | 0,2 | 3,5 | 0,3 | 16,7 | 28,6 | 0,0 | 0,8 | 0,0 | 3,6 | 1,3 | 0,2 | 1,1 |
| SL | 473 | 0,0 | 0,2 | 0,0 | 27,1 | 4,2 | 3,8 | 0,0 | 13,1 | 47,1 | 0,0 | 0,0 | 0,0 | 4,0 | 0,4 | 0,0 | 0,4 |
| SN | 2.679 | 14,0 | 0,0 | 0,0 | 33,6 | 7,4 | 17,1 | 4,3 | 8,6 | 1,3 | 0,0 | 0,0 | 0,1 | 12,5 | 1,1 | 0,2 | 0,9 |
| ST | 1.695 | 5,8 | 0,6 | 0,0 | 55,2 | 4,6 | 12,1 | 2,2 | 8,1 | 1,7 | 0,1 | 0,4 | 0,2 | 8,7 | 0,4 | 0,1 | 0,3 |
| SH | 1.636 | 7,3 | 0,4 | 0,1 | 16,0 | 5,4 | 11,5 | 4,5 | 30,6 | 2,1 | 0,0 | 3,3 | 0,6 | 17,2 | 1,2 | 0,2 | 1,0 |
| TH | 1.341 | 2,8 | 0,0 | 0,0 | 35,0 | 11,3 | 15,9 | 7,0 | 14,4 | 5,7 | 0,0 | 0,0 | 0,0 | 7,4 | 0,5 | 0,1 | 0,4 |
| O (o. BE) | 8.426 | 6,9 | 0,2 | 0,0 | 41,0 | 7,3 | 14,6 | 4,4 | 9,3 | 2,1 | 0,0 | 0,1 | 0,1 | 12,2 | 1,8 | 0,1 | 1,6 |
| W (o. BE) | 39.512 | 11,7 | 0,2 | 0,0 | 20,6 | 3,7 | 6,6 | 2,2 | 18,2 | 23,5 | 0,0 | 0,6 | 0,1 | 11,1 | 1,5 | 0,2 | 1,4 |
| D | 49.736 | 11,0 | 0,2 | 0,0 | 23,3 | 4,3 | 8,6 | 2,5 | 16,5 | 19,1 | 0,0 | 0,5 | 0,1 | 12,3 | 1,5 | 0,2 | 1,4 |
| 2007 | Anzahl | In % | | | | | | | | | | | | | | | |
| BW | 7.703 | 5,5 | 0,0 | 0,0 | 37,1 | 0,7 | 3,3 | 0,1 | 20,4 | 24,0 | 0,0 | 0,2 | 0,1 | 7,7 | 0,9 | 0,3 | 0,6 |
| BY | 7.708 | 12,1 | 0,0 | 0,0 | 18,5 | 4,1 | 2,8 | 1,3 | 14,0 | 34,4 | 0,0 | 0,5 | 0,1 | 10,9 | 1,3 | 0,1 | 1,2 |
| BE | 1.766 | 16,3 | 0,0 | 0,0 | 0,0 | 2,9 | 21,7 | 0,1 | 14,3 | 3,6 | 0,1 | 0,1 | 0,1 | 40,0 | 0,7 | 0,1 | 0,7 |
| BB | 1.700 | 11,5 | 2,7 | 0,0 | 47,4 | 5,6 | 6,1 | 2,3 | 6,6 | 1,1 | 0,0 | 0,1 | 0,1 | 14,1 | 2,4 | 0,5 | 1,9 |
| HB | 403 | 22,3 | 0,0 | 0,0 | 0,2 | 4,5 | 9,7 | 2,5 | 19,4 | 4,5 | 0,2 | 2,0 | 0,5 | 33,3 | 1,0 | 0,0 | 1,0 |
| HH | 944 | 3,9 | 0,6 | 0,4 | 0,2 | 3,2 | 19,6 | 4,1 | 16,1 | 3,8 | 0,2 | 0,7 | 0,8 | 39,5 | 6,7 | 1,1 | 5,6 |
| HE | 3.763 | 12,1 | 0,3 | 0,0 | 32,6 | 1,5 | 4,4 | 0,5 | 17,8 | 12,2 | 0,1 | 0,8 | 0,1 | 17,0 | 0,7 | 0,1 | 0,6 |
| MV | 1.006 | 5,9 | 0,4 | 0,1 | 22,5 | 8,3 | 20,1 | 7,1 | 9,2 | 1,7 | 0,0 | 0,2 | 0,0 | 18,5 | 6,2 | 0,0 | 6,2 |
| NI | 4.264 | 5,7 | 0,8 | 0,0 | 26,6 | 4,0 | 6,7 | 7,0 | 22,4 | 10,9 | 0,0 | 0,8 | 0,1 | 14,3 | 0,6 | 0,1 | 0,5 |
| NW | 9.264 | 22,0 | 0,0 | 0,0 | 4,2 | 7,1 | 11,4 | 2,9 | 17,3 | 29,4 | 0,0 | 0,3 | 0,1 | 4,3 | 1,1 | 0,1 | 0,9 |
| RP | 2.349 | 18,1 | 1,0 | 0,1 | 27,0 | 0,3 | 2,8 | 0,3 | 17,5 | 29,5 | 0,0 | 0,9 | 0,0 | 2,2 | 0,3 | 0,1 | 0,2 |
| SL | 483 | 0,0 | 0,0 | 0,0 | 26,7 | 3,7 | 4,3 | 0,0 | 13,9 | 47,0 | 0,0 | 0,0 | 0,0 | 3,7 | 0,6 | 0,0 | 0,6 |
| SN | 2.630 | 14,6 | 0,0 | 0,0 | 34,6 | 7,3 | 16,1 | 4,1 | 8,4 | 1,3 | 0,0 | 0,1 | 0,2 | 12,4 | 1,0 | 0,1 | 1,0 |
| ST | 1.681 | 6,1 | 0,5 | 0,1 | 56,2 | 4,3 | 11,5 | 2,0 | 8,1 | 1,8 | 0,0 | 0,1 | 0,2 | 8,6 | 0,5 | 0,1 | 0,5 |
| SH | 1.639 | 7,3 | 0,2 | 0,1 | 16,3 | 5,3 | 10,5 | 4,4 | 31,5 | 2,1 | 0,0 | 3,0 | 1,1 | 16,8 | 1,3 | 0,2 | 1,0 |
| TH | 1.349 | 4,6 | 0,0 | 0,0 | 34,1 | 11,7 | 15,5 | 6,6 | 14,3 | 6,0 | 0,0 | 0,0 | 0,0 | 7,0 | 0,2 | 0,1 | 0,1 |
| O (o. BE) | 8.366 | 9,6 | 0,7 | 0,0 | 40,0 | 7,2 | 13,5 | 4,1 | 9,0 | 2,2 | 0,0 | 0,1 | 0,1 | 11,8 | 1,7 | 0,1 | 1,6 |
| W (o. BE) | 38.520 | 12,4 | 0,2 | 0,0 | 20,9 | 3,7 | 6,4 | 2,1 | 18,5 | 23,8 | 0,0 | 0,6 | 0,1 | 10,2 | 1,1 | 0,2 | 0,9 |
| D | 48.652 | 12,0 | 0,3 | 0,0 | 23,5 | 4,2 | 8,2 | 2,4 | 16,7 | 19,3 | 0,0 | 0,5 | 0,1 | 11,6 | 1,2 | 0,2 | 1,0 |

Quelle
Statistisches Bundesamt: Kinder und tätige Personen in Tageseinrichtungen 2008; zusammengestellt und berechnet von der Dortmunder Arbeitsstelle Kinder- und Jugendhilfestatistik, März 2008, Januar 2009

* In den Veröffentlichungen des Statistischen Bundesamtes werden die privatgewerblichen Träger als Wirtschaftsunternehmen unter den freien Trägern aufgeführt.

## Tab. 36 Kinder unter 3 Jahren in Kindertageseinrichtungen nach Gruppentypen sowie Personalressourceneinsatzschlüssel nach Gruppentypen in den Bundesländern am 15.03.2008

(Anteil in %; Relation als Ganztagsinanspruchnahmeäquivalent pro Vollzeitbeschäftigungsäquivalent*)

| Bundesland | Kinder unter 3 Jahren in KiTas insgesamt | Gruppentyp 1**** Krippe: Kinder 0 bis < 3 Jahre | | Gruppentyp 2**** Kindergarten: geöffnet für Kinder ab 2 Jahren bis Schuleintritt – 2a mit ein o. zwei 2-Jährigen | | 2b mit drei o. mehr 2-Jährigen | | Gruppentyp 3**** Altersübergreifend: Kinder ab 0 Jahren bis Schuleintritt – 3a weniger als 50% < 3-J. | | 3b mehr als 50% < 3-J. | | Einrichtungen ohne feste Gruppenstruktur*** |
|---|---|---|---|---|---|---|---|---|---|---|---|---|
| | | Verteilung der Kinder unter 3 Jahren auf die Gruppentypen (in %) Personalschlüssel 1 : x (Ganztagsinanspruchnahmeäquivalente pro Vollzeitbeschäftigungsäquivalent; Mittelwert) | | | | | | | | | | |
| | Anzahl | in % | 1 : x | in % | 1 : x | in % | 1 : x | in % | 1 : x | in % | 1 : x | in % |
| BW | 32.289 | 28,6 | 5,4 | 17,6 | 9,0 | 14,4 | 8,2 | 17,2 | 7,3 | 10,9 | 6,3 | 11,3 |
| BY | 37.757 | 25,4 | 4,8 | 12,7 | 9,5 | 9,1 | 9,2 | 17,0 | 9,1 | 27,6 | 5,5 | 8,2 |
| BE** | 32.732 | / | / | / | / | / | / | / | / | / | / | / |
| BB | 21.623 | 45,1 | 7,4 | 1,4 | 12,4 | 2,9 | 12,0 | 13,5 | 10,7 | 22,6 | 8,9 | 14,5 |
| HB | 1.723 | 30,0 | 4,7 | 2,7 | 7,6 | 2,7 | 6,3 | 13,6 | 5,7 | 50,7 | 5,3 | 0,3 |
| HH | 8.723 | 38,5 | 5,4 | 3,7 | 9,9 | 3,4 | 8,8 | 20,5 | 9,4 | 23,0 | 6,1 | 11,0 |
| HE | 18.297 | 30,5 | 4,6 | 11,7 | 9,7 | 10,7 | 9,1 | 19,5 | 8,2 | 20,4 | 5,2 | 7,3 |
| MV | 12.939 | 68,1 | 5,7 | 2,2 | 13,3 | 2,2 | 12,5 | 9,0 | 10,3 | 15,0 | 6,8 | 3,5 |
| NI | 15.140 | 17,4 | 5,6 | 15,5 | 9,4 | 10,0 | 8,7 | 16,0 | 8,5 | 37,8 | 6,5 | 3,3 |
| NW | 32.203 | 9,5 | 7,4 | 16,8 | 8,8 | 9,6 | 7,9 | 32,7 | 6,6 | 26,7 | 9,3 | 4,6 |
| RP | 13.467 | 16,9 | 4,6 | 19,3 | 8,1 | 20,8 | 7,7 | 26,7 | 6,8 | 8,1 | 4,7 | 8,2 |
| SL | 2.899 | 25,4 | 3,5 | 16,7 | 9,1 | 13,0 | 8,2 | 34,1 | 6,4 | 6,9 | 4,5 | 3,9 |
| SN | 32.644 | 59,2 | 6,4 | 3,0 | 12,7 | 3,5 | 11,6 | 13,5 | 10,5 | 18,7 | 7,6 | 2,1 |
| ST | 26.722 | 60,9 | 6,6 | 1,2 | 11,1 | 2,6 | 10,7 | 10,1 | 9,7 | 18,0 | 8,1 | 7,3 |
| SH | 5.133 | 22,2 | 4,7 | 14,0 | 9,8 | 6,1 | 9,9 | 32,1 | 8,5 | 21,2 | 6,5 | 4,3 |
| TH | 18.823 | 42,7 | 6,3 | 3,1 | 11,7 | 7,1 | 11,8 | 20,1 | 10,5 | 23,4 | 8,6 | 3,5 |
| O (o. BE) | 112.751 | 55,2 | 6,5 | 2,2 | 12,3 | 3,6 | 11,7 | 13,3 | 10,4 | 19,6 | 8,1 | 6,1 |
| W (o. BE) | 167.631 | 22,7 | 5,2 | 14,6 | 9,1 | 11,0 | 8,4 | 21,9 | 7,8 | 22,2 | 6,7 | 7,4 |
| D (o. BE) | 280.382 | 35,8 | 6,0 | 9,6 | 9,4 | 8,0 | 8,9 | 18,5 | 8,4 | 21,2 | 7,2 | 6,9 |

Quelle
Kinder und tätige Personen in Tageseinrichtungen 2008, Forschungsdatenzentrum der Statistischen Landesämter, Berechnungen der Dortmunder Arbeitsstelle Kinder- und Jugendhilfestatistik, März 2009

* Der ausgewiesene Personalressourceneinsatzschlüssel gibt nicht die tatsächliche Erzieher-Kind-Relation in den Gruppen wieder. Zur genauen Berechnungsgrundlage und Aussagekraft des Personalressourceneinsatzschlüssels vergleiche: Lange, Jens: Personalschlüssel in Kindertageseinrichtungen. Berechnungsgrundlagen und empirische Ergebnisse eines vielbeachteten Indikators, in: FORUM Jugendhilfe, H. 3/2008, S. 41–44.

** In Berlin werden fast alle Einrichtungen statistisch als Einrichtungen ohne feste Gruppenstruktur erfasst, auch wenn in Einrichtungen mit einer festen Gruppenstruktur gearbeitet wird. Aus diesem Grund sind keine weiteren Aussagen dazu möglich, welche Gruppenformen Kinder unter drei Jahren nutzen und wie der Personalressourceneinsatz in den Gruppen gestaltet wird.

*** Für Einrichtungen ohne feste Gruppenstruktur ist die Ausweisung eines gruppenbezogenen Personalschlüssels nicht sinnvoll.

**** Die Zuordnung von Gruppen in Kindertageseinrichtungen zu einem bestimmten Gruppentyp wird nicht von den Einrichtungen selbst vorgenommen, sondern erfolgt im Rahmen der Auswertung der Daten der amtlichen Kinder- und Jugendhilfestatistik. Dabei erfolgt die Zuordnung primär anhand der Alterszusammensetzung der Kinder in der Gruppe. Allerdings findet in bestimmten Fällen auch die Größe der Gruppe Berücksichtigung. Folgende Gruppentypen mit folgenden Merkmalen wurden bei der Indikatorenbildung gebildet:

Gruppentyp 1 „Krippengruppe“:
Dies sind alle Gruppen, in denen ausschließlich Kinder unter 3 Jahren sind.

Gruppentyp 2 „für 2-Jährige geöffnete Kindergartengruppen“:
Dies sind Gruppen mit 15 und mehr Kindern, in denen neben Kindern ab einem Alter von 3 Jahren bis zum Schulbesuch auch bis zu fünf 2-jährige Kinder betreut werden.

Gruppentyp 3 „altersübergreifende Gruppen“:
Hierunter fallen diejenigen Gruppen, die nicht den vorangegangenen Gruppentypen zugeordnet wurden, aber in denen Kinder unter 3 Jahren sind. Sprachlich exakt müsste diese Gruppenform „altersgruppenübergreifende Gruppen“ heißen, da diese Gruppen sowohl von Kindern der Altersgruppe unter 3 Jahren (‚Krippenkinder‘) als auch von Kindern der Altersgruppe ab 3 Jahren bis zur Einschulung (‚Kindergartenkinder‘) genutzt werden.

Die Gruppentypen „für 2-Jährige geöffnete Gruppen“ und „altersübergreifende Gruppen“ wurden jeweils noch in zwei Gruppenuntertypen unterteilt:

Gruppenuntertypen bei „für 2-Jährige geöffnete Kindergartengruppen“:
Um eine weitergehende konzeptionelle und pädagogische Bewertung der Altersöffnung von Kindergartengruppen zu ermöglichen, ist es sinnvoll, die für 2-Jährige geöffneten Kindergartengruppen dahingehend zu unterscheiden, wie viele 2-Jährige in den Gruppen aufgenommen werden. Hier wurde differenziert danach, ob in den alterserweiterten Kindergartengruppen entweder ein oder zwei 2-Jährige aufgenommen werden oder aber mehr 2-Jährige. Es kann davon ausgegangen werden, dass gruppenpädagogische Prozesse anders ablaufen, wenn die 2-Jährigen in einer erweiterten Kindergartengruppe eine eigenständige Untergruppe darstellen. Sind aber nur ein oder zwei 2-Jährige in einer Gruppe, so kann es sich nicht um eine Untergruppe handeln.

Gruppenuntertypen bei „altersübergreifenden Gruppen“:
Diese Untergruppenbildung ist empirisch begründet. Für das Jahr 2007 gilt, dass ca. 50% der Kinder unter 3 Jahren, die eine altersübergreifende Gruppe besuchen, in einer Gruppe sind, in der mehr als die Hälfte der Kinder ebenfalls noch keine 3 Jahre alt sind. Weitere ca. 50% der Kinder unter 3 Jahren, die eine altersübergreifende Gruppe nutzen, sind in einer Gruppe, in der die altersgruppengleichen Kinder die Minderheit darstellen. Anhand dieser Erkenntnis wurde die weitere Unterteilung dieses Gruppentyps in Gruppenuntertypen vorgenommen.

Durch diese Definition von Gruppentypen können alle Gruppen, in denen Kinder unter drei Jahren betreut werden, einem bestimmten Gruppentyp zugeordnet werden. In der Darstellung des Indikators werden dann aber nicht die Anteile der Gruppentypen aufgezeigt, sondern dargestellt, wie sich die Kinder unter drei Jahren auf diese Gruppentypen verteilen.

**Tab. 36a** **Kinder unter 3 Jahren in Kindertageseinrichtungen nach Gruppentyp sowie Personalressourceneinsatzschlüssel in den Bundesländern am 15.03.2008**

(Anteil in %; Personalschlüssel als Relation von Ganztagsinanspruchnahmeäquivalent zu Vollzeitbeschäftigungsäquivalent*)

| Bundesland | Kinder unter 3 Jahren in KiTas insgesamt | Gruppentyp 1**** Krippe: Kinder 0 bis < 3 Jahren | | Gruppentyp 2**** Kindergarten: geöffnet für Kinder ab 2 Jahren bis Schuleintritt | | Gruppentyp 3**** Altersübergreifend: Kinder ab 0 Jahren bis Schuleintritt | | Einrichtungen ohne feste Gruppenstruktur *** |
|---|---|---|---|---|---|---|---|---|
| | | Verteilung der Kinder unter 3 Jahren auf die Gruppentypen (in %) Personalschlüssel 1 : x (Ganztagsinanspruchnahmeäquivalente pro Vollzeitbeschäftigungsäquivalent; Mittelwert) | | | | | | |
| | Anzahl | in % | 1 : x | in % | 1 : x | in % | 1 : x | in % |
| BW | 32.289 | 28,6 | 5,4 | 32,1 | 8,8 | 28,0 | 6,5 | 11,3 |
| BY | 37.757 | 25,4 | 4,8 | 21,8 | 9,5 | 44,7 | 6,8 | 8,2 |
| BE** | 32.732 | / | / | / | / | / | / | / |
| BB | 21.623 | 45,1 | 7,4 | 4,4 | 12,3 | 36,1 | 9,9 | 14,5 |
| HB | 1.723 | 30,0 | 4,7 | 5,4 | 7,3 | 64,3 | 5,3 | 0,3 |
| HH | 8.723 | 38,5 | 5,4 | 7,1 | 9,6 | 43,4 | 7,2 | 11,0 |
| HE | 18.297 | 30,5 | 4,6 | 22,4 | 9,6 | 39,9 | 6,5 | 7,3 |
| MV | 12.939 | 68,1 | 5,7 | 4,4 | 13,0 | 24,0 | 8,6 | 3,5 |
| NI | 15.140 | 17,4 | 5,6 | 25,5 | 9,2 | 53,7 | 7,7 | 3,3 |
| NW | 32.203 | 9,5 | 7,4 | 26,4 | 8,6 | 59,5 | 7,1 | 4,6 |
| RP | 13.467 | 16,9 | 4,6 | 40,1 | 8,0 | 34,8 | 6,2 | 8,2 |
| SL | 2.899 | 25,4 | 3,5 | 29,6 | 8,9 | 41,0 | 6,0 | 3,9 |
| SN | 32.644 | 59,2 | 6,4 | 6,4 | 12,4 | 32,2 | 9,4 | 2,1 |
| ST | 26.722 | 60,9 | 6,6 | 3,8 | 10,9 | 28,1 | 8,9 | 7,3 |
| SH | 5.133 | 22,2 | 4,7 | 20,1 | 9,8 | 53,3 | 7,6 | 4,3 |
| TH | 18.823 | 42,7 | 6,3 | 10,2 | 11,7 | 43,5 | 9,8 | 3,5 |
| O (o. BE) | 112.751 | 55,2 | 6,5 | 5,8 | 12,1 | 32,9 | 9,4 | 6,1 |
| W (o. BE) | 167.631 | 22,7 | 5,2 | 25,7 | 9,0 | 44,2 | 6,9 | 7,4 |
| D (o. BE) | 280.382 | 35,8 | 6,0 | 17,7 | 9,3 | 39,6 | 7,7 | 6,9 |

Quelle
Kinder und tätige Personen in Tageseinrichtungen 2008, Forschungsdatenzentrum der Statistischen Landesämter, Berechnungen der Dortmunder Arbeitsstelle Kinder- und Jugendhilfestatistik, Oktober 2009

* Der ausgewiesene Personalschlüssel ist ein Personalressourceneinsatzschlüssel als Relation von Ganztagsinanspruchnahmeäquivalenten pro Vollzeitbeschäftigungsäquivalent und gibt somit nicht die tatsächliche Erzieher-Kind-Relation in den Gruppen wieder. Weitere Erläuterungen sind im Infotext zu Tabelle 36 zu finden.

** In Berlin werden fast alle Einrichtungen statistisch als Einrichtungen ohne feste Gruppenstruktur erfasst, auch wenn in Einrichtungen mit einer festen Gruppenstruktur gearbeitet wird. Aus diesem Grund sind keine weiteren Aussagen dazu möglich, welche Gruppenformen Kinder unter drei Jahren nutzen und wie der Personalressourceneinsatz in den Gruppen gestaltet wird.

*** Für Einrichtungen ohne feste Gruppenstruktur ist die Ausweisung eines gruppenbezogenen Personalschlüssels nicht sinnvoll.

**** Unter dem Gruppentyp 1 (Krippe) sind alle Gruppen zusammengefasst, in denen ausschließlich Kinder unter 3 Jahren sind. Unter dem Gruppentyp 2 (Kindergarten alterserweitert) sind Gruppen mit 15 und mehr Kindern zusammengefasst, in denen neben Kindern ab einem Alter von 3 Jahren bis zum Schulbesuch auch bis zu fünf 2-jährige Kinder betreut werden. Unter Gruppentyp 3 (altersübergreifend) fallen diejenigen Gruppen, die nicht den vorangegangenen Gruppentypen zugeordnet wurden, aber in denen Kinder unter 3 Jahren sind. Sprachlich exakt müsste diese Gruppenform „altersgruppenübergreifende Gruppen" heißen, da diese Gruppen sowohl von Kindern der Altersgruppe unter 3 Jahren (‚Krippenkinder') als auch von Kindern der Altersgruppe ab 3 Jahren bis zur Einschulung (‚Kindergartenkinder') genutzt werden.

## Tab. 37 | Rechtsanspruch des Kindes auf einen Betreuungsplatz und Beitragsfreiheit im Dezember 2008

| Bundesland | Elternunabhängiger Rechtsanspruch auf einen Betreuungsplatz | Anspruch ab wie viel Jahren | Mindestumfang | | Beitragsfreiheit | |
|---|---|---|---|---|---|---|
| | | | geregelt | garantierte Betreuungszeiten in St. | | |
| Baden-Württemberg | Ja | 3 | Nein | – | Nein | |
| Bayern | Ja | 3 | Nein | – | Nein | |
| Berlin | Ja | 3 | Ja | 5 | Ja | Im letzten Jahr vor der Einschulung * |
| Brandenburg | Ja | 3 | Ja | 6 | Nein | |
| Bremen | Ja | 3 | Ja | 4 | Nein | |
| Hamburg | Ja | 3 | Ja | 5 | in Planung | Im letzten Jahr vor der Einschulung/5 h ** |
| Hessen | Ja | 3 | Nein | – | Ja | Im letzten Jahr vor der Einschulung/ in vollem Umfang der vertragl. vereinbarten Betreuungszeit bzw. mind. 5 h täglich |
| Mecklenburg-Vorpommern | Ja | 3 | Ja | 6 | Nein | *** |
| Niedersachsen | Ja | 3 | Ja | 4 | Ja | Im letzten Jahr vor der Einschulung/ in vollem Umfang der vertragl. vereinbarten Betreuungszeit |
| Nordrhein-Westfalen | Ja | 3 | Nein | – | Nein | |
| Rheinland-Pfalz | Ja | 3 | Ja | 7 | Ja | Zwei Jahre vor der Einschulung/ in vollem Umfang der vertragl. vereinbarten Betreuungszeit **** |
| Saarland | Ja | 3 | Ja | 6 | Ja | Im letzten Jahr vor der Einschulung/6 h |
| Sachsen | Ja | 3 | Nein | – | Ja | Im letzten Jahr vor der Einschulung/max. 9 h |
| Sachsen-Anhalt | Ja | 0 | Ja | 5 | Nein | |
| Schleswig-Holstein | Ja | 3 | Ja | 4 | in Planung | Ab 01.08.2009 im letzten Jahr vor der Einschulung/bis zu 5 h |
| Thüringen | Ja | 2 | Nein | ***** | Nein | |

Quelle
Angaben der Bundesländer zum elternunabhängigen Rechtsanspruch des Kindes auf einen Betreuungsplatz und zur Beitragsfreiheit im Rahmen der schriftlichen Befragung der Bertelsmann Stiftung für den Länderreport Frühkindliche Bildungssysteme (Stand Dezember 2008)

* Gemäß Bedarfsfestsetzung d. Jugendamtes, soweit ein Bedarf über den Rechtsanspruch (halbtags) geltend gemacht wurde. Derzeitiger politischer Handlungsschwerpunkt: Abschaffung des Elternbeitrages bis 2010 für das 2. KiTajahr, bis 2011 für das 1. KiTajahr.

** Geplant ist, die Familien ab 10/2009 im Jahr vor der Einschulung vollständig von den Beiträgen für eine fünfstündige Betreuung zu befreien und die Beiträge für eine mehr als fünfstündige Betreuung entsprechend zu ermäßigen.

*** Anteilige Übernahme der Elternbeiträge für Kinder im letzten Kindergartenjahr durch das Land seit dem 01.09.2008 (Ganztagsplatz bis 80 Euro, Teilzeitplatz bis 48 Euro und Halbtagsplatz bis 32 Euro)

**** Ab 01.09.2009: drei Jahre vor der Einschulung, ab 01.08.2010: alle Kinder im Kindergarten ab 2 J.

***** Die Kindertageseinrichtungen sollen bedarfsgerechte Öffnungszeiten anbieten, die am Kindeswohl orientiert sind. Unabhängig von der Öffnungszeit der Einrichtung soll die Betreuungszeit des einzelnen Kindes in der Regel zehn Stunden nicht überschreiten.

**Tab. 38 | Quote der Inanspruchnahme* von Kindern im Alter von unter 3 Jahren in Tageseinrichtungen und Kindertagespflege mit und ohne Migrationshintergrund (mindestens ein Elternteil ausländischer Herkunft) sowie Anteil der Kinder im Alter von unter 3 Jahren mit Migrationshintergrund in der Bevölkerung in den Bundesländern am 15.03.2008**

(Anteil in %)

| | Kinder unter 3 Jahren mit Migrationshintergrund in der Bevölkerung (31.12.2006) | Quote der Inanspruchnahme von Kindern | | |
|---|---|---|---|---|
| | | insgesamt* | mit Migrationshintergrund | ohne Migrationshintergrund |
| Bundesland | in % | | | |
| Baden-Württemberg | 34 | 14 | 10 | 16 |
| Bayern | 33 | 13 | 9 | 15 |
| Berlin | 38 | 40 | 28 | 48 |
| Brandenburg | *** | *** | *** | *** |
| Bremen | 45 | 13 | 7 | 18 |
| Hamburg | 40 | 23 | 14 | 29 |
| Hessen | 39 | 14 | 9 | 17 |
| Mecklenburg-Vorpommern | /** | /** | /** | /** |
| Niedersachsen | 28 | 9 | 5 | 10 |
| Nordrhein-Westfalen | 38 | 9 | 6 | 11 |
| Rheinland-Pfalz | 31 | 15 | 11 | 17 |
| Saarland | /** | /** | /** | /** |
| Sachsen | *** | *** | *** | *** |
| Sachsen-Anhalt | /** | /** | /** | /** |
| Schleswig-Holstein | 19 | 12 | 6 | 13 |
| Thüringen | *** | *** | *** | *** |
| Ostdeutschland (o. BE) | 11 | 42 | 16 | 45 |
| Westdeutschland (o. BE) | 32 | 12 | 8 | 14 |
| Deutschland | 29 | 18 | 9 | 21 |

Quelle
Statistisches Bundesamt: Kinder und tätige Personen in Kindertageseinrichtungen 2008, Kinder und tätige Personen in öffentlich geförderter Kindertagespflege 2008, Bevölkerungsfortschreibung 2007, Sonderauswertung des Mikrozensus durch das Statistische Bundesamt. Bonn 2009

* Zur Berechnung der Quote der Inanspruchnahme von Kindern mit und ohne Migrationshintergrund sowie methodische Erläuterungen siehe Anmerkungen.

** Keine Angaben, da Zahlenwert nicht repräsentativ.

***
Auf Grund der Einschränkungen der Genauigkeit, wie sie in den methodischen Erläuterungen aufgeführt sind, und der im Ergebnis hohen Abweichungen der Teilhabequoten von Kindern mit und ohne Migrationshintergrund bleibt abzuwarten, ob sich die Ergebnisse der Berechnungen in den nächsten Jahren bestätigen. Nach den vorliegenden Berechnungen ergeben sich für Brandenburg, Sachsen und Thüringen folgende Teilhabequoten:

**Brandenburg:**
Kinder unter 3 Jahren:
Anteil der Kinder mit Migrationshintergrund in der Bevölkerung (31.12.2006): 10%
Teilhabequote Kinder mit Migrationshintergrund: 19%
Teilhabequote Kinder ohne Migrationshintergrund: 47%

**Sachsen:**
Kinder unter 3 Jahren:
Anteil der Kinder mit Migrationshintergrund in der Bevölkerung (31.12.2006): 11%
Teilhabequote Kinder mit Migrationshintergrund: 13%
Teilhabequote Kinder ohne Migrationshintergrund: 39%

**Thüringen:**
Kinder unter 3 Jahren:
Anteil der Kinder mit Migrationshintergrund in der Bevölkerung (31.12.2006): 13%
Teilhabequote Kinder mit Migrationshintergrund: 12%
Teilhabequote Kinder ohne Migrationshintergrund: 43%

## Tab. 39 | Quote der Inanspruchnahme* von Kindern im Alter von 3 bis unter 6 Jahre in Tageseinrichtungen und Kindertagespflege mit und ohne Migrationshintergrund (mindestens ein Elternteil ausländischer Herkunft) sowie Anteil der Kinder im Alter von 3 Jahren bis zum Schuleintritt mit Migrationshintergrund in der Bevölkerung in den Bundesländern am 15.03.2008

(Anteil in %)

| | Kinder von 3 Jahren bis zum Schuleintritt mit Migrationshintergrund in der Bevölkerung (31.12.2006) | Quote der Inanspruchnahme von Kindern | | |
|---|---|---|---|---|
| | | insgesamt* | mit Migrationshintergrund | ohne Migrationshintergrund |
| Bundesland | in % | | | |
| Baden-Württemberg | 34 | 95 | 94 | 95 |
| Bayern | 27 | 89 | 75 | 95 |
| Berlin | 39 | 94 | 80 | annähernd 100** |
| Brandenburg | **** | **** | **** | **** |
| Bremen | 46 | 87 | 75 | 96 |
| Hamburg | 43 | 81 | 72 | 87 |
| Hessen | 38 | 92 | 86 | 95 |
| Mecklenburg-Vorpommern | /*** | /*** | /*** | /*** |
| Niedersachsen | 26 | 86 | 76 | 90 |
| Nordrhein-Westfalen | 35 | 91 | 88 | 92 |
| Rheinland-Pfalz | 28 | 96 | 89 | 99 |
| Saarland | 30 | 93 | 91 | 94 |
| Sachsen | **** | **** | **** | **** |
| Sachsen-Anhalt | /*** | /*** | /*** | /*** |
| Schleswig-Holstein | 18 | 84 | 60 | 91 |
| Thüringen | **** | **** | **** | **** |
| Ostdeutschland (o. BE) | 11 | 95 | 66 | 97 |
| Westdeutschland (o. BE) | 32 | 90 | 84 | 93 |
| Deutschland | 29 | 91 | 83 | 94 |

Quelle
Statistisches Bundesamt: Kinder und tätige Personen in Kindertageseinrichtungen 2008, Kinder und tätige Personen in öffentlich geförderter Kindertagespflege 2008, Bevölkerungsfortschreibung 2007, Sonderauswertung des Mikrozensus durch das Statistische Bundesamt. Bonn 2009

* Zur Berechnung der Quote der Inanspruchnahme von Kindern mit und ohne Migrationshintergrund sowie methodische Erläuterungen siehe Anmerkungen.

** Bei den Kindern im Alter von 3 bis unter 6 Jahre in Tageseinrichtungen und Kindertagespflege ist davon auszugehen, dass die Quote der Inanspruchnahme der Kinder ohne Migrationshintergrund bei annähernd 100% liegt.

*** Keine Angaben, da Zahlenwert nicht repräsentativ.

****
Auf Grund der Einschränkungen der Genauigkeit, wie sie in den methodischen Erläuterungen aufgeführt sind, und der im Ergebnis hohen Abweichungen der Teilhabequoten von Kindern mit und ohne Migrationshintergrund bleibt abzuwarten, ob sich die Ergebnisse der Berechnungen in den nächsten Jahren bestätigen. Nach den vorliegenden Berechnungen ergeben sich für Brandenburg, Sachsen und Thüringen folgende Teilhabequoten:

**Brandenburg:**
Kinder von 3 bis unter 6 Jahre:
Anteil der Kinder mit Migrationshintergrund in der Bevölkerung (31.12.2006): 10%
Teilhabequote Kinder mit Migrationshintergrund: 50%
Teilhabequote Kinder ohne Migrationshintergrund: annähernd 100%

**Sachsen:**
Kinder von 3 bis unter 6 Jahre:
Anteil der Kinder mit Migrationshintergrund in der Bevölkerung (31.12.2006): 12%
Teilhabequote Kinder mit Migrationshintergrund: 65%
Teilhabequote Kinder ohne Migrationshintergrund: 98%

**Thüringen:**
Kinder von 3 bis unter 6 Jahre:
Anteil der Kinder mit Migrationshintergrund in der Bevölkerung (31.12.2006): 11%
Teilhabequote Kinder mit Migrationshintergrund: 70%
Teilhabequote Kinder ohne Migrationshintergrund: 98%

**Tab. 40** **Kinder mit Behinderungen in Kindertageseinrichtungen*, Sondereinrichtungen und integrativen Einrichtungen in den Bundesländern am 15.03.2008**

(Anzahl und Anteil in %)

| | Kinder mit Behinderungen in Kindertageseinrichtungen | | | | |
|---|---|---|---|---|---|
| | insgesamt | davon in Sondereinrichtungen | | davon in integrativen Einrichtungen | |
| Bundesland | Anzahl | Anzahl | In % | Anzahl | In % |
| Baden-Württemberg | 2.971 | 177 | 6,0 | 2.794 | 94,0 |
| Bayern | 5.094 | 1.096 | 21,5 | 3.998 | 78,5 |
| Berlin | 5.052 | 138 | 2,7 | 4.914 | 97,3 |
| Brandenburg | 1.834 | 497 | 27,1 | 1.337 | 72,9 |
| Bremen | 1.085 | 10 | 0,9 | 1.075 | 99,1 |
| Hamburg | 1.431 | 125 | 8,7 | 1.306 | 91,3 |
| Hessen | 4.826 | 161 | 3,3 | 4.665 | 96,7 |
| Mecklenburg-Vorpommern | 1.859 | 251 | 13,5 | 1.608 | 86,5 |
| Niedersachsen | 8.535 | 4.601 | 53,9 | 3.934 | 46,1 |
| Nordrhein-Westfalen | 13.254 | 3.466 | 26,2 | 9.788 | 73,8 |
| Rheinland-Pfalz | 2.712 | 899 | 33,1 | 1.813 | 66,9 |
| Saarland | 918 | 70 | 7,6 | 848 | 92,4 |
| Sachsen | 5.659 | 2.658 | 47,0 | 3.001 | 53,0 |
| Sachsen-Anhalt | 2.169 | 0 | 0,0 | 2.169 | 100,0 |
| Schleswig-Holstein | 3.057 | 272 | 8,9 | 2.785 | 91,1 |
| Thüringen | 2.577 | 0 | 0,0 | 2.577 | 100,0 |
| Ostdeutschland (o. BE) | 14.098 | 3.406 | 24,2 | 10.692 | 75,8 |
| Westdeutschland (o. BE) | 43.883 | 10.877 | 24,8 | 33.006 | 75,2 |
| Deutschland | 63.033 | 14.421 | 22,9 | 48.612 | 77,1 |

Quelle
Statistisches Bundesamt: Kinder und tätige Personen in Tageseinrichtungen 2008; zusammengestellt und berechnet von der Dortmunder Arbeitsstelle Kinder- und Jugendhilfestatistik, August 2009

* Die Darstellung der Daten zu den Kindertageseinrichtungen, in denen Kinder mit Behinderungen betreut werden, ist lediglich unter Vorbehalt zu betrachten. Zwar werden diejenigen Einrichtungen, die mit Hilfe der Kinder- und Jugendhilfestatistik erfasst werden, umfassend dargestellt. Doch gibt es Tageseinrichtungen ausschließlich für Kinder mit Behinderungen, die nicht in den Zuständigkeitsbereich der Jugendhilfe fallen, sondern beispielsweise an Förderschulen angegliedert sind. Diese Einrichtungen werden in den folgenden Tabellen nicht berücksichtigt, weshalb diese die tatsächliche Betreuungssituation nicht in angemessener Weise darstellen können.

## LM4.6 | Bildungsbeteiligung von Kindern unter 3 Jahren in KiTas und Kindertagespflege (2006–2008)

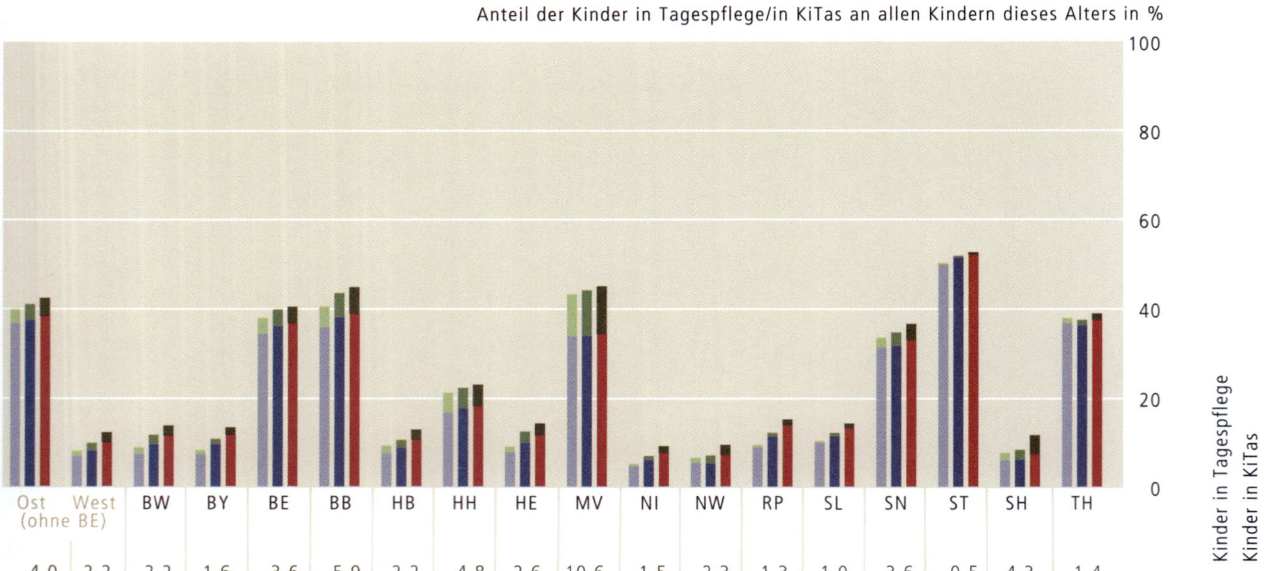


| | | Ost (ohne BE) | West (ohne BE) | BW | BY | BE | BB | HB | HH | HE | MV | NI | NW | RP | SL | SN | ST | SH | TH |
|---|---|---|---|---|---|---|---|---|---|---|---|---|---|---|---|---|---|---|---|
| 2008 | Kinder in Tagespflege | 4,0 | 2,2 | 2,2 | 1,6 | 3,6 | 5,9 | 2,2 | 4,8 | 2,6 | 10,6 | 1,5 | 2,3 | 1,3 | 1,0 | 3,6 | 0,5 | 4,3 | 1,4 |
| 2008 | Kinder in KiTas | 38,4 | 10,0 | 11,5 | 11,7 | 36,8 | 38,9 | 10,6 | 18,1 | 11,6 | 34,4 | 7,6 | 7,1 | 13,8 | 13,2 | 33,0 | 52,1 | 7,3 | 37,5 |
| 2007 | Kinder in Tagespflege | 3,6 | 1,7 | 2,1 | 1,2 | 3,7 | 5,4 | 1,8 | 4,6 | 2,5 | 10,1 | 0,9 | 1,8 | 0,8 | 0,7 | 3,0 | 0,4 | 2,2 | 1,2 |
| 2007 | Kinder in KiTas | 37,4 | 8,1 | 9,5 | 9,5 | 36,1 | 38,1 | 8,7 | 17,6 | 9,9 | 34,0 | 6,0 | 5,2 | 11,3 | 11,4 | 31,7 | 51,4 | 6,1 | 36,3 |
| 2006 | Kinder in Tagespflege | 3,1 | 1,2 | 1,5 | 0,9 | 3,5 | 4,7 | 1,8 | 4,5 | 1,3 | 9,3 | 0,6 | 1,2 | 0,6 | 0,4 | 2,2 | 0,3 | 1,7 | 1,1 |
| 2006 | Kinder in KiTas | 36,7 | 6,8 | 7,3 | 7,3 | 34,4 | 35,8 | 7,4 | 16,6 | 7,7 | 33,9 | 4,5 | 5,3 | 8,8 | 9,9 | 31,3 | 49,9 | 5,9 | 36,8 |

Quelle
Statistisches Bundesamt: Kinder und tätige Personen in Tageseinrichtungen 2008; Kinder und tätige Personen in öffentlich geförderter Kindertagespflege 2008; Bildung und Kultur: Allgemeinbildende Schulen 2007/08; zusammengestellt und berechnet von der Dortmunder Arbeitsstelle Kinder- und Jugendhilfestatistik, Januar 2009

In dieser Grafik wird abgebildet, wie viele Kinder der Altersjahrgänge von einem Jahr bis fünf Jahre in einer KiTa oder der Kindertagespflege sind, ebenso die Teilhabequoten der Altersgruppen der unter Dreijährigen sowie der Kinder ab drei bis unter sechs Jahre. Ausgewiesen werden jeweils die Daten für die Jahre 2006, 2007 und 2008, anhand derer man die Entwicklungsdynamik der Teilhabequoten in den einzelnen Bundesländern ablesen kann.

Anmerkungen
Keine Anmerkungen zu hier nicht aufgeführten Ländern.

Einige westdeutsche Bundesländer können auf Grund eigener Erhebungen Angaben zu aktuellen Entwicklungen zur Inanspruchnahme von Angeboten der FBBE nach dem 15.03.2007 bzw. dem 15.03.2008 durch unter 3-Jährige machen.

**Niedersachsen 2007**
Nach einer eigenen Erhebung des Landes Niedersachsen liegt die Besuchsquote für das Kindergartenjahr 2006/07 der Kinder im Alter von unter 3 Jahren fast doppelt so hoch wie die für den 15.03.2007 hier ausgewiesene Quote. In dieser Erhebung des Landes Niedersachsen werden die Kinder zum 1.10. in Tageseinrichtungen erfasst. Die amtliche Kinder- und Jugendhilfestatistik erfasst die Kinder am 15.03. des darauffolgenden Jahres. Zwischen den beiden Erhebungszeitpunkten sind viele der vormals unter 3-jährigen Kinder älter als 3 Jahre.

**Hessen und Rheinland-Pfalz 2008**
Nach einer eigenen Erhebung des Landes Hessen liegt die Besuchsquote der Kinder im Alter von unter 3 Jahren zum 15.09.2008 bei 15,5%, in Rheinland-Pfalz standen im August 2008 15.906 Angebote für Kinder unter drei Jahren zur Verfügung.

**Nordrhein-Westfalen 2008**
Ab August 2009 wird die Landesregierung NRW 74.645 Betreuungsplätze für unter 3-Jährige fördern (58.400 in Tageseinrichtungen, 16.245 in der Kindertagespflege). Hinzu kommen nach der Statistik des Bundes schätzungsweise 12.000 Plätze in privatgewerblichen Einrichtungen und Spielgruppen, so dass etwa 86.000 unter 3-Jährige betreut werden können. Dies wird einer Inanspruchnahmequote von 19 Prozent entsprechen.

## LM4.7 Bildungsbeteiligung von Kindern im Alter von 3 bis unter 6 Jahre bis zum Schulbesuch in KiTas und Kindertagespflege (2006–2008)

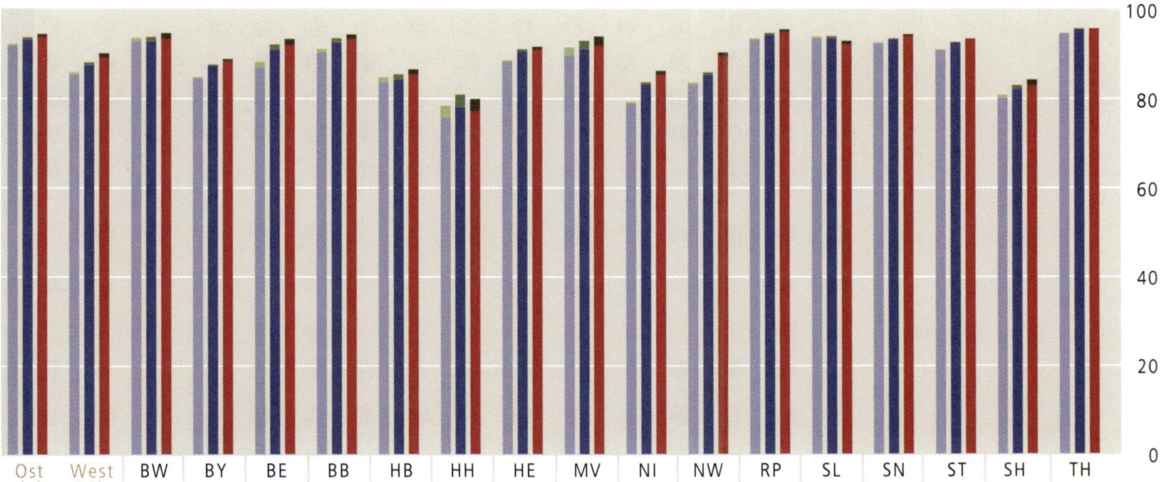


| | Ost (ohne BE) | West (ohne BE) | BW | BY | BE | BB | HB | HH | HE | MV | NI | NW | RP | SL | SN | ST | SH | TH |
|---|---|---|---|---|---|---|---|---|---|---|---|---|---|---|---|---|---|---|
| 2008 Kinder in Tagespflege | 0,6 | 0,8 | 1,2 | 0,4 | 1,3 | 0,9 | 1,1 | 2,7 | 0,6 | 2,0 | 0,8 | 0,7 | 0,5 | 0,6 | 0,3 | 0,1 | 1,2 | 0,0 |
| 2008 Kinder in KiTas | 94,0 | 89,5 | 93,6 | 88,6 | 92,2 | 93,6 | 85,6 | 77,4 | 91,2 | 92,1 | 85,6 | 89,8 | 95,2 | 92,5 | 94,3 | 93,5 | 83,2 | 95,9 |
| 2007 Kinder in Tagespflege | 0,5 | 0,6 | 1,0 | 0,3 | 1,2 | 0,9 | 1,2 | 2,8 | 0,5 | 1,9 | 0,5 | 0,6 | 0,4 | 0,5 | 0,2 | 0,1 | 0,8 | 0,1 |
| 2007 Kinder in KiTas | 93,4 | 87,7 | 93,0 | 87,5 | 91,1 | 92,8 | 84,4 | 78,3 | 90,8 | 91,3 | 83,4 | 85,5 | 94,5 | 93,7 | 93,5 | 92,8 | 82,4 | 95,8 |
| 2006 Kinder in Tagespflege | 0,4 | 0,5 | 0,8 | 0,3 | 1,3 | 0,7 | 1,1 | 2,7 | 0,3 | 1,8 | 0,4 | 0,4 | 0,3 | 0,4 | 0,2 | 0,1 | 0,7 | 0,0 |
| 2006 Kinder in KiTas | 92,0 | 85,6 | 93,0 | 84,7 | 87,1 | 90,6 | 83,8 | 75,9 | 88,5 | 89,9 | 79,1 | 83,4 | 93,4 | 93,7 | 92,6 | 91,1 | 80,3 | 94,9 |

Quelle
Statistisches Bundesamt: Kinder und tätige Personen in Tageseinrichtungen 2008; Kinder und tätige Personen in öffentlich geförderter Kindertagespflege 2008; Bildung und Kultur: Allgemeinbildende Schulen 2007/08; zusammengestellt und berechnet von der Dortmunder Arbeitsstelle Kinder- und Jugendhilfestatistik, Januar 2009

In dieser Grafik wird abgebildet, wie viele Kinder der Altersjahrgänge von einem Jahr bis fünf Jahre in einer KiTa oder der Kindertagespflege sind, ebenso die Teilhabequoten der Altersgruppen der unter Dreijährigen sowie der Kinder ab drei bis unter sechs Jahre. Ausgewiesen werden jeweils die Daten für die Jahre 2006, 2007 und 2008, anhand derer man die Entwicklungsdynamik der Teilhabequoten in den einzelnen Bundesländern ablesen kann.

Kinder in (vor-)schulischen Einrichtungen:
Bei der Altersgruppe der Kinder von drei bis unter sechs Jahre sind auch die Kinder berücksichtigt, die in (vor-)schulischen Einrichtungen sind, da dieser Anteil in einzelnen Bundesländern durchaus erheblich ist. Insgesamt ist davon auszugehen, dass diese Kinder zu einem ganz überwiegenden Teil fünf Jahre alt sind und nicht jünger. Diese Aussage trifft in besonderem Maße auf Hamburg zu, wo ein großer Anteil der Kinder im Jahr vor ihrer Einschulung eine Vorschulklasse besucht. Einzig in Ländern, in denen es in nennenswertem Umfang Schulkindergärten gibt, ist auch ein nennenswerter Anteil jüngerer Kinder in einer (vor-)schulischen Einrichtung. Zum Teil können die Statistischen Landesämter genauere Angaben über das Alter der Kinder in Schulkindergärten und ähnlichen Einrichtungen treffen. Insbesondere trifft dies auf Nordrhein-Westfalen und Baden-Württemberg zu. Nordrhein-Westfalen konnte für das Schuljahr 2006/07 abschätzen, wie sich diese Kinder auf die einzelnen Altersjahrgänge verteilen. Aufgrund der quantitativ geringen Bedeutung sind diese Kinder bei den Altersjahrgängen der Drei- und Vierjährigen aber nicht berücksichtigt. Für Baden-Württemberg können die Kinder in Schulkindergärten sowohl für das Schuljahr 2006/07 als auch das Schuljahr 2007/08 altersjahrgenau ausgewiesen werden. In den Teilhabequoten der Altersjahrgänge wird jedoch lediglich die quantitativ bedeutsame Anzahl der Fünfjährigen in (vor-) schulischen Einrichtungen ausgewiesen. In den anderen Altersjahrgängen spielen Kinder in Schulkindergärten quantitativ nur eine untergeordnete Rolle.

Anmerkungen
Keine Anmerkungen zu hier nicht aufgeführten Ländern.

Bayern 2007
Bezogen auf die Quote der Inanspruchnahme vom 15.03.2007 gibt das Staatsministerium für Arbeit, Sozialordnung, Familie und Frauen am 08.10.2007 folgenden Hinweis: Fast 88% der drei- bis unter sechsjährigen Kinder besuchten eine KiTa oder die Kindertagespflege. Dieser statistische Wert berücksichtigt nicht rund 59.000 Vorschulkinder im Alter ab Vollendung des sechsten Lebensjahres und auch nicht rund 9.000 Kinder in schulvorbereitenden Einrichtungen. Zum Schuleintritt haben rund 99% der Kinder einen Kindergarten besucht.

## LM9 | Bildungsplan (2008)

| | BW | BY | BE | BB | HB | HH | HE | MV | NI | NW | RP | SL | SN | ST | SH | TH |
|---|---|---|---|---|---|---|---|---|---|---|---|---|---|---|---|---|
| **I. Information** | | | | | | | | | | | | | | | | |
| Kostenloser Versand des BP an alle KiTas | Ja | Ja | Ja | Ja | Ja | Ja | Ja | Ja | Ja | Ja | Ja | Ja | Ja | Ja | Ja | Ja |
| BP als Download verfügbar | Ja | Nein | Ja | Ja | Ja | Ja | Ja | Ja | Ja | Ja | Ja | Ja | Ja | Ja | Ja | Ja |
| BP als Publikation erwerbbar | Ja | Ja | Ja | Ja | Nein | Ja | Nein | Nein | Ja | Nein | Ja | Ja | Ja | Ja | Nein | Ja |
| Infomaterial für Eltern verfügbar | Ja | Ja | Ja | Ja | Nein | Ja | Ja | Nein | Ja | Ja | Ja | Ja | Ja | Ja | Ja | Ja |
| Infomaterial mehrsprachig für Eltern verfügbar | Ja | Nein | Ja | Nein | Nein | Ja | Ja | Nein | Ja | Ja | Nein | Nein | in Planung | Nein | Ja | Ja |
| **II. Qualifizierung** | | | | | | | | | | | | | | | | |
| Infoveranstaltung für alle KiTa-Mitarbeiterinnen | Ja | Ja | Ja | Ja | Nein | Ja | Ja | Ja | Nein | Nein | Ja | Nein | Ja | Ja | Ja | Nein |
| Verpflichtende Informationsveranstaltung zum BP für alle KiTa-Mitarbeiterinnen | Nein | Nein | Nein | Nein | Nein | Nein | Nein | Nein | Nein | Nein | Nein | Nein | Nein | Nein | Nein | Ja |
| Angebotene Fortbildung zum BP mind. zweitägig | Ja | Ja | Ja | Nein | Nein | Ja | Nein | Nein | Nein | Nein | Ja | Nein | Ja | Ja | Nein | Nein |
| Fortbildungen zum BP für alle Fachberatungen | Nein | Ja | Ja | Ja | Nein | Nein | Ja | Ja | Nein | Ja | Ja | Ja | Nein | Nein | Ja | Ja |
| Öffentliche Mittel für regelmäßige Fortbildung zum BP für alle pädagogischen Mitarbeiterinnen | Ja | Ja | Ja | Ja | Ja | Ja | Ja | Ja | Ja | Ja | Ja | Ja | Nein | Ja | Ja | Ja |
| **III. Umsetzungskontrolle (in allen KiTas)** | | | | | | | | | | | | | | | | |
| Jährliche externe Überprüfung der Umsetzung BP | Nein | Nein | Nein | Nein | Nein | Nein | Nein | Nein | Nein | Nein | Nein | Nein | Nein | Nein | Nein | Nein |
| Jährliche Berichtspflicht zur Implementation BP | Nein | Nein | Nein | Nein | Nein | Nein | Nein | Nein | Nein | Nein | Nein | Nein | Nein | Nein | Nein | Nein |
| Nachweis der Aufnahme BP in die Konzeption | Nein | Ja | Ja | Ja | Nein | Nein | Nein | Ja | Nein | Nein | Ja | Ja | Ja | Ja | Ja | Ja |
| | BP in Erprobung | 8/13 | 10/13 | 8/13 | 3/13 | 8/13 | 7/13 | 6/13 | 6/13 | 6/13 | 9/13 | 7/13 | 7/13 | 8/13 | 8/13 | 9/13 |

◆ BP in Erprobung    ● in Planung ● Ja ● Nein

Quelle
Angaben der Bundesländer zum Bildungsplan im Rahmen der schriftlichen Befragung der Bertelsmann Stiftung für den Länderreport Frühkindliche Bildungssysteme (Stand Dezember 2008).

In allen Bundesländern liegen Bildungspläne für den Elementarbereich vor. Neben fachlichen und konzeptionellen Unterschieden ist der Zuschnitt der Altersgruppen, für die der Bildungsplan jeweils konzipiert ist, anders. Die Bildungspläne sind bildungspolitischer Rahmen und fachlicher Wegweiser für die Gestaltung der pädagogischen Arbeit in den KiTas und zunehmend auch für die Kindertagespflege. Die konkrete Ausrichtung der pädagogischen Fachpraxis an den Bildungsplänen ist in hohem Maße abhängig von den Kenntnissen über sowie den Qualifikationen des pädagogischen Personals für die Arbeit nach dem Bildungsplan. Im Ländermonitor wird deshalb insbesondere die Information und Qualifizierung des pädagogischen Personals zum Konzept und zur Umsetzung des Bildungsplans als förderlich und notwendig eingestuft. Im Rahmen der Befragung der zuständigen Länderministerien sind vor diesem Hintergrund verschiedene Aktivitäten und Maßnahmen diesbezüglich seitens der Landesministerien abgefragt worden. Dabei interessierte u. a., wie und wer informiert wurde und welche Aktivitäten zur Qualifizierung unterstützt wurden.

Generell zeigt sich, dass weitgehend alle Bundesländer sehr breit über ihren Bildungsplan informieren, vermutlich auch, um ihre fachpolitischen Leitlinien für diesen Bildungsbereich öffentlich zu machen. Im Vergleich zum Vorjahr bieten inzwischen acht Bundesländer mehrsprachige Informationsmaterialien für Eltern, bei einem weiteren ist dies in der Umsetzung. Allerdings sind derartige Übersetzungen nach wie vor in vier westdeutschen Bundesländern nicht verfügbar. Da dort von den Kindern unter drei Jahren 23% und von den Drei- bis unter Sechsjährigen 29% einen Migrationshintergrund haben, ist anzunehmen, dass mehrsprachige Informationen für Eltern z. B. eine höhere Transparenz über die Ziele und Formen der pädagogischen Arbeit in den KiTas schaffen und möglicherweise Eltern mit Migrationshintergrund motivieren könnten, ihr Kind in einer KiTa anzumelden.

Elf Bundesländer geben an, dass sie Informationsveranstaltungen über den Bildungsplan für alle KiTa-Mitarbeiterinnen durchgeführt haben, doch lediglich in einem Land sind diese Veranstaltungen für alle KiTa-Mitarbeiterinnen verpflichtend. Um näherungsweise eine Einschätzung zu der Fortbildungsintensität zu ermöglichen, wurde zudem nach dem zeitlichen Umfang angebotener Fortbildungen gefragt. Grundsätzlich wird davon ausgegangen, dass die Qualifizierung für die Arbeit mit dem Bildungsplan im Rahmen einer eintägigen Informationsveranstaltung nicht ausreichend erfolgen kann, sondern mindestens zweitägig sein sollte. Insgesamt geben sieben Bundesländer an, dass die Fortbildungsveranstaltungen mindestens zweitägig sind. Die Qualifizierung aller Fachberatungen im Rahmen von Fortbildungen erfolgt in zehn Bundesländern. In den anderen Ländern wird die Qualifizierung der Fachberaterinnen eher in der Verantwortung der Träger gesehen. Somit betrachten die meisten Bundesländer die Qualifizierung für die pädagogische Arbeit durchaus als ein Landesthema. In den Bundesländern Niedersachsen und Bremen werden zwar wie in fast allen anderen Bundesländern auch öffentliche Mittel für regelmäßige Fortbildungen zum Bildungsplan bereitgestellt, aber es sind nicht für alle KiTa-Mitarbeiterinnen (verpflichtende) Fortbildungsveranstaltungen vorgesehen. Insgesamt wäre allerdings in den einzelnen Bundesländern zu prüfen, ob das pädagogische Personal tatsächlich in ausreichendem Umfang und auch kontinuierlich an Fortbildungsmaßnahmen teilnehmen kann.

Ein bislang wenig ausgeprägtes Handlungsfeld ist die Evaluation der Arbeit mit und nach dem Bildungsplan. Nach den vorliegenden Informationen wird in keinem Bundesland jährlich eine externe Evaluation verlangt. Durchaus verbreiteter ist der Nachweis der Aufnahme des Bildungsplans in die Konzeption. In zehn Bundesländern ist dies vorgesehen. Allerdings ist diese Anforderung i. d. R. eng verknüpft mit der Prüfung einer Betriebserlaubnis, so dass weniger die kontinuierliche Umsetzung im Zeitverlauf in den Blick genommen werden kann. Einige wenige Länder lassen gegenwärtig Instrumente zur Selbst- oder Fremdevaluation der Arbeit mit dem Bildungsplan erarbeiten. Es bleibt abzuwarten, welche Vorgehensweisen sich hier etablieren. Insgesamt besteht hinsichtlich der Evaluation der Umsetzung der Bildungspläne in der pädagogischen Praxis in den meisten Bundesländern Handlungsbedarf.

Anmerkungen
Keine Anmerkungen zu hier nicht aufgeführten Ländern.

**Brandenburg**
Der „Gemeinsame Orientierungsrahmen für die Bildung in Kindertagesbetreuung und Grundschule – Zwei Bildungseinrichtungen in gemeinsamer Bildungsverantwortung" wird derzeit öffentlich diskutiert und soll im Sommer 2009 verabschiedet werden. Wenn dieser Orientierungsrahmen Mitte 2009 mit den Trägern vereinbart und für die Schulen in Kraft gesetzt wird, dann wird er für Kindertagesbetreuung und Schule die gemeinsame konzeptionelle Klammer darstellen und somit die Bildungsgrundsätze ebenso wie die Rahmenlehrpläne überwölben.

Vom zuständigen Landesministerium bzw. im Auftrag des Landesministeriums wird zwar nicht evaluiert, ob Kindertageseinrichtungen ihre pädagogische Praxis nach dem Bildungsplan ihres Bundeslandes ausrichten, allerdings ist gesetzlich Folgendes vorgeschrieben:
„(3) Die Umsetzung der Ziele und Aufgaben wird in einer pädagogischen Konzeption beschrieben, die in jeder Kindertagesstätte zu erarbeiten ist. In dieser Konzeption ist ebenfalls zu beschreiben, wie die Grundsätze elementarer Bildung Berücksichtigung finden und die Qualität der pädagogischen Arbeit überprüft wird.
(4) Die Kindertagesstätten können durch die örtlichen Träger der öffentlichen Jugendhilfe verpflichtet werden, ihre Arbeit durch Qualitätsfeststellungen überprüfen zu lassen" (§ 3 Kindertagesstättengesetz des Landes Brandenburg).

Vom MBJS werden gegenwärtig Instrumente und Verfahren der Evaluation (vornehmlich als Peer-Evaluation) entwickelt.
Das Qualitätsmessinstrument IQS ist mit dem Bildungsplan kompatibel.

**Bremen**
Die Bremer Landesverfassung enthält für den 2-Städte-Staat nur einen losen Rahmen für die Gemeindeverfassung. Die Stadtgemeinde Bremerhaven besitzt (seit 1948) eigene Gestaltungsspielräume, die in anderen Bundesländern auf Landesebene ausgeführt werden.

Dies gilt z. B. auch für die Implementierung des Rahmenplans für Bildung und Erziehung im Elementarbereich und alle damit einhergehenden Maßnahmen (Einführung einer Lern- und Entwicklungsdokumentation, Qualifizierung der pädagogischen Fachkräfte und Fachberatungen, Sprachentwicklungsförderung), Regelungen zu Verfügungszeiten, Leitungsfreistellung, Fachberatung und die Elternbeitragsgestaltung, die jeweils in den beiden Stadtgemeinden eigenständig geregelt werden.

**Hamburg**
Einzelne Exemplare der Bildungsempfehlungen können in gedruckter Form gegen Einsendung eines mit 85 Cent frankierten und als „Büchersendung" gekennzeichneten Rückumschlages bei der Behörde für Soziales, Familie, Gesundheit und Verbraucherschutz bestellt werden.

Des Weiteren wird von der Freien Hansestadt Hamburg auf folgenden Sachverhalt hingewiesen:
Im ‚Landesrahmenvertrag Kinderbetreuung in Tageseinrichtungen' (Landesrahmenvertrag) § 15 ist die Qualitätssicherung und -berichterstattung geregelt. Dort heißt es: „(1) Die Träger überprüfen die Qualität der Leistungserbringung in mindestens zweijährigem Rhythmus nach einem von ihnen ausgewählten, fachlich anerkannten Verfahren (...). (2) Die Vertragsparteien beabsichtigen eine hamburgweite Qualitätsberichterstattung zu entwickeln. Ziel ist es, die Entwicklung und die Kompetenzen von Kindern in Tageseinrichtungen in einem repräsentativen Verfahren zu erfassen, um daraus Erkenntnisse für die Weiterentwicklung der Hamburger Bildungsempfehlungen und des KiTa-Gutschein-Systems zu gewinnen. (...)"
Mit dem bisher dafür entwickelten Instrumentarium sollte herausgefunden werden, ob und wie die Inhalte und Ziele der Hamburger Bildungsempfehlungen für die Bildung und Erziehung von Kindern in Tageseinrichtungen und der Richtlinie für Vorschulklassen in den Einrichtungen umgesetzt werden, d. h., ob und wie diese bei den Kindern zu Kompetenzsteigerungen führen. Auf Grundlage der Ergebnisse einer Längsschnittstudie sollten die Bildungsempfehlungen evaluiert und weiterentwickelt werden. In den Jahren 2006 bis 2008 wurden in Kindertageseinrichtungen (KiTas) und Vorschulklassen (VSK) mehrere nicht repräsentative Kompetenz-Erhebungen durchgeführt.
Ein Abschlussbericht nebst Anlagen wurde vom Auftragnehmer Ende April 2008 vorgelegt.
Mit den entwickelten Instrumenten sind die mit der ursprünglichen Auftragslage verbundenen Ziele allerdings nicht eindeutig nachweisbar. Deshalb ergibt sich die Notwendigkeit einer Neuorientierung.

**Nordrhein-Westfalen**
Die Angaben gründen auf der Basis der bestehenden Bildungsvereinbarung. Mit der laufenden Weiterentwicklung der Bildungsvereinbarung wird es Veränderungen hinsichtlich der Informations- und Qualifizierungsmaßnahmen sowie zur Umsetzungskontrolle der Bildungsvereinbarung geben.

**Rheinland-Pfalz**
Es besteht ein landesweites Fortbildungsprogramm für Erzieherinnen im Rahmen der Initiative der Landesregierung „Zukunftschance Kinder – Bildung von Anfang an".

**Schleswig-Holstein**
Informationsmaterialien für Eltern zu den Bildungsleitlinien sind – in sechs Sprachen – erstellt worden und werden im Januar 2009 an alle Kindertageseinrichtungen zur Verteilung an die Eltern versandt.

Von Seiten des Ministeriums für Bildung und Frauen des Landes Schleswig-Holstein werden zu jedem der sechs in den Leitlinien zum Bildungsauftrag verankerten Bildungsbereiche eine landesweite eintägige Fachtagung und ca. 15 regionale eintägige Fortbildungsveranstaltungen durchgeführt. Die dort angebotenen Inhalte entsprechen den in zweitägigen Fortbildungsveranstaltungen vermittelten Inhalten.

**Sachsen**
Mehrsprachige Informationsmaterialien liegen dem Landesministerium bereits als Manuskripte vor und sollen in diesem Jahr noch veröffentlicht werden.

**Thüringen**
Laut Angaben des Ministeriums gibt es zwar nicht für alle pädagogischen Mitarbeiterinnen Infoveranstaltungen zum BP, aber alle pädagogischen Mitarbeiterinnen müssen an Infoveranstaltungen teilnehmen. Zurückzuführen ist dies auf die Qualifizierungspraxis Thüringens. Dort sind alle KiTas und mithin auch alle jeweils dort tätigen pädagogischen Mitarbeiterinnen verpflichtet, an In-House-Seminaren zum Bildungsplan teilzunehmen. Diese Seminare werden von 110 zum Bildungsplan geschulten Multiplikatorinnen angeboten. Der zeitliche Umfang der Seminare ist nicht geregelt. Das Ministerium geht jedoch davon aus, dass die Veranstaltungen mindestens eintägig sind, und befürwortet Veranstaltungen von 5 Tagen während der Schließungszeiten der Einrichtung. Das Land hat sich aus inhaltlichen Gründen gegen Infoveranstaltungen und für In-House-Seminare entschieden, diese Qualifikationsstrategie wird vom Land als effektiver und nachhaltiger als reine Infoveranstaltungen eingeschätzt.

## LM10 | Kooperation KiTa – Grundschule (2008)

| | Landesweit verbindliche Regelung | Verbindliche Rahmenvereinbarung mit fachlichen Standards | Zusätzliche Mittel für KiTas | Zusätzliche Mittel für Grundschulen |
|---|---|---|---|---|
| Baden-Württemberg | Ja | Ja | Nein | Ja |
| Bayern | Ja | Nein | Ja | Ja |
| Berlin | Ja | Nein | Nein | Nein |
| Brandenburg | Ja | Ja | Nein | Ja |
| Bremen | Ja | Nein | Nein | Nein |
| Hamburg | Ja | Nein | Nein | Ja |
| Hessen | Ja | Nein | Nein | Nein |
| Mecklenburg-Vorpommern | Ja | Nein | Ja | Nein |
| Niedersachsen | Ja | Nein | Nein | Nein |
| Nordrhein-Westfalen | Ja | Ja | Nein | Nein |
| Rheinland-Pfalz | Ja | Nein | Ja | Nein |
| Saarland | Ja | Nein | Nein | Nein |
| Sachsen | Ja | Ja | Ja | Ja |
| Sachsen-Anhalt | Ja | Nein | Nein | Ja |
| Schleswig-Holstein | Ja | Nein | Nein | Nein |
| Thüringen | Ja | Nein | Nein | Nein |

● Ja ● Nein

Quelle
Angaben der Bundesländer zu Regelungen und Aktivitäten zum Bereich Kooperation KiTa – Grundschule im Rahmen der schriftlichen Befragung der Bertelsmann Stiftung für den Länderreport Frühkindliche Bildungssysteme (Stand Dezember 2008).

Alle Bundesländer haben eine landeseinheitliche Vereinbarung zur Kooperation von KiTas und Grundschulen. Darüber hinaus existieren in vier Ländern verbindliche Rahmenvereinbarungen mit fachlichen Standards. Für die Umsetzung der Vereinbarungen und Regelungen stehen jedoch nur in wenigen Ländern finanzielle Mittel zur Verfügung. So erhalten in fünf Ländern Grundschulen zusätzliche Mittel für die Kooperation mit Kindertageseinrichtungen. Den KiTas hingegen werden von vier Ländern derartige Mittel gewährt.

Anmerkungen
Keine Anmerkungen zu hier nicht aufgeführten Ländern.

**Bayern**
Für die Grundschulen stehen zusätzliche Finanzmittel für die gemeinsame Kooperation zur Verfügung (Fachstunden für Kooperationsbeauftragte). Im Bereich der Kindertageseinrichtungen wurden die Mittel für die Durchführung gemeinsamer Fortbildungsveranstaltungen erheblich aufgestockt. Für 13.000 Kinder führen die Grundschulen und Kindertageseinrichtungen gemeinsam Vorkurse zur Sprachförderung für Kinder mit Migrationshintergrund durch (insgesamt 240 Stunden im Jahr vor der Einschulung). U. a. dafür erhalten Träger von Kindertageseinrichtungen eine um 30% höhere kindbezogene Förderung.

**Hessen**
Die Zusammenarbeit der Grundschulen mit Kindertageseinrichtungen ist in § 15 der Verordnung zur Ausgestaltung der Bildungsgänge und Schulformen der Grundschule (Primarstufe) und Mittelstufe (Sekundarstufe I) und der Abschlussprüfung in der Mittelstufe (VOBGM) geregelt. Dort heißt es:
„(1) Die Grundschule und der Kindergarten sorgen unter Wahrung ihres jeweils eigenständigen Erziehungs- und Bildungsauftrags durch eine angemessene pädagogische Gestaltung des Übergangs für die Kontinuität von Erziehung und Bildung.
(2) Gegenseitige Information und Abstimmung über Ziele, Aufgaben, Arbeitsweisen und Organisationsformen der jeweiligen Bereiche, wechselseitige Hospitationen sowie die Teilnahme von Erzieherinnen und Erziehern, Lehrerinnen und Lehrern an gemeinsamen Besprechungen, bei denen die Rahmenbedingungen, insbesondere der Stundenplan, der Dienstplan, die Ausstattung, die Klassen- oder Gruppenstärken und die schulrechtlichen Bestimmungen, sowie die pädagogischen Grundlagen, insbesondere die Erziehungsziele, Lehrpläne, pädagogischen Konzeptionen, Lern- und Sozialformen, der Erziehungs- und Unterrichtsarbeit erörtert werden, fördern die Zusammenarbeit ebenso wie gemeinsame Veranstaltungen und Projekte.
(3) Besuche von Kindergartengruppen in der Schule sind geeignet, Kindergartenkinder mit der Schule vertraut zu machen. Die Schulleiterin oder der Schulleiter sowie die Lehrerinnen und Lehrer der zukünftigen Jahrgangsstufe 1 nehmen möglichst frühzeitig Kontakt mit der Leiterin oder dem Leiter der Kindergartengruppe auf, aus der die Kinder in die jeweils zuständige Schule übergehen werden. Der Austausch zwischen Erzieherinnen oder Erziehern und Lehrerinnen oder Lehrern kann zu einer besseren Beurteilung des Entwicklungsstandes der Kinder beitragen und die individuelle Beratung der Eltern vertiefen. Die Entgegennahme von Informationen über einzelne Kinder setzt voraus, dass eine entsprechende Einwilligung der Eltern gegenüber dem Kindergarten erklärt worden ist.
(4) Die Abstimmung zwischen Schule und Kindergarten über die Ausstattung der Schule mit Spiel- und Lernmaterial sowie die Übernahme von Anregungen aus dem Kindergarten und die Fortführung von Projekten können die Arbeit, insbesondere im Anfangsunterricht, unterstützen.
(5) Die Zusammenarbeit zwischen Kindergarten und Grundschule erfolgt im Einvernehmen mit dem Träger des Kindergartens und im Rahmen der von der Schulkonferenz nach § 129 Nr. 7 des Hessischen Schulgesetzes beschlossenen Grundsätze. In die Veranstaltungen der Schule zu Fragen des Schuleintritts sollen auch solche Eltern einbezogen werden, deren Kinder keinen Kindergarten besuchen."

**Niedersachsen**
Als verbindliche Rahmenvereinbarung mit fachlichen Standards weist das zuständige Landesministerium auf das Dokument zum Bildungsverständnis KiTa – Grundschule hin. Dieser Text wurde mit den niedersächsischen Trägern von Kindertageseinrichtungen abgestimmt und soll in Zukunft in den Bildungsauftrag für Kindertageseinrichtungen integriert werden.

Im Rahmen des niedersächsischen Modellprojektes „Das letzte Kindergartenjahr als Brückenjahr" bewilligt das Land allen beteiligten KiTas und Grundschulen Gelder. Allerdings ist die Zahl der insgesamt zu fördernden Institutionen auf 500 begrenzt.

**Thüringen**
Das Land gewährt projektgebunden zusätzliche Mittel sowohl für Grundschulen als auch für KiTas. Zunächst waren solche Gelder auf Projekte im Rahmen von TransKiGs begrenzt, inzwischen gibt es eine Ausweitung auf eine Vielzahl von Kooperationsmöglichkeiten und -projekten. Bislang erhalten in Thüringen inzwischen 400 der 1.300 KiTas Gelder für ein Kooperationsprojekt vom Land.

## LM14A | Rahmenbedingungen für Bildungsqualität – Regelungen zur Strukturqualität (2008)

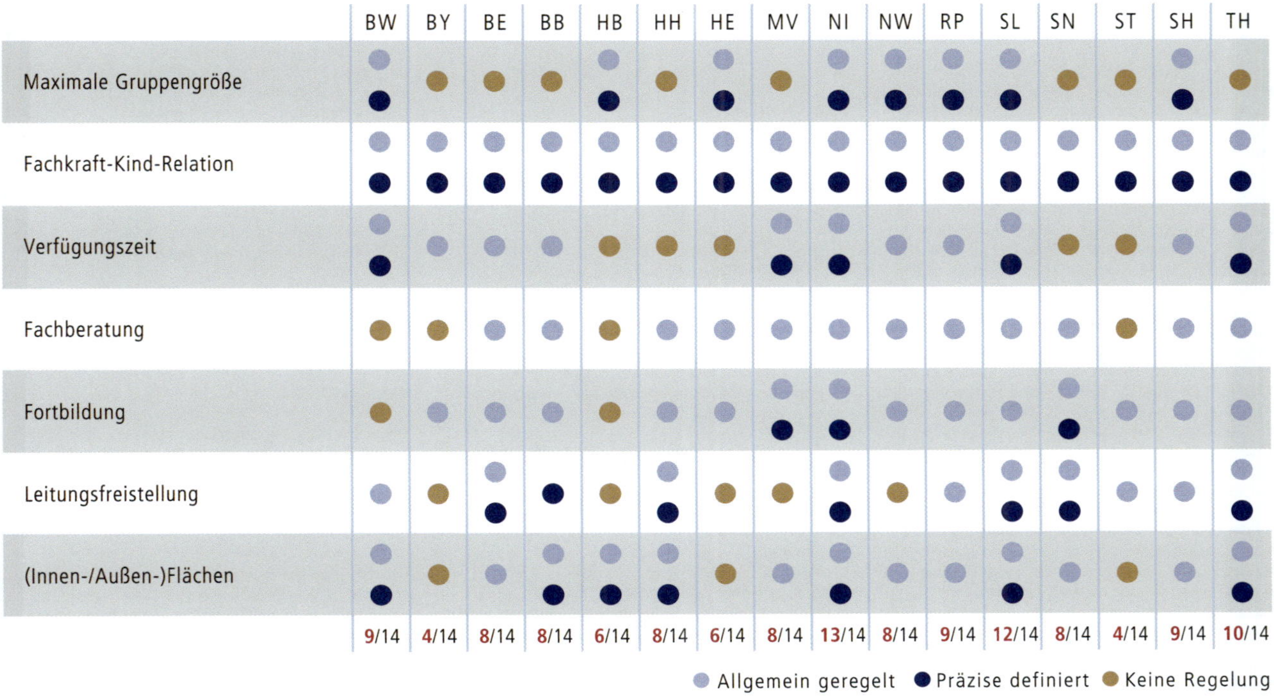
BW
BY
BE
BB
HB
HH
HE
MV
NI
NW
RP
SL
SN
ST
SH
TH
Maximale Gruppengröße
Fachkraft-Kind-Relation
Verfügungszeit
Fachberatung
Fortbildung
Leitungsfreistellung
(Innen-/Außen-)Flächen
9/14
4/14
8/14
8/14
6/14
8/14
6/14
8/14
13/14
8/14
9/14
12/14
8/14
4/14
9/14
10/14
Allgemein geregelt
Präzise definiert
Keine Regelung

Quellenangaben und Anmerkungen auf der Folgeseite

Quelle
Angaben der Bundesländer zu Regelungen der Strukturqualität sowie zu Regelungen zur Qualitätsentwicklung und -sicherung im Rahmen der schriftlichen Befragung der Bertelsmann Stiftung für den Länderreport Frühkindliche Bildungssysteme (Stand Dezember 2008).

Insbesondere Studien in der internationalen Qualitätsforschung zeigen, dass strukturelle Rahmenbedingungen einer guten Qualität der pädagogischen Arbeit förderlich bzw. dafür auch Voraussetzung sind. Allerdings gibt es bisher kaum empirisch begründete Empfehlungen für die konkrete Gestaltung dieser Rahmenbedingungen. Für den Ländermonitor sind die Länderministerien befragt worden, ob und wie präzise insgesamt sieben strukturelle Rahmenbedingungen aus der Landesperspektive geregelt sind. Dies sind die maximale Gruppengröße, die Fachkraft-Kind-Relation, Verfügungszeit, Fachberatung, Fortbildung, Leitungsfreistellung sowie der Umfang der Innen- und Außenflächen in KiTas. Aus der Bundesperspektive zeigt sich, dass in allen Bundesländern die Fachkraft-Kind-Relation allgemein und präzise definiert ist. Allerdings ist damit noch keine Bewertung möglich, ob diese Fachkraft-Kind-Relation fachlichen Ansprüchen genügt. Mit den gewonnenen Informationen kann insbesondere festgestellt werden, ob Kinder in einem Bundesland vergleichbare Rahmenbedingungen in den KiTas erwarten können oder ob Entscheidungen über strukturelle Rahmenbedingungen auf der kommunalen bzw. der Trägerebene getroffen werden. Im letzteren Fall wird angenommen, dass erhebliche Differenzen in der Ausgestaltung der Rahmenbedingungen entstehen können, die sich konkret in unterschiedlichen Qualitätsniveaus der pädagogischen Arbeit auswirken können. In der Konsequenz wird angenommen, dass Kindern dadurch unterschiedliche Bildungschancen in den KiTas eröffnet werden.

Aus der Bundesperspektive zeigt sich, dass allgemeine Regelungen für die erfassten strukturellen Rahmenbedingungen häufiger sind als ihre präzise Ausgestaltung. So gibt es beispielsweise zur Fachberatung in zwölf Bundesländern allgemeine Vorgaben. Präzise ist dies in keinem Bundesland geregelt. In puncto Fortbildungen für pädagogisches Personal weisen vierzehn Länder allgemeine Regelungen auf, aber nur drei von ihnen sind präzise. Die Verfügungszeit ist in elf Bundesländern allgemein geregelt, aber nur in fünf von ihnen auch präzise. Ganz ähnlich verhält es sich bei den Regelungen zur Leitungsfreistellung. Dazu gibt es in sechs von insgesamt elf Bundesländern nicht nur allgemeine, sondern auch präzise Vorgaben. Vergleichsweise klarer vorgegeben ist hingegen der Umfang von Innen- und Außenflächen: In dreizehn Ländern ist dieser allgemein geregelt, in sieben davon zudem präzise. Insgesamt zeigt sich eine große Vielfalt der Regelungspraxis, die in ihren Wirkungen, insbesondere mit Blick auf die Qualität der pädagogischen Arbeit in den KiTas, nicht beurteilt werden kann.

Anmerkung
Der Begriff der Fachkraft-Kind-Relation wird im Bundesgebiet mit unterschiedlichen Definitionen verwendet. Diese Differenzen sind bei der Abfrage der Länderministerien zunächst vernachlässigt worden. Allerdings zeigen die Berechnungen der Personalschlüssel (Indikator 12A), dass die Personalbemessung in den Bundesländern erheblich variiert.

Anmerkungen zu den Bundesländern
Keine Anmerkungen zu hier nicht aufgeführten Ländern.

**Baden-Württemberg**
Das zuständige Landesministerium gibt an, dass die maximale Gruppengröße im Rahmen des Betriebserlaubnisverfahrens über eine mit den zuständigen Ministerien und den Trägerverbänden für ihre Mitglieder abgestimmte Handhabung des Landesjugendamts präzise geregelt ist.

**Bayern**
Seit dem 01.09.2006 wird in Bayern flächendeckend kindbezogen gefördert. Die neue Förderung setzt nicht mehr am Gruppenbegriff an, weshalb auf eine rechtliche Regelung zu maximalen Gruppengrößen verzichtet wird. Daher wird die maximale Gruppengröße als nicht geregelt eingestuft, wenngleich nach Angaben des Landes dieses Merkmal der Strukturqualität in Verbindung mit der Betriebserlaubnis für eine Einrichtung mittelbar über § 17 AVBayKiBiG geregelt wird.

Zu den Strukturmerkmalen der Leitungsfreistellung und des Umfangs von Innen- und Außenflächen existieren in Bayern keine Regelungen. Bayern verfolgt den Ansatz der mittelbaren Steuerung und verzichtet daher auf Standardfestlegungen.

**Brandenburg**
Die maximale Gruppengröße ist nur abstrakt in Ziffer 3.2 „Grundsätze des Verwaltungshandelns" bei der Prüfung der räumlichen Bedingungen durch das Landesjugendamt geregelt, nicht aber präzise. Demnach darf die Anzahl der Kinder pro regelmäßig pädagogisch genutzten Raum höchstens 18 Kinder betragen. Werden ausschließlich Kinder im Alter bis zum vollendeten dritten Lebensjahr betreut, so sind höchstens 10 Kinder pro regelmäßig pädagogisch genutzten Raum zulässig. Bei Altersmischung mit Kindern im Krippenalter sollte der Anteil der Kinder im Alter bis zum vollendeten dritten Lebensjahr nicht zu hoch sein und keinesfalls mehr als 10 Kinder betragen.

Zur Fachberatung gibt es allgemeine Regelungen, präzise allenfalls in abstrakter Form in § 10 KiTaG.

Allein für die pädagogische Leitung gibt es quantitative Bestimmungen in § 5 KiTa-Personalverordnung. Über den Umfang der organisatorischen Leitungsaufgaben und der Freistellung entscheidet der Träger.

Der Umfang von Innen- und Außenflächen kann zwar als präzise geregelt eingestuft werden, nicht aber in einem rechtlichen Sinne, sondern durch Verwaltungsvorschriften (s. o. Ziffer 3.1 in „Grundsätze des Verwaltungshandelns").

**Bremen**
Die Bremer Landesverfassung enthält für den 2-Städte-Staat nur einen losen Rahmen für die Gemeindeverfassung. Die Stadtgemeinde Bremerhaven besitzt (seit 1948) eigene Gestaltungsspielräume, die in anderen Bundesländern auf Landesebene ausgeführt werden.
Dies gilt z. B. auch für die Implementierung des Rahmenplans für Bildung und Erziehung im Elementarbereich und alle damit einhergehenden Maßnahmen (Einführung einer Lern- und Entwicklungsdokumentation, Qualifizierung der pädagogischen Fachkräfte und Fachberatungen, Sprachentwicklungsförderung), Regelungen zu Verfügungszeiten, Leitungsfreistellung, Fachberatung und die Elternbeitragsgestaltung, die jeweils in den beiden Stadtgemeinden eigenständig geregelt werden.

**Hessen**
Die maximale Gruppengröße ist in § 3 der Verordnung über Mindestvoraussetzungen in Tageseinrichtungen für Kinder vom 28. Juni 2001 (GVBl. I S. 318), zuletzt geändert durch Verordnung von 17. Dezember 2008 (GVBl. I S. 1047), geregelt.

Die Fachkraft-Kind-Relation lässt sich indirekt aus der Relation von maximaler Gruppenstärke und Fachkraftschlüssel ableiten und kann somit als präzise geregelt gelten.

**Mecklenburg-Vorpommern**
Der Umfang von Innen- und Außenflächen wird vom zuständigen Landesministerium als allgemein, aber nicht präzise geregelt angegeben. Hingewiesen wird jedoch auf den Punkt „Räumliche Gegebenheiten" in der „Handreichung zur Erlaubniserteilung für den Betrieb von Kindertageseinrichtungen".

**Nordrhein-Westfalen**
Die Kindpauschalen enthalten einen Anteil für die Verfügungszeit und die Leitungsfreistellung. Insofern können diese Merkmale als allgemein geregelt bewertet werden.

Bezüglich des Umfangs von Innen- und Außenflächen gibt es Empfehlungen über die vorzuhaltende Quadratmeterfläche, die die Landesjugendämter (Aufsicht) entwickelt haben. Diese haben allgemeinen Regelungscharakter.

**Rheinland-Pfalz**
Empfehlungen u. a. für die Berechnung von Leitungsfreistellung und Verfügungszeiten beinhaltet ein sog. „Controlling-Papier", das eine Auslegung der Kann-Vorschriften definiert. Eine Vereinbarung über das Controlling-Papier wurde zwischen Städte- und Landkreistag sowie den beiden christlichen Kirchen unter beratender Mitwirkung des zuständigen Landesministeriums geschlossen.

Hinsichtlich des Umfangs von Innen- und Außenflächen hat ein Träger bei der Aufnahme von unter Dreijährigen für die Betriebserlaubnis bei der räumlichen Gestaltung spezifische Anforderungsprofile mit Blick auf die Bedürfnisse der Kinder zu berücksichtigen.

**Sachsen**
Die Fachberatung ist Gegenstand von § 21 Abs. 3 SächsKiTaG. Den Umfang regelt eine Empfehlung des Landesjugendamtes, die jedoch keinen verbindlichen Charakter hat.

Aufgrund des Passus „... pädagogische Fachkräfte mindestens fünf Tage im Jahre an fachlichen Fortbildungsveranstaltungen teilnehmen" in § 4 (2) SächsQualiVO kann die Fortbildung des pädagogischen Personals als allgemein geregelt bewertet werden.

**Schleswig-Holstein**
In der KiTaVO sind neben den maximalen Gruppengrößen auch Mindestanforderungen an das in den Gruppen tätige Personal geregelt (z. B. 2,0 Stellen in Krippengruppen sowie 1,5 Stellen in Kindergarten- und in Hortgruppen, jeweils ohne Verfügungszeiten). Daraus lassen sich präzise Erzieher-Kind-Relationen für die einzelnen Gruppenarten ableiten (z. B. 2 : 10 in Krippengruppen; 1,5 : 20 in Kindergartengruppen; 1,5 : 15 in Hortgruppen).

Der Umfang von Innen- und Außenflächen ist allgemein darüber geregelt, dass die Heimaufsichtsbehörde, bestehend aus den 11 Jugendämtern der Kreise und dem Landesjugendamt, die vorzuhaltenden Quadratmeterflächen pro Kind in eigener Zuständigkeit festlegt.

## LM14B | Rahmenbedingungen für Bildungsqualität – Regelungen zur Qualitätsüberprüfung (2008)

| | BW | BY | BE | BB | HB | HH | HE | MV | NI | NW | RP | SL | SN | ST | SH | TH |
|---|---|---|---|---|---|---|---|---|---|---|---|---|---|---|---|---|
| Geregelte Verpflichtung in Ausführungsgesetz oder Verordnung | Nein | Ja | Ja | Ja | Ja | Ja | Nein | Ja | Nein | Ja | Ja | Nein | Ja | Nein | Ja | Ja |
| – mindestens jährliche Elternbefragung | Nein | Ja | Nein | Nein | Nein | Nein | Nein | Nein | Nein | Nein | Nein | Nein | Nein | Nein | Nein | Nein |
| – Selbstevaluation | Nein | Nein | Ja | Nein | Nein | Ja | Nein | Nein | Nein | Ja | Nein | Nein | Nein | Nein | Ja | Ja |
| – Fremdevaluation | Nein | Nein | Ja | Nein | Nein | Nein | Nein | Nein | Nein | Nein | Nein | Nein | Nein | Nein | Nein | Nein |
| Zahlung öffentlicher Zuschüsse abhängig von externer Qualitätsüberprüfung | Nein | Nein | Nein | Nein | Nein | Nein | Nein | Nein | Nein | Nein | Nein | Nein | Nein | Nein | Nein | Nein |
| | 0/5 | 2/5 | 3/5 | 1/5 | 1/5 | 2/5 | 0/5 | 1/5 | 0/5 | 2/5 | 1/5 | 0/5 | 1/5 | 0/5 | 2/5 | 2/5 |

● Ja ● Nein

Quelle
Angaben der Bundesländer zu Regelungen der Strukturqualität sowie zu Regelungen zur Qualitätsentwicklung und -sicherung im Rahmen der schriftlichen Befragung der Bertelsmann Stiftung für den Länderreport Frühkindliche Bildungssysteme (Stand Dezember 2008).

Aus der Bundesperspektive zeigt sich, dass allgemeine Regelungen für die erfassten strukturellen Rahmenbedingungen häufiger sind als ihre präzise Ausgestaltung. Insgesamt gibt es eine große Vielfalt der Regelungspraxis, die in ihren Wirkungen, insbesondere mit Blick auf die Qualität der pädagogischen Arbeit in den KiTas, nicht beurteilt werden kann.

In diesem Zusammenhang ist von besonderem Interesse, ob von der Landesebene Maßnahmen vorgeschrieben werden, um die Qualität der pädagogischen Arbeit zu evaluieren. Die Befragung der Länderministerien hat ergeben, dass zwar in elf Ländern Qualitätsentwicklung und -sicherung von den KiTas durchzuführen ist, allerdings in den meisten Bundesländern keine Verfahren der Qualitätsüberprüfung vorgeschrieben werden. Auffällig ist, dass in fünf Bundesländern der Einsatz von Selbstevaluationsinstrumenten vorgeschrieben ist. Lediglich in einem Bundesland ist eine jährliche Elternbefragung vorgesehen.

Anmerkungen
Keine Anmerkungen zu hier nicht aufgeführten Ländern.

**Bayern**
Im Zusammenhang mit der in Bayern existierenden geregelten Verpflichtung zur Qualitätsentwicklung bzw. -sicherung für Kindertageseinrichtungen weist das zuständige Landesministerium zugleich darauf hin, dass Bayern den Ansatz der mittelbaren Steuerung verfolgt und daher auf Standardfestlegungen verzichtet.

**Berlin**
Die Zahlung öffentlicher Zuschüsse ist in Berlin abhängig von der Einhaltung der Maßnahmen, zu denen sich die Träger im Rahmen der „Qualitätsvereinbarung Tageseinrichtungen – QVTAG" verpflichtet haben. Dies ist in § 23 Abs. 3 Nr. 3 KiTaFöG geregelt.

**Brandenburg**
Die Zahlung öffentlicher Zuschüsse ist gegenwärtig nicht abhängig von einer externen Qualitätsüberprüfung. Es ist seit dem 01.07.2007 grundsätzlich möglich, dass bei unzureichender Qualität Zuschüsse gekürzt werden oder entfallen können.

**Hamburg**
Die Freie Hansestadt Hamburg weist bezüglich der geregelten Verpflichtung zur Qualitätsentwicklung bzw. -sicherung für Kindertageseinrichtungen in Hamburg auf folgenden Sachverhalt hin: Im ‚Landesrahmenvertrag Kinderbetreuung in Tageseinrichtungen' (Landesrahmenvertrag) § 15 ist die Qualitätssicherung und -berichterstattung geregelt. Dort heißt es: „(1) Die Träger überprüfen die Qualität der Leistungserbringung in mindestens zweijährigem Rhythmus nach einem von ihnen ausgewählten, fachlich anerkannten Verfahren (...). (2) Die Vertragsparteien beabsichtigen eine hamburgweite Qualitätsberichterstattung zu entwickeln. Ziel ist es, die Entwicklung und die Kompetenzen von Kindern in Tageseinrichtungen in einem repräsentativen Verfahren zu erfassen, um daraus Erkenntnisse für die Weiterentwicklung der Hamburger Bildungsempfehlungen und des KiTa-Gutschein-Systems zu gewinnen. (...)"
Mit dem bisher dafür entwickelten Instrumentarium sollte herausgefunden werden, ob und wie die Inhalte und Ziele der Hamburger Bildungsempfehlungen für die Bildung und Erziehung von Kindern in Tageseinrichtungen und der Richtlinie für Vorschulklassen in den Einrichtungen umgesetzt werden, d. h., ob und wie diese bei den Kindern zu Kompetenzsteigerungen führen. Auf Grundlage der Ergebnisse einer Längsschnittstudie sollten die Bildungsempfehlungen evaluiert und weiterentwickelt werden. In den Jahren 2006 bis 2008 wurden in Kindertageseinrichtungen (KiTas) und Vorschulklassen (VSK) mehrere nicht repräsentative Kompetenz-Erhebungen durchgeführt.

Ein Abschlussbericht nebst Anlagen wurde vom Auftragnehmer Ende April 2008 vorgelegt.
Mit den entwickelten Instrumenten sind die mit der ursprünglichen Auftragslage verbundenen Ziele allerdings nicht eindeutig nachweisbar. Deshalb ergibt sich die Notwendigkeit einer Neuorientierung.